Die Rechtsprechung
der
Oberlandesgerichte
auf dem Gebiete des Zivilrechts.

Herausgegeben von

B. Mugdan, Kammergerichtsrat und **† R. Falkmann,** Senatspräsident am Kammergericht.

Sechsundzwanzigster Band.
(Jahrgang 1913, erstes Halbjahr.)

Leipzig,
Verlag von Veit & Comp.
1913

Druck von Metzger & Wittig in Leipzig.

Systematisches Inhaltsverzeichnis mit Gesetzesregister.

(Verfaßt vom Staatsanwaltschaftsrat Dr. Rindfleisch in Celle.)

Die Zahlen bedeuten die Seiten.

A. Verzeichnis der Gesetze.

I. Reichsgesetze.

II. Landesgesetze.

a) Bayern.

b) Elsaß-Lothringen.

B. Systematisches Inhaltsverzeichnis.

I. Zivilrecht.

Erster Abschnitt. Rechtsquellen.

EG. z. BGB.

a) Statutenkollision.

b) Zeitliche Begrenzung der Anwendbarkeit der Gesetze.

Zweiter Abschnitt. Von den Personen.

BGB.

Juristische Personen.

Dritter Abschnitt. Von den Handlungen.

a) Willenserklärung.

b) Vormundschaft. Pflegschaft.

Siebenter Abschnitt. Erbrecht.

a) Erbfolge.

b) Rechtliche Stellung des Erben.

II. Freiwillige Gerichtsbarkeit.

Erster Abschnitt. Allgemeine Vorschriften.

Zweiter Abschnitt. Grundbuchrecht.

Dritter Abschnitt. Vormundschaftssachen.

FrGG.	
§ 39.	3) Zuständigkeit für die Abwesenheitspflegschaft 121.
§ 43.	4) Zuständigkeit deutscher Gerichte zu Anordnungen aus §§ 1635. 1636 BGB. für Ausländer 255. 257.
§ 46.	5) Wichtiger Grund zur Abgabe der Vormundschaft 280.
§ 57.	6) Befugnis zur Beschwerde wegen Bestellung einer bestimmten Person zum Vormund. Legitimation von Fürsorgevereinen 106.
Pr. Ges. v. 2.7.1900.	7) Fürsorgeerziehung:
§ 4.	Begriff des gesetzlichen Vertreters, dem die Beschwerdebefugnis zusteht 272.
§ 5.	Voraussetzungen der vorläufigen Unterbringung 273.

Vierter Abschnitt. Nachlaß- und Teilungssachen.

FrGG.	
§ 87.	Zwischenverfügung aus § 87 FrGG. 286.

Fünfter Abschnitt. Gerichtliche und notarielle Urkunden.

AusfGes. z. FrGG. f. ElsLothr.	
§ 53.	Ungenehmigte Randzusätze bei notariellen Urkunden 227.

Sechster Abschnitt. Kosten der freiwilligen Gerichtsbarkeit.

Preuß. GKG.	
§ 60.	Gebühr für Eintragung einer Löschungsvormerkung bei gleichzeitiger Eintragung der löschungspflichtigen Hypothek 170.

III. Zivilprozeß.

Erster Abschnitt. Die Parteien.

a) Partei- und Prozeßfähigkeit.

ZPO.	
§§ 53. 56.	Klage eines nicht mehr legitimierten gesetzlichen Vertreters 285.

b) Prozeßkosten im allgemeinen.

§ 93.	1) Prozeßkosten bei Anerkenntnis des beklagten Erben, der die Einreden aus §§ 2014 flg. BGB. geltend macht 294.
§ 100.	2) Kostenverteilung unter mehrere Beklagte. Beschwerde wegen der Kostenentscheidung 175.

c) Gerichtsgebühren.

D. GKG.	
§§ 81. 92.	Vorschußpflicht des Mannes, wenn der Frau das Armenrecht bewilligt ist 220.

Zweiter Abschnitt. Verfahren in erster Instanz vor den Landgerichten.

a) Klage. Feststellungsklage.

ZPO.	
§ 256.	1) Rechtliches Interesse an der Feststellung der Richtigkeit einer Auflassung 97.
§ 259.	2) Klagantrag gegen den unterhaltspflichtigen Vater, der erst nach Erhebung der Klage Naturalverpflegung bestimmt hat 238.

ZPO. | e) Zwangsvollstreckung zur Erwirkung der Herausgabe von Sachen und zur Erwirkung von Handlungen und Unterlassungen.

§ 887. | 1) Vollstreckung nach § 887: a) Erwärmung von Räumen 413; b) bei Immissionsprozessen 414; c) Erteilung eines Buchauszuges 416.

§ 888. | 2) Vollstreckung des Urteils auf Erteilung der Auskunft nach § 2028 BGB. 297.

Fünfter Abschnitt. Arrest und einstweilige Verfügung.

§ 937. | Gericht der Hauptsache im Sinne des § 937 ZPO. 197.

IV. Konkurs.

Erster Abschnitt. Materielles Konkursrecht.

Konk.-O. | a) Anfechtung.

§ 30. | 1) Bei Vorpfändung nach § 845 ZPO. ist für die Anfechtung der Zeitpunkt der endgültigen Pfändung, nicht der der Ankündigung maßgebend 401.

§ 31. | 2) Anfechtung einer Forderungspfändung 401 Anm.

b) Aussonderung.

§ 35. | Aussonderungsrecht für fiduziarisches Eigentum 48.

Zweiter Abschnitt. Konkursverfahren.

§ 127. | Ermächtigung des Konkursverwalters zum freihändigen Verkauf einer von einem Konkursgläubiger gepfändeten zur Masse gehörigen Sache § 825 ZPO. 398.

V. Staatsrecht.

Steuergesetze.

Ges. v. 3. Juni 1906. | a) Reichserbschaftssteuer.

§ 61. | Wann ist ein Erwerb i. S. des § 61 RErbStGes. als „begründet" anzusehen? 367.

P. StStG. v. 30. Juni 1909. | b) Preußische Stempelsteuer.

Tarifstr. 32. | Steuerpflicht bei fiduziarischer Eigentumsübertragung 44 Anm.

1. Sachenrecht. BGB. §§ 854 ff.

a) **Besitzerwerb:** α) **am stehenden Holze. Fruchterwerb auf Grund gestatteter Aneignung.**

OLG. München, III. ZS. Urteil v. 21. Oktober 1911.

Der Beklagte hat 1907 das auf seiner Waldparzelle Herschleite stehende Holz zum Kahlabtrieb an den Holzhändler M. für 3000 Mark verkauft und darauf eine Anzahlung von 2000 Mark erhalten. Da M. den Rest nicht zahlte, vereinbarte er mit dem Beklagten, daß dieser selbst das Holz fälle, verkaufe, sich für seine Forderung bezahlt mache und den Überschuß herauszahle. Infolgedessen verkaufte Beklagter unter Zustimmung des M. das noch anfallende Holz, ausgeschieden nach Art und Maß, am 1. März 1908 dem Gastwirt Franz. Dieser hielt jedoch die Zahlungsbedingungen nicht genau ein; auch hatte M. Verdacht geschöpft; daß Beklagter unredlich handle. Er verkaufte deshalb am 3. Mai 1908 das noch stehende Holz, ohne Rücksicht auf den mit Franz abgeschlossenen Vertrag für 220 Mark an den Kläger, der alsbald den gekauften Restbestand fällen ließ. Beklagter, der noch während der Fällungsarbeiten hiervon Kenntnis erhielt und dem Kläger den Abtrieb verbot, hat das von diesem gefällte und angeblich bereits für ihn mit dem Waldhammer angeschlagene Holz anderweit für 815 Mark veräußert. Diese 815 Mark beansprucht der Kläger, indessen ohne Grund.

Die Frage, ob an ungetrennten Bodenerzeugnissen gesonderter Besitz möglich ist, ist streitig. Die einen räumen demjenigen, der stehendes Holz zum Abtrieb kauft, Teilbesitz (an den Stämmen), andere Mitbesitz an der Muttersache, das ist dem Grund und Boden, ein; wieder andere versagen gesonderten Besitz. Aber auch diejenigen Schriftsteller, welche Teil- oder Mitbesitz zulassen, knüpfen ihn an die Voraussetzung, daß dem Erwerber (Käufer) die wirkliche und ungehinderte Einwirkung auf den Boden, wie ihn die Ausübung des Sonderbesitzes an den Bäumen erfordert, m. a. W. die freie Verfügung über die Bäume, besonders deren Trennung vom Boden zusteht (Staudinger § 865 N. 1c, Dernburg 3 § 15 S. 54, Biermann § 865). An dieser Voraussetzung muß festgehalten werden. Hiernach kann dahingestellt bleiben, ob Beklagter, als er dem M. das stehende Holz zum Abtrieb, dh. unter Gestattung der Aneignung, verkaufte, ihm damit auch Besitz in irgend einer Form einräumte. Jedenfalls ging solcher Besitz, wenn vorhanden, dem M. in dem Augenblicke verloren, wo er die Fällung, Aufmachung und den Verkauf des Holzes wieder in die Hände des Verkäufers und Eigentümers zurückgab. Denkbar wäre — von der Annahme aus, daß M. zunächst Besitzer wurde — allerdings, daß Beklagter lediglich im Auftrage des M. den weiteren Abtrieb und die Verwertung übernahm mit der Wirkung, daß M. zwar den unmittelbaren Besitz, soweit er ihn hatte, wieder an den Beklagten zurückgab, aber als Auftraggeber im mittelbaren Besitz blieb und infolgedessen auch in der Lage war, diesen später auf den Kläger zu übertragen. Dieser Konstruktion stehen jedoch tatsächliche Gründe entgegen... Das Rechtsverhältnis zwischen dem Beklagten und M. ist hiernach dahin aufzufassen, daß M. sozusagen nur finanziell, dh. insofern der Herr des Kaufgeschäftes blieb, als er einen Anspruch auf seinerzeitige Aushändigung des Überschusses hatte, daß er dagegen auf das ihm ursprünglich eingeräumte Fällungsrecht und damit auf die Gestattung der Aneignung im Sinne des § 956 wieder zugunsten des Eigentümers verzichtete, wogegen dieser sich verpflichtete, diese Befugnisse auszuüben und den finanziellen Reinertrag dem M. zukommen zu lassen. Bei dieser Sachlage wurden die tatsächlichen Beziehungen des Käufers M. zur Sache (dem stehenden Holz oder dem Waldgrundstück) derart gelockert, die Möglichkeit ungehinderter Einwirkung dem M. derart benommen, daß auch kein mittelbarer Besitz mehr für ihn übrig blieb; er war von einer Beherrschung der Sache nicht nur auf Zeit, sondern dauern ausgeschlossen. Zur Aufgabe des mittelbaren Besitzes genügt der Entschluß, nicht mehr besitzen zu wollen (Dernburg 3 S. 69). Hier trat dieser Entschluß auch noch äußerlich dadurch in Erscheinung, daß M. mit dem Fällen aufhörte, sich aus dem Walde zurückzog, wogegen Beklagter darin unumschränkt zu schalten und walten begann. Dadurch, daß Kläger später den Restbestand des Holzes fällen ließ, ging der unmittelbare Besitz nicht dem Beklagten verloren, weil sich dieser alsbald der geschlagenen Stämme bemächtigte, die Störung daher nur vorübergehend war (§ 856).

Selbst wenn übrigens M. berechtigt gewesen wäre, den Fällungen und dem Verkaufe des Beklagten durch bloßen Widerruf Einhalt zu tun, so hätte dies die Rechtswirksamkeit des vom Beklagten mit Franz abgeschlossenen Vertrage nicht beeinflussen können. Denn dieser Vertrag wurde jedenfalls geschlossen, bevor ein Widerruf erfolgte, und von M. ausdrücklich genehmigt. Der Vertrag hatte zweifellos das ganze noch stehende Holz zum Gegenstand.... M. war daher auch aus diesem Grunde nicht mehr berechtigt, den Restbestand dem Kläger weiter zu veräußern. Der § 957 ermöglicht allerdings den Fruchterwerb, wenn ein nicht dazu Berechtigter die Aneignung gestattet und der Erwerber gutgläubig ist. Obwohl der Wortlaut irgend ein Besitzerfordernis nicht aufstellt, muß doch mit Jacubezky aus der Entstehung des § 957 und dem Zusammenhange mit §§ 929ff. besonders 932 gefolgert werden, daß auch der Fruchterwerb aus § 957 voraussetzt, daß entweder der Gestattende die Sache besitzt oder der Erwerber, falls bereits im Besitz, diesen Besitz von dem Gestattenden ableitet (Staudinger, Biermann, RGKomm. § 957). Hier konnte also, nachdem M. zur Zeit seiner Weiterveräußerung keinesfalls mehr Besitz an den Stämmen oder dem Waldboden hatte, der Kläger auch nicht auf Grund des § 957 Eigentümer des Holzes werden. Deshalb erübrigt sich eine weitere Prüfung, ob der Kläger bei

Ergreifung des Besitzes gutgläubig war und ob nicht selbst unter der — hier abgelehnten — Annahme eines mittelbaren M.schen Besitzes und seiner Übertragung auf den Kläger der im unmittelbaren Besitz gebliebene Beklagte seine Rechte auf Fällung, Verkauf und Deckung trotz der zwischen M. und Kläger getroffenen Vereinbarung geltend machen konnte, ohne sich i. S. des § 992 ersatzpflichtig zu machen. P.n.

β) **Mitbesitz auf Grund eines Mitverwaltungsrechts?**

OLG. Hamburg, VI. ZS. Beschluß v. 13. Oktober 1910.

Der Beklagte ist verurteilt, den Klägern die Mitverwaltung am Gesamtgut und an dem Vorbehaltsgut seiner Frau bis zur Auseinandersetzung einzuräumen. Den Antrag, ihn gemäß § 888 ZPO. zu der Einräumung des Mitbesitzes an näher bezeichnetem Grundeigentum und Hypotheken anzuhalten, hat das LG. zurückgewiesen. Die Beschwerde ist unbegründet. Soweit der Antrag den „Mitbesitz" an Hypotheken verlangt, ist er ohne weiteres unzulässig, da das BGB. nach §§ 854ff. nur einen Besitz an Sachen, nicht aber an Rechten kennt. Hinsichtlich des Mitbesitzes an Grundeigentum, der rechtlich an sich zulässig ist, ist es zunächst Sache der Kläger, näher anzugeben, in welcher Weise sie sich die praktische Ausführung der Übertragung des Mit„besitzes" auf sie denken. Dies ergibt sich nicht, wie sie glauben, ohne weiteres aus dem BGB. Allerdings wird der Mitbesitz ebenso erworben wie der Besitz, nämlich durch die Erlangung der tatsächlichen Gewalt über die Sache, aber die Ausführung muß sich je nach dem konkreten Falle gestalten. Die Kläger, welche eine grundbuchmäßige Eintragung fordern, verwechseln offenbar die Einräumung des Mitbesitzes und die Anerkennung des unter den Parteien bestehenden Gemeinschaftsverhältnisses. Es kann fraglich erscheinen, ob sie diesen Zweck mit dem von ihnen erwirkten Urteil überhaupt erreichen können. Jedenfalls ist es aber ihre Sache, dem Beklagten zunächst praktische Vorschläge zur Ausführung des Urteils zu machen. Auch das Gericht vermag nicht ohne nähere Bestimmung der vom Beklagten zu fordernden Handlungen eine Anordnung nach § 888 ZPO. zu erlassen. M.M.

Dazu: OLG. Hamburg, VI. ZS. Urteil vom 29. April 1910.

Der Kläger hatte als Mieter desjenigen Raumes, in welchem sich die streitigen Gegenstände befanden, sie auch unmittelbar besessen und nur ihre Mitbenutzung auch dem Beklagten gestattet. Daß damit diesem auch der Mitbesitz eingeräumt wäre, erhellt nicht. An diesem Zustande würde auch dadurch nichts geändert sein, wenn sich im Oktober der Kläger (wie der Beklagte behauptet) verpflichtet haben sollte, das Eigentum der Gegenstände auf den Beklagten zu übertragen, oder das Eigentum an ihnen (was wohl nur im Wege des Besitzkonstituts hätte geschehen können, da körperliche Übergabe nicht behauptet ist und der Beklagte nicht Besitzer war) auf den Beklagten übertragen hätte. Der Kläger war also Alleinbesitzer, als der Beklagte ihm im November den Besitz widerrechtlich entzog. Er kann also auch Wiederherstellung des Alleinbesitzes verlangen (§ 861[1]). Der Beklagte könnte nur einwenden, daß der entzogene Besitz ihm gegenüber fehlerhaft war und im letzten Jahre vor der Entziehung erlangt worden ist (§ 861²). Er hat aber nur eingewendet, daß er auf Grund des angeblich im Oktober geschlossenen Vertrages ein Recht zum Besitz habe. Ein solches Recht vermag aber nicht zur Begründung der Behauptung zu dienen, daß die Besitzentziehung keine verbotene Eigenmacht sei (§ 863). M. M.

b) **Verletzung des Abholungsrechtes aus § 867 BGB.**

OLG. Naumburg, IV. ZS. Urteil v. 13. Januar 1910.

Auf dem Grundstücke des Beklagten lagen fünf dem Kläger gehörige Eichen, die zusammen auf einem Wagen nach einer anderen Ortschaft befördert werden sollten. Nachdem der Kläger vier davon abgefahren hatte, verweigerte der Beklagte rechtlos die Fortschaffung der fünften, so daß sich der Transport auf die vier Eichen beschränkte. Der Beklagte hat dadurch, daß er die Wegschaffung der einen Eiche vereitelte, seine durch §§ 1005, 867 begründete Pflicht verletzt und ist deshalb nach § 823² schadensersatzpflichtig, auch liegt ein Schuldverhältnis im Sinne der §§ 241 ff. vor (Rehbein 2 S. 10¹). Der Kläger kann zwar immer noch sein Recht aus den §§ 1005, 867 gebrauchen und daneben Ersatz der Transportmehrkosten vom Beklagten verlangen. Er ist aber auch, wenn die Kosten des Einzeltransports in keinem angemessenen Verhältnisse zum Werte der Eiche stehen, nach § 286² berechtigt, die Eiche dem Beklagten zu überlassen und Ersatz ihres Wertes zu fordern. W. m.

c) **Auslegung der Eintragungsbewilligung.**

Bayer. Oberstes Landesgericht, II. ZS. Urteil v. 5. Dezember 1910.

Wenn auch die Entscheidungsgründe der Rechtskraft nicht fähig sind, so können sie doch nicht völlig unberücksichtigt bleiben; vielmehr ist es statthaft, ihren Inhalt als Auslegungsbehelf für den Sinn und die Tragweite des Urteilssatzes beizuziehen. Für den Inhalt der im Urteilssatze festgestellten Grunddienstbarkeit sind also auch die Urteilsgründe von Belang. Ebenso können auch allenfallsige Zweifel hins. der Fähigkeit zur Eintragung ins Grundbuch durch Beiziehung der Urteilsgründe ihre Lösung finden; denn die Urteilsformel in ihrer Erläuterung durch die Gründe bildet den Ersatz für die Eintragungsbewilligung, so daß durch die Bezugnahme hierauf der Inhalt der Grunddienstbarkeit eine genügende Bezeichnung erfährt (§ 874, Güthe, GrBO. § 25 N. 92β Abs. 1, 3). FrTh.

d) **Wann müssen die Erfordernisse des Eintragungsantrages vorliegen?**

Kammergericht, Ferien-ZS. Beschluß v. 2. September 1912.

Der Konkursverwalter hatte im März eine öffentlich beglaubigte Vollmacht dem Beschwerdeführer ausgestellt, kraft deren dieser im Juni ein zur Konkursmasse gehörendes Grundstück sich selbst aufließ und die Eintragung als Eigentümer beantragte. Das Amtsgericht wies den Antrag zurück, weil kurz vorher das Konkursgericht den Konkurs aufgehoben hatte. Die Beschwerde blieb erfolglos; denn wenn auch zur Zeit des Antrags der Aufhebungsbeschluß noch nicht rechtswirksam gewesen sei und deshalb nicht dem Eintragungsantrag entgegengestanden hätte, so sei doch jetzt zur Zeit der Beschwerde das Konkursverfahren rechtswirksam beendet und dadurch nicht nur das Verfügungsrecht des Verwalters, sondern auch die von ihm erteilte Auflassungsvollmacht erloschen. Die weitere Beschwerde ist unbegründet. Der Beschwerdeführer hält für die Frage, ob dem Antrage stattzugeben sei, lediglich den Zeitpunkt als entscheidend, in welchem die Erklärung gegenüber dem Grundbuchamte abgegeben sei. Dabei ist aber die rechtsbegründende Natur des Eintragungsantrages übersehen, welche erforderlich macht, daß das Verfügungsrecht des Vollmachtgebers auch noch zu der Zeit der Eintragung fortbesteht, da der im § 878 vorgesehene Ausnahmefall schon nach dem Wortlaute des Gesetzes nicht vorliegt. Die Verfügungsmacht des Konkursverwalters hat aber hier das Ende des Konkurses nicht überdauert. Z. n.

e) **Vormerkung aus nichtigem Vertrage.**

Kammergericht, XVII. ZS. Urteil vom 30. Oktober 1910.

Die Vormerkung aus § 883 wird zur Sicherung eines Anspruches auf Einräumung oder Aufhebung eines Rechtes an einem Grundstück eingetragen. Sie setzt also das Bestehen eines gültigen Anspruches voraus. Da nach §§ 313, 125 der mündliche Vertrag über ein Grundstück nichtig ist, so kann aus ihm kein Anspruch auf Auflassung erwachsen und zur Sicherung dieses nicht bestehenden Anspruches auch keine Vormerkung eingetragen werden. Ihre gleichwohl erfolgte Eintragung entbehrt der Wirksamkeit. Dabei macht es keinen Unterschied, ob die Vormerkung durch einstw. Verfügung oder auf Antrag des Eigentümers eingetragen wurde. Denn sie schafft nicht den Anspruch auf Einräumung des Rechts auf Auflassung, sie bringt ihn nicht zum Entstehen, sie setzt vielmehr sein Bestehen voraus. Wenn daher der Eigentümer auf Grund eines mündlichen, also nichtigen Vertrages die Eintragung einer Vormerkung veranlaßt, so ist auch diese Vormerkung wegen der Nichtigkeit des ihr zugrunde liegenden Anspruches unwirksam. Aus § 883 Satz 2, wonach die Eintragung einer Vormerkung auch zur Sicherung eines künftigen Anspruches zulässig ist, kann nicht entnommen werden, daß auf Grund aller möglichen künftigen Ansprüche Vormerkungen einzutragen seien. Vorausgesetzt ist vielmehr, daß ein obligatorisches Verhältnis vorliegt, aus dem in Zukunft der vorzumerkende Anspruch erwachsen kann. Aus einem nur mündlichen Abkommen kann aber ein Anspruch auf Auflassung eines Grundstücks auch in Zukunft niemals erwachsen. Zur Begründung eines solchen auch nur für die Zukunft in Aussicht genommenen Anspruches bedarf es vielmehr immer eines formgültigen Vertrages.

Vorliegend ist auch durch die nachträgliche Auflassung an den Antragsteller als Rechtsnachfolger des Wilhelm der Eintragung der Vormerkung keine rückwirkend verbindliche Kraft beigelegt worden. Einmal ist das Grundstück nicht auf Grund der mündlichen Vereinbarung zwischen Wilhelm und dem damaligen Eigentümer Karl, auf Grund deren die Vormerkung eingetragen ist, sondern auf Grund der notariellen Verträge vom 16. Januar aufgelassen worden. Dadurch konnte daher jene mündliche Vereinbarung zwischen Wilhem und Karl überhaupt nicht konvaleszieren. Sodann tritt aber auch nach § 313 Satz 2 die Gültigkeit des mündlichen Vertrages erst mit der Auflassung ein, kann also nicht auf den Zeitpunkt seines Abschlusses zurückbezogen werden (Turnau-Förster, Staudinger zu § 883, Oberneck § 487, aA. Planck § 883). Hiernach war die Vormerkung unwirksam. Dem Antragsteller als Rechtsnachfolger des Wilhelm stehen folglich keine Rechte aus ihr zu und er kann auch nicht verlangen, daß die nach Eintragung der Vormerkung für den Antragsgegner eingetragene Hypothek wieder beseitigt werde. H.sch.

f) **Schutz des Eigentümers bei nichtiger Auflassung.**

OLG. Rostock, II. ZS. Beschluß v. 5. Februar 1910.

Der Beschwerdeführer hatte sein Grundstück durch formlosen Vertrag verkauft, die Auflassung war vor einem Notar erklärt und der Käufer hatte diese Erklärungen dem Grundbuchamte mit dem Antrag auf Eigentumseintragung eingereicht. Inzwischen hatte der Beschwerdeführer das Rechtsgeschäft wegen arglistiger Täuschung angefochten. Sein Antrag, durch einstw. Verfügung dem Käufer aufzugeben, die Auflassungserklärungen und den Eintragungsantrag vom Grundbuchamte zurückzufordern, ist unbegründet.

Wenn der Antragsteller durch Betrug zum Vertragschluß bewogen ist, so trifft seine Anfechtung nicht bloß das Kausalgeschäft, sondern auch den dinglichen Vertrag, die Auflassung (RG. 70 S. 55). Er hat die rechtzeitige Erklärung der Anfechtung und ihren Grund glaubhaft gemacht und beansprucht daher mit Recht die Sicherung seines Eigentumsrechts gegen die Gefährdung, die durch Einreichung der Auflassungserklärungen beim Grundbuchamte und den Eintragsantrag des Käufers entstanden ist. Die beantragte Anordnung ist jedoch unzulässig. Denn sie würde die mit seinem Willen geschaffene Rechtsposition des Gegners unbillig zu dessen Nachteil verändern. Wenn auch nicht grundsätzlich ausgeschlossen ist, durch einstw. Verfügung dem Antragsgegner eine Handlung zu gebieten, die eine Verschlechterung seiner Rechtslage gegenüber dem Antragsteller mit sich bringt, so darf dies doch nicht so weit gehen, daß zu besorgen ist, es könnte durch die Veränderung des bestehenden Zustandes die Verwirklichung seines Rechts wesentlich erschwert werden. Denn trotz der Glaubhaftmachung des Anspruchs muß damit gerechnet werden, daß dieser nicht zu Recht besteht; unter dieser Voraussetzung würde aber für den Gegner durch eine derartige Anordnung eine gleiche Gefahr hervorgerufen werden, wie sie für den Antragsteller dadurch beseitigt werden soll. Hier ist der Gegner durch die Auflassungserklärungen in die Lage versetzt worden, die Umschreibung des Eigentums auf sich zu erlangen und sein Antrag beim Grundbuchamte macht eine anderweitige Verfügung des Antragstellers über das Grundstück zurzeit unmöglich. Wird er aber gezwungen, die eingereichten Erklärungen zurückzufordern, so kann der Antragsteller weiter zum Grundbuch über das Grundstück verfügen. Dies gefährdet aber den Gegner um so mehr, als der Kausalvertrag wegen seiner Formlosigkeit ungültig ist und ihm ebensowenig wie die Auflassung Ansprüche gegen den Antragsteller gewährt.

Da die Beschwerde sich nur dagegen richtet, daß die beantragte Anordnung nicht getroffen ist, so konnte der Senat eine Verfügung anderen Inhalts zur Sicherung des Antragstellers nicht erlassen. Doch mag bemerkt werden, daß von den Anordnungen, auf die der angefochtene Beschluß hingewiesen hat, eine Vormerkung nicht in Frage kommt, da es sich nicht um die Sicherung eines Anspruchs auf Eintragung oder Aufhebung eines Immobiliarrechts (§ 883) handelt, sondern um den Schutz des durch die Auflassung gefährdeten Eigentumsrechts. Dieser Schutz wird erreicht, wenn gleichzeitig mit der vom Gegner beantragten Eintragung ein Widerspruch gegen deren Richtigkeit eingetragen und dadurch der Glaube des Grundbuchs für jene Eintragung ausgeschlossen wird. Daß der Berichtigungsanspruch, zu dessen Sicherung der Widerspruch nach § 899[1] dient, erst mit dem die Unrichtigkeit des Grundbuchs bewirkenden Bucheintrag entsteht, schließt nicht aus, daß der Widerspruch vorher beantragt und gleichzeitig mit diesem eingetragen wird. Er ist daher geeignet, die beantragte unzulässige Anordnung und die gleichfalls unzulässige Verfügung an das Grundbuchamt auf Unterlassung der beantragten Eintragung zu ersetzen (ZBl.FrG. 1 S. 116, 244; Staudinger § 899 N. 1 f.). J. n.

g) **Passivlegitimation für den Antrag aus § 885 BGB.**

OLG. Rostock, I. ZS. Beschluß v. 16. Juni 1910.

Der Vater des Beklagten hat sich verpflichtet, auf die von ihm gekaufte Erbpachtstelle eine Sicherheitshypothek für den Kläger eintragen zu lassen, demnächst aber die Stelle nicht auf seinen Namen, sondern auf den des Beklagten umschreiben lassen. Der Kläger begehrt die Eintragung einer Vormerkung zur Sicherung seines Anspruchs. Eine einstw. Verfügung dieses Inhalts setzt zwar nicht schlechthin voraus, daß der Schuldner schon eingetragen ist, da nach § 14 GrBO. die Berichtigung des Grundbuchs durch Eintragung des Berechtigten auch von dem erwirkt werden kann, der eine auf Eintragung einer Vormerkung gerichtete Verfügung gegen diesen erlangt hat. Auch wird, wenn der Käufer des Grundstücks noch nicht als Eigentümer eingetragen ist, die einstw. Verfügung unter dem Vorbehalt erlassen werden können, daß demnächst die Eintragung erfolgt, falls sich ein durch Vormerkung zu sichernder Anspruch gegen den einzutragenden Eigentümer ergeben kann (Rsp. 15 S. 334). Aber der Beklagte ist hier keinesfalls passiv legitimiert. Für ihn besteht keine Verpflichtung zur Einräumung der Sicherungshypothek. Sie wird auch nicht durch die Behauptung begründet, daß sein Vater ihn als Eigentümer habe eintragen lassen, um sich seiner Verpflichtung auf Eintragung der Sicherungshypothek zu entziehen. Selbst wenn sich aus diesem Verhalten obligatorische Ansprüche auch gegen den Beklagten ergeben sollten, so würden sie doch nicht auf Einräumung einer Sicherungshypothek oder eine andere Grundbucheintragung gehen. Nur zur Sicherung eines derartigen Anspruchs aber ist eine Vormerkung zulässig. Ebensowenig vermag die Anfechtung des Eigentumsübergangs den Antrag auf Eintragung einer solchen zu rechtfertigen, da zur Sicherung des Anfechtungsanspruchs Vormerkungen nicht zulässig sind (vgl. RG. 67 S. 39). J. n.

h) **Wann gilt die Eintragung als beantragt?**[1]

OLG. München, IV. ZS. Beschluß vom 21. Februar 1910.

Der Beschwerdeführer hält für die Feststellung des in § 892² erwähnten Zeitpunktes nicht den Einlauf des Antrages beim Grundbuchamte für maßgebend, sondern die Zeit der Errichtung der notariellen Kaufvertragsurkunde, weil in dieser die Eintragung des Käufers als neuen Eigentümers ausdrücklich beantragt worden ist. Allein wenngleich Bayern für die Auflassung die Erklärung der Einigung der Parteien auch vor einem bayerischen Notar zugelassen hat, so wird hierdurch der Zeitpunkt des § 892² nicht verschoben. Der Eintragungsantrag ist beim Grundbuchamt gestellt, wenn er bei diesem eingeht; denn der Antrag ist ein dem Grundbuchamte gegenüber gestelltes Verlangen um Eintragung, es kann erst dann als angebracht gelten, wenn es dem Grundbuchamt mündlich oder schriftlich zur Kenntnis gebracht wird. Nirgends, auch nicht in der Begründung der GrBO., ist dem in der notariellen Urkunde gestellten Eintragungsantrage die Wirkung der Gleichstellung mit dem beim Grundbuchamte gestellten Eintragungsantrage hinsichtlich der dem Zeitpunkte der Antragstellung zukommenden Bedeutung beigelegt. Ihr Ausschluß ergibt sich vielmehr aus § 13 Satz 2 GrBO., der gerade zu dem Zwecke geschaffen wurde, um die mit dem Zeitpunkte der Antragstellung im Hinblick auf § 892² verbundene Bedeutung zu wahren.... Pn.

i) **Anspruch des früheren Grundstückseigentümers auf Löschung einer Eintragung.**[2]

OLG. Cassel, I. ZS. Urteil v. 18. Januar 1910.

Auf den Grundstücken des Klägers war gemäß dem Übergabevertrag von 1903 in Abt. II Nr. 1 für den Beklagten ein Recht auf Insitz, Hege und Pflege eingetragen, das mit seiner Begründung einer selbständigen Niederlassung erlöschen sollte. Der Kläger hat die Grundstücke an L. verkauft und aufgelassen und sich dabei verpflichtet, die Post Abt. II Nr. 1 zur Löschung zu bringen. L. hat die Grundstücke vereinzelt und seinen Abkäufern gegenüber die gleiche Verpflichtung übernommen. Die Klage auf Löschungs-

---

[1] Im Falle des § 890² handelt es sich nicht um die „Zuschreibung eines Grundstücks bei einem anderen Grundstücke", sondern um die „Zuschreibung eines Grundstücks zu einem anderen Grundstück"; vgl. Art. 119 Nr. 3 EG. zum BGB. (BayObLG., FerienZS. Beschluß v. 7. Sept. 1911).

[2] Im Falle des § 896 kann ein Zurückbehaltungsrecht nicht ausgeübt werden; denn das Vorschützen aller möglichen Gegenforderungen könnte das Recht aus § 896 vereiteln (KG., XIV. ZS. Urteil v. 4. Juli 1910).

bewilligung des Beklagten, da dieser eine selbständige Niederlassung begründet habe, ist unbegründet.

a) Auf den Übergabevertrag von 1903 läßt sich der Klaganspruch nicht stützen. Dem aus diesem Vertrag persönlich Verpflichteten steht gegen den Beklagten als Gläubiger kein Anspruch auf Erteilung einer Löschungsbewilligung zu. Die Klage wird auch nicht auf Vertragserfüllung, sondern auf die Behauptung gestützt, das Recht des Beklagten sei erloschen, da er eine selbständige Niederlassung begründet habe; Kläger sei also zur Leistung nicht mehr verpflichtet. Der Kläger könnte vielleicht hierauf eine Feststellungsklage erheben. Ihm würde vielleicht auch ein materielles Recht zustehen, vom Beklagten ein entsprechendes Anerkenntnis zu fordern. Allein ein Recht auf Ausstellung einer Löschungsbewilligung steht ihm auf Grund des Vertrages oder der Tatsache, daß er persönlich zur Leistung verpflichtet ist oder gewesen ist (vgl. § 1108), nicht zu. Ein allgemeines Recht des persönlichen Schuldners, vom Gläubiger nach Beendigung des Rechts eine Löschungsbewilligung über die das Recht sichernde oder begründende Grundbucheintragung zu verlangen, besteht nicht. Der § 1167 ist aus den Eigenheiten des Hypothekenrechts zu erklären.

b) Abgesehen von den besonderen Vorschriften für Hypotheken, Grund- und Rentenschulden kann es sich bei dem Erlöschen eines eingetragenen Rechts nur um einen Anspruch auf Berichtigung des Grundbuchs handeln. Nach Erlöschen des Rechts stimmt der Grundbuchinhalt mit der wirklichen Rechtslage nicht mehr überein. Gemäß § 894 kann nun die Zustimmung des eingetragenen Berechtigten zur Berichtigung des Grundbuchs verlangt werden. Dieser Anspruch steht — abgesehen von etwa im Range nachstehenden Berechtigten — grundsätzlich nur dem Eigentümer des belasteten Grundstücks, nicht aber dem früheren Eigentümer oder gar jedem zu, der ein Interesse an der Grundbuchberichtigung hat (vgl. RG. 64 S. 165; Gruchot 48 S. 937). In RG. 53 S. 408 ist allerdings der Grundsatz aufgestellt: Die Vereinbarung, daß der Verkäufer dem Käufer gegenüber verpflichtet sein solle, die Belastung zur Löschung zu bringen, enthalte eine Ermächtigung des Käufers als des nunmehrigen Eigentümers an den Verkäufer, als Vertreter des Käufers in eigenem Namen die Berichtigung zu beanspruchen. Dieser in seiner Begründung und in seinen Folgen nicht unbedenkliche Grundsatz kann aber hier keine Anwendung finden, da ein die Aktivlegitimation des Klägers begründendes, von L. als Eigentümer der belastenden Grundstücke abgeleitetes Ermächtigungsverhältnis nicht mehr besteht, nachdem L. die Grundstücke weiter veräußert hat. Die Ermächtigung wirkt nur so lange, als der Ermächtigende selbst zur Geltendmachung des Anspruchs befugt ist, da sie für den Ermächtigten kein selbständiges, sondern nur ein vom Ermächtigenden abgeleitetes Recht schafft. Hat also auch L. seinen Käufern gegenüber dieselbe Verpflichtuug übernommen, so könnte doch eine Ermächtigung dieser Dritten nur als an L. erteilt gelten, nicht aber allgemein an ihn und seine Vorbesitzer, die etwa ihm gegenüber die Verbindlichkeit zur Löschung der erwähnten Rechte eingegangen sind. Die Vereinbarung zwischen L. und seinen Käufern kann auch nicht ohne weiteres in diesem Sinn ausgelegt werden. Denn abgesehen davon, daß die Käufer bei Abschluß ihrer Verträge mit L. nicht wußten, daß sich der Kläger diesem zur Löschung verpflichtet habe, ist es sehr wohl möglich, daß sie zuvor ihrem Verkäufer L., mit dem sie ein obligatorisches Verhältnis verband, nicht aber dem Kläger die Ermächtigung zur Verfolgung des Berichtigungsanspruchs erteilt haben würden, zB. weil sie zu der Prozeßführung des Klägers kein Vertrauen haben. Der Kläger hat aber keine Tatsache behauptet, die einen Schluß auf den Willen der jetzigen Eigentümer zuließe, den Kläger unmittelbar oder durch Vermittelung des L. zur Ausübung des Berichtigungsrechts zu ermächtigen.

Endlich sei noch auf folgendes Bedenken hingewiesen, das der Ausdehnung des vom RG. aufgestellten Grundsatzes über das Verhältnis der unmittelbar Beteiligten hinaus entgegensteht. Wollte man in der Vereinbarung zwischen dem letzten Erwerber und seinem Verkäufer, daß dieser die Lasten zur Löschung zu bringen habe, zugleich eine Ermächtigung an sämtliche Voreigentümer sehen, die ihren Nachfolgern im Eigentum gegenüber dieselbe Verpflichtung übernommen haben, so würde der eingetragene Berechtigte durch eine einem Voreigentümer erteilte Löschungsbewilligung den Berichtigungsanspruch zum Erlöschen bringen und sich hierauf dem klagenden jetzigen Eigentümer gegenüber berufen können. Der Eigentümer aber müßte auf den zweifelhaften Anspruch gegen den Voreigentümer auf Aushändigung der Bewilligung verwiesen werden.

k) **Widerspruch gegen Eintragung einer Hypothek erfordert Verfahren gegen den Hypothekengläubiger.**

OLG. Hamburg, VI. ZS. Beschluß v. 21. September 1912.

Dem Antragsteller steht gegen den Grundeigentümer A. eine Bauforderung von 1300 Mark zu und er hat sich zu ihrer Sicherung in dem Grundbesitz des Schuldners Vormerkungen auf Grund der §§ 648, 885 BGB. eintragen lassen. Im Range vor ihnen stehen 30000 Mark für X. eingetragen. Der Antragsteller verlangt mit der Behauptung, X. habe für die Hypotheken keine Valuta gegeben, den Erlaß einer einstw. Verfügung dahin, daß zu diesen Hypotheken für ihn Widersprüche eingetragen werden sollen. Das LG. hat abgelehnt. Die Beschwerde ist nicht begründet. Der Antragsteller kann wegen seiner Bauforderung allerdings nach § 648 seine Sicherstellung verlangen und gemäß § 885 durch Erlangung von Vormerkungen in den Baugrundstücken betreiben, nicht aber kann er in diesem gegen den Schuldner gerichteten Verfahren Hypothekenrechte eines Dritten für sich beanspruchen oder beeinträchtigen. Die Eintragung eines Widerspruchs im Wege einstweiliger Verfügung kann nach §§ 899, 894 nur dann verlangt werden, wenn das Grundbuch mit der wirklichen Rechtslage nicht im Einklang steht und deswegen der Berichtigung bedarf. Will der Antragsteller das behaupten und etwa die Bestellung der X.schen Hypotheken als ein Scheingeschäft anfechten, so muß er dies in einem gegen X. gerichteten Antrage tun, in dem Verfahren gegen A. ist ein Angriff auf jene Hypotheken auch durch einstw. Verfügung unzulässig, weil der Erlaß einer solchen nach §§ 935, 940 ZPO. ein streitiges Rechtsverhältnis voraussetzt, ein solches aber zwischen dem Antragsteller und dem Hypothekarier A. hier nicht besteht. M. M.

l) **Widerspruch gegen die Eintragung einer Arresthypothek.**

OLG. München, III. ZS. Beschluß v. 2. Dezember 1910.

Frau A., die von ihrem Manne getrennt lebt und aus § 1568 BGB. auf Scheidung geklagt hat, hat zur Sicherung ihrer Unterhaltsansprüche und ihres Anspruchs auf Herausgabe des eingebrachten Gutes den dinglichen Arrest erwirkt und auf dem Grundstück ihres Mannes eine Sicherungshypothek von 13000 Mark eintragen lassen. Der Antrag des Mannes A. auf eine einstw. Verfügung dahin, daß Widerspruch gegen die Richtigkeit des Grundbuches bei jener Hypothek einzutragen sei, wurde zurückgewiesen. Die Beschwerde hierüber ist unbegründet.

Allerdings sind die §§ 891—899 BGB. auch bei der Arresthypothek anwendbar, aber nur hinsichtlich des dinglichen Rechts (§§ 1185, 1138, 1190 BGB., § 932 ZPO.). Ein Widerspruch nach § 899 BGB. kann eingetragen werden, wenn der Inhalt des Grundbuchs bezüglich eines Rechts am Grundstücke mit der wirklichen Rechtslage nicht im Einklange ist. Daran fehlt es hier. Das LG. hat diese Voraussetzung mit Recht vermißt. Arrest in das unbewegliche Vermögen des Mannes gab der Frau das Recht auf Sicherungshypothek, deren Eintrag also mit der wirklichen, durch die Arrestanordnung begründeten Rechtslage im Einklange steht; die dingliche Belastung des Eigentums des Mannes stützt sich auf die Arrestanordnung und besteht zu Recht. Irrig ist übrigens auch die Ansicht des Beschwerdeführers, daß er zum Schutze gegen die aus dem Glauben des Grundbuchs sich ergebenden Rechtswirkungen der Eintragung eines Widerspruchs bedürfe. Bezüglich der Forderung ergibt sich dies aus § 1185² mit § 1138 BGB. Das gleiche folgt hinsichtlich des dinglichen Rechts aus §§ 932, 868 ZPO.; der Erwerb der Hypothek durch den Eigentümer des Grundstücks tritt in diesen Fällen unbehindert dadurch ein, daß die Hypothek in der Zwischenzeit einem gutgläubigen Dritten übertragen wurde. Die Arresthypothek ist eben nichts weiter als eine nach § 868 ZPO. auflösend bedingte Höchstbetragshypothek nach § 1190 BGB. Als eine solche stellt sie sich auch nach dem Inhalte des Grundbuchs dar, so daß der gutgläubige Erwerber überhaupt nicht weitergehende Rechte zum Nachteil des Grundstückeigentümers erwerben kann. P.n.

m) **Eigentumsverhältnisse eines von einem schiffbaren Fluß durchströmten Sees.**

α) Kammergericht, II. ZS. Urteil v. 29. März 1912.

Gegen den Beklagten, Eigentümer eines Ritterguts, in dessen Grenzen ein von der Spree durchflossener See liegt, macht der klagende Fiskus geltend, daß der See nur eine natürliche Verbreiterung und Verflachung der dort von Natur schiffbaren Spree sei, somit im gemeinen Eigentum des Staates stehe und als eine dem Privatrechtsverkehr entzogene Sache daher auch nicht vom Beklagten durch die Auflassung des Gutes habe miterworben werden können. Die Klage ist jedoch unbegründet. Die Beweisaufnahme hat ergeben, daß der See früher, und zwar Jahrtausende lang, ein selbständiges, abgeschlossenes, von der Spree nicht durchströmtes Gewässer gewesen ist, daß die Spree, die früher im Zuge der alten Spree um den See herumgeflossen ist, sich erst vor einigen Jahrhunderten und zwar auf natürliche Weise, nicht infolge von Umlenkung durch Menschenhand, einen Weg durch den See gebahnt hat, und daß die Umlagerung der Spree aus dem alten in ihr neues Bett mindestens im 15. Jahrhundert begonnen hat und im 18. Jahrhundert im wesentlichen beendet war. Zwar steht vom geographischen Standpunkte aus nichts im Wege, heute den See als eine natürliche Erweiterung des Spreelaufs zu bezeichnen. Für die rechtliche Beurteilung der Eigentumsfrage sind aber die entwickelungsgeschichtlichen Verhältnisse des Sees maßgebend.

Für die weitere Prüfung, ob der See durch den späteren Eintritt der Spree ganz, oder falls die Spree nur einen Teil des Sees für ihr Bett beansprucht, insoweit öffentliches Gewässer geworden ist, kann das ALR. nicht maßgebend sein, da die Spree sich schon lange vor dessen Inkrafttreten den Weg durch den See gebahnt hat. Nach dem von beiden Parteien in Bezug genommenen gemeinen Recht ist aber nicht anzunehmen, daß durch den Eintritt der Spree in den See das Privateigentum an ihm erloschen ist, denn es schließt, wohl infolge der Einwirkung der deutschrechtlichen Grundsätze (RG. 52 S. 383), die Möglichkeit eines Privateigentums an der Stromrinne der öffentlichen Flüsse, zu welchen nach gemeinem Recht nicht nur die schiff- und flößbaren, sondern alle beständig fließenden Wasserläufe zählten, nicht aus (RG. 53 S. 100). Hinzu kommt, daß die Spree in dem See kein eigenes Bett hat, sondern das Bett zusammen mit dem Wasser des Sees benutzt, dem sie Wasser mitteilt und zugleich entzieht. Durch den Eintritt der Spree in den See ist also das mit dem Rittergut verbundene Privateigentum am See nicht erloschen; nur ist dem Eigentum mit dem Augenblick, in dem der durch den See gehende Spreearm schiffbar wurde oder schiffbar gemacht wurde, die öffentlich-rechtliche Belastung zur Duldung der Schiffahrt auferlegt worden. W. m.

β) OLG. Celle, IV. ZS. Urteil v. 12. Juli 1911.

Die entscheidenden Merkmale für den öffentlichen oder privaten Charakter eines Flusses können für die Feststellung des Charakters eines Sees nicht herangezogen werden, besonders auch hier nicht aus dem Gesichtspunkt, daß der See nur eine Erweiterung des Flußbettes der Becke sei. Es ist festgestellt, daß der Lauf der Becke nur eine kurze Strecke in den See hinein verfolgt werden kann, und daß es sich bei dem See um ein sumpfiges Moorgewässer handelt. Auch Landseen können unter Umständen öffentliche Gewässer sein, hier spricht aber die verhältnismäßig geringe Größe, die beschränkte Art der Nutzbarkeit, der Charakter des Wassers als eines sumpfigen Moorgewässers, das der allmählichen Versumpfung und Verringerung ausgesetzt ist, für die Annahme eines privaten Gewässers. Auch der Beklagte selbst hat im Laufe des Rechtsstreits zum Ausdruck gebracht, daß er den See als Privatgewässer betrachte, er würde sonst auch dem in erster Linie von ihm selbst beanspruchten Eigentumsrecht den Boden entziehen. Damit deckt sich auch die allgemeine Anschauung der Beteiligten ... Auch das Landratsamt hat den Eigentumsbesitz der Klägerin bescheinigt (Seuff. 11 Nr. 16, RG. 3 S. 247, **Regelsberger**, Pand. 1 § 117 IV, **Endemann**, Ländliches Wasserrecht §§ 2^{18}, 18^{4}).

Handelt es sich aber um ein dem Privateigentum unterworfenes Gewässer, so spricht doch keine Vermutung dafür, daß es bis zur Mittellinie den Anliegern gehöre. Nach dem römischen und gemeinen Recht fällt zwar das verlassene Flußbett eines öffentlichen Flusses den Uferanliegern zu, es fehlt aber an einem gesetzlichen Anhalt für die Annahme, daß das Eigentum an einem Privatfluß den Uferanliegern zustehe und daß eine Vermutung für ein solches Recht der Uferanlieger spreche. Es kann deshalb unerörtert bleiben, ob die Grundsätze für das Eigentum an Privatflüssen ohne weiteres auch auf das Eigentum an einem See schon mit Rücksicht auf die Schwierigkeit der Feststellung des Umfanges dieses Eigentums der einzelnen Anlieger Anwendung finden dürften. Qu.

n) **Nachbarrechte:** α) **Bedeutung des Art. 124 EG. zum BGB.**

OLG. Frankfurt, II. ZS. Urteil v. 23. Dezember 1910.

Nach dem Frankfurter Baustatut vom 11. Juni 1809 „darf niemand seinen Wasserablauf aus dem Hause so nahe an des Nachbars Mauer anlegen, daß diese durch Feuchtigkeit daher Schaden leiden könnte; eine zuwiderlaufende Anlegung ist auf die erste Anzeige des Nachbars alsbald abzustellen und der Schaden unweigerlich zu ersetzen". Der Kläger verlangte Ersatz des Schadens, den seine Grenzmauer durch Überlaufen der Dachrinne der Beklagten erlitten hatte. Allein ihm ist nicht darin beizutreten, daß die Beklagte auch ohne ein Verschulden aus dem Baustatut hafte. Allerdings läßt der Art. 124 EG. die landesgesetzlichen Vorschriften, die das Eigentum zugunsten des Nachbars noch andern, als den im BGB. bestimmten Beschränkungen unterwerfen, unberührt, doch wird dadurch die im Baustatut vorgesehene Schadensersatzpflicht nicht betroffen. Wie gerade ein Vergleich mit Art. 107 EG., der von dem Ersatze des an Grundstücken verursachten Schadens handelt, aber auch Sinn und Wortlaut genügend ergibt, will der Art. 124 nur die eigentlichen nachbarlichen Beschränkungen des Eigentums aufrecht erhalten. Er umfaßt in erster Linie die dinglichen Wirkungen der Landesgesetze und läßt etwaige obligatorische Verpflichtungen nur insoweit fortbestehen, als es sich um Verpflichtungen handelt, die mit den nachbarrechtlichen Eigentumsbeschränkungen untrennbar zusammenhängen, wie zB. die

Beiträge zu den Ausführungs- und Unterhaltungskosten von Grenzanlagen. Der Ersatzanspruch des Klägers ist daher nur nach § 823 rechtlich begründet. G.e.

β) **Abstand bei Neubauten im gemeinen Recht.**

OLG. Celle, IV. ZS. Beschluß v. 24. Februar 1910.

Das Präjudiz des OAG. Celle vom 8. Januar 1845 (Hann. GS. 11) stellt die fortdauernde Gültigkeit der l. 13 D. 10. 1 fest, nach welcher Neubauten einen Abstand von 2 Fuß von der Grenze des Nachbars haben müssen. Im übrigen spricht es sich nicht über die Tragweite jener Stelle aus. Diese bezieht sich aber, wie sie dem Titel finium regundorum angehört, so auch nach ihrer Fassung ausdrücklich auf die actio finium regundorum und findet deshalb nur da Anwendung, wo es sich um Grenzstreitigkeiten bei unbebauten Grundstücken handelt. J.z.

γ) **Glasziegel als Fenster des § 143 ALR. I 8.**

OLG. Marienwerder, III. ZS. Urteil v. 13. März 1912.

Die zwei Fenster des Klägers, die durch den Neubau der Beklagten völlig verdeckt werden, befinden sich im zweiten Stockwerk. Das dahinter liegende Zimmer empfängt noch von einer anderen Seite her Licht, so daß lediglich § 143 I 8 anwendbar ist. Es fragt sich deshalb, ob die in die Grenzwand eingelassenen Glasziegel als „Fenster" angesehen werden können. Das LG. hat dies ohne Grund verneint. Fenster sind Unterbrechungen oder Öffnungen im Mauerwerk, die bestimmt und geeignet sind, Licht in die dahinter liegenden Räume eindringen zu lassen. Lediglich hierauf kommt es an, etwas weiteres verlangt das Gesetz (§ 137 I 8) nicht. Es enthält keine Vorschriften, wie das Fenster beschaffen sein muß. Die größere oder geringere Stärke der Mauerausfüllung ist daher ohne Belang. Ebenso ist unerheblich, ob viel oder wenig Licht eindringt, wenn nur überhaupt der Lichteinfall möglich ist. Es ist deshalb auch ohne Bedeutung, wenn die Ausfüllung die ganze Breite der Mauer einnimmt und statt Scheiben aus Fensterglas Glasziegel verwendet sind. Endlich ist unerheblich, ob man hindurchblicken kann oder nicht, zumal es auch undurchsichtige Fensterscheiben gibt. Wie weit der Neubau zurückzutreten hat, läßt sich durch Berechnungen unschwer ermitteln.

Unstreitig sind die Glasziegel auf polizeiliche Anordnung an Stelle der Fensterscheiben in die Öffnungen eingelassen worden, um den früheren Zustand soweit als möglich aufrecht zu erhalten. Dieser Zweck ist aber auch erreicht worden, wenn schon die Lichtzufuhr infolge der Stärke der Ziegel schwächer geworden ist. Nach der Aussage des Zeugen, der das Zimmer vor der Errichtung des Neubaues bewohnt hat, haben die Glasziegel Licht hindurchgelassen; zwar konnte man dicht hinter den Fenstern nicht lesen und nicht schreiben; immerhin machte sich der Lichtschein bis in die Mitte des Zimmers hinein bemerkbar. Sonach handelt es sich hier um Fenster des § 143 I 8, die seit länger als zehn Jahren bestanden haben. Ob sich das nach dem Hofe zu befindliche Fenster vergrößern läßt und dadurch der Nachteil ausgeglichen werden kann, ist unerheblich. Auf die Polizei-V. von 1902 kann sich die Beklagte gegenüber dem Privatrecht des Klägers nicht berufen (RG 35 S. 183). Dieser hat aber keinen Anspruch auf dieselbe Lichtmenge wie bisher. Die Lichtzufuhr wird zweifellos auch dann noch immer geringer als früher sein, wenn der Beklagte in dem vorgeschriebenen Maße zurücktritt. Zu etwas weiterem aber ist er nicht verpflichtet, als mit seinem Neubau von dem unteren Rande der Glasziegelfenster so weit zurückzutreten, daß ein Mensch mittlerer Größe in aufrechter Haltung mit aufwärts gerichtetem Blick aus den ungeöffneten Fenstern in der Breite der Fenster den Himmel sehen kann, wenn die Fenster statt mit Glasziegeln mit durchsichtigen Scheiben versehen wären. Eine bestimmte Weisung über die Art des Zurücktretens konnte dem Beklagten nicht erteilt werden. Wie er dem Urteil nachkommen will, muß, da mehrere Möglichkeiten denkbar sind, ihm überlassen bleiben. Er braucht nicht mit dem ganzen Gebäude zurückzutreten, sondern nur von der Unterkante des Fensters an und auch nur in der Breite der Fenster. Er kann sich unter Umständen durch Anlegung eines Lichtschachtes helfen, der unten dicht unterhalb der Fenster abschließt und nach oben so weit wird, daß der obere Rand des Schachtes in der vorgeschriebenen Entfernung zurückbleibt (Gruchot 41 S. 645). Wgr.

Dazu: **Passivlegitimation bei Ansprüchen aus dem Fensterrecht.**

OLG. Marienwerder, I. ZS. Urteil v. 21. November 1910.

Der Kläger verlangt als Eigentümer, daß der Neubau auf dem Nachbargrundstücke des Beklagten in einem gewissen Umfange zurücktrete. Der Anspruch beruht auf dem in den §§ 142, 143 I 8 geregelten Fensterrechte. Als Eigentümerin ist aber im Grundbuche die Frau des Beklagten eingetragen und dieser hat deshalb seine Passivlegitimation bestritten. Unter diesen Umständen hätte der Kläger das Bestehen der Gütergemeinschaft behaupten müssen; sicherlich hätte er es auch behauptet, falls sie bestände. Da aber lediglich die Frau des Beklagten Eigentümerin des Nachbargrundstücks ist, kann der Anspruch nur gegen sie geltend gemacht werden.

Über die rechtliche Natur des Fensterrechts hat lange Zeit Streit geherrscht (vgl. Eccius 3 § 170[37]). Das RG. 44 S. 312 lehnt jetzt aber namentlich die Annahme einer Grundgerechtigkeit ausdrücklich ab und faßt es als eine gesetzliche, nachbarrechtliche Einschränkung des Eigentums auf. Dem ist beizutreten. An sich darf jeder Eigentümer auf seinem Grund und Boden nach Belieben bauen. Liegen aber die Voraussetzungen der §§ 142, 143 vor, so muß er sich bei einem Neubau die dortigen Beschränkungen auferlegen. Er ist ohne weiteres kraft Gesetzes der dem Nachbar gegenüber Verpflichtete. Er hat also natürlich auch, wenn er den Neubau nicht selbst ausführt, dafür zu sorgen, daß der Bauende die gesetzlichen Schranken nicht überschreite. Dagegen kann der Bauende, der selbst nicht Eigentümer ist, nicht belangt werden, denn es handelt sich eben nicht um ein absolutes Recht des Nachbars, das gegen jeden Störer verfolgt werden könnte, sondern aus den §§ 142, 143 ergeben sich Rechtsbeziehungen nur zwischen den beiden Nachbareigentümern. Wie die Sache zu beurteilen sein mag, wenn der Bauende zwar nicht Eigentümer, wohl aber Nießbraucher oder etwa Mieter (Pächter) (im Sinne des ALR. also immerhin ein dinglich Berechtigter) ist, braucht nicht untersucht zu werden. Jedenfalls gilt das Gesagte dann, wenn wie hier der Dritte, Bauende, kein derartig dinglich Berechtigter ist, sondern lediglich in seiner Eigenschaft als Bauender in Betracht kommt. Tatsächlich hat sich keine Entscheidung, bei der ein Anspruch aus den §§ 142, 143 gegen einen Nichteigentümer verfolgt wurde, ermitteln lassen. Umgekehrt ergaben die vorliegenden Entscheidungen und die zu den §§ 142, 143 in den Lehrbüchern und Kommentaren gemachten Ausführungen, daß überall unter dem Verpflichteten der Nachbareigentümer verstanden worden ist. Strieth. 61 S. 26 versteht zB. unter „Nachbarn" die Eigentümer unmittelbar aneinander grenzenden Grundstücke. Eccius stellt an die Spitze seiner das Fensterrecht betreffenden Erörterungen den Satz: „Der Eigentümer darf dem Gebäude des Nachbarn Licht und Luft in gewissem Maße nicht entziehen." Wenn Rehbein (ObTr. 1 S. 832) sagt: „auf seiten des Verpflichteten ist Voraussetzung ein Neubau", so zeigt dies, daß er damit nur den Grundstückseigentümer, nicht einen beliebigen dritten Störer gemeint hat, denn ein solcher hätte in diesem Zusammenhange niemals als „Verpflichteter" bezeichnet werden können.

Die Richtigkeit der vorstehenden Ansicht ergibt sich schließlich auch aus folgender Erwägung: Das LG. hat, indem es von der wohl unbedenklich richtigen Annahme ausging, daß die Voraussetzungen des § 143 im übrigen vorlagen, dem Beklagten aufgegeben, mit dem Neubau zurückzutreten, dh. den Neubau zurückzurücken, also eventuell teilweise abzubrechen. Für den Fall der Zuwiderhandlung ist dann eine Geldstrafe angedroht. Dies erscheint unzulässig. Das Zurückrücken bildet keine Handlung, die ausschließlich von dem Willen des Beklagten abhängig wäre und durch einen Dritten nicht vorgenommen werden könnte, also gemäß § 888 ZPO. zu vollstrecken wäre. Vielmehr würde die Anordnung gemäß § 887 ZPO. zu vollstrecken sein. Würde nun die Ermächtigung auch erteilt, so würde das Zurückrücken des Neubaus doch niemals ausgeführt werden können, wenn die Frau des Beklagten als Eigentümerin des mit ihrem Grund und Boden verbundenen Neubaus (§§ 93, 94 BGB.) widerspricht. Hierzu ist sie aber ohne weiteres berechtigt, solange nicht ihr gegenüber ein vollstreckbarer Titel vorliegt. Daraus ergibt sich, daß der Anspruch nur gegen sie verfolgt werden kann. Wr.

o) **Überragen des Gesimses über die Nachbargrenze.**

OLG. Hamburg, VI. ZS. Urteil v. 6. Oktober 1910.

Die Beklagte gibt zu, daß das Gesims ihres Gebäudes in den Luftraum des Klägers hinüberragt, sie meint aber, daß der Kläger an der Beseitigung des Gesimses kein Interesse hätte. Allein will der Kläger, wozu er an sich berechtigt ist, einen höheren Bau errichten, so können ihm durch das Gesimse leicht Schwierigkeiten entstehen. Ob er jetzt schon beabsichtigt, oder davon vorläufig absehen will, ist unerheblich, da er ein Interesse daran hat, in der Ausnutzung seines Grundstücks, sei es auch erst in einer ferner liegenden Zukunft, nicht durch einen rechtswidrigen Eingriff der Nachbarn behindert zu werden. Ebenso ist ohne Bedeutung, ob er ein größeres oder geringeres Interesse an der Beseitigung des Gesimses hat; jedes, auch das geringste, wirkliche Interesse schließt den § 905 Satz 2 aus.... Die Beklagte kann sich auch der Verpflichtung, das Gesimse zu beseitigen, nicht durch die Ausstellung eines Reverses entziehen, der den Kläger befugt, im Falle der Errichtung eines höheren Baues das Gesimse selbst abzuschlagen. Denn wenn er nach dem Gesetze nicht das Gesimse zu dulden hat, so ist er auch nicht verpflichtet, es zu dulden gegen die Verpflichtung der Beklagten, es später einmal zu entfernen oder die Entfernung durch den Kläger zu gestatten. Er braucht sich nicht darauf vertrösten zu lassen, daß er später, vielleicht unter großen Weiterungen der Beklagten oder deren Rechtsnachfolger, auf Grund des Reverses die Beseitigung soll verlangen können, wenn er heute schon die Beseitiguug fordern darf. M.M.

p) **Fortgeltung der Berliner Bauobservanzen.**[1]

Kammergericht, XIV. ZS. Urteil v. 1. Juli 1912.

Die BauO. für die Stadt Berlin v. 30. November 1641, das durch die V. v. 6. August 1763 bestätigte Gutachten der Kriegs- und Domänenkammer v. 3. Juli 1763 und die gesammelten Spezialbauobservanzen für Berlin haben, soweit sie die Baubefugnis zum Besten der Nachbarn einschränken und die Befugnis zum Bauen an der Grenze regeln, noch jetzt in den Teilen Berlins, in denen sie Geltung hatten, Gültigkeit. Nach III, IV, VII des PublPat. v. 5. Februar 1794 sind die bei Verkündung des ALR. schon bestehenden Observanzen da, wo wie in Berlin kein Provinzialgesetzbuch eingeführt ist, bestehen geblieben (ObTr. 45 S. 79, Gruchot 29 S. 676) und auch durch EG. Art. 124 aufrecht erhalten. Nach Tit. IV §§ 1, 3, 6 der Bauobserv. (Grein, Baurecht Anh. 15) schränken Fenster in der Wand des Nachbargrundstücks das Recht, hart an der Grenze zu bauen, selbst dann nicht ein, wenn durch den Bau Räumen des Nachbars Licht und Luft gänzlich entzogen wird, sofern der Nachbar nicht durch besondere Rechtstitel das Recht erworben hat, dem angrenzenden Eigentümer das Verbauen vorhandener Fenster zu untersagen. Hier ist durch Verjährung ein derartiges Untersagungsrecht nicht erworben, da nicht nachgewiesen ist, daß vor 1880 jemals Gelegenheit zur Ausübung eines solchen gegeben war, die 30jährige Verjährungsfrist aber bis zum 1. Januar 1900 nicht abgelaufen ist. Die Behauptung des Beklagten aber, daß ihm der Vorbesitzer der Kläger vertragsmäßig ein solches Untersagungsrecht durch Vergleich 1880 eingeräumt habe, ist durch die Beweisaufnahme widerlegt. F.r.

[1] Da das BGB. das Fensterrecht nicht besonders regelt und namentlich im § 907 nicht das Verbauen der Fenster dem Nachbar verbietet, bleibt es bei der allgemeinen Vorschrift des § 903; damit stimmt der § 24 der BauO. von 1641 überein, der dem Nachbar erlaubt, die Fenster zu verbauen, sofern nicht der Eigentümer ein besonderes Untersagungsrecht erworben hat (Urteil desselben ZS. v. 20. Dez. 1909 U 6976/09).

Dazu: α) **Eigentumsbeschränkungen hinsichtlich des Wasserlaufs.**

OLG. München, I. ZS. Urteil v. 14. Juli 1910.

Sowohl das Bay. Wassergeſ. vom 28. Mai 1852 § 35 als auch das Geſ. v. 23. März 1907 Art. 17² verbieten nur dem Unterlieger, den natürlichen Abfluß des Waſſers von dem höher liegenden Grundſtücke zu deſſen Nachteil zu hindern; er darf demnach nicht durch Veranſtaltungen oder Vorrichtungen auf ſeinem Grundſtück objektiv eine Behinderung des Waſſerablaufes von dem höher gelegenen Grundſtück und dadurch für letzteres einen Nachteil, dh. einen materiellen Schaden herbeiführen. Dagegen iſt eine vom Unterlieger auf ſeinem Grundſtücke getroffene Vorrichtung nicht ſchon deshalb geſetzwidrig, weil ſie dazu angetan iſt, den Oberlieger zu beläſtigen und ihm die wirtſchaftliche Ausnützung ſeines Grundſtücks zu erſchweren; auch fällt der Gewinnentgang infolge dieſer Beeinfluſſung des Waſſerablaufes nicht unter den Begriff des „Nachteils". So wenig der Unterlieger das auf ſein Grundſtück ablaufende Waſſer weiter zu leiten und Hemmniſſe, die ſich dem Waſſerablauf entgegenſtellen, zu beſeitigen hat, ſo wenig iſt ihm demnach verwehrt, das vom oberen Grundſtücke kommende Waſſer auf ſeinem Grund und Boden in Gräben zu faſſen und für ſich zu verbrauchen; die einzige ihm hierbei gezogene Schranke iſt die, daß er den Waſſerablauf nicht zum Nachteil des höher gelegenen Grundſtückes ſtören darf. P.n.

β) **Art. 109 EG. geſtattet dem Landesgeſetz die Entziehung eines bereits entſtandenen Schadensanſpruches.**

OLG. Hamburg, III. ZS. Urteil v. 20. Februar 1912.

Nach Art. 109 hatten die Landesgeſetze freie Hand, ob ſie für eine Beſchränkung des Eigentums Entſchädigung gewähren wollten oder nicht. Wie angenommen werden muß, konnten ſie dann auch über die etwa zugebilligten Entſchädigungsanſprüche — über Entſtehen, Inhalt, Erlöſchen — nähere Beſtimmungen treffen. Es wäre nicht einzuſehen, welches Intereſſe das Reich gehabt haben könnte, die weſentlichſte Frage nach der Bewilligung von Entſchädigungen den Bundesſtaaten zu überlaſſen, dieſe in der Ausgeſtaltung ſolcher Anſprüche aber zu beſchränken. Daß das nicht gemeint war, ergibt denn auch deutlich der Art. 109 S. 2. Das Reich erläßt zum Schutze der Rechte Dritter eine Vorſchrift, erlaubt aber auch inſoweit den Bundesſtaaten eine abweichende Regelung. Weshalb gerade für die Vorſchriften über das Erlöſchen der Anſprüche, wie zB. für die über die Verjährung, beſonders gelten ſollte, iſt nicht einzuſehen. Die hamburgiſche Geſetzgebung war hiernach in der Lage, über das Erlöſchen der von ihr begründeten Schadensanſprüche auch ihrerſeits zu beſtimmen. Beiſpielsweiſe konnte alſo auch vorgeſchrieben werden, daß die Anſprüche ſo lange ſollten geltend gemacht werden dürfen, als nicht durch die Geſetzgebung etwas anderes beſtimmt werden würde. War das möglich, ſo konnte nach Art. 3 dasſelbe Ergebnis auch durch ein neues Geſetz herbeigeführt werden. Die bereits entſtandenen Schadensanſprüche konnten wieder entzogen werden. Dieſes Ergebnis entſpricht auch der Natur der Sache. Hat das Reich den Bundesstaaten gestattet, den einzelnen Eigentümer in bestimmtem Umfange ohne Entschädigung zu beschränken, so hat es auch keinen Anlaß gehabt, die von der Landesgesetzgebung begründeten Schadensansprüche unter seinen Schutz zu nehmen. M. M.

q) **Entziehung des Grundwassers durch Brunnen.**

α) OLG. Breslau, IV. ZS. Urteil v. 16. März 1912.

Die beklagte Stadt hatte auf ihrem Grundstücke Brunnen zur Speisung des Städtischen Wasserwerks angelegt. Dadurch sind auf dem angrenzenden Grundstücke infolge Senkung des Grundwasserspiegels Nachteile hervorgetreten, für die der Kläger Schadenersatz fordert. Die Beklagte beruft sich auf § 130 I 8 ALR. Allein dafür, daß diese Bestimmung als wasserrechtliche gemäß Art. 65 EG. aufrecht erhalten bliebe, ist Art. 89 AusfG. z. BGB. nicht von entscheidender Bedeutung. Die Fortgeltung ist nicht unzweifelhaft; das RG. (JW. 1910 S. 150) und die Begründung des Entwurfs eines Wassergesetzes scheinen sie zu bejahen. Es war indessen nicht erforderlich, zu dieser Frage abschließend Stellung zu nehmen. Die eigentliche Bedeutung des § 130 beruht auf seiner Beziehung zu §§ 129, 131, 132, wonach Brunnen des Nachbars durch Anlagen nicht verunreinigt oder unbrauchbar gemacht werden dürften, neue Brunnen drei Werkschuh von der Grenze anzulegen seien und unter diesem nicht gegraben werden dürfe. Um Zweifeln vorzubeugen, wird hervorgehoben, daß, abgesehen von diesen Ausnahmen, es bei der schon in § 26 I 8 ausgesprochenen Freiheit im Gebrauch des Eigentums verbleibt. Selbst will der § 130 eine nicht schon in § 26 enthaltene Einschränkung nicht vorschreiben; insonderheit ist aus ihm nicht zu entnehmen, daß das Wasser nur entzogen werden dürfe, falls der Brunnen für Zwecke des Grundstücks, auf dem er angelegt, bestimmt sei (RG. 16 S. 230, 26 S. 226, 35 S. 172). Da sich die in ihm umschriebenen Rechte schon aus §§ 1, 13, 26 I 8 ergeben und der hieraus ersichtliche Eigentumsbegriff kein anderer ist als der vom BGB. vorausgesetzte, erscheint es entbehrlich, den § 130 für diese Entscheidung heranzuziehen.

Die schädlichen Einwirkungen haben 1905 begonnen. Abgesehen von § 130 I 8 ist der Klaganspruch daher nach BGB. zu beurteilen. Das Recht ausschließlicher Herrschaft über das Grundstück umfaßt regelmäßig auch den Erdkörper unter der Oberfläche (§ 905), mit diesem auch das in ihm befindliche Wasser. Wie aber das Eigentum am oberirdischen Wasserlauf hinsichtlich der einzelnen Welle aus natürlichen Gründen sich auf das Recht, das jeweilig vorüberfließende Wasser zu benutzen, beschränkt (Eccius[3] S. 151, RG. 16 S. 179), entziehen sich auch die im Grundwasser oder in oberirdischen geschlossenen Behältern (Teich, Brunnen) befindlichen Wasserteilchen der Herrschaft des Eigentümers, sofern sie auf natürlichem Wege abfließen oder versickern und auf das Nachbargrundstück gelangen; die Verfügungsbefugnis umfaßt nur die mit seinem Boden noch zusammenhängende Wassermenge; ist dieser Zusammenhang nicht mehr vorhanden, stehen ihr die Eigentumsrechte des Nachbars entgegen. Daß etwa das Eigentum an der unterirdisch auf natürlichem Wege abgeflossenen Wassermenge fortdaure und die Herausgabe verlangt werden könne, ist aus dem BGB. nicht abzuleiten. Der Eigentümer ist berechtigt, den Abfluß ganz oder teilweise zu verhindern. Tut er es nicht, sei es auch, weil es unausführbar wäre, kann er nicht geltend machen, daß der Nachbar durch Anlagen, die sich auf dessen Grundstück beschränken, den Abfluß befördere. Es würde die an sich schrankenlose Freiheit des Nachbars in der Ausübung seiner Herrschaftsbefugnis verletzen, wenn ihm verwehrt sein sollte, das innerhalb seiner Grundstücksgrenzen sich ansammelnde Wasser nur deshalb nicht zu benutzen, weil er sein Recht außergewöhnlich oder nicht für wirtschaftliche Zwecke des wasserenthaltenden Grundstücks selbst, sondern für sonstige Zwecke ausnutze. Für das bisherige Recht hat das RG. das Recht des Grundeigentümers anerkannt, über das in seinem Grundstück befindliche Wasser beliebig ohne Rücksicht auf den Nachbar zu verfügen. Diese Ansicht hat es auch für das jetzige Recht ausdrücklich bestätigt (Gruchot 1910 S. 1014, vgl. auch JW. 1910 S. 150). In der Literatur (Holtz, PrVerwBl. 1910 S. 159ff.) und im Wassergesetzentw. wird die gleiche Auffassung vertreten. M. r.

Dazu: OLG. München, III. ZS. Urteil v. 13. Mai 1910.

Die beklagte Ortsgemeinde hat bei Herstellung ihrer Wasserleitung einen Teil der Quellfassung im Erdkörper unter der Oberfläche des klägerischen Grundstücks angebracht. Es handelt sich hier allerdings nur um eine geringe Tiefe von 3 m; allein maßgebend sind nicht Höhe und Tiefe allein für sich, vielmehr kann je nach der Art der Einwirkung in dem einen Falle bei größerer Tiefe ein Interesse an der Ausschließung gegeben sein und in einem anderen Falle auch bei geringerer Tiefe fehlen. Hier hatte der Kläger ein wohlbegründetes Interesse daran, daß auf dem Nachbargrundstücke an der Grenze seines Grundstückes Wasserleitungsarbeiten nicht vorgenommen werden, da diese Arbeiten Grabungen erforderten, die auch sein Grundstück bedrohten. Allein diesem Interesse trägt das Gesetz nur insofern Rechnung, als es die Sorge für eine genügende anderweitige Befestigung des Bodens des bedrohten Grundstückes verlangt (§ 909). Unter dieser Voraussetzung hatte der Kläger jedoch kein Interesse, weder ein vermögensrechtliches noch ein persönliches Interesse daran, ob mit dem Bau unmittelbar an der Grenze eingehalten wurde oder ob noch $1^1/_4$ cbm des zu seinem Rechtskreise gehörigen Erdkörpers in Benützung genommen wurden. Diese besteht in der Einlegung einer Quellfassung, die aus einer Tonröhre nebst Natursteinen und Grobkies als Umgebung und einer Betonwandung und einem Lettenschlage als Schutzmittel gegen den Druck des Erdkörpers hergestellt ist; dadurch hat die Festigkeit des Erdreiches nichts eingebüßt; es erscheint die Oberfläche über dem Einbau sogar noch mehr gegen eine Senkung gesichert als früher. Auch die Ertragsfähigkeit des Grundstückes wird nicht verschlechtert; ebensowenig ist auch der Wert des Grundstückes geschmälert. An diesem Ergebnis wird dadurch nichts geändert, daß das Sammelrohr schon auf dem klägerischen Grundstücke Grundwasser in sich aufnimmt. Da hierfür die durch die Betonwandungen beanspruchte Fläche nicht in Betracht kommt, handelt es sich um das Grundwasser einer Fläche von 0,75 qm und eines Raumes von 1/2 cbm; nach dem Gefälle dieses Grundwassers ist zudem zu schließen, daß es auch dann in die Quellfassung abfließen würde, wenn diese erst außerhalb des Grundes des Klägers beginnen würde. In Anbetracht dieser beiden Umstände fehlte auch hier ein Interesse des Klägers an dem Ausschlusse der Einwirkung. P.n.

β) **Aufschüttungen auf dem Nachbargrundstück.**

OLG. Hamburg, IV. ZS. Urteil vom 24. November 1911.

An sich darf jeder Eigentümer ohne Rücksicht auf die Nachbarn sein Land erhöhen. Das folgt aus der allgemeinen Vorschrift des § 903. Daß hier ein Landesgesetz die Aufschüttung verbiete, ist nicht behauptet. Ebensowenig hat der Kläger dargetan, daß ihm ein erworbenes (subjektives) Recht auf Untersagung der Aufschüttung zustehe. Er kann deshalb auch nicht verlangen, daß zwischen der Einfriedigung seines Grundstückes und der Aufschüttung ein Zwischenraum bleibe, so zwar, daß diese Einfriedigung nicht nur nach der Seite seines Gartens, sondern auch nach der Außenseite hin vollständig freiliege. Nur darauf hat er einen Anspruch, daß durch die Aufschüttungen auf die Substanz seines Grundstückes und der auf diesem errichteten Anlagen nicht unzulässig eingewirkt werde. Solche Einwirkung behauptet er dahin, daß die Einfriedigung stellenweise verdrückt, insbesondere morsch geworden sei und beansprucht Zahlung von 200 Mark. Diesem Anspruch ist dem Grunde nach stattzugeben. Durch die feuchte Erde, die gegen die Holzeinfriedigung geschüttet wurde, hat sich auch der letzteren Feuchtigkeit mitgeteilt, die das Morschwerden der Einfriedigung beschleunigte. Die Beklagte trifft auch ein Verschulden, denn sie hätte ihre Leute anweisen müssen, Vorkehrungen zu treffen, welche die Einwirkung der Erdfeuchtigkeit auf das Geländer des Klägers ausgeschlossen hätten. Einen Entlastungsbeweis aus § 831 hat sie nicht angetreten. Unrichtig ist die Meinung des LG., eine Haftung der Beklagten für das Vermorschen sei deshalb ausgeschlossen, weil nicht sowohl das Hineinwerfen der Erdmassen, als vielmehr deren langes Lagern die Feuchtigkeit entwickelte, für dies Lagern aber nicht die Beklagte, sondern der lübeckische Staat hafte, dessen Pflicht es gewesen wäre, die Erdmassen zu beseitigen. Vielleicht besteht aus der letzteren Erwägung heraus auch ein Ersatzanspruch gegen den Staat. Er beseitigt aber nicht den aus der schadenbringenden Handlung einmal erworbenen Anspruch gegen die Beklagte. Diese Handlung ist das Hineinwerfen der Erdmassen ohne Anwendung von Schutzmaßregeln. Durch das Liegenbleiben hat sich der Schaden allerdings vergrößert. Das bildet aber eine unmittelbare Folge des Hineinwerfens, und deshalb hat auch hierfür die Beklagte nach § 823[1] aufzukommen. M. M.

γ) **Überführung von Sand und Wasser durch eine Feldbahn.**

OLG. Marienwerder, I. ZS. Urteil v. 26. Januar 1911.

Der Kläger als Eigentümer des Landes, an das die von den Beklagten angelegte Bahn grenzt, klagt gegen denjenigen, durch dessen Willen der angeblich dem Inhalt des Eigentums widersprechende Zustand aufrecht erhalten wird. Das sind hier in erster Reihe die Beklagten, so daß dahingestellt bleiben kann, ob noch daneben diejenigen haften, mit deren Erlaubnis sie die Bahn gelegt haben und über deren Grundbesitz die Bahn führt. Bei stärkerem Regen- oder Tauwetter läuft an den Stellen, wo die Roßbahn in gleicher Ebene mit dem Acker des Klägers liegt, das Wasser unter Mitführung von Sand von der Chaussee über die Bahn auf jenen Acker, Einwirkungen, die zweifellos auf die von den Beklagten hergestellte und unterhaltene Anlage zurückzuführen sind. Diese Störungen seines Eigentums, die naturgemäß bei unverändertem Weiterbestehn der Bahnanlage fortdauern, braucht der Kläger nicht zu dulden. Es steht nichts im Wege, daß er zu dem Zwecke ein positives Tun des Beklagten und deshalb in der von ihm gewählten Weise die Herstellung von Vorkehrungen gegen die unzulässigen Einwirkungen verlangt (Planck 4a zu § 1004). Er braucht zur Erlangung eines obsiegenden Urteils nicht (ziffermäßig) zu behaupten und zu beweisen, wieweit die Einwirkung durch den Beklagten reicht; vielmehr genügt die Behauptung und der Nachweis, daß sie auf sein Eigentum einwirken. W.r..

δ) **Berichtigung des Katasters.**

OLG. Breslau, III. ZS. Urteil v. 22. Dezember 1910.

Die Klage, mit der die Einwilligung des Beklagten in die Berichtigung der Katasterkarte verlangt wird, stellt die Eigentumsfreiheitsklage aus § 1004 dar. Der § 894 ist nicht anwendbar, weil der Kläger nicht eine Berichtigung des Grundbuchs anstrebt. Auch § 920 greift hier nicht Platz, da es sich hier nicht um eine Grenzverwirrung handelt. Im Kataster ist die Lage des hier streitigen Trennstücks, das nach dem Bestandsverzeichnisse zu dem Grundstücke des Beklagten gehört, so gezeichnet, daß sie unter einem Teile des Gebäudes des Klägers liegt. Dieser behauptet, daß sein Gebäude in vollem Umfang auf seinem Grundstücke liege und daß das streitige Trennstück auf der Katasterkarte falsch eingezeichnet sei. Wenn diese insoweit unrichtig ist, wird das Eigentum des Klägers an jenem Teile der Erdoberfläche beeinträchtigt. Denn mit Rücksicht auf § 2^2 GrBO., Art. 2 der V. vom 13. und § 3 der AVf. vom 20. November 1899 ist es unausbleiblich, daß dem Kläger aus der Unrichtigkeit des Katasters Schwierigkeiten bei der Verfügung über sein Grundstück, namentlich bei seiner Veräußerung und Belastung erwachsen, abgesehen davon, daß er vom Beklagten Ansprüche aus dem vermeintlichen Überbau nach § 912 zu besorgen hat. Indem der Beklagte sich auf die den Kläger beeinträchtigende Darstellung des Trennstücks in der Gemarkungskarte beruft, beeinträchtigt er seinerseits das Eigentum des Klägers. Dieser kann daher vom Beklagten als dem Störer die Beseitigung nach § 1004 verlangen;

und zwar dann, wenn er ein Bedürfnis auf Schutz dieses Rechtes hat, also die Beeinträchtigung nicht ohne Mitwirkung des Beklagten beseitigen kann. Dies ist aber anzunehmen. Denn in sinngemäßer Anwendung der fortgeltenden Nr. V² AVf. v. 5. Juni 1877 (JMBl. 105) darf das Katasteramt die Gemarkungskarte nur berichtigen, wenn die beteiligten Eigentümer damit einverstanden sind, vgl. auch den § 12 Nr. 2 der Anw. II v. 21. Februar 1896 (Neudruck 1907); die Einholung der dort erwähnten Zustimmung des Amtsgerichts kam hier nicht in Frage, weil bestimmt zu erwarten war, daß auch das Amtsgericht die streitenden Beteiligten auf den Prozeßweg verweisen würde. Das Katasteramt handelte also im Einklange mit den geltenden Vorschriften, als es sich wegen Fehlens der Grenzanerkennung durch den Beklagten außer stande erklärte, das Ergebnis der Vermessung fortzuschreiben. Keinesfalls verlangten es Treu und Glauben, daß sich der Kläger gegen den offenbar zu Recht ergangenen Bescheid des Katasteramts zunächst beschwerte.

Der Kläger hat auch den ihm obliegenden Beweis dafür, daß die Lage des Trennstücks in der Gemarkungskarte falsch eingezeichnet ist, erbracht. Der Hinweis des Beklagten auf den Glauben des Grundbuchs versagt hier auch, denn aus dem Gutachten geht hervor, daß die Katasterkarte Unrichtigkeiten enthält, die ihr hier jede Beweiskraft nehmen. In solchem besonderen Fall erstreckt sich der Glaube des Grundbuchs auf die Bestandsangaben keinesfalls, weder nach altem noch nach neuem Rechte. R.t.

r) **Unzulässige Einwirkung durch Bienenflug.**

OLG. Stuttgart, II. ZS. Urteil v. 21. März 1912.

Der § 906 beruht wie der § 905 Satz 2 offensichtlich auf der zutreffenden gesetzgeberischen Erwägung, daß die Bedürfnisse des Lebens die starre Durchführung des in § 903 ausgesprochenen, durch § 905 Satz 1 auch auf den Luftraum über der Oberfläche und auf den Erdkörper unter der Oberfläche des Grundstücks erstreckten Grundsatzes der Eigentumsfreiheit untunlich erscheinen lassen, weil die menschliche Tätigkeit mit Notwendigkeit mittelbare Einwirkungen auf fremdes Grundeigentum hervorbringt, die wenigstens in bestimmten Grenzen ertragen werden müssen, damit nicht jede solche Einwirkungen äußernde Tätigkeit unterbunden wird. Dies war auch schon der

[1] Wer durch die Bebauung seines Grundstücks den darunter befindlichen Moorboden auf das Nachbargrundstück drängt, erschüttert dieses in einer über das Maß des § 906 weit hinausgehenden Weise und ist deshalb nach § 823 ersatzpflichtig (OLG. Kiel, II. ZS. Urteil v. 28. September 1909). Wenn auch der Beklagte die das Geräusch hervorrufende Kreissäge jetzt durch eine Futschelsäge ersetzt hat, so ist doch nicht ausgeschlossen, daß er eines Tages mit letzterer unzufrieden ist und die Kreissäge durch einfaches Zusammensetzen der auseinandergenommenen Teile wieder in Betrieb setzt; er kann deshalb nicht Abweisung der Klage verlangen (KG., XIV. ZS. Urteil v. 21. Nov. 1910 U 7192/10). Gleiches gilt, wenn Beklagter den alten Zustand jederzeit ohne Schwierigkeit dadurch wiederherstellen kann, daß er entweder die beiden Türen, die aus dem Dreschmaschinenraum nach dem Anwesen des Klägers gehen und nur zugenagelt sind, zur Herbeiführung des Abzugs des beim Dreschen entstehenden Staubs öffnet oder einige Dachziegel hochstellt und dadurch Luftöffnungen herstellt (OLG. Colmar, IV. ZS. Urteil v. 12. Januar 1911).

Standpunkt des gemeinen Rechtes, das in ausdehnender Auslegung der Quellenstellen (bei Windscheid Pand. 1 § 169[7]) sogar dazu gelangte, grundsätzlich solche Einwirkungen (Immissionen) zu gestatten und dem Grundeigentümer ein Untersagungsrecht nur gegen eine das gewöhnliche Maß des Erträglichen überschreitende Einwirkung zu gewähren. Hat auch das BGB. den gemeinrechtlichen Grundsatz der Immissionsfreiheit nicht aufgenommen, sondern den der Eigentumsfreiheit auch gegenüber Immissionen festgehalten, so äußert sich diese Verschiedenheit der Auffassung im wesentlichen doch nur darin, daß der negatorisch klagende Grundeigentümer, während er nach gemeinem Recht eine übermäßige Einwirkung zu beweisen hatte, nach BGB. nur das Stattfinden einer Einwirkung überhaupt zu beweisen braucht und dem immitierenden Beklagten den Nachweis überlassen kann, daß die Einwirkung sich innerhalb der durch das Gesetz gezogenen Grenzen hält; die gesetzgeberische Erwägung, daß der Grundeigentümer, um nicht dem Nachbar jede Immissionen hervorrufende Tätigkeit unmöglich zu machen, Immissionen innerhalb gewisser Grenzen dulden muß, ist im BGB. dieselbe geblieben, wie im gemeinen Recht.

Als Einwirkungen führt der § 906 die Zuführung von Gasen, Dämpfen, Gerüchen, Rauch, Ruß, Wärme, Geräusch und Erschütterungen an und gewährt sodann durch den verallgemeinernden Beisatz: „und ähnliche Einwirkungen" („und dergleichen", wie I § 850 sich ausgedrückt hatte) die Möglichkeit, auch noch andere Einwirkungen den ausdrücklich genannten gleichzustellen. Damit sollen, wie die Mot. 3 S. 246 besagen, von den unter die Bestimmung fallenden Einwirkungen, für die, wenn sich auch ein in allen Fällen klar entscheidendes Merkmal nicht aufstellen lasse, doch der Kürze halber der Ausdruck „Immission von Imponderabilien" gewählt werden könne, nur die hauptsächlichsten Beispiele angeführt und die weitere Entwicklung des leitenden Gedankens der Praxis überlassen werden. Die Beispiele führen einerseits Immissionen von gasförmigen und in der Luft suspendierten Körpern an, die der Bewegung des Luftmeeres folgen, wie sie schon durch die gewöhnlichen Lebensfunktionen und mehr noch durch die wirtschaftlichen und gewerblichen Vorgänge dem Luftmeer überliefert werden (Gase, Dämpfe, Rauch, Ruß), andererseits Immissionen physikalischer, in der Luft oder in der Erde sich weiter fortpflanzender Wirkungen menschlicher Tätigkeit (Wärme, Geräusch, Erschütterungen) — so die Mot. aO. — Wird daher bei der Frage, ob auch die Immission von Bienen zu den „ähnlichen Einwirkungen" gerechnet werden kann, das Hauptgewicht auf die Ähnlichkeit der Art der immittierten Körper gelegt — die Immission physikalischer Wirkungen könnte zur Vergleichung überhaupt nicht herangezogen werden —, so wird man allerdings, da im Gegensatz zu den in den Beispielen genannten Körpern Bienen nicht nur erheblich größere feste Körper darstellen, sondern vor allem auch Lebewesen mit instinktmäßiger Eigenbewegung sind, mit der herrschenden Meinung (Planck, Nr. 3; Staudinger, I 5 a und bb; Biermann, Nr. 1; Turnau-Förster, N. 2;

Neumann, I[1] zu § 906) zur Verneinung der Frage kommen müssen. Eine andere Beurteilung ergibt sich dagegen, wenn, worauf auch die in den Motiven bei den beiden unter sich wesentlich verschiedenen Gruppen von Immissionen gleichmäßig sich findende Verweisung auf menschliche Tätigkeit als die Ursache der Immissionen hinweist, das entscheidende Gewicht auf den gesetzgeberischen Grund gelegt wird. Denn da die Bienenzucht eine Immission von Bienen auf fremdes Grundeigentum notwendig in weitem Umfang mit sich bringt, so hätte der Ausschluß der Bienenimmission von den nach § 906 zu duldenden Immissionen, wie der Beklagte mit Recht geltend macht, geradezu die Unmöglichkeit, Bienenzucht zu betreiben, zur Folge, zumal der Schutz des § 226, auf den der Kläger verweist, meist versagen wird. Diese Folge kann aber bei der Bedeutung, die der Bienenzucht nicht nur wegen der Funktion der Bienen als Vermittler der Befruchtung von Pflanzen für die Landwirtschaft im allgemeinen, sondern auch als einer weitverbreiteten Art selbständiger landwirtschaftlicher Erwerbstätigkeit und bei der Wichtigkeit des Honigs als hygienischen Nahrungsmittels zukommt, vom Gesetz nicht gewollt sein. So hat denn schon unter dem gemeinen Recht, obgleich auch dessen Quellen nur die Immission unbelebter Substanzen anführen, die Rechtsprechung kein Bedenken getragen, die Bienenimmission als eine jenen Beispielen ähnliche Einwirkung anzusehen (RG. 12 S. 173, WürttJ. 4 S. 25, 13 S. 174). Daß dieselbe Auffassung auch dem BGB. zugrunde liegt, geht daraus hervor, daß bei der Anführung der Motive: die weitere Entwicklung des leitenden Gedankens sei der Praxis zu überlassen, in einer Anmerkung ausdrücklich auf die genannte, die Immission von Bienen betreffende RGE. verwiesen ist und daß ebenso in der 2. Komm. (Prot. 3 S. 123) ausdrücklich zur Sprache kam, es würde im Falle der Annahme eines in der Kommission gestellten Antrags, der den Grundsatz der Immissionsfreiheit eingeführt wissen wollte, wenigstens bei dem Wortlaut des Antrags zweifelhaft werden, ob ein negatorischer Anspruch, „zB. gegen das Eindringen von Bienen“, zustände, ohne daß gleichzeitig Veranlassung genommen wurde, einem im Zusammenhang damit gestellten zweiten Antrag auf Aufnahme eines Beisatzes, daß auch ein die Benutzung des Grundstücks nicht bloß unwesentlich beeinträchtigendes Eindringen von Tieren geduldet werden müsse, weiter nachzugehen. Dr. H.

s) **Überbau: α) Voraussetzungen des § 912.**

Kammergericht, XIV. ZS. Urteil v. 4. April 1910.

Für den § 912 ist kein Raum, wenn sich beide Grundstücke im Eigentum desselben Eigentümers befinden; denn der Überbau ist eine ähnlich wie ein Recht an fremder Sache wirkende Eigentumsbeschränkung, setzt also zwei verschiedenen Eigentümern gehörende Nachbargrundstücke voraus (Staudinger § 912 I 2a). Diese Voraussetzung lag aber zur Zeit des Überbaus vor.

Der § 912 setzt ferner voraus, daß der überbauende Eigentümer weder vorsätzlich noch grob fahrlässig gehandelt hat. Vorsatz und grobe Fahrlässigkeit liegen nach allgemeiner Ansicht jedenfalls dann nicht vor, wenn der

Bauende zu der Annahme berechtigt war, daß er über die Grenze bauen dürfe. Nun hat der Kläger selbst vorgetragen, daß A. das überbaute Land, und zwar vermeintlich befugterweise, in weitgehendstem Maße wie ein Eigentümer benutzt habe. Ferner hat sowohl die Gemeinde, die damalige Eigentümerin der überbauten Fläche, wie der Amtsvorsteher den Bauplan behördlich genehmigt. Danach lag weder Vorsatz noch grobe Fahrlässigkeit des A. bei dem Überbau vor. F. r.

β) **Ausbauchung einer Grenzmauer.**

OLG. Naumburg, VI. ZS. Urteil v. 9. November 1910.

Die in das Grundstück des Klägers bis zu 11 cm über die Grenze hinüberragende Ausbauchung ist schon bei dem Bau des Werkstattgebäudes infolge mangelhafter Bauausführung entstanden. Die Anwendung des § 912 wird nicht dadurch gehindert, daß die Ausbauchung den Boden des Klägers nicht berührt, sondern erst in einer gewissen Höhe über der Erde beginnt, während die Grundmauern genau auf der Grenze stehen. Ein Überbau liegt auch dann vor, wenn die Grenze nur oberhalb des Erdbodens überschritten wird, zB. ein Erker in den Luftraum des Nachbarn hinüberragt. Wäre die Ausbauchung erst im Laufe der Zeit etwa infolge von Altersschwäche des Gebäudes entstanden, so wäre die Anwendbarkeit des § 912 fraglich, man könnte dann nicht sagen, daß die Beklagte über die Grenze gebaut habe; die Überschreitung der Grenze wäre nicht durch die Tätigkeit des Baues herbeigeführt. Hier entspricht zwar die Ausbauchung auch nicht dem Willen der Bauausführenden; diese wollten die Mauer lotrecht aufführen. Immerhin ist aber doch die Grenze bei dem Bau selbst überschritten, wenn auch infolge mangelhafter Bauausführung. Der Fall liegt ähnlich wie wenn etwa infolge falscher Berechnung ein Erker in den Luftraum des Nachbarn hineingebaut ist.

Ob dem Nebenintervenienten, der im Auftrage des damaligen Eigentümers des Grundstücks der Beklagten den Bau ausgeführt hat, ein grobes Verschulden zur Last fällt, braucht nicht erörtert zu werden. Für Verschulden des mit der selbständigen Ausführung des Baues beauftragten Unternehmers braucht der Eigentümer nicht einzustehen. Weder die §§ 278, 831 noch § 166 sind hier anwendbar. Daß dem damaligen Eigentümer ein eigenes Verschulden nicht zu Last fällt, wird durch die ganze Sachlage, die unbeabsichtigte Ausbauchung, die dem Laien gar nicht erkennbar war, sondern erst durch Ablotung und Messung festgestellt werden konnte, bewiesen.

Die Beeinträchtigung des Klägers durch die Ausbauchung ist nicht so unerheblich, daß man deshalb etwa mit Rücksicht auf § 226 jeden Anspruch des Klägers auf Beseitigung oder Schadensersatz oder Überbaurente verneinen könnte. Der Kläger ist durch die Ausbauchung gehindert, sein Fabrikgebäude unmittelbar auf der Grenze zu errichten, er muß ein Stück zurückrücken, den Zwischenraum ausfüllen, mindestens aber die Steine seiner Grenzwand, da, wo sie auf die Ausbauchung stößt, entsprechend behauen. ... Einen weitergehenden Anspruch auf Ersatz des ihm hierdurch entstandenen Schadens hat der Kläger nicht. Die ihm für die Duldung des Überbaues zugesprochene Rente umfaßt allen Schaden, den er durch die Entziehung des Gebrauchs des überbauten Teils erleidet. Nur wenn der Kläger daneben noch anderen Schaden erlitten und die Beklagte ihn schuldhaft verursacht hätte, könnte der Kläger ihn neben der Rente ersetzt verlangen (RG. 65 S. 73). Dr. Sch.

γ) **Kein Schadensersatz bei gestattetem Überbau.**

OLG. Hamburg, VI. ZS. Urteil v. 6. Oktober 1910.

Dem LG. ist darin beizustimmen, daß der Kläger mit der der Beklagten erteilten „Erlaubnis zur Grenzüberschreitung sein Recht auf Beseitigung des Überbaus aufgegeben hat (§ 1004)". Geht man aber hiervon aus, so erscheint ein Anspruch auf Zahlung einer Rente aus § 912 deshalb unbegründet, weil, wie die Motive ausdrücklich betonen, derjenige entschädigungsberechtigt ist, welcher den Überbau duldet, „während er nach dem Inhalte seines dinglichen Rechtes dem Eigentümer des Gebäudes die Fläche entziehen könnte". Konnte der Kläger dies nicht, weil er vor der Grenzüberschreitung der Beklagten die unbedingte Erlaubnis zum Überbau gegeben hatte, so hat er auch keinen Anspruch auf Entschädigung. § 912 erscheint überhaupt auf einen Fall der vorliegenden Art nicht anwendbar, wo infolge vorheriger Vereinbarung wegen der Grenzüberschreitung eine rein gesetzliche Entschädigungsverpflichtung ausgeschlossen ist. Die Motive lehnen den Gesichtspunkt, als wenn man „den Eintritt der Begünstigung von einer ausdrücklichen oder stillschweigenden wirklichen oder fingierten Zustimmung des Nachbarn zu dem Bau abhängig machen" könnte, entschieden ab. Andererseits ist nicht zweifelhaft, daß § 912 eine dispositive Vorschrift aufstellt, die ihrem Wortlaute nach voraussetzt, daß über die Grenzüberschreitung keine vertragliche Abmachung der Interessenten getroffen ist. Eine Grenzüberschreitung, die auf Grund einer solchen in bewußter und willentlicher Ausübung des Rechtes vorgenommen und andererseits vertragsmäßig gelitten wird, hat mit der gesetzlichen Duldungspflicht, die der § 912[1] vorschreibt, und für die der Abs. 2 die Rente gewährt, nichts gemein. Nur in diesem Sinne ist auch RG. 52 Nr. 4 zu verstehen, wenn es sagt: „auf Grund allgemeiner Rechtsgrundsätze müsse angenommen werden, daß Vorsatz und grobe Fahrlässigkeit dann zu verneinen sind, wenn der Bauende zu der Annahme berechtigt war, daß er über die Grenze bauen dürfe". Damit kann natürlich nicht gesagt sein sollen, daß § 912 auch dann Platz greife, wenn auf Grund vorheriger Verständigung über die Grenze gebaut werde. Denn von Vorsatz und grober Fahrlässigkeit im Sinne des § 912 kann nur bei einem objektiv rechtswidrigen Tun die Rede sein.

Wollte man aber doch § 912 auf einen solchen Fall anwenden, so würde dieses „über die Grenze bauen" in bewußter Ausübung eines eingeräumten Rechtes ohne Frage als eine vorsätzliche Grenzüberschreitung anzusprechen sein, die deshalb nicht der vorgeschriebenen Duldungspflicht unterläge (so

Seuffert 56 Nr. 126). Jedenfalls kommt es darauf an, ob der Kläger vor der Errichtung des Baues in die Grenzüberschreitung eingewilligt hat. Der Beweis hierfür liegt zweifellos der Beklagten ob, ist aber von ihr geführt. M. M.

δ) **Eigenmächtige Beseitigung der über die Grenze ragenden Fundamentfelsen.**

OLG. Rostock, II. ZS. Urteil v. 12. Juni 1912.

A. hat auf seinem Grundstück ein Gebäude durch den Beklagten aufführen lassen. Dieser hat hart an der Grenze des dem Kläger gehörigen Nachbargrundstücks Ausschachtungen vorgenommen und aus dem Fundament dieses Hauses Felsen, die über die Grenze ragten, beseitigt. Der Kläger hat, da sich sein Haus infolgedessen stark gesenkt und Risse bekommen hat, auf Schadensersatz den Beklagten belangt. Der Anspruch, der sich auf unberechtigten Eingriff in das klägerische Eigentum stützt, ist begründet.

Die beseitigten Felsen standen als Teile des Fundamentes in dem Eigentum des Klägers. Die Beseitigung bildete daher eine Verletzung dieses Eigentums im Sinne des § 823[1]. Daß der Eingriff objektiv rechtswidrig war, ist nicht zu bezweifeln. Der Auftraggeber des Beklagten konnte nicht einmal im Rechtswege die Beseitigung erlangen, sondern war nach § 912 auf den Anspruch auf eine Überbaurente beschränkt. Die sich bei dem beabsichtigten Bau ergebenden Schwierigkeiten können an dieser Rechtslage nichts ändern. Eine Einwilligung des Klägers, die event. der Beklagte zu erweisen hätte (vgl. MecklZ. 30 S. 173), ist nicht behauptet. Wie sich der Fall gestaltet hätte, wenn dem Kläger die Sachlage und die Absichten des Beklagten mitgeteilt und seine Genehmigung nachgesucht wäre, kann dahingestellt bleiben, da nichts dergleichen geschehen ist und die Handlungsweise des Beklagten als rechtswidrige Eigenmacht sich darstellt.

Die Haftung aus § 823[1] setzt ein Verschulden des Handelnden voraus; Beklagter hat aber die Fundamente mit vollem Bewußtsein entfernt, seine Tat an sich ist also eine vorsätzliche. Das Verschulden wird allerdings dadurch ausgeschlossen, daß der Täter seine Handlung aus entschuldbarem Irrtum für erlaubt gehalten hat, und auch Rechtsirrtum kann als entschuldbar gelten (Staudinger § 823 II C 4). Den Beweis, daß er sich ohne Fahrlässigkeit zur Vornahme der Handlung für berechtigt gehalten habe, hat aber der Handelnde zu führen (MecklZ. 30 S. 173). Positive Tatsachen hat der Beklagte nicht dafür angeführt, daß er sich überhaupt in einem Irrtum befunden habe; das LG. begründet die Annahme, daß er entschuldbar geirrt habe, auch nur mit allgemeinen Erwägungen. Inwieweit diese überhaupt und besonders hier bezüglich des Vorhandenseins eines Irrtums stichhaltig sind, braucht jedoch nicht nachgeprüft werden, da der Irrtum jedenfalls nicht als entschuldbar angesehen werden kann. Daß die Felsen zum Fundamente des Hauses gehörten, war unverkennbar und ist auch dem Beklagten nicht entgangen; es mußte ihm daher auch der Gedanke nahetreten, daß ein Eingriff ohne Genehmigung des Klägers nicht erlaubt sei, mindestens mußten ihm Zweifel kommen.

Hinzu kommt, daß auch wenigstens die Möglichkeit weiterer Schäden an dem auf dem Fundamente ruhenden Gebäude selbst sich ergab, und wenn auch der Beklagte meinen mochte, er werde solche Schäden durch sorgfältige Arbeit abwenden können und der später zu schaffende Zustand werde dem Kläger vorteilhafter als der bisherige sein, so mußten doch die Bedenken an die Erlaubtheit des eigenmächtigen Vorgehens bleiben. Der Gedanke, eine Verständigung mit dem Nachbar zu suchen, lag gerade dann, wenn dessen Einwilligung nach Auffassung des Beklagten zu erwarten oder zu verlangen war, so nahe, daß ein Unterlassen des Versuches ihm zum Vorwurf gereichen muß. Daß durch baupolizeiliche Genehmigung die Rechte Dritter, insbesondere der Nachbarn, nicht schlechthin beseitigt werden, ist ein Satz, dessen Kenntnis von einem Baugewerbetreibenden zu erwarten ist. Mindestens hätte der Beklagte, wenn er nicht vorsichtshalber mit dem Kläger Rücksprache nehmen wollte, bei der obwaltenden Sachlage sich bei einem Rechtskundigen unterrichten müssen, ob er eigenmächtig vorgehen dürfe. In RG. 73 S. 333 ist die Annahme einer Fahrlässigkeit keineswegs auf den Fall eines außergewöhnlichen Eingriffes in fremde Rechtskreise beschränkt, bei denen auch der Laie ohne weiteres den bedenklichen Charakter erkennen muß; es hält vielmehr die Berufung auf die Rechtsanschauungen des Kreises, welchem der Handelnde angehört, nicht für durchschlagend und verlangt, wenn die Sachlage zu Bedenken Anlaß gibt, die Befragung eines Rechtskundigen. J.n.

t) **Voraussetzungen der Einräumung eines Notweges.**

OLG. Braunschweig, I. ZS. Urteil vom 10. November 1911.

Wenn ein Grundstück vom öffentlichen Wege nicht auf der Erdoberfläche zu erreichen ist, leidet sein wirtschaftlicher Wert. Dieser Notlage will § 917 abhelfen, indem er dem Eigentümer gegen die Nachbarn den Anspruch auf Duldung eines Notweges verleiht, wenn dem Grundstücke die zur ordnungsmäßigen Benutzung notwendige Verbindung mit einem öffentlichen Wege fehlt. Ob der Eigentümer den Zugang auf sein Grundstück von einem öffentlichen Wege tatsächlich nimmt, interessiert dieses Gesetz nicht. Es will bloß dafür sorgen, daß er ihn nehmen kann. Unter der „Verbindung" ist also die rechtliche und tatsächliche Möglichkeit, auf das Grundstück zu gelangen, zu verstehen. Sie wird meist fehlen, wenn das Grundstück rings von fremden Grundstücken eingeschlossen ist, mithin weder selbst an einen öffentlichen Weg stößt noch an ein Grundstück desselben Eigentümers grenzt, das an einem öffentlichen Wege liegt. Ein solcher Fall liegt hier vor. Das Grundstück des Klägers ist nicht nur östlich und westlich von fremden Grundstücken begrenzt, sondern auch nördlich von dem Grundstücke der Beklagten und südlich von der Klosterwiese. Der auf dieser Wiese und dem nicht geöffneten Teile des Grabens entlang führende Abfuhrweg ist ein privater Wirtschaftsweg des Klostergutes. Einer solchen Enklave fehlt aber nicht immer die Verbindung mit einem öffentlichen Wege. Namentlich kann die Möglichkeit, zu ihr zu gelangen, durch eine Grunddienstbarkeit gewährleistet sein. Daran fehlt es hier jedoch... Die Möglichkeit, auf sein Grundstück zu gelangen, hat der Eigentümer freilich selbst schon dann, wenn er bloß einen persönlichen Anspruch auf Bestellung einer Wegegerechtigkeit hat (Planck 1[3] zu § 917; Dernburg, Sachenrecht § 84 II 1[2]; Männer, Sachenrecht 172[95]). Ein derartiger Fall kommt hier aber überhaupt nicht in Frage. Hiernach fehlt dem Grundstücke des Klägers die Verbindung mit einem öffentlichen Wege. Da sie nicht durch eine willkürliche Handlung des Eigentümers aufgehoben ist (§ 918[1]), hat der Kläger Anspruch auf Duldung eines Notweges.

Auch in der Zeit, als die Grundstücke der Parteien sich schon einmal in den Händen zweier verschiedener Eigentümer befanden, bestand eine solche Notlage. Sie machte sich nur nicht fühlbar, weil die Herzogliche Kammer der Benutzung der Klosterwiese noch nicht so entschieden entgegentrat wie jetzt. Sobald aber die Beklagte das Eigentum beider Grundstücke erwarb, war die Notlage beseitigt. An der Selbständigkeit der Grundstücke wurde zwar durch diese Vereinigung nichts geändert. Das Gesetz geht aber nicht davon aus, daß „einem Grundstücke" die Verbindung mit einem öffentlichen Wege schon dann fehle, wenn es nicht selbst an einen öffentlichen Weg stoße; vielmehr ist die Verbindung auch dann vorhanden, wenn es an ein anderes Grundstück desselben Eigentümers stößt, das an einen öffentlichen Weg grenzt. Hier hat der Eigentümer kraft seines Eigentums ohne weiteres die *rechtliche* Möglichkeit, auch auf das eingeschlossene Grundstück zu gelangen. Das Gesetz hat diesen Grundsatz zwar nicht besonders ausgesprochen, aber nur deshalb nicht, weil er selbstverständlich ist. Daß es von diesem Grundsatze beherrscht ist, geht aus § 918[2] hervor. Denn wenn es hier den Fall ordnet, daß infolge der Veräußerung eines von mehreren Grundstücken das veräußerte, oder das zurückbehaltene von der Verbindung mit dem öffentlichen Wege abgeschnitten werde, muß es wohl davon ausgehen, daß jedenfalls bei dem Mangel tatsächlicher Hindernisse die Verbindung infolge der Vereinigung des Eigentums beider Grundstücke in einer Hand vorhanden sei. — Aber auch dann, wenn tatsächliche Hindernisse bestanden, fehlte es nicht an einer Verbindung mit dem öffentlichen Wege. Allerdings mag es tatsächliche Hindernisse geben, die sich überhaupt nicht oder doch nur mit unverhältnismäßig großen Opfern beseitigen lassen, und deshalb die Verbindung ausschließen. Hier kommen als tatsächliche Hindernisse jedoch nur die Kulturart des nördlichen Grundstückes und die Trennung beider Grundstücke durch ein Staket in Frage. Wenn hierdurch die Verbindung des jetzt dem Kläger gehörenden Grundstücks von dem Verbindungswege ausgeschlossen gewesen wäre, hätte die Beklagte für ihr südliches Grundstück einen Notweg beanspruchen können. Namentlich hätten die Nachbarn nicht einwenden können, daß die Beklagte durch das Stehenlassen des Stakets ihre Notlage selbst verschuldet habe. Denn wenn auch eine Unterlassung sich als willkürliche Handlung (§ 918[1]) darstellen kann, hätte doch die Beklagte durch die Nichtbeseitigung des angeblich schon immer vorhanden gewesenen Stakets nicht, wie das Gesetz voraussetzt, eine bisher bestandene Verbindung aufgehoben, sondern nur das bisherige Hindernis beibehalten. Das Rechtsgefühl sträubt sich aber dagegen, einen so schweren Eingriff in die Rechte der Nachbarn zu gestatten, wenn der Eigentümer sich durch Beseitigung oder Öffnung eines Stakets oder sonst unter Aufwendung nicht übermäßiger Opfer selbst helfen kann. Auch das Gesetz vertritt diesen Standpunkt: Nur im Falle einer Notlage läßt es den Eingriff in die Rechte der Nachbarn zu, nicht aber schon dann, wenn die Zugangsmöglichkeit bloß erschwert ist. Wenn also der Eigentümer sich einen Zugang über ein anderes ihm gehörendes Grundstück schaffen kann, ist eine Verbindung vorhanden (Karlsruhe Rsp. 2 S. 506; Braunschweig Z. 57 S. 181; Staudinger 2a zu § 917; Dernburg § 84 II 6).

Die Verbindung des südlichen Grundstücks mit dem Verbindungswege, einem öffentlichen Wege, die hiernach zu der Zeit vorhanden war, als beide Grundstücke der Beklagten gehörten, fehlt jetzt deshalb, weil die Beklagte das Grundstück an den Kläger veräußert hat und der Kläger rechtlich nicht in der Lage ist, den Zugang über das nördliche Grundstück der Beklagten zu nehmen. In solchem Falle hat nach § 918² der Eigentümer desjenigen Grundstücks den Notweg zu dulden, über welches die Verbindung bisher stattgefunden hat. Die Beklagte versteht hierunter dasjenige Grundstück, über welches bisher tatsächlich der Zugang zu dem Grundstücke des Klägers genommen sei, also die Klosterwiese. Diese Ansicht hat etwas Bestechendes. Zunächst ist der Zugang tatsächlich auf derjenigen Strecke genommen, welche als Notweg angemessen erscheinen würde, wenn er nach den allgemeinen Grundsätzen des § 917 auszuweisen wäre. Sodann erscheint es unbillig, daß die Beklagte den Notweg dulden soll, obwohl sie die Veräußerung in dem Glauben vorgenommeu haben wird, daß der Kläger an dem Zugange über die Klosterwiese nicht gehindert werden würde. Indessen ist es nur ein zufälliges Zusammentreffen, daß der Zugang in derselben Richtung genommen ist, die sich nach allgemeinen Grundsätzen zum Notwege eignen würde. Der Eigentümer, der einen Zugang zu seinem Grundstücke sucht, läßt sich dabei nicht durch fremde, sondern nur durch seine eigenen Interessen leiten. Es wäre aber nicht zu verstehen, weshalb der Richter in solchen Fällen nicht wenigstens befugt sein sollte, einen nach allgemeinen Grundsätzen geeigneten Weg festzulegen, sondern gezwungen sein sollte, denjenigen Weg als Notweg zu bezeichnen, den sich der Eigentümer in seinem Interesse zufällig ausgesucht hat. Dies wäre um so weniger zu verstehen, wenn der vom Eigentümer ausgesuchte Weg wie hier ein unbefugter oder gar ein bewußt widerrechtlicher ist. Es ist aber nicht einmal billig, daß der Richter in Fällen der vorliegenden Art denjenigen Weg als Notweg zu bezeichnen habe, den er bei Anwendung des § 917 als geeignet ansehen würde. Denn wenn der Veräußerer auch wie hier geglaubt hat, daß der Erwerber tatsächlich einen Zugang haben werde, ist er doch nicht frei von Schuld. Es erscheint aber nicht billig, daß für seine Schuld einer seiner schuldlosen Nachbarn leiden soll. Diese Erwägung liegt in der Tat dem Gesetze zugrunde. Die 2. Komm. hat zwar den Grundsatz des 1. Entw., daß der Notstand ohne Verschulden des Eigentümers und seiner Rechtsvorgänger entstanden sein müsse, beseitigt. Sie hat aber in § 918 zwei Gruppen von Ausnahmen aufgestellt, die allerdings im Ergebnis aus naheliegenden Gründen abweichend geregelt sind, die jedoch von dem gemeinsamen Grundsatze beherrscht werden, daß Dritte nicht unter der durch Willkür der Beteiligten geschaffenen Notlage leiden sollen. Dieser Grundsatz ist auch im Gesetze deutlich ausgedrückt. Das Gesetz spricht zunächst von der Verbindung, die bisher stattgefunden hat. Da nun Verbindung weiter nichts ist, als die Zugangsmöglichkeit, so hat die Verbindung bisher nicht da stattgefunden, wo der Eigentümer unbefugt tatsächlich gegangen ist, sondern da, wo er gehen durfte. Weiter ergibt sich aus dem Zusammenhange, daß diejenige Möglichkeit gemeint ist, die bisher bestanden hat, aber infolge der Veräußerung aufgehoben ist. Das kann aber nur die auf dem Grundstückszusammenhange beruhende Zugangsmöglichkeit sein; denn wenn noch eine andere vorhanden wäre, würde ein Notstand nicht bestehen und ein Notweg überhaupt nicht in Frage kommen. Schon hieraus geht hervor, daß die Zugangsmöglichkeit, die bisher auf Grund des Grundstückszusammenhanges bestanden hat und infolge der Veräußerung aufgehoben ist, wiederhergestellt und nur in ein anderes rechtliches Gewand, dasjenige des Notweges, gekleidet werden soll. Das Gesetz wird aber noch deutlicher. Es schreibt in § 918² Satz 1 vor, daß dritte Gründstücke für den Notweg überhaupt nicht in Betracht kommen, daß der Notweg vielmehr unter allen Umständen über einen Teil des zerstückelten Grundstücks führen soll, und zwar, wie sich dann logisch und rechtlich von selbst ergibt, über denjenigen Teil, welcher bisher die Zugangsmöglichkeit zu dem nunmehr abgeschnittenen Teile geboten hat. Nach § 918² Satz 2 steht aber der Veräußerung eines Teiles die Veräußerung eines von mehreren demselben Eigentümer gehörenden Grundstücken gleich. Danach hat der Notweg in solchem, hier vorliegenden Falle niemals über ein drittes Grundstück zu führen, sondern ohne Wahl über eins der mehreren bisher in einer Hand vereinigten Grundstücke, und zwar über dasjenige, über das der Eigentümer vor der Veräußerung zu dem jetzt abgeschnittenen Grundstücke gelangen konnte. H.g.

u) **Begriff der Änderung einer Gemeinmauer.**

OLG. Hamm, VII. ZS. Urteil v. 29. Oktober 1910.

Die Beklagte, die mit dem Hause des Klägers eine gemeinschaftliche Giebelmauer hat, brach, ohne jedoch diese Mauer selbst zu verletzen, ihr Haus ab, unterließ aber, die Mauer gegen die Einflüsse der Witterung zu schützen, so daß das Haus des Klägers feucht wird. Die Schadensersatzklage ist unbegründet. Was das Gesetz unter einer gemeinschaftlichen „Einrichtung" versteht, wird deutlich aus den Beispielen des § 921: „Zwischenraum, Rain,

Winkel, Graben, Mauer, Hecke, Planke". Es sind also gemeint kleinere Flächen oder gewisse von Menschenhand geschaffene Werke, welche gemeinsamen Zwecken zweier benachbarter bebauter oder unbebauter Grundstücke dienen. Hier ist die beiden Grundstücken gemeinschaftliche Einrichtung die Grenzmauer, welche beide Häuser auf der einen Seite abgrenzte und stützte. Der Kläger hat also Anspruch auf ihren unveränderten Fortbestand. Tatsächlich ist diese aber auch nicht in ihrem Wesen geändert worden. Verändert ist nur ihre Stellung gegenüber den Einflüssen der Witterung. Zum Abbruch des ihr gehörigen Hauses, das an die Mauer stieß, war die Beklagte als Eigentümerin nach § 903 berechtigt. Ein Haus ist keine Einrichtung im Sinne des § 921, der die zweien Häusern dienenden Einrichtungen, nicht die Häuser selbst betrifft. Auf §§ 921, 922 kann sich der Kläger also nicht stützen (RG. 70 S. 200).

Ebensowenig steht ihm der § 823² BGB. mit § 367 Nr. 14 StrGB. zur Seite. Dieser § 367 Nr. 14 dient nicht nur dem Schutze des Publikums im allgemeinen, sondern auch dazu, die Interessen der einzelnen zu schützen; die durch ihn bezweckte Sicherung umfaßt auch den Schutz des Eigentums gegen Baugefahren; er ist daher als ein den Schutz eines anderen bezweckendes Gesetz im Sinne des § 823² anzusehen. Indessen kann diese Vorschrift hier keine Anwendung finden. Sie betrifft Maßnahmen, welche nötig und daher vom Nachbar bei Vornahme von Bauarbeiten zu treffen sind, um den anstoßenden Bau in seinem Bestande zu erhalten, also zB. Abstützen, besondere Vorkehrungen beim Ausschachten (vgl. auch Gruchot 45 S. 1051). Ist aber ein Abbruch, wie hier, ohne Schädigung des Nachbarhauses ausgeführt, so hat für die dauernde Sicherung seines Hauses der Eigentümer selbst zu sorgen. In demselben Sinne faßt auch das RG. 70 S. 207 den § 367 Nr. 14 auf. Auch hier hält es den Eigentümer des abzubrechenden Hauses nur für verpflichtet, zur Verhütung des Einsturzes des anderen Gebäudeteiles die nötigen Vorsichtsmaßregeln zu treffen. Hier ist aber das Haus des Klägers durch den Abbruch nicht gefährdet; es ist genau so stehen geblieben, wie vorher, die Grenzmauer ist unberührt; sie ermangelt nur des Schutzes gegen die Einflüsse der Witterung, den ihr das Nachbarhaus durch den bloßen Umstand seines Bestehens gewährte, auf den der Kläger aber, da ihm kein besonderes Recht hierauf zusteht, keinen Rechtsanspruch hatte. Die Beklagte kann daher auch nicht verpflichtet werden, jetzt, wo sie auf Grund ihres Eigentumsrechtes ihr Haus niedergelegt hat, ihrerseits für den weiteren Schutz des Hauses des Klägers durch Verputzen der Mauer zu sorgen und es macht sie nicht schadensersatzpflichtig, daß sie dies unterlassen hat. Gr.m.

v) **Auflassung:**[1] *α*) **stillschweigende Einigung?**

Bayer. Oberstes Landesgericht, I. ZS. Beschluß v. 15. Dezember 1911.

Josef A., Eigentümer des Hauses Nr. 80, hat durch die Urkunde des Notriats

[1] Bei Übergang von Einzel- oder Bruchteilseigentum in Eigentum zur gesamten Hand und umgekehrt liegt eine Veräußerung und zwar des ganzen Grundstücks vor; wenn also bei

einen Überlassungsvertrag abgeschlossen, dessen Ziffer II lautet: „Das Anwesen Nr. 80 überlasse und übereigne ich meinem Sohne Hans A. und bewillige und beantrage die grundbücherliche Eintragung der Auflassung." Es folgt die Erklärung des Hans A., daß er die Hypothek- und Grundschulden in Gegenleistung für die Überlassung des Anwesens übernehme. Die Eintragung der Auflassung wurde abgelehnt. Die weitere Beschwerde ist unbegründet.

Nach der ganzen Sachlage besteht kein Zweifel, daß das Anwesen an Hans übertragen werden sollte. Bei der Übertragung des Eigentums an einem Grundstücke genügt aber nicht der Nachweis des Willens der Einigung, das Gesetz verlangt in den §§ 873, 925, daß die Einigung erklärt wird, stillschweigende Einigung genügt nicht (Mot. 3 S. 173). Die Form und die Notwendigkeit der Erklärung erschien dem Gesetzgeber besonders geeignet, den Beteiligten den Eigentumswechsel als unmittelbare Folge ihrer Erklärungen zum Bewußtsein zu bringen (Denkschr. 131). Damit die Beobachtung der Form gesichert bleibt, darf die Eintragung in das Grundbuch nur auf Grund der erklärten Einigung erfolgen (§ 20 GBO.; Denkschr. in Hahn Mat. 5 S. 159). Die nach § 873 erforderliche Erklärung muß klar und deutlich sein und jeden Zweifel ausschließen (Motive z. BGB. aO., Güthe, GBO. § 20 S. 447), ohne daß hierbei der Gebrauch bestimmter Worte vorgeschrieben wäre (Predari, Die GBO. § 20 Nr. 3, Entsch. des ObLG. 3 S. 35). Der Veräußerer bewilligt die Eintragung, der Erwerber beantragt sie und nimmt hiermit die bewilligte Eintragung an (RG. 54 S. 378, Entsch. des ObLG. 7 S. 391). Der Erwerber Hans hat in der Urkunde eine Erklärung überhaupt nicht abgegeben. Durch die Genehmigung der Urkunde und deren Unterzeichnung kann das formale Erfordernis der eigenen Erklärung nicht ersetzt werden

---

Aufhebung der GG. und Einführung der Gütertrennung ein Grundstück der Ehefrau überwiesen wird, die es schon vor der Eheschließung besessen hatte; denn das Gemeinschaftsrecht zur gesamten Hand ist von dem Individualrecht derart verschieden, daß letzteres in ihm untergeht und, wenn es wieder erstehen soll, aus ihm neu geschaffen werden muß (OVG. 9. Jan. 1911, Entsch. 58 S. 10). Ebenso, wenn Bruchteilseigentümer das Grundstück an eine aus ihnen bestehende offene HG. auflassen (OVG. 2. Jan. 1911 VII C 338/10). Desgleichen, wenn die offene HG., deren Teilhaber Brüder sind, ein Grundstück an die Söhne der Teilhaber aufläßt, obwohl an sich die Veräußerung vom Vater an den Sohn steuerfrei ist. Anders, wenn zB. die Teilhaber die Eltern (oder Großvater und Vater) die Erwerber gewesen wären (OVG. 14. Dez. 1911 VII C 306/11, preuß. VerwBl. 34 S 29). Mit dem Eintritt eines Gesellschafters in eine bereits bestehende offene HG. und mit dem Ausscheiden findet keine freiwillige Veräußerung der Gesellschaftsgrundstücke statt (OVG. 29. Nov. 1909, Entsch. 55 S. 125). Auch der Auseinandersetzungsvertrag der Gesellschafter bedarf nicht der Form des § 313 BGB., selbst wenn er zur Folge haben soll, daß Grundeigentum durch Zuwachsung auf einen der Gesellschafter übergeht (OVG. 4. Jan. 1912 VII C 185/11, preuß. VerwBl. 34 S. 29). — Wird eine Kommanditgesellschaft auf Aktien in eine Aktiengesellschaft umgewandelt, so bewirkt das keinen Eigentumsübergang an den Gesellschaftsgrundstücken (OVG. 25. Jan. 1912, aO. 31 S. 630). — Nach Aufhebung einer Stiftung tritt Liquidation ein; die Grundstücke der Stiftung müssen an den, dem sie zufallen sollen, aufgelassen werden (OVG. 18. April 1912 VII C 44/12, aO. 34 S. 42).

(Lobe, ZBl. 6 S. 20). Das Kausalgeschäft kann rechtskräftig abgeschlossen sein; der dingliche Vertrag entbehrt gleichwohl der Gültigkeit, wenn die übereinstimmenden Erklärungen fehlen. Th.

Dazu: OLG. Colmar, II. ZS. Beschluß v. 11. Juni 1912.

Zu einer gültigen Auflassungserklärung ist auf seiten des Veräußerers nicht das Bewußtsein, Eigentümer zu sein, erforderlich, vielmehr genügt seine Erklärung, das ihm an dem Grundstücke zustehende Eigentumsrecht zu übertragen. Anderseits kommt aber auch nichts darauf an, welches der Wille des Veräußerers war, sondern welche Willenserklärung er abgegeben hat. Schr.

β) **Befristeter Eintragungsantrag.**[1] **Prüfung des Testaments.**

Kammergericht, I. ZS. Beschluß vom 31. Mai 1912.

Anton und Josefa A., Miteigentümer eines Grundstücks, haben 1905 ein gemeinschaftliches Testament errichtet. Nach dem Tode des Mannes haben 1911 Josefa A. und ein im Testament Bedachter B. vor dem Grundbuchamt die Auflassung erklärt mit dem Zusatz: „sie soll erst eingetragen werden, wenn B. die Vermächtnisnehmer wegen der von ihm für das Haus zu zahlenden 10000 Mark 2c durch Eintragung von Sicherungshypotheken sichergestellt hat." Diese Sicherstellung wurde durch Aufnahme und Abtretung gewisser Hypotheken in Aussicht genommen. 1912 gaben die eingetragenen Hypothekengläubiger und B. vor dem Grundbuchamt die zur Durchführung der geplanten Maßnahmen erforderlichen Erklärungen ab. Sie beantragten, daß zunächst B. als Eigentümer eingetragen, und sodann weitere Eintragungen bewirkt werden sollten. Die Anträge wurden zurückgewiesen. Die weitere Beschwerde ist begründet.

Ohne Rechtsirrtum hat das LG. gegenüber den Entscheidungsgründen des Grundbuchamts ausgeführt, daß der Grundbuchrichter nicht prüfen dürfe, ob der Inhalt der vor ihm abgegebenen Erklärungen und des an diese geknüpften Antrages dem aus dem Testament ersichtlichen Willen des Mannes A. entspricht. Das Grundbuchamt hat vielmehr dem in diesem Verfahren allein in Betracht kommenden Antrage, den B. als Eigentümer einzutragen, stattzugeben, wenn die Auflassung in der vom Gesetze vorgeschriebenen Form erklärt ist, und die Witwe A. nach dem Testament zur Verfügung über das Grundstück berechtigt war. Das Landgericht hat die Wirksamkeit der Auflassung nicht beanstandet, und auch insofern ist ein Rechtsirrtum nicht erkennbar.

Nach § 925[2] ist eine Auflassung unwirksam, wenn sie unter einer Bedingung (Zeitbestimmung) erfolgt. Dieser Fall liegt hier nicht vor. Allerdings hat RG. (54 S. 378, 383) ausgeführt: „Daher enthält die Erklärung

[1] Wird dagegen im notariellen Kaufvertrage die Auflassung unbedingt erklärt, am Schluß aber bestimmt, daß der Vertrag mit dem Eintritt einer bestimmten Bedingung als wieder aufgelöst und nicht geschlossen zu gelten hätte, so ist anzunehmen, daß auch die Auflassung von der Bedingung getroffen wird und deshalb unwirksam ist (Bay. ObLG., I. ZS. Beschluß v. 1. Dez. 1912, Samml. 12 S. 733).

des Berechtigten, daß er die Rechtsänderung wolle, auch die Erklärung, daß er mit der Eintragung einverstanden sei, daß er sie bewillige, und die Erklärung des anderen Teiles, daß er mit dem Eintritte der Rechtsänderung einverstanden sei, enthält ebenso selbstverständlich die Erklärung, daß er die Rechtsänderung, also die Eintragung wolle, sie beantrage; daraus ergibt sich ohne weiteres, daß eine den Formvorschriften des § 29 GrBO. entsprechende Einigung in allen Fällen zur Herbeiführung der Eintragung ausreiche; die Einigung enthält begrifflich die Eintragungsbewilligung und den -antrag in sich". Von diesem Standpunkt aus wäre anzunehmen, daß der Eintragungsantrag, losgelöst von der Einigung, einer besonderen Gestaltung und rechtlichen Beurteilung unzugänglich ist, daß Mängel und Vorbehalte des Eintragungsantrages, auch wenn die Einigung äußerlich neben der Bewilligung und dem Antrage gesondert erklärt wird, die Auflassung, mit der er eine notwendige Einheit bildet, mitergreifen, und daraus würde für den vorliegenden Fall weiter folgen, daß die am Schlusse der Verhandlung von 1912 dem Eintragungsantrage beigefügte Zeitbestimmung die Auflassung nach § 925[2] unwirksam gemacht hätte. Es erhellt indessen nicht, daß das RG. die mitgeteilten Ausführungen als Rechtsgrundsatz hat aussprechen wollen. Sie finden sich nur beiläufig in der Begründung des auch vom KG. befolgten Rechtsgrundsatzes, daß zur Auflassung die Erklärung des Veräußerers, daß er die Eintragung des Erwerbers als Eigentümers bewillige, in Verbindung mit der Erklärung des Erwerbers, daß er diese Eintragung beantrage, genüge und es daneben noch einer besonderen formalen Einigungserklärung nicht bedürfe. Jedenfalls beruht der Beschluß des RG. nicht auf jenen nur gelegentlichen, eine andere Frage betreffenden Ausführungen, so daß es keiner Vorlegung aus RG. gemäß § 28 FrGG. bedarf.

An dem bereits am 19. Januar 1905 (Rsp. 11 S. 159) eingenommenen abweichenden Standpunkt ist nach erneuter Prüfung festzuhalten. Nach § 19 GrBO. erfolgt eine Eintragung, wenn derjenige sie bewilligt, dessen Recht von ihr betroffen wird. Hiervon macht § 20 eine Ausnahme für die Auflassung eines Grundstücks und die Bestellung (Übertragung) eines Erbbaurechts: In diesen Fällen genügt nicht der Antrag, sondern muß dem Grundbuchrichter die materiellrechtliche Grundlage der Eintragung, die Einigung des Berechtigten und des anderen Teils nachgewiesen werden. Daß diese Einigung in der Eintragungsbewilligung des Veräußerers in Verbindung mit dem Eintragungsantrage des Erwerbers zu finden ist, hat das RG. aO. rechtsgrundsätzlich ausgesprochen. Damit ist aber nicht gleichzeitig für den Fall der Auflassung der § 13 GrBO. außer Kraft gesetzt, wonach grundsätzlich das Grundbuchamt nur auf Antrag tätig wird. Die Fälle, in denen Abweichendes gelten soll (Tätigkeit von Amts wegen oder auf Grund des Ersuchens einer Behörde), sind im Gesetz ausdrücklich festgestellt, und darunter findet sich nicht die Auflassung. Auch wenn dem Grundbuchamte die materiellrechtliche Unterlage für die Eintragung eines neuen Erwerbers vorliegt, darf es diese Eintragung nicht von Amts wegen bewirken, sondern es ist gebunden an den Antrag des Berechtigten. Da nun für die Auflassung zwar die Eintragungsbewilligung in Verbindung mit dem Eintragungsantrage genügt, anderseits aber für sie auch jede andere Erklärung ausreicht, aus der der Übereignungswille der Beteiligten deutlich erkennbar ist, so sind die Beteiligten in der Lage, die Einigung zu erklären, sich aber den prozessualen Antrag, durch den das Grundbuchamt zur Eintragung erst befugt wird, noch vorzubehalten. Hieraus folgt weiter, daß der Antrag auf Eintragung des Erwerbers rechtlich unabhängig sein kann von der Auflassung, sofern er nämlich im Einzelfall nicht Bestandteil der Einigungserklärung ist. Diese Voraussetzung ist hier gegeben. Die Auflassung ist erklärt worden mit den Worten: „Wir sind darüber einig, daß das Eigentum auf B. übergehen soll." Neben dieser Auflassungserklärung hat der Antrag auf Eintragung des B. als Eigentümer nur noch prozessuale Bedeutung. Aus dieser rechtlichen Sonderung folgt, daß Mängel des Antrags die Wirksamkeit der Auflassung nicht berühren, so daß die dem Antrage von 1911 beigefügte Zeitbestimmung auf die Wirksamkeit der Auflassung von demselben Tage ohne Einfluß ist. Daß dieser Vorbehalt nach § 16[1] GrBO. nicht statthaft war, kommt nicht in Betracht, da das Grundbuchamt über den Eintragungsantrag von 1912 befunden hat, und diesem ein unzulässiger Vorbehalt nicht anhaftet. H.g.

γ) **Keine Prüfung des Kausalgeschäfts.**

Bayer. Oberstes Landesgericht, I. ZS. Beschluß v. 9. Juni 1911.

Der schuldrechtliche Vertrag, der der ins Grundbuch einzutragenden Rechtsänderung zugrunde liegt, ist, von einigen bestimmten Ausnahmen abgesehen, der Prüfung des Grundbuchrichters entzogen (Samml. 9 S. 524). Die Prüfung hat nur den Eintragungsantrag und die -bewilligung nebst deren Unterlagen und im Falle der Auflassung auch diese zum Gegenstande. Rechtsirrig ist die Ansicht des Grundbuchrichters, daß die in der Urkunde vom 1. März erklärte Auflassung durch den am 20. März beurkundeten Rücktritt vom Kaufvertrage in ihrer Wirksamkeit mit betroffen wird und daß zur Wiederherstellung des durch den Rücktritt aufgehobenen Rechtszustandes eine neue Auflassung erforderlich ist. Der Rücktritt beseitigt nur den schuldrechtlichen Vertrag und das durch ihn geschlossene Schuldverhältnis. Die auf Grund des schuldrechtlichen Vertrags erfolgten Leistungen werden durch den Rücktritt nicht mit dinglicher Wirkung hinfällig, sondern können nur nach Maßgabe der §§ 346 ff. rückgängig gemacht werden. Die Auflassung bildet kein einen Anspruch erzeugendes Verpflichtungs-, sondern ein Verfügungsgeschäft, das eine Leistung (Erfüllung) darstellt und von dem den Anspruch auf Übertragung des Eigentums begründenden schuldrechtlichen Vertrage losgelöst ist (Güthe, § 19[13], Goldm.-Lil. B. R. 2 S. 184). Sie kann daher nicht unmittelbar vom Rücktritt betroffen werden. Th.

δ) Eigentumsübergang bei unrichtiger Plannummerbezeichnung.

OLG. München, III. ZS. Urteil v. 31. Oktober 1911.

Zum Grundbesitz des X. gehörten auch die Grundstücke: Pl.Nr. 66, Mooswiese und Pl.Nr. 65 Moosacker, zu je 0,327 ha. 1876 verkaufte X. die Mooswiese an den Beklagten B.; im notariellen Vertrag wurde das Grundstück zwar richtig Mooswiese genannt, versehentlich aber mit Pl Nr. 65 bezeichnet, ein Versehen, das dann auch im Kataster und Grundbuch Eingang fand. Verkauft aber und übergeben war nur die Mooswiese Pl.Nr. 66, während der Moosacker im Besitz des X. verblieb. 1907 verkaufte der Beklagte sein ganzes Anwesen an den Kläger, der vorher bloß das Haus besichtigt hatte und die Grundstücke ausschließlich nach dem Kataster kaufte. Zwei Monate später ließ der Kläger das Anwesen durch zwei Unterhändler als seine Vertreter zertrümmern. Diese merkten die Verwechslung und verständigten hiervon auch den Käufer Sch., der gleichwohl von den Unterhändlern speziell die Pl.Nr. 65 kaufte und sich zusichern ließ, daß der unter dieser Pl.Nr. katastrierte Moosacker Eigentum des Verkäufers sei. Auf Grund dieses Kaufvertrags wurde auch die Mooswiese Nr. 65 im Grundbuch auf Sch. umgeschrieben. Bei dieser Gelegenheit erfuhr auch X. von der Verwechslung und klagte erfolgreich auf Feststellung seines Eigentums an Nr. 65. Nunmehr verlangt der Kläger mit der Behauptung, daß er von Sch. auf den Wert der Nr. 65 zu 400 Mark in Anspruch genommen werde und diesen Betrag an Sch. zu zahlen habe, verlangt er Ersatz dieses Betrags vom Beklagten aus dem Grunde, weil dieser ihm X. ein fremdes Grundstück als eigenes verkauft und dadurch den Schaden verursacht habe. Der Anspruch ist jedoch unbegründet.

Der Verkauf des X. betraf, da nach bayr. Hypothekenrecht sich der Glaube des Hypothekenbuchs überhaupt nicht auf das Eigentum erstreckte, nur die Mooswiese Nr. 66; sie allein sollte nach dem Willen der Beteiligten gehandelt werden und wurde auch als Kaufsache besichtigt und übergeben. Infolgedessen erwarb der Beklagte damals (1876) Eigentum an der Mooswiese Nr. 66; die bloße Verwechslung der Plannummern (falsa demonstratio) machte weder den Kauf ungültig, noch hinderte sie den Eigentumsübergang. Als dann X. später (1907) sein ganzes Besitztum an den Kläger weiterveräußerte, wollte er selbstverständlich auch nur sein Eigentum und damit die Mooswiese, nicht aber den in fremdem Eigentum befindlichen Moosacker verkaufen. Damit stimmte aber auch der Erwerbswille des Käufers überein; auch er wollte vom Beklagten nur dessen Besitz, nicht aber ein fremdes Grundstück kaufen. Auch hier war Vertragsobjekt infolgedessen nicht der Moosacker, sondern nur die Mooswiese. Diese Annahme kann durch das Vorbringen des Klägers selbst nur bestärkt werden. Denn wenn dieser die Grundstücke vorher gar nicht kannte, sie nur nach dem Kataster kaufte, so kann vernünftigerweise nur die Beschreibung des Grundstücks nach Art, Umfang, Bonität ꝛc. für seinen Kaufswillen maßgebend gewesen sein, nicht aber die Katasternummer, eine bloße Ziffer, die ihm gar nichts sagte. Auch nach neuem Grundbuchrecht macht die falsche Bezeichnung allein — wenn im übrigen die Parteien über das Vertragsobjekt einig sind — den Kaufvertrag nicht ungültig. Es hat also der Kläger vom Beklagten die Mooswiese Nr. 66 gültig gekauft, wenn auch das Kaufsobjekt in Kataster und Grundbuch irrig mit Pl.Nr. 65 bezeichnet ist. Richtigstellung durch Übereinkunft (oder durch Richterspruch) ist jederzeit möglich, solche auch tatsächlich angeboten. Mit dieser Feststellung aber ist dem Kläger die Berufung auf § 892 hins. des Moosackers versagt; denn sie hätte zur Voraussetzung, daß nicht nur die Eintragung, sondern auch der Übertragungs- und Erwerbswille der Kontrahenten auf die irrtümlich gebuchte Nr. 65 gerichtet war. Daran aber fehlt es; der Moosacker wurde weder verkauft noch aufgelassen, wenn auch die Umschreibung der ihm zukommenden Plannummer erfolgte (JW. 1904 S. 52; RG. 60 S. 338). Es bedarf hiernach keiner Stellungnahme mehr zu der allerdings viel umstrittenen Frage, ob sich der Glaube des Grundbuchs auch auf tatsächliche Angaben erstreckt und unter letztere besonders die Plannummernbezeichnung zu rechnen ist (s. hierüber Staudinger II, B 2; Planck I 1; RGKomm. 6 zu § 892; aber auch RG. 61 S. 193; Dernburg 3 § 47 Nr. 2; Rsp. 15 S. 335). Doch wäre auch bei Entscheidung dieser Frage wohl zu beachten, daß es sich hier nur um eine teilweise unrichtige Bezeichnung des Grundstücks handelt, daß der richtige Teil immerhin schon für die zu verstehenden Grundstücke eine Handhabe bot, und daß es, nachdem der Kläger zweifellos im Vertrauen auf den richtigen Teil der Bezeichnung gekauft hat, in hohem Maße unbillig wäre, ihm unter solchen Umständen die Berufung auf den unrichtigen Teil der Bezeichnung zu gestatten, den Grundsatz des § 892 so weit auszudehnen.

Die vom Kläger behauptete Haftungsübernahme ist nicht nachgewiesen und auch unerheblich; denn sie wäre doch nur in dem Sinne gegeben und genommen worden, daß zum Besitz des Verkäufers auch eine Mooswiese zu 0,327 ha gehört. Dies war der Fall. Mit einem Moosacker an Stelle dieser Mooswiese konnte der Käufer damals gar nicht rechnen; die garantierte Mooswiese aber wurde ihm rechtsgültig verkauft. Wenn der Kläger dann nach Entdeckung der Verwechslung trotzdem den fremden Moosacker unter Garantie weiter verkaufte, so handelte er, soweit er dadurch in Haftung kam, auf eigene Gefahr und hat den dadurch entstandenen Schaden sich selbst zuzuschreiben. Sein Versuch, die Verwechslung nachträglich bewußt zum Schaden des Beklagten auszunützen, geht unter diesen Umständen wieder Treu und Glauben. P.n.

e) Muß die Provinzialbehörde zur Veräußerung staatlichen Verwaltungsvermögens die Genehmigung des Ressortchefs nachweisen?

Kammergericht, I. ZS. Beschluß v. 4. März 1912.

Bei Anlegung der Blätter Nr. 15, 16 für zwei durch Anschüttung aus der Treptower Spree, einem öffentlichen Flusse, gewonnene Grundstücke ist auf Grund der vom Staatsfiskus durch den Regierungspräsidenten in Potsdam als Chef der Verwaltung der Märkischen Wasserstraßen gemäß Art. 190 EG., § 928² BGB. vorgenommenen Aneignung der preuß Staat (Wasserbauverwaltung) als Eigentümer eingetragen worden. Durch Verträge von 1910 und 1904, die ein Beamter der Wasserbauverwaltung abgeschlossen hat, ist das Grundstück Nr. 15 an A. für 500 Mark verkauft, die Nr. 16 im Werte von 6360 Mark an B. vertauscht. Beide Verträge hat der Regierungspräsident genehmigt, und zwar den Kauf mit der Angabe der Ermächtigung des Ministers der öff. Arbeiten, den Tausch mit der Angabe der Ermächtigung der Minister der öff. Arbeiten und der Finanzen. Als 1911 der Bevollmächtigte des Regierungspräsidenten die Nr. 15 dem Käufer aufließ, verlangte das Amtsgericht die nach dem Erlaß vom 4. Juli 1853 erforderliche Zustimmung des Finanzministers, während es die Umschreibung der Nr. 16 von dem Nachweise Königlicher Genehmigung der Veräußerung abhängig machte. Die Beschwerde des Regierungspräsidenten ist zurückgewiesen. Seine weitere Beschwerde ist begründet.

In der Sache selbst beruht die Vorentscheidung auf der Erwägung, daß das Grundbuchamt, wenn eine Grundstücksveräußerung von der Genehmigung eines Dritten abhängig sei, das Vorhandensein dieser Genehmigung von Amts wegen zu prüfen haben und daß dabei der verwaltungsrichterliche Charakter der Genehmigung keinen Unterschied mache. Die Anwendung dieser Sätze, die an sich nicht unzutreffend sind, auf den vorliegenden Fall ist rechtsirrtümlich. Der preußische Staat ist als Privatrechtssubjekt (Fiskus) eine einheitliche juristische Person. Die Wahrnehmung der privatrechtlichen, also der Vermögensinteressen des Staates, bildet aber keinen für sich bestehenden Zweig der Staatsverwaltung, sondern „eine in allen Staatsverwaltungszweigen hervortretende Funktion, zu deren Ausübung die Behörden aller Ressorts innerhalb ihrer sachlichen und örtlichen Zuständigkeit berufen sind" (Fritze, Prozeßvertretung des Fiskus 2, 6 f.; Stengel-Fleischmann, Wörterb. des Staats- und VerwaltR. 1 S. 803, 808). Die Vertretung des Fiskus im Privatrechtsverkehr und vor den Gerichten liegt nach der preuß. Behördenorganisation in der Regel den Provinzialbehörden in dem verwaltungsrechtlichen, an den Regierungen und den aus ihnen hervorgegangenen Behörden entwickelten Sinne dieses Wortes ob (vgl. für die Regierungen selbst §§ 13, 14 Instr. vom 23. Oktober 1817, für die Verwaltung der Zölle §§ 2, 5 VerwO. vom 15. Januar 1908, für das Eisenbahnwesen § 7 Nr. 1 und 4 VerwO. vom 10. Mai 1907 (GS. 81); Fritze 18 ff.; Stengel-Fleischmann 808). Die angegebene Regel gilt auch für die Strombauverwaltung, die nach § 3 Nr. 2c der Instr. vom 23. Oktober 1817 mit der KabO. vom 31. Dezember 1825 D II 1 und § 18 LVG. zum Geschäftsbereiche der Regierungspräsidenten gehören, mit Bezug auf gewisse Stromgebiete aber besonders geregelt sind. Für die märkischen Wasserstraßen zwischen Elbe und Oder mit Ausnahme der Berliner Wasserstraßen ist die Verwaltung der Strombauangelegenheiten gemäß dem Erlasse vom 3. November 1902 bei dem Regierungspräsidenten in Potsdam vereinigt. Dieser ist demnach hier die zur Vertretung des Fiskus zuständige Provinzialbehörde.

Die Gültigkeit eines Rechtsgeschäfts, das von der zur Vertretung des Fiskus zuständigen Behörde eingegangen ist, ist von der Wahrung der für den inneren Geschäftsbetrieb geltenden Verwaltungsvorschriften unabhängig. Als solche Vorschriften stellen sich auch diejenigen dar, denen zufolge die Ausübung der Befugnis der vertretenden Provinzialbehörde zur Veräußerung von fiskalischen Grundstücken die Zustimmung einer Zentralbehörde, wie in den durch Erlaß vom 4. Juli 1853 getroffenen Fällen des Finanzministers, oder des Königs als Hauptes der Regierung (Art. 45 VerfUrk.) voraussetzt. Die Zentralbehörden und der König sind gegenüber der vertretenden Provinzialbehörde nicht Dritte, wie etwa die staatliche Aufsichtsbehörde gegenüber einer Kommune oder einem Kommunalverbande, die staatliche und auch die kirchliche Aufsichtsbehörde gegenüber einer Kirchengemeinde; vielmehr handelt es sich um verschiedene Instanzen für das Zustandekommen des Staatswillens. Dieses Zustandekommen ist ein innerer Vorgang der Staatsverwaltung; der Prüfung des Grundbuchamts unterliegt nur die gehörige Äußerung des Willens durch die vertretende Behörde. Aus demselben Gesichtspunkt ist im Beschlusse vom 4. Juli 1910 (Jahrb. 40 S. 223) der Landesdirektor, der nach § 90[3] ProvO. vom 29. Juni 1875/22. März 1881 mit der sich aus § 91 ergebenden Einschränkung zur Vertretung des Provinzialverbandes nach außen zuständig ist, für legitimiert erkärt, ein Provinzialgrundstück aufzulassen, ohne den nach § 38 das. zur Veräußerung erforderlichen Beschluß des Provinziallandtages oder des Provinzialausschusses nachweisen oder auch nur behaupten zu müssen. In jener Entscheidung ist ausgeführt, daß im Verhältnisse der drei Organe der Provinzialverwaltung untereinander allerdings der Provinziallandtag oder der Provinzialausschuß dasjenige Organ sei, das über die Veräußerung von Provinzialgrundstücken zu entscheiden habe, daß die Einholung dieser Entscheidung durch den Landeshauptmann aber lediglich ein innerer zwischen den Organen der Provinzialverwaltung untereinander sich abspielender Vorgang sei, der mit der Vertretung des Provinzialverbandes nach außen nichts zu tun habe. Dabei ist auch auf den Unterschied dieses Falles von denjenigen Fällen hingewiesen, in denen die Genehmigung einer außerhalb der Behördenorganisation des veräußernden Verbandes stehenden Behörde notwendig ist, wie die Genehmigung der Aufsichtsbehörde zur Veräußerung von Grundeigentum der Städte (§ 50 Nr. 1 StädteO. v. 30. Mai 1853), Landgemeinden (§ 114[2] LandgemO. v. 3. Juli 1891), Amts- und Kreisverbände (§§ 55a, 176 Nr. 4 KreisO.). Ob unter gewissen Voraussetzungen zur Veräußerung fiskalischer Grundstücke, nämlich dann, wenn diese wie Domänen, Forsten, Eisenbahnen, Fabriken, dem Staate als Einnahmequelle dienen, also zum Finanzvermögen gehören, mit Rücksicht auf das Budgetrecht des Landtags dessen Zustimmung notwendig ist und ob für den Fall der Bejahung dieses Erfordernisses, da dann kein bloßer Akt der von dem König abgeleiteten Staatsverwaltung, sondern ein Gesetz im formellen Sinne vorliegen muß. das Vorhandensein dieses Gesetzes etwa eine von dem Grundbuchrichter zu prüfende Vorbedingung der privatrechtlichen Gültigkeit des Veräußerungsgeschäftes ist (vgl. KomBer. zu § 2 G. über den Staatshaushalt v. 11. Mai 1898 Drucks. des AbgH. 1898 Nr. 102; Meyer-Anschütz, Staatsrecht 757), braucht hier nicht erörtert zu werden. Denn die beiden Grundstücke gehören, wie bei der Eintragung des Fiskus durch den in Klammern beigefügten Zusatz erkennbar gemacht ist, nicht zum Finanz-, sondern zu einem bestimmten Teile des Verwaltungsvermögens.

Das AppGer. Naumburg (Johow 4 S. 71) hat die Frage „Ist eine Provinzialbehörde zur Entgegennahme einer Auflassungserklärung und zu dem Antrag auf Eintragung des Eigentums für den Fiskus ohne besondere ministerielle Genehmigung befugt?“ bejaht, weil die Legitimation der Provinzialbehörde als Vertreter des Fiskus im allgemeinen schon in ihrer amtlichen Stellung liege. Damit hat sich auch der Justizminister aO. dahin einverstanden erklärt, daß die Provinzialbehörden durch ihre amtliche Stellung ermächtigt seien, auf Grund eines vom Verwaltungschef genehmigten Vertrages über Veräußerung oder Erwerbung von Grundstücken die Auflassungserklärung vor dem Grundbuchamte vorzunehmen oder zu diesem Zweck einen Bevollmächtigten zu bestellen. Sofern mit diesem Satze zur Entgegennahme der Auflassungserklärung durch den Grundbuchrichter (also nach dem jetzigen Rechtszustande — bei dem Fehlen einer dem § 48[1] preuß. GrBO. entsprechenden Bestimmung — zur Eintragung der Eigentumsänderung die Vorlegung des vom Verwaltungschef genehmigten Veräußerungsvertrages für erforderlich erklärt sein sollte, wäre die Rechtsgrundlage für ein solches Erfordernis nicht ersichtlich. Gemäß den obigen Ausführungen ist vielmehr lediglich dem Ausspruche des AppGer. Naumburg beizutreten, daß die Legitimation der Provinzialbehörde zur Vertretung des Fiskus im allgemeinen schon in ihrer amtlichen Stellung liege. Indessen sind hier Veräußerungsverträge überreicht, die der Verwaltungschef in der Form der Ermächtigung der Provinzialbehörde genehmigt hat. Der etwa im Erlasse v. 26. September 1873 enthaltenen Anforderung des Justizministers wäre also hier genügt. . . . Sch.S.

w) Sicherungsübereignung: α) Anfechtung. Schein.[1]

OLG. München, I. ZS. Urteil v. 31. Mai 1912.

Der Vertrag, auf den der Widerspruchskläger sein Eigentum an den

[1] Dagegen führt der V. ZS. des Reichsgerichts in dem Urteil v. 14. Dez 1904 (V 256/04) aus: Das LG. stellt zunächst auf Grund der eidlichen Aussage des X. fest, daß dieser den ernstlichen Willen, das Eigentum der Sachen auf den Kläger zu übertragen, nicht hatte, sein wirklicher Wille vielmehr auf Vornahme einer Verpfändung gerichtet war. Sodann führt es Umstände an, durch die es die Richtigkeit jener Aussage bestätigt findet, auf Grund deren es zugleich zu der Überzeugung gelangt, daß auch dem Kläger Ernstlichkeit des Eigentumserwerbswillens gefehlt habe. Zunächst sei im § 2 über den baren Empfang des Kaufpreises quittiert, während dieser nicht einmal durch Aufrechnung getilgt sei, Kläger viel-

Pfandstücken stützt, stellt sich als eine in die Form eines Kaufgeschäftes gekleidete Sicherungsübereignung dar. Mit dem RG. (57 S. 175; 59 S. 146; 62 S. 126) sind fiduziarische Geschäfte, bei denen pfandrechtliche Zwecke durch Einräumung des Eigentums erreicht werden sollen, für gültig und im Zusammenhang damit die Anwendung des Besitzkonstituts statt der körperlichen Übergabe für zulässig zu erachten, ohne daß das Verbot des § 1205 entgegensteht. Hier ergeben sich die für die dingliche Wirkung erforderlichen Bestandteile des Übereignungsvertrages deutlich aus der Vertragsurkunde, dem „Schuldschein": die Einigung der Vertragsteile, daß das Eigentum am Mobiliar des Schuldners auf den Kläger übergehen solle, und die Vereinbarung der leihweisen Überlassung des Mobiliars an X. bis zur Rückzahlung des vom Kläger gezahlten Geldbetrages (§§ 929, 930). Auf die obligatorische Seite, den Kaufvertrag, kommt es nicht an; übrigens liegen auch die notwendigen Bestandteile eines solchen vor.

Der Einwand, es liege ein versteckter Dissens der Parteien vor, ist hinfällig; denn die Angaben des Klägers reichen für sich allein gegenüber dem Inhalt der Vertragsurkunde nicht aus, darzutun, daß über einen als wesentlich erachteten Punkt eine Einigung der Vertragschließenden nicht zustande gekommen ist (§ 155), sondern lassen, wenn sie nicht überhaupt nur als eine einseitige, rechtlich bedeutungslose Auslegung des Vertrages zu erachten sind, höchstens die Annahme zu, daß der Kläger beim Vertragsabschluß etwas anderes erklärt hat, als er wollte. Das würde aber nur ihn möglicherweise

mehr seine ursprüngliche Forderung als Konkursforderung angemeldet und für sie auch eine Anerkennung des Verwalters erlangt habe. Sodann bliebe der Kaufpreis hinter dem wahren Werte der Sache erheblich zurück. Ferner habe X. sich nicht bloß im § 6 das Recht, die überlassenen Sachen „in derselben Weise wie bisher" zu benutzen vorbehalten, sondern er habe auch nach wie vor die Reparaturkosten getragen, die VersPrämien bezahlt und als der alte Dreschkasten unbrauchbar geworden, einen neuen für 2400 Mark angeschafft und dessen anderweite Nr. in dem Kaufvertrage, den er sich zu diesem Zwecke vom Kläger aushändigen ließ, an Stelle der dort verzeichneten Nr. eingetragen. Endlich ergebe sich bezüglich des das Besitzkonstitut bildenden Mietvertrags die Scheinnatur daraus, daß auch hier neben der angeblichen Mietzinsforderung die Zinsforderung aus der ursprünglichen Darlehns-Schuldverschreibung bestehen blieb, mithin Kläger durch den Vertrag eine unmotivierte Bereicherung erfahren haben würde, wenn man nicht annehme, daß mit den Mietzinsen in Wahrheit die Darlehnszinsen gemeint seien.

Die Beschwerde der Revision über die Nichtvernehmung des RA. A. geht fehl... Das BG. unterstellt die Richtigkeit desjenigen, was der Zeuge bekunden soll, es sei dem Kläger darum zu tun gewesen, einen ernstlich gemeinten Kauf- und Mietvertrag abzuschließen. Es nimmt aber weiterhin als erwiesen an, daß der Kläger seine Absicht, einen Scheinvertrag zu errichten, nicht habe offenbaren wollen, sondern bemüht gewesen sei, nach außen hin den Anschein zu erwecken, als wolle er ernstlich kaufen. Daher seien die erwähnten Beweistatsachen unerheblich. Denn der Zeuge könne bestenfalls nur äußere Handlungen des Klägers, nicht aber dessen innere Absichten bekunden. Das BG. geht hiernach in rechtlicher Hinsicht davon aus, es könne auch die Erklärung, ein Geschäft ernstlich zu wollen, in bloßer Scheinabsicht abgegeben werden, und dieser Satz ist gewiß richtig. Ein Widerspruch mit RG 24. 6. 04 VII 50/04 besteht angesichts der für die streitige Frage ausschlaggebenden Bedeutung der jedesmaligen Verhältnisse des Einzelfalls nicht. D. H.

zur Anfechtung wegen Irrtums berechtigen, eine Befugnis der Beklagten aber, den Bestand des Vertrages anzugreifen, nicht begründen. Auch der Einwand, daß die Vertragsteile übereinstimmend keine Änderung des Eigentums am Mobiliar gewollt haben, daß also nur ein Scheingeschäft vorliegt, ist nicht erwiesen.[1] P. n.

β) **eines ganzen Warenlagers.**

OLG. Braunschweig, II. ZS. Urteil v. 13. Februar 1912.

Der Kläger macht ein Aussonderungsrecht an dem Warenlager geltend, an dem er 1909 auf Grund schriftlichen Vertrages fiduziarisches Eigentum erlangt haben will. Die Sicherungsübereignung auf Grund eines Besitzkonstituts konnte sich unter der Herrschaft des BGB. nur unter dem fortgesetzten Widerspruche gewichtiger Stimmen der Wissenschaft Anerkennung verschaffen. Es läßt sich auch nicht verkennen, daß sie gerade dem gewissenlosesten Schuldner zum Schaden seiner Gläubiger oftmals einen Ausweg eröffnet, der ihm durch das Verbot der Verpfändung im Wege des Besitzkonstituts verschlossen werden sollte. In noch höherem Maße bestehen die Bedenken bei der Sicherungsübereignung eines Warenlagers mit wechselndem Bestand. Hoeniger will die Zulässigkeit einer solchen überhaupt nicht (Z. f. NotV. 1911 S. 200), Oertmann wenigstens in der Regel nicht anerkennen (D. JZ. 1911 S. 1178). Ähnlich haben sich Hachenburg (das. 1912 S. 110), Boschan (JW. 1912 S. 8) und Kleinroth (LeipzZ. 1912 S. 112) ausgesprochen. Allein die herrschende Meinung bejaht die Möglichkeit der fiduziarischen Übertragung eines derartigen Warenlagers und zwar auch auf Grund eines abstrakten Übereignungsaktes (JW. 1911 S. 762[21], Staub, HGB. § 368 N. 97, Gutachten des Berl. Kaufm. LeipzZ. 1912 S. 100, Luetgebrunn, JW. 1910 S. 140, Weißler, Z. f. NotZ. 1911 S. 546, Zeiler das. 1912 S. 67, Hirsch, D. JZ. 1911 S. 1383). Voraussetzung ist dabei indessen stets, daß der Veräußerer die Waren wirklich dem Erwerber zu Eigentum überträgt und deshalb das Recht, diese Sachen trotzdem an andere verkaufen zu dürfen, nur kommissionsweise für Rechnung des Erwerbers ausüben muß (Warn. 1911 S. 196, Düringer, HGB. § 368 S. 126dd Abs. 2). Denn wenn der Veräußerer die Befugnis erhielte, die Waren nicht bloß im eigenen Namen, sondern auch für eigene Rechnung an Dritte zu veräußern, so würde er in Wahrheit der Eigentümer der Waren geblieben sein. Die fiduziarische Eigentumsübertragung wäre damit nicht zu vereinen (Warn. 1910 Nr. 404).

---

[1] Wahres Eigentum erwirbt auch der, dem ein Grundstück übertragen wird mit der schuldrechtlichen Verpflichtung, darüber nur nach bestimmter Richtung hin zu verfügen (fiduziarische Eigentumsübertragung). Wenn also jemand, der ein Grundstück als Vertrauensmann eines studentischen Korps erworben hat, es dem Korps, nachdem dieses Rechtsfähigkeit erlangt hat, überträgt, so tritt Steuerpflicht ein (OVG. 5. Okt. 1911 VII C 202/11, preuß. VerwBl. 34 S. 29). Dasselbe gilt, wenn jemand für eine nicht rechtsfähige Religionsgemeinschaft (Baptistengemeinde) ein Grundstück erwirbt und es ihr, nachdem ihr die Rechte einer juristischen Person verliehen sind, überträgt (OVG. 30. Nov. 1911 VII C 291/11, aO.).

Hier ist zwar im § 3 des Vertrages vom Kommissionsgut gesprochen, allein trotzdem ist in Wahrheit kein Kommissionsverhältnis zwischen den Vertragsparteien begründet worden. Wie Düringer (LeipzZ. 1911 S. 418) mit Recht hervorhebt, genügt bei einem Warenlager nicht die Verabredung einer Sicherungsübereignung, für die der Kommissionsvertrag nur die Form und der Vorwand ist (Kleinroth, Zeiler aO.), denn sonst wäre der Gesetzesumgehung Tür und Tor geöffnet; vielmehr ist aus dem Vertragsinhalte und den Umständen des Falles gemäß §§ 133, 157 zu erforschen, worauf der wahre Wille der Vertragschließenden gerichtet gewesen ist. Daß im schriftlichen Vertrage die Pflichten des späteren Gemeinschuldners als Kommissionärs nicht weiter erwähnt werden, kann allerdings nicht ins Gewicht fallen. Es wäre möglich, daß es nach Absicht der Vertragsparteien einfach bei den gesetzlichen Pflichten hätte bewenden sollen. Allein dem Kläger ist nie Rechnung abgelegt und der Verkaufserlös herausgegeben. Anderseits hat sich die Schuld des Gemeinschuldners immer vermehrt und schließlich den Wert des Warenlagers um ein Vielfaches überstiegen. In Betracht kommt weiter, daß der Vertrag in § 4 von einer Kaufsumme spricht, obgleich gar kein Sicherungsverkauf, sondern eine abstrakte Sicherungsübereignung für einen laufenden Kredit vereinbart war. Man sieht daraus, daß der Vertrag offenbar nach einem Schema angefertigt ist, und daß es für die Vertragsparteien nicht sowohl darauf ankam, ihren wirklichen Willen zu fixieren, als eine Fassung zu wählen, die sich in anderen Fällen als rechtsgültig bewährt hatte. Angesichts dieser Tatsache ergibt sich ein weiterer Anhaltspunkt dafür, daß auch das Wort „Kommissionsgut" nicht im Sinne der Begründung eines wirklichen Kommissionsverhältnisses gemeint ist. Schließlich ist es, worauf Düringer aO. S. 419 ebenfalls zutreffend hinweist, von vornherein äußerst unwahrscheinlich, daß ein Bankhaus Kommittent einer Weinhandlung oder eines ähnlichen Geschäfts zu werden die ernste Absicht hat. Hiernach ist der Vorinstanz beizutreten, ohne daß der andere Einwand des Beklagten einer Prüfung bedurfte. H.-g.

γ) **Wegfall des Kündigungsrechtes aus § 554.**

OLG. Stettin, I. ZS. Beschluß v. 23. Oktober 1912.

Die Parteien hatten zur Deckung für Geschäftsforderungen des Klägers einen Sicherungskauf über Fahrnis des Beklagten im Werte von 4850 Mark mit Aufrechnung des Kaufpreises, Einräumung eines Rückkaufsrechts bis 1915 und Vereinbarung eines jährlichen Mietzinses von 36 Mark nach üblichem Formular abgeschlossen. Der Kläger verlangte Herausgabe der Sachen, weil Beklagter mit zwei Jahresmietzinsen im Rückstande war. Die Klage ist unbegründet.

Dem Sicherungszweck entspricht es, daß die Forderung des Gläubigers bestehen bleibt. Das haben die Parteien auch offenbar beabsichtigt; dafür sprechen der Weiterlauf der Zinsen und die Hingabe weiterer Sicherheiten, nämlich die Wechselakzepte und die Sicherungshypothek. Die Aufrechnung, die das Erlöschen der zu sichernden Forderung zur Folge hätte, kann also nicht ernstlich gemeint sein. Demgemäß muß auch das Rückkaufsrecht des Beklagten und seiner Frau nach der gleichen Richtung hin umgedeutet werden: die Befristung dieser Befugnis der Schuldner enthält die Stundung der zu sichernden Forderung bis zum vereinbarten Termine (Warn. 1909 S. 244). Die Fälligkeit der Schuld tritt also erst 1915 ein. Damit hängt aber auch die Abrede über die Vermietung der verkauften Sachen zusammen. Die Sicherheitsübereignung wird statt der Verpfändung gewählt, wenn der Schuldner im Besitze der Sachen bleiben soll. Der Mietvertrag hat dann den Zweck, die Übergabe gemäß §§ 930, 868 zu ersetzen. Die Vereinbarung eines Mietzinses ist dabei etwas ganz Nebensächliches; die gleiche Aufgabe würde auch ein Leihvertrag erfüllen. Die vom Beklagten angeregten Zweifel an der Ernstlichkeit der Mietzinsvereinbarung finden darin einen Anhalt; sie werden noch weiter verstärkt durch die Erwägung, daß in der Regel bei solchen Sicherungskäufen der Mietszins auf die Zinsen oder die Hauptforderung verrechnet werden, während hier diese Vereinbarung fehlt. Nach dem durch die Anführung der Parteien ergänzten Vertrage mußte vielmehr die Miete noch neben den 6 % betragenden Zinsen gezahlt werden. Anderseits steht die Höhe der Miete in einem auffälligen Mißverhältnis zu dem Werte der vermieteten Sachen: ein wirkliches Entgelt für die Gebrauchsüberlassung kann eine Zahlung von nur 36 Mark jährlich bei einem Schätzungswerte von 4850 Mark des Mietgegenstandes unmöglich darstellen. Es liegt also die Annahme nahe, daß die Parteien einen Mietzins überhaupt nur festgesetzt haben, weil sie oder der hier beratende Notar der Meinung waren: nur ein Mietvertrag könne die Besitzübergabe ersetzen. Daß aber ein Leihvertrag dazu vollkommen hinreicht, haben Düringer (LeipzZ. 1908 S. 97) und Hallbauer (Recht 1905 S. 632, 661) überzeugend nachgewiesen; das hat auch das RG. gebilligt (Warn. 1909 S. 244). Indes bedarf es hier keiner ausdrücklichen Feststellung, weil man bei der erörterten Sachlage annehmen muß, daß das Kündigungsrecht des § 554 nicht stattfinde. Der Grund dieser Vorschrift liegt offenbar darin, daß der wiederholte Verzug des Mieters das Interesse des Vermieters an der weiteren Erfüllung des Vertrages aufhebt. Eine solche Bedeutung kann aber hier der Nichtzahlung des Mietzinses unmöglich beigemessen werden. Denn der Rückstand von 72 Mark spielt in dem nach den gesamten Geschäftsbeziehungen zu beurteilenden Rechtsverhältnisse der Parteien eine ganz untergeordnete Rolle. Es kann von der rechtzeitigen Zahlung dieses geringfügigen Betrages nach dem Willen der Parteien unmöglich der Bestand des Vertrages und die Fortdauer der Kreditgewährung abhängig gemacht sein; sonst wäre darüber sicherlich ein Vermerk in den Vertrag aufgenommen worden. Da der § 554 nachgiebiges Recht enthält, so muß der Vertrag — nach seinem Zwecke als Sicherungsübereignung — dahin ausgelegt werden, daß dieses außerordentliche Kündigungsrecht durch die Stundung der gesicherten Forderung bis 1915 ausgeschlossen wird. Auf diese Zeit hat der Kläger den Beklagten im Besitze der vermieteten Sachen zu belassen. Ob er etwa aus anderen Gründen zu einer vorzeitigen Rückforderung seines Anspruchs und damit auch der Mietgegenstände befugt ist, namentlich bei Vermögensverfall des Beklagten (JW. 1906 S. 161[4]), bedarf keiner Erörterung, weil eine solche Sachlage nicht behauptet ist. D.l.

x) **Eigentumsverhältnisse, wenn ein Dritter die bestellte Maschine im Auftrage des Verkäufers unmittelbar dem Käufer liefert.**

α) OLG. Königsberg, II. ZS. Urteil v. 9. November 1910.

Der beklagte Eigentümer des Grundstücks W. schloß mit X. einen Vertrag, wonach X. eine elektrische Lichtanlage für das Grundstück W. herzustellen hatte. Dafür war auch die jetzt eingeklagte Akkumulatorenbatterie bestimmt. Diese bestellte X. bei dem Kläger, der sie seinerseits bei H. bestellte und ihn gemäß einer mit X. getroffenen Vereinbarung anwies, sie an J., den Montageleiter der Lichtanlage in W., unmittelbar zu übersenden. Die Batterie wurde von H. nach W. gesandt und in den dazu gehörigen Räumen untergebracht. Zur Ausführung der Lichtanlage kam es nicht, da X. in Vermögensverfall geriet. Die Klage ist begründet. Der Kläger muß zur Begründung des Herausgabeanspruchs beweisen, daß er Eigentümer der Batterie ist. Das Eigentum daran hatte zunächst H., der sie dem Kläger nie gemäß § 929 übergeben hat. Wohl aber hat der Kläger durch die vor der Absendung des H. liegenden unstreitigen Vorgänge das Eigentum an der Batterie gemäß § 930 erworben. Dadurch, daß der Kläger die Batterie bei H. bestellte, ist zunächst ein Kaufvertragsverhältnis zwischen ihm und dem H. begründet worden. Gleichzeitig ist aber auch zwischen diesen beiden ein Auftragsverhältnis vereinbart, vermöge dessen H. zur direkten Übersendung der Batterie an den Abkäufer des Klägers und zu der zur Ausführung dieser Übersendung erforderlichen zeitweiligen Inbesitzhaltung der Batterie gegenüber dem Kläger verpflichtet wurde. Dieses Auftragsverhältnis stellt sich also als ein Rechtsverhältnis im Sinne des § 868 dar, durch das der Kläger den mittelbaren Besitz der Batterie erlangte. Es ist ferner unbedenklich, daß beide Kontrahenten damals auch darüber einig waren, daß das Eigentum der Batterie unmittelbar auf den Kläger übergehen sollte. Darauf läßt der Kaufvertrag schließen, der den H. obligatorisch verpflichtete, dem Kläger das Eigentum zu verschaffen. Dazu führt weiter die Erwägung, daß dem Kläger daran gelegen sein mußte, selbst das Eigentum zu erwerben, durch das er erst die volle Verfügungsmacht über die Batterie und eine sichere Rechtsstellung gegenüber ihrem Abkäufer erlangte. Das erhellt endlich aus dem Umstande, daß der Kläger nach der späteren Rückgängigmachung des Kaufvertrages mit X. ohne weiteres das Eigentum für sich beanspruchte, woraus nach rückwärts auf seinen Eigentumserwerbswillen schon zurzeit des Vertragschlusses geschlossen werden muß. — Anderseits ist auch zwischen dem Kläger und dem Abkäufer X. ein Kaufvertrag vereinbart worden, der den Kläger verpflichtete, dem X. das Eigentum zu verschaffen. Es kann auch unterstellt werden, daß zwischen beiden zunächst die nach § 929 erforderliche Einigung über den Übergang des Eigentums auf X. bestand. Wäre es bei dieser Einigung geblieben, so würde das Eigentum auf X. mit Ablieferung der Batterie an den vom Kläger als Empfangsberechtigten bezeichneten J. übergegangen sein. Indes ist der Kaufvertrag zwischen dem Kläger und X. schon vor der Ankunft der Batterie in W. wieder aufgehoben. Darin lag zugleich die Rückgängigmachung der Einigung, da diese ohne Kaufvertrag keinen Sinn mehr hatte. Ist X. hiernach nicht Eigentümer der Batterie geworden, so kann auch der Beklagte von ihm nicht das Eigentum erlangt haben, es sei denn im Wege gutgläubigen Erwerbes. Th.

β) § 930 verlangt individuell bestimmte Sache. Aus= oder Absonderungsrecht für fiduziarisches Eigentum?

OLG. Braunschweig, II. ZS. Urteil v. 20. Februar 1912.

Durch schriftlichen Vertrag hat der spätere Gemeinschuldner Gr. für seine Schuld einen Teil seines Baumaterialienlagers dem Kläger im Wege der Sicherungsübereignung übertragen. Ob überhaupt ihren Gegenstand ein Warenlager mit wechselndem Bestande bilden kann, bedarf hier keiner Nachprüfung. Denn nur ein Teil eines Warenlagers ist Gegenstand der Übereignung, auch fehlt die Abrede, daß an Stelle der zu veräußernden Stücke die wieder anzuschaffenden Ersatzwaren treten sollten. Außerdem ist kein abstraktes Besitzkonstitut vereinbart, vielmehr ist dem Veräußerer der Besitz auf Grund eines Verwahrungsvertrages belassen. Schließlich ist ihm die Befugnis, die übertragenen Waren zu veräußern, durch Begründung eines Kommissionsverhältnisses gegeben. Auch ist hier das Kommissionsverhältnis nicht, wie in den meisten Fällen, nur ein Schein und daher nichtig. Vielmehr ist unzweideutig vereinbart, daß der Schuldner bis auf Widerruf die Waren für Rechnung des Klägers solle verkaufen dürfen mit der Verpflichtung der Rechnungslegung und sofortigen Abführung des Erlöses. Trotzdem ist die Sicherungsübereignung teilweise nichtig. Denn auch die Übereignung durch Besitzkonstitut ist nur an individuell bestimmten Sachen möglich. Daran fehlt es hier, insofern von dem größeren Bestande ohne Absonderung 100 Zementröhren 2c übertragen sind.

Ob die Nichtigkeit eines Teils des dinglichen Übereignungsvertrages auch den übrigen Teil nichtig machen könnte oder ob § 139 nur auf die obligatorischen Rechtsgeschäfte Anwendung findet, kann auf sich beruhen. Denn hier würde jedenfalls die Ausnahme des § 139 vorliegen; da es sich nicht um die Sicherung einer erst zu begründenden, sondern einer bereits bestehenden Schuld handelte, würden die Parteien auch den von der Nichtigkeit an sich nicht berührten Teil des Vertrages gewollt haben, wenn sie die Nichtigkeit des andren Teils gekannt hätten. ... Hiernach ist der Anspruch, soweit er sich auf Feststellung des klägerischen Eigentums an den übrigen Sachen richtet, begründet. Allein daraus folgt noch nicht, daß der weitere Herausgabeanspruch ebenfalls begründet ist. Es ist nämlich behauptet, daß der Fiduziar im Konkurse des anderen Teils sein Eigentum nur nach Art eines Absonderungsberechtigten geltend machen könne, da ein dem Gemeinschuldner „nicht gehöriger Gegenstand", wie ihn das Aussonderungsrecht des § 43 KO. voraussetze, nur dann vorliege, wenn dem Gemeinschuldner neben dem formellen Eigentum auch das materielle Eigentum fehle (Jäger § 43 N. 38; Wilmowsky-Kurlbaum § 64 N. 5, Düringer-Hachenburg HGB. 2 Vorb. zu § 68 N. 130d). Allein bei der Sicherungsübereignung wird regelmäßig nicht nur das formelle, sondern auch das materielle Eigentum übertragen. Zwischen Veräußerer und Erwerber bestehen nur außerdem gewisse obligatorische Rechte und Pflichten, die die Verfügungsfähigkeit des Erwerbers beschränken und ihn zur evtl. Rückübertragung verpflichten. Wollte man von einem geteilten Eigentum sprechen, so würde das auf die Bildung eines neuen dinglichen Rechts hinauslaufen, dem die Geschlossenheit dieser Rechte entgegensteht. Wenn man aber mit den Gegnern in der Sicherungsübereignung materiell nur eine Verpfändung sieht, so würde nach § 117² BGB. das Rechtsgeschäft auch nur als Verpfändung beurteilt werden dürfen, also das Besitzkonstitut zu deren Begründung nach § 1205 unzulässig sein. Die Gegner können sich auch nicht auf RG. 45 S. 80 berufen. Der dort entschiedene Fall betraf altes Recht und hatte auch die Rechte des veräußernden Schuldners zum Gegenstand, wenn der Erwerber in Konkurs geriet. Das RG. hat denn auch unter Herrschaft des BGB. ein Aussonderungsrecht anerkannt (JW. 1906 S. 104; ebenso Sarwey-Bossert, Kleinfeller N. 1 zu § 64 KO.; Düringer in LeipzZ. 1908 S. 105; Weidemann, D.JZ. 1906 S. 1001; vgl. Staub, HGB. § 368 N. 108). Allerdings kann der Fiduziar nicht gleichzeitig im Konkurs sein Eigentumsrecht und die gesicherte Forderung geltend machen. Allein auf die Sicherungsübertragungen findet der § 64 KO. nur entsprechende Anwendung (JW. 1910 S. 29[53], ebenso Rsp. 15 S. 238). Hiernach bleiben beim Konkurse des einen Teils die obligatorischen Rechte und Pflichten der Vertragsschließenden unberührt, soweit nicht der Konkursverwalter die Befugnis des § 17 KO. gebraucht. Der Kläger konnte deshalb den ihm vertraglich vorbehaltenen Widerruf jederzeit geltend machen und damit den Besitz verlangen. Ob der Beklagte durch Widerklage oder Einrede die Rechte der Konkursmasse dahin geltend machen darf, daß der etwaige Überschuß ihm ausgezahlt werde, kann dahingestellt bleiben, weil solche Ansprüche im Prozesse nicht erhoben sind. H.g.

Dazu: OLG. Nürnberg, I. ZS. Urteil v. 9. Juni 1911.

Die in Errungenschaftsgemeinschaft lebende Frau X. brachte Mobiliar in die Ehe ein, das in einer Anlage zum Ehevertrage verzeichnet und als Vorbehaltsgut erklärt wurde. Als sie sich 1909 für eine Schuld ihres Mannes von 1500 Mark als Selbstschuldnerin dem Kläger gegenüber verbürgte, verkaufte sie für diesen Betrag dem Kläger „in der Anlage verzeichnete Möbel, die laut Ehevertrag und sonst ihr eingebrachtes Gut sind." Da sich damals der Ehevertrag nicht in Händen des Mannes, sondern beim

Konkursverwalter befand, unterblieb die Aufnahme des vorgesehenen Möbelverzeichnisses. Zur Perfektion eines Sicherungskaufs ist aber erforderlich, daß die Kaufgegenstände so bestimmt bezeichnet sind, daß über ihre Identität kein Zweifel obwalten kann. Daran fehlt es hier vollständig. Die Fassung des § 1 genügte nicht. Der in keinen Beziehungen zu den Eheleuten X. stehende Kläger erfuhr nichts über die Art und Zahl der Gegenstände, welche laut Ehevertrag von Frau X. in die Ehe gebracht wurden und ihm übertragen werden sollten; er erhielt dadurch auch keine Kenntnis über den Wert der einzelnen Gegenstände. § 1 gab ihm auch gar keine Anhaltspunkte dafür, welche Gegenstände „sonst" von Frau X. eingebracht wurden, zumal auch der Mann ebenfalls Mobiliarstücke besaß oder während der Ehe angeschafft hatte. Eben deshalb genügte auch nicht die mündliche Erklärung, daß sämtliche Möbel der Frau X. dem Kläger gehören sollten. Schm.

γ) Vereinbarung eines Rechtsverhältnisses[1] i. S. des § 930.

OLG. Braunschweig, II. ZS. Urteil v. 16. Februar 1910.

Der Kläger verlangt als Eigentümer die Herausgabe der Waren, die ihm die jetzt in Konkurs geratene Firma B. verkauft und bezahlt erhalten hat. Der beklagte Konkursverwalter bestreitet die behauptete Übergabe. Allein wie der Briefwechsel ergibt, hat der Kläger mit B. ein Rechtsverhältnis vereinbarte, vermöge dessen er den mittelbaren Besitz der streitigen Sachen erlangte. Dadurch, daß B. seine Anfrage, ob sie für die bei ihr lagernden Waren, die nicht zur Abnahme gelangt seien, anderweitige Verwendung habe, dahin beantwortete, sie wolle versuchen, die Sachen unterzubringen und dem Kläger darüber Nachricht zugehen lassen, begab sie sich ihres Rechts, sofortige Abnahme der Sachen zu verlangen und verpflichtete sich, die Sachen auf Zeit, dh. auf eine mit Rücksicht auf ihre Bemühungen zur anderweiten Unterbringung angemessene Zeit, für den Kläger im Besitz zu behalten. Dieses seinem Ansuchen zum Teil entsprechende Angebot hat der Kläger stillschweigend angenommen; es bedurfte keiner Erklärung auf das Angebot. Es ist danach in dem Verhältnisse der beiden Firmen eine objektivrechtliche Veränderung eingetreten; es liegt nicht bloß eine Veränderung in der Willenslage der beiden vor. Dieses konkrete Rechtsverhältnis war ein dem Verwahrungsvertrage ähnliches und begründete für den Kläger, für den die B. auf Zeit besaß, mittelbaren Besitz. Den Anforderungen der §§ 930, 868 ist also genügt (RG. 49 S. 170, 54 S. 398; Rsp. 8 S. 191). H.g.

Dazu: OLG. Hamburg, III. ZS. Urteil v. 29. September 1910.

Wie der Vertrag ergibt, waren der Kläger und A. darüber einig, daß das Eigentum an den Sachen auf ersteren übergehen solle. Die Übergabe der Sachen ist gemäß § 930 dadurch ersetzt worden, daß im § 3 bestimmt wird, der Kläger belasse die Sachen dem A. zur schonenden

[1] Ein solches wird bei der Veräußerung von Tabak durch die in der Hausindustrie bestehende Übung hergestellt, daß der Fabrikant den Tabak den Arbeitern ins Haus gibt, um daraus für ihn Zigarren herzustellen (OLG. Karlsruhe, I. ZS. Urteil v. 12. Juli 1912). E. H.

Benutzung vorbehaltlich seines Rechts, sie jederzeit an sich zu nehmen. Damit wurde ein Rechtsverhältnis vereinbart, vermöge dessen der Kläger den mittelbaren Besitz erlangte. Mehr war zur Übertragung des Eigentums nicht erforderlich. M. M.

δ) OLG. Naumburg, VI. ZS. Urteil v. 15. Februar 1910.

Nach dem schriftlichen Vertrage, auf den die Kläger ihr Eigentum stützen, hat der Mann L. die ihm gehörigen Gegenstände den Klägern verkauft, gleichzeitig haben diese dieselben Gegenstände der Frau L. vermietet. Ein dem § 930 entsprechendes Rechtsverhältnis ist zwar verabredet, aber nicht, wie das Gesetz es verlangt, zwischen dem Veräußerer und dem Erwerber, sondern zwischen letzterem und der Frau des Veräußerers. Zwar hätten die Kläger die Sachen zunächst an L. und dieser hätte sie dann weiter an seine Frau vermieten können. Ebenso wäre, wenn L. die Sachen der Mieterin übergeben und diese sie gleichzeitig als Vertreterin der Kläger angenommen hätte, das Eigentum durch Vermittlung eines Vertreters nach § 929 übergegangen. Aber die Frau L. hat die Sachen gar nicht erhalten, sie sind vielmehr unverändert im Besitz des L. geblieben. Dr. Sch.

ε) OLG. München, III. ZS. Beschluß v. 15. Januar 1910.

Der Beklagte hatte bei seinem Schuldner, Fabrikanten X., Bretter pfänden lassen, die der Kläger als sein Eigentum beansprucht. Er stützt sich auf den Vertrag von 1905, durch den ihm X. seine sämtlichen auf dem Lagerplatz befindlichen Bretter überträgt und von ihm fernerhin leihweise zur Benutzung bzw. zur Verarbeitung und Veräußerung erhält. X. verpflichtet sich zugleich, die durch den Betrieb seiner Fabrik verarbeiteten Bretter immer wieder durch neue gleichwertige Gegenstände zu ersetzen und es sollen die Ersatzgegenstände jeweils mit dem Verbringen in die betreffenden Lagerräume in das Eigentum des Klägers übergehen. Auch wird diesem das Recht eingeräumt, sich selbst oder durch einen Vertreter jederzeit von dem Stande der ihm zu Eigentum übertragenen Gegenstände in der Fabrik zu überzeugen. Hierin ist keins der im § 868 namentlich aufgeführten Rechtsverhältnisse zu finden; es kann sich also nur darum handeln, ob ein ihnen ähnliches Verhältnis gegeben ist, vermöge dessen von da ab X. gegenüber dem Kläger auf Zeit zum Besitze berechtigt oder verpflichtet war. Die Vertragsteile selbst bezeichneten das Rechtsverhältnis als Leihe; mit Rücksicht auf die Gestattung der Verarbeitung und Veräußerung ist es Leihe unter der Gestattung, daß der Entleiher die geliehenen Sachen auch darlehnsweise übernehme. Die Leihe ist auch in dieser Gestalt ein Rechtsverhältnis im Sinne des § 868. Es ist jedoch zu untersuchen, ob es nicht nur dem Namen nach, sondern auch wirklich eingegangen wurde. Hierbei darf der große Unterschied nicht außer acht gelassen werden, der zwischen dem Fall, daß der bisherige Eigentümer, der unter Einräumung des unmittelbaren Besitzes, jedoch unter Vorbehalt des Eigentums den unmittelbaren Besitz mit dem mittelbaren vertauscht (zB. bei Übergabe der unter Eigentumsvorbehalt bis zur Zahlung des Kaufpreises verkauften Ware), dieses Rechtsverhältnis mit dem anderen Teile vereinbart, und dem Falle besteht, daß derjenige, der erst Eigentümer werden und ohne je unmittelbarer Besitzer gewesen zu sein, nur den mittelbaren Besitz hierdurch erlangen soll. Rechtlich mögen beide Fälle gleichstehen; im letzteren Falle sind jedoch die tatsächlichen Erfordernisse genauer zu prüfen. Diese Prüfung führt hier dazu, daß alles beim Alten blieb und dem Kläger nur das Recht eingeräumt wurde, sich von dem Stande der Vertragsgegenstände zu überzeugen. Der Kläger führt auch noch das jederzeitige Widerrufsrecht an. Allein mit Unrecht; es ist im Vertrage nicht ausbedungen und wäre bei seiner Wichtigkeit für beide Teile sicher ebensogut ausdrücklich bedungen worden, wie das vorerwähnte sehr bescheidene Besichtigungsrecht; es widerspricht auch dem nach § 604 ² in Ermangelung einer Zeitbestimmung maßgebenden Zwecke der Leihe, der offensichtlich darin bestand und besteht, dem X. den Weiterbetrieb seines Geschäfts zu ermöglichen.... Es bleibt also nur die Vereinbarung übrig, daß in Zukunft der Veräußerer X. im Namen des Erwerbers besitzen solle. Was auf dem Papiere vereinbart wurde, war nur dazu bestimmt, das in Wirklichkeit gewollte, jedoch rechtlich wirkungslose abstrakte const. poss. zu verdecken. Diese Beurteilung würde sich auch dann nicht ändern, wenn damals eine Aufzeichnung der übereigneten Gegenstände stattfand; dies läßt sich auch damit vereinen, daß die verzeichneten Gegenstände nun vom Veräußerer im Namen des Erwerbers besessen werden sollen. Aber auch, wenn ein vollständiger Ersatz der Übergabe anzunehmen wäre, würde dies dem Kläger nichts nützen. Die Pfandstücke waren nicht Gegenstand des Vertrages von 1905. Ob sie unmittelbar an Stelle solcher angeschafft wurden oder, was bei einem Umflusse von 3½ Jahren wahrscheinlicher ist, an Stelle anderer früherer Ersatzstücke getreten sind, kann als rechtlich unerheblich dahingestellt bleiben. Nach dem Vertrage bestand bis zum Verbringen der Rohstoffe in die Lagerräume nur eine persönliche Verpflichtung des X., Ersatzstücke anzuschaffen und sie zu übereignen. Soweit X. Waren anschaffte, die Ersatzstücke werden konnten oder sollten, war er Eigentümer und unmittelbarer Besitzer. Bei der Eigentumsübertragung auf den Kläger mit dem Verbringen in die Lagerräume war nur X. als handelnde Person beteiligt. Er sollte bei der Einigung über den Eigentumsübergang für beide Teile handeln, eine Ausnahme von der Regel des § 181, wobei, da ihm dies vertragsmäßig gestattet war, dahin gestellt bleiben kann, ob auch die weitere Ausnahme Platz greift, daß hier der dingliche Vertrag ausschließlich die Erfüllung einer Verbindlichkeit bezweckte. Die Besitzübergabe sollte nach § 930 ersetzt werden; auch bei der Vereinbarung des in Betracht kommenden Rechtsverhältnisses sollte X. nach § 181 allein handeln. Einer solchen Vereinbarung und einem solchen Verfahren stehen an sich rechtliche Bedenken nicht entgegen. Doch ist hierbei vorauszusetzen, daß sich nicht all dies nur im Willen der einen für beide Teile handelnden Person vollzieht, sondern sei es durch eine Erklärung oder sonst durch eine schlüssige

Handlung in die Erscheinungswelt tritt; denn dem Willensentschluß als einem inneren seelischen Vorgange kann die Rechtsordnung so lange keine Bedeutung beilegen, als er nicht auf eine im Rechtsverkehre verständliche Weise erkennbar geworden ist; dies gilt auch für die Fälle des § 181 (Motive I S. 224; Staudinger § 181 Z. 7; Przibilla in DogmJahrb. 50 S. 344; JW. 1903 S. 31; Rsp. 18 S. 133; HansGZ. 1908 Nr. 86, 123). Die Vertragsteile waren sich dieses Erfordernisses wohl bewußt und bestimmten deshalb, daß die Ersatzgegenstände jeweils mit dem Verbringen in die Lagerräume Eigentum des Klägers werden sollten. Allein das Verbringen in die zur Lagerung bestimmten Räume innerhalb des Fabrikanwesens ist für sich allein keine nach der Richtung des Eigentumswechsels hin schlüssige Handlung; sie ist (anders wie die Aufbewahrung, von der in RG. 52 S. 132, 63 S. 17 und 405 die Rede ist) rechtlich belanglos; auch die Rohstoffe und Waren, die — weil über den früheren Bestand hinaus angeschafft oder hergestellt oder weil anderer Art — nicht als Ersatzgegenstände in Betracht kamen, wurden in diesen Räumen gelagert; das Verbringen der Besitzgegenstände in diese Räume zu diesen anderen Rohstoffen und Waren oder gleichzeitig mit ihnen oder auch nur in die zufällig zeitweilig leeren Räume ist in erster Reihe eine Betriebsmaßregel und erscheint nach außen hin ausschließlich als solche. Von einer Verbringung in die Lagerräume als einer Betriebsmaßregel unterscheidet sie sich nur durch den innerlichen Willen; die Zulassung einer solchen Handlung als Zeichen der Willensbetätigung heißt den obigen Grundsatz in das Gegenteil verkehren.... P. n.

y) **Abtretung des Herausgabeanspruchs: α) durch schlüssige Handlungen.**

OLG. Naumburg, II. ZS. Urteil v. 7. Mai 1912.

Wie im Magdeburger Holzhandel allgemein üblich ist, teilt der Streckenwärter der Firma, die Hölzer auf Lager hat, deren Verkauf dem Aufseher des Lagerhalters mit, worauf dieser die Hölzer für den angegebenen Käufer auf Lager nimmt. In solchem Verfahren ist eine Eigentumsübertragung nach § 931 zu erblicken. Die Übergabe der Hölzer ist durch Abtretung des Anspruchs auf deren Herausgabe ersetzt worden. Indem die Beklagte durch ihren Streckenwärter dem Lagerhalter den Verkauf der Hölzer an den Kläger mitteilte, wollte sie ihre Ansprüche an den Lagerhalter auf Herausgabe der Hölzer aufgeben und auf den Kläger übertragen, der anstatt der Beklagten fortan berechtigt sein sollte, die Herausgabe der nunmehr für ihn lagernden Hölzer vom Lagerhalter zu verlangen. Die Abtretung des Herausgabeanspruchs ist an keine Form gebunden, einer ausdrücklichen Erklärung, daß der Anspruch auf Herausgabe abgetreten werde, bedarf es nicht, sie kann auch durch schlüssige Handlungen erfolgen (RGKom. § 931 N. 2, 6). Angenommen hat der Kläger die Abtretung spätestens durch seine erstmalige Zahlung des Lagergeldes. Daß er das für die Beklagte nicht aus eigener Verpflichtung gegenüber dem Lagerhalter getan haben sollte, dafür ist kein Anhalt gegeben. Schl.

β) Übergabe eines indossierten Lagerscheins.

OLG. Hamburg, V. ZS. Urteil v. 10. März 1911.

Der in Konkurs geratene Paul hatte die Häute, deren Herausgabe sein Konkursverwalter beansprucht, bei X. gegen einen auf „Paul oder Order" lautenden Lagerschein eingelagert und letzteren der beklagten Bank mit einem auf der Rückseite befindlichen Blankoindossament gegen Empfang eines Vorschusses übergeben. Es fragt sich, welche Wirkung diese Rechtshandlung auf das Recht auf die Häute oder an den Häuten hat. Das LG. läßt dahingestellt, ob die Beklagte Eigentümerin geworden ist oder ein Pfand- oder Zurückbehaltungsrecht erworben hat; die Abtretung des Herausgabeanspruchs allein genüge zur Klagabweisung, denn mit ihr habe Paul auf die Rückforderung der Waren und auf die Verfügung über sie zugunsten der Bank bis zur Rückzahlung des Vorschusses verzichtet. Das OLG. Kiel geht am 31. Oktober 1910 in einer gleichliegenden Sache weiter und nimmt an, daß die Bank das Eigentum an den Waren erlangt habe. Der Senat hat, obwohl die Annahme des LG. manches für sich hat, kein Bedenken, sich dem Kieler Urteil anzuschließen. Es kann dabei von einer Sachlage ausgegangen werden, wie der Kläger selbst sie zugesteht, besonders davon, daß Paul über den Eigentumsübergang mit der Beklagten bei Hingabe des Lagerscheins und Bevorschussung der Waren nichts besprochen hat. Es unterliegt trotzdem keinem Zweifel, daß der Lagerschein der Beklagten übergeben wurde, um dieser eine Sicherheit zu verschaffen, und daß hierüber Paul und Beklagte einig waren. Diese Sicherheit sollte nicht lediglich in der durch den Lagerschein gewährten Gewißheit der tatsächlich erfolgten Einlagerung bestehen, sondern die Ware selbst sollte als Sicherheit dienen. Nur wenn letzteres der Fall war, hatte die Beklagte diejenige Sicherheit, die Banken regelmäßig in solchen Fällen beanspruchen. Allerdings konnte diese dingliche Sicherheit, wie das LG. mit Recht ausführt, auf verschiedene Weise bestellt werden, durch Bestellung eines Pfandes, eines Retentionsrechts oder schließlich auch des Eigentums. Daß Paul und Beklagte aber letzteres gewollt haben, dafür spricht einmal die gewählte Form, die im kaufmännischen Verkehr vielfach als mit Übertragung des Eigentums gleichbedeutend aufgefaßt wird. Hiernach waren Paul und Beklagte über den Übergang des Eigentums einig. Daß Paul in seinem Geschäftsbetriebe nach wie vor über die Häute verfügen, sie verkaufen und aus dem Lager nehmen durfte, um aus dem Erlöse den Vorschuß der Beklagten zurückzuzahlen, steht nicht entgegen, entspricht vielmehr durchaus dem Zweck dieses ganzen Geschäfts. Die Waren sollten nicht dem Geschäfte des Paul entfremdet werden; vielmehr sollte er weiter mit ihnen Handel treiben und es lag auch in dem Interesse der Beklagten, wenn er die Ware baldmöglichst und bestens verwertete und den Vorschuß zurückzahlte. Die etwaigen Eigentumsrechte der Beklagten wurden dadurch zunächst nicht berührt, sondern erst dann, wenn die Waren in den Besitz eines gutgläubigen Dritten gelangten, was hier nicht in Frage steht. Die nach § 929 weiter erforderliche Übergabe der Sache ist hier nach § 424 HGB. durch Übergabe eines auf den Erwerber indossierten Lagerscheins ersetzt. Aber der Lagerhalter ist keine staatlich zur Ausstellung solcher Urkunden ermächtigte Anstalt, er war also nicht berechtigt, Orderlagerscheine auszugeben, tat er es doch, so haben die Scheine nicht die Wirkung, die der § 424 HGB. den indossablen Lagerscheinen beilegt. Beklagte kann sich demnach nicht darauf berufen, daß mit der Übergabe und Indossierung des Lagerscheins an sie die Ware selbst als übergeben gelte. Allein nach § 931 BGB. ist die Übergabe dadurch ersetzt worden, daß Paul ihr seinen Anspruch auf Herausgabe der Häute gegen X. abgetreten hat und zwar sowohl den aus dem Eigentum folgenden dinglichen, wie auch den persönlichen aus dem Lagerungsvertrag sich ergebenden Anspruch. Der Abtretungsvertrag erfordert nämlich weiter nichts, als den beiderseitigen Willen, die Forderung abzutreten und zu erwerben, sowie die gegenseitige Erklärung dieses Willens. Eine ausdrückliche Erklärung dieses Willens wird nicht gefordert, er kann aus konkludenten Handlungen geschlossen werden, und gerade die Übergabe von Urkunden über Forderungen pflegt der Verkehr, wenn sonst Einigung über die Abtretung selbst besteht, als die Erklärung der Abtretung aufzufassen. Wer zB. ein Sparkassenbuch einem andern übergibt mit der Erklärung, es ihm schenken zu wollen, hat damit nicht nur erklärt, daß das Eigentum an dem Buch als solchem übergehen solle, sondern vielmehr, daß auch die Forderung gegen die Sparkasse auf den Erwerber übergehe. Hier liegt nun die Sache so, daß Beklagte Eigentümerin der Waren werden sollte. Wenn ihr dann Paul den Lagerschein mit Indossament übergab, so kann das nur so aufgefaßt werden, daß er auch seine gesamten Ansprüche auf die Ware sei es aus der Lagerung oder aus dem Eigentum ihr abtreten wollte und daß sie in diesem Sinne die Lagerscheine entgegennahm. Allerdings war die gewählte Form der Indossierung und Übergabe des Lagerscheins nicht den gewollten Erfolg herbeizuführen geeignet. Aber liegen an sich nach § 931 alle Erfordernisse einer Eigentumsübertragung vor, so hat diese nach § 140 trotz der unwirksamen Indossierung volle Geltung, da nicht zu zweifeln ist, daß Paul bei Kenntnis dieser Unwirksamkeit des Indossaments statt des letzteren den Herausgabeanspruch abgetreten hätte. Daß ein ungültiges Indossament in vielen Fällen als Abtretung aufrechterhalten ist, ergeben die Urteile Bolze 2 S. 200, 17 S. 171. Eine solche Konversion wird durch § 2 EG. zum HGB. nicht verboten und ist auch nicht, wie der Kläger meint, geeignet, ein — übrigens im § 363² gar nicht enthaltenes — Verbot der Ausgabe indossabler Lagerscheine durch staatlich nicht ermächtigte Anstalten einfach aufzuheben. Denn einmal ist die Wirkung eines Indossaments eine ganz andere, wie die einer Abtretung, und außerdem wird von keiner Seite behauptet, daß das Indossament stets eine verschleierte Abtretung sei. Es sind vielmehr auch Fälle denkbar, in denen ein Wechsel oder Lagerschein ohne die Absicht indossiert wird, die Forderung selbst mit zu übertragen. Es hängt eben immer von der

Lage des einzelnen Falles ab, ob mit dem Indossament nicht bloß ein formeller, sondern auch ein materieller Übergang des Anspruchs selbst gewollt ist. M. M.

γ) **des Abzahlungsverkäufers. Zurückweisung der vom Pfändungsgläubiger angebotenen Restzahlung.**

Kammergericht, XXIV. ZS. Urteil v. 15. Juni 1912.

Die Widerspruchsklage wird darauf gestützt, daß der Möbelhändler M. die Pfandstücke dem Schuldner auf Abzahlung verkauft und gegen Befriedigung seiner Restforderung die ihm aus dem Abzahlungsvertrage zustehenden Rechte im Einverständnis mit dem Schuldner am 2. Juli 1911 (einen Monat nach der Pfändung) an den Kläger abgetreten habe. Die Klage ist jedoch unbegründet. Allerdings ist der Kläger zur Erhebung des Widerspruchs legitimiert. Denn da unstreitig der Schuldner den Kaufpreis noch nicht voll bezahlt, bis dahin aber der Lieferant M. sich das Eigentum an den Gegenständen vorbehalten hatte, so war M. auch, nachdem der Beklagte bereits gepfändet hatte, in der Lage, die Rechte aus dem Abzahlungsvertrage, wozu auch das Recht auf Herausgabe der gelieferten Sachen gehört, auf den Kläger zu übertragen und ihn dadurch gemäß § 931 zum Eigentümer der Sachen zu machen. Die rechtlichen Bedenken des Beklagten sind unzutreffend. Denn selbst wenn bis zu jener Abtretung der Schuldner X. die Abzahlungen regelmäßig geleistet hätte und damit für die Geltendmachung des Herausgabeanspruchs zur Zeit seiner Abtretung kein Raum gewesen wäre, so bestand doch immerhin dieser Anspruch als ein aus dem Eigentum fließender und wurde nicht schon dadurch beseitigt, daß etwa der Dritte zurzeit dem Eigentümer gegenüber zur Verweigerung der Herausgabe berechtigt war und nach § 986 [2] das Recht hatte, dem neuen Eigentümer dieselben Einwendungen entgegenzusetzen, die ihm gegen den abgetretenen Anspruch zustanden (RGKomm. § 931 [5]). Mit Recht hat auch das LG. die Anfechtungseinrede verworfen, weil lediglich dadurch, daß das vorbehaltene Eigentum auf einen anderen übergegangen ist, die Rechtsstellung der Gläubiger des X. nicht verändert worden ist. Der Beklagte hält zwar wenigstens die vom Schuldner zu der Eigentumsübertragung erklärte Zustimmung für anfechtbar, doch kann diese Anfechtung den Eigentumserwerb nicht berühren, da dieser von der Zustimmung des Dritten (§ 931) unabhängig ist. Wenn der Beklagte insofern eine Benachteiligung der Gläubiger des X. darin findet, daß der Kläger nunmehr durch Vereinbarung mit X. den Eigentumsvorbehalt so lange auszuüben vermag, bis X. seine sämtlichen bei ihm aufgenommenen Schulden getilgt haben würde, insbesondere durch Verrechnung der von X. geleisteten Zahlungen auf seine älteren Schulden, so kann eine hieraus etwa herzuleitende Anfechtung doch immer nur die in Verbindung mit dem Eigentumserwerb zwischen dem Kläger und dem Schuldner getroffenen besonderen Abreden, nicht aber den Eigentumserwerb selbst zum Gegenstand haben.

Wäre hiernach bei der vorstehend festgestellten Sachlage der Widerspruchsklage stattzugeben gewesen, so hat schließlich der Rechtsstreit insofern eine andere Wendung genommen, als der Kläger eine ihm tatsächlich angebotene Zahlung von 562 Mark, die zur Erstattung der von ihm an M. geleisteten Zahlung nebst Zinsen dienen sollte, zurückgewiesen hat. Der Beklagte ist der Ansicht, daß der Kläger nach § 267 zur Annahme dieser Zahlung verpflichtet gewesen sei und zwar nach § 366 in Anrechnung auf die Schuld, die Beklagter bestimmt habe, und mit der Wirkung, daß infolge der völligen Abzahlung der Möbel das bis dahin bedingte Eigentum nunmehr unbedingt dem Schuldner zugestanden hätte; nach § 161 habe daher die Bedingung als eingetreten zu gelten, so daß der Schuldner als Eigentümer anzusehen sei. Diesen Darlegungen, die wohl auch der herrschenden Ansicht (vgl. neuestens KGBl. 1910 S. 88) entsprechen, ist im wesentlichen beizupflichten. Der Kläger will allerdings noch andere erhebliche Forderungen aus der Zeit sowohl vor seinem Eigentumserwerb, wie auch nachher gegen den Schuldner haben und folgert aus § 273, daß er zur Aufgabe seines Eigentums nur Zug um Zug gegen Berichtigung seiner gesamten Forderungen verpflichtet sei. Indessen besteht hier kein Zurückbehaltungsrecht. M. hat sich bereits durch den Verkauf, wenn auch zunächst nur bedingt, des Eigentums an den verkauften Sachen begeben, er hat also nur noch zu empfangen, aber nicht mehr zu leisten (Flechtheim, RhArch. 104 S. 275). Deshalb kann auch von einer „geschuldeten Leistung", die er (im Sinne des § 273) bis zur Bewirkung der ihm gebührenden Leistung zu verweigern noch berechtigt wäre, nicht mehr die Rede sein, vielmehr vollzieht sich nach Inhalt des vorliegenden Abzahlungsvertrags der unbedingte Eigentumserwerb des Käufers mit der letzten Abzahlung kraft Gesetzes und ohne Mitwirkung des anderen Teiles. Hiernach war aber gemäß § 267[1] der Kläger verpflichtet, an Stelle des M., in dessen Rechte er eingetreten war, die vom Beklagten angebotene Restzahlung anzunehmen oder die in § 161 vorgesehenen Folgen auf sich zu nehmen, sofern ihm nicht besondere Gründe zur Verweigerung der Annahme entgegenstanden.

Solche Gründe macht der Kläger in der Tat geltend: der Schuldner habe widersprochen. Allerdings haben die Beschlüsse, durch welche die Rechte des Schuldners gegen M. und den Kläger aus dem Abzahlungsvertrage gepfändet und zur Einziehung überwiesen worden, dieses Widerspruchsrecht nicht beseitigen können; denn der Beschluß vom 1. Mai 1912 ist erst nach Ablehnung der Leistung ergangen, der Beschluß vom 1. Juli 1911 aber nur gegen M. als Drittschuldner zu einer Zeit, als dieser das Eigentum bereits auf den Kläger übertragen hatte, gerichtet, also von Anfang an gegenstandslos gewesen. Indessen kann der Beweisantritt des Klägers, der Schuldner habe der Annahme der Postsendung als „Leistung in der vom Beklagten angegebenen Art" widersprochen, nicht ausreichen, um der ihm nach § 267[2] obliegenden Beweispflicht zu genügen. Denn nach der eigenen Behauptung des Klägers hat der Schuldner der Annahme der Postsendung nicht schlechthin widersprochen, sondern sein Widerspruch hat sich anscheinend nur gegen die aus der Annahme der Zahlung zu seinen Ungunsten sich ergebenden Folge des unbedingten Erwerbes seines Eigentums gerichtet. Ein derartiger Widerspruch reicht aber nicht aus, um als solcher im Sinne des § 267[2] bewertet zu werden, im übrigen ist auch in keiner Weise behauptet oder ersichtlich, daß der Schuldner bei der Vorlegung der Postanweisung zugegen gewesen sei und dabei der Annahme widersprochen, oder daß er schon vorher an die Möglichkeit einer solchen Sendung gedacht und mit Rücksicht hierauf dem Kläger deren Empfang verboten habe. Auf einen etwa erst nach Ablehnung der Annahme erklärten Widerspruch des Schuldners könnte es nicht ankommen, da schon an die Ablehnung die mit ihr nach § 161 BGB. verbundenen Wirkungen sich geknüpft haben.

Sodann macht der Kläger geltend, er habe mit dem Schuldner vereinbart, daß ihm das Eigentum an den Sachen auch zur Sicherung der Ansprüche aus früheren und noch fernerhin zu gewährenden Darlehen dienen und der Schuldner die Sachen bis zur Befriedigung der gesamten Ansprüche nur leihweise benutzen solle. Die Zulässigkeit einer solchen Abrede wird an sich nicht zu bezweifeln sein (vgl. RG. Recht 1909 Nr. 2376). Der Beklagte ficht die Abrede an, da sie nur bezwecken könne, die Sachen auf die Dauer dem Zugriffe der Gläubiger des Schuldners zu entziehen. Es kann indessen dahingestellt bleiben, ob eine solche Abrede, durch die zunächst erst ein Vermögenserwerb des Schuldners weiter hinausgeschoben wird, anfechtbar, oder ob die auf die Verneinung einer Benachteiligung des Beklagten hinauslaufende Anführung des Klägers von Bedeutung sein würde, da jedenfalls das Zeugnis des Schuldners nicht ausreichen würde, um die Überzeugung von der Richtigkeit der klägerischen Darstellung zu verschaffen.... B.n.

z) **Begriff des Abhandenkommens[1] i. S. des § 935.**

OLG. Braunschweig, II. ZS. Urteil v. 5. März 1912.

Zu dem Nachlasse des von den 24 Klägern beerbten A. gehörte ein Pianino, das die Kläger 1—3 in der irrigen Annahme, die alleinigen Erben zu sein, der mitverklagten Ehefrau Müller geschenkt und übergeben haben. Mit Rücksicht auf die Nichtigkeit dieser Verfügung haben die — noch in ungeteilter Erbengemeinschaft befindlichen — Kläger die Herausgabe des Pianinos von beiden Eheleuten Müller verlangt. Diesen ist zuzugeben, daß auch bei unberechtigten Verfügungen einzelner Miterben über Nachlaßgegenstände ein Erwerb nach § 932 möglich sei. Hier handelt es sich jedoch allein darum, ob die Ausnahme des § 935 von der Regel des § 932 vorliegt, ob also das Pianino den Klägern „abhanden gekommen" ist. Dazu gehört lediglich, daß dem Besitzer die Sache ohne seinen Willen oder ohne seine

[1] Hatte der Kläger in dem Glauben, daß es sich um eine Vermietung der Dielen an den Beklagten handle, gegen ihre Fortschaffung von seinem Platze nichts einzuwenden, holte aber X. die Dielen fort, nicht um sie dem Beklagten als deren Mieter zu überliefern, sondern um sie als sein eigenes Eigentum für eigene Rechnung ihm zu verkaufen und zu übereignen, so kamen die Dielen i. S. des § 935 abhanden (OLG. Hamburg, V. ZS. Urteil v. 3. Nov. 1909).

darauf gerichtete Entschließung fortkommt (RG. 54 S. 68, KG. Seuff. 65 S. 74, München das. 62 S. 162). Hier waren die 24 Kläger mit dem Erbfall alle ohne weiteres Zutun Besitzer geworden (JW. 1906 S. 462). Diesen Mitbesitz haben 21 von ihnen ohne ihren Willen verloren; er ist ihnen also „abhanden gekommen". Das wäre nur dann nicht der Fall, wenn nach dem Erbfall die Kläger 1—3 die Nachlaßsachen für die Miterben auf Grund eines Verwahrungsvertrages oder eines ähnlichen Rechtsverhältnisses hingenommen, also am Pianino unmittelbaren, Kläger 4—24 nur mittelbaren Besitz behalten hätten. Denn dann wäre nach § 935 Satz 2 der auf dem Willen der unmittelbaren Besitzer beruhende Besitzverlust für die bloß mittelbaren Besitzer kein Abhandenkommen (RG. 54 S. 68, RGKomm., Staudinger, Planck zu § 935). Es wäre auch möglich gewesen, daß ein solches Rechtsverhältnis durch schlüssige Handlungen entstanden wäre. Allein wenn die Kläger 1—3 Alleinerben zu sein glaubten, können sie auch nicht des Willens gewesen sein, das Pianino für die Miterben in Verwahrung zu nehmen. Ebensowenig können die Miterben von vornherein nur mittelbaren Besitz gehabt haben, da nicht sie, sondern nur die Kläger 1—3 tatsächliche Verfügungsgewalt an den Sachen hatten. Denn der Besitz vererbt sich nach § 857 auf alle Erben genau so, wie ihn der Erblasser hatte, ohne besonderen Besitzergreifungsakt.

Daraus, daß den Klägern 1—3 der Besitz nicht „abhanden gekommen" ist, folgt nicht, daß wenigstens ihr Herausgabeanspruch unbegründet sei. Ob es der Fall wäre, wenn die Herausgabe lediglich auf § 861[1] gestützt wäre, kann auf sich beruhen; denn die Kläger berufen sich auf das der Gesamtheit der Erben verbliebene Eigentum. Der Herausgabeanspruch folgt deshalb aus § 985. Denn § 986 trifft nicht zu, da die Beklagten auf Grund der unwirksamen Verfügung weder der Gesamtheit der Erben, noch den Klägern 1—3 gegenüber zum Besitze berechtigt sind.

Daß der Herausgabeanspruch nicht bloß gegenüber der Frau Müller, sondern auch gegenüber ihrem Manne begründet sei, folgert das LG. daraus, daß dieser mit der Aufstellung des Pianinos in seiner Wohnung einverstanden gewesen sei. Eine Vermutung für den Besitz des Mannes im gesetzlichen Güterstande gibt es zwar nicht (Staudinger § 1373[6]). Es ist auch nicht richtig, wenn das LG. zum Übergange des Besitzes von der Frau auf den Mann einen Willensakt nicht erfordert. Zustimmen kann man ihm aber darin, daß in der mit dem Willen beider Ehegatten erfolgten Aufstellung des der Frau geschenkten Pianinos in der Wohnung der Beklagten die Einräumung des dem Mann nach § 1373 zustehenden Besitzes am eingebrachten Gut gefunden werden darf. Mindestens ist daran jetzt nicht mehr zu zweifeln, nachdem sich die Beklagten in der Berufungsinstanz nicht gegen diese Auslegung ihres Verhaltens gewehrt haben. Hiernach ist davon auszugehen, daß der Mann unmittelbarer, die Frau mittelbarer Besitzer geworden (RGKomm. § 1373[4]), gegen beide also die Klage auf Herausgabe begründet ist. H.g.

2. Sachenrecht. BGB. §§ 950 ff.

a) Eigentumsvorbehalt an Fenstern, die teilweise aus fremdem Holze hergestellt sind.

Kammergericht, XXIV. ZS. Urteil v. 24. Mai 1911.

Der Tischler X. hatte bei Übernahme der Bautischlerarbeiten mit dem Grundstückseigentümer ausgemacht, daß ihm das Eigentum an den zu liefernden Arbeiten, bis sie in den Bau eingefügt sein würden, zustehen solle. Ferner hatte er alle ihm aus diesem Abkommen zustehenden Rechte an die klagende Holzlieferantin abgetreten und auch seinerseits mit ihr vereinbart, daß ihr an dem für die Tischlerarbeiten zu liefernden Holze und den daraus zu fertigenden Fenstern und Türen, bis sie mit dem Neubau fest verbunden sein würden, das Eigentum verbleiben solle. In Verfolg dieser Abreden hat X. die Fenster aus dem von der Klägerin gelieferten Holz angefertigt, nur hat er zur Herstellung von Leisten für einzelne Fenster auch Holz verwendet, das aus seinen älteren Holzbeständen stammte. Da sich nicht nachweisen lasse, welche der auf den Bau gelieferten (und demnächst vom Beklagten gepfändeten) Fensterflügel ausschließlich aus dem durch die Klägerin unter Eigentumsvorbehalt gelieferten Holze hergestellt worden seien, vermißt der Beklagte einen schlüssigen Beweis des von der Klägerin an den Pfandstücken geltend gemachten Eigentums. Allein nach § 950 erwirbt, wer durch Verarbeitung eine neue bewegliche Sache herstellt, deren Eigentum, sofern nicht der Wert der Verarbeitung erheblich geringer ist als der Wert des Stoffes. Da hier das zu den Leisten verarbeitete ältere Holz nur 50 Mark wert war, während der Preis sämtlicher Fenster 6700 Mark betragen hat, so trifft die im Gesetze vorgesehene Ausnahme nicht zu, vielmehr sind die durch die Verarbeitung des sämtlichen Holzes hergestellten Fenster Eigentum desjenigen geworden, der sie hergestellt hat. Wenn nun auch X. die Fenster angefertigt hat und daher an sich als ihr „Hersteller" angesehen werden müßte, so hat doch hier nach der zwischen X. und der Klägerin getroffenen Abrede ein anderes zu gelten, indem beide darüber einig geworden sind, daß bis auf weiteres die Klägerin nicht nur Eigentümerin des von ihr gelieferten Holzes bleiben, sondern auch Eigentümerin der aus diesem angefertigten Fenster werden, insoweit also selbst als die „Herstellerin" angesehen werden sollte. Dann ist sie aber Eigentümerin der Fenster geworden, auch wenn auf deren Herstellung zu einem kleinen Teile ihr nicht gehöriges Holz verwendet worden ist. B.n.

b) Verhältnis des § 1006 zu § 952 BGB.[1]

OLG. Celle, IV. ZS. Urteil v. 9. Juli 1910.

Die Klägerin stützt die Eigentumsklage auf die Behauptung, X. habe ihr seine bei der Seehandlung deponierten Wertpapiere geschenkt und gleich-

[1] Die Lebensversicherungspolice fällt unter § 952[1]; dadurch, daß sie die Verpflichtungen nicht bloß des Versicherten, sondern auch des Versicherungsnehmers enthält, wird sie noch nicht zu einer Vertragsurkunde; sie soll nach ihrem Inhalte und der allgemeinen Zweckbestimmung

zeitig den von ihr vorgelegten Depotschein übergeben. Allein der § 1006 gilt nicht für dergl. Urkunden. Der Depotschein stellt sich dar als ein Schuldschein über eine Forderung des Hinterlegenden auf Rückgabe der hinterlegten Werte, auf ihn findet nicht der § 1006, sondern § 952 Anwendung, wonach das Recht am Schuldschein dem Gläubigerrecht zu folgen hat. Der Besitz des Depotscheins kann deshalb höchstens einen gewissen Beweisanhalt für das Bestehen des Gläubigerrechts bilden. Aber nach den hier vorliegenden Umständen würde sich jener Besitz auch aus einem an sich ebenso naheliegenden Verwahrungsauftrag erklären lassen. Dr. J. z.

c) **Bereicherungsanspruch aus § 951[1] BGB.**

Kammergericht, XXIV. ZS. Urteil v. 17. April 1912.

Der Kläger, der von der beklagten G. m. b. H. die Bezahlung des zu dem Neubau gelieferten Zements fordert, kann sich hierfür auf einen mit der Beklagten geschlossenen Vertrag nicht stützen; denn der Zeuge A. hat im eigenen Namen bestellt, ohne zu erwähnen, daß das Baugrundstück der Beklagten gehöre. Ebensowenig kann der Kläger Bereicherung auf Grund des § 822 geltend machen. Denn der erste Empfänger der Leistung, der Zeuge A., haftet auch im Falle der unentgeltlichen Weitergabe des Erlangten an die Beklagte für die Bezahlung nach § 819. Denn der Kläger hat den Lieferungsvertrag mit Recht und rechtzeitig deshalb angefochten, weil A. ihm beim Vertragsabschluß die Tatsache, daß das Grundstück der Beklagten und nicht ihm gehöre, verschwiegen hat. A. wußte also bei dem Empfange der Ware, daß der Vertrag der Anfechtung unterliege. Nach § 142 wird, wer die Anfechtung kannte, im Falle der Anfechtung so behandelt, wie wenn er die Nichtigkeit des Rechtsgeschäfts gekannt hätte. A. hat also beim Empfange der Ware „den Mangel des rechtlichen Grundes" gekannt. Er ist mithin nach § 819[1] von dem Empfang an zur Herausgabe verpflichtet, wie wenn der Anspruch auf Herausgabe zu dieser Zeit rechtshängig geworden wäre. Die spätere Zuwendung an die Beklagte kann hiernach den A. nicht befreien (Planck 2 c RGKomm. 2 zu § 822). Die Haftung der Beklagten aus der Bereicherung ergibt sich aber aus folgendem: Durch die Anfechtung ist nicht nur der mit A. geschlossene Vertrag, sondern auch der dingliche Übergangsakt betroffen

nicht zur Beurkundung der beiderseitigen Willenserklärungen und zum Beweise der beiderseitigen Verpflichtungen dienen, sondern als Urkunde nur immer den Verpflichtungswillen, die „Schuld" des Versicherers „bescheinigen". Deshalb lassen sich Policen auch nicht den einseitig unterschriebenen Vertragsurkunden, zB. über einen Mietvertrag, gleichstellen, die ihrer Bestimmung nach erst mit der beiderseitigen Unterschrift vollständig werden, mag auch der § 126[2] die wechselseitige Unterzeichnung und Austauschung zweier gleichlautender Vertragsurkunden in der rechtlichen Wirkung einer Vertragsurkunde gleichstellen. Für den Charakter der Policen als einseitiger Verpflichtungsurkunden macht es auch nichts aus, daß sie durch Anführung der Gegenverpflichtungen den weiteren Zweck verfolgen, den anderen Teil über seine Verpflichtungen zu unterrichten; das hat zwar mit dem Inhalt, aber an sich noch nichts mit der Beweisbestimmung der Urkunde zu tun (OLG. Hamburg, IV. ZS. Urteil vom 29. November 1909). M. M.

worden, denn nach der zu vermutenden Absicht der Vertragschließenden war die Gültigkeit der Übereignung bedingt durch die Unanfechtbarkeit des Lieferungsvertrags (RG. 70 S. 55[3], 66 S. 389). Ist dies aber der Fall, so ist der dingliche Übertragungsakt nichtig und A. hat daher kein Eigentum an der Ware erlangt (RGKomm. § 142[2]). A. konnte mithin auch nicht Eigentum auf die Beklagte übertragen. Ein Erwerb in gutem Glauben (§ 932) kann auf ihrer Seite nicht in Frage kommen, weil A. zu jener Zeit Geschäftsführer der Beklagten gewesen ist und gewußt hat, daß der mit ihm geschlossene Vertrag und die dingliche Übereignung nichtig waren. Nach § 166[1] muß sich die Beklagte diese Kenntnis ihres Vertreters zurechnen lassen; sie hat also die Ware von einem Nichteigentümer erlangt. Gleichwohl ist sie ihre Eigentümerin geworden, da sie sie in ihr Grundstück eingebaut hat (§ 946). Infolge dieses Einbauens hat der Kläger sein Eigentum verloren. Dann kann er nach § 951 zwar nicht Wiederherstellung des früheren Zustandes, aber doch Vergütung in Geld aus ungerechtfertigter Bereicherung fordern. Diese besteht aber in dem Werte der verbauten Stoffe, da die Beklagte aus dem mit A. geschlossenen Vertrage nichts schuldig geworden ist, denn unbedenklich verstößt der Verkauf einer Ware, von der der Käufer weiß, daß der Verkäufer sie durch Betrug erlangt hat, gegen die guten Sitten und begründet daher nach § 138 auch keine Verpflichtung des Verkäufers zur Entrichtung des vereinbarten Kaufpreises. Tatsächlich hat die Beklagte aber auch dem A. kein Entgelt gewährt, denn A. hat zur Zeit der Bestellung und Lieferung sämtliche Geschäftsanteile der Beklagten besessen, war also in Wirklichkeit der Eigentümer des Grundstücks. Bei dieser Sachlage erscheint es ausgeschlossen, daß A. ihr die Materialien durch einen lästigen Vertrag zugewendet hätte; sollte es gleichwohl geschehen sein, so könnte dies nur als ein Scheingeschäft angesehen werden, dessen Form gewählt worden ist, um nach außen den Eindruck zu erwecken, als sei die Beklagte nicht bereichert. B.

d) **Eigentumsklage: α) Wegfall des Eigentums. Verschulden des Besitzers.**

OLG. Stettin, V. ZS. Urteil v. 29. April 1910.

X. hatte 1906 für seine Wirtschaft eine Maschine vom Kläger auf Abzahlung gekauft und war Ende 1907 zur Zahlung des Restes verurteilt. Inzwischen hatte er durch notariellen Vertrag seine Wirtschaft nebst Beilaß dem Beklagten verkauft und übergeben, aber noch nicht aufgelassen. Da X. vermögenslos ist, beansprucht der Kläger vom Beklagten Herausgabe der Maschine oder Bezahlung des Restpreises. Der Beklagte wandte ein, daß X. ihm die Maschine als sein Eigentum, auf das er noch 25 Mark verschulde, bezeichnet habe und daß während des Rechtsstreits die Wirtschaft nebst Beilaß versteigert und dem Z. zugeschlagen worden sei. Die Klage wurde abgewiesen. Gründe:

Die Klage ist in erster Reihe auf Eigentum gestützt und erfordert deshalb Eigentum auf seiten der Klägers und Besitz des Beklagten. Letzterer war bei Zustellung der Klage vorhanden. Das Eigentum des Klägers ist aber im Laufe des Rechtsstreits verloren gegangen, nämlich dadurch, daß die Maschine mit dem Grundstück, als dessen Zubehör sie im Sinne des § 98 Nr. 2 erscheinen mußte, durch den Zuschlagsbeschluß nach den auch hier anwendbaren §§ 55^2, 90^2 ZwVG. in das Eigentum des Erstehers übergegangen ist. Denn diese als Zubehör erscheinende Maschine befand sich im Besitze eines Rechtsnachfolgers des Subhastaten, wenn dieser sich mangels Auflassung auch noch nicht in der vollen Stellung des „neu eingetretenen (Grund-)Eigentümers", wie ihn § 55^2 voraussetzt, befand. Bei dem Fehlen einer Anmeldung des klägerischen Eigentums und mangels anderweitiger Bestimmung durch die Versteigerungsbedingungen erwarb der Ersteher dies auf dem Grundstücke befindliche, wenngleich bis dahin in fremdem Eigentume stehende Zubehör mit dem Grundstücke, da er sich auf das ihm vor Augen tretende Besitzverhältnis voll verlassen durfte, und ein fremder Besitz, wie es zB. der eines Pächters wäre, bei einem solchen Rechtsnachfolger des Subhastaten nicht in Betracht zu ziehen ist. Danach ist eine notwendige Klagevoraussetzung, eben das klägerische Eigentum, weggefallen, so daß der gutgläubige Erwerb des Beklagten nicht zu prüfen ist.

Ein Geldanspruch stand dem Kläger gegen den Beklagten nicht zu. Dieser hat die dem X. aus dem Kaufvertrag obliegenden Verpflichtungen bei seinem Erwerbe nicht als eigene übernommen. Sollte aber die eingeklagte Summe als Werterſatz verlangt werden für den Fall, daß die Maschine selbst nicht herausgegeben würde, so ist ein Anspruch darauf nach jetziger Sachlage unbegründet, weil der § 989 eine Schadenspflicht des früheren Besitzers, der an sich zur Herausgabe verpflichtet war, nur dann vorsieht, wenn dieser nach Eintritt der Rechtshängigkeit, infolge seines Verschuldens die Sachen nicht herausgeben kann. Ein solches Verschulden aber ist nicht erwiesen und liegt gewiß nicht in dem Umstande, daß Beklagter jetzt, wenn er überhaupt noch die Maschine besäße, zur Herausgabe an den Ersteher verpflichtet ist (§ 93 ZwVG.). Allerdings würde der Beklagte, wenn er als schlechtgläubiger Erwerber ursprünglich herausgabepflichtig gewesen wäre, nach der Klagerhebung haben herausgeben müssen und dazu damals auch noch imstande gewesen sein. Allein wenn im § 989 ein „Verschulden", dessentwegen der Besitzer schließlich nicht mehr herauszugeben vermag, der Wirkung bloßer „Rechtshängigkeit" gegenübergestellt wird, so hat der Gesetzgeber ausgedrückt, daß er mehr als bloße Weigerung, als bloß passives Verhalten des Besitzers erfordert, falls dieser für die Unmöglichkeit der Herausgabe verantwortlich sein soll. Ein solches Mehr liegt hier aber nicht vor. Selbst wenn aber den Beklagten ein „Verschulden" träfe, würde noch zu erwägen sein, ob der Kläger den Verlust der Sachen nicht mitverschuldet habe (§ 254), weil er sein Eigentumsrecht im Versteigerungsverfahren nicht angemeldet hat. M.n.

β) **wegen der auf Abzahlung verkauften Droschke nebst Nummer.**
Kammergericht, XIV. ZS. Urteil v. 23. Februar 1911.

1. Der Kläger hat die ihm gehörige Kraftdroschke 100 unter Eigentumsvorbehalt an A. verkauft, der sie unter demselben Vorbehalt an B. weiterverkaufte. Der Kläger ist in den zwischen A. und B. geschlossenen Vertrag eingetreten. B. verkaufte das Eigentums- und Benutzungsrecht an die Beklagte, die auch von ihm die Droschke selbst erhielt. Zu ihrer Herausgabe an den Kläger ist die Beklagte mit Recht verurteilt.

Ein Schuldverhältnis besteht zwischen den Parteien nicht. Der Kläger kann daher Ansprüche nur aus dem Eigentum geltend machen. Die für die Beklagte sprechende Vermutung des § 1006 ist widerlegt, da der Kaufpreis, dessen vollständige Zahlung den Übergang des Eigentums bedingt (§ 455), noch nicht getilgt, die Bedingung also noch nicht eingetreten ist. Die Beklagte behauptet, fiduziarisches Eigentum gläubig erworben zu haben. Allein der von ihr mit B. geschlossene Vertrag ist gar nicht auf die Übertragung des Eigentums am Droschkenkörper selbst gerichtet gewesen. Fehlte es danach an einem auf Eigentumsübertragung gerichteten Geschäfte, so kommt nichts darauf an, ob die Beklagte den B. gutgläubig für den Eigentümer hielt. Sie darf daher dem Eigentümer die Herausgabe des Wagens verweigern, wenn die Voraussetzungen des § 986 vorliegen. Sie hat jedoch kein Pfandrecht an dem Wagen erworben (§ 1207). Wenn sie sagt, daß ihr der Wagen zur Sicherung ihres Anspruchs auf Umschreibung der Nummer übergeben worden sei, so ist der Anspruch kein solcher, daß der Gläubiger Befriedigung aus der Sache suchen oder erhalten könnte. Es kann also auch nicht durch ein Pfandrecht nach § 1204 gesichert werden. Ein vertragsmäßiges Zurückbehaltungsrecht, das ihr B. etwa eingeräumt haben sollte, würde keine dingliche Wirkung gegen den am Vertrage nicht beteiligten Eigentümer haben. Dasselbe gilt für das Zurückbehaltungsrecht des § 273, das die Beklagte dem B. gegenüber infolge der an ihn gezahlten 1500 Mark zu haben vermeint. Sollte B. dieses Geld dem Kläger als Abschlagszahlung auf den Kaufpreis gegeben haben, so würde dadurch der Beklagten kein Anspruch gegen den Kläger entstanden sein, der ihr ein Zurückbehaltungsrecht aus § 273 gegen ihn gäbe. Ein eignes Recht kann sie ihm also nicht entgegenstellen.

B. ist der mittelbare Besitzer, von dem die Beklagte, die unmittelbare Besitzerin, ihr Recht zum Besitz ableitet, sie könnte daher die Herausgabe dem Kläger verweigern, wenn B. diesem gegenüber zum Besitze berechtigt wäre. Dies ist aber nicht der Fall, denn der Kläger ist, weil B. mit der Zahlung in Verzug gekommen war, vom Kaufe zurückgetreten, wie der Umstand ergibt, daß er gegen B. geklagt und wegen des Weiterverkaufs Strafanzeige erstattet hat. Aber auch bei mangelndem Rücktritt würde B. dem Kläger gegenüber zur Überlassung des Besitzes an die Beklagte nicht befugt sein, denn nach dem Vertrage ist eine Besitzübertragung, die der Trennung der Nummer vom Wagen dienen und sie vorbereiten soll, nicht zulässig. B. hat sich aber der Beklagten verpflichtet, ihr den Besitz des Wagens bis auf weiteres zu überlassen; er kann also den Besitz nicht wieder übernehmen

(RGKomm. § 986[3]) und dann ist der Kläger nach § 986 Satz 2 die Herausgabe des Wagens an sich selbst zu verlangen berechtigt.

2. Auch der weitere Antrag auf Anerkennung, daß der Beklagte nicht unter der Nr. 100 eine Kraftdroschke fahren lassen darf, ist begründet. Allerdings ist nach den Polizeiakten die Droschke 100 entstempelt und in den Listen gestrichen, also für immer außer Betrieb gesetzt. Allein die Nummer wird „vorläufig asserviert“; dies bedeutet nach dem Vortrage der Parteien, daß die Polizei die Nummer nicht anderweit verwendet, sondern sie für den bereit hält, der sein Recht zur Verfügung über den bisher mit der Nummer bezeichneten Wagen nachweist, so daß der Klagantrag nicht gegenstandslos ist. Die nach der DroschkenO. einer Droschke zugeteilte Nummer ist an sich nur eine Kontrollmaßregel und gibt dem Fuhrherrn weder einen privat- noch einen öffentlich-rechtlichen Anspruch auf dauernde Belassung gerade dieser Nummer gegen die Polizeibehörde. Aber deren ständige tatsächliche Übung hat hinsichtlich der Nummern ein dauerndes tatsächliches Verhältnis geschaffen, welches dem Eigentümer eines mit einer Nummer versehenen Wagens eine wirtschaftlich verwertbare Macht gibt, die wie ein Vermögensrecht wirkt, und Gegenstand von Rechtsgeschäften besonders auch des Kaufs sein kann (KG. 17 U 2827. 10). Dieses tatsächliche Verhältnis ist aber keine „Sache“ im Sinne des § 932 und kommt nach dem Inhalte der polizeilichen Übung nur dem Eigentümer einer numerierten Droschke zu. Darum ist auch nur er in der Lage, ein zum Ziele der Übertragung der Nummer führendes Rechtsgeschäft abzuschließen. Die Beklagte hat aber mit dem Kläger kein solches Geschäft geschlossen und daher gegen ihn keine unmittelbaren Ansprüche auf Übertragung der an die Nummer sich knüpfenden wirtschaftlichen Vorteile. Möglich wäre an sich, daß der Kläger diese Vorteile bereits durch Rechtsgeschäft auf A., dieser wieder auf B. übertragen, und dann die Beklagte durch Rechtsgeschäft mit B. dessen Anspruch auf Erfüllung des Übertragungsgeschäfts erworben hätte. Allein hier ist die Droschke immer nur unter dem Vorbehalte des Eigentums verkauft worden. Wenn nun auch für bewegliche Sachen keine dem § 96 ähnliche Bestimmung besteht und das an die Droschkennummer sich knüpfende wirtschaftlich vorteilhafte Verhältnis kein Recht im eigentlichen Sinne des Wortes bildet, so ist doch hier als Sinn der beiden Verträge anzunehmen, daß mittels des Eigentumsvorbehaltes dem Verkäufer der nummerierte Wagen mit allen sich an die Nummer knüpfenden Vorteilen erhalten bleiben, nicht aber nur der Wagenkörper bedingt, der mit der Nummer verknüpfte Vorteil aber unbedingt verkauft sein sollte. B. hatte also kein unbedingtes Recht auf die mit der Nummer verknüpften Vorteile erworben und konnte ein solches unbedingtes Recht deshalb auch nicht auf die Beklagte übertragen. Die Bedingung des endgültigen Überganges auf B. ist aber ausgefallen, und der Kläger, der Rechtsvorgänger und Rechtsnachfolger des A., vom Vertrage mit B. zurückgetreten. Da die Beklagte aber jene Vorteile für sich beansprucht und sie auch bei dem Polizeipräsidium geltend gemacht hat, so ist

der Kläger berechtigt, die Feststellung zu verlangen, daß der Beklagten ihm gegenüber diese Vorteile nicht zustehen. Der Antrag entspricht aber nicht ganz dieser Sachlage, denn wenn die Polizei nach der ohne gleichzeitige Übertragung erfolgten Entstempelung des Wagens die Nummer beliebig neuen Bewerbern verleihen und die Beklagte sie so ohne jede Rücksicht auf den Besitz des entstempelten Wagens erlangen sollte, so ist nicht abzusehen, weshalb sie nicht auch dem Kläger gegenüber berechtigt sein sollte, einen Wagen unter der ihr von der Polizei verliehenen Nummer laufen zu lassen ... Fr.

γ) **gegen den Grundeigentümer wegen der vom Molkereipächter unter Eigentumsvorbehalt gekauften und mit dem Molkereigebäude verbundenen Maschinen.**

OLG. Rostock, I. ZS. Urteil v. 12. Mai 1910.

X. hatte die auf dem Gute des Beklagten befindliche Molkerei bei 1500 Mark Kaution gepachtet. Diese sollte bis zum Ablauf der ersten beiden Pachtjahre auf 3000 Mark erhöht werden, bis dahin aber dem Verpächter das ganze Vermögen des Pächters, besonders seine Molkereieinrichtung verpfändet sein. X. kaufte demnächst vom Kläger unter Eigentumsvorbehalt die Betriebsmaschinen und stellte sie im Molkereigebäude auf. Dort ließ er sie zurück, als er vorzeitig die Molkerei räumte. Die Klage auf Herausgabe gründet sich auf den Eigentumsvorbehalt und stellt sich danach als die Eigentumsklage aus § 985 dar, sie setzt daher Besitz des Beklagten voraus. Dieser hat, wenn auch zur Begründung seines angeblichen Pfandrechts, selbst behauptet, daß er nach dem Abzuge des Pächters den unmittelbaren Besitz an den Maschinen erlangt habe; er hat sie auch durch die Verweigerung der Herausgabe ausgeübt.

Durch die Einfügung der Sachen hatte der Kläger das Eigentum daran nicht verloren Denn sie geschah nur zu einem vorübergehenden Zwecke, da X. die Einrichtung nach Beendigung des Pachtverhältnisses wieder fortnehmen wollte und durfte (§§ 547² S. 2, 581², Rsp. 5 S. 76). Ein gesetzliches Pfandrecht hat deshalb der Beklagte an den Sachen nicht erlangt, da es nach §§ 581², 559 nur die dem Pächter gehörigen Sachen ergreift. Auch den gutgläubigen Erwerb eines Vertragspfandrechts kann der Beklagte nicht geltend machen. Zunächst ist schon zweifelhaft, ob die auf die Verpfändung der Molkereieinrichtung bezügliche Bestimmung des Pachtvertrags schon eine dingliche Einigung über die Entstehung des Pfandrechts oder nur einen obligatorischen Vertrag über dessen Bestellung enthält. Jedenfalls ist die Bestimmung doch nur auf Sachen des Pächters zu beziehen; nichts liegt dafür vor, daß auch die erst 1909 gelieferten Maschinen verpfändet sein sollten. Auch fehlt es an einer Übergabe. X. hatte durch die Einbringung der Sachen den unmittelbaren Besitz daran erlangt; solange er das Gebäude als Pächter innehatte, war der Beklagte nicht jederzeit in der Lage, die tatsächliche Gewalt über die Sachen auszuüben. Er wurde erst nach dem Abzug des Pächters unmittelbarer Besitzer, aber nicht durch Übergabe, sondern weil die Sachen zurückgelassen waren. Daß X. dadurch ein Pfandrecht bestellen wollte, kann nicht angenommen werden.

Der Beklagte kann die Herausgabe der Sachen auch auf Grund des Kaufvertrages nicht verweigern, da er als Dritter kein Recht aus ihm herleiten kann. Ein solches Recht steht nur dem unmittelbaren Besitzer zu, der sein Recht zum Besitze von einem mittelbaren Besitzer der Sache ableitet (§ 986). Es besteht aber kein Rechtsverhältnis zwischen X. und dem Beklagten, vermöge dessen dieser dem X. gegenüber auf Zeit zum Besitze berechtigt ist (§ 868).

Die Eigentumsklage auf Herausgabe setzt zwar nicht die Loslösung der mit dem Gebäude verbundenen Sachen voraus (Mot. 3 S. 357, 2 S. 890). Der Beklagte macht aber wegen des Schadens, der ihm durch die Loslösung erwachsen werde, ein Zurückbehaltungsrecht geltend und verlangt Sicherstellung. Allein der Eigentumsklage gegenüber besteht kein derartiges Recht. Auch können die Grundsätze der §§ 1005, 867 nicht neben ihr angewandt werden, weil ihre Anwendung gerade voraussetzt, daß der Besitzer des Grundstücks den Besitz der wegzuschaffenden Sache noch nicht erlangt hat (Staudinger, § 1005[6]). Es kommt also darauf an, ob der Beklagte nach allgemeinen Grundsätzen Ersatz zu beanspruchen hat und deshalb nach § 273 zurückbehalten darf. Nach § 258 war X., wenn er die Molkerei herauszugeben hatte und sein Recht auf Wegnahme der Einrichtnng ausüben wollte, verpflichtet, auf seine Kosten den vorigen Stand herzustellen. Nach seinem Abzug durfte der Beklagte die Gestattung der Wegnahme verweigern, bis ihm für den damit verbundenen Schaden Sicherheit geleistet wurde. Dem Eigentümer der Sachen gegenüber war er aber dazu nicht berechtigt. Aus dem Verhältnisse zu X. kann er solches Recht nicht herleiten und im Verhältnisse zwischen den Parteien ist § 258 nicht anwendbar, weil der Kläger nicht zur Herausgabe des Gebäudes an den Beklagten verpflichtet war. Auch der § 997, dessen Satz 2 auf § 258 verweist, trifft nicht zu. Er setzt voraus, daß der Besitzer der herauszugebenden Sache eine andere als wesentlichen Bestandteil mit ihr verbunden hat. Hier sind aber die Sachen nicht *wesentliche* Bestandteile geworden, überdies betrifft § 997 den Fall, daß der Besitzer die Verbindung vorgenommen hat, während hier der nicht besitzende Eigentümer von dem besitzenden Beklagten, der die Verbindung *nicht* vorgenommen hat, die Herausgabe verlangt. Der Beklagte hat also das Recht auf Sicherheitsleistung, das er nach §§ 258, 547, 581 gegenüber dem abgezogenen Pächter, und nach §§ 1005, 867 gegenüber dem Kläger, solange er die Sachen nicht in Besitz nahm, hätte geltend machen können, nicht gegenüber der durch die Besitzergreifung der Sachen gegen ihn begründeten Eigentumsklage auf Herausgabe. Er muß die verbundenen Sachen auf seine Gefahr und auf seine Kosten aus dem Gebäude herauslösen, um seiner Herausgabepflicht zu genügen. Dies ist die Folge seiner unberechtigten Besitzanmaßung und des Umstandes, daß zwischen ihm und dem Eigentümer der Sachen kein obligatorisches Rechtsverhältnis besteht. J.n.

δ) Einrede des Eigenbesitzers aus § 986, wenn er das Grundstück vom besitzenden Abkäufer des eingetragenen Eigentümers erhielt.

OLG. Stettin, I. ZS. Urteil v. 19. Oktober 1912.

Die Rechtsvorgänger des Beklagten hatten vor 1900 an dem Grundstücke des Klägers ein — jetzt als Erbbau zu behandelndes — Platzrecht ersessen, das im Grundbuche nicht eingetragen stand. Gegenüber dem Herausgabeanspruch des Eigentümers berief sich der Beklagte auf das Recht seines unmittelbaren Rechtsvorgängers N. Dieser, der sich zu Unrecht für den Eigentümer des Grundstücks hielt, hatte es 1907 dem Beklagten notariell verkauft und übergeben. Zur Übertragung des Platzrechts wäre aber die Auflassung und Eintragung erforderlich gewesen, was nicht geschehen ist. Trotzdem braucht der Beklagte das Grundstück nicht herauszugeben. Für die Stellung, die der Beklagte durch den Vertrag und die Übergabe erlangt hat, kommt in Betracht, daß N. ihm das bisher besessene Grundstück übereignen wollte. Als sich die Verschaffung des Eigentums als unmöglich herausstellte, hat der Beklagte dennoch auch weiterhin am Vertrage festgehalten. Es ergibt sich daraus sein Wille, mit der noch möglichen Erfüllung des Vertrages durch Übertragung des minderen Rechtes zufrieden zu sein (natürlich abgesehen von hier nicht interessierenden Schadensansprüchen). N. seinerseits war damit einverstanden, so daß die teilweise Unmöglichkeit der fortdauernden Gültigkeit des Vertrages nicht entgegensteht (§§ 306, 139). Aus dem so ausgelegten Vertrage haftete N. dem Beklagten schuldrechtlich auf Übergabe der Sache und Verschaffung des Erbbaurechtes (§ 433). Dem ersten Teil seiner Verpflichtung ist er gerecht geworden. Wenn der Beklagte sich daher im Besitze des Grundstücks befindet, so hat er damit den dem N. selbst aus seinem Platzrechte zustehenden Besitz überkommen, nicht etwa nur einen von ihm abgeleiteten; es handelt sich also um die Sonderrechtsnachfolge in den unmittelbaren Besitz des N. (§§ 868, 854²; Staudinger II 4 zu § 854). Zur Rechtsverschaffung wäre dagegen noch erforderlich, daß N. im Wege der Grundbuchberichtigung (§ 894) die Eintragung seines Erbbaurechtes herbeiführte und sodann die Auflassung an den Beklagten erklärte. Es ist nun ständig angenommen worden (RG. 59 S. 292, 64 S. 166, 78 S. 87; Staudinger IVa zu § 894), daß der Verkäufer eines Grundstückes, dessen Auflassung Hindernisse entgegenstehen, durch den Vertrag den Käufer ermächtigt habe, selbst alles zu tun, um jene Hindernisse zu beseitigen, namentlich auch, wo es erforderlich ist, zunächst die Eintragung des Verkäufers im Grundbuche herbeizuführen. Ist hiernach der Beklagte befugt, überall die Rechte des N. in eigenem Namen und eigenem Interesse geltend zu machen, so kann ihm in dieser Rechtsstellung auch nicht der Schutz des § 986 versagt werden. Unmittelbar kann diese Vorschrift zwar keine Anwendung finden, da keiner der drei Fälle des Abs. 1 vorliegt. Wohl aber ist eine ganz gleiche Sachlage gegeben. Der § 986 beruht auf der Erwägung, daß arglistig handelt, wer auf Grund seines Eigentums eine Sache herausverlangt, die er wegen eines entgegenstehenden dinglichen oder persönlichen Rechtes doch wieder dem Beklagten oder einem mit diesem in einem bestimmten Rechtsverhältnisse stehenden Dritten herausgeben müßte. Dadurch soll vermieden werden, daß der Streitgegenstand in einem ständigen Kreislaufe durch die Hände der an ihm Berechtigten gehe. Gerade diese vom Gesetze mißbilligte Wirkung würde aber eintreten, wenn man dem Herausgabeanspruche des Klägers stattgäbe. Denn dieser müßte auf die Klage des N. aus dem Erbbaurechte wiederum vom Grundstücke weichen und N. wäre aus dem Vertrage verpflichtet, den Beklagten erneut in den Besitz zu setzen; alsdann würde der Kreislauf sich wiederholen. Eine solche Gestaltung der Dinge kann unmöglich im Sinne des Gesetzes liegen. Gleichwohl wird von der überwiegenden Anzahl der Schriftsteller demjenigen, der sein Besitzrecht nicht von einem mittelbaren Besitzer ableitet, die Einrede aus § 986 vorenthalten (so Planck 1b; Staudinger 2a zu § 986; Stammler, Einrede aus dem Rechte eines Dritten S. 168; Rappaport, Einrede aus fremdem Rechtsverh. 1904 S. 205). Nur Wolff (Festg. für Koch 1905 S. 164[2], 163[3]) hält auch ein Besitzrecht gegenüber einem Dritten für genügend, der nicht mehr mittelbarer Besitzer ist oder es überhaupt nie war, sofern nur der Dritte seinerseits dem Eigentümer gegenüber zum Besitze berechtigt sei. Ob der Satz in dieser Allgemeinheit zutrifft, kann dahingestellt bleiben. Jedenfalls führt er hier zum richtigen Ergebnisse. Nach der Meinung der Gegner würde sich die sonderbare Folge ergeben, daß, wenn N. dem Beklagten das Erbbaurecht nur verpachtet hätte, der Kläger abzuweisen wäre, aber durchdringt, wenn N. dem Beklagten ein weitergehendes Recht, nämlich den Besitz auf Grund eines Kaufvertrages, einräumt. Der Kläger hätte im letzteren Falle sogar noch mehr Rechte, als wenn N. unbefugt den Besitz einem andern überlassen hätte; dann hätte der Kläger nämlich zunächst nur Rückgabe an N. fordern können (§ 986 S. 2); hier aber, wo N. zur Weiterübertragung seines Rechtes durchaus befugt ist, soll der Kläger die Herausgabe an sich selbst beanspruchen dürfen. Man wende nicht ein, daß die hier verteidigte Heranziehung des § 986 zu einer neben dem Bucheigentum stehenden besonderen Art von Grundstückseigentum sich entwickeln könne. Dieses Bedenken hat zu der Bestimmung des § 7 preuß. EEG. geführt. Die Motive zum BGB. (3 S. 422) haben sie aber bewußt abgelehnt und dazu ausgeführt, daß durch sie dem obligatorisch Berechtigten eine willkürliche Beschränkung auferlegt werden würde. Dem Sinne dieser Darlegung würde jedenfalls die Zulassung des Einwandes aus § 986 entsprechen, wenn auch der Wortlaut des I § 942 eine gleiche Stütze nicht bietet. Endlich ist noch zu beachten, daß das BGB. mit der Möglichkeit eines — wenn auch unerwünschten — Zwiespaltes zwischen dem leeren Bucheigentum und dem berechtigten Eigenbesitze rechnet. Zur Abhilfe gegen die daraus entstehenden Schwierigkeiten ist der § 927 bestimmt, wie sich aus den Mot. 3 S. 329 überzeugend ergibt; als Beispiel für die Entstehung einer solchen Verwicklung ist gerade der Fall einer unter Verabsäumung der Auflassung erfolgten Veräußerung angeführt. Dr. D.I.

e) **Abtretung des Herausgabeanspruchs.**

OLG. Karlsruhe, I. ZS. Urteil vom 10. April 1912.

Die Klägerin A., die in Gütertrennung lebt, hat ihr Widerspruchsrecht lediglich auf die Behauptung gestützt, sie habe die im Auftrage des Beklagten gegen ihren Mann gepfändeten Apparate von diesem 1909 käuflich erworben und dieses Eigentum dann auch infolge ihres Weiterverkaufs durch ihren Mann an den Mitkläger B. nicht verloren; denn sie habe es sich ausdrücklich bis zur völligen Zahlung des Kaufpreises vorbehalten. Dagegen fehlt vor allem jeder Nachweis dafür, daß sie überhaupt Eigentum erlangt hat, wenn sie auch aus dem mit ihrem Mann als dem Eigentümer der Sachen (§ 1006) abgeschlossenen Kaufvertrag einen rechtsgültigen Anspruch auf Übergabe der Apparate und Verschaffung des Eigentums daran (§ 433) erworben haben mag. Da sich nämlich die Apparate in dem Besitze des X., bei dem der Mann sie auf Lager gegeben hatte, befanden, hätte die Übergabe nach § 929 nur dadurch ersetzt werden können, daß der Mann als Eigentümer seine Ansprüche aus dem Lagergeschäft gegen die Firma X. auf Rückgabe der Apparate (§§ 416ff. HGB.) der Klägerin abgetreten hätte (§ 931 BGB.), was nicht geschehen ist. A. war sich vielmehr ebenso wie seine Frau, nicht einmal dessen bewußt, daß eine solche Abtretung zur Übereignung überhanpt erforderlich sei. Mithin ist A. an den Sachen, jedenfalls bis zu ihrer Weiterveräußerung an den Mitkläger B., der allein dinglich Berechtigte geblieben. Die Klägerin hat hiernach aus dem Kaufvertrag allenfalls nur obligatorische Ansprüche, die aber die Klage aus § 771 ZPO. nicht begründen.

Dagegen ist die Klage des B. begründet. Denn auf Grund des Kaufvertrags vom 6. Januar 1910, den er mit der Frau A., vertreten durch ihren generalbevollmächtigten Mann, über die Apparate abgeschlossen hat, trat A. *seine* Ansprüche aus dem Lagereivertrag mit X. dem B. in unmittelbarem Anschlusse an das eben geschlossene obligatorische Geschäft endgültig ab. Damit ging zufolge § 931 das Eigentum an den Apparaten von A. auf B. über. Unrichtig wäre die Annahme, A. habe bloß die etwaigen Ansprüche seiner Frau, die er irrtümlich für die Eigentümerin der Sachen hielt, abtreten wollen. Vielmehr steht fest, daß A. ausdrücklich gerade *seine* sämtlichen Ansprüche gegen X. an B. abgetreten hat. Er trat ihm also jedenfalls die Ansprüche ab, die ihm aus dem Lagervertrag auf Zurückgabe der Sachen zustanden und die er seinerzeit seiner Frau *nicht* abgetreten hatte. Dabei kann es dahingestellt bleiben, ob damit auch sein Herausgabeanspruch auf Grund seines, ihm allerdings nicht bewußten *Eigentumsrechts* (§ 985) auf B. überging. Sein Wille ging sicherlich dahin, in Erfüllung des namens seiner Frau abgeschlossenen Kaufvertrags (§ 267) *sein* dem X. gegenüber zustehendes Recht auf Rückgabe der Apparate nach Beendigung des Lagergeschäfts *vorbehaltlos* dem B. abzutreten. Dieser wollte seinerseits ebenfalls auch gerade diese Rechte, gleichgültig, ob sie dem Manne oder der Frau A. zustanden, erwerben. In dieser Abtretung war also zugleich die Einigung des Eigentumsrechtsübergangs enthalten. Mithin ist B. durch diesen abstrakten dinglichen Vertrag nach § 931, der keineswegs voraussetzt, daß auch die Veräußerung der verkauften Sache gerade durch den Verkäufer als Eigentümer erfolgt (vgl. hierzu § 934), Eigentümer der Apparate geworden. E. H.

f) **Mittelbare Eigentumsstörung. Haftung für Dritte.**

α) OLG. Colmar, I. ZS. Urteil v. 13. Januar 1911.

Der Kläger überläßt Behälter seinen Kunden zur Aufbewahrung des ihnen gelieferten Petroleums; er knüpft jedoch daran das Verbot, in die Behälter fremdes Petroleum zu füllen. Gleichwohl haben Kunden in die klägerischen Behälter durch Angestellte der Beklagten das von dieser bezogene Petroleum füllen lassen. Die Klage auf Unterlassung des ferneren Gebrauchs der klägerischen Behälter ist unbegründet.

Eine Beeinträchtigung fremden Eigentums kann auch schon in dessen widerrechtlicher Benutzung gefunden werden (Crome, Syst. 2 S. 1019), wie sie in zwei Fällen nachgewiesen ist.... Ferner liegt eine „Beeinträchtigung" auch darin, daß Angestellte der Beklagten das Vorlegeschloß eines klägerischen Behälters gewaltsam erbrachen. Dagegen ist nicht erwiesen, daß die Beklagte der „Störer" gewesen ist. Eine unmittelbare Störung durch den Inhaber der beklagten Firma hat jedenfalls nicht stattgefunden. Er persönlich hat sich weder an dem Öffnen der Behälter noch an deren Füllung beteiligt. Eine mittelbare Störung wäre dann anzunehmen, wenn der Fuhrmann im Auftrage der Beklagten gehandelt hätte; er hat jedoch auf Anweisung der Abnehmer als deren Werkzeug gehandelt.

Eine mittelbare Störung könnte vorliegen, wenn die Beklagte die rechtswidrigen Handlungen ihres Fuhrmannes gekannt und geduldet hätte. Denn der Eigentümer, welcher Störungen des Nachbareigentums zB. durch seinen Mieter duldet, kann als mittelbarer Urheber dieser Störungen gelten (RG. 47 S. 164, Gruchot 46 S. 657). Eine solche Haftung des Eigentümers für Dritte setzt jedoch voraus, daß er rechtlich verpflichtet ist, störende Handlungen der letzteren zu verhindern. Die Beklagte bestreitet aber, die Handlungen ihres Fuhrmannes überhaupt gekannt zu haben. Selbst wenn sie aber wußte, daß bei den 3 Kunden klägerische Behälter stehen und daß ihr Petroleum in diese Behälter gefüllt werde, würden nicht von Belang sein. Denn jene Kunden, die die Behälter zur Aufbewahrung von Petroleum geliehen hatten, waren danach berechtigt, die Behälter zu gebrauchen, sie also auch mit Petroleum zu füllen. Anderseits war der Kläger verpflichtet, den Gebrauch der Behälter — also auch ihre Füllung — durch die Kunden zu dulden. Wenn diese auch auf eine bestimmte Art von Petroleum beschränkt waren, so beruhte doch diese Beschränkung nicht auf dem Gesetz, sondern auf Vertrag. Durch eine Zuwiderhandlung gegen sie wurde nicht das dingliche Recht, sondern lediglich der obligatorische Anspruch auf Vertragserfüllung beeinträchtigt. Die Verträge hatten aber nur unter den Vertragschließenden rechtliche Wirkung;

für Dritte gelten die vertragsmäßigen Beschränkungen in dem Gebrauch der Behälter nicht.

Nach den Zeugenaussagen ist ferner anzunehmen, daß das Petroleum aus den Tankwagen der Beklagten zunächst in Kannen gefüllt und sodann aus diesen in den Behälter des Klägers gegossen wurde. Der Besitz an die anwesenden Käufer war schon vor dem Eingießen in die Behälter übergeben, denn bereits vorher waren sie berechtigt, über die gekaufte Ware zu verfügen und zu bestimmen, an welchen Orten oder in welchen Gefäßen sie aufbewahrt werden sollte. Mit der Besitzübergabe verlor die Beklagte die Verfügungsgewalt über das von ihr verkaufte Petroleum. Sie hatte weder die Pflicht noch das Recht, sich um dessen weiteren Verbleib zu bekümmern. Auch der § 823 rechtfertigt den Klaganspruch nicht. Allerdings ist auch zum Schutze der dort erwähnten Rechte in entsprechender Anwendung des § 1004 eine Unterlassungsklage für statthaft erklärt (RG. 60 S. 6, 61 S. 369). Allein zu den dort geschützten Rechten gehören nicht die obligatorischen Ansprüche, da durch die vertragswidrige Einfüllung fremden Petroleums nicht das dingliche Recht des Eigentümers verletzt wurde. Ferner begründet der § 823 nur gegen denjenigen Rechte, der die unerlaubte Handlung beging. Eine Haftung für Dritte ist dadurch nicht geschaffen worden (JW. 1908 S. 678[10]). Auch durch § 831 wird keine allgemeine Haftung des Geschäftsherrn für die Handlungen seiner Angestellten und Beauftragten ausgesprochen, wie dies im § 13[3] UWG. geschehen ist. Vielmehr stellt § 831 eine widerlegbare Vermutung für eine eigene schuldhafte Handlung des Geschäftsherrn auf (Planck vor § 831 u. 832 BGB.). Ferner kann eine Person nur ihre eigenen Handlungen unterlassen. Infolgedessen darf die Unterlassungsklage in der Regel nur auf das eigene Verhalten des Täters, nicht auf das Verhalten Dritter gestützt werden. Eine analoge Anwendung des § 831, der nur für Ersatzansprüche gegeben ist, auf Unterlassungsansprüche ist daher ausgeschlossen (MSchr. für UW. 2 S. 75; Lobe, Bekämpfung des UW. 1 S. 350; vgl. auch Eltzbacher, Unterlassungsklage S. 165—166, 184). Frdthl.

β) Wilder Wein und Efeu an der Grenzmauer, § 1004 BGB.

Kammergericht, XIV. ZS. Urteil v. 11. März 1910.

Der klagende Eigentümer der Mauer kann verlangen, daß der Nachbar die von ihm in die Mauer eingeschlagenen, mit Draht verbundenen Nägel sowie die in die Wand hineingewachsenen Ranken von wildem Wein und Efeu entferne. Denn es besteht weder eine gesetzliche Eigentumsbeschränkung, kraft deren der Kläger Nägel und Draht in seiner Mauer dulden müsse, noch eine Dienstbarkeit oder ein obligatorisches Recht. Eine Beeinträchtigung des Eigentums liegt aber in jeder fortdauernden äußeren Einwirkung auf die Sache, besonders in dem Halten einer Anlage, die in das Eigentum körperlich hineinreicht. Der Beklagte ist als Störer anzusehen, weil er der Eigentümer der Anlage ist (RG. 45 S. 298). Nägel und Draht sind Zubehör des Grundstücks des Beklagten, die Ranken Bestandteile dieses

Grundstücks. — Die Klage aus § 1004 ist begründet ohne Rücksicht darauf, ob durch die Beeinträchtigung ein materieller Schade entstand. Die Abwehr selbst unschädlicher Benutzung des Eigentums ist nicht Schikane im Sinne des § 226 (RG. 54 S. 434). Eine Rechtsanmaßung des Beklagten ist zur Begründung des negatorischen Anspruchs nicht erforderlich (Gruchot 44 S. 1094).

Die Ranken, welche in die Mauer des Klägers eingedrungen sind, sind keine Wurzeln, aber auch keine herüberragenden Zweige im Sinne des § 910, der ein Eindringen in den Luftraum, nicht in den Bestand des Grundstücks voraussetzt. Der Kläger kann daher auch Beseitigung der Ranken verlangen. Selbst beseitigen kann sie der Kläger nicht, da er entweder das Grundstück des Beklagten betreten müßte, was ihm nicht gestattet ist, oder aber seine Mauer zerstören müßte, um an die eingedrungenen Ranken zu gelangen. Dr. P. S.

γ) **Klage des Jagdpächters wegen Störung des Jagdrechts. Rechtliche Natur der Alpengenossenschaften.**

OLG. München, IV. ZS. Urteil v. 24. Mai 1910.

Für die in K. gelegene Bergalpe ist im Grundbuche „der Verband der Eigentümer der Bergalpe" als Eigentümer eingetragen; ferner sind auf gesonderten Blätern die einzelnen Verbandsmitglieder und deren Anteile eingeschrieben, die sich nach der Stückzahl des Weiderechts im einzelnen bestimmen. Die Alp, die nach dem Gesetz vom 30. März 1850 mit einigen Enklaven einen Jagdbezirk bildet, wurde 1884 und 1894 gelegentlich der Verpachtung der Gemeindejagd auch als Teil des Gemeindejagdbezirks ohne weiteres mit verpachtet. In gleicher Weise hat die Gemeinde diese Jagd am 2. Oktober 1904 wieder verpachtet und zwar vom 1. Januar 1905 auf zehn Jahre an A. als Hauptpächter und dessen Schwager B. In einer Versammlung vom 20. Dezember 1904 beschlossen aber die Verbandsgenossen — mit Ausnahme des damals erkrankten und daher nicht erschienenen A. — die Alpjagd gesondert zu verpachten, und zwar an den Genossen L. Dieser klagt gegen die politische Gemeinde K., sowie gegen A. und B. auf Unterlassung jeder Störung des Klägers in Ausübung der Alpjagd. Der Anspruch ist begründet.

1. Es handelt sich offensichtlich um eine „Alpgenossenschaft", deren rechtliche Natur bestritten ist. Von der einen Seite wird die Genossenschaft selbst als Trägerin der Rechte aufgefaßt nach Art der Markgenossenschaft alten deutschen Rechts, so Bluntschli, Privatrecht § 38 S. 85; Gierke, Genossenschaftstheorie S. 198, Genossenschaftsrecht I S. 610—612, 679, 966; BayObLG., Bl. für RA. 22 S. 105; OLG. München das. 70 S. 647; BayVerwaltG. 13 S. 190; von andrer Seite dagegen wird Privateigentum der einzelnen Berechtigten angenommen, wobei wieder bestritten ist, ob solches nach Bruchteilen oder zu gesamter Hand vorliege, vgl. Staudinger, Bl. für RA. 36 S. 1, sowie Oertmann, Bay. Landesprivatrecht S. 94. Die historische Entwicklung spricht mehr für erstere Auffassung (vgl. VerwG. aO.) Derartige Rechtsverhältnisse hat auch Art. 164 EG. vor Augen. Bei der Anlegung des Grundbuches in Bayern ist man gleichfalls von der ersteren Meinung ausgegangen. Über-

dies wurde hier „der Verband der Eigentümer“ entsprechend dem § 348 Dienstanw. für die Grundbuchämter in der I. Abt. eingetragen und es darf angenommen werden, daß der Anlegungsbeamte seiner Pflicht entsprechend die Rechtsverhältnisse der Genossenschaft genauer erforscht hat und auf Grund des ihm vorliegenden Materials die Annahme einer „Verbandspersönlichkeit“ als zutreffend befand. Zufolge des seit 1. Mai 1905 geltenden Grundbuchrechts ist ferner gemäß § 891 BGB. die im Grundbuch getroffene Eigentumsfeststellung, die kein Miteigentum der Alpgenossen, vielmehr eine Körperschaft als gesondertes Rechtssubjekt ausweist, ohne weiteres als maßgebend hinzunehmen; ein Gegenbeweis wurde bisher nicht angetreten. Die hier vorliegende Verbandspersönlichkeit ist ein Rechtssubjekt besonderer Art, bei dem zwar Ähnlichkeit mit einer juristischen Person besteht, den einzelnen Genossen mit ihren Anteilen aber doch eine gewisse Selbständigkeit gewahrt ist, so daß diese keineswegs im Rahmen des Verbandes wie bei einer juristischen Person untergehen (VerwG. aO.)

2. Die Klage fußt zunächst auf einem Miteigentumsrecht des Klägers. Allein, da die Genossenschaft als eine besondere Rechtspersönlichkeit aufzufassen ist, kann der einzelne Genosse ein Miteigentum oder einen Mitbesitz weder für sich allein noch für die Gesamtheit (wie nach § 1011 BGB.) geltend machen; eine derartige Rechtsverfolgung könnte nur der Alpgenossenschaft als solcher zustehen. Auch das Jagdrecht an sich als Ausfluß des Grundeigentums (Art. 1 Jagdges.) kann hier nur der Gesamtheit der Genossenschaft zustehen. Der zweite Klagegrund aus dem Jagdpachtvertrage ist dagegen begründet. Allerdings steht dem Jagdpächter, der nur eine obligatorische Rechtsstellung einnimmt, mangels eines Besitzes an den Grundstücken des Jagdbezirks auch kein Besitzschutz zu (JW. 1909 S. 48) und er kann deshalb eine Besitzstörungsklage überhaupt nicht erheben. Allein hier ist überhaupt keine reine Besitzstörungsklage angestrengt. Die Klage führt selbst den § 1004 als ihren ersten Stützpunkt auf; es wird ferner keineswegs auf ein bloßes Possessorium Bezug genommen, vielmehr wird das materielle Recht unmittelbar und von Anfang an hereinbezogen, nämlich das Jagdrecht des Klägers im Verhältnis zu dem Jagdrechte, das auf Seite der Beklagten bestehen soll. Der Kläger will sein Jagdrecht schützen gegen die Störungen der Beklagten, die auf dem gleichen Bezirke wie der Kläger, nämlich auf der Alpe, das Jagdrecht für sich beanspruchen. Es handelt sich also um eine petitorische Klage des Jagdpächters auf Unterlassung einer Störung des von ihm beanspruchten Jagdrechtes.

Ihrer rechtlichen Natur nach ist diese Klage als eine Unterlassungsklage des obligatorisch Berechtigten (einer Art quasi negatoria) gegen Störungen aufzufassen. Dieser Klage kann im Hinblick auf die neuere Rechtsprechung (RG. 61 S. 369; JW. 1907 S. 48 und 505, 1908 S. 133, sowie Eltzbacher, Unterlassungsklage S. 145, 150, 196) die Zulässigkeit nicht versagt werden. Die Voraussetzungen für eine derartige Klage liegen hier um so mehr vor, als einerseits das aus dem Jagdrecht entspringende Aneignungsrecht unter die nach § 823 zu schützenden Rechte fällt (RGSt. 39 S. 429), anderseits die Störung, die von den Beklagten ausgeht und weiter zu befürchten ist, auf einen sehr weiten Zeitraum sich erstreckt. An dieser Störung ist auch die Gemeinde K unmittelbar beteiligt, da sie als Verpächterin den Eingriff mit herbeigeführt hat und fortgesetzt duldet und ermöglicht. Die Zulassung derartiger Unterlassungsklagen bildet auch für den nur obligatorischen Berechtigten, dem ein Besitzschutz mangelt, ein dringendes praktisches Bedürfnis. Hierbei genügt nach der Auffassung des RG. der objektive Eingriff, „das Schuldmoment kommt bei einer solchen Klage ebensowenig in Betracht, wie die Wahrnehmung berechtigter Interessen." P.n.

δ) **Flußkorrektion und Tieferlegung des Sees. Beeinträchtigung der Fischerei.**

OLG. München, III. ZS. Urteil v. 22. Oktober 1912.

Die Kläger verlangen von dem Genossenschaftsverband Entschädigung wegen Beeinträchtigung ihres Fischereirechts durch die von ihm mit staatlicher Genehmigung ausgeführte Tieferlegung des Kochsees, die Verlegung und Regulierung des Einflusses des LFlusses in diesen See und die Regulierung und Tieferlegung des Wasserablaufes des Kochsees und die hierdurch bewirkte Trockenlegung des Nachbarsees. Der Anspruch ist unbegründet.

1. Die hier fr. Gewässer sind öffentliche und stehen im Eigentum des Staates. Ob aber die Fischereiberechtigten für die Schmälerung ihrer Rechte durch Flußkorrektionen, die im öffentlichen Interesse durch den Staat oder von Privaten mit staatlicher Genehmigung durchgeführt werden, auch beim Nichtvorliegen eines Verschuldens grundsätzlich Entschädigungsansprüche zustehen, insbes. wegen Beseitigung von Altwässern 2c. und wegen Entziehung sonstiger für die Ausübung der Fischerei günstiger Verhältnisse, ist nicht unbestritten. Die überwiegende Meinung bejaht (RG. 41 S. 142, 49 S. 41, 54 S. 263) und ihr ist für das hier maßgebende bay. Ges. vom 28. Mai 1852 um so mehr beizutreten, als dieses Gesetz selbst in den Art. 29 N. 4 u. 6, 33, 34 die Entschädigung vorsieht, und diesen Standpunkt auch das neue Wassergesetz vertritt (Art. 109² mit Art. 77; vgl. Harster-Cassimir S. 469). Mit RG. 54 S. 268 ist jedoch anzunehmen, daß die bloße Tieferlegung eines öffentlichen Flusses und die Anwendung von Baggermaschinen zur Austiefung Entschädigungsansprüche der Fischer nicht begründet.

2. Die Kläger haben durch die Erklärung von 1898 zwar nicht auf ihr dingliches Recht, wohl aber auf Entschädigung wegen dessen Beeinträchtigung, wegen Minderung des künftigen Ertrages ihrer Fischerei infolge der Korrektion, sohin auf Schadensersatz verzichtet. Ihr dingliches Recht selbst sollte durch die Erklärung nicht berührt werden (ObLG. Samml. (alt) 17 S. 139, 144, 4 S. 433; RG. 55 S. 94). Der Verzicht, der sohin nicht der notariellen Form bedurfte, wurde von der Genossenschaft stillschweigend angenommen. Die Genossenschaft, die noch nicht aufgelöst ist, stellt sich als

„juristische Person“ dar, die von ihren einzelnen Mitgliedern verschieden ist (Harster-Cassimir 576; Roth, bayer. ZivRecht 3 § 293; Oertmann, Landesprivatr. 429). Die juristische Persönlichkeit hat sie spätestens mit dem Zeitpunkt der Genehmigung der Satzung erlangt, wenn nicht schon (wie Becher, Landesprivatr. 345 annimmt) mit der Vereinigung der Grundeigentümer zur Genossenschaftsbildung. Der Vorstand der Genossenschaft war bei der Verzichtserklärung anwesend und hat diese stillschweigend angenommen; übrigens auch durch die Ausführung des Projekts von dem Verzichte Gebrauch gemacht. Die Anfechtung des Verzichts erscheint nicht begründet. Die Kläger waren sich darüber klar, daß die Fischereierträgnisse infolge der Korrektion zurückgehen werden; sonst hätten sie ihr nicht zunächst widersprochen und auch nicht in ihrer Erklärung von einer „etwa infolge der Korrektion eintretenden Benachteiligung“ gesprochen. Wenn dabei der Bauamtmann von einem nur unbedeutenden Schaden sprach, so sind dadurch die Kläger in ihren Vorstellungen und Entschließungen nicht beeinflußt worden; als Fischer, sohin als Sachverständige, mußten sie selbst mit einer Schädigung rechnen; daß sie das getan haben, beweist der Wortlaut ihrer Erklärung. ... Ihre Behauptung aber, daß den Vorstand H. ein schuldhaftes Verhalten trifft, wird schon durch die Erwägung widerlegt, daß sie von ihm nicht mehr Erfahrung fordern durften, als sie als Fischereiberechtigte selbst hatten. ... P.

e) **Einbau eines Dammes in das Fischwasser als Störung des Fischereiberechtigten.**

OLG. München, III. ZS. Urteil v. 23. Juni 1910.

Der Beklagte B. hat in dem Anger-Altwasser auf den ihm gehörigen Pl. v. 172, 176, in welchem der Kläger A. fischereiberechtigt ist, quer durch dasselbe einen Damm aufgeführt. A. sah sich hierdurch geschädigt. In dem Verlaufe des wasserpolizeilichen Verfahrens verglichen sich die Parteien am 1. März 1908 dahin, daß B. den Damm zu beseitigen, A. aber auf den bisherigen Schaden verzichtete. B. widerrief den Vergleich und focht ihn wegen Irrtums an. Im Verwaltungsverfahren wurden schließlich die Rinnenabschlußbauten des B. genehmigt. Nunmehr verlangt A. Beseitigung der Traverse (Damm II), event. 1000 Mark Schadensersatz. Der aus dem einheitlichen Tatbestande abgeleitete Hauptanspruch erscheint nicht gerechtfertigt; er läßt sich weder auf allgemeine Rechtsnormen gründen noch aus dem besonderen Grunde des Vergleichs vom 1. März 1908 folgern. Dadurch, daß die Verwaltungsbehörde die Aufführung der Bauten nach Maßgabe der Art. 77—79 WasserG. nachträglich genehmigt hat, wurde den Entschädigungsansprüchen des Klägers der Boden nicht entzogen (Harster-Cassimir, WasserG. 2[3] zu Art. 79), der Kläger ist aber anderseits auf diesen Weg Rechtens beschränkt und kann nicht die Wiederherstellung des früheren Zustands fordern. Dies gilt besonders für den Fall des Art. 109 das. (Brenner, WasserG. 8 zu Art. 109). Ebensowenig vermag der Vergleich den Anspruch zu stützen. Nachdem die Verwaltungsbehörde die Errichtung der Bauten endgültig genehmigt hatte, wäre auch zur Beseitigung des Baues nach Art. 77 ihre Erlaubnis erforderlich (Karster-Cassimir 1² zu Art. 77). Solange diese nicht erteilt ist, handelt es sich für den Beklagten um eine unmögliche Leistung (§ 325 BGB.).

Dagegen ist der Entschädigungsanspruch begründet. Nach dem Gutachten schädigt der Damm erheblich das Fischereirecht des Klägers sowohl in seinem Bestande durch Erschwerung des Laichgeschäftes, Gefährdung der Fische zur Winterszeit und Kürzung des Fischrechts durch Verlandung, als auch in der Möglichkeit der Ausübung durch Behinderung der Netzfischerei vom Fischkahne aus. War schon nach dem früheren Recht in einer derartigen Schmälerung oder Erschwerung des Fischereirechts eine rechtswidrige Störung mit den hierdurch begründeten Rechtsfolgen zu erblicken, so ist auch jetzt der Fischereiberechtigte gegen eine derartige Beeinträchtigung durch die §§ 1027, 1004 BGB. geschützt (Oertmann, Landesprivatr. § 92 II 3 b β). Allerdings ist in einem Falle, wo dem Störer die Genehmigung der Verwaltungsbehörde zur Seite steht, dem Berechtigten die Befugnis versagt, die Beseitigung der Beeinträchtigung zu fordern; allein gerade weil ihm dieses Recht entzogen ist, muß ihm ein Ausgleich zuteil werden und zwar in Gestalt einer angemessenen Entschädigung. Dieser Grundsatz hat nicht nur für das gemeine Recht Anerkennung gefunden (bay. ObLG. 6 S. 629, Bericht des Korref. an den Ausschuß der Kammer der Reichsräte über den Entwurf eines Wasserges. Beilageband S. 96 zu Art. 108a Nr. 1²), sondern er ist nun auch vom RG. für das jetzige Recht aufgestellt. Danach ist der Ausgleich in der Gewährung einer durch Verschuldensnachweis nicht bedingten Klage auf Erstattung des angerichteten Schadens zu suchen (RG. 58 S. 133, 63 S. 376). Selbst wenn also der Damm entgegen dem Gutachten nicht als Regulierungsbau anzusehen ist und folglich die durch Art. 109² WasserG. dem Unternehmer auferlegte Schadenspflicht nicht schon ohne weiteres einzutreten hat, so ist gleichwohl der Schadensanspruch des Klägers nach Maßgabe des BGB. (vgl. Harster-Cassimir zu Art. 109) begründet. P. n.

ζ) **Abwehrklage gegen Absperrung eines Wasserlaufes zum Fischfange.**

OLG. Rostock, I. ZS. Urteil v. 26. Februar 1912.

Der Beklagte hat entgegen dem § 4¹ Meckl. Fischereiges. in dem kanalisierten Flußlauf der Mildenitz auf dem Gebiete seines Gutes regelmäßig zu bestimmten Zeiten des Jahres sowohl zum Fange wie zur Verhütung des Abwanderns der Fische das Flußbett völlig absperrende Vorrichtungen aufgestellt. Es handelt sich darum, ob hieraus dem am weiteren Wasserlauf der Mildenitz fischereiberechtigten Kläger ein Anspruch auf privatrechtlichen Schutz erwächst; ob also der einzelne Fischereiberechtigte daraus, daß ein anderer den gesetzlichen Beschränkungen des Fischereibetriebes zuwiderhandelt, überhaupt einen Anspruch auf Unterlassung, Schadensersatz und Feststellung herleiten kann oder ob die Durchführung des Fischereigesetzes lediglich Sache der Staatsautorität, dh. des Strafverfahrens ist. Der Kläger stützt sich in erster Linie auf die Vorschriften des gemeinrechtlichen Interdiktenschutzes bezüglich der Benutzung der öffentlichen Flüsse, welche nach EG. zum BGB. Art. 65 in Kraft geblieben sind. Es ist aber hervorzuheben, daß diese Vorschriften sich zunächst auf das Verbot von Vorrichtungen beziehen, die den Lauf des Wassers und die Beschaffenheit des Flußbettes ändern, so daß Vorrichtungen, die lediglich die Fischerei betreffen, ohne den Wasserlauf und die Gestaltung der Ufer zu verändern, unmittelbar jedenfalls nicht durch die Interdikte untersagt werden. Immerhin enthält doch schon das römische Recht selbst eine Stelle (l. 1 § 7 D. 43, 44), in der auch die Ausübung der Fischerei als solcher allerdings in einem besonders gearteten Falle bereits unter den Schutz des Interdiktes gestellt wird. Es ist nicht schlechthin abzulehnen, daß dieser Stelle eine gewisse prinzipielle Bedeutung für die Ausdehnung des Interdiktenschutzes über seine ursprüngliche Bedeutung hinaus (interd. utile) zugestanden werden kann. Die gemeinrechtliche Rechtsprechung hat denn auch dem Fischereiberechtigten den Interdiktenschutz wenigstens in solchen Fällen gewährt, in denen eine Veränderung des Flußlaufes oder eine Verunreinigung des fließenden Wassers die Ausübung der Fischerei beeinträchtigt (Seuff. 8 Nr. 261; 17 Nr. 224; 42 Nr. 32; 50 Nr. 76; 61 Nr 224) obwohl bei Verunreinigung des Wassers durch Abwässer rc regelmäßig oder vielfach doch nur die Fischerei, nicht der sonstige Gebrauch der Wasserwelle geschädigt wird Es darf auch die Frage aufgeworfen werden, ob nicht durch die Landesgesetzgebung, welche neue Vorschriften über das aufstellt, was im Wasser vorgenommen oder nicht vorgenommen werden darf, eben hierdurch das Anwendungsgebiet des gemeinrechtlichen Interdiktenschutzes erweitert oder fortgebildet wird. Weiter ist zu erwägen, ob nicht ein Landesgesetz, wenn es neue in privatrechtliche Vorschriften eingreifende Vorschriften aufstellt, eben hierdurch einen neuen privatrechtlichen Schutz einführen will. In dieser Beziehung hat in Preußen, dessen ALR. I 9 unter der Überschrift: „Polizeigesetze bei Ausübung der Fischerei §§ 184ff." Vorschriften zum Schutze der Fischerei aufstellt, besonders das Zusetzen eines Privatflusses, worin mehrere die Fischereigerechtigkeit haben, in § 187 verbietet, die Rechtsprechung dem durch die Verletzung des § 187 geschädigten Berechtigten einen privatrechtlichen Anspruch gegen den Störenden zugestanden (RG. 51 S. 246; 70 S. 190). Indessen gibt weder das gemeine Recht noch seine Rechtsprechung eine genügende Grundlage für die Ausdehnung des Interdiktenschutzes auf die Fälle der vorliegenden Art, noch läßt das Meckl Landesgesetz erkennen, daß es über den polizeilichen und strafrechtlichen Schutz hinaus dem Fischereiberechtigten einen Anspruch hat verleihen wollen.

Es fragt sich weiter, ob die heimische Fischereigesetzgebung nicht in Verbindung mit § 823² BGB. der klagenden Behörde den behaupteten privatrechtlichen Anspruch gewährt. Das LG. irrt in der Annahme, daß, weil das EG. Art. 69 die Fischerei dem Landesrecht überläßt, deshalb auf diesem

Gebiet die Bestimmungen des BGB. über unerlaubte Handlungen unanwendbar geworden seien. Vielmehr werden, indem in bestimmten Rechtsgebieten das Landesrecht maßgebend bleibt, seine Vorschriften, soweit sie selbst die Materie in Verbindung mit dem allgemeinen Rechte regeln wollen, innerhalb ihres Geltungsbereiches in das System des BGB. eingeschaltet und sind insoweit im Zusammenhange mit diesem zu beurteilen (RGKomm. 3 vor § 923); insbesondere können auch sie Schutzgesetze im Sinne des § 823 [2] sein. Entsprechen sie nach ihrem durch das Landesrecht begründeten Charakter demjenigen Begriffe, der nach § 823 ein den Schutz eines anderen bezweckendes Gesetz ausmacht, so führt auch ihre Verletzung die Rechtswirkungen des § 823 [2] herbei. Als Beispiel dienen die Flußinterdikte, die trotz EG. Art. 65 auch als Schutzgesetze angesehen sind (RG. 64 S. 252). Diese Eigenschaft hat aber der angeführte § 4 [1] nicht. Das Fischereiges. bezweckt in erster Linie die Hebung des Fischreichtums des Landes im volkswirtschaftlichen Interesse. Ein so allgemeiner Gesichtspunkt, der die Wohlfahrt der gesamten Bevölkerung im Auge hat, kann nicht hinreichen, um die Bestimmungen des Gesetzes zum Schutzgesetz zu machen. Freilich ist daneben auch speziell die Förderung derjenigen Kreise der Bevölkerung bezweckt, die durch Beruf und Gewerbe auf die Fischerei angewiesen sind, so daß gerade diejenigen Personen geschützt werden sollen, die an einer rationellen Fischwirtschaft ein direktes persönliches Interesse haben. Betrachtet man das Verbot des Zusetzens der Wasserläufe mit Fangvorrichtungen nicht für sich allein, sondern zusammen mit den übrigen Bestimmungen, welche Schonzeiten, Laich- und Schonreviere, Masse der Fische, Fanggeräte und Fangarten betreffen, so gelangt man zu dem Ergebnis, daß der Gesetzgeber nicht einen Schutz der Fischereiberechtigten in dem Sinne einführen wollte, daß die Verordnung als ein Schutzgesetz individueller Kreise aufgefaßt werden könnte, sondern daß er sich begnügte, eine Reihe von Vorschriften zur pfleglichen Ausübung der Fischerei ganz allgemeinen Charakters und im allgemeinen Interesse aufzustellen. J.n.

η) Kammergericht, XIV. ZS. Urteil v. 25. September 1911.

Der Beklagte A. hat die Fischerei auf dem zu seinem Gute gehörigen Mühlensee dem mitbeklagten B. verpachtet. Die Kläger sind Eigentümer der unterhalb gelegenen Mühle, die durch das vom See abfließende Wasser getrieben wird. Dieses wird zunächst in einem Graben entlang geleitet, durchfließt dann den Mühlenteich und fließt darauf wieder in einem Graben über das Mühlengrundstück. Unterhalb des Abflusses vom Mühlensee befindet sich im Graben der zur Mühle gehörige Seeschütz. Die Beklagten haben oberhalb dieses Seeschützes ein Fischgitter gesetzt und auf beiden Seiten Rasenbülten aufgehäuft, um den Abzug der Fische aus dem See zu verhindern. Die Kläger verlangen Beseitigung dieses Fischgitters, das durch Schilf rc verstopft werde und ihnen das zum Mühlenbetrieb nötige Wasser entziehe, und Unterlassung aller Maßnahmen zur Verhinderung des freien Wasserabflusses.

Aus den Gründen:

Der § 907 BGB. findet hier keine Anwendung, da es sich um ein dem Wasserrecht angehöriges Rechtsverhältnis handelt. Von den nach Art. 65 EG. fortgeltenden Landesgesetzen kommt zunächst das Ges. vom 28. Februar 1843 in Betracht, das in § 1 jedem Uferbesitzer an Privatflüssen das Recht gibt, das vorüberfließende Wasser nach Maßgabe des § 13ff. zu benutzen. Der Mühlensee ist zwar, da er sein Wasser von einem oberhalb gelegenen See erhält und in dem Abflußgraben seinen natürlichen Abfluß hat, ein solcher Privatfluß. Das Fischgitter und die sonstigen Maßnahmen dienen aber nicht der Benutzung des Wassers zum besonderen Vorteile der Beklagten und bezwecken nicht die Benutzung des Wassers als solchen, sondern lediglich den Schutz und die Ausübung des Fischereirechts. Die §§ 1, 13, 16 des Ges. sind daher jedenfalls nicht anwendbar. Dagegen können die Kläger die Entfernung der Bülten, so weit sie im Wasser angebracht sind, auf Grund des § 4 Ges. verlangen, der das Einwerfen und Einwälzen von Steinen zc verbietet. Sie können diesen Anspruch auch unbedenklich im ordentlichen Rechtswege verfolgen (vgl. Eccius 3 § 170[9]; RG. 2 S. 209).

Weiter darf nach § 99 I 8 ALR. in Privatflüssen zum Nachteile der Nachbarn durch Hemmung des Ablaufs nichts unternommen werden. Dieses Verbot hat, da es durch das Gesetz von 1843 nur hins. der hier nicht fraglichen Benutzung des Wassers unverändert ist, Anwendung zu finden. Die Kläger sind als „Nachbarn" anzusehen; denn sie sind Eigentümer der an das Grundstück des Beklagten A. angrenzenden Wiese, anderseits ist ihr Mühlengrundstück zum Mühlensee so nahe belegen, daß die Absperrung des Wassers durch diese nahe Belegenheit erst eine Beeinträchtigung der Kläger zur Folge haben kann (vgl. RG. 50 S. 322). Den Klägern steht endlich das Verbot des § 246 II 15 ALR., einer Mühle das zum Betriebe nötige Wasser zu entziehen, zur Seite. Es ist zwar durch das Gesetz von 1843 geändert, aber ebenfalls nur soweit es sich um die Benutzung des Wassers handelt. Daß aber durch die Maßnahmen der Beklagten der Wasserabfluß gehemmt und der Mühle das zum Betriebe nötige Wasser entzogen wird, hat die Beweisaufnahme ergeben.

Die Kläger haben sich weiter auf das Fischereirecht berufen, das ihnen unstreitig auf dem Mühlenteich zusteht. Daraus würde an sich nach § 187 I 9 ALR. ohne weiteres folgen, daß die Beklagten die Errichtung von Fischgittern gänzlich unterlassen müssen, weil sie dadurch den freien Gang der Fische hindern und hindern wollen. Indessen ist der § 187 abgeändert durch § 20 Fischereiges. vom 30. Mai 1874. Dieses Gesetz ist hier anwendbar, weil der Mühlensee einen Abfluß nach dem Mühlenteich hat, beide also eine für den Wechsel der Fische geeignete Verbindung haben, mithin nicht als geschlossene Gewässer gelten. Der § 20 schränkt aber § 187 I 9 dahin ein: „Die Breite der Gewässer darf zum Zwecke des Fischfanges durch ständige Fischereivorrichtungen niemals auf mehr als auf die Hälfte der Wasserfläche, bei gewöhnlichem niedrigem Wasserstande vom Ufer aus gemessen, für den

Wechsel der Fische versperrt werden. Das Fischgitter des Beklagten ist an zwei Pfählen, die in den Seegrund gerammt sind, befestigt und für unbestimmte Zeit angebracht, um den Durchgang der Fische zu hindern und ihren Fang zu ermöglichen. Es ist also eine ständige Fischereieinrichtung (vgl. § 5² Ges.; RG. Jahrb. 13 S. 357, 19 S. 292 und OVG. 34 S. 106, 39 S. 75). Da anderseits der § 20 Ges. dem Fischereiberechtigten in diesem Umfange das Setzen eines Fischgitters ausdrücklich gestattet, so werden dadurch die §§ 99 I 8, 246 II 15 ALR. ebenfalls eingeschränkt, so daß die Kläger nur bis zu diesem Umfange die Einrichtung von Fischgittern untersagen können. Auch ergibt sich von selbst, daß sie den zum Betriebe ihrer Mühle nötigen freien Wasserabfluß erhalten, wenn die Beklagten die Hälfte der Wasserfläche von ihrem Gitter freilassen und auch keine anderen Maßnahmen errichten, die den freien Wasserabfluß hindern. Fr.

g) **Miteigentum. Belastung des Anteils zugunsten der übrigen.**

Bayer. Oberstes Landesgericht, II. ZS. Beschluß v. 21. Dezember 1911.

Inhaltlich der notariellen Urkunde haben die Miteigentümer des Anwesens vereinbart, daß von keinem der Vertragsteile die Aufhebung der Gemeinschaft vor Ablauf von 30 Jahren verlangt werden kann. Diese Vereinbarung soll nicht nur für Sonderrechtsnachfolger gelten, sondern auch nicht mit dem Tode eines Teilhabers außer Kraft treten, vielmehr auch für die Erben der Teilhaber am Grundstücke gelten. Die Verwaltung des gemeinschaftlichen Anwesens wird dem Miteigentümer A. allein übertragen. Hiernach bildet den Gegenstand des Vertrags nicht der Besitz oder das Eigentum am gemeinschaftlichen Grundstücke, sondern eine „Belastung" des den Miteigentümern gehörenden Anwesens von der Art, daß zugunsten des jeweiligen Eigentümers eines jeden Anteils das den übrigen Miteigentümern zustehende, an sich aus dem Eigentum folgende Recht, die Verwaltung und Benutzung des gemeinschaftlichen Grundstücks zu bestimmen und die Aufhebung der Gemeinschaft zu verlangen, nach Maßgabe der getroffenen Vereinbarungen beschränkt wird (§ 1010¹). Dabei handelt es sich nicht um eine bloße Verfügungsbeschränkung, sondern um eine wirkliche dingliche Last, ähnlich der Grunddienstbarkeit (Planck, Staudinger 1c zu § 1010; Achilles-Strecker, GrBO. S. 18 ff.; Fuchs S. 259 Nr. 4a). Th.

h) **Dienstbarkeit[1] zur Vornahme einer Handlung?**

α) OLG. Celle, IV. ZS. Urteil vom 18. Juni 1910.

Wenn das Recht des Klägers dem Wortlaut nach darauf gerichtet ist, daß der Beklagte die Bäume auf der Südseite des gemeinsamen Weges so

[1] Eine im öffentlichen Interesse sanitären Zwecken dienende Dienstbarkeit über eine bestimmte Höhenlage der Keller kann nicht zugunsten einer Behörde eingetragen werden (OLG. Hamburg, V. ZS. Urteil v. 28. April 1909). — Der wirtschaftliche Vorteil, den eine beschränkte persönliche Dienstbarkeit dem Berechtigten gewähren muß, kann, wenn dieser eine Versicherungsanstalt der Reichsinvalidenversicherung ist, darin bestehen, daß durch die gleichzeitig mit der Hypothek für ein Baudarlehn bestellte Dienstbarkeit die Beleihung des Grundstücks zu einer Veranstaltung gemacht wird, die überwiegend der versicherungspflichtigen Be-

zu halten hat, daß sie der Mühle des Klägers nicht den Wind nehmen, so bedeutet das, daß der Beklagte durch die Belastung seines Grundstücks gehindert wird, das aus seinem Eigentum folgende Recht auszuüben und die Bäume nach Belieben wachsen zu lassen. Es handelt sich also um das Verbot einer unbeschränkten Benutzung des Grundstückseigentums. Als Grunddienstbarkeit kann nun das Recht des Klägers regelmäßig kein positives Tun zum Gegenstand haben. Daraus folgt aber nicht, daß Beklagter nicht zum Kappen der Bäume verpflichtet sei. Denn wird durch das Zuhochwachsen der Bäume der Mühle der Wind beeinträchtigt, so wird dadurch eben das Recht des Klägers verletzt und dieser darf dann nach § 1027 die Rechte aus § 1004 ausüben. Er darf daher auf Beseitigung der Störung klagen und mit dieser auch die Beseitigung der störenden Anlage fordern. Dr. J.z.

β) OLG. Colmar, Ferien-ZS. Beschluß v. 12. September 1912.

Nach dem Vertrage gehört zu dem wesentlichen Inhalt der Belastung, die den Erwerbern des belasteten Grundstücks durch die Grunddienstbarkeit auferlegt werden soll, dreierlei: a) die Herstellung der Umfriedigung; b) ihre Unterhaltung; c) die Verpflichtung, mit der Einfriedigung so weit zurückzubleiben, daß sie „sich 1 Meter von der Grenze entfernt hält".

Die letzte Verpflichtung wäre, wenn sie für sich zum Gegenstand einer selbständigen Grunddienstbarkeit gemacht worden wäre, als solche gemäß § 1018 ohne Zweifel zulässig. Auch die zweite wäre, falls sie als Sonderbestimmung im Sinne des § 1021 zu einer eine Anlage auf dem belasteten Grundstück voraussetzenden Grunddienstbarkeit aufgenommen wäre, nicht zu beanstanden. Dagegen kann die erste Verpflichtung, da sie auf Herstellung eines ganz neuen Werks, also auf eine selbständige positive Leistung gerichtet ist, nicht zum Gegenstand einer Grunddienstbarkeit gemacht werden. Die Ausführung der Beschwerde, daß der wesentliche Inhalt der Nr. a „keineswegs ein Tun, sondern das Unterlassen des Unumfriedigtlassens" darstelle, erledigt sich durch den Hinweis, daß die Verpflichtung zum Unterlassen einer Unterlassung, zu der man gesetzlich berechtigt ist, nichts anderes ist, als die Verpflichtung zur Vornahme der Handlung, zu deren Unterlassung man kraft Gesetzes berechtigt ist. Ebensowenig stichhaltig ist die weitere Ausführung, daß hier nicht die Verpflichtung a, sondern die b und c den Hauptinhalt der Belastung bildeten und demgemäß nach Dernburg 3 § 165[2] S. 559 und Crome 3 § 430[18] die Eintragung rechtfertigten. Entscheidend ist, daß die Verpflichtung a zum wesentlichen Inhalt der beabsichtigten dinglichen Belastung gehört. Selbst wenn die angerufenen Ausführungen bei Dernburg und Crome im Sinne der Beschwerdeführer zu verstehen sein würden, könnte

völkerung zugute kommt. Daher kann die Verpflichtung eingetragen werden, daß im Hause dauernd nur eine Familie wohnen, ohne Genehmigung kein Neu- oder Umbau vorgenommen, keine der InvVersicherung nicht angehörende Person als Mieter aufgenommen, kein Raum zum Gast- und Schankbetrieb verwendet, und daß das Haus jederzeit besichtigt werden darf (RG., I. ZS. Beschluß v. 18. März 1912, Jahrb. 42 S. 245).

ihnen keine Bedeutung zukommen gegenüber dem Inhalt des § 1018 mit § 1021 und 1022 BGB. und der auf diese Paragraphen bezüglichen Rechtslehre und Rechtsprechung (vgl. NotZ. f. Elf. 1906 S. 81, sowie KG., Rsp. 18 S. 147; Hamburg ZBlFG. 6 S. 427; RG. 57 S. 333, 58 S. 264). Schr.

γ) Kammergericht, I. ZS. Beschluß v. 6. Februar 1911.

Aus der Begriffsbestimmung des § 1018 folgt, daß, wie nach römischem und preuß. auch nach dem geltenden Recht eine Grunddienstbarkeit grundsätzlich nur in einem Dulden oder Unterlassen, dagegen nicht in einem Tun bestehen kann (Mot. 3 S. 479). Ein Grundstück kann zwar auch in der Weise belastet werden, daß an den Berechtigten wiederkehrende Leistungen aus dem Grundstücke zu entrichten sind; eine derartige Belastung stellt sich aber nicht als Grunddienstbarkeit, sondern nach § 1105 als Reallast dar, die nach §§ 91², 6 AblG. vom 2. März 1850 aus einem privatrechtlichen Titel nur noch in der Gestalt einer festen Geldrente begründet werden kann. Die hier übernommene Verpflichtung, „den an der Westseite liegenden Waldstreifen, der die Nachbarparzelle Nr. 40 vor westlichen Winden schützt, zum Vorteile letzterer Parzelle dauernd als Waldstreifen zu erhalten und soweit nötig, aufzuforsten", besteht aber nicht in Geldleistungen; sie soll nach Bewilligung und Antrag auch gar nicht so, sondern als Grunddienstbarkeit eingetragen werden.

Der obige Grundsatz schließt nicht aus, daß zugleich mit der Verpflichtung zu einem Dulden oder Unterlassen dem jeweiligen Eigentümer des belasteten Grundstücks die Verpflichtung zu positiven Nebenleistungen auferlegt wird. . . . Das BGB. läßt in gewolltem Anschluß an den Standpunkt des preuß. Rechts (Mot. 3 S. 483) im § 1021 Satz 1 für den Fall, daß zur Ausübung einer Grunddienstbarkeit eine Anlage auf dem belasteten Grundstücke gehört, die Vereinbarung zu, daß der Eigentümer dieses Grundstücks die Anlage zu unterhalten habe, soweit das Interesse des Berechtigten es erfordere, und schreibt im § 1022 vor, daß, wenn die Grunddienstbarkeit in dem Rechte bestehe, auf einer baulichen Anlage des belasteten Grundstücks eine bauliche Anlage zu halten, schon in Ermangelung einer abweichenden Vereinbarung der Eigentümer des belasteten Grundstücks seine Anlage zu unterhalten habe, soweit das Interesse des Berechtigten es erfordere. Während die letztere dispositive Vorschrift auf eine bestimmt gekennzeichnete Art von Grunddienstbarkeiten abgestellt ist, hat die im § 1021 Satz 1 zugelassene Qualifikation des Begründungsvertrags, wie sich aus dem Inhalte dieser Bestimmung im Zusammenhange mit der rechtsgeschichtlichen Entwicklung ergibt, allgemeinere Bedeutung. Die Bestimmung ist von dem typischen Falle der Unterhaltung einer Dienstbarkeitsanlage analog auf andere Fälle auszudehnen, in denen eine Tätigkeit des Eigentümers des belasteten Grundstücks zur Erhaltung dieses Grundstücks in dem der Dienstbarkeit entsprechenden Zustande dient. In diesem Sinne ist die im Beschlusse vom 26. September 1910 für das preuß. Recht entwickelte Regel, daß die Verpflichtung zu positivem Tun zwar nicht den wesentlichen Inhalt, wohl aber einen Nebenbestandteil einer Grunddienstbarkeit ausmachen kann, auch für das heutige Recht anzuerkennen (Staudinger II 2a zu § 1018). Diese Erwägungen führen zu dem Ergebnisse, daß die hier übernommene Verpflichtung den zulässigen Inhalt einer Grunddienstbarkeit im Sinne der zweiten Alternative des § 1018 bildet. Denn sie bedeutet in erster Linie eine Beschränkung des Eigentums von Waldgrundstücken nach der Richtung, daß der Eigentümer den Wald nicht beseitigen und das Grundstück weder als Acker noch als Bauland noch in irgend einer anderen die Erhaltung des Waldes beeinträchtigenden Art benutzen darf. Der Sinn der Verpflichtung besteht also in der Unterlassung gewisser Handlungen auf dem belasteten Grundstücke. Erst in zweiter Linie erfordert die zunächst negative Pflicht zur Belassung des Grundstücks in seinem gegenwärtigen, es zum dienenden Grundstücke geeignet machenden Kulturzustand auch positive Leistungen, wie die Ausmerzung etwaigen überständigen Holzes und dessen Ersatz durch Nachpflanzung. Die nachgeordnete Bedeutung dieser positiven gegenüber den negativen Pflichten ist auch in dem Begründungsvertrage durch die Art, wie die Pflicht zur Aufforstung derjenigen zur Erhaltung des Waldstreifens angefügt ist, ausgedrückt. Der Fall liegt infolgedessen noch klarer als der am 26. September 1910 entschiedene landrechtliche Fall, in welchem die eingetragene Verpflichtung des jeweiligen Eigentümers zur dauernden Erhaltung aufgeforsteter Parzellen als Holzung, zur Nachpflanzung sowie zum ausreichenden Schutze und zur zweckmäßigen Pflege der Pflanzungen nicht als eine dem Ablösungsgesetz unterworfene Reallast, sondern als eine mit der Verpflichtung des Eigentümers zu positiven Nebenleistungen verbundene Dienstbarkeit aufgefaßt ist (vgl. RG. 60 S. 87). RJA.

δ) **Stillschweigende Bestellung.**

OLG. München, I. ZS. Urteil v. 3. Februar 1912.

Der Kläger beansprucht für sein Anwesen Nr. 37 das Recht auf den Bezug des Wassers, das sich auf der dem Beklagten gehörigen Schönwiese in zwei durch ein Rohr verbundenen ausgezimmerten Becken sammelt und mittels einer Rohrleitung dem Anwesen des Klägers und zweier Nachbarn zugeführt wird. Um die stillschweigende Bestellung einer Grunddienstbarkeit annehmen zu können, muß der übereinstimmende Wille des Veräußeres und des Erwerbers dahin zum Ausdrucke gelangt sein, daß das Benützungsverhältnis, das zwischen den beiden bisher in einer Hand vereinigten Grundstücken bestanden hatte, auch nach der Wegveräußerung des einen Grundstückes bestehen soll. Hier hat aber der frühere Besitzer Sch. 1904 zuerst die Schönwiese an den Beklagten und dann erst das übrige Anwesen Nr. 37 an den Vorbesitzer der Kläger verkauft. Der Beklagte hat bei und nach dem Erwerbe der Schönwiese nicht die Beseitigung der nicht unbedeutenden Anlagen verlangt, die sich schon damals darauf zum Wasserbezuge für das Anwesen Nr. 37 befanden; vielmehr hat er in Kenntnis der gegebenen Verhältnisse die Anlage fortbestehen lassen, auch späterhin nie widersprochen und sich sogar die Erlaubnis zur Anbohrung der Leitung, um Wasser seinen

Fischteichen zuzuführen, besonders erbeten. Erst 1909 ist er mit der Bestreitung der Dienstbarkeit der Kläger hervorgetreten. Das ganze frühere Verhalten kann demnach nicht als eine Duldung aus rein freundschaftlicher und nachbarlicher Gesinnung gedeutet werden. Zugunsten des Beklagten läßt sich auch nicht die Nichterwähnung des Wasserbezugsrechtes bei der Grundbuchanlegung verwerten, da diese sich nicht von Amts wegen mit der Ermittelung und Eintragung der Grunddienstbarkeiten zu befassen hatte (Art. 10, 44 Übergangsges.). Weiter wird durch die Benützung des Quellwassers der Schönwiese zum Vorteil des klägerischen Anwesens einem wesentlichen Bedürfnisse des letzteren abgeholfen. Auch diese Tatsache spricht neben der auf der Schönwiese bereits zur Zeit ihrer Veräußerung bestandenen baulichen Einrichtung für die damals stillschweigend erfolgte Bestellung der streitigen Grunddienstbarkeit. Darauf, daß die Kläger nötigenfalls das für ihr Wohnhaus erforderliche Wasser sich anderweitig verschaffen könnten, kommt nichts an (Bl. f. RG. 45 S. 290; Seuff. 31 Nr. 119, 35 Nr. 278). P.n.

i) α) **Nießbrauch an einer Quote der Gesamtnutzungen.**[1]

Kammergericht, I. ZS. Beschluß v. 11. Juli 1910.

Der für A. eingetragene Nießbrauch (dergestalt, daß ihm die Hälfte der Einkünfte aus dem Grundstück zusteht) widerspricht dem Begriffe des Nießbrauchs; denn danach darf derjenige, zu dessen Gunsten die Sache belastet ist, ihre Nutzungen ziehen. Der Wille und die Absicht des Bestellers muß daher dahin gehen, dem Nießbraucher die Gesamtheit der Nutzungen vorbehaltlich der im § 1030² vorgesehenen Ausnahme zuzuwenden; der Nießbraucher muß hiernach berechtigt sein, die Sache in Besitz zu nehmen und sie uneingeschränkt zu nutzen, dergestalt, daß der Eigentümer diese Nutzung des Nießbrauchers zu dulden hat. Hier aber soll A. nicht befugt sein, das Grundstück in vollem Umfange zu nutzen und die Gesamtheit der Nutzungen für sich zu ziehen. Nach dem Eintragungsvermerk ist also nicht ein Nießbrauch eingetragen, der an sich die Erfordernisse des § 1030 BGB. nicht vermissen läßt und nur noch daneben die obligatorische Verpflichtung des Berechtigten ergibt, die Hälfte der Einkünfte dem Eigentümer abzuführen. Vielmehr ergibt die Fassung des Vermerks, daß ein Nießbrauch abweichend von § 1030 bestellt worden ist, nach welchem dem Nießbraucher nur die

[1] Ist ein lebenslänglicher Nießbrauch bewilligt und beantragt, kann die Eintragung des Rechts als „Nießbrauch" schlechthin erfolgen. Ebenso wäre, wenn der Nießbrauch zugunsten von Eheleuten „in Gütergemeinschaft" bestellt ist, seine Eintragung nur dann zulässig, wenn der Nießbrauch damit für die Gütergemeinschaft selbst bestellt wäre, nicht aber, wenn die Absicht der Beteiligten dahin geht, daß die Einkünfte des bestellten Nießbrauchs in die Gütergemeinschaft fallen, das Nießbrauchrecht selbst aber auf seiten beider Eheleute eingebrachtes Gut sein soll (OLG. Colmar, Beschluß v. 23. Oktober 1909, II X 32/09. — Der Nießbrauch ist nicht deshalb **nichtig**, weil der Nießbraucher zum Schaden der Gläubiger das Grundstück unter dem Wert an sich bringen will; der § 138 ist nicht anwendbar, wenn nur der Beweggrund der **einen** Partei, nicht aber auch der Inhalt des Geschäfts selbst sittenwidrig ist (RG. Urteil v. 6. Juli 1911 VII 604/11).

Hälfte der Einkünfte aus dem Grundstück zustehen soll. Ein solcher Vermerk ist eben inhaltlich unzulässig, da dingliche Rechte, besonders auch das Nießbrauchsrecht nicht in anderer rechtlicher Gestaltung, als wie sie das Gesetz vorsieht, in das Grundbuch aufgenommen werden können. J. g.

β) **Vertraglich vorbehaltener Zinsbezug an übertragenen Sparkassenbüchern als Nießbrauch.**

OLG. Colmar, IV. ZS. Urteil v. 28. April 1910.

In dem notariellen Vertrage haben sich die Beklagten verpflichtet, dem Kläger Nahrung zc zu gewähren, während er ihnen als Entgelt sein sämtliches Vermögen „übertragen und überlassen" hat, auch besonders die ihm bei Banken und Sparkassen zustehenden Forderungen und Schuldscheine, sowie Wertpapiere irgendwelcher Art; an diesen hat er sich nur die Früchte, also Zinsen und Renten vorbehalten. Zugleich genehmigte er, daß die etwaigen Sparkassenbücher und Schuldscheine auf den Namen der Beklagten umgeschrieben werden, „mit der Bedingung, daß zum Bezuge der Zinsen er selber berechtigt sein soll". Diese Bestimmungen hat das LG. mit Recht dahin ausgelegt, daß das ganze Vermögen des Klägers dem Eigentume nach auf die Beklagten übergehen sollte unter Belastung mit einem Nießbrauche zugunsten des Klägers an dem zum Vermögen gehörenden Gegenständen (§ 1085). Nach § 1030 besteht das Wesen des Nießbrauchs darin, daß der Berechtigte die Nutzungen der Sache in ihrer Gesamtheit zieht, wobei einzelne Nutzungen ausgeschlossen werden können. Diese Begriffsbestimmung findet nach § 1068 ² auch auf den Nießbrauch an Rechten, besonders an Forderungen, Anwendung. Hier hat sich der Kläger die „Früchte, also Zinsen und Renten", also die sämtlichen Nutzungen, die aus den zum Vermögen gehörigen Forderungen zu ziehen sind, vorbehalten und zwar in der Weise, daß seine Berechtigung zum Bezuge der Zinsen in den Schuldurkunden vermerkt werden, also den Schuldnern gegenüber unmittelbar wirksam werden sollte. Somit bilden die dem Begriffe des Nießbrauchs entsprechenden Befugnisse den Inhalt des Vertrags; daher besteht kein Grund, anzunehmen, daß etwas anderes als die Bestellung eines Nießbrauchs beabsichtigt war, wenn auch von den Vertragschließenden der diese Befugnisse gesetzestechnisch zusammenfassende Ausdruck „Nießbrauch" nicht gebraucht ist. Dafür, daß die Befugnisse zur Mitwirkung bei der Kündigung und Einziehung des Kapitals, sowie bei der Wiederanlegung (§§ 1077/9) hier ausgeschlossen werden sollten, wie die Beklagten behaupten, sind keine Anhaltspunkte gegeben. Insbesondere ist eine solche Ausschließung nicht daraus zu folgern, daß in dem Vertrage das Recht auf den Bezug der Nutzungen allein hervorgehoben ist, da dieses den wesentlichen Inhalt der Nießbrauchsbestellung bildet, während die Befugnisse der §§ 1077/9 sich aus dem Gesetze als Folgen der Nießbrauchsbestellung ohne weiteres ergeben. Dahingestellt kann deshalb bleiben, ob durch die Ausschließung dieser Befugnisse das dem Kläger zustehende Recht den Charakter des Nießbrauchs verloren haben würde.

Durch den Vertragsabschluß hat der Kläger ohne weiteres den Nießbrauch an den zu seinem bisherigen Vermögen gehörenden Forderungen erlangt (§§ 1069, 398). Dieses Recht erstreckt sich gemäß § 952 Satz 2 auf die über die Forderungen ausgestellten Sparkassenbücher, zu deren Besitz demnach der Kläger gemäß § 1096 auch gegenüber den Beklagten als Eigentümerinnen berechtigt ist. Die §§ 1081 ff., welche den Nießbraucher und den Eigentümer als zum gemeinschaftlichen Besitze berechtigt erklären, beziehen sich nur auf die Inhaberpapiere und mit Blankoindossament versehene Orderpapiere. Daß die Sparkassenbücher solche Papiere sind, ist nicht behauptet; es muß daher angenommen werden, daß sie, was die Regel bildet, Legitimationspapiere des § 808 sind. An solchen Urkunden steht dem Nießbraucher das Recht auf Alleinbesitz zu. Ob es vertragsmäßig ausgeschlossen werden kann (vgl. Crome § 407[26]; Dernburg § 109 IV; RG. 51 S. 1, 85 und 88; abweichend Planck 2 zu § 952), braucht nicht erörtert zu werden. Denn die Bestimmung, daß der Kläger die Schuldscheine „überträgt und überläßt", bezieht sich ihrem Zusammenhange nach auf die Übertragung des Eigentums; daß auch der Besitz daran den Beklagten vertragsmäßig zustehen sollte, ist daraus nicht zu entnehmen. Auch die Tatsache, daß die Beklagten nach der Umschreibung der Sparkassenbücher auf ihren Namen zunächst tatsächlich in ihren Besitz gelangt sind, beweist nicht, daß das Recht des Klägers auf Besitz ihnen gegenüber ausgeschlossen sein sollte. Dies kann um so weniger angenommen werden, als der Kläger zur Erhebung der Zinsen des Besitzes der Sparkassenbücher bedarf, sofern er nicht auf die jedesmalige Mitwirkung der Beklagten dabei angewiesen sein will. Eine erhebliche Gefährdung der Beklagten dagegen kann durch den Besitz des Klägers nicht herbeigeführt werden, da die Sparkassenbücher auf ihren Namen umgeschrieben sind und die Sparkasse zwar berechtigt ist, das Kapital an den Inhaber zu zahlen, dies aber in der Regel nicht ohne Legitimationsprüfung tut und es besonders hier nicht tun wird, da aus dem in den Sparkassenbüchern befindlichen Vermerk ersichtlich ist, daß das Recht des Klägers sich auf die Zinsen beschränkt. Übrigens würden die Beklagten, falls eine Gefährdung vorläge, berechtigt sein, Sicherheitsleistung zu verlangen (§ 1051), was sie aber bis jetzt noch nicht getan haben. Frdthl.

γ) **Gebührt dem Nießbraucher die nach dem Verkaufe der Wertpapiere ausgezahlte Dividende für die Zeit vorher?**

Kammergericht, III. ZS. Urteil v. 19. März 1912.

Die Beklagten haben als Vollstrecker des X.schen Nachlasses im Januar 1911 Aktien der BBank, die zu dem Erbteile des Klägers gehörten, für Ende Februar 1911 verkauft und dem Kläger, dem an seinem Erbteile nur der Zinsgenuß zusteht, während die Substanz seinen Kindern erhalten werden soll, als den ihm zustehenden Zinsbetrag der verkauften Anteile nur die beim Verkauf erzielten 4% Stückzinsen ausgezahlt. Der Kläger beansprucht, da im April 1911 die Dividende für 1910 auf 9% festgesetzt sei, die verkauften Aktien auch das ganze Jahr 1910 hindurch zu seinem Erbteile gehört hätten, noch weiter 5 % Dividende. Der Anspruch ist jedoch unbegründet.

Nach der Bek. des Bundesrats vom 28. Juni 1898 VIII (RGBl. 915) wird der Dividendenschein von inländischen Aktien, die nur im Kassageschäfte gehandelt werden, am Schlusse des Geschäftsjahres der Gesellschaft vom Stücke getrennt; bei den übrigen Aktien wird der Dividendenschein erst bei der Auszahlung vom Stücke getrennt; eine Ausnahme für die BAktien ist nicht gemacht. Nach § 28 der Bedingungen der Berliner Fondsbörse gelten Wertpapiere als in demjenigen Zustande verschlossen, in welchem sie sich zur Zeit des Vertragsabschlusses befunden haben dergestalt, daß Vorteile und Nachteile aus nach dem Tage des Abschlusses abzutrennenden Dividendenscheinen ꝛc den Käufer treffen. Die Beklagten mußten daher, als sie die Aktien verkauften, die Dividendenscheine für 1910 mitliefern. Der Anspruch auf eine etwa nach dem Verkaufe festgesetzte Dividende stand lediglich dem Käufer zu. Den Verkäufern gebührten dafür nach den damaligen Börsengebräuchen nur die ein für allemal bestimmten Stückzinsen von 4 %; lediglich diese können daher als Nutzungen der Aktien für 1910 angesehen werden. Allerdings ist für den Kurs der Wertpapiere die jeweilige Rücksicht auf eine höhere oder niedrigere Dividende mitbestimmend und kommt die in Börsenkreisen erwartete Dividende in dem Kurse mit zum Ausdruck; dabei handelt es sich jedoch um mehr oder minder unsichere Vermutungen oder Schätzungen und es fehlt jeder Anhalt dafür, welcher Teil des jeweiligen Kurses auf die erwartete Dividende und welcher auf den Substanzwert der Papiere entfällt. Es ist daher nicht angängig, in Verkaufsfällen wie hier den Unterschied zwischen der später festgesetzten Dividende und den Stückzinsen als Nutzung der Papiere für das vergangene Jahr und den Rest des dem Kurswert entsprechenden Kaufpreises als Vergütung für die Substanz der Wertpapiere anzusehen. K.ch

δ) Nießbraucher als „Rechtsnachfolger" des Eigentümers.

Kammergericht, Ia. ZS. Beschluß v. 9. Februar 1912.

Nachdem sich der Grundstückseigentümer für sich und seine Rechtsnachfolger wegen der Hypothek des Beschwerdeführers der sofortigen Zwangsvollstreckung unterworfen hatte, und dies im Grundbuch eingetragen war, hat er für A. den Nießbrauch am Grundstück bestellt. Der Notar hat den Antrag auf Erteilung einer vollstreckbaren Ausfertigung gegen A. zurückgewiesen. Die hiergegen nachgesuchte Entscheidung des LG. ist auf Grund des Art. 51 preuß. FrG. ergangen, der auch dann anwendbar ist, wenn, wie hier, der Notar die Erteilung einer vollstreckbaren Ausfertigung versagt (Jahrb. 33 A. 3). Die Beschwerde ist nach Art. 4, 6 preuß. FrG., § 19 FrGG. gegeben; sie ist auch begründet.

1. Das LG. erachtet den A., weil dessen Nießbrauchsrecht mit einem der Hypothek nachstehenden Rang eingetragen ist, nicht als Rechtsnachfolger des Grundstückseigentümers. Allein eine Rechtsnachfolge im Sinne des Pro-

zeßrechts liegt nicht nur dann vor, wenn das einer Person zustehende Recht in derselben Gestalt und mit demselben Inhalt, wie es dieser zusteht, auf einen andern übertragen, insbesondere eine Forderung abgetreten wird, sondern auch dann, wenn es sich um die Begründung eines neuen Rechts handelt, daher nur dieses seine Grundlage in einem Rechte dessen, der es begründet hat, findet und sich als eine vollständige oder teilweise Übertragung der mit diesem bereits bestehenden Rechte verbundenen Befugnisse auf den Erwerber des neu begründeten Rechts darstellt (RG. 15 S. 368, 45 S. 372). Es begründet auch keinen Unterschied, ob der Rechtsübergang oder die Rechtskonstituierung auf Rechtsgeschäft beruht oder kraft Gesetzes erfolgt, so daß auch der Erwerber eines Pfändungspfandrechts, der Ersteher eines Grundstücks in der Zwangsversteigerung, der Mann als Nießbraucher des eingebrachten Gutes seiner Frau Rechtsnachfolger im Sinne der ZPO. ist (RG. 53 S. 10). Aus diesen Ausführungen ergibt sich, daß ebenso, wie der Mann als Nießbraucher des eingebrachten Gutes seiner Frau kraft Gesetzes deren Rechtsnachfolger im Sinne der ZPO. ist, die Frau Rechtsnachfolgerin ihres Mannes in diesem Sinne dadurch wird, daß ihr durch Rechtsgeschäft der Nießbrauch an einem Grundstück des Mannes eingeräumt wird. Gegen die Frau als Inhaberin eines eingetragenen Nießbrauchsrechts an einem Grundstück kann also der im Range vorgehende Hypothekengläubiger vollstreckbare Ausfertigung des Schuldtitels beantragen, weil sie als Nießbraucherin des Grundstücks Rechtsnachfolgerin des Mannes als des Eigentümers des Grundstücks geworden ist, der ohne die Begründung des Nießbrauchsrechts als Eigentümer die Nutzung des Grundstücks behalten haben würde.

2. Das LG. nimmt weiter an, daß der im § 727 in Bezug genommene § 325 ZPO. nicht durchgreifen könne, weil die im Streit befangene Sache nicht das Grundstück, sondern die persönliche und dingliche Hypothekenforderung sei, hinsichtlich deren ein dem § 325 entsprechendes Besitzverhältnis nicht vorliege. Auch dem kann nicht beigetreten werden. Im Streit ist nicht die Hypothekenforderung, sondern ihre Vollstreckbarkeit in das Grundstück, und damit dieses selbst, aus dem sich der Gläubiger Befriedigung wegen der aus der Hypothekenbestellung sich ergebenden Ansprüche verschaffen soll und will. Der § 325 ZPO. ist daher anzuwenden. M.

a) **Verpflichtung des Nießbrauchers aus § 1047**[1].

OLG. Cassel, I. ZS. Urteil v. 7. Juni 1910.

Der Beklagte, der für den Hauseigentümer X. eine Bürgschaft übernommen hatte, ließ sich am 1. April 1909 von ihm zur Sicherung wegen dieser Bürgschaft den Nießbrauch am Haus einräumen, während er dem

[1] Auf Zahlung der Zinsen hat nur der Eigentümer ein Recht. Haben aber Nießbraucher, Eigentümer und Pfändungsgläubiger vereinbart, daß der Nießbrauch nicht zum Nachteil des Pfändungsgläubigers geltend zu machen ist, so ist diese Abrede gültig und berechtigt den Gläubiger zur Pfändung der Mieten, ohne daß der Nießbraucher widersprechen darf (RG. Urteil v. 6. Juli 1911, VII 604/10).

X. die Hausverwaltergeschäfte übertrug. Nach § 2 des Vertrags hatte Beklagter die Mieteinnahmen zur Deckung der Verwaltungs- und Ausbesserungskosten und der Hypothekenzinsen zu verwenden, einen Überschuß aber dem X. zu zahlen. Nach § 3 war Beklagter befugt, sich in erster Linie aus den Mieten zu befriedigen, sobald er als Bürge in Anspruch genommen würde; der Nießbrauch sollte erlöschen, wenn die Forderung des Beklagten aus der Bürgschaft getilgt sein würde. Auf Grund dieses Vertrags wurde der Nießbrauch für den Beklagten eingetragen. Nachdem auf Antrag eines vorgehenden Hypothekars die Zwangsverwaltung angeordnet war, zog der klagende Zwangsverwalter unter Zustimmung des Beklagten die Mieten ein, und lieferte den Betrag für das 3. Quartal 1909 an Beklagten ab. Die Klage auf Rückzahlung dieses zur Zwangsverwaltungsmasse gehörenden Betrages ist unbegründet. Der Inhalt der Urkunde steht der Annahme eines Nießbrauchs nicht entgegen. Dieser erfordert nur, daß dem Berechtigten das dingliche Recht zur alleinigen Verfügung über die Nutzungen des Nießbrauchsgegenstandes zusteht. Der Umstand, daß dem Eigentümer die Hausverwaltergeschäfte obliegen, schließt den Begriff des Nießbrauchs nicht aus; der Nießbraucher kann, ebensogut wie jeden anderen, auch den Eigentümer zum Hausverwalter bestellen. Daß aber dem Eigentümer eine andere Stellung, als die eines vom Nießbraucher abhängigen Besorgers der Geschäfte, die die Verwaltung und Instandhaltung eines Zinshauses mit sich bringt, eingeräumt sein sollte, dafür bietet der Inhalt der Urkunde keinen Anhalt. Ebenso ist daraus, daß der Nießbrauch zur Sicherung und Tilgung einer Bürgschaftsforderung des Beklagten dienen sollte, kein Bedenken herzuleiten (RG. 67 S. 378). Auch der § 2 des Vertrages widerspricht nicht dem Wesen des Nießbrauchs; er ist nur Teil des obligatorischen Vertrags, der der abstrakten Nießbrauchsstellung zugrunde liegt, und dessen Inhalt das dingliche Recht zur alleinigen Verfügung über die Mieten nicht berührt. Das Nießbrauchsrecht des Beklagten an dem der Verwaltung des Klägers unterliegenden Grundstück ist sonach rechtsgültig begründet. Es hat, ganz unabhängig davon, ob der Beklagte den Besitz des Grundstücks erlangt habe (§ 1036), dinglichen Charakter und einen vom Eigentümer völlig unabhängigen Bestand. Der Nießbraucher hat ein selbständiges Recht auf die Nutzungen, er erwirbt sie nicht kraft des ihm übertragenen Rechts des Eigentümers, sondern aus eigenem Recht (RG. 68 S. 10; JW. 1908 S. 136[4]).

Die auf Grund eines Titels gegen den Eigentümer eingeleitete Zwangsverwaltung wirkt deshalb nicht gegen den Nießbraucher, es sei denn, daß sich dieser mit ihr einverstanden erklärte, oder auch ein Vollstreckungstitel gegen ihn vorliegt. Dabei ist es gleichgültig, ob der betreibende Gläubiger ein dem Nießbraucher im Range vorgehender Realberechtigter oder ein sonstiger Gläubiger ist. Denn ohne vollstreckbaren Titel kann auch der rangfrühere Gläubiger gegen den Willen des Nießbrauchers nicht in dessen unmittelbares Recht eingreifen. Der Zwangsverwalter erwirbt auch nur die Rechte des

Eigentümers bezüglich der Verwaltung und Benutzung des Grundstücks. Soweit diese dem Eigentümer nicht zustehen, kann auch der Verwalter sie nicht für sich beanspruchen. Ein vollstreckbarer Titel gegen den Beklagten liegt nicht vor; ebensowenig hat er sich mit der Zwangsverwaltung dahin einverstanden erklärt, daß sie auch gegen ihn wirksam sein sollte. Er ist deshalb zur Einziehung der Mieten befugt geblieben. Ob er aus der Bürgschaft in Anspruch genommen worden ist, ob er demnach dem X. gegenüber nach dem Vertrage zur Einziehung der Mieten berechtigt war, ist unerheblich; denn kraft seines dinglichen Rechts auf die Mieten als Nutzungen des Grundstücks war er als Nießbraucher jedem Dritten, auch dem Kläger als Zwangsverwalter gegenüber zur Verfügung über die Mieten befugt. Danach war Kläger verpflichtet, die Mieten an den Beklagten abzuführen. In den Abmachungen der Parteien über die Einziehung der Mieten kann sonach kein Vergleich oder Abkommen gefunden werden, kraft dessen Beklagter sich seines Anspruchs auf die Mieten entäußert hätte. Allerdings ist Beklagter aus § 1047 dem Eigentümer gegenüber zur Verwendung der Nutzungen in bestimmter Weise verpflichtet. Dies ist jedoch eine rein persönliche Verpflichtung, deren Geltendmachung dem Kläger als Zwangsverwalter versagt ist (Seuff. 62 S. 219). Mn.

β) **bei Aufgabe der tatsächlichen Ausübung. Arglist des Nießbrauchers. Verrechnung.**

Kammergericht, XXI. ZS. Urteil v. 15. November 1912.

Auf dem Grundstück des X. standen in Abt. III Nr 1 für die ABank 235000 Mark eingetragen, verzinslich zu 4¾ %, alle Kapitalrückstände zu 6 %. Die Hypothek Nr. 2 des Klägers ist bei der Zwangsversteigerung (Juli 1911) ausgefallen. Im Verteilungstermine berechnete Beklagter auf Grund der Abtretungen der Bank und des Kaufmanns A. aus der Post Nr. 1 6 % Zinsen für das 3. Vierteljahr 1910 mit 3525 Mark und erhielt sie zugewiesen. Der Kläger erhob Widerspruch und macht jetzt zunächst geltend, daß, wenn A. Zinsen an die Bank gezahlt habe, er dies auf Grund seines Nießbrauchs aus den vereinnahmten Mieten getan und dadurch die Zinsforderung der Gläubigerin getilgt habe, so daß diese ihm keine Ansprüche mehr habe abtreten können. Der Beklagte wendet ein, daß er die 3525 Mark nicht als Nießbraucher aus den Mieten, sondern aus eigenen Mitteln entnommen und nicht zur Tilgung, sondern zum Erwerbe des Zinsanspruchs gezahlt habe; denn er habe sich im Nießbrauchsvertrage nur verpflichtet, „aus den Einnahmen die Abgaben, sowie die Zinsen aller vorgehenden Rechte zu berichtigen, jedoch nur insoweit, als die Einkünfte hierzu ausreichen." Die Mieten hätten aber zur Deckung der Zinsen nicht ausgereicht. Der Einwand ist begründet. Die Verpflichtung des Nießbrauchers aus § 1047 besteht nur dem Eigentümer gegenüber; der Hypothekar hat weder ein dingliches noch ein persönliches Recht auf Zinszahlung gegen den Nießbraucher. Demnach ist das Vorbringen des Klägers, daß A. mit Rücksicht auf § 1047 nur tilgungshalber die Zinsen an die Bank entrichtet haben könne, unbegründet. Es läßt sich auch nicht darauf stützen, daß die Handlungsweise des A., der unter Außerachtlassung seiner ihm als Nießbraucher obliegenden Verpflichtung die Zinsforderung der Bank nicht getilgt, sondern sich habe abtreten lassen, arglistig sei. Allerdings hängt die Zinszahlungspflicht des Nießbrauchers nicht davon ab, daß die Lasten nicht die vermöge des Nießbrauches gezogenen Nutzungen übersteigen, vielmehr besteht die Verpflichtung auch dann, wenn die Einkünfte zur Deckung der Zinsen nicht zureichen (RG. 72 S. 102). Indes enthält der § 1047 nur nachgiebiges Recht und kann daher durch Vereinbarung zwischen dem Nießbraucher und dem Eigentümer dahin eingeschränkt werden, daß eine Zinszahlungspflicht für jenen nur insoweit bestehen soll, als seine Einnahmen zur Deckung der Zinsen ausreichen. Hier behauptet der Beklagte, daß X. den A. ausdrücklich von der Zinszahlung über den Betrag der auf Grund des Nießbrauchs gezogenen Nutzungen hinaus befreit habe. Eine Beweiserhebung hierüber war jedoch nicht erforderlich, weil schon aus anderen Gründen eine Arglist des A. zu verneinen ist. Die Hypothekenzinsen haben unstreitig die Mietseinnahmen bedeutend überstiegen. Da A. außerdem noch die öffentlichen Lasten und die gewöhnlichen Unterhaltungskosten zu tragen hatte, so kann ihm die Ausübung des Nießbrauchs nur Nachteil gebracht haben. Er hat deshalb seit Ende Juli 1910 die weitere Einziehung der Mieten wieder dem X. überlassen und damit die tatsächliche Ausübung des Nießbrauchs, bei der er nicht einmal auf seine Kosten kommen konnte, aufgegeben, wenn auch die grundbuchliche Eintragung seines Rechtes zunächst noch bestehen blieb. Aus diesem Verhalten können aber gegen ihn keine Rechte hergeleitet werden, besonders nicht vom Kläger, dem gegenüber A. zur Ausübung des Nießbrauches in keiner Weise verpflichtet war. Die Aufgabe der Ausübung hat den Kläger nicht geschädigt, sondern nur denselben Rechtszustand wieder hergestellt, der vor der Nießbrauchsbestellung bestand, nämlich der Zustand, daß der Eigentümer die Mieten einzog und daraus die Grundstückslasten und Zinsen zu decken hatte. Wenn X. trotz Vereinnahmung der Mieten die Hypothekenzinsen daraus nicht bezahlt hat, so ist dafür A. nicht verantwortlich zu machen Die Behauptungen des Klägers, daß sich A. den Nießbrauch habe eintragen lassen, um die Mietseinnahme den Hypothekengläubigern zu entziehen, daß er sich die durch X. eingezogenen Mieten wieder habe zustecken und das nicht eingezogene Geld als neue Hypothek für sich habe eintragen lassen, sind bloße Vermutungen geblieben. Es ist auch kein Anhalt dafür vorhanden, daß er durch seine Mitwirkung als Nießbraucher dem Eigentümer irgendwelche Vorteile hätte zuwenden wollen, auf die dieser von Rechts wegen keinen Anspruch hatte.

Die am 1. November an die Bank gezahlten 4100 Mark hat A. aus eigenen Mitteln, nicht aus den Einkünften des Grundstücks entnommen. Bei dieser Sachlage war es, wie das RG. in einem ähnlichen Falle bereits entschieden hat (BayZ. 1907 S. 212), weder ungesetzlich noch unsittlich, wenn A., obwohl als Nießbraucher grundbuchlich nach eingetragen, sich von der Bank den Zinsanspruch abtreten ließ, den er aus seinem eigenen Vermögen unter dem von ihm ausdrücklich gestellten und von der Gläubigerin bewilligten Verlangen der Anspruchsabtretung getilgt hat. A. hat die Zinsen tatsächlich in der Absicht bezahlt, die Zinsforderung zu erwerben; er hat sofort bei der Zahlung das Verlangen auf Abtretung des Zinsanspruches gestellt, denn die Bank hat ihm geschrieben, daß sie ihm die gewünschte Zession erst nach Zahlung des Restbetrages erteilen könnte, worauf er diesen Rest zahlte.

Weiter stützt sich der Kläger darauf, daß die Bank die Zinsen für das 3. Vierteljahr 1910 deshalb nicht habe abtreten können, weil der Zwangsverwalter am 18. November 1910 ihr 3000 Mark gezahlt und dadurch diese Zinsforderung getilgt habe. Die Bank hat allerdings bei dieser Zahlung mit dem Zwangsverwalter nicht besprochen, auf welches Quartal die Zahlung zu verrechnen sei, sondern über den Empfang als „à conto ihrer Zinsforderung" gezahlt quittiert. Der Zwangsverwalter hat bekundet, daß er auf die Zinsen des 3. Vierteljahrs habe zahlen wollen, daß er aber nicht mehr angeben könne, ob er dies bei der Zahlung selbst hervorgehoben habe. Allein diese ausdrückliche Bestimmung des § 366[1] BGB. war hier nicht erforderlich; denn nach § 155[2] ZwVG. werden auf die Zinsansprüche des § 10 Nr. 4 das. die Überschüsse der Grundstücksnutzungen nur insoweit verteilt, als laufende Beträge wiederkehrender Leistungen zu berichtigen sind (Jaeckel-Güthe § 155[7]). Es verstand sich also nach dem Gesetze von selbst, daß der Zwangsverwalter auf die zur Zeit der Einleitung der Zwangsverwaltung (9. September 1910) laufenden Zinsen des 3. Quartals zahlte, daß er dies nicht besonders zu bestimmen brauchte, sondern, weil es das Gesetzmäßige war, von der Voraussetzung ausgehen konnte, daß seine Zahlung als für die Zinsen des 3. Quartals bestimmt, von der Gegenseite angenommen werde. Durch die Beantragung der Zwangsverwaltung hat die Bank dem Zwangsverwalter gegenüber an Zinsen nur die Erforderung für das jeweils laufende Vierteljahr geltend gemacht, so daß, wenn der Zwangsverwalter aus den Überschüssen zahlte, diese nicht auf eine in diesem Verfahren gar nicht geltend gemachte Forderung — also auf Zinsrückstände des 2. Quartals — stillschweigend verrechnet werden konnte. Die Bank konnte daher nur den nach dieser Zahlung verbleibenden Rest von 525 Mark abtreten. Dr. P.

γ) Rechnungslegungspflicht des Nießbrauchers?

Kammergericht, XIV. ZS. Urteil v. 9. Februar 1911.

Für den Kläger war auf dem Grundstück des A. unter Nr. 1 eine Hypothek eingetragen. Nachdem A. den Nießbrauch für den Beklagten hatte eintragen lassen, wurde auf Antrag des Klägers die Zwangsversteigerung und Zwangsverwaltung angeordnet. Außerdem ließ er den Anspruch des A. an den Beklagten aus dem Nießbrauchsvertrage auf Verwendung der aus dem Grundstücke gezogenen Mieten zur Tilgung der Hypothekenzinsen nach dem eingetragenen Rangrecht, sowie auf Rechnungslegung pfänden und überweisen. Er behauptet, daß der Beklagte als Nießbraucher auch noch nach Einleitung der Zwangsverwaltung Mieten eingezogen und für sich behalten, also den Kläger als den erstausgefallenen Hypothekar geschädigt habe. Zur Berechnung der Höhe verlangt der Kläger Rechnungslegung darüber, welche Mieten Beklagter als Nießbraucher eingenommen, und wie er sie verwendet habe. Allein seiner Natur nach dient das Recht auf Rechnungslegung der Verwirklichung einer dinglichen oder persönlichen Berechtigung; es ist also ein Hilfsrecht, das immer nur zugleich mit einem Hauptanspruch gegeben ist. Aber es ist, selbst wenn ein Hauptanspruch besteht, nur dann gegeben, wenn das Gesetz diesen mit jenem Hilfsrecht ausgestattet hat; dem geltenden Recht ist eine allgemeine Pflicht zur Rechnungslegung unbekannt. Da der § 1047 dem Hypothekar kein Recht auf Zinsenzahlung gegen den Nießbraucher einräumt (vgl. Seuff. 62 S. 318), so kann ein Recht auf Rechnungslegung auch mangels eines Hauptanspruches für den Hypothekar nicht aus § 1047 gefolgert werden. Ob der Beklagte infolge des Behaltens der vereinnahmten Mieten aus der Bereicherung haftet, kann dahingestellt sein, da das Gesetz für diesen Anspruch nicht das Hilfsrecht der Rechnungslegung vorgesehen hat.

Aber auch auf Grund des Pfändungsbeschlusses ist er nicht berechtigt, ein derartiges Verlangen an den Beklagten zu richten. Gepfändet ist der Anspruch des Eigentümers „aus dem Nießbrauchsvertrag auf Verwendung der gezogenen Mieten zur Tilgung der Hypothekenzinsen nach dem eingetragenen Rangrecht sowie auf Rechnungslegung." Ein derartiger Anspruch steht aber dem Eigentümer gegen den Nießbraucher nicht zu. Der § 1047 verpflichtet diesen nur schlechthin zur Tragung der Hypothekenzinsen. Daß sie aus den eingegangenen Mieten gezahlt werden müssen, derart, daß bei etwaigem Mietausfall keine Hypothekenzinsen zu zahlen seien, bestimmt das Gesetz nicht. Der Nießbraucher hat sie vielmehr in solchem Falle aus seinem Vermögen zu erstatten; denn er ist nicht der Vertreter des Eigentümers, sondern handelt aus eigenem Recht. Er zieht die Nutzungen für seine Rechnung und trägt auch die Lasten für seine eigene Rechnung. Deshalb bedarf es keiner Rechnungslegung zur Verwirklichung des Anspruchs auf Befreiung von der Hypothekenzinspflicht.

Die Rechenschaftspflicht kann auch nicht darauf gegründet werden, daß der Beklagte zugleich Hypothekar war. Der § 1214 kann auf das zwischen dem Grundeigentümer und dem Beklagten bestehende Rechtsverhältnis keine unmittelbare Anwendung finden, weil er sich auf das Pfandrecht an beweglichen Sachen bezieht. Seine analoge Anwendung verbietet sich jedoch mit Rücksicht auf die Verschiedenheit der beiden Rechtsverhältnisse. Während der antichretische Pfandgläubiger die Nutzungen der Pfandsache für fremde Rechnung zieht, zieht der Nießbraucher die des Grundstückes für eigene Rechnung. Weil ersterer für den Verpfänder eine mit Einnahmen und Ausgaben verbundene Verwaltung zu führen hat, indem er den Reinertrag der

Nutzungen auf die geschuldete Leistung anrechnen muß, ist ihm vom Gesetz die Pflicht der Rechenschaftsablegung auferlegt. Dieser Grund fällt aber für den Nießbraucher, der zugleich Hypothekengläubiger ist, fort. Für ihn besteht keine solche Anrechnungspflicht. Fr.

l) **Überlassung der Ausübung des Nießbrauchs. Widerspruchsklage?**

Kammergericht, XXIV. ZS. Urteil v. 24. Januar 1912.

Dem Kläger ist im Range vor der der Beklagten zustehenden Hypothek eine Hypothek, zu deren Sicherung dem Hypothekar der Nießbrauch am Grundstück eingeräumt ist, abgetreten, und zugleich die Ausübung dieses Nießbrauchs übertragen worden. Die Beklagte hat wegen ihrer Hypothekzinsen die Mieten des Grundstücks pfänden und sich überweisen lassen. Die Widerspruchsklage aus § 771 ZPO. ist unbegründet.

Nach § 1059 kann die Ausübung des Nießbrauchs einem andern überlassen werden. Die Motive zu I § 1011, der die Veräußerung und Belastung des Nießbrauchs zuließ, betonen (3 S. 525), daß demjenigen, welchem die Ausübung des Rechtes an einer Sache oder an einem Recht überlassen ist, deshalb nicht eine dingliche, sondern nur eine obligatorische Rechtsposition zugeschrieben werden könne. Das Gesetz enthält nichts anderes, als der § 110 I 21 ALR., den die preuß. Praxis dahin auslegte, daß der Übertragende im Verhältnis zum Eigentümer der Nießbrauchsache stets auch Nießbraucher mit allen Rechten und Pflichten bleibe und daß ein unmittelbares obligatorisches Verhältnis durch die Übertragung der Ausübung zwischen dem Eigentümer und dem Erwerber nicht hergestellt werde (vgl. Rehbein, ObTrib. 3 S. 767). Wenn RG. 16 S. 110 angenommen hat, daß derjenige, dem die Ausübung des Nießbrauchs übertragen ist, dadurch nicht bloß ein obligatorisches Recht gegen den Veräußerer des Nießbrauchs, sondern auch ein Recht erwerbe, den übertragenen Nießbrauch kraft eigenen Rechtes gegen den Eigentümer und Dritte geltend zu machen, so trifft dies allerdings für das gemeine Recht nach der ausdrücklichen Vorschrift der l. 11 § 2 D. 20. 1 zu. Das BGB. nimmt aber hierzu einen anderen Standpunkt ein (vgl. Windscheid-Kipp 1 § 205, Staudinger 2b, Planck 3 zu § 1059) und gibt demjenigen, dem der Nießbrauch übertragen wird, nur einen obligatorischen Anspruch gegen den Nießbraucher. Auch RG. 74 S. 83 hat diese von der Mehrzahl der Schriftsteller vertretene Ansicht gebilligt. Die Ausführung des Urteils (Rsp. 18 S. 152), daß die Übertragung des Nießbrauchs zum mindesten die Übereignung derjenigen Rechte in sich schließe, die dem Nießbraucher hinsichtlich des Fruchterwerbes zustehen, und daß sich die Mietforderungen als Früchte darstellen, stützt sich auf RG. 16 S. 110, sie läßt sich aber durch die Entstehungsgeschichte und den Wortlaut des § 1059 nicht begründen. Der Fruchterwerb würde auch, wenn derjenige, dem der Nießbrauch übertragen ist, nicht im Besitze der Nießbrauchsache ist, erst mit der Besitzergreifung nach § 956 sich vollziehen. Das Urteil des Senats vom 31. Mai 1911 (24 U 1705/11) widerspricht nicht der hier vertretenen Ansicht. Dort handelte es sich darum, daß der Miteigentümer einem Dritten den Nießbrauch an seinem Anteil bestellt und der Dritte die Ausübung des Nießbrauchs dem anderen Miteigentümer überlassen hatte. Die Rechtstellung des eingetragenen Miteigentümers, der durch die Auflassung regelmäßig auch den Besitz erlangt (vgl. Staudinger II 3 zu § 854) ist aber eine andere als die des Nichtbesitzers, dem der Nießbrauch überlassen ist. Danach steht dem Kläger ein unmittelbarer Anspruch weder gegen den Eigentümer noch gegen die Mieter des Grundstücks zu, vielmehr hätte es zum Erwerb eines solchen der Abtretung des bestimmten Rechtes durch den Nießbraucher selbst bedurft. Der Umstand, daß der Kläger gegen den Nießbraucher einen obligatorischen Anspruch auf Überlassung der Mieten hat, gibt kein Recht der in § 771 ZPO. bezeichneten Art. Auch der weitere Umstand, daß das Hypothekenrecht des Klägers demjenigen der Beklagten im Range vorangeht, steht der Pfändung der Mieten durch den Beklagten nach § 1124 BGB. nicht entgegen. B.n.

m) **Auszahlung des Vermächtnisses, wenn einem Dritten der lebenslängliche Nießbrauch am Nachlaß vermacht ist.**

Kammergericht, III. ZS. Urteil v. 11. März 1911.

Der Kläger hat gegen den Erben und den Dritten, dem an dem Nachlasse ein lebenslänglicher Nießbrauch testamentarisch eingeräumt war, auf alsbaldige Zahlung seines Vermächtnisses geklagt. Der Nießbraucher wendet auf Grund des § 737 ZPO. ein, daß die Klageforderung nicht vor der Bestellung des Nießbrauchs entstanden sei. Diese Ansicht verkennt die Bedeutung des § 737. Danach kann ohne Rücksicht auf den Nießbrauch vollstreckt werden, wenn der Besteller zu der Leistung und der Nießbraucher zur Duldung verurteilt ist und zwar bestimmt das der Absatz 1 für den Nießbrauch an einem Vermögen mit der Einschränkung auf die vor seiner Bestellung entstandenen Verbindlichkeiten des Bestellers, weil nur sie nach § 1086 BGB. ohne Rücksicht auf den Nießbrauch Befriedigung verlangen können. Der § 737² bestimmt das „gleiche" bei dem Nießbrauch an einer Erbschaft für die Nachlaßverbindlichkeiten, weil nach § 1089 die §§ 1085 bis 1088 auf den Nießbrauch an einer Erbschaft entsprechende Anwendung finden (Mot. zur Novelle § 670c, d). Eine Einschränkung auf die vor der Bestellung des Nießbrauchs entstandenen Nachlaßverbindlichkeiten ist hier nicht erfolgt, weil nach § 1967 BGB. der Erbe für die Nachlaßverbindlichkeiten haftet und dazu außer den vom Erblasser herrührenden Schulden auch die den Erben als solchen treffenden Verbindlichkeiten, besonders aus Pflichtteilsrechten, Vermächtnissen und Auflagen gehören, so daß der Nießbraucher den Nießbrauch nur belastet mit diesen Verbindlichkeiten erwirbt, ohne daß es auf den Zeitpunkt ihrer Entstehung ankommt. Im übrigen ist aber auch die Forderung der Kläger, die gemäß § 2176 mit dem Erbfall entstanden ist, vor der Bestellung des Nießbrauchs entstanden, denn darunter ist die dingliche Bestellung, nicht der obligatorische Vertrag oder die Anordnung des Nießbrauchs im Testament zu verstehen. K.ch.

n) **Klage auf Rücknahme oder Nichtigerklärung einer Auflassung. Feststellungsinteresse nach § 256 ZPO.**

OLG. Rostock, I. ZS. Urteil v. 14. Oktober 1912.

A. hat am 1. März auf das vom beklagten Magistrat öffentlich versteigerte Grundstück mit dem Bemerken geboten, daß er für die A. Gesellschaft m. b. H. handle; dieser ist auch der Zuschlag erteilt. Tatsächlich ist eine Gesellschaft unter dieser Firma überhaupt nicht gegründet worden, wohl aber haben A. und B. durch notariellen Vertrag vom 1. Mai eine alsbald auch ins Handelsregister eingetragene G. m. b. H. unter der Firma „Landgesellschaft" gegründet und den A. zum Geschäftsführer bestellt, doch war der Widerruf dieser Bestellung für jeden Gesellschafter zulässig. Nachdem im November das Grundstück auf die Landgesellschaft, die dabei durch A. vertreten wurde, aufgelassen und sie als Eigentümerin eingetragen war, hat sie mit der Behauptung, daß A. bereits am 30. August gegenüber dem B. die Geschäftsführung niedergelegt habe, dies auch dem Beklagten bei der Auflassung bekannt gewesen sei, darauf geklagt, daß Beklagter die Rückauflassung des Grundstücks von ihr annehme, event. die Auflassung an sie für nichtig zu erklären. Die Klage ist unbegründet.

1. Die Entgegennahme der Auflassung kann die Klägerin schon deshalb nicht verlangen, weil nach § 873 nur der Berechtigte, dh. derjenige, welcher die dingliche Verfügungsmacht über das Grundstück hat, das Eigentum übertragen kann, die Klägerin aber in Ermangelung einer rechtswirksamen Einigung, wie sie sie behauptet, nicht Eigentümerin des Grundstücks geworden ist. Die Vermutung des § 891 aber kann sie nicht für sich anrufen, wenn sie ihren Anspruch grade darauf gründet, daß jene Vermutung nicht richtig ist. Es fehlt aber auch an einem Rechtsgrunde, der den Beklagten zur Entgegennahme der Auflassung verpflichtete. Nur auf Grund einer besonderen persönlichen Verpflichtung des Beklagten würde die Klägerin von ihm die Entgegennahme der Eigentumsauflassung verlangen können. Sie findet einen solchen Grund anscheinend schon darin, daß sie selbst ohne Rechtsgrund als Eigentümerin eingetragen worden sei. Hieraus erwachsen jedoch für den Beklagten lediglich R e c h t e: er hat bei einer rechtswirksamen Auflassung den persönlichen Bereicherungsanspruch auf Rückübertragung des Eigentums und kann im Fall einer nicht rechtswirksamen Auflassung die Zustimmung zur Berichtigung des Grundbuchs fordern. Wenn er diese Ansprüche nicht geltend macht, so kann die Klägerin deren Verfolgung nicht erzwingen; sie vermag höchstens den Beklagten in Annahmeverzug zu versetzen und die sich daraus ergebenden Rechte nach §§ 300 ff. geltend zu machen.

Aber auch wenn der Hauptantrag nicht das Begehren einer Auflassung, sondern nur das Verlangen enthält, daß der Beklagte der Berichtigung des Grundbuchs zustimme, kann ihm nicht stattgegeben werden. Denn eine Pflicht des Beklagten, der Berichtigung zuzustimmen, kann aus dem die einzige Grundlage des Berichtigungsanspruchs bildenden § 894 nicht hergeleitet werden. Dies ergibt sich schon aus dem Wortlaut, nach welchem der Anspruch dem zusteht, dessen Recht nicht oder nicht richtig eingetragen ist oder durch die Eintragung einer nicht bestehenden Belastung beeinträchtigt wird. Auf Seite der Klägerin handelt es sich nicht darum, daß ein ihr zustehendes Recht beeinträchtigt ist, sondern darum, daß ein Recht für sie eingetragen ist, das ihr angeblich nicht zusteht. Daß dies Recht auch wiederum Lasten mit sich bringt, vermag an der Beurteilung nichts zu ändern, denn es bleibt trotz solcher Lasten lediglich ein Recht.

Auch der Hilfsantrag, der als Feststellungsantrag anzusehen ist, ist nicht gerechtfertigt. Es handelt sich dabei um die Feststellung eines Rechtsverhältnisses, denn die Klägerin will die streitige Frage entschieden wissen, ob die der Eintragung zugrunde liegende Einigung rechtswirksam gewesen ist. Auch besteht für sie ein Feststellungsinteresse. Ein solches ist nicht schon, wie das LG. annimmt, ohne weiteres deshalb ausgeschlossen, weil die Klägerin dem Beklagten zur Entgegennahme der Auflassung obligatorisch verpflichtet wäre. An sich ist es sehr wohl denkbar, daß jemand an der Feststellung der Unwirksamkeit des Erfüllungsgeschäfts ein Interesse hat, auch wenn ein bindendes Kausalgeschäft vorliegt. Nach der Behauptung der Klägerin liegt hier aber auch gar nicht einmal ein gültiges Kausalgeschäft vor; sie bestreitet vielmehr, daß aus dem Grundstückskauf irgendwelche persönlichen Rechte oder Verbindlichkeiten für sie entstanden seien, da weder der Ankauf dem gemeinsamen Willen der Gründer entsprochen habe, noch Rechte und Pflichten aus dem Kauf auf die Gesellschaft übergegangen seien. Durch diese Behauptung schon wird, da der Gegner einen entgegengesetzten Standpunkt einnimmt, ein Interesse an einer gerichtlichen Entscheidung genügend begründet. Will man sie mit dem LG. für unrichtig halten und ein wirksames Kaufgeschäft als unter den gegenwärtigen Parteien bestehend annehmen, so ist daraus nicht herzuleiten, daß die Feststellungsklage mangels eines rechtlichen Interesses unzulässig sei, sondern lediglich, daß die begehrte Feststellung durch einen Mangel im Kausalgeschäft noch nicht begründet werde. Für die Zulässigkeit der Feststellungsklage kann daher unerörtert bleiben, ob ein die Klägerin rechtlich bindender Kaufvertrag vorliegt, und ebenso, ob aus einem bindenden Kaufvertrage überhaupt ihre Verpflichtung, die Auflassung entgegenzunehmen, wie sie das LG. annimmt, herzuleiten ist (vgl. die gegenteilige Ansicht bei Planck § 433 7). Ist hiernach das rechtliche Interesse aus dem vom LG. angegebenen Grunde noch nicht ausgeschlossen, so wird es doch auch noch nicht positiv dadurch allein begründet, daß kein bindendes Kausalgeschäft vorliege. Die Klägerin begehrt, wenn sie auch den Standpunkt einnimmt, daß schon aus dem Kaufvertrag Verpflichtungen unter den Parteien nicht begründet sind, nicht eine dahingehende Feststellung, sondern auf Grund der weiteren Tatsache, daß sie bei der Auflassung nicht gültig vertreten gewesen sei, die Feststellung, daß die Auflassung als das dingliche Erfüllungsgeschäft nichtig sei. An dieser Feststellung hat sie aber tatsächlich ein Interesse, weil sie nach § 891 zunächst als Eigentümerin gilt, wegen der mit dem Eigentum verknüpften öffentlich- und privatrechtlichen Lasten aber daran interessiert ist, rechtskräftig entschieden zu sehen, ob ihr diese Lasten obliegen. Dies kann zwar in einem Prozeß gegen den Beklagten nicht mit Wirkung gegen jedermann festgestellt werden; es kann aber auch wie hier im Einzelfall schon ein Interesse daran bestehen, zu erörtern, ob im Verhältnis zwischen zwei bestimmten Beteiligten eine Eigentumsübertragung stattgehabt hat. Die Klägerin kann auch nicht den auf dem Eigentum lastenden Verpflichtungen dadurch entgehen, daß sie das Eigentum gemäß § 928 aufgibt. Denn offenbar beruht der gegenwärtige Streit im Grunde auf der Frage, ob sie aus dem Vertrage vom 1. März berechtigt und verpflichtet ist, und ihr kann nicht angesonnen werden, das Eigentum aufzugeben, ohne daß sie Gewißheit darüber hat, ob ihr auch die Verpflichtungen aus dem Kaufvertrage nicht obliegen. Auch durch den gegenwärtigen Rechtsstreit erhält sie hierüber noch keine Gewißheit, weil sie sich mit ihrem Antrage nicht gegen das Bestehen des Kausalverhältnisses, sondern gegen die Rechtswirksamkeit des dinglichen Erfüllungsaktes gewandt hat.

Liegen hiernach die Voraussetzungen des § 256 ZPO. zwar vor, so ist doch die begehrte Feststellung sachlich nicht gerechtfertigt. Streitlos ist bei der Auflassung A. noch als Geschäftsführer im Handelsregister eingetragen gewesen. Es kann sich daher nach § 15 HGB. nur fragen, ob dem Beklagten zu dieser Zeit bekannt gewesen ist, daß A. zur Geschäftsführung tatsächlich damals nicht mehr berechtigt war. Dabei ist hervorzuheben, daß schuldhafte Unkenntnis nicht genügt und daß derjenige, in dessen Angelegenheiten die neue Tatsache ins Register einzutragen war, die Kenntnis des Dritten beweisen muß. Nun muß schon als äußerst zweifelhaft bezeichnet werden, ob A. überhaupt das Amt vor der Auflassung niedergelegt hat.... Jedenfalls hat die Klägerin nicht bewiesen, daß der Beklagte oder auch nur eine der zur gesetzlichen Vertretung der Stadt berufenen Personen sichere Kenntnis davon hatte, daß dies der Fall sei, ... vielmehr lagen dem Beklagten widersprechende Mitteilungen über den Sachverhalt vor, weshalb er sich nach dem Inhalt des Handelsregisters umsah.... J.n.

o) **Erlischt die beschränkte persönliche Dienstbarkeit einer juristischen Person durch deren Konkurs?**

OLG. Braunschweig, Ferien-ZS. Beschluß v. 26. Juli 1912.

Für die 1912 in Konkurs geratene AGmbH. ist auf dem Grundbesitze des Beschwerdeführers aus dem notariellen Vertrage von 1910 als dingliche Last eingetragen, daß der Gesellschaft für 75 Jahre das Recht zusteht, gemäß dem Vertrage auf bestimmten Plänen des Grundbesitzes Bauwerke zu errichten und den daselbst anstehenden Steinvorrat an Kalk- und anderen Steinen oder Mineralien abzubauen. Der Grundbesitzer hat Löschung der Last im Wege der Berichtigung des Grundbuchs beantragt, da mit der Konkurseröffnung über die Gesellschaft die Dienstbarkeit erloschen sei. Das

Grundbuchamt hat abgelehnt; auf die Beschwerde des Antragstellers ist es jedoch angewiesen, dem Antrage stattzugeben. Gegen diesen Beschluß richtet sich die — an sich zulässige (GrBO. §§ 78, 80) — weitere Beschwerde des Konkursverwalters und der beiden Geschäftsführer. Gründe:

1. Das für die Gesellschaft einzutragende Recht ist im Vertrage ausdrücklich als eine beschränkte persönliche Dienstbarkeit bezeichnet. Der Inhalt des Rechts widerstreitet nicht ihrem Wesen (§ 1090 mit § 1018; vgl. die ausführlichen Erörterungen des KG. RJA. 7 S. 254). Konstruktive Bedenken, das eingetragene dingliche Recht als beschränkt persönliche Dienstbarkeit zu behandeln, liegen danach nicht vor. Eine solche Dienstbarkeit erlischt, wenn sie für eine juristische Person bestellt ist, mit deren Erlöschen. Der Löschungsantrag des Grundeigentümers stützt sich und kann sich bei Lage der Sache auch nur darauf stützen, daß die Gesellschaft durch die Konkurseröffnung erloschen sei. Diese Behauptung ist aber unzutreffend. Aufgelöst wird eine GmbH. zwar (§ 60 Nr. 4 GmbHG.) durch die Konkurseröffnung. Aber das bedeutet nicht den Verlust der Rechtsfähigkeit der Gesellschaft und der Selbständigkeit ihres Vermögens. Die Gesellschaft bleibt vielmehr auch nach der Konkurseröffnung bis zur endgültigen Aufteilung ihres Vermögens dieselbe juristische Person (Jäger, KO. § 213[1, 8], auch RG. 28 S. 130); nur ihr Zweckgebiet wird ein beschränkteres. Daß das — gleich wie bei Aktiengesellschaften und anders wie bei Genossenschaften (vgl. KG. RJA. 10 S. 193) — der Wille des Gesetzes ist, folgt aus § 60 Nr. 4 GmbHG., wonach die Gesellschafter in gewissen Fällen nach der Konkurseröffnung die Fortsetzung der Gesellschaft beschließen können, daß also eine Neugründung der Gesellschaft zur Weiterbetätigung der Gesellschaftszwecke in der Form der bisherigen GmbH. nicht erforderlich ist. Bleibt aber die Gesellschaft dieselbe, so findet die Annahme des LG., daß diejenigen Rechte, die zu dem beschränkten Zweckgebiete der Gesellschafter keine rechtlichen Beziehungen haben, mit der Konkurseröffnung erlöschen, im Gesetze keine Unterlage. Denn das Gesetz sagt davon nichts. Zum mindesten gilt das wie für den Nießbrauch, so auch für beschränkte persönliche Dienstbarkeiten; denn die Vorschriften (§§ 1090[2], 1061) knüpfen den Untergang dieser Rechte an das dem Tode einer physischen Person gleichstehende völlige Erlöschen der juristischen Person.

2. Zu beanstanden ist die Aktivlegitimation des Konkursverwalters zur Beschwerde — denn seine Rechte hat das LG. nicht beeinträchtigt (FrGG. § 20 mit § 5[2] AusfG. zur GrBO. und § 2 AusfG. zum FrGG.). Er ist nur bezüglich des zur Konkursmasse gehörenden Vermögens legitimiert; bezüglich des sonstigen Vermögens der GmbH. sind deren Organe, die auch im Konkurse bestehen bleiben (RG. 76 S. 246, Staub-Hachenburg § 63[10]), ausschließlich berechtigt. Die Beschwerde betrifft eine Grundbuchsache. Es handelt sich um Löschung eines eingetragenen dinglichen Rechts. Dieses ist unübertragbar (§ 1092 Satz 1) und gehört deshalb als der Zwangsvollstreckung

nicht unterliegendes Vermögen nicht zur Konkursmasse. Nur die Ausübung des Rechts kann anderen überlassen werden, wenn die Überlassung gestattet ist. Dieses obligatorische Ausübungsrecht würde allerdings zur Konkursmasse gehören (Jäger, KO. § 1[39]). Ob aber hier die Überlassung gestattet ist, kann dahingestellt bleiben, denn selbst wenn es der Fall wäre, ist die Legitimation des Konkursverwalters zur Beschwerde, die möglicherweise auf Beeinträchtigung dieses Ausübungsrechts gegründet werden könnte, deshalb jetzt nicht mehr vorhanden, weil der Konkursverwalter nach seinem eigenen Vorbringen in einem Nachtrage zur Beschwerde den Betrieb des Werks dem Geschäftsführer Müller auf eigene Rechnung übertragen hat. H.g.

p) **Die mit einer Fährgerechtigkeit verbundenen Pflichten als Reallast.**

α) Kammergericht, I. ZS. Beschluß v. 14. Juni 1911.

Das Dominium O. hatte die ihm durch Privileg verliehene Realberechtigung zum öffentlichen Fährgewerbebetrieb auf der Oder zwischen den Dörfern O. und L. durch staatlich bestätigten Kaufvertrag vom 5. Mai 1763 dauernd dem Rittergute L. übertragen. Ein früherer Eigentümer dieses Rittergutes hatte gegen Empfang einer von zwei Nachbarkreisen und dem Provinzialverbande von Schlesien gewährten Vergütung folgende Verpflichtungen übernommen und im Grundbuche eintragen lassen: „Der jedesmalige Eigentümer des Rittergutes L. ist verpflichtet, die Fähre zwischen L. und O. zu unterhalten und für den öffentlichen Verkehr zur Verfügung zu stellen und im Betriebe zu erhalten, und zwar auf seine Kosten zu dem von der zuständigen Behörde zu bestätigendem Fährtarife."

Der jetzige Eigentümer des Rittergutes hatte die Löschung dieses Vermerks verlangt, weil es sich dabei um eine Reallast handelt, deren Eintragung nach §§ 6, 91² AblösungsG. vom 2. März 1850 inhaltlich unzulässig gewesen sei. Das Amtsgericht lehnte ab, weil keine Leistungspflicht des Eigentümers, sondern nur ein Anspruch der übersetzbedürftigen Personen auf Übersetzbereitschaft und Abschluß des entgeltlichen Transportgeschäfts in Frage sei. Das LG. wies das Amtsgericht zur Löschung an. Die zulässige (RG. 70 S. 234) weitere Beschwerde des Landeshauptmanns von Schlesien ist nicht begründet.

Dem jeweiligen Eigentümer des Rittergutes L. sind durch die Eintragung drei Pflichten auferlegt, nämlich die Fähre dauernd zu unterhalten, sie jedermann zur Verfügung zu stellen und sie im Betriebe zu erhalten. Die erste und letzte Pflicht sind unbedenklich auf ein Tun gerichtet. Dies gilt auch von der zweiten Verpflichtung. Sie ist nicht dahin zu verstehen, daß der jedesmalige Rittergutsbesitzer zu einem Dulden verpflichtet sei, und daß für ihn eine beschränkte persönliche Dienstbarkeit vorliege, die auch nach dem ALR. begründet werden konnte; sondern der Kernpunkt der Verpflichtung der Besitzer liegt darin, alle Übersetzbedürftigen mittels seiner Fährmittel über die Oder zu setzen. Er hat also auch die Pflicht zu einem dauernden Tun übernommen. Durch die Eintragung ist also in allen seinen Teilen die Begründung einer

Reallast ausgedrückt. Die Eintragung war also von Anfang an inhaltlich unzulässig, da sie den nach Art. 115 EG. aufrecht erhaltenen §§ 6, 91² des AblG. zuwider läuft. Die Löschung ist daher zu Recht erfolgt. Ob gleichwohl der jeweilige Rittergutsbesitzer als Inhaber der Fährgerechtigkeit deshalb, weil die mit dem Gut verbundene Fährgerechtigkeit sich auf den Betrieb einer öffentlichen Fähre bezieht, aus öffentlich-rechtlichen Gründen alle übersetzbedürftigen Personen gegen die tarifmäßigen Gebühren überzusetzen verpflichtet ist, bedarf hier keiner Entscheidung. Die in ObTrib. 23 S. 243 und in Strieth. 100 S. 369 abgedruckten Entscheidungen betreffen die hier nicht interessierende Frage, ob der Fährberechtigte auf die Gerechtigkeit verzichten kann. Mü.

β) **Wegeunterhaltungsleistungen nicht eintragsfähig.**

Kammergericht, I. ZS. Beschluß v. 7. März 1910.

Die im Kaufvertrag § 6 erwähnte Verpflichtung zur Unterhaltung des dort näher bezeichneten Weges ist, falls damit das Grundstück des Käufers belastet werden soll, eine Reallast (Rſp. 8 S. 126 aA.). Denn es handelt sich um wiederkehrende Leistungen; eine regelmäßige Wiederkehr der Leistungen ist nicht erforderlich (Rſp. 12 S. 281; RG. 14. Januar 1901; Recht S. 386 Nr. 1484). Die Vorinstanzen haben aber mit Recht angenommen, daß die Eintragung einer solchen Reallast durch das AblG. vom 2. März 1850 ausgeschlossen sei. Nach § 91² das. dürfen mit Ausnahme fester Geldrenten ablösbare Lasten einem Grundstücke von jetzt ab nicht auferlegt werden. Nach § 6¹ sind aber ablösbar „alle beständigen Abgaben und Leistungen, welche auf eigentümlich besessenen Grundstücken haften (Reallasten)". Um solche Leistungen handelt es sich hier. Insbesondere sind die Wegeunterhaltungsleistungen beständige, weil ihr Bestand durch keine Zeitbestimmung begrenzt ist. Von den Ausnahmen des § 6² das. trifft hier keine zu. Denn diese Vorschrift bezieht sich nur auf die öffentlichen Lasten und die Abgaben und Leistungen zur Erbauung und Unterhaltung der Kirchen-, Pfarr- und Schulgebäude. Schl.

γ) **Hofesabfindung als Reallast des gemeinen Rechts.**

OLG. Celle, IV. ZS. Urteil v. 28. Juni 1911.

An sich konnten nach dem 1870 am Wohnort des Gemeinschuldners geltenden gemeinen Recht — da auch partikularrechtliche Bestimmungen nicht entgegenstanden — durch Vertrag Reallasten mit voller dinglicher Wirkung begründet werden (RG. 16 S. 136). Daraus folgt aber nicht, daß jeder beliebigen Verpflichtung, auch wenn ihr Inhalt dem Wesen der Reallast völlig widerstrebte, durch den Willen der Beteiligten die Eigenschaft einer Reallast beigelegt werden konnte. Das Charakteristische der Reallast besteht gerade darin, daß es sich bei ihr um eine Mehrzahl wiederkehrender Leistungen handelt, die als Ausfluß eines fortbestehenden Obligationsverhältnisses erscheinen (Gerber, Privatrecht § 168). Hier erschöpft sich aber der Anspruch in der einmaligen Leistung einer festbestimmten Summe. Einen solchen, mit der Natur einer Reallast unvereinbaren Anspruch würde auch mit Rücksicht darauf, daß es sich um eine Gutsabfindung handelte, und daß die Gesamtabfindung nicht bloß aus dem Anspruch auch diese einmalige Leistung bestand, sondern noch andere Rechte (Asylrechte) umfaßte, nur dann die Eigenschaft einer Reallast beigelegt werden können, wenn nach partikularrechtlichen Bestimmungen oder kraft eines Gewohnheitsrechts in dem betreffenden Rechtsgebiet ein solcher Abfindungsanspruch ohne Rücksicht auf seine Abweichung von dem eigentümlichen Wesen einer Reallast dennoch mit Reallastqualität ausgestattet wäre oder damit doch durch Parteiwillen ausgestattet werden durfte. Das ist jedoch nach den höchstrichterlichen Entscheidungen jedenfalls für den hier fr. Bezirk zu verneinen. Daß der Abfindung Reallasteigenschaft zukomme, wird nur für das frühere Fürstentum Osnabrück mit Rücksicht auf dort geltende besondere Bestimmungen bezeugt (Z. f. Hann. Recht 5 S. 131). Im übrigen vgl. das. 4 S. 192, 8 S. 123; Frankes Samml. Nr. 113, 114 S. 65, wo auch darauf hingewiesen ist, daß der I. Senat einer Abfindungsforderung nur mit Rücksicht auf die besondere Gestaltung derselben, wonach unter Umständen an Stelle der einmaligen Abfindung fortgesetzte Leistungen traten, die Eigenschaft einer Reallast zuerkannt hatte (Seuff. 11 Nr. 73, 34 Nr. 139; Linkelmann-Fleck, Hann. Privatrecht S. 179, 543).

Die in dem Vertrag von 1870 enthaltene Bestimmung, daß den Abfindungen die Natur einer Reallast beigelegt werde, war sonach jedenfalls nicht geeignet, dem hier fr. Anspruch auf Zahlung der Abfindungs- und Abstandssumme dingliche Wirksamkeit zu geben; es ist aus ihr also nur das Geringere zu folgern, daß die Vertragschließenden jedenfalls für den Abfindungsberechtigten einen Anspruch auf Sicherstellung begründen wollten und begründet hatten. Die 1910 bewirkte Sicherstellung durch Abtretung der Grundschuld stellt sich mithin als ein im letzten Jahre vor der Konkurseröffnung geschlossener entgeltlicher Vertrag zwischen dem Gemeinschuldner und dem Beklagten — seinem Bruder — dar, durch dessen Abschluß die Konkursgläubiger benachteiligt wurden. Allerdings gewährte die Sicherheitsleistung ihm nicht mehr als dasjenige, was er zu beanspruchen hatte; denn er konnte nach dem Vertrage jederzeit also auch 1910 Sicherstellung beanspruchen und er hatte nicht etwa nur einen Anspruch auf eine bestimmte andere Art der Sicherstellung hinter den bereits im Grundbuch eingetragenen Gläubigern. Es fehlt auch jeder Anhalt dafür, daß die Abtretung der Grundschuld etwas anderes als eine Sicherstellung sein sollte. Sie hatte also den Charakter eines reinen Erfüllungsgeschäfts und die Vermutung spricht deshalb zunächst gegen die Annahme, daß mit der Sicherstellung ein die Gläubiger benachteiligender Erfolg erstrebt worden sei. Im vorliegenden Fall aber weisen die besonderen Umstände trotzdem auf das Vorhandensein einer solchen Absicht hin. . . . Qu.

δ) **Begriff und Inhalt einer Reallast vor dem Inkrafttreten des BGB.**

OLG. Rostock, II. ZS. Urteil v. 23. Februar 1912.

Nach dem Vertrage von 1873, durch den das landesherrliche Seebad an X. verkauft wurde, war zur Wahrnehmung der landesherrlichen Rechte aus dem Verkauf und dem Grundbrief ein Kommissar zu bestellen und als Vergütung für ihn jährlich 3000 Mark von X. an die Großh. Rentnerei zu zahlen. Im § 2 sind weiter Beschränkungen und Verpflichtungen für den Käufer und dessen Besitznachfolger festgesetzt; sie beschränken zT. diese in der Verwertung und Bebauung des Geländes. Nach Nr. 5 hat der Käufer unbemittelten Kranken in näher bestimmter Weise freie Kur 2c zu gewähren. Weiter ist die Aufnahme dieser Beschränkungen und Verpflichtungen in dem Grundbrief und ihre Eintragung in Abt. I des Grundbuches vorgesehen. Es folgen dann noch Bestimmungen über die Weiterveräußerung des Seebades und von Trennstücken; von den Erwerbern soll danach u. a. vor der von ihnen nachzusuchenden Anerkennung die ausdrückliche Unterwerfung unter jene Beschränkungen und Verpflichtungen verlangt werden. Diese sind sowohl in den erteilten Grundbrief aufgenommen, als auch 1873 in Abt. I des damaligen Grund- und Hypothekenbuchs eingetragen und 1903 in das jetzige Grundbuch zur Abt. II übertragen worden. Bei der 1910 angeordneten Zwangsversteigerung des Seebades hat das beklagte Ministerium 2000 Mark als Vergütung des Kommissarius für 1910 angemeldet, und das Vollstreckungsgericht sie in den Teilungsplan aufgenommen mit der Bestimmung, daß sie aus dem Bargebot vor den Ansprüchen der Grundschuld- und Hypothekengläubiger zur Hebung gelangen sollen. Der Kläger als erstausgefallener Hypothekar beansprucht jene 2000 Mark, der Anspruch ist jedoch unbegründet.

1. Bei dem Vertragschluß 1873 hat bei den Parteien die Absicht obgewaltet, eine dingliche Belastung mit den in § 2 genannten Beschränkungen und Verpflichtungen zu begründen. Es ist ausdrücklich gesagt, daß diese dem Käufer und seinen Rechtsnachfolgern auferlegt werden, und es ist ausdrücklich bestimmt, daß sie in den Grundbrief aufzunehmen und einzutragen seien. Daß in Veräußerungsfällen der Erwerber beim Amte seine Anerkennung nachsuchen und vor deren Erteilung sich den Beschränkungen ausdrücklich unterwerfen soll, spricht nicht dagegen. Wenn diese Maßregel auch bei dem dinglichen Charakter der Belastung nicht nötig war, so ist ihre Anordnung doch kein Beweis gegen diesen dinglichen Charakter, sondern stellt sich nur als eine Bestimmung dar, die unter allen Umständen die Rechte des Verkäufers nach Möglichkeit sichern will. Es sind übrigens ganz genaue Festsetzungen darüber getroffen, wie bei einem Verkauf von Trennstücken die einzelnen Belastungen behandelt werden sollten, und um die Gültigkeit dieser Einzelbestimmung dauernd zu sichern, konnte die ausdrückliche Unterwerfung besonders zweckmäßig erscheinen. Der rechtliche Charakter der hier fr. Belastung stellt sich als der einer Reallast dar. Dies Rechtsinstitut war, wenn es auch nicht aus dem römischen, sondern aus dem deutschen Rechte stammt, bis zum BGB. als ein gemeinrechtliches anerkannt. Ein Verbot der Neu-

begründung, wie es in einigen deutschen Ländern erlassen war, bestand in Mecklenburg nicht, so daß insofern hier gemeines Recht galt (vgl. Mot. zum BGB. 3 S. 572, 578 N. 7).

Muß hiernach die Möglichkeit der Begründung von Reallasten im allgemeinen anerkannt werden, so fragt sich, ob rechtliche Bedenken dagegen bestehen, daß die hier beregte Verpflichtung als Reallast begründet wird. Zwar ist bei keiner Art von Leistungen schlechthin ausgeschlossen, daß sie den Inhalt einer Reallast bilden können, und es ist Gierke (Privatrecht 2c S. 716 N. 4) darin beizustimmen, daß die Reallasten nicht auf die geschichtlich ausgebildeten festen Typen beschränkt sind. Dagegen sind beachtliche Einwendungen gegen die Annahme erhoben worden, daß jede Art von Verpflichtung ohne weitere Voraussetzungen als Reallast begründet werden könne. Auf Grund der geschichtlichen Entwicklung des Rechtsinstituts wird die Meinung vertreten, daß nur dann Leistungen jedes Inhalts als Reallasten auf ein Gut gelegt werden können, sofern sie sich als ein Ausfluß eines herrschaftlichen Rechts darstellen (v. Schwind in Jherings Jahrb. 33 S. 92, 126), daß aber, sofern dies nicht der Fall ist, ein Zusammenhang zwischen der Leistung und der wirtschaftlichen Verwendung des Guts bestehen muß, um erstere als Reallast begründen zu können (aO. 126, 132; vgl. auch Stobbe, Privatrecht 2 S. 42). Hiernach würde der Eigentümer sein Grundstück nicht mit einer Reallast, eine bestimmte Summe alljährlich an eine beliebige, in keiner sonstigen Beziehung zum Grundstück stehende Person zu zahlen, beschweren können; vielmehr eine Hypothek bestellen müssen. Hier ist aber nicht schlechthin die Verpflichtung zu einer jährlichen Zahlung auf das Gut gelegt, sondern es handelt sich um eine Zahlung zu einem bestimmten Zweck, nämlich zur Entlohnung eines vom Landesherrn zu ernennenden Kommissarius, welcher dessen Rechte aus dem Kauf und dem Grundbrief wahrnehmen soll; er soll besonders auch für die Innehaltung des § 2 sorgen und darauf achten, daß das Seebad seiner Bestimmung erhalten bleibt, diesem Zwecke hinderliche bauliche Anlagen unterbleiben, die Wälder erhalten, Neubauten nur nach landesherrlich genehmigten Rissen ausgeführt werden, die Jagd nicht ausgeübt wird, mittellose Kranke die ihnen zukommende freie Kur empfangen. Die verkaufende Behörde will sich also — wie auch aus der Ausstellung eines Grundbriefes und die Aufnahme jener Belastung in denselben sich ergibt — einen Teil der bisherigen herrschaftlichen Befugnisse und zwar in öffentlichem Interesse reservieren, und zur Durchführung dieses Zweckes ist die auferlegte Leistung bestimmt. Aus dieser Zweckbestimmung ergibt sich aber ferner, daß auch der etwa zu fordernde Zusammenhang zwischen dieser und der wirtschaftlichen Benutzung des belasteten Gutes besteht.[1]... J. n.

[1] Auch die Verpflichtung zum Fortbetriebe eines Holzschneidewerks kann den Inhalt einer gemeinr. Reallast bilden (RG. 4. März 1911, Gruchot 55 S. 1137.)

3. Vormundschaft.

a) Städtische Sammelvormundschaft. Geltung des § 1779[2] S. 2. Beschwerde gegen die Vormundsbestellung. Beschwerderecht von Fürsorgevereinen.

Kammergericht, Ia. ZS. Beschluß v. 27. Dezember 1912.

In Berlin waren evang. städtische Beamte als Sammelvormünder für kath. uneheliche Kinder bestellt worden. Der hiesige Charitasverband führte darüber, daß für die kath. Kinder andersgläubige Vormünder bestellt seien, erfolglos Beschwerde. Seine weitere Beschwerde ist nach § 57 Nr. 9 FrGG. zulässig. Daß die Auswahl des Vormundes eine die Sorge für die Person des Mündels betreffende Entscheidung enthält, nimmt der Senat ständig an (Rsp. 24 S. 63). Das RG. 64 S. 290 läßt die Streitfrage dahingestellt. Das KG. hat aber in den Fällen, wo die Nichtbeachtung des § 1779[2] S. 2, 3 angefochten ist, auch nach der Bestellung des Vormundes die Beschwerde stets zugelassen (Jahrb. 22 S. 214, 29 S. 12, 36 S. 34) und hat die gegenteilige Auffassung von Planck (5 zu § 1779), Schultze-Görlitz (FrGG. § 20), Wreschner (JW. 1906 S. 321), von Blume (3 zu § 1779), wonach die unter Nichtbeachtung des § 1779[2] S. 2, 3 einmal erfolgte Bestellung eines Vormundes bestehen bleiben müsse und dessen Entlassung, abgesehen von dem Fall des § 1886 gesetzlich unzulässig sei, verworfen (vgl. bes. Jahrb. 29 S. 12; Rsp. 24 S. 63). An dieser Rechtsprechung, welcher Staudinger, Fuchs (3 zu § 1779) und Dernburg (BR. 4 § 110[2]) folgen, ist auch hier nach nochmaliger Prüfung festzuhalten. Denn ihr hauptsächlichster Entscheidungsgrund, daß die Bestellung des Vormundes eine so wichtige Maßregel und ihre materielle Gesetzmäßigkeit von solcher Bedeutung sei, daß das Gesetz, wenn es sie trotz ihrer etwaigen Fehlerhaftigkeit hätte unanfechtbar machen wollen, dies besonders hervorgehoben haben würde, läßt sich nicht widerlegen. Das Bay. ObLG. (Samml. 7 S. 441) hat allerdings die entgegengesetzte Auffassung vertreten. Zu einer Vorlage an das RG. liegt aber deshalb kein Grund vor, weil der Beschluß des ObLG. nur die Abgabe an das RG. begründete, sich also nicht als „eine auf weitere Beschwerde ergangene Entscheidung" im Sinne des § 28 FrGG. darstellt. Von anderen OLGerichten hat Karlsruhe (BadRsp. 10 S. 2) die Richtigkeit der Entscheidung des KG. (Jahrb. 29 S. 12) ausdrücklich dahingestellt sein lassen, während Jena (ThürBl. 58 S. 112) dem KG. beitritt.

Ist sonach die Beschwerde an sich zulässig, so ist weiter das Beschwerderecht des Charitasverbandes für Fälle vorliegender Art zu prüfen. Die Beschwerden sind auf Aufhebung derjenigen Verfügung des Amtsgerichts gerichtet, durch welche der evang. städtische Sammelvormund für das kath. Kind bestellt ist. Nur in diesem Rahmen ist das Beschwerderecht des Verbandes zu prüfen. Hierbei ist zunächst zu verlangen, daß wie § 57 Nr. 9 voraussetzt, die Beschwerde im Interesse des Mündels erhoben ist. Die Komm.-Verhandlungen ergeben nämlich, daß es sich bei § 57 Nr. 9 nur um Maßnahmen im Interesse des Mündels handeln sollte. Auch wenn also jemand durch sein eigenes berechtigtes Interesse legitimiert ist, so steht ihm ein Beschwerderecht doch nur dann und nur insoweit zu, als er im Interesse des Kindes eine dessen Interessen verletzende Verfügung angreifen will (Jahrb. 36 S. 39). Hier muß aber angenommen werden, daß der Verband die Angelegenheit nicht als seine eigene, sondern als solche des Kindes wahrnimmt. Er bekämpft in dessen Interesse die Vormundsbestellung als eine das Interesse des Kindes verletzende Maßnahme, weil die religiöse Erziehung des Kindes in den für dieses vom Gesetz anerkannten Bekenntnis dadurch in Frage gestellt werde. Dafür, daß der Verband die Beschwerden ausschließlich in eigenem oder in dem Interesse der kath. Kirche bzw. der hiesigen kath. Kirchengemeinden erhebt, fehlt jeder Anhalt. Allerdings dient die Herbeiführung der Bestellung eines gleichkonfessionellen Vormundes auch den Interessen der kath. Gemeinschaft; das kann aber nicht dazu führen, dem Verbande das Beschwerderecht in den Fällen zu versagen, wo er mit seinen Beschwerden das Interesse der Kinder wahrnehmen will. — Weiter hat er ein „berechtigtes Interesse", die vorliegende Angelegenheit wahrzunehmen. Dieses Interesse umfaßt im Gegensatz zum „rechtlichen Interesse" alle Interessen allgemeiner Art, die ihre Stütze nicht unmittelbar in einer Rechtsnorm finden, aber staatlicherseits als anerkennenswert erscheinen. Es genügt im allgemeinen, daß bei verständiger Würdigung der Sachlage nach dem billigen Ermessen des Gerichts die Befugnis des Beschwerdeführers anzuerkennen ist, bei Gericht die Angelegenheit eines Kindes wahrzunehmen und in dessen Interesse eine Änderung des durch eine gerichtliche Verfügung geordneten Zustandes herbeizuführen (vgl. Jahrb. 33 S. 68; 34 S. 27; auch Schultzenstein, BuschZ. 25 S. 225: „Das Beschwerderecht wegen berechtigten Interesses wird häufig kaum etwas anderes sein als ein nach billigem Ermessen des Beschwerdegerichts zuzulassendes Beschwerderecht)." Daß auch Vereine unter Umständen ein Beschwerderecht aus § 57 Nr. 9 haben können, ist nicht zu bezweifeln. Die Nr. 9 hatte der Entwurf noch nicht; erst die Kommission hat sie angenommen und dabei das subjektive Beschwerderecht in VormSachen eingehend erörtert; dabei sind besonders freiwillige Vereine, deren Zweck die Förderung der Jugend und der Waisen bildet, als Beispiel genannt worden. Wenn demnach im allgemeinen davon auszugehen ist, daß auch Vereine, welche bezwecken, das körperliche oder geistige Wohl der vernachlässigten oder sittlich gefährdeten Jugend zu fördern, als beschwerdeberechtigt angesehen werden können (Beschl. v. 9. Juni 1911 1a X 483), so wird man im einzelnen ihnen das Beschwerderecht doch nur dann zugestehen dürfen, wenn folgende drei Voraussetzungen vorliegen: a) der Vereinszweck muß darauf gerichtet sein, das leibliche oder geistige Wohl der Jugend in einer dem Gesetz, der allgemeinen Kulturanschauung und der sozialen Ordnung nicht widersprechenden Weise zu fördern; b) der Verein muß eine Organisation haben, die in gewissem Umfang die Erreichung des Vereinszwecks gewährleistet, und es darf kein Anhalt dafür vorhanden sein, daß dieser Zweck nicht ernsthaft erstrebt werde; c) es muß sich um eine solche die Sorge für die Person des Kindes betreffende Angelegenheit handeln, die auf dem Gebiete liegt, das zu dem Arbeitsfeld des Vereins gehört (auch Unger, BuschZ. 37 S. 432). Hier sind aber diese Voraussetzungen erfüllt. Der Verband ist nach seiner Satzung eine freie Vereinigung katholischer Wohltätigkeitsanstalten &c zu dem Zwecke, ohne jeglichen Eingriff in die satzungsmäßige Tätigkeit der einzelnen Anstalten &c die Werke der christlichen Nächstenliebe planmäßig unter Ausschluß politischer Bestrebungen zu betätigen und gemeinsam zu fördern. Der Vorstand besteht aus 6—14 Mitgliedern; in ihm soll die Pfarrgeistlichkeit in angemessener Zahl vertreten sein. Seinen Zweck sucht der Verband u. a. durch Bildung eines ständigen Ausschusses zu erreichen, der besonders auf die bestehenden und die neu auftretenden Notstände zu achten, sowie auf deren Abhilfe planmäßig hinzuwirken hat. In Ausführung der Satzung ist eine besondere Abteilung für Vormundschaft und weibliche Fürsorge zur Einrichtung einer Berufsvormundschaft besonders für uneheliche Kinder, sowie zur Schaffung einer Organisation von Schutzdamen und Helferinnen zur Fürsorge für Gefallene und deren Kinder gebildet. Aufgaben der Abteilung sind besonders die Verfolgung der Ansprüche von Mutter und Kind gegen den Erzeuger, die Anbahnung der Heirat und die Legitimation der Kinder, sowie die Ermittelung und regelmäßige Kontrolle guter Pflegestelle. Der Geschäftsführer des Verbandes ist dann auch von den Gerichten in zahlreichen Fällen vor dem 1. April 1912 als Sammelvormund bestellt worden (vgl. Jahrb. 38 S. 35).

Die Beschwerde ist sachlich begründet. Unter den Begriff „Berufsvormundschaft" fallen alle vormundschaftlichen Einrichtungen, bei denen die Vormundschaft als besondere berufliche Aufgabe einer Person oder einer Behörde behandelt wird. Dabei muß man unterscheiden zwischen

1. denjenigen Vormundschaften, die kraft Gesetzes ohne Bestellung eintreten, worunter fallen: a) amtliche Vormundschaften für sämtliche unehelichen Kinder, wie sie in Sachsen, Hamburg, Oldenburg u. a. aber nicht in Preußen durch Landesgesetz ermöglicht sind; b) die Armenamtsvormundschaften, deren Zulässigkeit für Preußen durch Art. 78 § 4 AusfG. anerkannt ist, und c) die gesetzlichen Anstaltsvormundschaften, für Preußen anerkannt in Art. 78 § 1 aO., und

2. den Sammelvormundschaften (Berufsvormundschaften kraft Bestellung), bei denen die Bestellung nach der allgemeinen Regel erfolgt, aber eine größere Zahl Vormundschaften in der Hand einer Persönlichkeit vereinigt wird. Darunter fallen: a) die Sammelvormundschaften eines Beamten, wie sie von Städten für uneheliche Kinder errichtet werden; b) die Vereinsvormundschaften, indem der Verein eine größere Anzahl Vormundschaften entweder auf die Person eines Mitgliedes oder auf den Namen verschiedener Vereinsmitglieder vereinigt (vgl. ZBl. für VormWesen &c 3 S. 129).

Bei den Berufsvormundschaften kraft Gesetzes, bei denen das Gesetz unter bestimmten Voraussetzungen gewissen Personen oder Körperschaften ein Recht auf die Bevormundung der Mündel durch solche gesetzlichen Vormünder gibt, besteht weder im BGB. [denn dieses kennt die gesetzlichen Vormünder nicht] noch im preuß. AusfG. eine Vorschrift, daß dabei das religiöse Bekenntnis des Mündels und Vormundes zu berücksichtigen sei. Es kann zwar aus besonderen Gründen ein konfessionsgleicher Vormund bestellt werden, im allgemeinen aber ist dieser Berufsvormund gesetzlicher Vormund auch dann, wenn er einem anderen religiösen Bekenntnis als der Mündel angehört (Jahrb. 22 S. 217; 35 S. 21).

Hier handelt es sich um eine Sammelvormundschaft der Nr. 2a. Ihre Zulässigkeit unterliegt keinem Bedenken (Jahrb. 38 S. 37). Bei ihr wird einer Person eine große Zahl von Vormundschaften durch Bestellung übertragen. Die Einrichtung der städtischen Sammelvormundschaft, die sich in dem Vormundschaftsamt verkörpert, zielt darauf ab, die Verhältnisse der hier geborenen unehelichen Kinder zu bessern. Sie sucht diesen Zweck zu erreichen, indem sie geeignete Beamte zur Übernahme der Sammelvormundschaft bereitstellt und die unehelichen Kinder einer ständigen organisierten Aufsicht unterstellt. Damit soll einmal eine schnelle und energische Durchführung des Unterhaltsanspruchs des Kindes gegen den Erzeuger erreicht werden, um dadurch die materiellen Existenzverhältnisse des Kindes zu sichern, und es soll zweitens die Verbindung mit den städtischen Säuglingsfürsorgestellen hergestellt werden, um dadurch die gesundheitliche (hygienische) Fürsorge des Mündels zu überwachen. Die Schnelligkeit des Vorschlages des Berufsvormundes wird dadurch erreicht, daß die Anzeigen der Standesämter über das Vormundschaftsamt an das Gericht geleitet werden und daß durch Beschluß der Gemeindebehörde gemäß Art. 77 § 1[3] AusfG. die dem Waisenrat obliegende Benennung von Vormündern für die unehelichen Kinder der städtischen Waisendeputation übertragen und im Dezernatswege auf den Leiter des Amts, der zugleich Mitglied der Waisendeputation ist, delegiert worden ist. Letzterer schlägt, wenn der Fall sich nach seiner Ansicht zur Bestellung des städtischen Berufsvormundes eignet, einen seiner beiden, ihm zur Verfügung gestellten städtischen mittleren Beamten M. oder N., die beide evangelisch sind, vor. Der Vorgeschlagene ist vom Amtsgericht in den vorliegenden Fällen für kath. uneheliche Kinder bestellt worden.

Von grundsätzlicher Bedeutung für die Zulässigkeit dieser Bestellung ist die Frage, ob die Vorschläge des Amtes, auch für kath. uneheliche Kinder den evang. Sammelvormund zu bestellen, und die diesen Vorschlägen entsprechende Bestellung des Sammelvormundes mit § 1779[2] Satz 2 im Einklange stehen. Dieser Satz entspricht wörtlich dem § 19[2] preuß. VormO., dessen Aufnahme in das Gesetz der Verfasser des Entwurfs und die 2. Komm. (Mot. 4 S. 1061; Prot. 4 S. 743) ausdrücklich ablehnten. In Verfolg eines Bundesratsbeschlusses (Haidlen, Staudinger zu 2b zu § 1779 BGB.) ist er aber erneut eingestellt worden und dann Gesetz geworden. Nach dieser Entstehungsgeschichte muß als Wille des Gesetzgebers gelten, daß durch Satz 2 der VormRichter angewiesen werden sollte, in erster Reihe einen Vormund des gleichen religiösen Bekenntnisses zu bestellen. Diese Anweisung ist auch in dem Wortlaute des Gesetzes deutlich ausgedrückt. Allerdings ist nicht, wie sich schon aus den Worten „Rücksicht zu nehmen" ergibt, unter allen Umständen ein konfessionsgleicher Vormund zu bestellen. Denn das Gesetz will nicht, daß eine bestimmte konfessionsgleiche Person nur wegen dieser Konfessionsgleichheit zum Vormunde bestellt wird, wenn sie sonst nicht geeignet ist, dies widerspräche schon dem Satz 1 des § 1779², der einen geeigneten Vormund verlangt. Dagegen stellt das Gesetz als Regel auf, daß ein geeigneter (Satz 1) und konfessionsgleicher (Satz 2) Vormund auszuwählen ist. Deshalb darf von dieser Regel nur abgewichen werden, wenn im Einzelfalle besondere Umstände es rechtfertigen (Jahrb. 29 S. 13). Wer also nicht konfessionsgleich mit dem Mündel ist, aber im übrigen sich eignen würde, soll, solange ein anderer konfessionsgleicher und auch sonst geeigneter Vormund zur Verfügung steht, nicht bestellt werden, es sei denn, daß besondere Gründe diese Bestellung gerechtfertigt erscheinen lassen. Prüft man an der Hand dieses Grundsatzes den Vorschlag des Vormundschaftsamts und das Verfahren des VormGerichts sowie den Beschluß des LG, so kann nicht anerkannt werden, daß sie mit dem Gesetz im Einklange sich befinden.

Was zunächst den Vorschlag des Vormundschaftsamts betrifft, so handelt dieses hierbei als Gemeindewaisenrat. Letzterer hat nach § 1848 BGB., § 49 Satz 2 FrGG. diejenige Person vorzuschlagen, die sich zum Vormunde eignet. Wenn darin auch nicht die besonderen Vorschriften des § 1779² S. 2, 3 ausdrücklich erwähnt sind, so ergibt sich doch aus der Stellung des Waisenrats als Hilfsorganes der Obervormundschaft (Mot. 4 S. 1225), daß er bei seinem Vorschlage die gleichen Rücksichten zu nehmen hat, wie das Gericht bei der Auswahl des Vormundes. Dies erkennen auch Planck (3 zu § 1849) und Staudinger (2d zu §§ 1849, 1850) ausdrücklich an. Deshalb muß das Amt in Ansehung des oben festgestellten Grundsatzes für den Regelfall einen geeigneten und konfessionsgleichen Vormund vorschlagen und darf hiervon nur dann absehen, wenn ein geeigneter und konfessionsgleicher Vormund nicht zur Verfügung steht oder wenn sonst besondere Gründe im Einzelfalle die Bestellung eines konfessionsungleichen Vormundes gerechtfertigt erscheinen lassen. Eine derartige Feststellung ist weder von den Vorinstanzen getroffen worden noch ergibt sie sich aus dem Inhalte der Akten. Der Fragebogen, den das Amt aufstellen läßt und dem Gericht einreicht, enthält keine Frage nach dem Vorhandensein einer konfessionsgleichen Person, die beabsichtige, die Vormundschaft zu übernehmen, sondern lautet ganz allgemein: „Ist ein anderer geeigneter Verwandter oder eine sonstige Person vorhanden, die beabsichtigt, die Vormundschaft zu übernehmen? Warum soll diese an Stelle des Berufsvormundes die Vormundschaft übernehmen?" Dazu kommt, daß aus 2 Schreiben die städtische Waisendeputation auf die Geneigtheit des Geschäftsführers des Charitasverbandes schließen mußte, auch fernerhin für uneheliche kath. Kinder die Sammelvormundschaft zu übernehmen. Wenn demgegenüber das Amt den evang. städtischen Berufsvormund zum Vormunde für das kath. Kind für besser geeignet gehalten hat als jenen Geschäftsführer, sofern es in eine solche Prüfung eingetreten sein sollte, so hat es dabei ausschließlich auf die Eignung der beiden Personen, nicht aber auch auf den vom Gesetz als Regel aufgestellten Grundsatz der Konfessionsgleichheit zwischen Vormund und Mündel geachtet. Jedenfalls fehlt es auch hier an besonderen Gründen dafür, den Vorschlag auf Bestellung des konfessionsungleichen Vormundes zu rechtfertigen. Augenscheinlich hat das Amt den Vorschlag von Sammelvormündern, die der Konfession des einzelnen Mündels angehören, grundsätzlich unterlassen. Der Gesichtspunkt der schnelleren Beschaffung von Existenzmitteln und der bessern hygienischen Fürsorge des Kindes darf aber nicht dazu führen, die Vorschrift von der Konfessionsgleichheit des Vormundes allgemein außer Acht zu lassen.

Den vorgeschlagenen städtischen Berufsvormund hat dann das Amtsgericht als Vormund bestellt, ohne ersichtlich zu machen, aus welchen in den Einzelsachen gegebenen Gründen die Bestellung des andersgläubigen Berufsvormundes gerechtfertigt sei. Erst auf die Beschwerden des Verbandes haben die Vormundschaftsrichter Äußerungen abgegeben. Das LG. hat dieses Verfahren allgemein mit folgender Begründung gebilligt: Durch diese Äußerungen sei festgestellt, daß das Amtsgericht in jedem Einzelfalle die Prüfung, ob aus besonderen Gründen der städtische evang. Sammelvormund einem kath. Einzel- oder Sammelvormund vorzuziehen sei, sehr sorgfältig unter Berücksichtigung der Eingabe des Verbandes vorgenommen habe. In der gemeinsamen Sitzung vom 6. Juli 1912 seien die VormRichter zu der Überzeugung von dem Überwiegen der Vorteile der städtischen Sammelvormundschaft auch für kath. Kinder für den Regelfall gelangt. Deshalb genüge es, wenn festzustellen sei, daß eine allgemeine Prüfung erfolgt sei und daß in jedem Einzelfalle geprüft sei, ob er Anlaß zu einer besonderen Behandlung biete. Die allgemeine Prüfung ergebe sich aus dem Protokoll über die gemeinschaftliche Sitzung der Amtsrichter. Die Äußerungen der einzelnen Amtsrichter ermöglichten die Feststellung, daß in jedem einzelnen Falle geprüft sei, ob er Anlaß zur besonderen Behandlung biete. — Dieses Verfahren wendet der § 1779[2] Satz 2, der doch für den Regelfall gegeben ist, bezüglich des städtischen Sammelvormundes regelmäßig nicht an, sondern stellt für ihn eine Gegenregel auf, wonach es im allgemeinen auf die Bekenntnisgleichheit zwischen Vormund und Mündel nicht ankommen soll und sie nur, wenn besondere Umstände vorliegen, anerkannt wird. Allein das Gesetz läßt für Sammelvormundschaften an sich keine Ausnahme zu. Allerdings hat man bei Erlaß des Gesetzes noch nicht an die Entwickelung gedacht, wie sie namentlich in den letzten Jahren hervorgetreten ist. Aber die Sammelvormundschaft ist eine gehäufte Einzelvormundschaft, sie unterliegt als solche dem für die Bestellung des Einzelvormundes geltenden § 1779² Satz 2. Dieser muß daher bei der Bestellung wie des Einzel-, so auch des Sammelvormundes gewahrt werden. Das gleiche gilt auch für die städtische Sammelvormundschaft. Denn es gibt keine Vorschrift, welche den städtischen Sammelvormund anders stellt als jeden anderen Vormund. Der bei den Armenamts- und Anstaltsvormundschaften geltende Grundsatz, daß bei diesen Berufsvormündern das religiöse Bekenntnis des Mündels und des Vormundes für den Regelfall nicht zu berücksichtigen ist (Jahrb. 22 S. 217; 35 S. 21), ist aber auf die Fälle der städtischen Sammelvormundschaft deshalb nicht entsprechend anwendbar, weil jene Berufsvormünder Vormünder kraft Gesetzes sind, während hier der Berufsvormund wie ein gewöhnlicher Einzelvormund vom Richter bestellt wird, so daß für seine Bestellung auch die Vorschriften des § 1779 über die Auswahl des Vormundes maßgebend sind. . . .

In der gemeinschaftlichen Sitzung der Vormundschaftsrichter und in den meisten der auf die Beschwerde abgegebenen Äußerungen ist die Nichtbeachtung des § 1779 mit dem Hinweis begründet worden, daß nach der Magistratsvorlage die Vormundschaft des städtischen Berufsvormundes in der Regel nur bis zum 6. Lebensjahre fortdauern solle und daß man Kinder in diesem Alter zwar religiös, aber nicht konfessionell beeinflussen könne. Ob letzteres richtig ist oder ob man dem Abg. Wuermeling (Drucks. des AbgH. 1912 Nr. 21 S. 1555) wird beizupflichten haben, wonach die konfessionelle Erziehung schon bei dem Erwachen des Geistes einsetzen müsse, kann hier dahingestellt bleiben. Denn mit Recht hebt das LG. hervor, daß es sich nicht um eine „Vormundschaft auf Zeit" handle und daß deshalb von vornherein auch die spätere Lebenszeit des Mündels ins Auge gefaßt werden müsse. Abgesehen hiervon wird das Gericht von der Rücksichtnahme auf das Bekenntnis nicht dadurch befreit, daß das Mündel gegenwärtig in so jugendlichem Alter steht, daß es für religiöse Einwirkungen unempfänglich ist. Denn das Gesetz läßt eine Ausnahme auch bei ganz jugendlichen Kindern nicht zu. Hierauf hat schon der Beschluß (Rsp. 24 S. 32) hingewiesen und hieran ist auch gegenüber der städtischen Sammelvormundschaft festzuhalten.

Rechtsirrtümlich ist ferner die Ansicht des LG., daß es hier auf die Konfession des städtischen Sammelvormundes nicht ankomme, sondern auf die Konfession der Mutter, da dieser und nicht dem Sammelvormund die religiöse Erziehung des Mündels zustehe, sowie auf die Konfession der Pflegeeltern, zumal das VormAmt bemüht sei, kath. Kinder in kath. Pflegestellen unterzubringen. Auch hier gilt zunächst das über die Unzulässigkeit der Abweichung bei ganz jugendlichen Kindern Gesagte. Denn so wenig wie bei jugendlichen Kindern macht das Gesetz eine Ausnahme für die unehelichen Kinder. Der § 1779² Satz 2 macht keinen Unterschied zwischen einem Vormund mit Vollgewalt und einem durch das Sorgerecht der Mutter beschränkten Vormund. Deshalb darf das Gericht nicht allgemein die Fälle der Vormundschaft über uneheliche Kinder, die das Gesetz nicht ausgeschaltet hat, seinerseits von § 1779[2] Satz 2 ausschalten. Auch der durch das Sorgerecht der Mutter beschränkte Vormund hat eine Reihe wichtiger Aufgaben, für die die Konfession des Vormundes von Bedeutung sein kann. Nach § 1707 steht die Vermögensverwaltung sowie die gesetzmäßige Vertretung des Kindes in allen Angelegenheiten dem Vormunde zu; außerdem hat er, soweit der Mutter die Sorge zusteht, die rechtliche Stellung eines Beistandes, dh. dabei nach § 1689 die Mutter zu unterstützen und zu überwachen, sowie dem Gericht jeden Fall anzuzeigen, in welchem es zum Einschreiten berufen ist. Daraus ergibt sich, daß der Vormund namens des Mündels bei dem Abschluß eines entgeltlichen Pflegevertrages mitzuwirken hat, was für die konfessionelle Erziehung des Kindes von Einfluß sein kann, daß er einen Kindesannahmevertrag abschließt, zu dessen gesetzlichen Wirkungen es gehört, daß das Wahlkind, da es in allen Stücken die Stellung eines leiblichen Kindes erlangt, in dem Glauben des Annehmenden zu erziehen ist (Jahrb. 22 S. 233, 38 S. 93) und daß es schließlich auch Pflicht des Vormundes ist, die Mutter in der religiösen Erziehung des Kindes zu unterstützen und zu überwachen. Dem Sammelvormund liegen alle diese Pflichten in gleicher Weise wie dem Einzelvormund ob, wenn er auch bei einzelnen Verrichtungen sich durch geeignete Hilfspersonen vertreten lassen kann (Jahrb. 38 S. 36).

Das Vormundschaftsamt wird nunmehr dem Amtsgericht eine geeignete und konfessionsgleiche Person als Vormund vorzuschlagen haben. Dabei ist es nicht gehindert, einen dem Mündel konfessionsgleichen Beamten der städtischen Sammelvormundschaft zu bezeichnen. Sollte es einen kath. Beamten als städtischen Sammelvormund für die kath. unehelichen Kinder nicht vorschlagen können oder wollen, so wird es, sofern ein kath. Einzelvormund nicht zur Verfügung steht oder besondere Gründe im Einzelfalle keinen anderen Vorschlag rechtfertigen, auf das Angebot des Verbandes, den Geschäftsführer als Vormund vorzuschlagen, zurückzugreifen haben. Demnächst wird das Amtsgericht den Vormund von neuem auszuwählen haben. Die Wahl dem Verbande mitzuteilen, wie dieser es beansprucht, ist das Amtsgericht nicht gehalten, denn es besteht keine Vorschrift, die hierzu verpflichtete.[1] Dr. A.

[1] Die Gemeindevormundschaft tritt nur unter der doppelten Voraussetzung ein, daß die Armenbehörde nicht nur gelegentliche Beihilfen, sondern eine im wesentlichen den ganzen Lebensbedarf deckende Unterstützung dem Mündel gewährt und daß sie dessen Erziehung (Verpflegung) selbst in die Hand genommen und nicht bloß Aufsichtshandlungen, die in den Rahmen der Waisenratsgeschäfte fallen, oder Erkundigungen im Auftrage des Gerichts oder aus eigenem Antriebe besorgt hat. Jene Vormundschaft endigt nicht von selbst, wenn die sie begründende armenrechtliche Fürsorgetätigkeit aufhört; das VormGericht kann sie jedoch auch dann durch Bestellung eines Sondervormunds beenden, wenn ihre Fortdauer unangemessen, bes. dem Mündelinteresse nicht entsprechend erscheint und zugleich ein Wiedereintritt armenrechtlicher Hilfsbedürftigkeit fernliegt. — Der Gemeindevormund und sein im voraus ernannter Stellvertreter gilt als Behörde i. S. des § 29 FrGG. Ordnungsstrafen können auch gegen ihn angedroht werden, doch muß sich die Verfügung gegen eine bestimmte Person, nicht gegen die Behörde als solche richten (Beschluß desselben ZS. v. 23. Februar 1912, Jahrb. 42

b) **Bedeutung der Genehmigung zur Abhebung hinterlegter Wertpapiere.**

OLG. Dresden, IV. ZS. Urteil v. 11. Januar 1912.

Der Kläger fordert die Herausgabe der Wertpapiere, die sein früherer Vormund bei der beklagten Bank im offenen Depot hinterlegt hatte. Auf Grund der Genehmigung des VormGerichts, „sämtliche Wertpapiere, bares Geld rc., die der Kläger hinterlegt hat, zu erheben" hob A. das bare Geld nach und nach ab und nahm dann unter Verpfändung der noch hinterlegten Wertpapiere bei der Beklagten Darlehen für sein Mündel auf. Die Beklagte berechnet sich hieraus eine Forderung und will nur gegen deren Begleichung die Wertpapiere herausgeben. Die Klage ist begründet. Die Beklagte beruft sich darauf, daß der Vormund infolge der Genehmigung und des späteren Verhaltens des Gerichts tatsächlich in der Lage war, mit den bei ihr erhobenen Vermögensstücken nach seinem Belieben, also möglicherweise auch pflichtwidrig zu verfahren. Allein für die Rechtsbeziehungen der Parteien zueinander kommt es lediglich darauf an, ob sich der Vormund bei den mit der Beklagten vorgenommenen Rechtsgeschäften in den Grenzen der ausgesprochenen gerichtlichen Genehmigung gehalten hat. Das ist geschehen, soweit er das Bargeld erhoben hat. Aus dieser Erhebung leitet aber die Beklagte keine Forderung ab. Ihre Ansprüche sind vielmehr dadurch entstanden, daß sie nach Erschöpfung des Barbestandes Darlehen gegen Verpfändung der bei ihr hinterlegten Wertpapiere gegeben hat. Diese Rechtsgeschäfte fallen aber nicht unter den Begriff der „Erhebung". Erhoben werden hinterlegte Gegenstände nur dadurch, daß sie von der Hinterlegungsstelle weggenommen werden; solange sie bei ihr liegen bleiben, hat keine Erhebung stattgefunden. Mit der Erhebung der bei der Beklagten liegenden Wertpapiere würde das auf ihre Verwahrung und Verwaltung gerichtete Vertragsverhältnis der Parteien aufgelöst worden sein. Schon dazu bedurfte der Vormund nach § 1812^{1.3} der Genehmigung des VormGerichts, da ihm kein Gegenvormund bestellt worden war. Die Beklagte konnte also aus dem Umstande, daß eine gerichtliche Genehmigung zur Erhebung der bei ihr liegenden Werte überhaupt gegeben worden war, nicht darauf schließen, daß der Vormund dadurch zugleich habe ermächtigt werden sollen, die zu erhebenden Vermögensstücke ganz oder teilweise zu irgend einem Zwecke zu verwenden. Sie hat nun dadurch, daß sie Darlehen gegen Verpfändung der Wertpapiere hergab, das mit dem Kläger bestehende Vertragsverhältnis nicht nur fortgesetzt, sondern noch durch Rechtsgeschäfte erweitert, die eine Aufnahme von

---

S. 36). — Hat das Gericht ohne Kenntnis von der bereits eingetretenen Gemeindevormundschaft einen Vormund bestellt, so ist damit das Amt des Gemeidevormunds nicht erloschen; das Gericht hat sich vielmehr zu entschließen, ob es den zweiten Vormund entlassen oder als Sondervormund beibehalten will. Mit der nur aus überwiegenden sachlichen Gründen zulässigen Entscheidung im zweiten Sinn endet das Amt des Gemeindevormunds; gegen sie findet nur die sofortige Beschwerde statt (Beschluß v. 16. Juni 1911 aO. 41 S. 26).

Geld auf den Kredit des Mündels zum Inhalt hatten und zu ihrer Wirksamkeit der besonderen Genehmigung nach § 1822 Nr. 8 bedurften. Daß eine derartige Genehmigung erteilt worden sei, entnimmt die Beklagte dem Wortlaute des Beschlusses und der Auslegung, die ihm der Vormund gegeben haben soll. Der Wortlaut spricht aber keineswegs dafür, daß die Vermögensstücke dem Vormunde zur freien Verfügung gestanden hätten. Der Vormund bedurfte, um sie bei der Beklagten erheben zu können, der Genehmigung des Gerichts, lediglich hierauf war der Beschluß gerichtet; einen weiteren Inhalt hatte er nicht, insbesondere sagte er nichts davon, daß der Vormund zugleich zu Rechtsgeschäften ermächtigt sein solle, die nach § 1822 eine besondere Genehmigung voraussetzen. Dahingestellt kann auch bleiben, ob die mit der Beklagten im Geschäftsverkehre stehenden VormGerichte den Zweck, der mit der Erhebung der Depots verfolgt wird, zum Teil angeben, zum Teil nicht. Denn der Schluß der Beklagten, daß bei Nichtangabe des Zweckes der Vormund ermächtigt gewesen sei, über das zu erhebende Depot beliebig zu verfügen, kann im Hinblick auf die Bestimmungen in §§ 1812, 1814, 1821, 1822 nicht als zutreffend anerkannt werden. Sonach sind die Rechtsgeschäfte, aus denen die Beklagte ihre Ansprüche herleitet, unwirksam. Immerhin würde der Kläger verpflichtet sein, die von der Beklagten hergegebenen Beträge nach § 812 herauszugeben, wenn diese ihm zugeflossen und nicht vom Vormund unterschlagen worden wären.... Ann.

c) **Nichtanwendbarkeit des § 1816 auf die Verwalter einer Stiftung.**
OLG. Rostock, I. ZS. Beschluß v. 8. Oktober 1912.

Das Amtsgericht als Aufsichtsbehörde über das Wohltätigkeitsinstitut hat von dessen Verwaltern verlangt, daß sie bei den Buchforderungen, die der Stiftung gegen das Reich zustehen, gemäß § 1816 im Schuldbuch vermerken, daß sie über diese Forderungen nur mit Genehmigung der Aufsichtsbehörde verfügen können. Diese Auflage ist darauf, daß die Stellung der Aufsichtsbehörde gegenüber den Verwaltern der Stellung des VormGerichts gegenüber den Vormündern (Pflegern) zu vergleichen sei, hauptsächlich aber darauf gestützt, daß die neue Satzung § 15: „das Vermögen des Instituts ist mündelsicher zu belegen" die Anwendung auch des § 1816 vorschreibe. Die Beschwerde der Verwalter ist zurückgewiesen. Ihre weitere Beschwerde ist begründet. Daß die staatliche Aufsicht gegenüber den Stiftungen ähnliche Zwecke der Fürsorge verfolgt wie die Obervormundschaft, ist zwar zuzugeben (vgl. Roth, Jahrb. f. Dogmat. 1 S. 217), und in den Rechtsquellen findet man gelegentlich den Vergleich einer juristischen Person mit einem Mündel (l. 3 C 11 30). Gleichwohl sind beide Rechtsinstitute völlig selbständiger Natur und auch gemeinrechtlich sind keineswegs die Rechtsgrundsätze der Vormundschaft für die Stiftungen maßgebend gewesen; das VormRecht des BGB. aber ist zweifellos nicht auf die Verwaltung von Stiftungsvermögen anwendbar. In Ermangelung besonderer Bestimmungen kann daher der Umfang der Aufsicht über die Verwalter der Stiftung nur durch das bestimmt werden, was entweder im allgemeinen mit Rücksicht auf den Zweck und die Wirksamkeit einer Aufsicht an sich geboten oder ausdrücklich in den Satzungen der einzelnen Stiftung vorgeschrieben ist. Aus dem Zweck der Aufsicht kann aber nicht hergeleitet werden, daß die Verwaltung des Stiftungsvorstandes allen Sicherheitsmaßregeln unterliege, denen das Gesetz die Verwaltung der Vormünder unterwirft, regelmäßig schon deshalb nicht, weil bei der Auswahl der Vorstandsmitglieder die Rücksicht auf geschäftliche Gewandtheit in ganz anderer Weise bestimmend zu sein pflegt als bei der Bestellung zum Vormund, für die vielfach verwandtschaftliche Beziehungen entscheiden. Aber auch die Satzung des Wohltätigkeitsinstituts enthält keine Bestimmung, die die Anwendung des § 1816 rechtfertigen könnte. Die Worte des § 15: daß das Vermögen mündelsicher zu belegen ist, beziehen sich nach einem allgemeinen Sprachgebrauch nur auf die objektive Sicherheit der zu erwerbenden Forderungen gemäß §§ 1807, 1808. Dafür, daß sie hier etwas weiteres bezeichnen, besonders die Anwendung aller bei der Vormundschaftsverwaltung üblichen Kautelen vorschreiben sollen, liegt nichts vor. Namentlich entspricht dies auch weder dem ursprünglichen Statut &c, das im § 15 nur eine Rechnungsablegung an die Regierung als Aufsichtsbehörde vorsieht, noch der bisherigen Übung. Umgekehrt sprechen die Schlußworte im neuen § 15 „die Wertpapiere sollen, soweit angängig, auf den Namen des Instituts geschrieben werden" gegen die Auslegung der Vorinstanzen. Denn die neue Satzung ist unter der Herrschaft des BGB. von rechtskundiger Hand verfaßt, der Schluß des § 15 wäre aber völlig überflüssig, wenn schon die Vorschrift der mündelsicheren Belegung alles umfassen sollte, was die Vorinstanzen darin sehen (§§ 1814, 1815; vgl. noch Rsp. 7 S. 201). J. n.

d) Mitteilung der Genehmigung des VormGerichts.

OLG. Colmar, II. ZS. Beschluß v. 1. Juli 1912.

Es kann dahingestellt bleiben, ob der Vater der minderjährigen M., welcher als Gewalthaber den Vertrag vom 2. März 1912 ohne die erforderliche Genehmigung des VormGerichts abgeschlossen hat, den übrigen Beteiligten die nachträgliche Genehmigung im Wege der Anheftung des Genehmigungsbeschlusses an die Urschrift der Vertragsurkunde mitteilen konnte. Die in der Vertragsurkunde niedergelegte Vereinbarung: „Mit der Anheftung des Genehmigungsbeschlusses an diese Urkunde ist die Mitteilung der Genehmigung als erfolgt anzusehen", enthält allerdings die Einverständniserklärung der übrigen Vertragsbeteiligten damit, daß ihnen auf diesem Wege die Mitteilung der Genehmigung zugänglich gemacht werde. Sie gaben unzweideutig damit zu erkennen, daß sie darauf eingerichtet seien, auf diese Weise zu der Empfangnahme der Mitteilung instand gesetzt zu werden. Zweifelhaft erscheint hingegen schon, ob wirksam vereinbart werden konnte, daß die Anheftung als verabredetes Zeichen für die Mitteilung, also als Kundgabe der Mitteilung an die übrigen Beteiligten gelten sollte. Mindestens müßte hierbei vorausgesetzt worden sein, daß die Anheftung von dem Vater der Minderjährigen ausging. Keinesfalls hatte die Vereinbarung die Wirkung, daß die Anheftung auch bei dem Mangel der gedachten Voraussetzung als Mitteilung der Genehmigung galt. Hiernach fehlt aber jedenfalls der Nachweis dafür, daß die Genehmigung gerade durch den gesetzlichen Vertreter der Minderjährigen mitgeteilt ist, der allein darüber zu entscheiden hat, ob die Genehmigung durch Mitteilung an die übrigen Beteiligten in Wirksamkeit zu setzen sei (s. § 1829 Satz 2). Die Anheftung kann insbesondere ganz ohne Wissen des Vaters durch den Notar bewirkt worden sein, den in der Vertragsurkunde die Beteiligten ermächtigten, die Genehmigung nachzusuchen und den Beschluß entgegenzunehmen. Die Wirksamkeit der Mitteilung, wenn eine solche in der Anheftung erblickt werden kann, hängt in diesem Falle davon ab, daß der Vater den Notar zur Bewirkung der Mitteilung bevollmächtigt hat. Zum Nachweis dieser Vollmacht, welche in der durch § 29 GrBO. erforderten Form zu führen wäre, genügt die Vertragsurkunde nicht, da die Bevollmächtigung des Notars hierzu durch diesen selbst nach § 171 Ziffer 1 FG. gültig nicht beurkundet werden konnte (vgl. Beschluß vom 24. Mai 1911) Es bedarf daher nicht der Entscheidung über die andere Frage, ob das VormGericht die Genehmigung auf Grund der Ermächtigung des Notars zu deren Entgegennahme nach § 1828 dem Notar gegenüber erklären konnte und ob die Abgabe der Erklärung dem Notar gegenüber nachgewiesen ist (vgl. § 78 GrBO., § 563 ZPO.). Schr.

e) **Zubilligung einer Vergütung für die Zeit nach der Beendigung der Vormundschaft.**[1]

Kammergericht, Ia. ZS. Beschluß v. 23. Februar 1912.

Der Beschwerdeführer, 1903 wegen Geistesschwäche entmündigt, hat, nachdem am 21. Juli 1911 die Entmündigung wieder aufgehoben war, beantragt, die vom VormGerichte für seinen Vormund festgesetzte Vergütung herabzusetzen. Sein Antrag wurde zurückgewiesen. Seine weitere Beschwerde rügt, daß die Vergütung auch noch über die am 21. Juli beendete Vormundschaft hinaus bis zum 1. Oktober 1911 bewilligt sei. Allein die Beendigung der Vormundschaft hatte nicht ohne weiteres die Einstellung der Tätigkeit des Vormundes zur Folge. Vielmehr macht der § 1892 ihm gerade nach der Beendigung der Vormundschaft eine fernere Tätigkeit im Interesse des Mündels zur Pflicht. Diese Tätigkeit, die Ablegung der Rechenschaft über die Verwaltung und die Legung der Schlußrechnung, hat bis zum 1. Oktober 1911 gewährt, konnte auch nicht wohl früher zu Ende geführt werden. RJA.

f) **Voraussetzungen der vorläufigen Vormundschaft.**

Bayer. Oberstes Landesgericht, I. ZS. Beschluß v. 22. November 1912.

Voraussetzung der vorläufigen Vormundschaft ist ein zweifaches: Die

---

[1] Die Zubilligung einer Vergütung schafft keinen vollstreckbaren Schuldtitel und schließt deshalb für den Prozeß solche Einwendungen, die außerhalb des Bereichs des § 1836 S. 2 liegen, wie zB. den vertragsmäßigen Verzicht des Vormundes auf jede Vergütung, nicht aus; Rsp. 16 S. 30, 18 S. 298 (OLG. Dresden, Beschluß v. 13. September 1912, Ann. 34 S. 64).

Entmündigung muß beantragt und die vorläufige Vormundschaft muß zur Abwendung einer erheblichen Gefährdung der Person oder des Vermögens des Volljährigen erforderlich sein. Daß die Entmündigung beantragt ist, ist nicht nur erforderlich, sondern auch ausreichend. Ob der Antrag begründet ist, hat das VormGericht nicht zu prüfen. Freilich, wenn der Antrag unbegründet ist, erscheint die Besorgnis nicht gerechtfertigt, daß ohne die vorläufige Vormundschaft eine erhebliche Gefährdung der Person oder des Vermögens des Volljährigen eintritt. Mit Rücksicht hierauf hat das VormGericht zwar nicht zu prüfen, ob der Antrag begründet ist, aber doch, ob er nicht aussichtslos ist. Es prüft aber diese Frage nach Maßgabe der für VormSachen geltenden allgemeinen Vorschriften. Die besonderen Vorschriften des Entmündigungsverfahrens sind hier nicht maßgebend; besonders findet der § 654 ZPO. keine Anwendung. Es ist in sein Ermessen gestellt, ob es den zu Entmündigenden vernimmt. Th.

g) **Pflegschaft: α) bei bloßen Möglichkeiten.**

Bayer. Oberstes Landesgericht, I. ZS. Beschluß v. 20. September 1912.

Die Anordnung einer Pflegschaft nach § 1909 setzt voraus, daß ein Bedürfnis hierzu bereits besteht; die bloße Möglichkeit künftigen Eintritts eines derartigen Bedürfnisses genügt nicht; ein Anlaß zur Bestellung eines Pflegers ist erst dann gegeben, wenn eine bestimmte Angelegenheit für das Kind oder den Mündel zu besorgen ist. Th.

β) **bei zweifelhafter Gültigkeit der letztwilligen Verfügung.**

OLG. Hamburg, I. ZS. Beschluß v. 3. Juni 1912.

Das LG. meint, § 1909 Satz 2 setze voraus, daß die den Vater von der Verwaltung ausschließende letztwillige Verfügung auch rechtsgültig sei. Den dafür angeführten Beschlüssen des KG. (Jahrb. 22 S. 25) und des LG. München (Bl. f. RA. 1906 S. 25) ist insoweit zuzustimmen, daß der VormRichter bei Einsetzung einer Pflegschaft nach 1909 [1] auch die Gültigkeit der die Verwaltung des Vaters ausschließenden Verfügung zu prüfen hat und wenn diese ganz offenbar zB. wegen Formmangels nichtig ist, die Pflegschaft ablehnen kann. Aber seine Entscheidung kann nicht an Stelle derjenigen der ordentlichen Gerichte treten; er muß vielmehr, wenn der Fall Anlaß zu Zweifeln bietet, wie sich das hier schon durch die abweichenden Gründe des LG. ergibt, im Interesse des Minderjährigen einen Pfleger bestellen, damit dieser den Rechtsstreit gegen den Vater über die Gültigkeit der dessen Verwaltungsrecht ausschließenden Verfügung führe. M. M.

γ) **bei Weigerung des Mündels, Gelder und Wertpapiere dem Vormunde herauszugeben.**

OLG. Dresden, VI. ZS. Beschluß v. 13. Februar 1912.

Der Entmündigte weigerte sich, die Wertpapiere und Gelder dem Vormunde herauszugeben, worauf das Amtsgericht einen Pfleger zur Vertretung des Entmündigten in dem vom Vormund anzustrengenden Rechtsstreit bestellte. Nach Erhebung der Klage beantragte der Prozeßbevollmächtigte des Pflegers die Aufhebung der Pflegschaft, da ein Fall des § 181 BGB. nicht vorliege. Das Amtsgericht lehnte ab, dagegen hatte die Beschwerde Erfolg. Die weitere Beschwerde des Vormunds war zurückzuweisen. Allerdings ist ein Rechtsstreit zwischen Vormund und Mündel möglich, und muß dann dem Mündel zu seiner Vertretung ein Pfleger bestellt werden. Dieser Fall kann jedoch nur eintreten, wenn Vormund und Mündel in einer Rechtsangelegenheit sich als Parteien gegenüberstehen. Eine derartige Sachlage ist hier nicht gegeben. Die Verwaltung des Mündelvermögens ist eine Angelegenheit, die lediglich den Mündel angeht, die aber für ihn kraft Gesetzes der Vormund zu besorgen hat. Ein Widerstreit der Interessen des Vormunds und des Mündels steht bei der Herausgabe des Vermögens an den Vormund, die sich zum Zwecke der Verwaltung erforderlich macht, nicht in Frage. Der Vormund verlangt die Herausgabe nicht in seinem Interesse, sondern in dem des zur Vermögensverwaltung unfähigen Mündels; er steht dem Mündel dabei als dessen Gewalthaber und nicht als Partei gegenüber. Die Bestellung eines Pflegers ist auch nicht geeignet, dem Beschwerdeführer zu den Papieren und den Geldern zu verhelfen, die sich in den Händen des Mündels befinden. Mit Recht hat das LG. deshalb die eingeleitete Pflegschaft aufgehoben.

Nicht zutreffend ist jedoch die Ausführung des LG., daß der Beschwerdeführer überhaupt nicht in der Lage sei, gerichtliche Hilfe zur Erlangung der Papiere und Gelder in Anspruch zu nehmen. Der Vormund kann die ihm nach § 1793 obliegende Verpflichtung zur Sorge für das Vermögen des Mündels nur dann erfüllen, wenn ihm der Mündel die zum Vermögen gehörenden Sachen herausgibt. Bei einer Weigerung muß das VormGericht kraft der ihm vom Gesetze zugewiesenen Stellung als der zur Leitung der Vormundschaft berufenen Behörde mit den ihm zu Gebote stehenden Mitteln eingreifen, um den Widerstand des Mündels zu brechen und so für die Durchführung der von ihm angeordneten Vormundschaft zu sorgen. Zu diesem Zwecke hat es auf Antrag des Vormunds die Wegnahme der Sachen anzuordnen. Auf Grund der mit der Bescheinigung der Vollstreckbarkeit versehenen Ausfertigung der gerichtlichen Verfügung erfolgt die Wegnahme durch den Gerichtsvollzieher (AG. z. FrGG. vom 15. Juni 1900 §§ 11, 12). Soweit freilich bei dem Entmündigten nichts vorgefunden wird, läßt sich etwas Weiteres nicht tun; die Leistung des Offenbarungseids (§ 12^3 aO.) kann von dem wegen Geistesschwäche entmündigten Mündel nicht verlangt werden. Ann.

δ) **Befugnisse des Sonderpflegers.**

Kammergericht, FerienZS. Beschluß v. 25. Juli 1911.

Nachdem der beschwerdeführende Vormund am 28. Juli 1904 zum Vormund der minderjährigen Vera bestellt war, hat ihr Großvater am 7. August 1904 letztwillig zu seinem Testament vom 29. Januar 1881 bestimmt: „Als Vormund meiner Enkelin ernenne ich in Betracht des ihr von mir hinterlassenen Vermögens meinen Neffen Ernst, der auch Kurator des Fideikommisses sein soll." Demgemäß wurde Ernst als Sonderpfleger zur Verwaltung des der

Minderjährigen aus der letztwilligen Verfügung ihres Großvaters zugefallenen Vermögens bestellt. Demnächst entschied das VormGericht auf eine Anfrage des Vormundes: 1. daß die vom Sonderpfleger vereinnahmten Einkünfte von ihm selbst zu verwalten, und nicht an den Vormund abzuführen sind; 2. daß das Wahlrecht zum Kreistage dem Sonderpfleger zustehe, da es ein Ausfluß des Grundbesitzes sei; 3. daß zur Ausübung der Jagd auf dem Fideikommißgut der Sonderpfleger berechtigt sei. Die Beschwerde des Vormundes hatte nur im zweiten Punkte Erfolg. Seine weitere Beschwerde ist unbegründet. Sie rügt zunächst, daß die Einsetzung der Sonderpflegschaft überhaupt unwirksam sei, weil eine solche im großväterlichen Testament nicht angeordnet, sondern der Pfleger darin unzulässigerweise zum Vormund berufen sei, was auf einem Irrtum des Erblassers beruhe, der nicht gewußt habe, daß der Vater des Mündels bereits einen anderen Vormund berufen hatte. Allein die Sonderpflegschaft ist auf die Beschwerde des Pflegers von dem dem VormGericht übergeordneten LG. angeordnet; sie ist so lange rechtswirksam, als jener Beschluß besteht, der bisher nicht angefochten ist. Es liegt auch mangels einer ausdrücklichen Anfechtung kein Anlaß zur Erörterung der Frage vor, ob in der eben erwähnten Rüge eine Anfechtung des Beschlusses zu erblicken ist, denn seine Begründung erscheint nach dem Inhalt der VormAkten zutreffend.

Ebensowenig ist der § 1915 verletzt. Es handelt sich um eine gemäß § 1909 Satz 2 angeordnete Pflegschaft zur Verwaltung des von Todes wegen erworbenen Vermögens des Mündels. Der Kreis der Rechte und Pflichten des Pflegers ist also zwar durch das Gesetz umzeichnet, aber innerhalb dieses Kreises hat der Pfleger die rechtliche Stellung eines Vormundes. Denn „ihrem Wesen nach ist die Pflegschaft nicht minder Vormundschaft wie die allgemeine Vormundschaft", sagen die Mot. 4 S. 1444 und ergibt der § 1915. Es ist also nicht rechtsirrtümlich, wenn das LG. dem Sonderpfleger bei der Verwaltung des dem Mündel zugefallenen großväterlichen Vermögens alle Rechte und Pflichten eines Vormundes einräumt. Das dazu nach § 1793 gehörende Recht, für das Vermögen des Mündels zu sorgen, enthält unbedenklich die Befugnis, über die Verwendung der Einkünfte aus jenem Vermögen selbständig zu entscheiden. Die gegenteilige Ansicht des Vormunds, daß ihm die reinen Überschüsse abzuliefern seien, weil ihm das alleinige Recht der Sorge für die Person des Mündels und das allgemeine Recht zur Vertretung in Vermögensangelegenheiten zustehe, übersieht, daß dem Vormund die Verwaltung des dem Mündel zugefallenen großväterlichen Vermögens nach der letztwilligen Verfügung des Großvaters überhaupt nicht zusteht (§ 1909 Satz 2), daß er an der Verwaltung dieses Vermögens rechtlich verhindert ist und demgemäß nicht über die Überschüsse entscheiden kann (§ 1794).

Ebenso folgt das Recht des Sonderpflegers, die Jagd auf dem seiner Verwaltung unterworfenen, dem Mündel als Fideikommiß gehörigen Rittergute auszuüben, aus § 1793 BGB. in Verbindung mit § 2 JagdO. vom

15. Juli 1907, die unzweideutig ergeben, daß das Jagdrecht ein Ausfluß des Eigentums am Grund und Boden ist, den er verwaltet; die gegenteilige Ansicht des Vormunds, daß die Nutzung und Ausübung der Jagd nach der Verkehrsanschauung kein reiner Verwaltungsakt, sondern ein persönliches Recht sei, das nicht vom Pfleger ausgeübt werden dürfe, sondern von demjenigen, der das Mündel in der Gesamtheit der Interessen vertritt, findet im Gesetz keine Stütze (vgl. auch RG. 70 S. 73). Denn zu der dem Pfleger gesetzlich (§§ 1793, 1909) zustehenden Verwaltung des dem Mündel zugefallenen Vermögens gehört auch die Ausübung des Jagdrechts, das einen Bestandteil des verwalteten Vermögens bildet. Über den weiteren Antrag, daß der Pfleger die Ausübung der Jagd durch den Mündel dulden soll, kann hier nicht entschieden werden, weil insoweit das Mündel an die Vorinstanzen mit einem derartigen Verlangen überhaupt noch nicht herangetreten ist. Endlich steht die Eigenschaft des Sonderpflegers als Kurators des Fideikommisses wegen der Entscheidung über die Verwendung der Einkünfte noch der Befugnis zur Jagdausübung entgegen. K. l.

h) **Abwesenheitspfleger. Zuständigkeit.**

OLG. Rostock, Ferien-ZS. Beschluß v. 10. September 1912.

Den Pfleger über einen Abwesenden hat nach § 39 FrGG. das Gericht zu bestellen, in dessen Bezirk der Abwesende seinen Wohnsitz hat. Ist er ein Deutscher und hat er im Inlande weder Wohnsitz noch Aufenthalt, so ist nach §§ 39², 36² FrGG. das Gericht zuständig, in dessen Bezirk er seinen letzten Wohnsitz hatte. Daraus ergibt sich, daß das Amtsgericht A. für den H., von dem nicht feststeht, daß er zurzeit im Inland einen Wohnsitz oder Aufenthalt hat, den Pfleger zu bestellen hat, da im Bezirk dieses Gerichts sich der letzte Wohnsitz des H. befunden hat. H. ist als unehelicher Sohn der Hanne H. in A. geboren und hat durch seine Geburt den gesetzlichen Wohnsitz seiner Mutter erworben. Nach dem Tode seiner Mutter hat ihn sein unehelicher Vater, der in F. bei Prenzlau wohnte, zu sich genommen.

Daß H. durch diese Übersiedeluug, über welche nähere Angaben fehlen, seinen Wohnsitz in A. aufgegeben und einen solchen in F. erworben habe, kann nicht ohne weiteres angenommen werden. Denn dafür, daß er mit Zustimmung seines gesetzlichen Vertreters übergesiedelt ist, liegt nichts vor, und deshalb fehlt es, da die Zustimmung zur Aufhebung des Wohnsitzes durch den damals noch minderjährigen H. notwendig gewesen wäre, an dem erforderlichen Nachweise für den Erwerb eines Wohnsitzes in F. Die Akten ergeben aber auch nicht, daß H. dort späterhin einen Wohnsitz erworben hat. Dies ist auch nicht daraus zu entnehmen, daß in der Stammrolle von 1896 F. als sein Aufenthaltsort angegeben sei. Denn selbst wenn er, der damals allerdings schon volljährig war, 1876 in F. seinen dauernden Aufenthalt gehabt haben sollte, würde man daraus noch nicht schließen können, daß er den Willen gehabt habe, dort einen Wohnsitz zu begründen. Sollte er damals in F. irgendwie als Knecht in Stellung gewesen sein, so würde man in Ermangelung weiterer Tatsachen, die für den Erwerb eines Wohnsitzes an jenem Orte sprechen, nur annehmen können, daß es sich um einen dauernden Aufenthaltsort, wie er bei Personen in unselbständiger Stellung, zB. Knechten, unverheirateten Arbeitern, Mädchen u. dergl. vorkommt, gehandelt habe. Hier ist aber eine Feststellung, daß H. in F. seinen Wohnsitz gehabt hat, um so mehr ausgeschlossen, als er nach der Auskunft der Gutsobrigkeit nie in F. in Dienst gestanden hat. J.n.

i) **Religiöse Erziehung:** *α*) **des unehelichen Kindes, dessen Mutter aus der Landeskirche austritt. Bestellung eines andren Vormundes?**

Kammergericht, Ia. ZS. Beschluß v. 17. Mai 1912.

Für den unehelichen Sohn Emil der kath. Mathilde A. wurde 1906 als Vormund der kath. B. bestellt, das Kind jedoch bei evang. Eheleuten untergebracht. 1912 bemühte sich der Vormund um eine Unterbringung in einer kath. Familie. Noch bevor diese erfolgt war, erklärte die A.: Sie habe ihren Austritt aus der kath. Kirche erklärt und wolle zur evang. Landeskirche übertreten; da ihr Sohn ebenfalls evangelisch erzogen werden solle, so beantrage sie, ihm einen evang. Vormund zu bestellen. Darauf wurde der bisherige Vormund entlassen. Seine weitere Beschwerde ist begründet.

Das LG. geht von der rechtsirrtümlichen Annahme aus, daß der Mündelmutter nach § 1707 die Bestimmung darüber zustehe, in welcher Konfession ihr unehelicher Sohn erzogen werden solle. Wenn auch das BGB. das Recht, die religiöse Erziehung der Kinder zu bestimmen, grundsätzlich als Bestandteil des Personensorgerechts auffaßt, so ist doch zu berücksichtigen, daß es auf diesem Gebiete nur beschränkte Geltung erlangt hat, da nach Art. 134 EG. die landesgesetzlichen Bestimmungen über die religiöse Erziehung der Kinder unberührt geblieben sind. Es bedarf deshalb in jedem Falle der Prüfung, ob für dasjenige Gebiet, dem das Kind nach seinem Wohnsitz angehört, durch Landesgesetz die religiöse Erziehung geregelt ist (vgl. Jahrb. 41 S. 48; ebenso Güttler, Religiöse Kindererziehung 43; Geiger, Religiöse Erziehung der Kinder 128). Der uneheliche Sohn Emil teilte nach § 11 den Wohnsitz seiner Mutter. Dieser war zur Zeit der Geburt des Kindes und ist auch jetzt in Preußen begründet, so daß § 642 ALR. II 2 anzuwenden ist. Danach sind uneheliche Kinder bis zum 14. Lebensjahre in dem Glaubensbekenntnis der Mutter zu erziehen. Diese positive Bestimmung gewährt der Mutter kein Wahl- oder Bestimmungsrecht bezüglich der religiösen Erziehung ihres Kindes. Die einfache Tatsache, daß die Mutter einem bestimmten Glaubensbekenntnis angehört, hat unabhängig von ihrem Willen zur Folge, daß ihr uneheliches Kind in ihrem Glaubensbekenntnis zu erziehen ist (vgl. Jahrb. 25 S. 21).

Die Vorinstanzen haben auch noch in anderer Beziehung rechtlich geirrt. Für sie ist die Mitteilung der Mündelmutter, sie habe auf der Gerichtsschreiberei ihren Austritt aus der kath. Kirche erklärt, maßgebend gewesen. Das Amtsgericht führt insbesondere noch in Anlehnung an Jahrb. 22 S. 230 aus, daß das Kind in dem jedesmaligen Glaubensbekenntnis der Mutter zu erziehen sei. Abgesehen davon, daß hier der Austritt der Mündelmutter aus der kath. Kirche offenbar noch gar nicht vollzogen ist, sondern daß es sich lediglich um den Antrag auf Entgegennahme der Austrittserklärung handelt, haben die Vorinstanzen aber vor allem übersehen, daß selbst der vollzogene Austritt, wie schon aus § 1 Ges. betr. den Austritt aus der Kirche vom 14. Mai 1873 hervorgeht, nur bürgerliche Wirkung hat. Die Mündelmutter wäre damit noch nicht aus ihrer kath. Glaubensgemeinschaft ausgeschieden. Der Austritt aus dieser bestimmt sich lediglich nach den Vorschriften des kath. Kirchenrechts (vgl. Jahrb. 38 S. 95). Es fehlt aber bisher an jeder Feststellung darüber, ob die Mutter neben ihrem mit bürgerlicher Wirkung erklärten Austritt sich auch mit kirchenrechtlicher Wirksamkeit von der kath. Religionsgemeinschaft losgesagt hat. Solange dies nicht geschehen ist, müßte sie trotz ihrer gerichtlichen Austrittserklärung noch als katholisch gelten und besonders bei Anwendung der staatskirchenrechtlichen Vorschriften über die religiöse Erziehung ihres Kindes noch als katholisch behandelt werden. Erst wenn sie auch mit kirchenrechtlicher Wirksamkeit ausgeschieden und in eine andere übergetreten ist, kann dieser Umstand für die Frage, in welcher Konfession ihr Kind zu erziehen ist, rechtliche Bedeutung erlangen.

Die Vorinstanzen gehen mithin von unrichtigen rechtlichen Erwägungen aus. Bei der gegenwärtigen Sachlage fällt jede Voraussetzung für die Entlassung des Vormundes, so daß sich eine Zurückverweisung der Sache an die Vorinstanzen erübrigt. Sollte aber ein Konfessionswechsel der Mutter mit kirchlicher Wirkung erfolgen, dann wird das VormGericht erneut zu prüfen haben, ob irgendwelche Maßregeln gegen den Vormund mit Rücksicht darauf, daß er einem anderen Glaubensbekenntnis angehört, angezeigt erscheinen. Es wird sich bei etwaigen erneuten Versuchen des Vormundes, den Mündel aus seiner jetzigen Pflegestelle fortzubringen, gegenwärtig zu halten haben, daß der Mündelmutter nach § 1707 das Personensorgerecht für ihr uneheliches Kind zusteht, und daß sie deshalb nach § 1631 den Aufenthaltsort des Kindes zu bestimmen, es zu erziehen und zu beaufsichtigen hat. Der Vormund hat insoweit lediglich die Stellung eines Beistandes und deshalb kein Recht, ohne Einwilligung der Mutter das Kind aus seiner bisherigen Pflegestelle fortzubringen.[1] L.m.

β) **Bestellung eines Beistands, falls die evang. Mutter ihren kath. Sohn dem Beichtunterricht entzieht.**

Kammergericht, Ia. ZS. Beschluß v. 22. September 1911.

Der 1898 aus der Ehe des verstorbenen kath. K. und der evang. E. hervorgegangene Sohn besucht die Stadtschule und nimmt an dem kath. Religionsunterricht teil. Dagegen ist er auf Geheiß der Mutter dem Beichtunterricht ferngeblieben. Da die Mutter der hierauf ergangenen gerichtlichen Anweisung,

---

[1] In der Rheinprovinz darf die uneheliche Mutter kraft ihres Personensorgerechts die Konfession bestimmen, in der das Kind erzogen werden soll (Beschluß desselben ZS. vom 28. Januar 1911, Jahrb. 41 S. 47).

ihren Sohn dem Beichtunterricht zuzuführen, nicht nachkam, bestellte das Amtsgericht ihr einen Beistand, dem es die Überwachung der religiösen Erziehung des Knaben bis zu dessen vollendetem 14. Lebensjahre übertrug. Auf die Beschwerde der Mutter hob jedoch das LG. die Bestellung des Beistands auf. Hiergegen hat der Pfarrer als Inhaber des kath. Pfarramts weitere Beschwerde eingelegt mit dem Antrage, die kath. Erziehung des Knaben durch dessen Unterbringung in einem kath. Waisenhause sicherzustellen. Das Rechtsmittel, zu dessen Einlegung der Beschwerdeführer als der zuständige Ortsgeistliche gemäß § 57 Nr. 9 FrGG. befugt ist, ist begründet. Zutreffend und in Übereinstimmung mit der ständigen Rechtsprechung (Jahrb. 20 S.248) geht das LG. davon aus, daß zum kath. Religionsunterricht, in dem der Knabe zu erziehen ist, nicht nur der religiöse Schulunterricht, sondern auch der Beicht- und Kommunionsunterricht zu rechnen ist und daß die Mutter, wenn sie den Knaben dem Beichtunterricht fernhält, hierzu vom VormGericht durch geeignete Maßregeln, besonders durch Bestellung eines Beistandes, angehalten werden kann. Irrtümlich nimmt aber das LG. an, daß ein Beistand nur unter den Voraussetzungen des § 1666 bestellt werden kann. Nach § 1687 Nr. 3 ist die Bestellung eines Beistandes nur an die Voraussetzung geknüpft, daß das Gericht aus besonderen Gründen die Bestellung im Interesse des Kindes für nötig erachtet. Daß ein solcher besonderer Grund vorliegt, wenn die Mutter sich beharrlich weigert, den gesetzlichen Vorschriften über die religiöse Kindererziehung nachzukommen, ist bereits mehrfach ausgesprochen (Jahrb. 39 S. 8). Ebenso ist es unbedenklich, daß im Interesse des Kindes die Bestellung eines Organs zur Überwachung der Mutter in der Erfüllung ihrer religiösen Erziehungspflicht sich als notwendig erweist, sobald Anhaltspunkte dafür vorhanden sind, daß die Mutter hierin lässig ist. Das LG. hätte deshalb erwägen sollen, ob ein genügender Anhalt für die vorsätzliche oder fahrlässige Vernachlässigung der Erziehungspflicht der Mutter nicht allein aus dem Umstand sich ergab, daß sie den Knaben dem Beichtunterricht fernhielt, obwohl er als Schüler des Gymnasiums für die Dauer des Beichtunterrichts zur Teilnahme am Religionsunterricht nicht verpflichtet war (Erlaß v. 29. Februar 1877, ZBl. für die Unterrichtsverw. 138), also durch den Beichtunterricht anscheinend nicht mehr als sonst belastet und angestrengt worden wäre und obwohl sein Religionslehrer eine Gefährdung der Gesundheit des Knaben für ausgeschlossen hielt. Wenn das LG. aber die Möglichkeit einer Gesundheitsbeschädigung für vorhanden erachtete, so hätte es sich keinesfalls mit der ganz unbestimmt gehaltenen Auskunft der Polizeibehörde begnügen dürfen, sondern einen ärztlichen Sachverständigen, besonders den zuständigen Kreisarzt vernehmen müssen (FrGG. § 12). Erst nach Einholung dieses Gutachtens wäre es auch in der Lage gewesen zu beurteilen, ob nicht die Mutter böswillig den Knaben vom Beichtunterricht fernhält und gegen sie auch auf Grund des § 1666 Maßregeln geboten sind. Wgr.

4. Sachenrecht.

a) Störung durch Benzinmotor im Nachbarhause.

OLG. München, IV. ZS. Urteil v. 18. Oktober 1912.

Das LG. hat die Beklagte verurteilt, Vorkehrungen zu treffen, daß der in ihrem Anwesen befindliche Motor durch Zuführung von Geräusch und Abdämpfen die Benutzung der Wohnungen in dem Anwesen des Klägers wesentlich beeinträchtigt und das dortige Dach nebst Hofraum beschmutzt. Die Berufung ist unbegründet. Zunächst muß die erste für die Entscheidung maßgebende Frage, ob die Einwohner des klägerischen Anwesens durch den Motor wesentlich beeinträchtigt werden, auf Grund der Beweisaufnahme bejaht werden. Die erhebliche Belästigung besteht in der unter Tags andauernden Zuführung von Geräusch und Erschütterungen bei dem Betriebe des Motors, wobei die Hauptursache jedenfalls darin liegt, daß das eine Lager der Transmission unmittelbar an der Nachbarwand angebracht ist und so die Erschütterungen unmittelbar auf das Nachbarhaus übertragen werden. Außerdem kommt auch die erhebliche Belästigung durch das unmittelbar an der Grenze beider Anwesen angebrachte Auspuffrohr in Betracht; durch dieses werden die Abdämpfe auf das Dach des klägerischen Anwesens und in dessen Hofraum zugeführt, welche nicht nur das Dach und den Hofraum, sondern auch die unter dem Dach liegenden Bodenräume, sowie die Wäsche der Mietpartei im Speicherraum beschmutzen. Überdies trifft hier Satz 2 § 906 zu, der die Zuführung durch eine besondere Leitung für unzulässig erklärt.

Allerdings ist die Zuführung von Geräusch und Erschütterungen trotz erheblicher Belästigung zu dulden, insoweit die Einwirkung durch eine Benützung herbeigeführt wird, die nach den örtlichen Verhältnissen gewöhnlich ist. Allein die Behauptung der Beklagten, daß der Stadtteil als ein Industrieviertel gelten müsse, ist unzutreffend. Der ganze hier in Betracht kommende Häuserblock muß vielmehr als ein Wohnungsviertel bezeichnet werden. Da es sich hierbei nicht um ein Herrschaftsviertel, sondern um ein mehr kleinbürgerliches Viertel handelt, kann es dem Charakter eines Wohnungsviertels keinen Abbruch tun, daß einige Werkstätten und gewerbliche Betriebe mit kleinem Maschinenbetrieb eingestreut sind. Auch die Nähe des Bahnhofes genügt dazu nicht; das Geräusch des Bahnbetriebes ist ganz anders gestaltet und wirkt weniger unangenehm, wie das anhaltende und fortgesetzte Geräusch eines ständig betriebenen Motors in unmittelbarer Nähe. Mit Recht hat auch der Kläger darauf hingewiesen, daß in einer Reihe von Städten das Bahnhofviertel nicht etwa durch die Nähe des Bahnhofes herabgesetzt ist, vielmehr gerade die besten und schönsten Wohnungsgelegenheiten enthält (wie Köln, wo der Dom neben dem Bahnhof liegt, Frankfurt). Es bestehen auch nicht etwa verschiedene ähnliche oder gleichartige Betriebe in jenem Viertel, so daß aus diesem Grund eine Duldung gesetzlich erzwungen werden könnte. Im übrigen ist die Hauptursache für die Belästigung in der besonderen baulichen Anlage zu finden, indem das eine Lager der Transmission unmittelbar an der Nachbarwand angebracht ist. P.n.

b) **Begriff und Begründung eines Erbbaurechtes.**

OLG. Kiel, I. ZS. Urteil v. 2. Dezember 1912.

Die Beklagten hatten nach dem notariellen Kaufvertrag an ihrer Parzelle 24 ein Erbbaurecht dahin zu bestellen, daß der Kläger sie zum Bau und Betrieb einer von M. nach N. führenden Drahtseilbahn benützen, besonders darauf Träger errichten, Drahtseile darüber leiten und die Parzelle betreten darf, wenn der Bau, der Betrieb und die dereinstige Entfernung der Drahtseilbahn das Betreten erfordert. Für die Frage, ob ein Erbbaurecht den Vertragsgegenstand bildet, kommt es nicht darauf an, welche Bezeichnung die Parteien der fraglichen Grundstücksbelastung gegeben haben, sondern darauf, ob sich die Merkmale eines Erbbaurechts aus dem Vertrage ergeben. Nach § 1012 ist wesentlich, daß das Grundstück als Baugrund dienen soll. Dagegen ist gleichgültig, ob das Bauwerk bereits besteht oder erst hergestellt werden soll, ob es die ganze Fläche oder nur einen Teil des Grundstücks bedeckt oder bedecken soll. Nach § 1 des Vertrags gehört es unter anderen Merkmalen zum Inhalt der vereinbarten Belastung, daß der Kläger Träger als Stützen der Drahtseilbahn errichten darf; diese Träger erfordern eine mechanische und feste Verbindung mit dem Erdboden. Damit ist dem Erfordernis, daß das Grundstück als Baugrund dienen soll, genügt (Rsp. 10 S. 412). Hier ist belanglos, ob der Kläger tatsächlich einen Träger errichten wird; es ist seine Sache, ob er das ihm eingeräumte Recht gebraucht.

Da nach dem Vertrage das Erbbaurecht an der ganzen Parzelle zu bestellen ist, ist der Kläger nicht verpflichtet, bei dem Bau der Bahn eine bestimmte Trace innezuhalten oder das Erbbaurecht mit der Einschränkung, daß die Bahn das Grundstück in einer bestimmten Linienführung überqueren soll, eintragen zu lassen. Er kann vielmehr gegen Zahlung der entsprechenden Entschädigung die Bahn über das Grundstück legen und so viele Träger auf ihm errichten, wie er will.

Nach §§ 1017, 313 hat die entgeltliche Verpflichtung zur Belastung eines Grundstücks mit einem Erbbaurecht nur in der Form gerichtlicher (notarieller) Beurkundung Gültigkeit. In Ermangelung dieser Form ist der mündliche Nachtragsvertrag, nach welchem der Kläger 6 Mark Entschädigung anstatt 3 Mark für den laufenden Meter Luftlinie der Drahtseilbahn zahlen soll, nichtig. SchHA.

c) **Keine Eintragung von Erbschaftshypotheken auf den Testamentsvollstrecker.**

OLG. Rostock, FerienZS. Beschluß v. 3. September 1912.

Die Vorinstanzen haben mit Recht angenommen, daß die Eintragung und Umschreibung von Erbschaftshypotheken und -grundschulden, gleichviel ob die Eintragungsbewilligung oder die Abtretung auf den Erblasser oder die Erben oder den Vollstrecker als solchen lautet, auf die Erben zu geschehen hat und daß die Eintragung oder Umschreibung auf den Vollstrecker unzulässig ist. Bei Eintragungen von Hypotheken und Grundschulden müssen nach §§ 1115, 1192 die Gläubiger im Grundbuch angegeben werden; das sind hier die Erben. Zwar ist im BGB. nichts darüber gesagt, in welcher Weise der Gläubiger einzutragen ist; daher kann in gewissen Fällen zulässig sein, von der namentlichen Aufführung der Gläubiger abzusehen. Hieraus folgt aber nichts zugunsten des Beschwerdeführers. Denn bei Eintragung des Vollstreckers würden nicht die wirklichen Gläubiger unter einer anderen als der namentlichen Bezeichnung eingetragen, sondern es würde ein anderer Gläubiger als der Berechtigte im Grundbuch angegeben werden. Mit dieser Auslegung des § 1115 steht der § 53 GBO. in Einklang. Er schließt zwar die Eintragung der Hypotheken 2c auf den Namen des Vollstreckers nicht ausdrücklich aus, setzt aber nach seiner Fassung die Eintragung der Erben als notwendig voraus und ordnet die Miteintragung der Ernennung des Vollstreckers als eine Verfügungsbeschränkung der eingetragenen Erben an, vgl. Rsp. 20 S. 416; eine entgegengesetzte Ansicht ist in der Literatur nicht hervorgetreten. Es kann keinen Unterschied machen, ob ein Erbfall aus der Zeit vor oder nach Inkrafttreten des BGB. vorliegt. Abgesehen davon, daß die Stellung des Vollstreckers nach altem Recht im wesentlichen dieselbe war wie nach dem jetzigen, handelt es sich hier entscheidend um eine Frage des Grundbuchrechts, und diese kann nach Anlegung des Grundbuchs nur nach dem jetzigen Recht beurteilt werden. Fehlsam ist auch der Hinweis des Beschwerdeführers auf den Willen des Erblassers. Dieser kann die Befugnisse des Vollstreckers zwar in gewissem Umfange erweitern oder einschränken, er kann aber die Vorschriften des Grundbuchrechts nicht außer Kraft setzen. J.n.

d) **Mietzinsabtretung. Aufgabe des Grundstücks. Anfechtungsrecht der Hypothekengläubiger.**

Kammergericht, XIV. ZS. Urteil v. 28. November 1912.

Der Eigentümer A. des Grundstücks, auf dem für den Kläger eine Hypothek von 3300 Mark haftete, zahlte die Anfang 1911 fälligen Zinsen für das 4. Quartal 1910 nicht und erklärte am 25. Januar 1911 einen alsbald eingetragenen Verzicht auf sein Eigentum. Auf Antrag des Klägers wurde X. zum Vertreter nach § 787 ZPO. bestellt und auf ihn die dem A. bereits am 24. Januar 1911 zugestellte vollstreckbare Urkunde über die Hypothek des Klägers umgeschrieben. Demnächst wurden Zwangsverwaltung und -versteigerung angeordnet, wobei der Kläger mit 2400 Mark ausfiel. Ein Teil der von Januar bis Mai 1911 gezogenen Mieten hat Beklagter unter Vorlegung des Scheins vom 2. März 1911 beansprucht. A. erklärt in diesem Scheine, seine Frau habe eine ihr gegen ihn zustehende Darlehnsforderung von 7500 Mark dem Beklagten abgetreten, er habe deshalb am 1. Dezember 1910 dem Beklagten die Mieten seines Hauses bis zu 7500 Mark abgetreten. Die vom Zwangsverwalter hinterlegten Mieten beansprucht der Kläger wegen seines Ausfalls und klagt deshalb auf die Einwilligung des Beklagten in diese Auszahlung. Der Anspruch ist begründet.

Der Kläger kann als Hypothekengläubiger im Wege der Zwangsverwaltung Befriedigung auch aus den Mietszinsen verlangen. Der Beklagte behauptet, der Kläger sei außerhalb des Verfahrens vom Ersteher befriedigt worden. Angesichts des vorliegenden Titels des Klägers und seines Ausfalles im Vollstreckungsverfahren kennzeichnet sich dieses Vorbringen als ein Einwand gegen den formal unbedenklich gegebenen Anspruch des Klägers auf die streitigen Mieten als einen Teil der Zwangsverwaltungsmasse. Dieser Einwand kann dem Beklagten aber nur zur Seite stehen, wenn er selbst einen Anspruch auf die hinterlegte Masse besitzt. Ist er an der Masse gänzlich unbeteiligt, so geht ihm jedes rechtsschutzwürdige Interesse an der Bekämpfung des Klägers ab, er muß dessen mindestens formalem Rechte weichen und sonstigen etwaigen Beteiligten überlassen, das materielle Erlöschen dieses Rechtes geltend zu machen.

Der Beklagte stützt sich sodann auf die Abtretung vom 1. Dezember 1910. Sie wäre den Hypothekengläubigern gegenüber wirksam, denn sie hätte sich nicht auf eine spätere Zeit als das zur Zeit der Beschlagnahme laufende und das folgende Vierteljahr erstreckt. Auch verlor der Vermieter A. mit der Aufgabe seines Eigentums nicht den aus dem persönlichen Schuldverhältnis entspringenden Anspruch auf die Mieten, eine Abtretung dieses Anspruchs war also zulässig, auch soweit er sich auf die Zeit nach Aufgabe des Grundstücks bezog. Die Abtretung unterliegt aber der Anfechtung, weil sie nur in der dem Beklagten bekannten Absicht erfolgt sein kann, die sonstigen Gläubiger des A zu benachteiligen. Auf den Namen der nicht zahlungsfähigen Frau A. waren die Maschinen bestellt. Gegen den Mann A. bestand kein Anspruch auf Zahlung. Er besaß auch außer den Mietsforderungen nichts, um die Maschinen zu bezahlen. Dies hat die Frau A. dem Beklagten gesagt. Wenn A. unter diesen Umständen die Mietszinsen dem Lieferanten abtrat, so waren sich alle Beteiligte darüber klar, daß dadurch dem A. die Möglichkeit genommen wurde, die Hypothekenzinsen zu zahlen. Dem Beklagten als Inhaber eines großen Geschäfts konnte diese naheliegende Folgerung erst recht nicht entgehen. Die Abtretung bezweckte also eine ungerechtfertigte Bevorzugung des Beklagten auf Kosten der Hypothekengläubiger. Unerheblich ist, ob das Grundstück so wertvoll ist, daß es zur Befriedigung sämtlicher Hypothekare ausreichen konnte. Diese sind stets benachteiligt, wenn sie statt auf Zahlung oder leicht zu beschlagnahmende Befriedigungsobjekte wie Mieten, auf eine Zwangsversteigerung des Grundstücks angewiesen sind, bei der häufig das Meistgebot den wahren Wert nicht erreicht. Einen Anspruch auf Abtretung der Mietsforderungen hatte der Beklagte nicht, auch wenn bei den Verhandlungen über seine Maschinenlieferungen zwischen ihm und den Eheleuten A. schon von der eventuellen Deckung seiner Kaufpreisforderung durch die Mietenabtretung gesprochen worden sein mag; deshalb läßt sich die Abtretung nicht als reines Erfüllungsgeschäft ansehen. Unhaltbar ist auch der Hinweis auf § 1391, da Mietenabtretung keine Sicherheitsleistung im Sinne des BGB. ist (vgl. § 232).

Der Kläger ist als Realgläubiger zur Anfechtung berechtigt (RG. 17 S. 167). Auch war sein Schuldtitel gegen denjenigen Eigentümer, der die anfechtbare Rechtshandlung begangen hat, schon vollstreckbar, bevor dieser das Grundstück aufgab, und ihm auch bereits zugestellt; der dingliche Schuldner A. konnte die einmal für den Kläger erworbene Grundlage des Anfechtungsrechts nicht nachträglich dadurch vernichten, daß er auf das Grundstück verzichtete. Verhaftet für den dinglichen Hypothekenanspruch sind das Grundstück und die sonstigen Bestandteile der dinglichen Masse nach § 1120. Rechtshandlungen, die ein zu dieser Masse gehöriges Vermögensobjekt der dinglichen Haftung in anfechtbarer Weise entziehen, kann der Realgläubiger anfechten, dessen Vollstreckung in diese dingliche Masse fruchtlos geblieben ist. Darum ist die Legitimation des Klägers auch nicht etwa deshalb zu verneinen, weil die Vollstreckung, die zu seiner vollständigen Befriedigung nicht geführt hat, das Grundstück nicht mehr als Vermögensstück des A., sondern erst zu einer Zeit, da A. nicht mehr Eigentümer war, angetroffen hat. Gleichgültig ist dabei, wer damals Eigentümer oder auf Grund gerichtlicher Bestellung gemäß § 787 ZPO. die Immobilienmasse bei der Vollstreckung vertrat.

Die Behauptung, der Ersteher habe den Kläger außerhalb des Verfahrens befriedigt, mag, soweit die Klage sich auf die Anfechtung gründet, erheblich sein. Aber sie wird durch die Angabe, der Ersteher habe dem Kläger als Entschädigung für seinen Ausfall eine neue Hypothek eingeräumt, nicht gestützt. Diese Hypothek würde keine Befriedigung der Forderung, sondern nur ihre neue Sicherung darstellen, von der noch nicht feststeht, ob sie einmal zur Befriedigung führen wird. Ob der Kläger seinen Ausfall in der dinglichen Vollstreckung künstlich herbeigeführt hat, berührt das Verhältnis der Parteien, solange der Kläger nicht anderweit befriedigt ist, überhaupt nicht. Denn der Kläger war dem Beklagten gegenüber nicht verpflichtet, sich anderswoher zu befriedigen, als aus den streitigen Mieten. Fr.

e) **Mangelnde Bestimmtheit des Hypothekengläubigers.**[1, 2]

α) Kammergericht, I. ZS. Beschluß v. 1. April 1912.

Die Eintragung: „800 Mark Kaufgeld, verzinslich zu 4 %, desgl. fällig wie im Vertrage vom 1. Oktober 1892 angegeben, für den Ökonomen August Müller bzw. dessen Ehefrau Dorothea zu C." erweist sich ihrem Inhalte nach als unzulässig. Eine Hypothek ist nichtig, wenn sich die Person des Gläubigers aus der Eintragung selbst nicht sicher bestimmen läßt. Dies folgt für

[1] Die vom Gesetz offen gelassene Frage, ob die Hypothek eine Realobligation schaffe, ist zu verneinen; deshalb ist die Verpflichtung des jedesmaligen Grundeigentümers, unter bestimmten Voraussetzungen das Darlehn zurückzuzahlen, als dem Wesen der Hypothek widersprechend, nicht eintragbar (KG., I. ZS. Beschluß v. 29. Mai 1911, Jahrb. 41 S. 232).

[2] Als „Stand" des Gläubigers ist seine Stellung im bürgerlichen Leben einzutragen; die Angabe „Graf" genügt daher nicht (Beschluß v. 29. Januar 1912 aO. 42 S. 179). — Unbekannte Erben können als Berechtigte dann nicht eingetragen werden, wenn kein Organ, bes. kein Vollstrecker besteht, der für sie das Recht erwerben kann (Beschluß v. 22. Januar 1912 aO. S. 219).

das geltende Recht aus den §§ 874, 1113, 1115 BGB., wonach zwar zur näheren Bezeichnung des Inhalts des dinglichen Rechtes und der Forderung auf die Eintragungsbewilligung Bezug genommen werden kann, die notwendige Angabe des Gläubigers dagegen nicht durch Bezugnahme erfolgen darf. Das hier für die Eintragung von 1892 maßgebende preuß. Recht ließ bei der Hypothek eine Bezugnahme überhaupt nicht zu. Allerdings wurde die einzige einschlägige, sich in § 76 preuß. GrBO. findende Bestimmung, daß es bei einem Altenteile der Eintragung der einzelnen Leistungen nicht bedürfe, im Eintragungsvermerke vielmehr auf die zu den Grundakten in beglaubigter Form einzureichende Festsetzung des Altenteils (wegen der einzelnen Leistungen, nicht wegen der Person des Berechtigten) zu verweisen sei, in der Praxis vielfach analog auf andere in der II. Abt. einzutragende, dem Altenteile verwandte Rechtsverhältnisse ausgedehnt. Auf Eintragungen in der III. Abt. aber durfte der § 76 nicht übertragen werden (vgl. RG. 20 S. 274; KGJ. 15 S. 140). Die Eintragung von 1892 darf somit nur aus sich selbst heraus ausgelegt werden. Sie lautet auf den Namen „August Müller bzw. dessen Ehefrau". Danach fehlt es an der gemäß §§ 18, 19 Nr. 1, 23 EEG. erforderlichen Angabe eines bestimmten Gläubigers. Es ist nicht ersichtlich, ob die beiden Eheleute im Verhältnis einer Konjunktivberechtigung nach Bruchteilen oder zur gesamten Hand, einer Sukzessivberechtigung oder, was dem Wortlaute der Eintragung am ehesten entsprechen würde, aber an sich unzulässig wäre, einer Alternativberechtigung zueinander stehen sollen. Wegen dieser Unbestimmtheit unterliegt die Eintragung der vom Beschwerdeführer wenn auch unter anderer Begründung beantragten Löschung. Schl.

β) **Unrichtige Angabe des Wohnsitzes des Gläubigers.**

Kammergericht, I. ZS. Beschluß v. 25. November 1912.

Die weitere Beschwerde ist begründet. Die Vorinstanzen haben die für die „WBank in Elmshorn" beantragte Eintragung abgelehnt, weil die Bank ihren Sitz in Heide, dagegen in Elmshorn nur eine Zweigniederlassung habe. Der vom RG. 22 S. 7 ausgesprochene Grundsatz, daß die Eintragung eines Rechts auf die von der Hauptfirma abweichende Firma der Zweigniederlassung zulässig sei, kommt deshalb hier nicht in Betracht.

Gemäß § 4 Nr. 2 AVf. vom 20. November 1899 (JMBl. 349) ist zur Bezeichnung einer Aktiengesellschaft als Berechtigten im Grundbuche die Firma der Gesellschaft und ihr Sitz anzugeben, der nach § 182² Nr. 1 HGB. im Gesellschaftsvertrage bestimmt sein muß. Jede Aktiengesellschaft kann, wie sich aus den §§ 195¹, 200¹, 272², 277³, 309 HGB. ergibt, nur einen Sitz haben (Jahrb. 20 S. 39, RG. 59 S. 108); auch durch eine Zweigniederlassung wird kein zweiter Sitz begründet (ROHG. 17 S. 315). Hieraus folgt, daß, von dem Falle der besonderen Firma der Zweigniederlassung abgesehen, bei der Eintragung eines Rechts für eine Aktiengesellschaft neben deren Firma ihr im Gesellschaftsvertrage bestimmter Sitz, hier also Heide, anzugeben ist (so auch der Beschluß vom 1. August 1912, 1 X 260). Jedoch kann in entsprechender Anwendung von § 4² der AVf. auf den Antrag des Berechtigten oder den mit der Bewilligung verbundenen Antrag des Betroffenen bei der Eintragung eines Rechts für eine Aktiengesellschaft die Zugehörigkeit des Rechtes zu dem unter der Verwaltung einer Zweigniederlassung stehenden Vermögen durch einen der Firma und dem Sitze der Gesellschaft beizufügenden Zusatz bezeichnet werden. Die Eintragung könnte also hier auf die „WBank in Heide (Zweigniederlassung in Elmshorn)" oder in zulässiger genauerer Weise auf die Aktiengesellschaft in Firma „WBank mit dem Sitze in Heide (Zweigniederlassung in Elmshorn)" lauten.

Wenn hiernach die Hypothek auch nicht für die „WBank in Elmshorn" eingetragen werden kann, so können die Vorentscheidungen doch nicht aufrecht erhalten werden. Zunächst läßt die von dem Beschwerdegericht bestätigte Zwischenverfügung des Grundbuchamts nicht erkennen, was verlangt wird: eine formgerechte Ergänzung der Eintragungsbewilligung oder eine einfache Ergänzung des Eintragungsantrages. Das erstere wäre rechtlich verfehlt, da es für die Eintragungsbewilligung genügt, wenn die Identität des einzutragenden Berechtigten feststeht und diese Identität hier, wie sich schon aus der Zwischenverfügung ergibt, außer Zweifel ist (vgl. Jahrb. 28 S. 83; auch Bay. ObLG. „Recht" 1908 Nr. 2729, wo zu § 28 GrBO. ausgeführt ist, daß die irrige Bezeichnung einer Plannummer in der Eintragungsbewilligung unschädlich sei, wenn das gemeinte Grundstück aus den sonstigen Angaben unzweifelhaft erhelle). Eine Ergänzung des Antrages zu fordern, war an sich berechtigt. Diesem Erfordernis aber ist schon in der ersten Beschwerde Rechnung getragen. Denn dort ist zum Ausdruck gebracht, daß der Beschwerdeführer einverstanden sei, wenn bei der Eintragung der Hypothek irgendwie die Bank mit einem Hinweis auf die Zweigniederlassung als Gläubigerin bezeichnet werde. Über die Fassung eines jeden Eintragungsvermerks entscheidet das Ermessen des Grundbuchamts. Es ist deshalb auch zulässig, die Fassung, wie es hier geschehen ist, ausdrücklich dem Grundbuchamt anheimzugeben (Jahrb. 42 S. 223 zu 2). Allerdings hat die Beschwerde nicht der Eigentümer persönlich, sondern für ihn der gemäß § 15 GrBO. zu seiner Vertretung als ermächtigt geltenden Notar eingelegt. Auf Grund dieser Ermächtigung darf der Notar nichts beantragen, was mit dem vom Beteiligten schon selbst gestellten Antrage nicht im Einklange steht. Hier handelt es sich aber nicht um eine Abweichung von dem Eintragungsantrage des Beteiligten, sondern um eine bloße Erläuterung dieses Antrages. Eine solche liegt im Rahmen der gesetzlichen Ermächtigung des Notars. SchlHA.

f) **Umschreibung einer Nachlaßhypothek auf die Erben. Nachweis der Erbfolge (GrBO. § 36).**

Kammergericht, I. ZS. Beschluß v. 23. Dezember 1912.

Es handelt sich darum, daß eine Nachlaßhypothek im Wege der Grundbuchberichtigung auf die Erben umgeschrieben werden soll, und zwar auf den Antrag und die Bewilligung des vom Hypothekengläubiger ernannten Testamentsvollstreckers. Daß dieser zufolge der ihm in § 2203 zugewiesenen Aufgabe, an Stelle des Erben alle zur Ausführung des letzten Willens des Erblassers erforderlichen Geschäfte vorzunehmen, zur Stellung des Berichtigungsantrags (§ 13 GrBO.) befugt ist, ist gemeine Meinung. Im Jahrb. 40 S. 204 ist auch dargelegt, daß er, was hier nicht unmittelbar in Betracht kommt, die nach § 22[2] GrBO. zur Eintragung der Erben als Eigentümer eines Nachlaßgrundstücks erforderliche Zustimmung kraft eigenen Rechts erklären darf. Die hier zu entscheidende Frage, ob er die Eintragung des Erben gemäß § 19 bewilligen darf oder ob die die Unrichtigkeit des Grundbuchs bewirkende Erbfolge gemäß § 22[1] GrBO. nachgewiesen werden muß, ist mit den Vorinstanzen im zweiten Sinne zu beantworten.

Im allgemeinen ist die Berichtigungsbewilligung allerdings nicht nur eine zulässige, sondern sogar die von der GrBO. §§ 19, 22 in erster Linie vorgesehene Grundlage einer berichtigenden Eintragung. Mittels ihrer kann derjenige, zu dessen Gunsten eine unrichtige Eintragung besteht, diese beseitigen. Die Fähigkeit der Berichtigungsbewilligung, die Berichtigungseintragung zu rechtfertigen, beruht auf dem in ihr zutage tretenden Willen des von der Berichtigung Betroffenen (vgl. Güthe, ZBl. FG. 13 S. 125, 172 ff.). „Betroffen wird in dem Falle, daß an Stelle des Buchberechtigten ein anderer eingetragen werden soll, der Buchberechtigte" (RJA. 12 S. 72). An einem solchen fehlt es, wenn ein für den Erblasser eingetragenes Recht auf den Erben umgeschrieben werden soll. Der eingetragene Berechtigte ist tot. Sein Erbe, an dessen Stelle bei dem Vorhandensein eines Vollstreckers dieser gemäß § 2203 zu handeln befugt sein würde, ist — anders, wie dann, wenn die Unrichtigkeit des Grundbuchs nicht auf dem Erbfalle, sondern auf einem sonstigen rechtlichen Ereignisse beruht und die Berichtigung zugunsten eines Dritten erfolgen soll — nicht passiv beteiligt, ist vielmehr derjenige, zu dessen Gunsten die Eintragung bewirkt werden soll. Die Annahme einer Repräsentation des Verstorbenen durch den Vollstrecker ist dem geltenden Rechte fremd. Ist hiernach in Fällen, wie dem vorliegenden, eine Berichtigungsbewilligung rechtlich unmöglich, so kann die Umschreibung des Rechtes auf die Erben nur auf Grund des Nachweises der Erbfolge herbeigeführt werden (im Ergebnis übereinstimmend: Dresden Seuff. 57 S. 254, Kretzschmar in ZBl. FG. 2 S. 719). Zu dem Nachweise bedarf es, sofern die Erbfolge wie hier nicht auf einer in einer öffentlichen Urkunde enthaltenen Verfügung von Todes wegen beruht, gemäß § 36 GrBO. des von den Vorinstanzen vergeblich geforderten Erbscheins. Sch.-S.

g) **Übergabe des Briefes durch bedingte Abtretung des Herausgabeanspruchs. Abtretung einer Teilhypothek.**

α) OLG. Breslau, IV. ZS. Urteil v. 17. Februar 1910.

1) Der Beklagte, der die Bebauung seines Grundstücks dem X. übertragen hatte, hat für ihn am 2. Juni 1905 die Eintragung der hier fr. Hypothek bewilligt und gleichzeitig dem Grundbuchamte erklärt, daß der Brief der Bau-

bank für den Gläubiger auszuhändigen sei, auch am 3. Juni mit X. die Bedingungen verabredet, unter denen X. die Aushändigung des Briefes verlangen könne. Die Baubank hat den Brief in Kenntnis der aus der angehängten Urkunde ersichtlichen Erklärung des Beklagten angenommen und sich dadurch dem Beklagten gegenüber verpflichtet, den Brief nach Maßgabe des zwischen ihm und X. bestehenden Rechtsverhältnisses an diesen auszuhändigen. Es lag also ein Verwahrungsvertrag zugunsten eines Dritten (X.) vor (§ 328), aus dem dieser gemäß dem Abkommen, wonach er den Brief spätestens mit der Gebrauchsabnahme verlangen darf, ein selbständiges Recht gegen die Baubank auf Übergabe des Briefes geltend machen konnte. Die Umstände, besonders der Zweck des Abkommens, dem X. während des Baus Sicherheit, nach dessen Vollendung und behördlicher Genehmigung aber Befriedigung wegen seines Werklohns zu gewähren, ergeben, daß für X. nach dem Eintritt dieser Bedingung das Recht erworben sein sollte. Allerdings war diese Wirkung einstweilen noch aufgeschoben, bedingt durch die Gebrauchsabnahme des Baues; die Bedingung ist aber eingetreten und damit die davon abhängig gemachte Wirkung (§ 158), dh. die Bank verwahrte nunmehr den Brief für X. mit der unbedingten Pflicht, ihn an X. herauszugeben. Es bestand daher jedenfalls von da ab zwischen der Bank und X. ein dem § 868 entsprechendes Rechtsverhältnis; X. war mittelbarer Besitzer des Briefes. Hiermit war dem § 1117¹ genügt; denn zur Übergabe einer Sache gemäß § 929 genügt die Übertragung des mittelbaren Besitzes, dasselbe muß aber auch von der Übergabe gelten, die der den § 929 ausdrücklich anziehende § 1117 fordert.

Wird aber auch angenommen, daß die dem Grundbuchamt abgegebene Erklärung in Verbindung mit dem Abkommen vom 3. Juni kein selbständiges Recht des X. entstehen ließ, daß vielmehr mit der ersteren nur der Zweck der Verwahrung bezeichnet, die Übergabe des Briefes aber immer noch von einer der Bank abzugebenden Erklärung des Beklagten abhängig sein sollte, so bestand jedenfalls für den Beklagten ein Recht auf Herausgabe des Briefes der Bank gegenüber; und dieses Recht hat er durch das Abkommen an X. abgetreten, allerdings nur unter einer Bedingung. Aber es ist anzunehmen, daß auch durch bedingte Abtretung des Herausgabeanspruches die Übergabe einer Sache mit dinglicher Wirkung für den Fall des Eintritts der Bedingung ersetzt werden kann. Es liegt kein Grund vor, den § 158, der nach seiner Stellung auch auf dingliche Rechte Anwendung findet, hier auszuschalten. Auch in diesem Falle ist dem § 929 genügt; X. ist mittelbarer Besitzer des Briefes geworden, mit dem Zeitpunkt aber, zu dem er diesen Besitz durch Ersatzübergabe von dem bisherigen mittelbaren Besitzer (dem Beklagten) erworben hat, also spätestens mit der Gebrauchsabnahme des Baus ist X. nach § 1117 Gläubiger der Hypothek geworden.

2. Von dieser Hypothek hat X. 1907 einen Teilbetrag an den Kläger wirksam abgetreten. Auch hier ist der Brief nicht körperlich übergeben, viel-

mehr hat X. in der Urkunde seinen Anspruch auf Herausgabe des Briefes gegen die Baubank dem Kläger abgetreten, soweit dieses für die Abzweigung der Teilhypothek, Eintragung im Grundbuch und Bildung eines Hypothekenbriefes nötig ist. Wird nun zunächst davon ausgegangen, X. habe mit dieser Erklärung den Brief dem Zessionar körperlich übergeben, so hat er ihm den Besitz am Briefe, die tatsächliche Gewalt über ihn übertragen. Daß er dieses nur zu einem bestimmten Zwecke tat, ist für die Besitzübertragung gleichgültig, der Kläger hätte trotzdem die tatsächliche Gewalt über den Brief erhalten, er wäre nicht nur Besitzdiener im Sinne des § 855 geworden. Was aber von der körperlichen Übergabe gilt, muß auch gelten, wenn der Herausgabeanspruch abgetreten wird; denn der Zessionar hat, wenn dieser Anspruch realisiert wird, dieselbe Möglichkeit über die Sache zu verfügen, wie in jenem Fall, er hat dann ebenfalls den Besitz erlangt. Zwar genügt nach §§ 1154, 1117 nicht der Besitzerwerb allein, dieser muß vielmehr durch Übergabe des Zedenten erfolgen, dh. es muß der Zessionar den Besitz mit dem Willen des Zedenten, der sich desselben zu seinen Gunsten entschlägt, erwerben. Dieses liegt aber hier nach dem Inhalte der Urkunde auch vor. Der Wille des X. ist dahin gegangen, es solle dem Zessionar der Mitbesitz am Brief übertragen werden, dieser solle nach Maßgabe des zwischen ihnen bestehenden Gemeinschaftsverhältnisses auch berechtigt sein, über ihn für sich zu verfügen. Dieses aber muß genügen; namentlich erfordert § 1117 keine besondere Einigung, daß Eigentum übergehen solle, und anderseits genügt die Übertragung des Mitbesitzes. Es liegt auch kein Grund vor, unter dem Briefe in §§ 1154, 1117 [1] im Falle der Abtretung eines Teils einer Hypothek nur den zu bildenden Teilhypothekenbrief zu verstehen. Dieses folgt schon aus dem § 1152, der die Bildung eines Teilbriefes über den abgetretenen Teil nur für zulässig erklärt, nicht aber vorschreibt, also die Eintragung der Teilabtretung auch ohne Bildung eines solchen bei Briefhypotheken zuläßt. — Diese Ausführungen widersprechen nicht den RGE. 64 N. 77, 65 N. 17, 69 N. 9; denn diese beschäftigen sich mit der Übergabe des Briefes durch Abtretung des Herausgabeanspruchs überhaupt nicht, sondern behandeln den hiervon ganz verschiedenen Fall des § 1117 [2], unter welchen Voraussetzungen die dort erwähnte Vereinbarung genügt; sie setzen also voraus, daß weder eine körperliche Übergabe des Briefes (§ 929), noch eine Zusatzübergabe (§§ 930, 931) stattgefunden hat. Auch RG. 54 N. 32 steht nicht entgegen, denn die ausdrückliche Abtretung des Herausgabeanspruchs ist in der Urkunde von 1907 enthalten, und es würde nicht erheblich sein, wenn diese erst durch Auslegung gefunden wird, vorausgesetzt, daß der Inhalt der Urkunde einer solchen fähig ist, was hier sicher der Fall ist. N.ck.

β) **Anspruch des Gläubigers auf Aushändigung des Briefes im Konkurse des Eigentümers.**

OLG. Rostock, I. ZS. Urteil v. 13. Februar 1911.

Der RA. X. hatte 1909 an den RA. A. für verschiedene Auftraggeber

Kapitalien, darunter für den Kläger 6000 Mark zur Verschaffung von Grundschulden gezahlt. Die 6000 Mark sollten auf Bauplätze eingetragen werden, die A. gekauft hatte, die aber noch abgetrennt werden mußten. Nachdem dies geschehen, beantragte er die Eintragung mehrerer Gläubiger, auch des Klägers, und die Auslieferung der Grundschuldbriefe an sich unter Erfordern sämtlicher Kosten. Als er am 6. Mai 1910 in Konkurs geriet, befanden sich die Grundschuldbriefe auf dem Grundbuchamte, wo sie sich auch jetzt noch befinden. Die Parteien streiten darüber, ob die Grundschuld über 6000 Mark vom Kläger erworben ist oder als Eigentümergrundschuld zur Konkursmasse gehört. Eine Übergabe des Briefes hat nicht stattgefunden und ebensowenig eine sie ersetzende Vereinbarung. Der Kläger behauptet zwar, es sei in Mecklenburg im Verkehr unter Anwälten üblich, daß der Anwalt, der die Übertragung von Grundschulden vermittle, die Briefe als Bevollmächtigter des Gläubigers in Empfang nehme. Aber aus dem Bestehen einer solchen Üblichkeit kann nicht gefolgert werden, daß eine stillschweigende Vereinbarung im Sinne des § 1117² getroffen ist. A. hat den Antrag, ihm die Briefe zugehen zu lassen und alle Kosten von ihm wahrzunehmen, deshalb gestellt, weil das Grundbuchamt die Briefe nicht ohne gleichzeitige Kostenzahlung herausgibt und die Bezahlung der Kosten ihm oblag. Danach wollte er die Briefe als Eigentümer in Empfang nehmen.

Der Kläger hat auch keinen Aussonderungsanspruch wegen der Briefe und kein Absonderungsrecht für seine Forderung. Eine analoge Anwendung der vom RG 45 S. 80 für die fiduziarische Übertragung entwickelten Grundsätze ist nicht zulässig. Denn der Grund, aus dem das RG. dem Fiduzianten ein Aussonderungsrecht zuspricht, ist, daß das Eigentum wirtschaftlich und im inneren Verhältnis zwischen dem Übertragenden und dem Empfänger ein Vermögensbestandteil des früheren Eigentümers geblieben ist, wenn es auch formell und rechtlich dem Empfänger gehört. Hier hat aber der Kläger das Recht aus der Eintragung niemals besessen, daher kann auch nicht die Rede davon sein, daß es ihm noch materiell und dem Eigentümer nur formell zusteht. — Der Antrag auf Eintragung der Grundschuld kann auch nicht etwa als ein gemäß § 952¹ im Eigentum des Klägers stehender „Schuldschein" angesehen werden, inhalts dessen die dem A. nach §§ 1163², 1192 zustehende Grundschuld im Verhältnis zum Kläger nach den Grundsätzen der Fiduzia zu beurteilen wäre. Der § 952 setzt eine für den Gebrauch des Gläubigers zu Beweiszwecken ausgestellte Urkunde voraus und das dem Eigentümer bis zur Übergabe des Briefes an den Gläubiger zustehende Recht an der Grundschuld entspringt nicht, wie das an fiduziarisch übertragenen Werten, aus einem Rechtsgeschäfte, sondern unmittelbar aus dem Gesetz.

Der Kläger hat sonach nur einen persönlichen Anspruch auf Verschaffung der Grundbuchschuld. Zwar hätte er, wenn A. sich diesem Anspruch gegenüber auf §§ 1163², 1192 berufen hätte, einwenden können, daß er vertraglich zur Übertragung der Grundschuld verpflichtet sei. Aber im Konkurse versagt dieser Einwand, da der Anspruch sich in eine reine Konkursforderung umgewandelt hat. Der Fall liegt nicht anders, als wenn beim Verkauf einer bestimmten Sache der Verkäufer nach Empfang des Kaufpreises und vor Übergabe der Sache in Konkurs gerät. Auch hier kann der Käufer den Einwand, den er dem sich auf sein Eigentum an der Sache berufenden Verkäufer gegenüber hatte, nicht gegen den Konkursverwalter geltend machen, sondern nur eine persönliche Konkursforderung wegen Nichterfüllung gemäß § 26 KO. geltend machen. J. n.

h) **Darf der Gläubiger den Brief wegen Kosten des § 1118 zurückbehalten?**

OLG. Kiel, III. ZS. Urteil v. 23. Juni 1910.

Die Beklagte hat den Hypothekenbrief wegen der Kosten der auf ihren Antrag erlassenen einstw. Verfügung zurückbehalten. Dagegen meint der Kläger, daß über die Kosten dieser nicht zugestellten und somit nicht in Wirkung getretenen Verfügung nur in dem durch die §§ 935 ff. ZPO. geregelten, besonderen Verfahren hätte entschieden werden können. Allein nach § 1144/5 darf der Gläubiger den Brief so lange zurückbehalten, bis er gänzlich befriedigt ist. Kraft der Hypothek haftet das Grundstück gemäß § 1118 für die Kosten der die Befriedigung aus dem Grundstück bezweckenden Rechtsverfolgung. Diese umfaßt alle erforderlichen Maßnahmen, um die Befriedigung aus dem Grundstück zu erzielen, also auch die Maßregeln nach § 1134. Hier war aber zweifellos die einstw. Verfügung nach Lage der Sache erforderlich. Der Kläger mußte daher als Eigentümer des Grundstücks die durch diesen Antrag entstandenen Kosten tragen. Der Standpunkt des Klägers, daß die Beklagte dadurch auf die Kosten verzichtet hätte, daß sie nach Auszahlung des Hypothekenbetrages die Zustellung der Verfügung unterließ, ist unzutreffend, weil aus dieser Unterlassung nicht die für die Annahme eines Verzichts erforderliche Willenserklärung zu entnehmen ist. Ls.

i) **Zinserhöhung nach der Beschlagnahme (ZwVG. § 20).**

α) OLG. Hamburg, I. ZS. Urteil v. 16. Januar 1911.

Nach § 1119 hat der Beklagte mit seiner an 14. Stelle stehenden Hypothek an sich die nach deren Eintragung für die frühere Hypothek des Klägers erfolgte Zinserhöhung auf $4^1/_4$% anzuerkennen und bei der Verteilung des Versteigerungserlöses auch insoweit hinter dem Kläger zurückzustehen. Das angefochtene Urteil und ebenso das Amtsgericht in seinem Teilungsplane gehen aber davon aus, daß sich dies hier deshalb ändere, weil die Erhöhung erst nach Anordnung der Zwangsversteigerung eingetragen sei, und zwar tun sie das, obwohl der Beklagte nicht betreibender Gläubiger ist. Dabei wird dem § 10^4 ZwVG. eine abstrakte und absolute Bedeutung in dem Sinne beigemessen, daß stets nicht in die 4., sondern in die 6. Klasse der in § 10 geordneten Rangfolge diejenigen Ansprüche aus den dinglichen Rechten gehören, die in dem im Gesetze (§ 10^5) vorgesehenen Normalfalle, daß der betreibende Gläubiger in der 5. Klasse rangiert, diesem gegenüber unwirksam sind. Es würden also nicht nur auf die Unwirksamkeit gegenüber „dem Gläubiger" sich alle anderen Forderungsberechtigten der Rangklassen 1—4 berufen können, sondern es würde auch im Einzelfalle nicht darauf ankommen, ob ein betreibender Gläubiger vorhanden ist, dem gegenüber nach den konkreten Verhältnissen die Unwirksamkeit begründet ist. Allein der ganze Gedankengang des Gesetzes ergibt, daß diese Auffassung unrichtig ist, mag sie auch auf den ersten Blick nach der Fassung des § 10 einiges für sich haben.

Nach § 20 hat die Anordnung der Zwangsversteigerung die Beschlagnahme zugunsten des Gläubigers zur Folge, also des auf Grund eines vollstreckbaren Titels entweder durch seinen Antrag das Verfahren veranlassenden oder dem Antrage später beitretenden Gläubigers (§§ 9, 15, 27). Nach § 23 hat die Beschlagnahme die Wirkung eines Veräußerungsverbotes, aber weil sie selbst nur zugunsten des Gläubigers eintritt, eines Verbots nur zugunsten des Gläubigers. Es handelt sich also um ein zugunsten des jeweils betreibenden Gläubigers gerichtlich ausgesprochenes Veräußerungsverbot im Sinne des § 136 BGB., das ebenso wie ein gesetzliches nach § 135 eine Veräußerung, worunter auch eine Pfändung fällt, nur gegenüber den im Einzelfall in Betracht kommenden Personen unwirksam macht, und zwar, da nach dem Sinn der §§ 135, 136 das Verbot nicht die Person als solche, sondern nur ihr Interesse schützt, nur insoweit, als die Veräußerung deren Interesse zuwiderläuft. Mit dieser im Gesetz klar ausgedrückten nur relativen Unwirksamkeit einer nach der Beschlagnahme getroffenen Verfügung würde es im schroffen Gegensatz stehen, wenn in § 10[4] eine absolute Unwirksamkeit gegenüber allen interessierten Gläubigern der Rangklassen 1—4 ausgesprochen sein sollte. Eben weil es sich um ein Veräußerungsverbot zugunsten des im Einzelfall betreibenden Gläubigers handelt, kann die Unwirksamkeit einer nach der Beschlagnahme vorgenommenen Verfügung nur in Frage kommen, wenn und insoweit ein bestimmter betreibender Gläubiger vorhanden ist, der durch die Verfügung in seinem Interesse verletzt wird. Das Gesetz nimmt denn auch seinem Wortlaute nach von der 4. Klasse nicht diejenigen Ansprüche aus, die infolge der Beschlagnahme einem betreibenden Gläubiger gegenüber unwirksam sein können, sondern die dem Gläubiger gegenüber unwirksam sind. Der 1. Entwurf des ZwVG. hatte in § 10 den Anspruch des Gläubigers an 4. Stelle, aber ebenfalls hinter den an 3. Stelle ausnahmslos aufgeführten dinglichen Rechten mit dem Zusatze angeführt: „dieser Anspruch geht jedoch denjenigen vor, deren Begründung infolge der Beschlagnahme gegenüber dem Gläubiger unwirksam ist" und damit noch klarer ausgedrückt, daß es nur der Gläubiger ist, der diesen Ansprüchen vorgezogen wird. Es geht aus den Materialien nicht hervor, daß durch die jetzige veränderte Fassung eine sachliche Änderung beabsichtigt war. Es kann danach einer nach der Beschlagnahme eingetragenen Zinserhöhung einer hypothekarischen Forderung, sofern sie nicht die zulässige Höhe überschreitet, nur der betreibende Gläubiger und dieser auch nur insofern und insoweit widersprechen, als er dadurch in seiner Befriedigung aus dem Versteigerungserlöse beeinträchtigt wird. Im übrigen behält der § 1119 BGB. auch für die nach der Beschlagnahme eingetragene Zinserhöhung seine Bedeutung.

Hier sind die betreibenden Gläubiger — sie gehören zum Teil der 1. Klasse, zum Teil den Hypothekariern an —, soweit sie dem Beklagten vorgehen, voll befriedigt, also ohne Interesse an der Zinserhöhung. Ein weiterer betreibender Gläubiger steht allerdings an 15. Stelle, also hinter dem Beklagten, als Hypothekar eingetragen. Allein auch er hat kein Interesse, da die ihm vorgehende hypothekarische Forderung des Beklagten von 10000 Mark nur in Höhe von 4000 Mark befriedigt ist und er demnach selbst dann nicht zum Zuge kommen würde, wenn der Kläger die hier fraglichen Zinsen nicht erhielte. Es hat eben nur der Beklagte ein Interesse an der Unwirksamkeit der Zinserhöhung und ihm gegenüber ist sie, weil er nicht betreibender Gläubiger ist, wirksam. M. n.

β) **über 5% unter Vorrangseinräumung.**

OLG. Dresden, VI. ZS. Beschluß v. 16. Januar 1912.

Für den Beschwerdeführer sind Hypotheken von 15000 und 60000 Mark nebst Zinsen bis zu $4^3/_4$% eingetragen. Der Eigentümer beantragte, im gleichen Range mit diesen Haupthypotheken einzutragen, daß diese vom 1. Juli 1911 ab mit $4^1/_8$, unter Umständen mit $5^1/_8$% zu verzinsen sind. Die nachfolgenden Hypothekare räumten den über 5% hinaus einzutragenden $^1/_8$% Zinsen den Vorrang ein und bewilligten unter Zustimmung des Eigentümers die Eintragung dieser Rangänderung. Das Amtsgericht trug lediglich die Zinserhöhung ein, lehnte aber die weitere Eintragung ab, weil die Zinserhöhung als bloße Erweiterung begrifflich den Rang der schon eingetragenen Hypothek teile. Die Beschwerde ist unter Bezugnahme auf § 71² Satz 1 GrBO. als unzulässig verworfen. Die weitere Beschwerde ist begündet.

Das Rangverhältnis unter mehreren Rechten derselben Abt. bestimmt sich nach der Reihenfolge der Eintragungen (§ 879 Satz 1) di. nach der räumlichen Aufeinanderfolge der Eintragungen. Das KG. folgert aus diesem Satz 1, daß nach dem auf der tabellarischen Buchführung beruhenden preuß. Formulare des Grundbuchblatts, bei dem die Erhöhung der Zinsen einer Hypothek bei dieser selbst und damit räumlich vor den Zwischenrechten eingetragen wird, die Zinserhöhung, auch soweit die Hypothek höher als mit 5% jährlich zu verzinsen ist, ohne einen darauf gerichteten Vermerk als im gleichen Range mit der Hypothek stehend ausgewiesen werde, und daß zu vermerken sei, wenn das Gegenteil gelten soll (Jahrb. 26 A 290). Ob dies zutreffend ist, kann dahingestellt bleiben. Bei der chronologischen Buchführung, wie sie dem sächs. Formulare zugrunde liegt, verhält es sich jedenfalls anders, weil die Zinserhöhung getrennt von der Hypothek, in einer ihr räumlich nachfolgenden Eintragung verlautbart wird. Diese Gestaltung des Grundbuchblatts erfordert, daß der Vorrang, der einer Erhöhung über 5% von den Zwischenberechtigten eingeräumt wird, im Grundbuche besonders vermerkt werden muß, um gegenüber dem öffentlichen Glauben zur Geltung zu gelangen. Der Umstand, daß sie eine bloße Erweiterung der Hypothek ist, ändert hieran nichts. Ein Recht an einem Grundstücke kann grundsätzlich nur unbeschadet der eingetragenen Zwischenrechte erweitert werden. Die Erweiterung teilt also nicht den Rang des Rechtes, sondern steht, wenn inzwischen Rechte eingetragen worden sind, in der Regel diesen Rechten im Range nach. Eine Ausnahme hiervon bestimmt der § 1119[1] für die Hypothek insoweit, als sie ohne Zustimmung der gleich- oder nachstehenden Berechtigten erweitert werden kann, daß das Grundstück für Zinsen bis zu 5% haftet. Soweit der Zinsfuß 5 übersteigt, steht die Erweiterung den Zwischenrechten im Range nach, und nur durch Einräumung des Vorrangs gemäß § 880 kann sie gleichen Rang mit der Hypothek erlangen. Danach bedarf es hierzu außer der Einigung der Beteiligten über die Rangänderung der Eintragung. Diese aber ist, wenigstens nach dem sächs. Formulare, nicht anders möglich als in der Form eines besonderen Vermerks.

Das LG. vertritt denselben Standpunkt; es hat sich aber durch § 71[2] Satz 1 GrBO. für verhindert erachtet, eine sachliche Entscheidung zu treffen. Allein die Beschwerde richtet sich nicht gegen die auf Grund der Bewilligung des Eigentümers eingetragene Zinserhöhung, sondern gegen die Ablehnung der beantragten Eintragung der Rangänderung. Ann.

k) **Zubehörhaftung. Einfluß der Beschlagnahme.**

α) OLG. Dresden, II. ZS. Urteil v. 21. März 1910.

Der § 1120 ist nicht dahin zu verstehen, daß die Haftung alle im Zeitpunkte der Hypothekeneintragung zum Grundstücke noch im Verhältnisse der Zubehörung stehenden Gegenstände ergreift, die vorher irgend einmal Eigentum des Eigentümers gewesen sind, selbst wenn sie ihm nicht mehr gehören; der Hypothek unterliegen vielmehr nur diejenigen Zubehörstücke, die ihm zur Zeit der Hypothekeneintragung noch gehören, und die, die er später hinzuverwirbt. Das folgt aus Motiven: „Der Satz, daß die Hypothek mit dem Grundstücke zugleich das Zubehör ergreift, soweit letzteres dem Eigentümer des ersteren gehört, gilt fast überall in Deutschland". Die spätere Änderung in der Wortfassung bedeutet keine sachliche Abweichung vom Entwurfe. Diese Ansicht teilen Planck, Staudinger, Crome, Biermann, Celle RG. 18 S. 164; v. Brünneck Gruchot 44 S. 98 ua. Darauf, ob die Maschinen für andere Hypotheken anderer Gläubiger gehaftet haben, und für diese mangels Entfernung vom Grundstücke auch nach ihrer Veräußerung verhaftet geblieben sind, kommt im Verhältnisse der Parteien nichts an. Insbesondere ist insoweit auch die Tatsache der Beschlagnahme ohne Bedeutung und kann aus ihr nicht gefolgert werden, daß die Maschinen allen im Zeitpunkte der Beschlagnahme bestehenden Hypotheken unterworfen seien. Allerdings umfaßt nach § 20[2] ZwVG. die Beschlagnahme auch diejenigen Gegenstände, auf die sich die Hypothek erstreckt. Darin liegt aber, soweit Zubehör in Frage kommt, zunächst objektiv die Beschränkung auf den Rahmen des § 1120 BGB

Weiterhin kommt subjektiv in Betracht, daß die Beschlagnahme nach § 23 ZwVG. die Wirkung eines Veräußerungsverbotes hat, also nach § 135 BGB. nur zugunsten des Betreibenden und der etwa beigetretenen Gläubiger eintritt. Denn das Versteigerungsverfahren bezweckt nur die Befriedigung dieser Gläubiger; die Berücksichtigung anderer Personen ergibt sich lediglich als eine Folge der Einwirkungen, die der Zuschlag auf deren Rechte auszuüben vermag.

Durch die Zwangsversteigerung des Grundstücks ging die Beklagte ihres Eigentums an den Maschinen nicht verlustig; sie hat rechtzeitig die Einstellung der Zwangsversteigerung wegen der Maschinen gemäß §§ 55^2, 37^5 ZwVG. erwirkt. Die Maschinen sind auch vom Grundstücke entfernt, das Grundstück ist ohne sie versteigert und schließlich ist auch die Beschlagnahme und die Zwangsvollstreckung in sie aufgehoben worden. Danach kann die Erhebung einer Klage aus § 771 ZPO. und in dem dort vorgesehenen Gerichtsstande für die Beklagte nicht mehr in Frage kommen. Wie sie vom Kläger die Unterlassung jeden Eingriffs in ihr Eigentum an den Maschinen hätte fordern können, so kann sie jetzt seine Einwilligung in die Auszahlung des inzwischen an deren Stelle getretenen Erlöses beanspruchen. v. F.

β) wenn von mehreren einheitlich bewirtschafteten Grundstücken nur einige versteigert sind.

Kammergericht, XIV. ZS. Beschluß v. 24. April 1911.

Der Antragsteller, der das Armenrecht nachsucht, besaß einen einheitlich bewirtschafteten Grundbesitz, der auf sechs verschiedenen Grundbuchblättern verzeichnet war. Fünf von diesen Grundstücken mit einer Fläche von 6 ha, darunter die Hofstelle, sind unter den gesetzlichen Bedingungen versteigert worden, das sechste mit einer Fläche von 6 ha verblieb dem Antragsteller. Der Ersteher hat mit der Hofstelle auch das ganze Wirtschaftsinventar in Besitz genommen und ganz oder teilweise weiter veräußert. Der Ersteher erwarb nach §§ 90^2, 55, 20 ZwVG., 1120 BGB. auch diejenigen Gegenstände, welche Zubehör der ihm zugeschlagenen Grundstücke waren. Bei der einheitlichen Bewirtschaftung des ganzen Grundbesitzes war das Inventar aber nicht bloß Zubehör der dem Ersteher zugeschlagenen Grundstücke, besonders auch nicht der Hofstelle allein, sondern auch des dem Antragsteller verbleibenden Grundstücks. Ob in solchem Falle der Ersteher überhaupt kein Eigentum an dem tatsächlichen Zubehör des ganzen Grundbesitzes erwirbt, oder ob er Miteigentümer neben dem Schuldner, gegen den sich die Zwangsversteigerung richtet, nach dem Verhältnisse der versteigerten und aber dem Schuldner verbliebenen Grundbesitzteile wird, oder ob der Schuldner alle seine Rechte am Zubehör verliert, wenn er sie nicht nach § 37 Nr. 5 ZwVG. geltend macht, läßt sich nur im Prozesse entscheiden. Keinesfalls läßt sich aber bei der Zweifelhaftigkeit dieser Rechtslage von vornherein die Klage als aussichtslos bezeichnen, welche entweder den Anspruch auf Herausgabe oder Ersatz aus dem Alleineigentum verfolgt (§§ 985ff., 816 BGB.), oder, auf das Miteigentum gestützt, die Einräumung des Mitbesitzes (RG. 69 S. 40) oder die Aufhebung der Gemeinschaft (§ 749 BGB.) oder die Herausgabe der ungerechtfertigten Bereicherung erstrebt. Fr.

γ) **Ergreift die Beschlagnahme die entfernten Bestandteile?**

Kammergericht, XIV. ZS. Beschluß v. 28. März 1912.

Der Beschwerdeführer, der mit seiner Hypothek bei der von X. betriebenen Zwangsversteigerung des Grundstücks am 23. Februar 1912 ausgefallen ist, macht sein hypothekarisches Recht noch an den Türen und Fenstern geltend, die vor der Beschlagnahme der Konkursverwalter des den Neubau ausführenden Maurermeisters aus dem Bau und vom Grundstück entfernt hat. Auf seinen Antrag ist dem Verwalter Ende 1911 durch einstw. Verfügung die Veräußerung dieser Türen und Fenster untersagt worden, er hat sie aber im März 1912 dem Ersteher des Grundstücks verkauft und ausgehändigt. Der Antrag auf eine einstw. Verfügung, die dem Ersteher die Herausgabe der Türen an einen Gerichtsvollzieher zwecks Verwahrung aufgibt, ist unbegründet.

Es kann dahingestellt bleiben, ob der Auffassung des RG. 55 S. 414 beizutreten ist. Denn hier ist der Zuschlag auch bezüglich der früheren Bestandteile des Grundstücks wirksam geworden und deshalb die Hypothek an ihnen auf alle Fälle erloschen. Nach § 1121 werden Bestandteile von der Haftung für eine Hypothek nur dann frei, wenn sie veräußert und vom Grundstücke entfernt werden, bevor sie zugunsten des Gläubigers in Beschlag genommen worden sind. Hier sind zwar die Türen rc vom Grundstücke vor der Beschlagnahme entfernt worden. Diese Beiseiteschaffung durch den Konkursverwalter hatte aber noch keinen Eigentumswechsel zur Folge und war keine Veräußerung; vielmehr ist der erste als Veräußerung in Betracht kommende Besitzwechsel bezüglich dieser Gegenstände erst nach der Einleitung des Versteigerungsverfahrens erfolgt. Deshalb unterliegen auch die streitigen Türen der Beschlagnahme des Grundstücks in diesem Verfahren, wurden von dem Zuschlage mitbetroffen und durch ihn von der ausfallenden Hypothek des Beschwerdeführers frei. Daß sie etwa nach § 37 Nr. 5 oder § 65 ZwVG. von der Versteigerung vorläufig ausgeschlossen wurden, ist nicht behauptet. Fr.

l) **Haftung der Mietzinsen:** α) **im Falle des Nießbrauchs.**

OLG. Celle, V. ZS. Urteil v. 18. Januar 1912.

Für den Kläger ist ein Nießbrauch eingetragen; das Grundstück war aber schon vorher mit der Darlehnshypothek der Beklagten belastet. Diese hat auf Grund vollstreckbarer Ausfertigung der Schuldurkunde gegen den Eigentümer die Mietzinsen und dessen Rechte aus dem der Nießbrauchbestellung zugrunde liegenden Vertrage pfänden und sich überweisen lassen. Die Klage, die die Pfändung der Mietzinsen als unzulässig erklärt, scheitert daran, daß diese zufolge § 1123 für die Hypothek der Beklagten haften. Wie der Hypothek die Mietzinsforderungen des Eigentümers unterliegen, so haften für diese auch dieselben Forderungen des Nießbrauchers jedenfalls dann, wenn der Nießbrauch hinter der Hypothek zurückzustehen hat, dh.

wenn er der Hypothek im Range nachsteht, einerlei ob der Nießbraucher selbst vermietet hat oder ob er kraft des Nießbrauchs in die vorher vom Eigentümer begründeten Mietverträge eingetreten ist. Hier haften also die Mietforderungen des Klägers für die Hypothek. Unbedenklich ist, daß die Beklagte im Wege der Mobiliarvollstreckung vorgegangen ist. Ihr steht auch wegen des dinglichen Anspruchs dieser Weg offen. Ihr haften aber nicht als persönlicher Gläubigerin die Mietforderungen des Klägers, sondern sie kann aus ihnen, da sie nur für die Hypothek haften und nicht auch für die Forderung, welche durch jene gesichert ist, nur wegen des hypothekarischen Anspruchs Befriedigung suchen. Letzteres ist aber geschehen. Die Pfändung ist beantragt auf Grund der Schuldurkunde, welche sowohl für die Forderung als auch für die Hypothek einen vollstreckbaren Titel darstellt, und der Pfändungsbeschluß unterscheidet nicht, bezieht sich also auf beide Ansprüche....

Weit erheblicher ist ein anderes Bedenken, nämlich daß gegen den Eigentümer Vermögensstücke des Klägers gepfändet sind, gegen den kein Vollstreckungstitel vorliegt. Es ist die Frage, ob sich die Beklagte mit dem ihr zur Seite stehenden materiellen Recht gegen die Widerspruchsklage verteidigen kann, deren Ziel es ist, die Vollstreckung auf das Vermögen des Vollstreckungsschuldners zu beschränken und sie vom Vermögen Dritter, dh. solcher, die nicht Vollstreckungsschuldner sind, abzuwehren. Der vorliegende Fall ist aber nicht etwa dem Falle gleichzustellen, wo gegen die Widerspruchsklage der unerhebliche Einwand vorgebracht wird, daß auch der Kläger Schuldner der vollstreckbaren Forderung sei, sondern er liegt ähnlich dem Fall, wo in das Vermögen eines Dritten, der nicht Vollstreckungsschuldner ist, vollstreckt ist, dessen Widerspruchsklage aber die Anfechtung entgegengesetzt wird, was die herrschende Praxis mit Recht zuläßt. Wie im letzteren Fall ein Recht auf Befriedigung aus dem anfechtbar weggegebenen Vermögensstück besteht, so besteht hier ein Recht auf Befriedigung aus der Mietforderung des Klägers. Dessen Recht ist also durch das Recht der Beklagten in seiner Wirksamkeit beschränkt. Es genügt nach § 771 ZPO. nicht, daß dem Kläger ein Recht zusteht, welches an sich die Veräußerung zu hindern geeignet ist, sondern das Recht des Klägers muß im gegebenen Falle die Veräußerung hindern. Das letztere trifft hier um des Rechts der Beklagten willen nicht zu. L.t.

β) **Einstw. Verfügung auf Zwangsverwaltung.**

OLG. Naumburg, II. ZS. Beschluß v. 7. November 1911.

Für den Beschwerdeführer ist auf dem im Miteigentum von A. und B. stehenden Grundstück eine Darlehnshypothek eingetragen. Über B. ist Konkurs eröffnet. Der Antragsteller hat glaubhaft gemacht, daß die Zinsen am 1. Oktober 1911 nicht gezahlt sind, und daß die Mietserträge zur Konkursmasse gezogen werden, während A. darüber zuungunsten der Hypothekare verfügt. Auf den Antrag, die Zwangsverwaltung durch einstw. Verfügung anzuordnen, hat das LG. den Antraggegnern die Verfügung über die Mietzinsforderungen untersagt. Dieses Verbot gewährt jedoch dem Hypothekar keinerlei Schutz dagegen, daß sich Dritte (persönliche Gläubiger des A.) an die Mietzinsen halten. Das Recht des Hypothekars auf die Mietzinsen des Pfandgrundstücks kann Zugriffen Dritter gegenüber nur durch die Beschlagnahme der Mietzinsen gesichert werden (§ 1124). Die Beschlagnahme läßt sich hier nur durch eine gegen beide Miteigentümer durchführbare einheitliche Maßnahme bewirken, von bloßer Arrestpfändung der Mietzinsen aber kann keine Rede sein, weil über B. der Konkurs eröffnet ist (§§ 14, 15 KO.). Die zum Schutze des Rechtes auf die Mietzinsen erforderliche Beschlagnahme kann danach wirksam nur durch eine gemäß §§ 146 ff. ZwVG. erfolgende Zwangsverwaltung des Pfandgrundstücks bewirkt werden. Schl.

γ) **Verhältnis der Mietpfändung zweier Hypothekengläubiger.**

Kammergericht, XXIV. ZS. Urteil v. 23. November 1912.

Die Beklagte hat wegen ihrer Hypothek Nr. 5 am 28. März 1912 die Forderung des Schuldners an die Mieter auf Zahlung der fälligen und fällig werdenden Mieten gepfändet und sich zur Einziehung überweisen lassen; der Beschluß ist den Drittschuldnern am 30. März 1912 zugestellt worden. Gegen diese Pfändung hat der Kläger Widerspruchsklage erhoben, weil er den Drittschuldnern am 24. Mai 1912 einen Beschluß zugestellt hat, durch den er wegen seiner Hypothek Nr. 1 die Mieten für den laufenden und die folgenden Monate gepfändet und sich zur Einziehung hat überweisen lassen. Die Klage ist, soweit es sich um die für die Zeit seit 1. Oktober 1912 fällig gewordenen Mieten handelt, begründet.

Wie aus den zugrunde liegenden Schuldtiteln zu entnehmen, haben beide Teile die Pfändung auf Grund eines dinglichen Schuldtitels ausgebracht, da in diesen die Verpflichtung des Schuldners zur Duldung der Vollstreckung in sein Grundstück unzweideutig ausgedrückt ist ... Es liegen hiernach Beschlagnahme zweier Hypothekengläubiger vor, von denen die des vorgehenden erst nach der des nachstehenden ausgebracht ist. Die Entscheidung, inwieweit die hierdurch erworbenen Rechte nebeneinander bestehen können oder das Recht des einen dem des anderen zu weichen hat, kann aus den das Rangverhältnis betreffenden Vorschriften, besonders aus § 879 nicht unmittelbar betroffen werden. Der § 1124 hat überhaupt nicht das Verhältnis der Beschlagnahme eines Hypothekars zu der eines anderen im Auge, gibt vielmehr nur Vorschriften darüber, in welchem Umfange mit Wirkung gegen den Hypothekar zugunsten eines Dritten über die Mieter verfügt werden darf, ohne zu unterscheiden, ob der Dritte ein persönlicher Gläubiger des Verfügenden oder, sofern er ein Hypothekar ist, ob sein Recht dem des Hypothekars im Range vorgeht oder nachsteht (vgl. Rsp. 18 S. 169, RGKomm. § 1124[6]). Hiernach läßt sich aus dem Gesetz auf keinen Fall der Satz herleiten, daß etwa mit der Beschlagnahme des voreingetragenen Hypothekars die frühere des nacheingetragenen ohne weiteres unwirksam werde. An sich bestehen beide Beschlagnahmen zu Recht, und jede von ihnen äußert weiterhin unbeschränkt ihre Wirksamkeit, wenn etwa nachträglich auf die Rechte aus der anderen verzichtet oder diese aus sonstigen Gründen hinfällig wird. Daraus kann aber nicht, wie es das LG will, weiter gefolgert werden, daß das Zusammentreffen beider Beschlagnahmen nur Anlaß geben könne, die Mieten gemäß §§ 853, 872 ZPO. zu hinterlegen und ein Verteilungsverfahren einzuleiten. Jene Vorschriften behandeln nur das Recht des Drittschuldners zur Hinterlegung des für mehrere Gläubiger gepfändeten Schuldbetrages und die Regelung der Verfahrens für den Fall, daß der hinterlegte Betrag zur Befriedigung der beteiligten Gläubiger nicht hinreicht, während hier zu entscheiden ist, ob und wie weit der eine Pfändungsgläubiger der Pfändung des anderen zu widersprechen berechtigt sei oder nicht. Diese Frage ist lediglich auf Grund des § 1124 zu beantworten; hiernach hat aber die Beklagte durch die auf Grund des dinglichen Schuldtitels bewirkte Pfändung, wie mit der herrschenden Meinung anzunehmen, die Mieten des Grundstücks mit Beschlag belegt und dadurch zunächst das Recht erworben, daß über die noch nicht eingezogenen Mieten zu ihren Ungunsten weder durch Rechtsgeschäft noch durch Pfändung verfügt werden darf. Dasselbe Recht steht aber auch dem Gläubiger einer voreingetragenen Hypothek zu, wenn er nachträglich die Beschlagnahme der Mieten durch deren Pfändung auf Grund seines dinglichen Schuldtitels ausgebracht hat, und zwar auch mit Wirkung gegenüber der Pfändung des nachstehenden Hypothekars, da sein Recht bei der Befriedigung aus dem Grundstück dem Rechte des nacheingetragenen Hypothekars vorgeht. Insoweit ist allerdings die Rangordnung der Hypotheken nach § 879 von Bedeutung, und insoweit kommt der früheren Beschlagnahme des nacheingetragenen Gläubigers vom Augenblicke der Beschlagnahme des voreingetragenen an nur noch die Bedeutung einer Verfügung über die Mieten im Sinne des § 1124 zu; denn es ist anerkannt, daß den rechtsgeschäftlichen Verfügungen im Sinne dieser Vorschrift die durch Pfändung bewirkten gleichzustellen sind. Zu einer solchen Verfügung war aber dann mit Wirksamkeit gegenüber dem Kläger die Beklagte nur noch hinsichtlich derjenigen Mieten befugt, die für das laufende und folgende Kalendervierteljahr fällig geworden sind, während die weiterreichende Verfügung (Pfändung) gegenüber dem Kläger nach § 1124² keine Wirksamkeit mehr hat. Hieraus folgt, daß, da der Pfändungsbeschluß am 24. Mai zugestellt ist, die Widerspruchsklage in Ansehung der für die Zeit seit 1. Oktober fällig gewordenen Mieten begründet, im übrigen aber unbegründet ist. B.n.

m) **Widerspruch des Verkäufers eines dem Käufer bloß übergebenen Grundstücks gegen die Auszahlung der Brandentschädigung.**

OLG. Marienwerder, II. ZS. Urteil v. 10. Juni 1910.

Der Kläger hat die abgebrannten Gebäude im eigenen Namen gegen Brandschaden versichert; er ist daher auf Grund des Vertrages über die zwar noch im Eigentum des Beklagten stehenden Gebäude auch berechtigt, die Brandentschädigung von der Versicherungsanstalt zu fordern. Der Widerspruch des Beklagten gegen diese Auszahlung kann sich nicht auf ein Zurückbehaltungsrecht aus §§ 320, 273 BGB. stützen. Denn aus dem Kaufe hat der Kläger lediglich den bereits erfüllten Anspruch auf Übergabe und den noch bestehenden auf Auflassung. Die Brandentschädigung aber ist zwar nicht Gegenstand einer Forderung des Klägers gegen den Beklagten, sondern dem Kläger von der Versicherungsgesellschaft auf Grund des mit ihr geschlossenen Vertrages zu zahlen.

Allerdings ließe sich ein Widerspruchsrecht des Beklagten aus § 7 des Vertrages herleiten; denn der Kläger schuldet noch 2600 Mark Kaufgeld und hat dafür eine etwaige Brandentschädigung verpfändet. Ob die Verpfändung der Versicherungsanstalt gemäß § 1280 angezeigt und damit wirksam geworden ist, steht zwar nicht fest. Aber auch wenn dieses Pfandrecht bestände oder der Beklagte ein Recht auf wirksame Bestellung hätte, würde es mangels besonderer Vereinbarung, da es sich offenbar an das gesetzlich vorgesehene Pfandrecht anlehnt, dem § 1127² unterstehen, also erlöschen, wenn der versicherte Gegenstand wiederhergestellt ist. Der Kläger hat aber schon vor der Klagerhebung neue Gebäude errichtet und auch diese gegen Brandschaden wieder versichert. Einen Schuppen und einen Stall hat er zwar nicht wieder aufgebaut. Dies verschlägt jedoch nichts, denn die neuen Gebäude haben einen Gesamtwert von 3870 Mark, während die alten Gebäude nach der früheren Police 3900 Mark wert waren. Der Beklagte hat also durch den Wiederaufbau der Gebäude wieder gleichwertige Sicherheit, wie er sie vor dem Brande hatte, erlangt. Denn die Werttaxen für die Versicherung sind, wie alle Taxen, nur ungefähre Werturteile, so daß ein Unterschied von 30 Mark nicht ins Gewicht fällt. Wr.

n) **Vorausverfügungen des Grundstückseigentümers. Anfechtungsrecht der Hypothekengläubiger.**

Kammergericht, VIII. ZS. Urteil v. 30. September 1911.

Durch die vom Kläger angefochtene Abtretung vom 16. März 1909 hat X. die Mieten seines Grundstücks für Mai bis Oktober 1909 aus seinem Vermögen weggegeben, ohne daß etwa diesem ein entsprechender Gegenwert zugeführt worden wäre, da die Darlehen, zu deren Deckung die Abtretung erfolgte, bereits 1908 dem X. gegeben sind. Durch die Abtretung ist also der Bestand des dem Zugriff der Gläubiger unterliegenden Vermögens des Schuldners nur vermindert worden. Daß dem Beklagten die Abtretung bereits bei Hingabe des Geldes versprochen sein soll, ändert hieran nichts, sondern kann nur für die Frage erheblich sein, ob Schuldner bei der Abtretung eine Benachteiligung seiner Gläubiger beabsichtigte und ob der Beklagte diese Absicht kannte. Diese Voraussetzungen hat aber der Kläger erwiesen.

Zunächst kann nicht zweifelhaft sein, daß der Schuldner schon 1909 in wirtschaftlichem Verfall war; denn er konnte am 1. April nicht mehr die

Zinsen der ersten Hypothek bezahlen. Wenn er angegeben hat, er habe diese Zinsen aus dem Baugeld eines anderen Hauses decken wollen, so zeigt gerade dies, daß er selbst nur den Zusammenbruch künstlich hat hinausschieben wollen; denn die Verwendung der Baugelder zur Deckung der Zinsen der Hypotheken, die auf einem anderen Grundstücke lasten, ist mit einem ordnungsmäßigen Verfahren nicht vereinbar und muß erfahrungsgemäß zu einem Zusammenbruch führen. Wenn er unter solchen Umständen kurz vor dem 1. April die Mietzinsen für das nächste Halbjahr dem Beklagten abtrat, so ist das eben zu dem Zwecke geschehen, um gerade den Hypothekaren den Zugriff auf die Mieten unmöglich zu machen. Es ist dabei zu berücksichtigen, daß die Mietzinsen jenen Gläubigern dinglich verhaftet sind; daß letztere zwar eine Verfügung in Grenzen des § 1124 anerkennen müssen, aber bei ordnungsmäßigem Verfahren einen Anspruch darauf haben, wegen ihrer Zinsen aus den Mieten befriedigt zu werden. Wer also die Mietforderungen an einen anderen Gläubiger abtritt, ohne die Mittel zu einer anderweitigen Deckung der Hypothekenzinsen zu haben, der muß sich regelmäßig dessen bewußt sein, daß diese Abtretung notwendig dazu führt, den Hypothekengläubigern die Mittel zu ihrer den gesetzlichen Vorschriften entsprechenden Befriedigung zu entziehen; dann ist die weitere Annahme gerechtfertigt, daß er diesen Erfolg beabsichtigte. Daß die Benachteiligung der Gläubiger das ausschließliche Ziel der Handlung des Schuldners wäre, erfordert der § 3 Nr. 1 AnfG. nicht (JW. 1906 S. 179[29]). Dies gilt auch dann, wenn der Schuldner schon damals, als er um die Hingabe des Geldes ersuchte, dem Beklagten die spätere Abtretung der Mieten versprochen hat. In diesem Falle würde sich die Abtretung allerdings als ein reines Erfüllungsgeschäft darstellen, bei dem in der Regel der Wille des Schuldners darauf gerichtet sein wird, einer begründeten Verbindlichkeit gerecht zu werden; ausgeschlossen ist die Anfechtung aus § 3 Nr. 1 aber auch dann nicht (WarnErg. 1911 S. 167). An besonderen Umständen, die auf einen die Benachteiligung der Gläubiger bezweckenden Willen des Beteiligten hinweisen, fehlt es hier nicht. Die Abtretung ist zum Nachteil der Hypothekengläubiger erfolgt, und zwar kurz vor dem Zeitpunkt, zu welchem ihre Zinsen fällig wurden und daher befriedigt werden mußten, aber nicht mehr befriedigt werden konnten; also zu einer Zeit, zu welcher ein Vorgehen der Gläubiger mit Sicherheit erwartet werden mußte. Weiter spricht die Tatsache, daß X. die bereits am 14. April eingetragene offene Handelsgesellschaft mit dem Bemerken, sie habe am 1. April 1909 begonnen, gegründet hat, für seine Absicht, seinen Gläubigern den Zugriff unmöglich zu machen. Es bedarf unter diesen Umständen keiner näheren Erörterung darüber, wie es sich mit dem am 3. Januar 1909 für M. eingetragenen Nießbrauche verhält und welche Schlüsse hieraus zu ziehen sein möchten.

Diese Benachteiligungsabsicht des Schuldners hat nun der Beklagte bei Vornahme der Abtretung gekannt. Wie er selbst vorträgt, hat er dem Schuldner Darlehnsbeträge zum Ausbau des Grundstücks gegeben; daraus, daß er sich die spätere Abtretung der Mieten versprechen ließ, erhellt klar, daß er sehr wohl wußte, eine andere Sicherheit könnte der Schuldner ihm nicht geben. Im übrigen liegen die für die Benachteiligungsabsicht des Schuldners sprechenden Umstände, die Abtretung der Mieten zum Nachteil der Hypothekare kurz vor der Fälligkeit der Hypothekenzinsen beim Mangel bereiter Mittel zu anderweitiger Deckung klar zutage, und sicherlich hat der Beklagte daraus den zutreffenden Schluß auf die wahre Absicht des Schuldners gezogen, zumal er gar nicht bestimmt angegeben hat, aus welchen Mitteln denn der Schuldner die Hypothekenzinsen habe decken wollen, die am 1. April 1909 fällig wurden und doch unter allen Umständen bezahlt werden mußten. M.

o) **Zur Auslegung des § 1128 BGB.**

OLG. Königsberg, II. ZS. Urteil v. 25. September 1910.

Die auf dem Grundstück des X. für diesen eingetragene Eigentümergrundschuld trat er 1903 schriftlich unter Übergabe des Grundschuldbriefes an den Kläger ab; die Umschreibung unterblieb einstweilen. Nachdem Ende April 1908 das Wohnhaus abgebrannt war, schrieb am 1. Mai der Kläger an den beklagten Versicherungsverein: „Als Besitzer eines Grundschuldbriefes auf dem Grundstück a im Betrage von 4000 Mark widerspreche ich der Auszahlung der Brandentschädigung“. Am 25. Mai reichte sodann der Kläger die notariell beglaubigte Abtretungserklärung mit Umschreibungsantrag und Grundschuldbrief zu den Grundakten ein; die am 26. Mai verfügte Umschreibung erfolgte erst am 2. Juni, nachdem am Tage vorher X. eine einfache Abschrift des Grundbuchblatts auf seinen Antrag erhalten und dem Beklagten vorgelegt hatte. Die von diesem ohne Rücksicht auf den Widerspruch des Klägers am 10. Juli 1908 bewirkte Auszahlung der Brandentschädigung war berechtigt.

Zunächst war der Beklagte nicht verpflichtet, dem Kläger, der damals im Grundbuch noch nicht eingetragen war, die im § 1128 vorgeschriebene Anzeige zu erstatten. Der Versicherer kann sich dabei auf die aus dem Grundbuch ersichtlichen Hypotheken(Grundschuld)gläubiger beschränken. Ihm kann offenbar nicht zugemutet werden, nachzuforschen, ob die im Grundbuch verzeichneten Berechtigten auch wirklich noch Gläubiger sind, oder ob sie ihr Recht außerhalb des Grundbuches auf andere übertragen haben. Ein solches Verfahren dürfte praktisch in vielen Fällen nicht ausführbar sein und ist daher vom Gesetzgeber sicher nicht gewollt. Eine Verpflichtung zu Anzeigen an die außerhalb des Grundbuchs stehenden Realberechtigten hat der Versicherer jedenfalls dann nicht, wenn er von diesen keine sichere Kenntnis erlangt hat.

Der Kläger, der die Briefgrundschuld gültig erworben hatte, hat der Auszahlung der Brandentschädigung widersprochen. Dazu war er berechtigt, wenngleich die Anzeige aus § 1128 zuvor an ihn nicht ergangen war. Denn der § 1128 Satz 1 und 2 ist im Interesse des Versicherers, nämlich in der Erwägung gegeben, daß eine ausdrückliche Zustimmung der Hypothekare, auch wenn sie dazu bereit sind, meist schwer zu erlangen ist, und daß es daher genügen muß, wenn sie ungeachtet einer an sie erfolgten Mitteilung von dem eingetretenen Schaden innerhalb einer angemessenen Frist eine Anmeldung ihrer Ansprüche auf die Versicherungsforderung unterlassen. — Durch diese nur eine leichtere Zahlungsmöglichkeit für den Versicherer bezweckende Vorschrift hat den Hypothekaren nicht das Recht genommen werden sollen, ihrerseits auch ohne die in § 1128 vorgesehene Anzeige auf die Auszahlung der Versicherungssumme Anspruch zu erheben.

Der Kläger hatte aber bei Erhebung des Widerspruchs seine Berechtigung dazu darzulegen. Er nahm durch den Widerspruch das seiner Grundschuld zustehende Pfandrecht an der Forderung gegen den Versicherer in Anspruch. Damit machte er die Grundschuld selbst geltend und zwar als Zessionar, dessen Erwerb sich außerhalb des Grundbuchs vollzogen hatte. Wenn er mit dem Schreiben vom 1. Mai statt einer Grundschuld eine gewöhnliche Forderung als Zessionar und Pfandgläubiger geltend gemacht hätte, so hätte seine bloße Behauptung, daß ihm eine Forderung zustehe, unbedenklich nicht genügt. Nach RG. 61 S. 241/250 ist davon auszugehen, daß der Schuldner sich auf den Anspruch des Zessionars nur dann einzulassen braucht, wenn dieser ihm eine sichere Kenntnis von der Abtretung verschafft hat und daß er bei Zweifeln über die Gläubigerschaft des Zessionars diesen keineswegs aufzufordern hat, sich über den Erwerb der Forderung auszuweisen. Dasselbe muß hier, wo es sich um ein außerhalb des Grundbuchs abgetretenes Recht handelt, gelten; insbesondere ist hier die spezielle Vorschrift des § 1160 nicht anwendbar. Denn sie ist zur Sicherung des in Anspruch genommenen Eigentümers oder Dritten gegeben und beruht auf der Erwägung, daß der Hypothekar außerhalb des Grundbuchs über die Post verfügt haben kann und daß der Gegner sich auf seinen guten Glauben bezüglich der Person des Gläubigers nur dann berufen kann, wenn dieser im Besitze des Briefes und als Gläubiger eingetragen oder gemäß § 1155 legitimiert ist. Das ist aber nur ein Recht, keine Pflicht. Die Unterlassung dieser Rechtsausübung kann ihm nicht schaden und seine Rechtsstellung gegenüber dem Hypothekar nicht ungünstig beeinflussen. Dieser kann daher durch die Unterlassung nicht besser gestellt werden, als er es ohne § 1160, dh. als Gläubiger einer gewöhnlichen Forderung sein würde. Das Schreiben vom 1. Mai, dem weder der Grundschuldbrief noch die Abtretungserklärung beilag, hat aber zur Legitimation des Klägers in keiner Weise ausgereicht.

Nun ist aber die Grundschuld am 2. Juni im Grundbuch umgeschrieben worden. Allein der Schlußsatz des § 1128 bedeutet nicht, daß der Versicherer eine im Grundbuch eingetragene Hypothek, sofern die Eintragung nur vor Auszahlung der Versicherungssumme, wenn auch erst nach Ablauf der Anzeigefrist erfolgt, auch ohne wirkliche Kenntnis als ihm bekannt gelten lassen muß. Eine solche Auslegung würde zu unbilligen Härten führen und dem Versicherer eine höchst ungünstige Rechtslage geben. Nachträgliche Veränderungen im Grundbuch können vielmehr für ihn jedenfalls dann nicht in Betracht kommen, wenn sie erst nach Erstattung der Anzeige und nach Ablauf der einmonatlichen Frist eintreten. Der Versicherer soll nach der gesetzgeberischen Absicht unter allen Umständen mit Wirkung gegen die Hypothekare zahlen können, wenn er an die aus dem Grundbuch ersichtlichen Gläubiger gemäß § 1128 Anzeigen erstattet hat und seit deren Empfang ein Monat ohne Widerspruch der so benachrichtigten Gläubiger verstrichen ist. Die spätere Umschreibung einer bei Erstattung der Anzeigen berücksichtigten Post auf einen anderen Gläubiger kann nicht mehr die Wirkung haben, daß diese Post dem Versicherer von der Eintragung ab als bekannt gilt und von ihm bei der Zahlung zu berücksichtigen ist. Denn sonst müßte der Versicherer auch späterhin und noch unmittelbar vor der Zahlung das Grundbuch einsehen, ohne doch dadurch volle Sicherheit für die Person des Empfangsberechtigten zu erlangen, da zwischen der letzten Einsicht des Grundbuchs und der Zahlung immer noch eine Umschreibung erfolgt sein kann.

Hier war die Grundschuld für den Versicherten selbst eingetragen. Diesem war eine Anzeige gemäß § 1128 nicht zu erstatten; denn sie bezweckt nur den Realgläubigern die Kenntnis von dem eingetretenen Schaden zu verschaffen. Diese Kenntnis hatte X. sofort mit dem Brande. Also war eine Mitteilung davon an ihn völlig überflüssig. Der § 1128 räumt auch dem Versicherten selbst das Recht ein, die Anzeige an die Hypothekare zu machen. Es hatte daher der Versicherte X. im Augenblicke des Brandes mit der Wirkung des § 1128 durch sich selbst als benachrichtigt zu gelten. Bei dieser Sachlage mußte die einmonatliche Frist bei der strittigen Grundschuld sinngemäß vom Brande ab gerechnet werden. Im Fall einer „Untunlichkeit der Anzeige", die der § 1128 noch vorsieht, wird die Frist zwar erst von der Fälligkeit der Versicherungssumme ab gerechnet. Das kommt aber hier nicht in Betracht, da das Gesetz damit unbedenklich nur den Fall im Auge hat, daß der Erstattung der Anzeige ein Hindernis entgegensteht, daß namentlich der Aufenthalt eines Hypothekars nicht zu ermitteln ist.

Dagegen mußte der Beklagte das Gläubigerrecht des Klägers wenigstens dann berücksichtigen, wenn er noch vor der Zahlung der Versicherungssumme davon sichere Kenntnis erlangt hätte. Denn bei Geltendmachung des Pfandrechts auf die Versicherungssumme finden nach § 1128 die für verpfändete Forderungen geltenden Vorschriften Anwendung; zu ihnen gehört auch § 1275 und demgemäß auch § 407 (RG. 52 S. 143). Aus der entsprechenden Anwendung dieses § 407 ergibt sich, daß der Beklagte an den Versicherten allein nicht zahlen durfte, wenn er vor der Zahlung irgendwie davon sichere Kenntnis erlangt hatte, daß dem Kläger eine Grundschuld an dem versicherten Grundstück und damit ein Pfandrecht an der Versicherungsforderung zustand (§ 1281). Die Mitteilungen des Klägers haben aber lediglich in der beweislosen Behauptung bestanden, daß die Grundschuld auf ihn übergegangen sei. Den Brief hat er nicht vorgelegt; die Abtretungsurkunde konnte er nicht vorlegen, da er sie bereits dem Grundbuchamt eingereicht hatte. Die bloße Bezugnahme auf die Eintragung genügte nicht. Der Beklagte war nicht verpflichtet, das Grundbuch einzusehen (JW. 1908 S. 239 [11]). Anderseits konnte er ohne Vorlegung des Briefs nicht die Richtigkeit der klägerischen Behauptung nachprüfen, die ihm deswegen nicht glaubhaft erscheinen mußte, weil die von ihm zuvor eingesehene Abschrift des Grundbuchblattes den Kläger als Gläubiger nicht aufgeführt hatte. Die Ansicht des Klägers, daß der Beklagte sich mit einer einfachen Abschrift nicht begnügen durfte, sondern sich eine beglaubigte Abschrift hätte vorlegen lassen müssen, übersieht, daß der Beklagte überhaupt nicht verpflichtet war, sich eine Grundbuchabschrift vorlegen zu lassen. Seine Verpflichtung beschränkte sich auf das in § 1128 vorgeschriebene Verfahren. Th.

p) **Schaden des ausgefallenen Hypothekars infolge Entfernung von Zubehör.**

α) OLG. Naumburg, VI. ZS. Urteil v. 20. Januar 1911.

Der Hypothekar kann nicht nur vom Eigentümer, sondern auch von Dritten, die durch Entfernung von Zubehörstücken sein Hypothekenrecht verletzt haben, Schadensersatz verlangen, vorausgesetzt, daß die Beschädigung vorsätzlich oder fahrlässig geschah (RG. 73 S. 333). Hier ist jedoch nicht dargetan, daß dem Kläger ein Schaden entstanden ist. Da das Grundstück inzwischen versteigert ist, kommt nichts darauf an, ob das Haus durch die Fortschaffung der Sachen entwertet und ob dadurch die Hypothek des Klägers gefährdet ist. Vielmehr ist nur von Bedeutung, ob das Grundstück ohne die Beschädigung einen höheren Erlös erzielt hätte und der Kläger infolgedessen mit einem geringeren Betrage ausgefallen wäre. Hier hat aber der Ersteher, der dem Kläger nachstehende Hypothekar, das Grundstück für 71510 Mark erstanden, nachdem der Kläger 71500 Mark geboten hatte und andere Bieter nicht vorhanden waren. Der Ersteher hätte auch bei einem höheren Wert zweifellos kein höheres Gebot abgegeben, wenn er nicht durch weitere Gebote höher getrieben wäre. Der Kläger selbst hätte, wenn das Haus unversehrt geblieben wäre, auch nicht mehr geboten; sein Gebot betrug schon erheblich mehr als der von Sachverständigen auf 55850 Mark festgestellte Wert des Hauses. Schon daraus folgt, daß er beim Bieten nicht wesentlich durch die Wertminderung bestimmt worden ist. Anderseits steht fest, daß er 1410 Mark über den Kapitalbetrag seiner Hypothek hinaus geboten und daß sein Ausfall nur 498 Mark betragen hat. Das läßt darauf schließen, daß es ihm nur darauf angekommen ist, seine eigene Forderung auszubieten, wobei er irrigerweise annahm, daß sein Gebot dazu ausreichen werde. Dr. Sch.

β) OLG. Braunschweig, I. ZS. Urteil v. 6. Januar 1911.

Die Beklagte hat an X. unter Eigentumsvorbehalt Türen geliefert, die zur Herstellung des von X. errichteten Neubaues eingefügt und deshalb wesentliche Bestandteile dieses Gebäudes, dadurch aber auch seines Grundstückes geworden sind. Infolgedessen ist das Eigentum der Beklagten an den Türen erloschen, diese Türen haben für die Hypotheken mit gehaftet. X. hat dann seinen Verpflichtungen nicht nachkommen können und, um kein „Lump" zu werden, der Beklagten vorgeschlagen, den Lieferungsvertrag insoweit aufzuheben, als die Türen noch nicht bezahlt seien. Ohne ihre Antwort abzuwarten, hat er die Türen zur Erfüllung der aus dem vorgeschlagenen Rücktritt sich für ihn ergebenden Verpflichtung von dem Grundstück entfernt und einem Spediteur für die Beklagte ausgehändigt, bevor sie zugunsten der Hypothekgläubiger in Beschlag genommen waren. Die Türen wurden deshalb von der Haftung für die Hypotheken nach § 1121[1] frei, wenn sie veräußert waren, ohne daß es des guten Glaubens der Beklagten bedurfte (Männer, Sachenrecht 373; Biermann zu § 1121[2] u. a.). Im Sinne des gemeinen Rechts würde eine Veräußerung vorgelegen haben, weil darunter auch der Verzicht auf die Rechte aus einem unter Eigentumsvorbehalt erfolgten Erwerbe fiel. Das BGB. versteht aber nach der herrschenden Meinung darunter nur die Übereignung. Objektiv lagen deren Voraussetzungen hier vor, indem X. die ihm gehörenden Türen der Beklagten übergab. Zur Übereignung ist aber auch die Einigung darüber erforderlich, daß das Eigentum übergehen solle. Es ist sehr zweifelhaft, ob sie stattgefunden hat. X. hat jedenfalls seine Rechte an die Beklagte zurückübertragen wollen; er wird aber über die Folgen der Einfügung nicht klar gewesen sein und sich keine Rechenschaft darüber gegeben haben, ob er der Beklagten Eigentum übertragen oder bloß ihren Eigentumsvorbehalt ausführen wolle. Allein auch dann, wenn man eine Veräußerung der Türen verneint, und deshalb annimmt, daß sie von der Haftung für die Hypotheken nicht frei geworden sind, gelangt man zu einem für den Kläger ungünstigen Ergebnis. Er hatte als Hypothekgläubiger keine besonderen, auf die Zurückschaffung der Türen gerichteten Anspruch. Der § 1227 ist auf die Hypothek unanwendbar, denn er beruht auf dem Besitzrechte des Mobiliarpfandgläubigers, dieses Recht fehlt aber hier. Noch weniger kann davon die Rede sein, daß sich die Hypothek gegenüber getrennten, aber nicht veräußerten Sachen in ein Pfandrecht an beweglichen Sachen verwandle. Vielleicht könnte dagegen objektiv § 823[1] in Betracht kommen, wenn die Hypothek des Klägers durch die Wegschaffung der Türen gefährdet wurde (Dernburg, Sachenrecht § 235[1]). Objektiv würde aber auch § 823[2] zutreffen; als Schutzgesetz würde § 1134 in Betracht kommen (JW. 1909, S. 416[15]; RG. 73 S. 333). In beiden Fällen könnte als Schadensersatz Wiederherstellung des früheren Zustandes durch die Beklagte als Mittäterin beansprucht werden. Beide Vorschriften setzen aber schuldhaftes Handeln voraus. Dieses ist jedoch hier deshalb ausgeschlossen, weil die Handlung auf Grund eines entschuldbaren Rechtsirrtums vorgenommen ist (RG. 73 S. 337). Denn die Beklagte hat sich, nachdem sie die Benachrichtigung des Klägers erhalten hatte, daß er den Anspruch des X. gegen sie auf Herausgabe der Türen pfänden werde, an ihren Prozeßbevollmächtigten gewandt und von ihm die Auskunft erhalten, daß sie infolge des Eigentumsvorbehaltes noch Eigentümeriu der Türen sei und hat auch in der Klagebeantwortung die Ansicht vertreten, daß der Einbau der Türen eine Eigentumsveränderung infolge des Eigentumsvorbehaltes nicht habe bewirken können. Allerdings hat sie schon vorher die Rückgabe der Türen an den Spediteur genehmigt und deren Herausgabe verweigert. Ihre Teilnahme an der Handlung des X. bestand aber nicht in einer Beteiligung an dem Wegschaffen der Türen oder in deren rechtswidrigem Ansichbringen, sondern in deren Zurückhaltung, und diese dauernde Handlung bestand, ohne bis dahin Schaden besonderer Art angerichtet zu haben, noch fort, als sie durch die Rechtsbelehrung entschuldbar wurde.

Hierzu kommt, daß der Kläger den angeblichen Anspruch des X. gegen die Beklagte auf Rückgabe der Türen gepfändet hat. X. hatte aber keinen solchen Anspruch. Wenn keine Veräußerung stattgefunden, hätte er freilich an sich die Eigentumsklage erheben können. Da er aber den Lieferungsvertrag rückgängig gemacht und sich dadurch verpflichtet hatte, Eigentumsansprüche nicht geltend zu machen, würde seiner Eigentumsklage die Einrede der Arglist entgegenstehen. Auch ein Bereicherungsanspruch steht dem X. nicht zu. Er hat die Türen zur Erfüllung seiner Pflicht aus dem von ihm selbst gleichzeitig vorgeschlagenen Rücktritt zurückgegeben, weil er die Beklagte nicht benachteiligen wollte. H.g.

γ) OLG. Rostock, I. ZS. Urteil v. 13. Juni 1910.

Die Beklagten haben von ihrem Mühlengrundstück alles Zubehör entfernt und den Hypothekaren nur die nackte Stelle mit den leeren Gebäuden zurückgelassen. Ihr Einwand, daß die vielen fetten Schweine zum Verkauf herangemästet seien, ist verfehlt. Das Vieh gehört zu dem den Hypothekaren verhafteten Zubehör insoweit, als es im wirtschaftlichen Betriebe zur nutzbringenden Verwertung des auf dem Grundstück gewonnenen Futters und der Abfälle gehalten wird. Daß gerade die ländlichen Mühlengrundstücke darauf angewiesen sind, die zahlreichen Abfälle des Müllereibetriebes durch eine starke Schweinehaltung auszunutzen, ist bekannt. Hieraus erklärt sich die verhältnismäßig große Anzahl der hier gehaltenen Schweine. Nach den Regeln einer ordentlichen Wirtschaft konnte daher ihre Zubehöreigenschaft durch den Verkauf nur aufgehoben werden, wenn für die Einstellung eines Ersatzes gesorgt wurde. Die Beklagten behaupten weiter, daß die Zwangsversteigerung, auch wenn das Grundstück mit vollem Inventar versehen gewesen wäre, niemals ein die Kläger deckendes Meistgebot ergeben hätte. Läßt sich nun auch die Frage, wie hoch sich der Erlös in jenem Falle gestellt hätte, nicht bestimmt beantworten, so erscheint es doch nach dem Gutachten als höchst wahrscheinlich, daß die klägerischen Posten gedeckt sein würden, wenn die Ausschlachtung nicht stattgefunden hätte. Auch steht keineswegs fest oder kann auch nur als wahrscheinlich angesehen werden, daß die Zwangsversteigerung in diesem Falle überhaupt angeordnet worden wäre. Vielmehr ist zunächst zu unterstellen, daß es bei ordnungsmäßiger Bewirtschaftung gelungen wäre, das Grundstück zu einem Preise freihändig zu verkaufen, der auch die Forderungen der Kläger gedeckt hätte. Bei dieser Sachlage muß der Zusammenhang zwischen dem widerrechtlichen Tun der Beklagten und dem Ausfall der klägerischen Forderungen als erwiesen angenommen werden. J. n.

q) **§ 1154 gilt auch für die persönliche Forderung.**

Kammergericht, XIX. ZS. Urteil v. 18. März 1912.

Für den Übergang hypothekarisch gesicherter Forderungen stellt § 1154 besondere Formen auf, ohne deren Wahrung die Forderung auch insoweit nicht übergeht, als es sich bloß um die persönliche Haftung des Schuldners handelt. Anders als bei der Abtretung einer Briefhypothek ist für die einer Buchhypothek die Eintragung des neuen Gläubigers, auch für den Übergang der persönlichen Forderung ein wesentliches Erfordernis. Die bloße Einigung und die Umschreibungsbewilligung, die in der notariellen Urkunde enthalten sind, genügen nicht dazu, die Abtretung der Forderung herbeizuführen und damit ein Vertragsverhältnis zu begründen. Inhaber der Forderung ist auch fernerhin trotz der Abtretungserklärung und Bewilligung der Umschreibung die Beklagte geblieben. Das einzige Recht, das der Kläger bei Nichteinhaltung des § 1154[3] auf Grund der Abtretungserklärung gehabt hätte, wäre die Geltendmachung des Anspruchs auf Erfüllung der dort vorgeschriebenen Form gewesen. Diesen Ansprüchen aber hat die Beklagte durch die in der Urkunde enthaltene Bewilligung der Umschreibung genügt. W. t.

r) **Einreden und Aufrechnung gegenüber der Hypothekklage.**

OLG. Hamburg, V. ZS. Zw.Urteil v. 27. April 1910.

Die Klage ist lediglich damit begründet, daß dem Kläger eine Hypothek in dem Grundstück der Beklagten zugeschrieben sei. Das war ungenügend; denn die Hypothek des BGB. begründet keine selbständige Forderung auf Zahlung einer Summe aus dem Grundstück, sie gibt nur das Recht, wegen einer Forderung Befriedigung aus dem Grundstück zu suchen. Sie ist also nur das Akzessorium einer Forderung, und daher gehört auch zur Begründung der dinglichen Klage die Angabe der Forderung, für die die Hypothek bestellt ist. Der Kläger hat jedoch diesen Mangel durch die nachträgliche Erklärung geheilt, daß die Hypothek für ein Darlehn eingetragen sei. Ob darin eine Klagänderung lag, braucht nicht erörtert zu werden, da sie nicht eingewendet ist.

Das Darlehn ist nicht durch Hingabe baren Geldes entstanden, vielmehr bildete die Darlehnssumme ursprünglich die Restforderung, die der Zedent des Klägers H. aus dem Verkauf des Grundstücks gegen die Beklagte hatte. Die Bewilligung als Darlehn ist auf Grund der beim Grundbuchamt üblichen Formulare erklärt. Die Beklagte legt einer derartigen „formularmäßigen" Erklärung keine materielle Bedeutung bei, nach wie vor bilde vielmehr das Kaufgeld die der Hypothek zugrunde liegende Forderung. Allein es ist nicht einzusehen, weshalb eine Erklärung, weil sie „formularmäßig" ist, dh., weil bei ihr ein Formular benutzt ist, keine materielle Bedeutung haben soll. Es ist auch durchaus nicht richtig, daß der Verkehr ihr keine Bedeutung beimesse;

vielmehr ist gerichtsbekannt, daß zB. die Kündigungsfristen nicht nach der ursprünglichen Forderung, sondern nach den Vorschriften über Darlehen berechnet werden. Allerdings kann im Einzelfalle gemäß § 117 die Erklärung, aus dem Darlehen zu schulden, nur zum Schein abgegeben sein, während die Beteiligten das ursprüngliche Rechtsverhältnis weiter zwischen sich gelten lassen wollten. Aber daß hier in diesem Sinne die Einwilligung vor dem Grundbuchamt erklärt und vom andren Teil angenommen worden, ist nicht einmal behauptet. . . .

Allerdings folgt hieraus noch nicht, daß die Beklagte mit jedem Einwand aus dem Grundgeschäfte ausgeschlossen ist. Das RG. hat vielmehr im Urteil vom 12. Juni 1909 anerkannt, daß durch die Umwandlung in ein Darlehn und durch dessen hypothekarische Eintragung nur dilatorische, nicht aber Einreden aus dem ursprünglichen Rechtsverhältnisse ausgeschlossen sind (vgl. auch RG. 62 S. 51). Die Minderung ist zwar keine dilatorische, sondern eine den Anspruch zerstörende Einrede. Aber — und darin liegt die Bedeutung der Umwandlung der Kaufgeldforderung in ein Darlehn gegenüber dieser Einrede — Beklagte kann gegen das Darlehn die Minderung nicht mehr einredeweise geltend machen, sondern nur durch Aufrechnung. „Mindern" läßt sich nur die Kaufpreisforderung selbst; diese ist aber hier durch die Umwandlung in ein Darlehn getilgt. Gegen andere Forderungen können Ansprüche aus Wandlung und Minderung nur aufgerechnet werden. Eine solche Aufrechnung wegen des behaupteten Mangels (Schwamm) hat aber die Beklagte jedenfalls vor der Abtretung der Hypothek nicht erklärt. Eine nach der Eintragung des Klägers erklärte Aufrechnung ist aber nach §§ 1156, 406 wirkungslos. Ob der Kläger gewußt hat, daß die Beklagte mit einem Minderungsanspruch aufrechnen konnte, ist gleichgültig. Das Bestehen einer zur Aufrechnung geeigneten Gegenforderung begründet noch keine Einrede, sondern erst die Erklärung der Aufrechnung selbst (§ 388). Deshalb kommt für diese auch nicht der § 1157 in Frage; vielmehr ist Beklagte mit der behaupteten Aufrechnung gemäß § 303 ZPO. durch Zwischenurteil zurückzuweisen. Dagegen ist die weitere Behauptung, die Abtretung sei lediglich zu dem Zweck erklärt, der Beklagten die Einrede oder Aufrechnung wegen der Minderung abzuschneiden, erheblich und zum Beweise zu verstellen.... M. M.

s) **Anwendung des § 1163:** *α*) **auf ältere Hypotheken.**

Bayer. Oberstes Landesgericht, I. ZS. Beschluß v. 17. Mai 1912.

Mit dem Inkrafttreten des Liegenschaftsrechtes des BGB. verwandelten sich die auf einem Grundstücke lastenden Hypotheken gemäß Art. 192 EG. in Hypotheken, für die die Erteilung des Briefs ausgeschlossen ist, also in Hypotheken des neuen Rechtes. Dies setzt aber voraus, daß eine Hypothek wirklich besteht. Soweit die Hypothekforderung zu der Zeit, zu welcher das Grundbuch als angelegt anzusehen ist, getilgt war, bestand die Hypothek nach § 2 Hypothekengef. nicht mehr; es können deshalb der Art. 192 und dementsprechend die §§ 1163, 1177 BGB. keine Anwendung finden. Im

Zeitpunkte der Grundbuchanlegung erloschene, wenn auch noch nicht gelöschte Hypotheken[1] werden also nicht Eigentümerhypotheken des BGB. (Planck 3 zu Art. 192 EG.; Samml. des ObLG. 7 S. 377).

Der Art. 192 bedeutet eine Abweichung von dem Grundsatze des Art. 184 S. 1 EG., daß Rechte, mit denen eine Sache bei dem Inkrafttreten des BGB. belastet ist, mit dem sich aus den bisherigen Gesetzen ergebenden Inhalte bestehen bleiben. Von dem im Art. 184 S. 1 weiter enthaltenen Grundsatze, daß solche Rechte mit dem sich aus den bisherigen Gesetzen ergebenden Range bestehen bleiben, ist im EG. für Hypotheken keine Ausnahme gemacht (Planck 1 vor Art. 192). Der Art. 194 EG. eröffnet zwar den Landesgesetzgebungen die Möglichkeit, in das Rangverhältnis der zurzeit der Grundbuchanlegung bestehenden Hypotheken einzugreifen. Hiervon hat aber Bayern keinen Gebrauch gemacht. Th.

β) **auf Arresthypotheken nach Aufhebung des ungerechtfertigten Arrestes bei Eigentumswechsel.**

Kammergericht, II. ZS. Urteil v. 4. März 1910.

Die Parteien waren bis zum 6. November 1908 Miteigentümer zu gleichen Anteilen. Der Beklagte erwirkte am 1. Juli 1908 einen Arrestbefehl wegen 20000 Mark gegen den Kläger und ließ auf dessen Anteil eine Höchstbetragshypothek eintragen. Am 1. November wurde sodann das Grundstück zum Zweck der Aufhebung der Gemeinschaft versteigert und dem Beklagten unter Bestehenbleiben der Arresthypothek ohne Anrechnung auf das Bargebot zugeschlagen. Ende 1908 wurde jedoch der Arrest als ungerechtfertigt aufgehoben; der Kläger nimmt deshalb die Hypothek für sich in Anspruch und hat auf Zahlung ihres Betrages geklagt. Die Klage ist begründet.

Für den Fall eines inzwischen eingetretenen Eigentumswechsels hat das RG. 55 S. 220 angenommen, daß, wenn die Forderung nicht entstanden ist (§ 1163 Satz 1), die Hypothek dem bisherigen Eigentümer zustehe, wogegen sie dem späteren Eigentümer zustehe, wenn die Forderung entstanden war, dann aber erloschen ist (Satz 2). Die hier gemachte Unterscheidung ist gerechtfertigt. Denn wenn die Forderung nicht entstanden ist, so stand sie dem Buchgläubiger zu keiner Zeit zu, sondern war bei der Eintragung dem damaligen Eigentümer erworben, dessen Berechtigung nicht erst später entsteht, sondern nur später festgestellt wird; der Eigentumswechsel kann diese Berechtigung nicht ändern. Denn der Eigentumserwerb kann dem späteren Eigentümer nicht die einem andern schon gehörende Hypothek verschaffen. Erlischt dagegen die schon entstandene Forderung, so muß sie zugunsten desjenigen erlöschen, dessen Eigentum mit ihr zu dieser Zeit belastet war. Denn sie erlischt durch ihn oder wird für ihn zum Erlöschen gebracht. Die Gründe, aus denen eine Forderung erlischt, sind in den §§ 362—397 aufgezählt.

[1] Ebensowenig finden deshalb die §§ 1163, 1177 auf die zurzeit der Grundbuchanlegung eingetragene, aber nicht zur Entstehung gelangte Hypotheken Anwendung (Urteil desselben ZS v. 17. Juni 1912). Th.

Schuldner der Forderung ist der jeweilige Eigentümer, er hat erfüllt, hinterlegt zc, ihm muß daher auch die Hypothek zustehen. Neben ihm als dem dinglichen Schuldner kann zwar auch ein persönlicher Schuldner vorhanden sein; für den Fall aber, daß der letztere den Gläubiger befriedigt, sind in den §§ 1164, 1166 ff. besondere Bestimmungen getroffen. Dieser Fall kommt daher nicht in Betracht. Schon diese Erwägung muß zu der Annahme führen, daß die Sicherungshypothek nach der Aufhebung des Arrestes aus dem Grunde der mangelnden Rechtfertigung dem Arrestbeklagten gehört. Denn den Arrestanspruch hat nicht der neue Eigentümer durch Zahlung zc getilgt, der Mangel der Rechtfertigung des Arrestes steht vielmehr mit einer Tätigkeit des neuen Eigentümers als solchen in keiner Beziehung. Dazu kommt, daß dem bisherigen Eigentümer als dem Arrestbeklagten durch die Eintragung der Hypothek zwangsweise der mit ihr besetzte Platz des Grundbuchblatts entzogen und ihm daher der mit Unrecht entzogene Platz zurückzugewähren ist.

Auch die gesetzliche Voraussetzung, unter der der § 1163 S. 1 steht, trifft hier zu. Denn die Aufhebung des ungerechtfertigten Arrestes, mag sie wegen mangelnder Bescheinigung der Forderung oder wegen fehlender Dringlichkeit erfolgen, wirkt auf den Zeitpunkt der Anordnung des Arrestes zurück. Denn nunmehr ist festgestellt, daß er niemals gerechtfertigt war. Im § 945 ZPO. ist dieser Satz als richtig vorausgesetzt. Der Arrest kann nach § 927 auch nach der Bestätigung wegen veränderter Umstände aufgehoben werden; in diesem Falle war er nicht von Anfang an ungerechtfertigt, sondern ist erst später infolge der Veränderung der Umstände ungerechtfertigt geworden. Letzterer Fall bildet den Gegensatz zu dem Arreste, der nicht bestätigt, sondern nach § 925² wegen fehlender Berechtigung aufgehoben ist. Ist aber der wegen des Mangels der ursprünglichen Berechtigung aufgehobene Arrest „von Anfang an ungerechtfertigt", so steht durch das Urteil fest, daß die Hypothek für den Arrestkläger nicht hätte eingetragen werden dürfen. Da es sich um eine Sicherungshypothek handelt, die nach § 1184 wegen ihrer vollständig akzessorischen Natur nicht von der Forderung zu trennen ist, so steht damit zugleich fest, daß eine durch Sicherungshypothek zu sichernde Forderung von Anfang an nicht vorhanden war. Die Frage, ob überhaupt eine Forderung des Arrestklägers bestand, kommt dabei nicht in Betracht; denn dem Arrest kann nicht eine bloße Forderung, sondern muß eine gefährdete, eine sofort zu sichernde Forderung zugrunde liegen. Dagegen ist die Voraussetzung des § 1163 S. 2 nicht gegeben; denn das Urteil, das nicht konstitutiv wirkt, hat den Arrestanspruch nicht zum Erlöschen gebracht, sondern nur deklarativ festgestellt, daß eine Forderung des Arrestklägers nicht sofort zu sichern ist.

Der nach § 932² auf den Arrest anwendbare § 868 ZPO. läßt zwar bei Aufhebung des Vollstreckungstitels „den Eigentümer des Grundstücks die Hypothek erwerben", er bestimmt also dem Wortlaut nach die Folge des

§ 1163 S. 2, welche eintritt, wenn „die Forderung erlischt". Aber die Annahme, daß im Fall des § 1163 S. 1 nach einem Eigentumswechsel die Hypothek dem früheren Eigentümer gebührt, gründet sich auf die Voraussetzung des S. 1, daß die Forderung nicht entstanden ist, und da bei Aufhebung des ungerechtfertigten Arrestes nur diese Voraussetzung zutrifft, so müssen für diesen Fall auch die Rechtsfolgen des S. 1 eintreten. Denn der Grundsatz, daß die Hypothek bei Nichtentstehen der Forderung dem früheren Eigentümer gebührt, ist nicht durch das Gesetz bestimmt, sondern nur aus den gesetzlichen Vorschriften unter Berücksichtigung ihrer Beziehungen zueinander abgeleitet und muß daher für ein Rechtsverhältnis, das mit demjenigen des § 1163 nicht vollständig zusammenfällt, nach Maßgabe der Abweichungen gestaltet werden. Danach können die für den § 1163 aufgestellten Sätze aber nur so, wie oben angegeben ist, zur Anwendung kommen....

Auch wenn die hier vertretene Ansicht nicht richtig wäre, würde der Beklagte doch den Kläger als den Hypothekargläubiger anzuerkennen haben. Denn, wenn sich der Arrest als von Anfang an ungerechtfertigt erweist, hat der Antragsteller nach § 945 ZPO. den durch Vollziehung des Arrestes entstandenen Schaden zu ersetzen, daher gemäß § 249 BGB. den von ihm veränderten Zustand wieder herzustellen und deshalb den von ihm ohne Grund eingenommenen Platz des Grundbuchblatts dem Gegner zurückzugewähren. Dazu wird er dann nicht imstande sein, wenn das Grundstück inzwischen versteigert ist, so daß er den Schadensersatz in Geld leisten müßte. Ist er aber wie hier selbst der Ersteher, so steht der Erfüllung der obligatorischen Verpflichtung zur Rückgewähr kein Hindernis entgegen. Denn durch die Zwangsversteigerung werden die obligatorischen Rechtsverhältnisse nicht geändert, der Schuldner hat daher, wenn er selbst der Ersteher ist, seine Verbindlichkeit unverändert zu erfüllen (RG. v. 12. Oktober 1903 IV 138, vgl. Wolff 10 [2] zu § 57 ZwVG.).

Diese Verpflichtung liegt dem Beklagten auch aus der Bereicherung ob. Da er als Ersteher in der Teilungssubhastation die Arresthypothek übernommen hat, so bildet sie einen Teil des Kaufpreises. Dabei wurde vorausgesetzt, daß sie so, wie sie eingetragen war, wirksam, der Beklagte also der Berechtigte war, so daß seine Gegenforderung von 20000 Mark gedeckt wurde und deshalb von ihm nicht nochmals geltend gemacht werden konnte. Wäre er aber auch jetzt noch der Hypothekenberechtigte, so könnte er die Forderung ebenso wie vor der Erlassung des demnächst aufgehobenen Arrestes für sich in Anspruch nehmen.... Er würde demnach dadurch, daß der Arrest für ungerechtfertigt erklärt ist, die Hypothek und außerdem einen Anspruch haben, den er nicht mehr geltend machen könnte, wenn der Arrest gerechtfertigt wäre. Da ihm die Forderung zusteht, soweit sie begründet ist, hätte er sich daher auf Kosten des Klägers um die Hypothek bereichert und müßte sie ihm daher insoweit nach § 812 zurückgewähren. Seine Ansicht, daß in der Zwangsversteigerung nach § 50 ZwVG. hätte verfahren werden müssen, und daß sich der Kläger, der dies nicht durchgesetzt, die Folgen sich selbst zuzuschreiben habe, übersieht, daß der § 50 das Erlöschen der Hypothek voraussetzt, dies aber hier in keinem Falle zutrifft. W.

γ) **wenn sie dem § 14[1] KO. zuwider eingetragen.**

OLG. Dresden, VII. ZS. Beschluß v. 2. Juli 1912.

Auf Grund des Arrestbefehls wurde 1905 auf dem Grundstücke des X. eine Hypothek eingetragen, nachdem am Tage zuvor über sein Vermögen der Konkurs eröffnet war. Der jetzige Eigentümer hat die Löschung der Hypothek beantragt und auf Beschwerde erwirkt. Die von der weiteren Beschwerde des Gläubigers begehrte Anordnung der Wiedereintragung der Hypothek ist unzulässig (§ 71[2] Satz 1 GrBO.); angeordnet werden könnte nach Satz 2 nur die Eintragung des Widerspruchs, allein die Hypothek ist nicht unter Verletzung gesetzlicher Vorschriften gelöscht. Die Eintragung einer Sicherungshypothek aus einem Arrestbefehl ist eine Maßregel der Arrestvollziehung (ZPO. § 932). Nach § 14[1] KO. finden während des Konkursverfahrens Arrest- und Zwangsvollstreckungen zugunsten einzelner Konkursgläubiger weder in das zur Konkursmasse gehörige noch in das sonstige Vermögen des Gemeinschuldners statt. Wie allgemein anerkannt wird, ist eine dem zuwider erfolgte Arrestvollziehung nichtig. Ging sonach der für die Beschwerdeführer eingetragenen Arresthypothek jede Wirksamkeit ab, so konnte die Hypothek auch nicht zur Eigentümergrundschuld für den Eigentümer X. werden. Denn ihr Entstehen setzt eine gültige Hypothek voraus (RG. 70 S. 357; 78 S. 64). Ob die Unwirksamkeit der Hypothek auf dem Fehlen der Einigung oder einem Eintragungsmangel oder ob sie auf dem Mangel einer Voraussetzung für die Arrestvollziehung beruht, ist dabei ohne Bedeutung (vgl. Güthe 75 vor § 13 GrBO.). Die Gegner (Jäger 22 zu § 14 KO.; Predari GrBO. 356) berufen sich auf § 868 ZPO., wonach der Eigentümer die Zwangshypothek erwirbt. Diese Fälle des § 868 sind indessen sämtlich solche, in denen es nicht an einer Voraussetzung für die Zwangsvollstreckung und damit für die Eintragung der Hypothek gefehlt hat, sondern die wirksame Hypothekeneintragung durch einen nachfolgenden prozessualen Vorgang in der Weise beeinflußt wird, daß eine sonstige Vollstreckungsmaßregel nach § 776 Satz 1 aufzuheben wäre. An die Stelle des Erlöschens der Hypothek tritt hier entsprechend dem für das Erlöschen der Forderung getroffenen § 1163 Satz 2 BGB. der Übergang der Hypothek auf den Eigentümer. Dem lassen sich die Fälle nicht gleichstellen, in denen wegen des Mangels einer Voraussetzung für die Eintragung eine wirksame Hypothek, die zur Eigentümergrundschuld werden könnte, überhaupt nicht zur Entstehung gelangt ist (vgl. RJA. 11 S. 242). Eine solche Hypothek macht das Grundbuch unrichtig; durch ihre Löschung wird das Grundbuch richtig, nicht unrichtig. Ann.

ı) **Erfordernisse der Benachrichtigung in § 1166 BGB.**

OLG. Dresden, II. ZS. Urteil v. 13. Januar 1911.

Die Mitteilung, der Eigentümer habe die Hypothekenzinsen nicht bezahlt, der Kläger habe deshalb geklagt und **beabsichtige**, die Zwangsversteigerung zu betreiben, genügte nach § 1166 nicht. Der Schuldner ist von der Tatsache zu benachrichtigen, daß die Zwangsversteigerung **eingeleitet** ist. Dafür spricht schon der Wortlaut, vor allem aber der Zweck der Vorschrift. Die unverzügliche Benachrichtigung soll dem Schuldner die Möglichkeit gewähren, rechtzeitig Schritte zu tun, um dem Ausfall des Gläubigers vorzubeugen, indem er zB. sich die nötigen Geldmittel verschafft, um mitbieten zu können, oder indem er andere veranlaßt, sich am Bieten zu beteiligen. Solange der Gläubiger seine Absicht, die Zwangsversteigerung zu betreiben, noch nicht ausführt, die Anberaumung des Versteigerungstermins noch nicht erwirkt hat, ist der Schuldner gar nicht imstande, zu seinem Schutz bestimmte Maßregeln zu treffen. Es ist deshalb davon auszugehen, daß dem § 1166 nur eine Benachrichtigung entspricht, die der Einleitung der Zwangsversteigerung nachfolgt (Rsp. 11 S. 136; Kretzschmar N. 2[4] § 1166[2]; Staudinger 1b zu § 1166). Der Nachweis der Kenntnis des Schuldners vom bevorstehenden Versteigerungstermine, der dem Gläubiger obliegt (RG. 54 S. 369), ist gegen den Beklagten auch sonst nicht erbracht. ... Dr. v. F.

u) **Briefvorlegung zu Eintragungen des § 42 GrBO. Vormerkung des Rechts auf Belastung weiterer Grundstücke.**

Kammergericht, I. ZS. Beschluß v. 9. Dezember 1912 (x 395).

1. Nach § 42 Satz 1 GrBO. soll bei einer Briefhypothek eine Eintragung nur erfolgen, wenn der Brief vorgelegt wird. Diese Vorschrift dient nicht nur zum Nachweise des Verfügungsrechts des von der Eintragung betroffenen Gläubigers, sondern auch zur Erhaltung der Übereinstimmung zwischen Grundbuch und Brief (§ 62[1] GrBO.) und ist aus dem letzteren Grund ihrem umfassenden Wortlaute gemäß auch dann anwendbar, wenn durch die vorzunehmende Eintragung das Recht des Hypothekars nicht beeinträchtigt, sondern verbessert wird, wie dies im Beschlusse 1 X 399/12 näher dargelegt ist. — Als eine Eintragung im Sinne des den § 42 umschließenden, mit „Eintragungen in das Grundbuch" überschriebenen 2. Abschnitts der GrBO. stellt sich, wie schon in den Motiven (50, 51) und in der Denkschrift hervorgehoben und in der Rechtslehre allgemein anerkannt ist, nur eine solche Einschreibung in das Grundbuch dar, welche über die Rechtsverhältnisse des Grundstücks Auskunft zu geben bestimmt ist. Rein tatsächliche Angaben scheiden also aus. Über die Rechtsverhältnisse des Grundstücks Auskunft zu geben bestimmt aber sind nicht nur rechtsändernde, sondern auch berichtigende, nicht nur endgültige, sondern auch vorläufige Eintragungen, wie der Widerspruch und die Vormerkung. In einem engeren Sinne ist der Begriff in dem § 71[3] des 4. Abschnitts sowie in dem mit dieser Vorschrift unmittelbar zusammenhängenden § 54 des 2. Abschnitts der GrBO. gebraucht. Beide Vorschriften beziehen sich, wie im Jahrb. 26 S. 238; 27 S. 82 aus der Entstehungsgeschichte und inneren Gründen nachgewiesen ist, nur auf

solche Eintragungen, welche an sich unter dem Glauben des Grundbuchs stehen, und demgemäß nicht auf den Widerspruch und die Vormerkung. Die für diese einschränkende Auslegung entwickelten Gründe berühren indessen nicht die Ordnungsvorschrift des § 42. Daß dieser § 42 auch Eintragungen betrifft, welche keinen öffentlichen Glauben genießen, geht schon aus der Ausnahme hervor, die in Abs. 1 Satz 2 für gewisse durch eine einstw. Verfügung angeordnete Widersprüche von der Notwendigkeit der Briefvorlegung gemacht ist. Diese Ausnahme wäre unverständlich, wenn bereits die Regelvorschrift für Widersprüche nicht gälte. Die Berufung des Beschwerdeführers auf Jahrb. 34 S. 295 geht fehl. Dort ist zwar gesagt, daß Eintragungen im Sinne des 2. Abschnitts insbesondere solche Einschreibungen seien, welche auf Änderung liegenschaftlicher Rechte gerichtet seien und unter dem Schutze des öffentlichen Glaubens ständen, aber nicht, daß sich alle Vorschriften des 2. Abschnitts nur auf solche Eintragungen bezögen. Der Senat hat vielmehr die Anwendbarkeit der Regel des § 42 Satz 1 auf andere als die unter die Ausnahme des Abs. 1 Satz 2 fallenden Widersprüche und auf Vormerkungen wiederholt ausgesprochen (Jahrb. 27 S. 82, 85; 30 S. 242; 38 S. 296; ebenso Predari N. 2, 4; Güthe N. 7 zu § 42). Danach erfordert die Vormerkung des Anspruchs auf Zinserhöhung, die im Grundbuche der drei bisher mit der Gesamthypothek belasteten Grundstücke bei dieser Hypothek einzutragen wäre, die Vorlegung des Hypothekenbriefs, auf dem sie nach § 62 Abs. 1 GrBO. zu vermerken wäre.

2. Die Vormerkung zur Sicherung des Anspruchs des Hypothekars M. darauf, daß seine Forderung von 75000 Mark nebst $4^3/_4$ % Zinsen, die in Höhe des Kapitals nebst $4^1/_4$ % Zinsen bereits auf drei Grundbuchblättern als Gesamthypothek eingetragen ist, auf 14 weiteren Grundbuchblättern eingetragen werde, ist lediglich auf diesen 14 Blättern einzutragen. Zu dieser Eintragung bedarf es der Vorlegung des Briefs über die bisherige Gesamthypothek nicht. Das LG. hat das Gegenteil aus § 49 mit § 42 und aus dem § 63 GrBO. hergeleitet. Diese Ausführung erscheint rechtsirrig. Daß der in § 49 vorgeschriebene Mitbelastungsvermerk im Falle des Abs. 1 Satz 2 Halbsatz 2 nämlich dann, wenn bei der Übertragung eines Grundstücksteils auf ein anderes Grundbuchblatt ein eingetragenes Recht mit übertragen wird, keine Eintragung im Sinne des § 42, sondern lediglich eine nachrichtliche Angabe darstellt, ist im Jahrb. 34 S. 292 eingehend begründet. Ob dasselbe etwa auch für den Fall des Halbsatz 1 anzunehmen ist, braucht hier nicht entschieden zu werden. Denn hier sind weder die Voraussetzungen dieser Gesetzesstelle noch diejenigen des § 63 gegeben. Der § 49 spricht von der nachträglichen Belastung eines Grundstücks mit dem an einem anderen Grundstücke bereits bestehenden Rechte und der § 63 von der Belastung eines Grundstücks mit der auf einem anderen Blatte bereits eingetragenen Hypothek. Beide Vorschriften setzen also voraus, daß das neu einzutragende Recht ebenso geartet ist, wie das bereits eingetragene, und treffen daher hier,

wo auf 3 Grundbuchblättern eine Gesamthypothek eingetragen ist, und auf 14 weiteren Blättern eine bloße Vormerkung zur Sicherung des Anspruchs auf Eintragung der gleichen Hypothek eingetragen werden soll, jedenfalls nicht unmittelbar zu. Auch eine analoge Anwendung erscheint ausgeschlossen. Die §§ 49, 63 behandeln den Fall des Gesamtrechts. Ein solches kann aber nur aus gleichartigen Rechten bestehen (vgl. § 1132 BGB.; RG. 70 S. 245, 77 S. 175; Jahrb. 22 S. 164). Ein Gesamtrecht, das aus einer Hypothek und einer Vormerkung bestände, ist unmöglich. Daraus folgt, daß auf das Verhältnis einer Hypothek zur Vormerkung die für Gesamtrechte geltenden Vorschriften, also auch die §§ 49, 63 GrBO., unanwendbar sind. Es ist daher die Eintragung der Vormerkung weder bei der bereits eingetragenen Hypothek im Grundbuch erkennbar zu machen noch auf dem Briefe zu vermerken. Solche Vermerke sind auch aus Zweckmäßigkeitsgründen nicht erforderlich. Sie bezwecken im Falle des Vorliegens eines Gesamtrechts, die Vervielfältigung des Gesamtrechts zu verhüten. Eine solche kann bei einem Zusammentreffen von Hypothek und Vormerkung zunächst durch eine Verfügung über die Hypothek nicht herbeigeführt werden. Über diese kann ohne Rücksicht auf die Vormerkung verfügt werden. Der Hypothekar A. kann zB. die Hypothek ohne die zu seinen Gunsten eingetragene Vormerkung an B. abtreten. Die Vormerkung verliert dadurch allerdings ihre Bedeutung. Denn wenn die Hypothek für B. eingetragen ist, kann später die Vormerkung nicht in eine Hypothek für A. umgeschrieben werden. Um den Grundbuchrichter aber darauf hinzuweisen, daß er eine solche Umschreibung nicht vornehmen darf, genügt die Eintragung der Vormerkung auf den für diese in Betracht kommenden Grundstücken auch ohne Eintragung des Mithaftsvermerks auf den mit der Hypothek belasteten Grundstücken. Denn der vorgemerkte Anspruch lautet auf Eintragung einer Gesamthypothek auf bestimmten, teils mit der Hypothek bereits belasteten, teils noch zu belastenden Grundstücken. Der Grundbuchrichter darf darum die Vormerkung nicht eher umschreiben, als bis er sich durch Einsicht des Grundbuchs vergewissert hat, daß ein andrer Gläubiger nirgends eingetragen ist. Anderseits kann auch eine Verfügung über die Vormerkung, wenn eine solche Verfügung unabhängig von einer Verfügung über die Hypothek bewirkt wird, nicht zu einer Vervielfältigung des vorgemerkten Rechtes führen. Denn bei der späteren Umschreibung der Vormerkung gilt das eben Gesagte. Die §§ 49, 63 GrBO. kommen hiernach erst zur Anwendung, wenn die Vormerkung in eine Hypothek umgeschrieben wird. Erst dann tritt der Fall ein, daß „mit einem an einem Grundstücke bestehenden Rechte nachträglich noch ein anderes Grundstück belastet wird". J....g.

v) **Gesamthypothek: α) Zahlung durch den einen Eigentümer, der die Schuld übernommen hatte und dann einem Dritten abtritt.**

Kammergericht, VII. ZS. Urteil v. 23. September 1911.

Der Kläger hat 1909 dem Beklagten das Grundstück Nr. 5 verkauft und aufgelassen. Nach dem Kaufvertrage hat der Beklagte eine für X. eingetragene Hypothek, die auch noch auf einem anderen Grundstücke des Klägers haftet, auf den Kaufpreis übernommen und bis zum 1. Oktober 1909 zurückzuzahlen. Demgemäß hat er bezahlt und den X. veranlaßt, die Hypothek an A. abzutreten. Der Kläger verlangt in erster Linie, daß der Beklagte ihm mindestens durch Vorlegung des Hypothekenbriefes nachweise, daß die Forderung des X. getilgt sei. Allein aus der Schuldübernahme erwuchs dem Beklagten an sich nur die Verpflichtung, den Gläubiger zu befriedigen. Das hat er getan; damit ist nach § 362 [1] das Schuldverhältnis des Klägers zu X. erloschen. Nach § 368 besteht wohl eine Pflicht für X., eine Quittung über den Empfang der Leistung zu erteilen, es besteht aber keine Pflicht für den Schuldübernehmer, dem Schuldner diese Quittung zu beschaffen, wenn wie hier das nicht besonders vereinbart ist.

In zweiter Linie verlangt der Kläger, daß der Beklagte „den Gläubiger befriedige". Soweit damit die Befriedigung des X. gemeint ist, ist der Anspruch unbegründet, denn X. ist durch den Beklagten befriedigt worden und damit die Schuld des Klägers erloschen. Soweit mit dem Gläubiger der Hypothekar A. gemeint ist, so hat dieser keine persönlichen Ansprüche gegen den Kläger, die der Beklagte befriedigen könnte. Nicht A., sondern der Beklagte hat die Schuld des Klägers an X. getilgt, die damit erlosch. Der Fall des § 268, daß ein Dritter den Gläubiger befriedigt und dann dessen Forderung gegen den Schuldner erwirbt, liegt bei A. nicht vor. Ebensowenig kamen die §§ 1143, 1174 in Frage. Der Beklagte, der als Grundstückseigentümer den Gläubiger befriedigte, war zwar nicht der ursprüngliche persönliche Schuldner, hatte aber die Schuld übernommen und darum gegen den Kläger keinen Ersatzanspruch. L.n.

β) Unrichtige Anwendung des § 1176. Eintragung eines Widerspruchs nach § 71 [2] Satz 2 GrBO.

OLG. Dresden, VI. ZS. Beschluß v. 28. März 1911.

Am 1. Oktober 1909 wurden unter Nr. 6a für A. und unter 6b für B. zwei Höchstbetragshypotheken von je 4000 Mark, und zwar mit gleichem Rang eingetragen. Durch Urkunde vom 1. Juli 1910 verzichtete B. auf seine Hypothek in Höhe von 2000 Mark. Der Eigentümer beantragte die Eintragung des Verzichts und trat den damit auf ihn als Grundschuld übergehenden Teil der Hypothek in der Weise an M. und N. ab, daß die Grundschuld in eine Hypothek für eine Forderung der Gläubiger umgewandelt wurde. Bei der Umschreibung des Teilbetrags von 2000 Mark auf den Eigentümer ist vermerkt, daß dieser Grundschuld die Hypothek unter 6a und die Resthypothek unter 6b im Range vorgehen. Die Beschwerde der Gläubiger, die die Löschung des Vorrangs für die Hypothek 6a oder doch wenigstens einen Widerspruch gegen die Richtigkeit dieser Eintragung verlangten, wurde zurückgewiesen. Das LG. ist der Meinung, die logische Folge des § 1176 sei, daß der auf den Eigentümer übergegangene Teil der Hypothek 6b im

Range auch der Hypothek 6a nachstehe. Das ist unzutreffend. Wenn nach § 1176 der Teil der Hypothek, der zufolge Verzichts des Gläubigers auf den Eigentümer übergeht, nicht zum Nachteile des dem Gläubiger verbleibenden Teiles geltend gemacht werden kann, so beschränkt sich die damit verbundene Rangverschiebung auf den dem Gläubiger verbleibenden Teil der Hypothek und den Teil, auf den er verzichtet hat. Das Rangverhältnis der Hypothek zu anderen Hypotheken wird durch den teilweisen Verzicht in keiner Weise berührt. Dies ergibt sich nicht nur aus dem klaren Wortlaute (vgl. den § 1176 gegenüber dem § 1182 Satz 2), sondern auch aus der Natur der Sache. Die Einrichtung der Eigentümerhypothek beruht gerade auf dem Gedanken, daß der Wegfall des Rechts des Gläubigers bei einer Hypothek nicht den im Range gleich- oder nachstehenden Berechtigten zustatten kommen und ihnen so einen ungerechtfertigten Gewinn durch die Verbesserung des Ranges ihrer Rechte verschaffen soll. Wie deshalb bei einem Verzichte des Gläubigers auf die ganze Hypothek die dem Eigentümer in diesem Umfange zufallende Hypothek nicht hinter eine ihr im Range gleichstehende Hypothek zurücktritt, sondern den gleichen Rang mit ihr behält, so wird auch durch den teilweisen Verzicht auf eine von zwei gleichstehenden Hypotheken nichts an dem zwischen ihnen begründeten Rangverhältnisse geändert. Daß die beiden Hypotheken unter der gleichen Nummer eingetragen sind, ist für die Frage bedeutungslos, denn trotz dieser Art der Eintragung liegen ebenso zwei verschiedene Hypotheken vor, wie wenn sie unter verschiedenen Nummern eingetragen wären. Hiernach hat das Grundbuchamt unter Verletzung gesetzlicher Vorschriften eine Eintragung vorgenommen, durch die das Grundbuch unrichtig geworden ist. Die mit der Beschwerde beantragte Anweisung des Grundbuchamts durch Löschung des Vorrangs ist ausgeschlossen, weil der Vermerk einen zulässigen Inhalt zum Gegenstande hat. Jedoch wolle das Grundbuchamt entsprechend dem Eventualantrage der Beschwerdeführer einen Widerspruch dagegen eintragen (§ 71² verb. mit § 54¹ GBO.). Ann.

γ) Löschung auf Grund der Quittung des Gläubigers.[1]

OLG. Dresden, VI. ZS. Beschluß v. 21. März 1911.

Der Beschwerdeführer A. hat das Grundstück Blatt 2 1900 von Emil K. erworben und auf den Kaufpreis die Höchstbetragshypothek von 10000 Mark übernommen, die K. für die Ansprüche der Firma X. aus einem Kreditverhältnisse bestellt hatte. Wegen gleicher Ansprüche hatte K. an seinen Grundstücken Nr. 4, 9 und der ideellen Hälfte der Nr. 10 eine Sicherungshypothek von je 4000 Mark bestellt; diese Grundstücke hat des K. Sohn Gustav er-

[1] Ist der Eigentümer, aus dessen Grundstück die Hypothek befriedigt wird, nicht der persönliche Schuldner, so geht die persönliche Forderung auf ihn über. Richtet sich diese gegen den Eigentümer eines der anderen Grundstücke oder einen Rechtsvorgänger dieses Eigentümers, so liegt ein Fall des § 1182 vor. Satz 2 dieses § 1182 beschränkt sich auf solche der Gesamthypothek gleich- oder nachstehende Rechte, die vor der zwangsweisen Befriedigung der Hypothek eingetragen worden sind (RG., I. ZS. Beschluß v. 11. Dezember 1911, Jahrb. 42 S. 275).

worden. A. seinerseits hat wegen der übernommenen 10000 Mark einen von Emil K. auf ihn gezogenen und an X. indossierten Wechsel akzeptiert, ihn aber nach der Quittungserklärung und Löschungsbewilligung des X. nur teilweise eingelöst. Zum anderen Teile ist X. von Gustav K., gegen den er einen dinglichen und persönlichen Schuldtitel erwirkt hatte, befriedigt worden, und zwar, soweit es sich um 1500 Mark handelt, aus dem Erlöse des zwangsweise versteigerten Grundstücks Nr. 4. Emil und Gustav K. machten mit Rücksicht hierauf geltend, daß die Hypothek in Höhe von insgesamt 5000 Mark auf sie übergegangen sei, und haben in dieser Höhe den Anspruch auf Umschreibung an M. abgetreten. Das Grundbuchamt hat jedoch die Umschreibung mangels Zustimmung des Eigentümers A. abgelehnt. Anderseits hat A. mit Bezug auf die Quittung und Löschungsbewilligung des X. die Löschung der Hypothek von 10000 Mark beantragt. Die Vorinstanzen haben sie jedoch mit Recht davon abhängig gemacht, daß A. die Zustimmung des Gustav K. und des M. beibringe.

Nach den Erklärungen des X. bildete die Hypothek von 10000 Mark mit den an den Grundstücken Nr. 4, 9 und der ideellen Hälfte der Nr. 10 bestehenden Hypotheken von je 4000 Mark eine Gesamthypothek; denn alle vier Hypotheken waren für die gleichen Forderungen bestellt. Die Gleichheit der Forderung schließt die mehreren Hypotheken notwendig zu dem einheitlichen Recht einer Gesamthypothek zusammen. Diese erfordert nicht, daß die Hypothek, wie die Beschwerde meint, an allen Grundstücken für die Forderung des Gläubigers im vollen Umfange bestellt sei; vielmehr liegt sie auch dann vor, wenn nur ein Grundstück mit der ganzen Forderung belastet ist, während die Haftung der anderen Grundstücke sich auf Teilbeträge der Forderung beschränkt. Auch in einem Falle dieser Art haften die sämtlichen Grundstücke für die ganze Forderung, d. i. für jeden Teil der Forderung; nur ist die Haftung der bloß mit einem Teile der Forderung belasteten Grundstücke auf den betreffenden Betrag beschränkt (vgl. Planck N. 1b Abs. 2; Staudinger I 2b, Biermann, Kretzschmar zu BGB. § 1132). Wenn der Beschwerdeführer neuerdings vorbringt, daß die Hypotheken für verschiedene Forderungen bestellt seien, und sich hierfür auf die der Eintragung der Hypotheken zugrunde liegenden Urkunden bezieht, so findet dies durch den Inhalt dieser Urkunden keine Bestätigung; vielmehr sollte die später bestellte Hypothek von 10000 Mark dieselben Forderungen sichern, für die bereits die Hypotheken von je 4000 Mark bestanden.

Bildet die Hypothek von 10000 Mark mit den drei anderen Hypotheken eine Gesamthypothek, so ist der Löschungsantrag nur begründet, wenn den Erklärungen des X. zu entnehmen wäre, daß die Hypothek nach § 1163 Satz 2, § 1181² ihrem ganzen Umfange nach auf den Beschwerdeführer übergegangen bzw., soweit X. aus dem mitbelasteten Grundstücke Blatt 4 befriedigt wurde, erloschen ist. An dieser Voraussetzung fehlt es. Der Beschwerdeführer hat die 10000 Mark nicht voll berichtigt, vielmehr ist X. teilweise, und zwar in Ansehung von 1500 Mark aus dem Erlöse des Grundstücks 4 durch Gustav K. befriedigt worden. Bei dieser Sachlage erscheint nicht ausgeschlossen, daß dem Gustav K. nach den Vereinbarungen, auf Grund deren er die Grundstücke Blatt 4, 9 und die ideelle Hälfte der Nr. 10 erwarb, an seinen Vater ein Ersatzanspruch zusteht, zufolge dessen die Hypothek gemäß §§ 1173^2, 1182 nach Höhe des Ersatzanspruchs auf ihn übergegangen ist. Ann.

w) **Löschungsvormerkung: α) rechtliche Bedeutung.**

OLG. Cassel, II. ZS. Urteil v. 13. Juni 1910.

Die Löschungsvormerkung aus § 1179 steht der Entstehung oder dem Bestehen der Eigentümerhypothek nicht hindernd im Wege; sie beschränkt vielmehr nur den Eigentümer in der Verfügung über die Eigentümergrundschuld dergestalt, daß er ohne Zustimmung des Vormerkungsgläubigers über sie nicht anders als durch Löschung verfügen kann (RG. 57 S. 211). Der Eigentümer hat dem Hypothekar, hier der Beklagten gegenüber auf die Ausübung seines Berichtigungsanspruchs verzichtet. Ein solcher Verzicht liegt in der vom Schuldner übernommenen Verpflichtung, die durch teilweise Abtragung entstandene Eigentümerhypothek auf Verlangen der Beklagten löschen zu lassen, also sich jeden anderen Verfahrens hinsichtlich der Hypothek zu enthalten. Danach wäre er nur berechtigt gewesen, Löschungsbewilligung von der Beklagten zu verlangen, da er auf Grund einer solchen nur die Löschung der Eigentümerhypothek herbeiführen kann, nicht aber Erteilung einer löschungsfähigen Quittung, auf Grund deren er auch andere Maßnahmen hinsichtlich der Hypothek ergreifen kann. Da der Kläger seinen Anspruch darauf stützt, daß der dem Schuldner zustehende Berichtigungsanspruch für ihn gepfändet und ihm überwiesen worden sei, so kann er ihn auch nur so geltend machen, wie er seinem Rechtsvorgänger zustand und muß alle dem Beklagten gegen diesen zustehenden Einreden gegen sich gelten lassen. Fs.

β) **Geltendmachung in der Zwangsversteigerung.**

Kammergericht, XXIV. ZS. Urteil v. 6. November 1912.

Auf dem Grundstück des X. stand unter Nr. 23 eine Darlehnshypothek von 195000 Mark eingetragen. Von der unter Nr. 22 mit dem Range nach Nr. 23 eingetragenen Hypothek standen zwei Teilbeträge von 6000 und 16000 Mark dem Kläger zu. Zugunsten der Post 22 war bei Nr. 23 vorgemerkt, daß der Eigentümer verpflichtet sei, die Nr. 23 löschen zu lassen, wenn und soweit sie sich mit dem Eigentum in einer Person vereinige. Bei der Zwangsversteigerung des Grundstücks wurde die Hypothek Nr. 23 nur mit 193000 Mark Kapital angemeldet, in Höhe von 2000 Mark war sie infolge Nichtzahlung der Valuta nicht entstanden. Die 2000 Mark kamen zur Hebung und wurde im Teilungsplan von Amts wegen „für den Grundstückseigentümer bzw. dessen unbekannten Rechtsnachfolger" angesetzt und zur vorläufigen Verwahrung gebracht. Der Kläger kam mit seinen 16000 Mark aus Nr. 22 nur mit 2650 Mark zur Hebung. Durch einen vom Kläger gegen X erwirkten, der Stelle für vorläufige Verwahrung am 4. November zugestellten Beschluß des LG. wurde durch einstw. Verfügung angeordnet, daß die 2000 Mark als Streitmasse zwischen dem Kläger und dem X. hinterlegt bleibe. Die Gerichtskasse erließ jedoch ein der Verwahrungsstelle am 13. November zugestelltes Zahlungsverbot, durch das sie wegen einer ihr gegen X. zustehenden Kostenforderung von 1000 Mark dessen Auszahlungsanspruch pfändete und sich zur Einziehung überwies. Hiergegen erhebt der Kläger Widerspruch mit der Begründung, daß diese Forderung ihm zustehe. Dies kommt in dem Antrage 1, der auf Aufhebung der Pfändung gerichtet ist, klar zum Ausdrucke. Dem Antrage 2 wohnt keine selbständige Bedeutung bei, er zieht nur die Folgen aus der mit dem Antrage 1 verfolgten Rechtslage und verlangt mit Rücksicht auf die nach der Pfändung bewirkte Hinterlegung als Streitmasse zwischen dem Kläger und dem X. die Einwilligung des Beklagten in Auszahlung. Die Klage ist also die Widerspruchsklage aus § 771 ZPO. Ob nicht, mag man als Vollstreckungsgericht das Gericht des Wohnsitzes der pfändenden Behörde (RG. 12 S. 379) oder dasjenige des Wohnsitzes des Drittschuldners zur Zeit der Zustellung des Pfändungsbeschlusses, also der Verwahrungsstelle des Amtsgerichts Berlin-Mitte ansehen —, ein anderes Gericht für die Entscheidung erster Instanz ausschließlich zuständig gewesen wäre und ob nicht der vom Kläger betonte Wohnsitz des X. zurzeit der Zustellung des Pfändungsbeschlusses unerheblich war, ist nach § 528 ZPO. nicht nachzuprüfen.

Der Meinung des Klägers ist nicht beizutreten. Durch die Löschungsvormerkung war der Übergang des nicht valutierten Teiles der Nr. 23 auf X., der beim Vorliegen der Voraussetzungen dafür kraft Gesetzes eintrat, nicht gehindert. Auch war X. die Verfügung über die erlangte Hypothek nicht entzogen, da die Vormerkung nur zum Schutze des Berechtigten, des Klägers, diente, insbesondere konnten also Gläubiger des X. die Hypothek (Grundschuld) pfänden, auch konnten Verfügungen des X. durch Genehmigung des Klägers voll wirksam werden (RG. 57 S. 209; Gruchot 52 S. 1070). Im Versteigerungsverfahren darf der Eigentümer, auf den die Hypothek übergegangen ist, den etwa auf sie entfallenden Erlös nicht für sich erheben, wenn zugunsten eines nachstehenden Berechtigten eine Löschungsvormerkung eingetragen ist und dieser bei Erhebung des Erlöses ausfallen würde, vielmehr ist der Erlösteil zunächst auf die etwaigen Zwischenberechtigten und den Vormerkungsberechtigten nach Maßgabe ihrer Rangverhältnisse zu verteilen (RGKomm. § 1179 [7]). Dies gilt aber nur, falls die Rechte aus der Vormerkung im Verfahren geltend gemacht werden; sonst bleibt maßgebend, daß die Hypothek, solange sie nicht gelöscht ist, zu dem nichtvalutierten Teile dem Eigentümer als Grundschuld zusteht. Der Kläger hat nun, obwohl er im Kaufgelderbelegungstermin vertreten war, Rechte aus der Vormerkung nicht geltend gemacht. Der Versteigerungsrichter hat von Amts wegen 2000 Mark angesetzt. Unerörtert kann mit Rücksicht auf den Mangel eines

Widerspruchs gegen den Teilungsplan bleiben, ob er anders hätte verfahren müssen, ob er besonders den Anspruch des X. aus der Eigentümergrundschuld als auflösend bedingten hätte behandeln müssen (Jäckel-Güthe 4 zu § 48, 3 zu §§ 50/51 ZwVG.) und ob er in diesem Falle gemäß § 119 das. die bei Eintritt der auflösenden Bedingung Berechtigten im Teilungsplane hätte feststellen müssen. Letzteres ist nicht geschehen, durch den Teilungsplan vielmehr der Erlösanteil lediglich dem Eigentümer, dh. X., zugewiesen. Dabei wäre allerdings der Zusatz „bzw. dessen unbekannten Rechtsnachfolger" wegen seiner Unbestimmtheit besser unterblieben. Jedenfalls berechtigt er nicht zu der Annahme, daß der Berechtigte als unbekannt hat angesehen werden sollen, denn in diesem Falle hätte nach § 126 ZwVG. verfahren werden müssen, was nicht geschah. Der Zusatz bringt auch nicht etwa einen Vorbehalt für den Kläger als bedingt Berechtigten zum Ausdruck, da der Rechtsnachfolger seine Rechte immer vom Eigentümer ableiten muß, während der Kläger im Falle des Eintritts der auflösenden Bedingung an die Stelle des Eigentümers tritt, und zwar nicht, weil etwa der betreffende Hypothekenteil auf ihn übergegangen wäre, sondern weil bei der in diesem Falle eintretenden Verteilung des Erlöses der freigewordene Teil des letzteren ihm als dem ersten ausgefallenen Hypothekengläubiger zukommen würde. Im Teilungsplan ist auch in keiner Weise angedeutet, daß der Zusatz mit Rücksicht auf die Rechte des Klägers aus der Vormerkung gemacht werde. Ob er überhaupt eine sonstige sachliche Bedeutung hat oder etwas Selbstverständliches besagt, kann auf sich beruhen. Ist hiernach X. im Teilungsplan als der zur Hebung der 2000 Mark Berechtigte behandelt, so kann der Grund, aus dem der Betrag zur Verwahrung genommen ist, nur darin gefunden werden, daß X. im Termin nicht vertreten war und deshalb eine sofortige Auszahlung an ihn nicht erfolgen konnte. Mit der Annahme zur Verwahrung, nicht etwa erst mit der Abhebung des Betrages wurde X. wegen seines Anspruchs aus der Eigentümergrundschuld befriedigt (Jäckel-Güthe § 117[5]), die Verteilung des Erlöses war beendet, der zur Verwahrung genommene Betrag kam nicht mehr als Teil des Erlöses in Betracht, sondern nur noch als Teil des Vermögens des X., dem der Anspruch auf Herausgabe zustand. Dadurch wäre an sich nicht ausgeschlossen, daß der Kläger trotz Nichterhebung eines Widerspruchs wegen Bereicherung gegen X. einen Zahlungsanspruch erheben könnte (RG. 58 S. 156); keinesfalls stand ihm aber ein Anspruch auf den in Verwahrung genommenen Betrag zu.

Den Anspruch des X. auf Herausgabe dieses Betrages hat der Beklagte gegenüber der Verwahrungsstelle wirksam gepfändet. Hieran ist durch die einstw. Verfügung nichts geändert worden; jedenfalls hat sie ein Pfandrecht des Klägers an dem Anspruche des X. auf Herausgabe des Geldes nicht begründet und der Entscheidung darüber, wem der hinterlegte Betrag zustehe, nicht vorgegriffen (Gaupp-Stein II 2 zu § 938, IV zu § 940 ZPO.). Wenn sie daher anordnet, daß der verwahrte Betrag als Streitmasse zwischen X. und dem

Kläger hinterlegt bleibe, so mag dies einer Herausgabe an X. entgegengestanden haben, ein nicht schon vorher vorhandenes Recht des Klägers auf Herausgabe ist dadurch aber nicht begründet worden. Keines Eingehens bedarf es auf die Frage, ob etwa durch die tatsächlich später (am 28. November) bewirkte Hinterlegung als Streitmasse zwischen X. und dem Kläger ein Anspruch des letzteren gegen die Hinterlegungsstelle begründet ist. Denn dies würde jedenfalls Beklagter infolge seiner vorher bewirkten Pfändung nicht gegen sich gelten zu lassen brauchen. Auch die Einrede der Arglist kann nicht dem Beklagten entgegengesetzt werden. Denn selbst wenn er die Unterlagen des Teilungsplanes selbständig nachgeprüft hat, kann in der Benutzung des unwidersprochen gebliebenen und ausgeführten Teilungsplanes keine Arglist gefunden werden. Ebensowenig würde dem X., falls er die Einwilligung des Klägers in Auszahlung verlangt, die Erwägung entgegengestanden haben, daß X. den auszuzahlenden Betrag als Bereicherung an den Kläger weitergeben müßte. Wenn überhaupt diese Erwägung zuträfe, würde sie doch keineswegs ergeben, daß dem Anspruche des X. gegenüber der Verwahrungsstelle auf Herausgabe des Geldes eine Einrede anhafte. Gepfändet aber ist für den Beklagten der letztere Anspruch, nicht ein Anspruch des X. gegenüber dem Kläger auf Einwilligung in Auszahlung.

Schließlich hat sich der Kläger noch darauf berufen, daß der Vollstreckungsrichter, wenn er den Löschungsanspruch des Klägers nicht von Amts wegen berücksichtigt habe, seine Amtspflicht fahrlässig verletzt habe, so daß er und deshalb nach dem Ges. vom 1. August 1909 auch der beklagte Fiskus ersatzpflichtig sei, letzterer also auf seine Rechte aus dem Pfändungsbeschlusse verzichten müsse. Allein, selbst wenn man der Ansicht folgt, daß bei Aufstellung des Teilungsplans die Löschungsvormerkung von Amts wegen zu berücksichtigen war, so kann doch bei der Zweifelhaftigkeit der dabei in Betracht kommenden Rechtssätze in dem abweichenden Verfahren des Vollstreckungsrichters keinesfalls eine Fahrlässigkeit gefunden werden und es braucht deshalb nicht weiter darauf eingegangen zu werden, ob nicht jedenfalls der Kläger, der trotz seiner Vertretung im Termin seine Rechte aus der Vormerkung nicht geltend gemacht und dem Teilungsplane nicht widersprochen, sondern die Berechnung, Belegung und Verteilung des Erlöses ausdrücklich angenommen hat, vorwiegend durch eigenes Verschulden den Schaden verursacht hat. R.

γ) **Geht bei Vorrechtseinräumungen die Vormerkung der zurücktretenden Post auf den vortretenden Gläubiger über?**

Kammergericht, XIV. ZS. Urteil v. 14. Oktober 1909.

Bei der Baugelderhypothek Nr. 6 war zugunsten des Beklagten A. für seine Post Nr. 7 eine Löschungsvormerkung eingetragen. Obgleich A. mit seiner Post Nr. 7 der Post Nr. 9 des Klägers den Vorrang eingeräumt hatte, ließ er wegen derselben Forderung, auf welcher seine Hypothek beruhte, die 25000 Mark, die von Nr. 6 nicht zur Entstehung gekommen und daher Eigentümergrundschuld waren, gegen den Grundstückseigentümer pfänden und sich selbst an Zahlungsstatt überweisen. Dies wurde Ende 1908 ins Grundbuch eingetragen und dabei zugleich die Löschungsvormerkung von Amts wegen wieder gelöscht. A. hat dann 17000 Mk. mit dem Vorrang vor dem Überrest an den Mitbeklagten B. abgetreten. Dieser Teilbetrag kam bei der Zwangsversteigerung zur Hebung. Der Kläger, der im Verteilungsverfahren Widerspruch erhoben hatte, beansprucht die Auszahlung der Streitmasse. Der Anspruch ist jedoch unbegründet.

Die Vormerkung aus § 1179 gibt kein dingliches Recht, sondern hat nur die Wirkung, daß spätere Verfügungen über die Eigentümergrundschuld dem Vorgemerkten gegenüber insoweit unwirksam sind, als sie dessen persönlichen Anspruch auf Löschung beeinträchtigen. Sie hindert nicht die Entstehung jener Grundschuld und beschränkt den Eigentümer nicht in der Verfügung über die Grundschuld, zumal wenn der Vorgemerkte zustimmt. Daraus folgt, daß dieser die Grundschuld im Wege der Pfändung auch zum Gegenstande seines eigenen Zugriffs machen kann, da hierin seine Zustimmung zu der Verfügung über die Grundschuld enthalten ist.

Als obligatorisches Recht ist der Anspruch auf Löschung auch abtretbar, aber wenn er, wie hier, dem Vorgemerkten als Gläubiger einer nacheingetragenen Post zusteht, nach § 399 nur mit dieser Post zusammen. Dagegen kann nicht anerkannt werden, daß der Löschungsanspruch gewissermaßen ein Bestandteil des der berechtigten Post zustehenden Ranges sei, und daß er, wenn mit dieser Post einer anderen der Vorrang eingeräumt wird, auf die vortretende Post übergeht. Wenn er auch in erster Reihe eine Verbesserung der Rangstellung bezweckt und die Rangabtretung einen dinglichen Platzwechsel herbeiführt, so folgt doch hieraus nicht, daß mit der Rangabtretung notwendig hinsichtlich des persönlichen Löschungsanspruchs ebenso wie bei einer Abtretung der Hypothekenforderung selbst ein Gläubigerwechsel eintreten muß. Der mit seiner Post Zurücktretende hat wegen dieser durch die Vorrangseinräumung in ihrer Sicherheit geminderten Forderung nach der Abtretung sogar noch ein weit höheres Interesse an der Erfüllung der Löschungsverpflichtung, weil durch die Löschung alle nachstehenden Hypotheken vorrücken. Daher kann man auch bei ihm einen Willen, das Recht aus der Löschungsvormerkung hinfort nicht mehr selbst zu haben, sondern auf den Vortretenden zu übertragen, keineswegs als selbstverständlich voraussetzen.

Die Meinung des Klägers, daß durch die Vorrangseinräumung das Recht aus der Löschungsvormerkung von A. auf ihn übergegangen sei, und daß demgemäß die nachher zugunsten des A. bewirkte Pfändung der Eigentümergrundschuld nach § 883² ihm gegenüber unwirksam sei, ist hiernach unhaltbar. Aber auch selbst wenn die Pfändung ihr gegenüber aus irgend einem Grunde unwirksam wäre, würde dies dem Kläger dem Beklagten B. gegenüber als redlichem Erwerber eines Teils der Eigentümergrundschuld nichts helfen (§ 892). Die Ausführung, daß gegen die Rechte aus einer Vormerkung auch der gute Glaube nicht schütze, übersieht, daß zu der Zeit, zu welcher B. den Teil der Grundschuld erwarb, die Löschungsvormerkung nicht mehr eingetragen war.[1] M.

δ) **Gebühr für die Eintragung einer Löschungsvormerkung bei gleichzeitiger Eintragung der löschungspflichtigen Hypothek.**

Kammergericht, Ia. ZS. Beschluß v. 18. Oktober 1912.

Allerdings ist in dem Beschlusse vom 20. Juni 1901 (1 Y 379) ausgesprochen, daß die Eintragung einer Löschungsvormerkung, wenn sie bei der Eintragung der löschungspflichtigen Hypothek erfolgt, ein gebührenfreies Nebengeschäft darstellt. Allein dieser Standpunkt ist später verlassen (vgl. die Beschlüsse vom 19. Juli 1906, Rsp. 15 S. 200, 11. März 1910 1a Y 1061/09, 3. November 1911, 1a Y 1012/11) und die Berechnung einer selbständigen Eintragungsgebühr angeordnet, weil die Löschungsvormerkung ein selbständiges Recht darstelle, das gesondert einzutragen sei. Die Gebühr des § 60 preuß. GKG. setzt eine selbständige Eintragung voraus. Eine solche liegt hier vor und muß auch in dem Falle angenommen werden, daß die Löschungsvormerkung gleichzeitig mit derjenigen Gläubigerhypothek eingetragen wird, aus der sich die löschungspflichtige Eigentümergrundschuld entwickeln soll. Ein Unterschied zwischen dem Fall, daß der Vormerkungsberechtigte ein Dritter, besonders ein nachstehender Grundstücksgläubiger, oder aber der Gläubiger der Hypothekenpost selbst ist, auf die sich die Vormerkung bezieht, läßt sich nicht machen. Die Löschungsvormerkung des § 1179 bedeutet keine Belastung des Gläubigerpfandrechts, neben dem sie im Grundbuch vermerkt wird, sondern sie beschränkt lediglich die Anwartschaft des Eigentümers auf die künftig entstehende, aber schon latent vorhandene Eigentümergrundpfandpost. Die vorgemerkte Verpflichtung ist rein persönlicher Art und tritt nicht aus dem Bereich des Schuldrechts heraus (Siméon, Eigentümergrundschuld 1911 S. 14ff.). Da die Eintragung der Vormerkung rechtlich mit der Eintragung der Gläubigerhypothek nichts zu tun hat, fehlt jeder Grund, sie als ein gebührenfreies Nebengeschäft dieser Eintragung zu behandeln. Sie bildet im Grundbuch eine selbständige Eintragung und ist daher als solche auch gebührenpflichtig. Als Gegenstandswert ist der volle Betrag der löschungspflichtigen Post selbst anzunehmen, da dem eingetragenen Hypothekar das vertragsmäßige Löschungsrecht in Höhe der ganzen Sicherungshypothek eingeräumt ist. L.m.

x) **Keine „Rechtsnachfolge" im Falle des § 1180[2].**

OLG. Frankfurt, III ZS. Urteil v. 9. Februar 1911.

Die Klage stützt sich auf § 3 Nr. 2 mit § 11 Nr. 1 AnfG., indem sie den Beklagten als Rechtsnachfolger des Wilhelm S., des Vaters des Schuldners Heinrich S., ansieht. Auf den Grundstücken dieses war für seinen Vater eine Sicherungshypothek von 30000 Mark eingetragen. Diese Hypothek hatte Wilhelm S. zum Teilbetrage von 14000 Mark mit dem Vorrang vor dem verbleibenden Rest notariell an den Beklagten abgetreten, und sie war dann

[1] Die Revision ist am 25. Juni 1910 zurückgewiesen (V 626/09).

in dieser Höhe in eine Hypothek umgewandelt worden. Die Forderung selbst hatte Wilhelm S. an den Beklagten nicht abgetreten. Es handelt sich hier um einen Fall, bei dem der § 1180 Anwendung findet. Zweck des § 1180² ist, den Rechtsverkehr zu erleichtern. Es soll der Umweg erspart werden, daß der ursprüngliche Gläubiger erst auf die Hypothek verzichtet (§ 1168) und dann der Eigentümer die hierdurch entstandene Eigentümergrundschuld (§ 1177¹) wieder in eine Hypothek für die Forderung des neuen Gläubigers verwandelt. Über die rechtliche Beurteilung des Vorgangs herrscht Streit. Obwohl die Prot. 3 S. 726 ihn ausdrücklich dahin erläutern, es handele sich hierbei darum, daß die Belastung geändert werde, und die Hypothek einen anderen Inhalt erhalte im Gegensatz zu der Übertragung einer hypothekarisch gesicherten Forderung, bei der ein Gläubiger an seine Stelle einen anderen setze, wird vielfach (vgl. Planck, Staudinger § 1180⁴) die Ansicht vertreten, daß eine unmittelbare Übertragung der Hypothek ohne die Forderung vorliege. Dem würde der Grundsatz des § 1153² entgegenstehen, wonach Hypothek und Forderung nicht getrennt werden können. Es besteht kein Anlaß, von der rechtlichen Beurteilung der 2. Komm. abzugehen; die nach § 1180² erforderliche Zustimmung des bisherigen Gläubigers ist als ein dem Eigentümer das Verfügungsrecht zuweisender Verzicht anzusehen. Der § 1180 setzt freilich voraus, daß die zu übertragende Hypothek nicht zur Eigentümergrundschuld geworden ist, da der § 1180 auf Grundschulden keine Anwendung findet. Der Kläger behauptet auch, daß die Hypothek von 30000 Mark von Wilhelm S. nicht valutiert sei, dies ist aber als widerlegt anzusehen. Danach liegen hier nicht die Voraussetzungen der §§ 1163, 1177 vor.

Zulässig war auch, daß die ursprünglich dem Wilhelm S. zustehende Sicherungshypothek ohne Übertragung der Forderung in eine Buchhypothek umgewandelt worden ist (RG. 60 S. 262, Staudinger § 1180⁴). Danach ist aber Beklagter kein Rechtsnachfolger des Wilhelm S. und die Klage hinfällig.

Dr. K.r.

y) **Genehmigung des VormGerichts zum Antrag auf Löschung einer aus dem Grundstück bezahlten Hypothek?**

Kammergericht, I. ZS. Beschluß v. 8. Januar 1912.

Auf dem der Frau A. gehörigen Grundstücke steht für ihren zweiten Mann, den Tischler A., eine Hypothek eingetragen. Nach dem Tode der Eigentümerin (1910) ist ihr alleiniger Erbe ihr Sohn erster Ehe August geworden, für den wegen Unbekanntheit seines Aufenthalts ein Abwesenheitspfleger bestellt ist. Der 1900 verstorbene Hypothekar hat in seinem Testamente zu seinen „Erben" seine Frau A., seine beiden Söhne erster Ehe B. und C. mit der Maßgabe ernannt, daß die Witwe A. bestimmte Vermögensstücke erhält, die beiden Söhne den übrigen Nachlaß gleich anteilig erben, und Nacherben des C. dessen eheliche Kinder sind, deren Erbteil durch einen Pfleger D. verwaltet werden soll. Nachdem August als Eigentümer zur

Zahlung der Hypothek aus dem Grundstücke rechtskräftig verurteilt war, haben B., C. und der Pfleger D. mit dem Bekenntnis, Zahlung der Hypothek vom Eigentümer erhalten zu haben, mit vormundschaftsgerichtlicher Genehmigung für die C.schen Kinder die Löschung der Hypothek bewilligt. Auf den Antrag des B. ist jedoch dann zur Befriedigung der Hypothekenforderung die Zwangsverwaltung eingeleitet, in welcher am 24. Mai 1911 die Hypothek aus den Einkünften gezahlt ist. Der Abwesenheitspfleger beantragte danach die Löschung der Hypothek. Die Vorinstanzen verlangten jedoch vormundschaftsgerichtliche Genehmigung der Löschungserklärung. Die weitere Beschwerde ist begründet.

Da das LG. zutreffend nur die beiden Söhne des A. als Erben aus seinem Testamente, seine Witwe aber als Vermächtnisnehmerin angesehen hat, kommen als Berechtigte der Hypothek des A. nach seinem Tode nur B. und C. sowie die C.schen Kinder als Nacherben in Frage. Einer Bewilligung zur Löschung bedarf es deshalb weder für Frau A. noch für ihren Alleinerben August auch aus dem Gesichtspunkte des Übergangs der Hypothek auf Frau A. oder August als Eigentümergrundschuld. Denn ein solcher Übergang hat nicht stattgefunden. Allerdings haben die Erben des A. bekannt, die Hypothek vom Eigentümer gezahlt erhalten zu haben; es ist jedoch nicht zweifelhaft, daß die Zahlung tatsächlich erst in der Zwangsverwaltung erfolgt ist. Sind danach die Hypothekare im Wege der Zwangsverwaltung befriedigt, so liegt eine Befriedigung aus dem Grundstücke vor (§ 1147 BGB., § 146[1] ZwVG.); diese hat aber nach § 1181 das Erlöschen der Hypothek zur Folge, so daß sie nicht auf den Eigentümer überging. Da somit die Löschung der Hypothek nur der Grundbuchberichtigung dient, so liegt in dem vom Pfleger gestellten Löschungsantrage nicht eine Verfügung über das dingliche Recht, die nach § 1812 der vormundschaftsgerichtlichen Genehmigung bedurfte. Was die persönliche Forderung als solche anlangt, so wird sie durch die Löschung der Hypothek nicht betroffen. Im übrigen ist auch sie nach § 362[1] BGB. erloschen, weil der Grundstückseigentümer als Erbe seiner Mutter persönlicher Schuldner der Forderung gewesen ist.

Nach § 27[1] GrBO. bedarf es allerdings in jedem Fall der Löschung einer Hypothek der Zustimmung des Eigentümers. Diese ist aber nur dann eine der Genehmigung bedürfende Verfügung über die Hypothek, wenn sie zugleich eine materiell-rechtliche Erklärung enthält. Das trifft nur dann zu, wenn die Löschung der Hypothek rechtsändernder Natur ist. Denn in diesem Fall verlangt der § 1183 zur Aufhebung der Hypothek die Zustimmung des Eigentümers. Im Falle der Grundbuchberichtigung ist dagegen die Zustimmung des Eigentümers nach materiellem Rechte nicht erforderlich. Denn der § 894 BGB. erklärt die Zustimmung nur desjenigen für nötig, dessen Recht durch die Berichtigung betroffen wird. Betroffen durch die Löschung einer erloschenen Hypothek wird aber nur der Hypothekar; der Eigentümer ist der Berichtigungsberechtigte. Da somit in dem Falle der berichtigenden Löschung die Zustimmung des Eigentümers nur formaler Natur ist, so bedarf sie nicht der vormundschaftlichen Genehmigung. M.r.

z) **Umfang der Baugelderhypothek.**

OLG. Dresden, VII. ZS. Urteil v. 7. Oktober 1910.

Zweifelhaft kann sein, ob bereits die Hingabe zu Zwecken des Baus genügte, um den Anspruch als von der Baugelderhypothek erfaßt zu behandeln, oder ob es dazu der Verwendung des Hingegebenen zu den Zwecken des Baus bedurfte. Für letztere Annahme läßt sich die Erwägung verwerten, daß der zurücktretende Hyptthekar die wirtschaftliche Gefahr aus dem Rücktritt dadurch mehr oder weniger ausgeglichen wird erachten können, daß der Wert des verpfändeten Grundstücks durch die Baugelder entsprechend erhöht wird, diese nämlich in den Bau fließen (Anm. 30 S. 272). Es kommt indessen auf den einzelnen Fall an. Wenn ein Baugeldgeber ohne Rücktrittserklärung eines vorgehenden Hypothekars Baugelderhypothek erlangt hat, so erscheint es nicht zweifelhaft, daß als Baugelder, für die die Hypothek zu haften hat, alle dem Eigentümer zu dem Bau mittelbar oder unmittelbar gewährten Beträge zu gelten haben ohne Rücksicht darauf, ob sie tatsächlich in den Bau verwendet worden sind. Lediglich der Baugeldgeber selbst hat ein Interesse daran, zu kontrollieren, ob die Baugelder auch wirklich ihrem Zwecke dienstbar gemacht werden, und dementsprechend deren Auszahlung von dem Fortschreiten des Baus abhängig zu machen; denn er riskiert andernfalls, daß der Bau infolge vertragswidriger Verwendung der Baugelder liegen bleibt und das Grundstück nicht die aus der Durchführung des Baus folgende Wertserhöhung erhält, die erst die Baugelderhypothek als ausreichende Sicherung der Baugelder erscheinen zu lassen vermag. Lediglich aus dem dargelegten Interesse des Baugeldgebers erklärt es sich, daß er regelmäßig die Baugelder nur in Raten, deren Fälligkeit von dem Fortschreiten des Baus abhängt, gewährt. Der Empfänger der Baugelder hat kein Interesse an einer derartigen Beschränkung, ihm würde es regelmäßig viel bequemer und wünschenswerter sein, die vollen Baugelder von vornherein zu seiner unmittelbaren freien Verfügung zu haben. Daß der Baugeldgeber in mehr oder minder beschränktem Umfang dem Bauherrn Vertrauen zu schenken, ihm so Gelder zum Bau im voraus auszuhändigen gezwungen ist, oder doch Wechselunterschriften geben muß, aus denen er bei Fälligkeit eventuell belangt werden wird und mit deren Hilfe das erste zum Bau nötige Geld im Wege der Wechseldiskontierung zunächst beschafft werden soll, ohne sicher zu sein, ob die beabsichtigte Verwendung erfolgen werde, wird sich schwerlich ganz vermeiden lassen. Deshalb wird auch kaum ein Baugeldgeber bereit sein, sich mit einer hypothekarischen Sicherung für diejenigen Baugelder zu begnügen, die wirklich in den Bau verwendet worden sind. Das gilt aber auch, wenn er den von ihm beanspruchten Rang seiner Baugelderhypothek nur durch den Rücktritt eines vorgehenden Hypothekars erlangt. Er wird im Zweifel nicht geneigt sein, seine Stellung als Baugeldgeber im Interesse des zurücktretenden

Gläubigers einzuschränken und namentlich im Interesse eines solchen Pflichten zur Kontrolle der vertragsmäßigen Verwendung der Baugelder zu übernehmen oder seine hypothekarische Sicherung auf diejenigen Baugelder zu begrenzen, die nicht bloß zum Bau gegeben, sondern auch tatsächlich zum Bau verwendet worden sind. Die bloße Erwägung, der rücktretende Gläubiger habe ein großes Interesse daran, daß die unter die Hypothek fallenden Baugelder auch zur Erhöhung des Wertes des Pfandgrundstücks dienten, wie dies die Eintragung einer Löschungsvormerkung (§ 1179) noch besonders deutlich ausdrückt, reicht nicht zu der Annahme aus, daß der Baugeldgeber nach Treu und Glauben nur wegen der in den Bau verwendeten Baugelder im Verhältnisse zum zurücktretenden Gläubiger habe durch die Baugelderhypothek Sicherung erlangen sollen. Dieser konnte sehr wohl der Meinung sein, daß schon das eigene Interesse den Baugeldgeber veranlassen werde, die Verwendung der Baugelder zu ihrem Zwecke zu überwachen.

Jedenfalls ist es zunächst seine Sache, sich darum zu kümmern, unter welchen Bedingungen der Baugeldgeber zur Hergabe der Baugelder bereit sei oder bei seinem Rücktritt klar auszudrücken, daß unter die Hypothek im Verhältnisse zu ihm nur Baugelder gebracht werden dürften, die tatsächlich dem Bau auch zugeführt worden seien, oder in sonstiger Weise, mindestens durch obligatorische Bindung des Eigentümers dem entgegenzutreten, daß die Baugelder ohne Kontrolle ihrer Verwendung und ohne Rücksicht auf das Fortschreiten des Baus zur Auszahlung gelangten. Ist wie hier schlechthin der Rücktritt hinter eine in bestimmter Höhe aufzunehmende Baugelderhypothek erklärt worden, so darf der Baugeldgeber davon ausgehen, daß der Ausdruck Baugelderhypothek in seiner gewöhnlichen Bedeutung, d. i. in demselben Sinne gebraucht sei, den er besitzen würde, wenn ihm der Eigentümer eine solche bestellt hätte, ohne daß ein Rücktritt in Betracht käme, daß er also in Ansehung der Auszahlung der Baugelder dem Eigentümer ebenso frei gegenüberstehe, wie im letzteren Fall, nämlich, daß er die Baugelder nach seinem freien Ermessen mit Rücksicht auf sein Interesse auszahlen dürfe und daß alles, was er als Baugeld, dh. zu dem Zwecke der Verwendung für den Bau gebe, unter die Hypothek falle, auch wenn es der Bauherr dazu nicht gebraucht, sondern vertragswidrig anderen Zwecken zugeführt habe. Auch der zurücktretende Hypothekar muß sich das sagen und kann nur annehmen, daß unter Baugelderhypothek mangels erklärter Einschränkungen, von dem künftigen Baugeldgeber eine Hypothek zur Sicherung seiner Ansprüche aus den zu Zwecken des Baus hingegebenen, nicht bloß aus den in den Bau auch wirklich verwendeten Beträgen werde verstanden werden. Die gleiche Ansicht hat auch der hiesige I. ZS. 1 O 308/09 vertreten. Es mag sein, daß außer einem unmittelbar auf Schädigung des zurückgetretenen Gläubigers abzielenden Verhalten auch ein solches, bei dem in außergewöhnlicher Weise, nämlich unter Verstoß gegen die bei der Hingabe von Baugeldern allgemein eingehaltenen Grundsätze unter Bloßstellung des zurückgetretenen Gläubigers die Baugelder gegeben worden sind, eine Schadensersatzpflicht des Baugeldgebers jenem gegenüber schaffen könne. M. z.

Dazu: OLG. Dresden, VII. ZS. Urteil v. 16. November 1910.

Wenn der Beklagte gelegentlich der Bestellung einer Sicherungshypothek für alle seine Forderungen an den Grundstückseigentümer M. sich zugleich verpflichtet hätte, und zwar dem M. und dem zurücktretenden Hypothekar gegenüber, die Hypothek nur für die dem M. direkt gewährten Baugelder zu beanspruchen, so könnte dies nur dahin verstanden werden, daß zwar das Grundstück für alle Forderungen des Beklagten an M. verpfändet werde, daß dieser aber obligatorisch verbunden sein solle, dem zurückgetretenen Gläubiger und hinter diesem dem M. von dem bei einer Zwangsversteigerung auf seine Hypothek entfallenden Betrag dasjenige zukommen zu lassen, was davon auf andere als direkte Baugelderforderungen zu rechnen sei, vor allem aber auch die Hypothek wegen andrer als solcher Forderungen nicht durch Klage oder Vollstreckungsanträge zur Geltung zu bringen. Die Auffassung, daß das Grundstück für andere als direkte Baugelderforderungen gar nicht verpfändet worden sei, wird durch die Verpfändungsurkunde widerlegt. Wenn trotz der gewollten Beschränkung der hypothekarischen Befugnisse des Beklagten gegenüber dem zurücktretenden Gläubiger und dem M. doch jene weitergehende Fassung gewählt wurde, so läßt sich als Zweck dieser Maßnahme nur die Zurückführung jener Beschränkung auf eine obligatorische Verpflichtung annehmen. Der zurücktretende Gläubiger hielt sich damit gegen eine Entwertung seiner Hypothek einigermaßen für gesichert, dem Eigentümer sollte aber im Falle der Zwangsversteigerung der auf andere als direkte Baugeldforderungen entfallende Betrag überlassen werden, wie dies der Fall gewesen wäre, wenn insoweit die Hypothek wegen Nichtentstehung von darunter fallenden Forderungen zur Eigentümerhypothek würde. Deren Entstehung war hier ausgeschlossen, weil für den zurücktretenden Gläubiger der Anspruch aus § 1179 vorgemerkt war.

Bei der hier vertretenen Auffassung war aber irgend ein nachstehender Hypothekar wie der Kläger nicht befugt, sich auf die Abmachung zu berufen. Denn aus ihr würde ein solcher nie berechtigt geworden sein, vielmehr würde der auf andere als direkte Baugelder entfallende Teil, soweit er nicht zur Deckung des zurückgetretenen Gläubigers beansprucht worden wäre, nicht den nachfolgenden Hypothekaren, sondern dem Eigentümer zugefallen sein. Wenn dieser ihn dem Beklagten beließ, so berührte dies nicht die Stellung und die Rechte des Nachhypothekars. M. z.

---

5. Sachenrecht.

a) Gutgläubiger Besitzerwerb an den von der Frau fortgeschafften Sachen ihres eingebrachten Guts. Kostenverteilung nach § 100 ZPO.

OLG. Braunschweig, I. ZS. Beschluß v. 3. Januar 1913.

Die mitbeklagte Frau, die ihren klagenden Mann heimlich verließ, hat eigenmächtig einen Teil der in der Wohnung befindlichen Sachen ausgesucht und dem mitbeklagten Spediteur A. übergeben. Die Klage auf Herausgabe und Rückschaffung der Sachen ist in der Hauptsache zwischen dem Kläger und A. verglichen. Das LG. hat durch Teilurteil auf einen Eid für A. über seinen guten Glauben erkannt und im Schwörungsfall die Parteikosten des A. dem Kläger auferlegt; anderenfalls sollte A. seine eigenen Kosten tragen; die Gerichts- und klägerischen Kosten sollten dagegen von dem Hauptstreite der Eheleute abhängen. Die Beschwerde des Klägers ist begründet.

1. Der Kläger hat die fortgeschafften Sachen teils als seine eigenen teils als eingebrachtes Gut seiner Frau bezeichnet. Nach § 1380 kann zwar der Mann ein zum eingebrachten Gute gehörendes Recht im eigenen Namen verfolgen. Da aber der Kläger die Klage gegen seine Frau und gegen A. einheitlich begründet hat, ist anzunehmen, daß er auch gegen A. nicht die Eigentumsklage (§ 985) erhoben hat. Mit der Klage wegen Besitzentziehung (§ 861) würde er gegen A. nicht durchdringen, da ihm der Besitz durch seine Frau entzogen ist. In einem durch die Schlüsselgewalt der Frau (§ 1357) vermittelten Vertragsverhältnisse hat er zu A. nicht gestanden; denn die Beauftragung eines Spediteurs mit der Versendung eines so großen Teiles des Hausrats ist kein Geschäft, das für die Führung des Haushalts im gewöhnlichen Laufe der Dinge erforderlich ist. Daß A. eine unerlaubte Handlung begangen hätte, ist nicht nur, wie das LG. meint, unwahrscheinlich, sondern ausgeschlossen. Dagegen stützt der § 1007 die Klage. Er kommt jedem gutgläubigen früheren Besitzer, auch dem Manne zugute, dem die Sache unfreiwillig abhanden gekommen ist. Der Mann hat allerdings kraft Gesetzes noch keinen Besitz an den zum eingebrachten Gute gehörenden Sachen, sondern nur das Recht, sie in Besitz zu nehmen (§ 1373). Der Kläger hatte aber die in der gemeinschaftlichen Wohnung befindlichen Sachen seiner Frau, die zum eingebrachten Gute gehören, in Besitz genommen, denn wenn auch keine Rechtsvermutung dafür besteht (Seuff. 66 Nr. 191), ist doch tatsächlich davon auszugehen, daß er der Üblichkeit entsprechend sein Recht ausgeübt hatte. Noch weniger unterliegt es einem Zweifel, daß er seine eigenen Sachen besessen hatte. Den Besitz an allen diesen Sachen hatte A. von der Mitbeklagten erlangt. Er war dabei zwar gutgläubig, das schloß seine Haftung aber nicht aus, wenn die Sachen dem Kläger als ihrem früheren Besitzer abhanden gekommen waren (§ 1007²). Dies setzt weiter nichts voraus, als daß der unmittelbare Besitzer ohne seinen Willen den Besitz der Sache verliert (RG. 71 S. 253, Rsp. 26 S. 58). Da die Sachen ohne den Willen des Klägers fortgeschafft waren, konnte er von A. ihre Herausgabe, also die Verschaffung der tatsächlichen Gewalt, verlangen. Da das Gesetz über den Ort, wo ihm die Ausübung dieser Herrschaft zu ermöglichen ist, nichts bestimmt hat, sind die allgemeinen Vorschriften des § 269 anzuwenden. Nach seiner Aufklärung durch den Kläger hat A. keine Ortsveränderung mit den Sachen vorgenommen; bis dahin war A. aber als gutgläubiger Besitzer befugt, den Aufbewahrungsort zu bestimmen. Er haftete

deshalb nicht dafür, daß er die Sachen bei sich lagern hatte und brauchte sie also nur an dem Lagerorte herauszugeben (Mot. 3 S. 399; Dernburg, Sachenrecht § 119 Nr. 7; Maenner S. 224; Planck 2a; Biermann 5 zu § 985 BGB.). Wollte man ihm mit Dernburg aber auch die Pflicht auferlegen, die Sachen auf Kosten des Klägers zurückzusenden, so war doch dessen Verlangen nach Zurückschaffung der Sachen unbegründet, weil er sich nicht zur Tragung der Kosten erboten hatte. Zurückschaffung auf Kosten des A. hätte er nur unter dem Gesichtspunkte des Schadensersatzes beanspruchen können, wenn der, auch im Falle des § 1007 (vgl. Abs. 3 Satz 2) anwendbare § 992 oder eine der allgemeinen Vorschriften über unerlaubte Handlungen in Betracht kamen....

Der Beklagte hätte allerdings wegen eines Rechtes zum Besitze die Herausgabe verweigern dürfen, da nach § 1007³ der § 986 entsprechend anwendbar ist. Auf ein Recht der Frau des Klägers zum Besitze konnte sich jedoch A. nicht berufen; denn wenn der Frau auch vielfach mittelbarer Besitz an den Sachen des eingebrachten Gutes zugeschrieben wird, ist sie doch dem Manne gegenüber zum unmittelbaren Besitze nicht berechtigt (§ 1373). Ebensowenig war A. dem Kläger gegenüber zum Besitze deshalb berechtigt, weil ihm die Frau den Besitz übertragen hatte. Da sie zu ihrem Vorgehen nicht auf Grund ihrer Schlüsselgewalt befugt war, war die Besitzübertragung, die sich als Verfügung darstellt (RG. 58 S. 37; Dernburg 1 § 112 II) eine Verfügung über eingebrachtes Gut, zu der sie der Einwilligung ihres Mannes bedurfte (§ 1395 ff.). Diese Beschränkung mußte auch A. selbst dann gegen sich gelten lassen, wenn er nicht gewußt haben sollte, daß die Frau eine Ehefrau war (§ 1404). Die Befugnis zur Fortschaffung von Sachen hätte die Frau des Klägers nur auf Grund des § 1361¹ und des § 627 ZPO. erlangen können. Daß A. gegen den Kläger keinen Anspruch aus dem Speditionsvertrage hatte, ist klar, weil dieser Vertrag den Kläger nichts anging und deshalb ihm gegenüber wegen der Ansprüche des A. gegen die Frau kein Zurückbehaltungsrecht bestand. Aber auch ein Pfandrecht an den Sachen stand dem A. nicht zu. Das gesetzliche Pfandrecht des Spediteurs ist durch § 366³ HGB. allerdings mit einem weitgehenden Schutze versehen. Es braucht jedoch nicht näher darauf eingegangen zu werden; denn zu den Vorschriften des BGB. über den Schutz Gutgläubiger, welche durch jene Vorschrift ein erweitertes Anwendungsgebiet erhalten haben, gehören auch diejenigen, welche wieder eine Ausnahme von dem regelmäßig eintretenden Schutze machen, also auch die §§ 935, 1207, 1208, wonach der Schutz trotz vorhandener Gutgläubigkeit nicht eintritt, wenn die Sachen wie hier dem Berechtigten abhanden gekommen sind. Hiernach hätte zwar die Klage auf Rückschaffung der Sachen abgewiesen, aber A. unbedingt zur Herausgabe der Sachen verurteilt werden müssen.

2. Dem LG. kann auch darin nicht zugestimmt werden, daß es bloß die Parteikosten des A. der einen oder der anderen Partei auferlegen will.

Zweifelhaft könnte nur sein, ob das Beschwerdegericht diese Entscheidung ändern darf. Es ist nämlich nicht ganz klar, wie sie zu verstehen ist. Vielleicht hat das LG. auch im Verhältnis zwischen dem Kläger und A. nur ein Teilurteil erlassen und über die sonstigen zwischen ihnen streitigen Kosten erst demnächst entscheiden wollen. Die Urteilsgründe sprechen jedoch überwiegend für die Auslegung, daß das LG. den Streit zwischen dem Kläger und A. endgültig erledigt habe und demnächst nur im Verhältnisse zwischen den Eheleuten entscheiden wolle. In diesem Falle kann das Beschwerdegericht die Entscheidung ändern. Dies muß auch geschehen, weil die stillschweigend erfolgte Anerkennung eines weiter gehenden Kostenanspruches des Klägers nicht gerechtfertigt ist. Es ist gleichgültig, ob durch das Verfahren gegen den mitbeklagten A. keine besondere Kosten entstanden sind, und es ist willkürlich, die Frau des Klägers als diejenige zu bezeichnen, welche im wesentlichen als Gegnerin in Betracht komme. Die ZPO. kennt keine Kostenentscheidung, wobei diese Fragen eine Rolle spielten. Man muß vielmehr mit RG. (39 S. 383, 41 S. 399; JW. 1900 S. 411[3], 650[8]; Gruchot 52 S. 1022) nach Quoten entscheiden, soweit sich aus sonstigen Grundsätzen nichts anderes ergibt. Dem Kläger standen nämlich zwei Streitgenossen gegenüber. Wurden sie beide verurteilt, so hafteten sie ohne Rücksicht darauf, ob die Kosten durch die Streitgenossenschaft erhöht waren, für die Kostenerstattung nach Kopfteilen oder nach einem ihrer Beteiligung entsprechenden Maßstabe oder als Gesamtschuldner (§ 100 ZPO.). Man weiß aber noch nicht, ob sie beide werden verurteilt werden. Man vereitelt also vielleicht die nach § 100 ZPO. zu treffende Entscheidung, wenn man dem zuerst durch ein Teilurteil abgeurteilten Streitgenossen keine Kostenerstattung auferlegt. Hier kommt gesamtschuldnerische Haftung nicht in Betracht. Gegenüber dem Werte der Sachen (900 Mark) ist der Betrag von 354 Mark, den der Kläger außerdem von seiner Frau gefordert hat, so erheblich, daß die Beteiligung am Rechtsstreite zum Maßstabe zu nehmen ist (§ 100[2]). H.g.

b) **Auflassung winziger Bruchteile zur Bildung eines Eigenjagdbezirks als Scheingeschäft. Sach- oder Aufsichtsbeschwerde wegen der Ablehnung?**

Kammergericht, I. ZS. Beschluß v. 2. Dezember 1912.

Im Grundbuch Blatt 41 (Westfalen) ist A. als Eigentümer von 63 Grundstücken mit einer Gesamtfläche von 64 ha und in Blatt 40 D. als Eigentümer von 48 Grundstücken mit einer Gesamtfläche von 58 ha eingetragen. Laut Privaturkunde von 1912 haben A. und D. einen Tauschvertrag dahin abgeschlossen, daß A. an D. je $^1/_{1000}$ Anteil an dem Eigentum von 26 der auf Blatt 41 verzeichneten Grundstücke mit einer Gesamtfläche von 36 ha überträgt; nach § 2 vertauscht dagegen D. an A. je $^1/_{1000}$ Anteil an dem Eigentum von 33 auf Blatt 40 verzeichneten Grundstücken mit einer Gesamtfläche von 46 ha. Nach § 3 tragen A. und D. die gerichtlichen Kosten sowie die Abgaben an Reich, Staat und Kommunen, je zur Hälfte. Nach § 4 beträgt der Wert 60—70 Mark. Unter Vorlegung dieses Vertrags beantragten A. und D. die Entgegennahme der Auflassung. Die Vorinstanzen lehnten jedoch ab, weil die gegenseitige Auflassung von je $^1/_{1000}$ Anteil an verschiedenen Grundstücken das Scheingeschäft an der Stirn trage. Der weiteren Beschwerde ist der Erfolg zu versagen.

1. Die Voraussetzung für eine Sachentscheidung des Gerichts der weiteren Beschwerde, eine zulässige erste Beschwerde, ist gegeben. Nach § 71[1] GrBO. unterliegen der Beschwerde die Entscheidungen des Grundbuchamts. Darunter fallen alle von ihm als solchem in der Sache selbst erlassenen endgültigen oder Zwischenverfügungen (Jahrb. 20 S. 125), gleichgültig, ob die Verfügung sich auf grundbuchrechtliche oder andere vom Grundbuchamte anzuwendende materiell- oder verfahrensrechtliche Vorschriften stützt. Den Gegensatz zu dieser Sachbeschwerde bildet, wie schon in den Motiven zum I. Entw. der GrBO. (S. 109) und in der Denkschrift hervorgehoben ist, die der Landesgesetzgebung vorbehaltene, in Preußen nach § 85 AG. zum GBG. im Dienstaufsichtswege zu erledigende Beschwerde über die Art des Geschäftsbetriebs. Lehnt das nach § 925 zuständige Grundbuchamt die Beurkundung ab, so fragt es sich, ob gegen diese Ablehnung die Sach- oder nur die Dienstaufsichtsbeschwerde offen steht. Für das frühere Recht hat das KG. (Jahrb. 12 S. 3) den allgemeinen Satz aufgestellt, daß gegen Entscheidungen, durch die der Richter der freiw. Gerichtsbarkeit die Aufnahme einer vor ihn gebrachten Verhandlung aus tatsächlichen oder rechtlichen Gründen verweigere, keine Beschwerde im gerichtlichen Instanzenzuge, sondern lediglich Beschwerde im Aufsichtswege gegeben sei. Diesen Satz, den Weißler (FGG. § 19[1]), Birkenbihl (FGG. S. 78) und Kramer (Gesetz und Recht 12 S. 302 Anm.) auch für das geltende Recht billigen, bekämpft Jastrow (Rechtsgr. 2 S. 611) schon für das frühere Recht. Die damalige Entscheidung gründet sich wesentlich auf die preuß. AGO. Ob sie nach dieser zutrifft, kann dahingestellt bleiben. Für das geltende Recht sind mit Josef (ZBl. 5 S. 165, FGG. § 167[5]), Schultze-Görlitz (FGG. Vorbem. 2 zu § 19), Rausnitz (FrGG. § 76[16], preuß. FrG. Art. 78[6]), Güthe (GrBO. 2 § 71[4]) und anderen (vgl. auch Rsp. 25 S. 397) zwei Fälle zu unterscheiden:

a) Es ist möglich, daß die Ablehnung der Beurkundung aus Gründen des Geschäftsbetriebs erfolgt, zB. wegen Inanspruchnahme des Richters durch andere Dienstgeschäfte oder weil die beantragte Aufnahme des Aktes an einem Ort außerhalb der Gerichtsstelle nicht angemessen oder wegen ansteckender Krankheit eines Beteiligten mit einer Lebensgefahr für den Richter verbunden sei. Gegen eine so begründete Ablehnung findet nur die Dienstaufsichtsbeschwerde statt. Dies ist in der Literatur unstreitig, auch in der Begründung zu Art. 89 Nr. 1b preuß. AG. zum BGB. insofern anerkannt, als dort mit Bezug auf die durch den angeführten Artikel aufgehobenen Vorschriften der §§ 203, 204 I 12 preuß. ALR. über die Verpflichtung des Gerichts zur Auf- oder Annahme des Testaments einer von einer ansteckenden Krankheit befallenen Person in deren Wohnung bemerkt ist, daß diese Vorschriften **dienstrechtlichen Inhalts** und deshalb an sich vom Reichsrechte nicht berührt seien.

b) Es ist anderseits möglich, daß die Ablehnung der Beurkundung aus Gründen des materiellen oder des Verfahrensrechts erfolgt, besonders gemäß Art. 40² preuß. FG. deshalb, weil der Inhalt des zu beurkundenden Rechtsgeschäfts gegen ein Strafgesetz verstoße oder das Geschäft, z.B. wegen Scheins, offenbar ungültig sei. In solchem Falle liegt die Entscheidung in einer Rechtsangelegenheit vor: eine Verfügung im Sinne des § 19 FrGG. oder, wenn es sich um eine Auflassung handelt, jedenfalls in denjenigen Rechtsgebieten, in denen nach § 925 BGB. beim Fehlen einer abweichenden, durch den Vorbehalt in Art. 143 EG. gedeckten landesgesetzlichen Vorschrift für die Beurkundung der Auflassung das Grundbuchamt ausschließlich zuständig ist, dieses also als solches über die Entgegennahme der Auflassung zu entscheiden hat, die Entscheidung in einer Grundbuchsache, eine Entscheidung des Grundbuchamts im Sinne § 71¹ BGO. Gegen eine derartige Entscheidung findet die Sachbeschwerde statt. Dies ist bei der Beratung des Art. 40 aO. in der Komm. des preuß. AbgH. als selbstverständlich vorausgesetzt. Denn ein (später zurückgezogener) Antrag, daß der Richter, der die Beurkundung eines Rechtsgeschäfts wegen Verstoßes gegen ein Strafgesetz oder wegen offenbarer Ungültigkeit ablehne, über den Hergang und die Erklärung der Beteiligten ein Protokoll aufzunehmen verpflichtet sein solle, wurde u. a. damit begründet, daß dies eine zweckmäßige Unterlage für eine etwaige Erhebung der Beschwerde und eine wünschenswerte unverrückbare Feststellung des Hergangs bilde. Demgegenüber erklärte ein Regierungsvertreter: Eröffne der Richter den Beteiligten, aus welchen Gründen er die Beurkundung ablehne, und beschweren sich die Beteiligten, so werde der auf Erfordern zu erstattende Bericht des Richters eine genügende Unterlage für die Beschwerdeinstanz geben (KommBer. S. 208 Heymannsche Ausg.). Hieraus folgt für den vorliegenden Fall die Zulässigkeit des eingeschlagenen Beschwerdewegs. Die Beschwerdeberechtigung der beiden Beschwerdeführer ergibt sich aus der im Falle unbegründeter Ablehnung bestehenden Beeinträchtigung ihres Rechtes, in der gesetzlichen Form über ihr Eigentum zu verfügen.

2. In der Sache selbst kommt vorab in Betracht, ob eine Auflassung überhaupt als Scheingeschäft möglich ist. Gegen die Anwendbarkeit des § 117 auf die Auflassung ist eingewendet worden: Die maßgebende Willenserklärung sei bei ihr gegenüber einer Behörde abzugeben, die nicht nur Formperson, sondern auch sachlich beteiligt sei; die Parteierklärungen seien insoweit empfangsbedürftig. Dann sei aber kein Fall des Einverständnisses der Erklärenden und des Empfängers der Erklärung über die Scheinnatur des Geschäfts, sondern der Fall des geheimen Vorbehalts gegeben, den beide Erklärenden der Behörde gegenüber machen; ein solcher Vorbehalt beeinträchtige nach § 116 nicht die Gültigkeit des Geschäfts (Sintenis, BuschZ. 30 S. 394;

Matthias, Lehrb. S. 110). Diese Beweisführung verkennt das in den §§ 873, 925 BGB., § 20 GrBO. ausgesprochene Wesen der Auflassung als eines Vertrages unter den Beteiligten. Die zur Auflassung erforderlichen Erklärungen werden zwar vor dem Grundbuchamt (oder der sonstigen auf Grund des Vorbehalts in Art. 143 EG. landesrechtlich für zuständig erklärten Stelle), aber nicht gegenüber dem Grundbuchamte, sondern von jeder der beiden Parteien gegenüber der anderen abgegeben. Aus der Vertragsnatur der Auflassung folgt, daß sämtliche Vorschriften des 3. Abschnitts (§§ 104—185) über Rechtsgeschäfte anwendbar sind, soweit sich nicht aus den besonderen Normen über die Auflassung oder das allgemeine Rechtsinstitut der dinglichen Einigung (§ 873) etwas Abweichendes ergibt. Eine Sonderbestimmung, wie sie in I § 832 dahin aufgestellt war: „Eine Eintragung, welche auf Grund eines zum Scheine vorgenommenen Rechtsgeschäfts erfolgt, ist wirksam, unbeschadet des Rechtes der Parteien, im Verhältnisse zueinander die Nichtigkeit des Scheingeschäfts geltend zu machen", fehlt im geltenden Rechte. Sie ist von der 2. Komm. (Prot. 3 S. 67) als unter Umständen unbillig, unter Umständen unzweckmäßig beseitigt worden. Die uneingeschränkte Anwendbarkeit des § 117 auf die Auflassung ist demgemäß gemeine Meinung.

Hier hat das LG. die Annahme, daß die Auflassung ein Scheingeschäft sein würde, dahin begründet: Wenn auch rechtlich möglich sei, durch Auflassung von ganz kleinen Bruchteilen ideellen Eigentums Miteigentum zu schaffen, so frage sich doch, ob die Beschwerdeführer dies wirklich wollen und nicht lediglich beabsichtigen, nach außenhin Miteigentum vorzutäuschen, während sie unter sich einig seien, daß es nicht entstehen solle. Sie gäben allerdings nicht an, was sie mit dem Austausche der Anteile bezwecken. Trotzdem sei als der beabsichtigte Zweck unbedenklich der festzustellen, daß sie einen eigenen Jagdbezirk schaffen wollen. Dies folge daraus, daß der Komplex, der nach dem Vertrag in Miteigentum treten solle, rund 80 ha ausmache, also zur Bildung eines Eigenjagdbezirks genügend groß sei und daß, wie gerichtskundig, die Kleingrundbesitzer des M.-Landes durch Übertragung von Miteigentum zu winzigen Anteilen die Eigenjagd zu erreichen suchen. Ihre Auflassungsanträge seien vielfach von den Gerichten abgewiesen worden, weil aus den mitgeteilten Vertragsbestimmungen die Scheinnatur der Verträge erhellt habe. Zweifellos sei dies der Grund, aus dem die Beschwerdeführer den Zweck ihres Vertrags nicht mitteilen, obwohl Veranlassung hierzu, nachdem das Amtsgericht den Vertrag als Scheinvertrag hingestellt habe, durchaus gegeben sei. Daß der Tauschvertrag nichts über das Benutzungs- und Verfügungsrecht der neuen Miteigentümer bestimme, lasse den Schluß zu, daß solche Bestimmungen nicht verabredet seien, vielmehr hinsichtlich der Verfügung und der Benutzung (abgesehen von der Jagdausübung) alles beim alten bleiben solle. Diese Ausführungen sind rechtlich einwandsfrei.

Nach § 4 Nr. 2 der preuß. JagdO. vom 15. Juli 1907 kann ein Eigenjagdbezirk aus Grundflächen von wenigstens 75 ha dann gebildet werden wenn die Grundflächen demselben Eigentümer oder denselben Eigentümern gehören. Diese Bestimmung ist aus dem § 2 des Entw. (AbgH. 1907 Drucks. Nr. 10) hervorgegangen. In der ersten Beratung des § 2 in der Komm. des AbgH. wurde, um einer in Westfalen von bäuerlichen Besitzern betätigten, als Umgehung des Gesetzes bezeichneten Übung entgegenzutreten, vorgeschlagen, daß die Bildung eines Eigenjagdbezirks unzulässig sei, wenn die für einen solchen vorgeschriebene Mindestgröße von 75 ha dadurch erreicht sei, daß an der Gesamtfläche oder einem Teile davon das Eigentum oder Miteigentum nur formell erworben worden sei, während nach den Parteiverabredungen die Eigentumsbefugnisse auf die als Eigentümer oder Miteigentümer Eingetragenen in Wirklichkeit nicht übergegangen seien. Der Vertreter des Justizmin. wandte ein, der Vorschlag sage etwas Selbstverständliches und sei daher überflüssig; liege ein Scheingeschäft vor, so sei juristisch ein Nichts da, Eigentum sei nicht übergegangen, so daß aus so zusammengebrachten Grundflächen kein Jagdbezirk gebildet werden könne. Die Komm. trug diesem Einwand insofern Rechnung, als sie den Antrag zwar annahm, die Red.-Komm. aber beauftragte, eine auch vom juristischen Standpunkt annehmbare Fassung zu suchen. Diese Komm. fand jedoch keine für annehmbar erachtete Fassung; der ganze Vorschlag wurde deshalb bei der zweiten Komm.-Beratung verworfen (AbgH. 1907 Drucks. Nr. 322 S. 11, 13f., 16, 70f.). Diese Vorgänge ergeben, daß gerade in Westfalen schon früher bäuerliche Besitzer, um in den gemeinschaftlichen Besitz eines Eigenjagdbezirks zu gelangen, Eigentumsübertragungen vorgenommen, die von Kennern der örtlichen Verhältnisse als nicht ernstlich gemeint aufgefaßt worden sind. Solche Geschäfte auf dem Boden des Spezialgesetzes zu bekämpfen, ist kein Weg gefunden worden.

Auf dem Boden des allgemeinen bürgerlichen Rechtes kommt es darauf an, ob durch die beabsichtigte gegenseitige Auflassung winziger Bruchteile nach der Willensmeinung der Beteiligten wahres Miteigentum oder bloßes Bucheigentum ohne andere materielle Rechtsfolgen als die der Bildung eines (gemeinsamen) Eigenjagdbezirks begründet werden soll. Dabei ist die sich aus der Begründuug von Miteigentum hinsichtlich der Verwaltung und Benutzung für das Innenverhältnis und hinsichtlich der Verfügung über die gemeinschaftlichen Grundstücke nach außen ergebende Rechtslage in Betracht zu ziehen. Verwaltung und Benutzung können von den Miteigentümern allerdings nach deren Belieben und demgemäß auch so geregelt werden, daß sie einem Miteigentümer allein zustehen sollen; gegen den Sondernachfolger eines Miteigentümers wirkt die getroffene Bestimmung aber nur dann, wenn sie als Belastung des Anteils in das Grundbuch eingetragen ist (§§ 746, 1010). In dem hier vorgelegten Tauschvertrag ist weder Verwaltung noch Benutzung irgendwie geregelt. Anderseits ist es klar, daß die gesetzlichen Regeln (§§ 743—745) im Verhältnisse von Miteigentümern zu $^{999}/_{1000}$ und $^{1}/_{1000}$ Bruchteilen nicht gelten sollen. Schon diese Umstände hat das LG. ohne Rechtsirrtum zu der Feststellung verwerten können, daß die Begründung von Miteigentum überhaupt nicht gewollt sei. Entscheidend ist der folgende Gesichtspunkt. Auch die Übertragung von Miteigentum zu einem ganz geringen Bruchteile hat, selbst wenn die Verwaltung und Benutzung für den bisherigen Alleineigentümer vorbehalten wird, eine einschneidende Änderung der bisherigen Rechtslage zur Folge; insbesondere können über den Grundbesitz im ganzen oder einen realen Teil davon nur die Miteigentümer gemeinschaftlich verfügen, diese müssen also bei der Veräußerung auch der kleinsten Parzelle oder der Bestellung einer das Besitztum im ganzen oder zu einem realen Teile belastenden Hypothek zusammenwirken (§ 747 Satz 2). Anderseits kann jeder Miteigentümer über seinen ideellen Anteil, zB. durch Veräußerung rc verfügen (§ 747 Satz 1); eine Ausschließung oder Beeinschränkung dieser Befugnis würde nach § 137 keine dingliche Wirkung haben. Ebenso kann jeder Gläubiger eines Miteigentümers in den Anteil seines Schuldners vollstrecken (§ 864² ZPO.) und, wenn er aus einem nicht bloß vorläufig vollstreckbaren Schuldtitel den Anteil gepfändet hat, nach § 751 Satz 2 BGB. ohne Rücksicht auf eine etwaige entgegenstehende Vereinbarung der Teilhaber die Aufhebung der Gemeinschaft verlangen, die dann nach den §§ 752, 753 BGB. durch Teilung in Natur oder durch Verkauf des gemeinschaftlichen Grundstückes durchzuführen ist. Entsprechendes ist für den Konkurs in § 16² KO. vorgeschrieben. Daß sich die Beschwerdeführer diesen mit der Übertragung von Anteilen notwendig verbundenen Einschränkungen ihrer bisherigen Alleinherrschaft nicht ernstlich unterwerfen, vielmehr nur den Anschein von Miteigentum an einem zur Bildung eines Eigenjagdbezirkes ausreichenden Gutskomplex herbeiführen wollen, hat das LG. auf Grund einer rechtlich nicht zu beanstandenden Würdigung bei ihm gerichtsbekannter Vorgänge und des positiven und negativen Inhalts des Tauschvertrags festgestellt. Diese wesentlich auf tatsächlichem Gebiete liegende Feststellung ist insoweit nach § 78 GrBO. nicht nachzuprüfen. — Die wiederholten Entscheidungen des preuß. OberVerwG. über die Bildung von Eigenjagdbezirken aus Grundstücken, die sich die bisherigen Eigentümer gegenseitig zu Miteigentum aufgelassen haben (Entsch. 26 S. 264; Schultz, Jahrbuch 7 S. 252; Pr. VerwBl. 33 S. 768) beruhen auf anderen tatsächlichen Voraussetzungen. Dr.

c) **Eintragungsfähige Vertragsbedingungen?**

Kammergericht, I. ZS. Beschluß v. 18. März 1912.

Die Grundstückseigentümer haben ein Darlehn von 4000 Mark von der A.-Kasse erhalten und sich verpflichtet, ihr Gebäude und ihre Mobilien in bestimmter Art zu versichern und versichert zu halten und dies jederzeit auf Verlangen der Gläubigerin nachzuweisen (Nr. 3), binnen 2 Jahren die Verwendung des Darlehns nachzuweisen (Nr. 4), der Hypothek den ersten Rang zu verschaffen (Nr. 5), das Darlehn bei Verletzung der Nr. 4 und 5 nach dreimonatiger Kündigung und bei Verletzung der Nr. 3 ohne Kündigung zurückzuzahlen (Nr. 6), endlich für das Darlehn und für die Verbindlichkeiten Nr. 3

bis 6 das Grundstück verpfändet. Die Vorinstanzen bemängelten die Eintragungsfähigkeit der Nr. 3, 4 und 5. Die weitere Beschwerde der Gläubigerin ist nicht begründet.

Nach § 1113 liegt der Hypothek stets eine persönliche Forderung zugrunde; daher muß diese bei der Eintragung bezeichnet werden. Diesem Zwecke dient auch die Angabe der Bedingungen für die Zurückzahlung des Darlehns, zu dessen Sicherung die Hypothek bestellt wird, falls diese Bedingungen von § 609 abweichen. Dieser Fall ist hier gegeben. Denn das Darlehn soll grundsätzlich durch jährliche Tilgungsbeiträge zurückgezahlt werden. Nur für besondere Fälle ist eine Rückzahlung nach dreimonatiger Kündigung und für andere Fälle eine Rückzahlung ohne Kündigung vereinbart. Zu den Fällen der ersten Art gehört die Verletzung der Nr. 4 und 5, zu den Fällen der zweiten Art die Verletzung der Nr. 3. Daraus folgt, daß die Eintragung dieser drei Verpflichtungen insoweit zulässig ist, als sie die Grundlage für die unter Nr. 6 erklärten Zahlungsbedingungen bilden. Das haben auch die Vorinstanzen nicht verkannt. Die Beschwerde verlangt aber weiterhin auch noch die selbständige Eintragung dieser drei Verpflichtungen. Allein diese sind weder an sich Zahlungsbedingungen noch zur nähern Bezeichnung der aus dem Grundstück zu befriedigenden Forderung geeignet (Rsp. 23 S. 321). Sie können auch nicht zum Gegenstand eines besondern dinglichen Rechtes gemacht werden, da es sich bei ihnen weder um eine das Grundstück belastende Dienstbarkeit (§ 1090) noch um eine Leistung aus dem Grundstück (§ 1105) handelt. Die Verpflichtung Nr. 5 könnte allerdings durch eine Vormerkung (§ 883[1]) dinglich gesichert werden; ihre Eintragung ist aber nicht beantragt, auch fehlt es an der zu dieser Eintragung erforderlichen Bewilligung der Berechtigten, die mit ihrem Rechte zurücktreten sollen, oder der sie ersetzenden einstw. Verfügung (§ 885[1]). Auch die Erwägung, daß ohne die selbständige Eintragung die Nr. 3, 4 und 5 nur obligatorische, lediglich die jetzigen Schuldner, nicht auch die späteren Eigentümer bindende Verpflichtungen wären, kann die Eintragungsfähigkeit nicht begründen. Denn der jeweilige Eigentümer kann die späteren nur dann mitverpflichten, wenn diese Verpflichtung in der Form eines dinglichen Rechtes erfolgt. Sonst kann er nur sich persönlich verbinden, die fragliche Verpflichtung nicht nur während seiner Eigentumszeit selbst zu erfüllen, sondern auch dafür einzustehen, daß seine Rechtsnachfolger im Grundstück die Verpflichtung ihrerseits erfüllen. Eine persönliche Verpflichtung Dritter zu begründen, widerspricht dem obersten Grundsatze des Rechtes der Schuldverhältnisse, dh. dem Grundsatze, daß ein Schuldverhältnis nur zwischen dem Gläubiger und dem Schuldner Rechtsbeziehungen schafft. Einer persönlichen Verpflichtung Dritter kann daher auch nicht durch Eintragung Rechtswirksamkeit verschafft werden, soweit nicht das Gesetz hierfür die Form eines dinglichen Rechtes, also namentlich die Form der Reallast, zur Verfügung stellt. Hiernach wird die auf die Verletzung einer solchen persönlichen Verpflichtung sich stützende Zahlungsbedingung nicht wertlos. Denn sie tritt, da der Eigentümer dafür einzustehen hat, daß auch seine Rechtsnachfolger die Verpflichtung erfüllen, auch dann in Kraft, wenn einer dieser Rechtsnachfolger die Verpflichtung nicht erfüllt. Darin zeigt sich die dingliche Bedeutung der Zahlungsbedingung. Ein weiteres Interesse hat der Hypothekar als dinglich Berechtigter nicht. Ob der Rechtsnachfolger des persönlichen Schuldners im Eigentum des Grundstücks auch persönlich für die Verpflichtung des Schuldners haftet — eine solche Haftung kann nur durch Schuldübernahme begründet werden —, betrifft nur die persönlichen Beziehungen zwischen dem Darlehnsgläubiger und dem Rechtsnachfolger, ist also namentlich für die Entstehung von Schadensersatzansprüchen von Bedeutung, hat dagegen für das dingliche Recht keinerlei Interesse. M.

d) **Antrag auf Eintragung der Nebenbestimmungen: „soweit eintragungsfähig".**

Kammergericht, I. ZS. Beschluß v. 6. Januar 1913.

Der Eigentümer des Grundstücks, auf dem eine Hypothek für die Kreditbank haftet, hat mit dieser über die Verzinsung, Kündigung und Rückzahlung der Hypothekenschuld sowie über die Unterwerfung des jeweiligen Eigentümers unter die sofortige Zwangsvollstreckung veränderte Bestimmungen vereinbart und ihre Eintragung „soweit eintragungsfähig und nicht bereits darin enthalten" unter Beitritt der Gläubigerin beantragt. Die Vorinstanzen haben abgelehnt, weil der Zusatz zu unbestimmt sei. Die weitere Beschwerde der Gläubigerin ist begründet. Der Antrag, die veränderten Nebenbestimmungen einzutragen, „soweit eintragungsfähig und nicht bereits darin, dh. im Grundbuche, enthalten", ist mehrdeutig. Er kann einmal so aufgefaßt werden, daß ein bestimmter Antrag nicht gestellt werde, daß vielmehr der Antrag sich nur auf diejenigen der in der Urkunde enthaltenen Bestimmungen erstrecken solle, die der Grundbuchrichter für eintragungsfähig und noch nicht eingetragen halte. In diesem Falle wäre, da der Antragsteller die Ansicht des Grundbuchrichters vorher nicht kennen kann, der Antrag unbestimmt und deswegen unzulässig. — Der Zusatz kann aber auch dahin aufgefaßt werden, daß die Eintragung sämtlicher in der Urkunde enthaltener Bestimmungen begehrt werde, daß aber, falls der Grundbuchrichter nur gewisse Bestimmungen für eintragungsfähig und noch nicht eingetragen hielte, dem Antrage mit dieser Beschränkung stattgegeben, also die Zurückweisung des gesamten Antrags vermieden werden solle. Bei dieser Auffassung ist, wie bereits der Beschluß vom 9. Februar 1913 X 129 ausgeführt hat, davon auszugehen, daß der Antragsteller die Eintragung aller Bestimmungen gewollt hat, seine Willensrichtung also genügend bestimmt ist. Der Grundbuchrichter kann also nicht im unklaren darüber sein, worauf sich der Antrag erstreckt. Er soll auch nicht bestimmen, was beantragt ist, sondern soll nur prüfen, inwieweit die Bestimmungen der Bewilligungsurkunde eintragungsfähig und noch nicht eingetragen sind. Damit ist ihm aber nur die Prüfungspflicht auferlegt, die ihm schon das Gesetz zuweist. Der Zusatz enthält in diesem Falle also nur die unschädliche Rechtsbedingung der Eintragungsfähigkeit. Seine Bedeutung liegt lediglich darin, daß durch ihn die Einheitlichkeit des Antrags verneint wird, um eine Ablehnung des Antrags im ganzen für den Fall zu verhüten, daß auch nur eine Bestimmung nicht eintragungsfähig sein sollte. Der Unterschied zwischen den beiden Auffassungen besteht darin, daß im ersten Falle die Zurückweisung des nicht für begründet erachteten Teiles des Antrags vermieden werden soll, indem der Antrag nur auf die Eintragung derjenigen Bestimmungen gerichtet wird, die der Grundbuchrichter für eintragungsfähig ansieht, im zweiten Falle aber eine zweifache Entscheidung als möglich begehrt wird, nämlich die Eintragung der für eintragungsfähig erachteten Bestimmungen und die Zurückweisung des auf die Eintragung der anderen Bestimmungen gerichteten Antrags. Im ersten Falle ist unbestimmt, worauf sich der Antrag bezieht, im zweiten Falle liegt ein bestimmter Antrag, dh. ein Antrag vor, der sich auf alle Bestimmungen erstreckt.

Für die Frage, welche dieser beiden Auffassungen zugrunde zu legen ist, ist zu erwägen, daß im Falle der ersten Auffassung der Antragsteller sich unbedingt, dh. ohne die Möglichkeit einer Beschwerde der Entscheidung des Grundbuchrichters unterwirft. Denn wenn er nur die Eintragung derjenigen Bestimmungen beantragt, die der Richter für eintragungsfähig hält und darum einträgt, so ist seinem Antrag in vollem Umfang stattgegeben, eine Beschwerde also gegenstandslos. Daß er von einer ihm so ungünstigen Auffassung ausgegangen ist, kann nur dann angenommen werden, wenn ein solcher Wille klar erhellt. Andernfalls ist die Annahme geboten, daß er die in der Bewilligung enthaltenen Bestimmungen auch sämtlich eingetragen haben und sich das Recht zur Beschwerde vorbehalten, daß er also nur eine Abweisung des ganzen Antrags für den Fall vermeiden will, daß der Grundbuchrichter die eine oder die andere Bestimmung für nicht eintragungsfähig hält. Aus diesen Gründen ist hier von der zweiten Auffassung auszugehen, da ein gegenteiliger Wille nicht erhellt. Dem Antrage steht auch nicht der § 16 GrBO. entgegen; denn die Rechtsbedingung der Eintragungsfähigkeit ist kein Vorbehalt im Sinne dieser Vorschrift.

Auch der weitere Grund der Vorinstanzen, daß Anträge, wie der vorliegende, die Bezugnahme auf die Bewilligung unmöglich machten, ist unzutreffend. Allerdings ist die Bezugnahme auf den gesamten Inhalt der Bewilligungsurkunde unzulässig, wenn nur ein Teil davon eintragungsfähig ist. Denn durch die Bezugnahme wird der Inhalt der Urkunde zum Buchinhalt. Die Bezugnahme auf eintragungsfähige Bestimmungen macht also das Buch ebenso unrichtig wie eine falsche Eintragung. Dagegen schließen derartige Anträge nicht die Bezugnahme aus. Denn eine solche läßt sich in allen Fällen dadurch ermöglichen, daß der Grundbuchrichter eine auszugsweise beglaubigte Abschrift der Bewilligungsurkunde fertigen läßt und hierauf Bezug nimmt. Die Vorinstanzen verkennen aber weiterhin auch die Vorschriften über die Bezugnahme. Daraus, daß die Bezugnahme auf die Bewilligung grundsätzlich zulässig ist, darf nicht geschlossen werden, daß ein an sich begründeter Antrag deswegen beanstandet werden dürfte, weil er sich auf eine Bewilligung stützt, die sich nicht dazu eignet, in dem Eintragungsvermerk in Bezug genommen zu werden. Der Grundbuchrichter hat in erster Reihe zu prüfen, ob der gestellte Antrag sachlich gerechtfertigt ist. Gelangt er zu einer Bejahung der Frage, so muß er die Eintragung vornehmen. Erst hierbei tritt an ihn die Frage heran, in welcher Weise er die Eintragung bewirken und ob er insbesondere sein Recht, einzelne Teile des Eintragungsvermerks durch Bezugnahme auszudrücken, ausüben will. Eignet sich aber die vorgelegte Bewilligung nicht, so darf er infolgedessen nicht den an sich begründeten Antrag zurückweisen oder auch nur durch Zwischenverfügung eine weitere Ausfertigung verlangen, die durch Nummerierung oder sonstige äußere Trennung der einzelnen Bestimmungen die Bezugnahme erleichterte. Vielmehr muß er entweder diese unterlassen oder, um sie zu ermöglichen, eine vollständige oder in einem Fall wie dem vorliegenden eine auszugsweise beglaubigte Abschrift der Bewilligung fertigen lassen. Entstehen Kosten für die Anfertigung einer solchen Abschrift, so gehören sie zu den Kosten der Eintragung. H.g.

e) **Haftung der „Kontingentscheine" für die Hypothek.**

OLG. Stettin, I. ZS. Urteil v. 4. Januar 1913.

Das Gut Ph., auf dem sich eine landwirtschaftliche Brennerei befindet, ist im Sommer 1911 vor Beginn der Brennzeit unter die Zwangsverwaltung des Beklagten gekommen. Der Gutseigentümer hatte durch den Schein vom 28. Februar 1911 sich verpflichtet, den gesamten im Betriebsjahre 1911/12 herzustellenden Branntwein zum Steuersatze von 1,25 Mark abfertigen und die ihm dagegen von der Steuerbehörde zu erteilenden „Kontingentscheine" dem Kläger unmittelbar aushändigen zu lassen; das Recht darauf solle ihm unwiderruflich, sofort und unmittelbar zustehen. Weiter heißt es wörtlich: „Das Hauptzollamt verpflichtet sich namens des Steuerfiskus, die Kontingentscheine gemäß dem Obigen an den Kläger auszuhändigen." Daraufhin hat der Kläger verlangt, Beklagter solle einwilligen, daß die Kontingentscheine aus der Brennzeit 1911/12 durch das Hauptzollamt an ihn herausgegeben würden. Der Beklagte beansprucht dagegen mit Recht diese Scheine für die Zwangsverwaltungsmasse.

Für den Klaganspruch ist lediglich das Vertragsverhältnis zwischen dem Kläger und dem Brennereibesitzer entscheidend. Danach hat sich letzterer verpflichtet, in der damals nächsten Brennzeit seine mindersteuerpflichtige Branntweinmenge gegen den vollen Zoll (§ 2[1] Ges. vom 15. Juli 1909) abfertigen zu lassen, um dagegen das Recht auf Aushändigung der auf den Inhaber gestellten Kontingentscheine, die im Verkehr gegen Geld umsetzbar sind, zu erwerben. Dieses Recht sollte dann dem Kläger im voraus abgetreten sein. Es handelt sich also um Abtretung einer künftig, nämlich bei wirklicher Herstellung von Branntwein und bei dessen Abfertigenlassen gegen den vollen Zollsatz entstehenden Forderung auf die Kontingentscheine, wobei dann allerdings auch der Brennereibesitzer zu einer derartigen Abfertigung dem anderen Teile verpflichtet sein mag. Die Abtretung einer solchen Forderung gegen die Zollbehörde, wäre diese Forderung selbst öffentlichrechtlichen Ursprungs, darf als genügend bestimmt und deshalb nach den vom Gesetze selbst für einen gewissen Fall (HGB. § 891) und nach den im übrigen vom RG. (67 S. 166, 75 S. 227) gezogenen Richtlinien als gültig und bindend angesehen werden. Jedoch wird anzunehmen sein, daß die Erklärung des Brennereibesitzers ihn, auch wenn sie sich an die staatliche Behörde mit richtete, dieser gegenüber an die im voraus gewählte Abfertigungsform noch nicht band, diese Bindung vielmehr nach dem Zweck des Gesetzes erst in jedem einzelnen Augenblicke eintritt, wo Branntwein abgefertigt wird (BrennereiO. § 153).

Allein die Zwangsverwaltung, die über das Gut und seinen Brennereibetrieb nachträglich, aber vor Beginn der Brennzeit, verhängt wurde, hat den endgültigen Erwerb des erst künftigen Rechts durch den Kläger gehindert, weil ein Recht des Brennereibesitzers zu freier Verfügung seinerseits überhaupt nicht zustande kam, und zwar — kraft der amtlichen Stellung des Zwangsverwalters — weil durch die auch auf den Brennereibetrieb sich erstreckende Zwangsverwaltung das Recht auf die Kontingentscheine nicht mehr für den Brennereibesitzer, sondern ihm nur für Rechnung der Zwangsverwaltung und der durch sie zu befriedigenden Gläubiger erworben wurde (vgl. § 6 Ges. von 1909). Ebensowenig würde etwa die voraus abgetretene Forderung aus einem demnächstigen, dann aber tatsächlich erst vom Zwangsverwalter abgeschlossenen Verkauf oder Mietvertrag dem Zessionar erworben werden können (vgl. für den Konkursfall: Jaeger 23 zu § 15 KO.). Vom praktischen Standpunkte aus versteht es sich auch wohl von selbst, daß ein Grundstücksbesitzer nicht künftige Erträge seines Bodens durch Veräußerung der Rechte aus später etwa möglichen Verträgen darüber ausschöpfen könnte. Es kommt also auch nicht darauf an, ob das Recht auf die Kontingentscheine dem Brennereibesitzer „persönlich" zufällt; oder daß es nicht als Zubehör oder Erträgnis des Gutes behandelt werden dürfe, wie der Kläger ausführt. Man kann die hiernach zu treffende Entscheidung auch dadurch rechtfertigen, daß der mittlerweile eintretende Zwangsverwalter kraft der ihm vom Gesetz zugestandenen Machtbefugnis nicht als verpflichtet angesehen werden darf, in Rücksicht auf jene vorgängige Abmachung des Brennereibesitzers und vielleicht wider sein eigenes pflichtmäßiges Ermessen eine bestimmte Art der Abfertigung des von ihm erzeugten Branntweins zu wählen; besonders nicht die volle Steuer zunächst zu tragen, um dagegen das Anrecht auf die Kontingentscheine für sich oder den Zessionar zu erhalten.

Es mag auch noch darauf hingewiesen sein, daß sich nicht etwa aus Bestimmungen, wie § 1124 BGB., über untersagte Vorausabtretung von Mietzinsen das Gegenteil ableiten ließe; nämlich, weil ein solches Verbot für Fälle, wie einer hier im Streite steht, fehle. Denn § 1124 hat jedenfalls ein Mietverhältnis im Auge, das vor der Beschlagnahme schon gültig eingegangen war und nicht erst durch einen Zwangsverwalter (nach der Beschlagnahme) abgeschlossen wurde. Schn.

f) **Grundbuchliche Behandlung einer Realberechtigung bei Übertragung des Grundstücks in ein neues Bestandsverzeichnis.**

Kammergericht, I. ZS. Beschluß v. 6. Mai 1912.

Bei Anlegung des Grundbuchblattes Nr. 29 wurde auf dem alten Titelblatte eingetragen: Ein Wohnhaus nebst darauf haftender Gasthausgerechtigkeit. Bei Einfügung des dem neuen Formular entsprechenden Einlegebogens wurde in Spalte 7 des Grundstücksverzeichnisses: Gastwirtschaftsgrundstück nebst Hofraum und Garten vermerkt. In dem Verzeichnis der mit dem Eigentum verbundenen Rechte wurde nichts vermerkt. Auf Grund des Gebäudesteuerrollenanhangs von 1911 wurde der Vermerk in Spalte 7 in ein Hausgrundstück umgeändert. Der Antrag des Eigentümers auf Wiederherstellung der Eintragung Spalte 7 wurde zurückgewiesen, weil das Grundstück kein Realprivileg besitze. Die weitere Beschwerde ist begründet.

Allerdings entspricht die Änderung in Spalte 7 den gesetzlichen Vorschriften, weil die zur Bezeichnung des Grundstücks erforderlichen Angaben einschl. derjenigen der Wirtschaftsart nach dem Inhalte der Steuerbücher in das Grundbuch aufzunehmen sind (§ 31 AVf. vom 26. Nov. 1899, § 1 AVf. vom 18. Febr. 1911 JMBl. 9). Da das Kataster jetzt das Grundstück nicht mehr als Gastwirtschaftsgrundstück, sondern das dort stehende Haus als Wohnhaus bezeichnet, war der Grundbuchrichter zur Änderung befugt. Das Verlangen des Beschwerdeführers ist aber darauf gerichtet, daß im Grundbuche das Bestehen der Gastwirtsgerechtigkeit zum Ausdruck gelange. Wenn mit dem im alten Titelblatt angegebenen Vermerke „nebst darauf haftender Gastwirtsgerechtigkeit" der Bestand einer Gerechtigkeit hätte bezeichnet werden sollen, hätte diese Eintragung in das Verzeichnis der mit dem Eigentum verbundenen Rechte übernommen werden müssen. Das Vorhandensein einer solchen Gerechtigkeit kann nicht darum verneint werden, weil sich bei den Grundakten keine Urkunde über die Begründung der Gerechtigkeit befindet. Ist die Gerechtigkeit eingetragen, so ist für den Grundbuchrichter nur das Grundbuch und nicht die Frage maßgebend, ob die Eintragung zu Recht erfolgt ist. Ist das Grundbuch durch die Eintragung unrichtig geworden, so kann er nur bei den Voraussetzungen des § 54 S. 1 GrBO. von Amts wegen einen Widerspruch eintragen. Er hätte demnach, wenn mit dem Vermerke das Bestehen einer mit dem Grundstücke verbundenen Gerechtigkeit hätte ausgedrückt werden sollen, bei der Einfügung des Einlegebogens die Gerechtigkeit in das Verzeichnis der mit dem Eigentum verbundenen Rechte aufnehmen müssen. Die Unterlassung bedeutet keine Löschung der Gerechtigkeit, sondern eine Unvollständigkeit der Übertragung, die jederzeit von Amts wegen beseitigt werden kann (KG. in BreslAZ. 1906 S. 910, Breslau Rsp. 11 S. 10). Die Nachholung der Übertragung kann nur dann nicht erfolgen, wenn sich ergibt, daß das Bestehen einer Gerechtigkeit auf dem alten Titelblatte nicht zum Ausdruck kommen sollte.

Nach I § 34 der preuß. HypO. wurden Gerechtigkeiten, die zu einem Grundstücke gehörten, im Hypothekenbuche des Grundstücks nicht besonders vermerkt. Nur dann, wenn sie unter einer anderen Gerichtsbarkeit lagen und daher auch in einem anderen Hypothekenbuche eingetragen waren, mußten sie auf dem Titelblatte des Hauptgutes mit der Benennung der Gerichtsbarkeit, unter der sie standen, angeführt werden. Da dieser Fall hier nicht vorliegt, so wäre die besondere Aufführung der Gerechtigkeit nicht nötig gewesen. Wenn trotzdem der Bezeichnung „ein Wohnhaus" beigefügt ist „nebst darauf haftender Gastwirtsgerechtigkeit", so wäre es nicht ganz ausgeschlossen, daß dieser Zusatz lediglich der nach § 33 aO. erforderlichen Bezeichnung des Grundstücks dienen sollte. Dies setzt aber voraus, daß der Zusatz erst unter der Herrschaft der alten HypO. in das Grundbuch gelangt ist. Wenn dagegen der Zusatz schon in der Zeit vor Einführung der HypO. im Grundbuche vorhanden gewesen ist, besteht die Annahme, daß eine Gerechtigkeit eingetragen war. Mr.

g) Zur Anwendung des BGB. § 1131.

OLG. Dresden, VI. ZS. Beschluß v. 18. Oktober 1910.

Bisher waren auf den Grundstücken 66, 87 und 339 9000 Mark mitbelastungsweise und auf dem Grundstücke 88 desselben Grundbuchs 7000 Mark für L. eingetragen. Der Gläubiger und die als erste Beschwerdeführerin aufgetretene Eigentümerin der Grundstücke haben über diese Hypotheken und Grundstücke folgendes vereinbart und zu verlautbaren beantragt: Die Mitbelastung des Blattes 66 wegen der 7000 Mark, die Löschung der 9000 Mark auf den Blättern 87 und 339, die Löschung der 7000 Mark auf Blatt 88, die Übertragung des Bestandes der Blätter 87, 339 und 88 auf Blatt 66, sowie die Schließung jener drei Blätter. Demgemäß sind die 7000 Mark auf Blatt 66 eingetragen, dagegen auf Blatt 88 gelöscht worden, es sind ferner auf den Blättern 87 und 339 die 9000 Mark gelöscht worden und es sind die Blätter 88, 87 und 339 geschlossen worden, nachdem deren Bestand zu Blatt 66 hinzugeschrieben worden war. Aus den Gründen:

Zunächst ist ... die Annahme des LG. nicht zutreffend, daß die erwähnten Löschungen keine Rechtsänderung herbeigeführt haben. Wären die 7000 Mark auf Blatt 88 und die 9000 Mark auf den Blättern 87 und 339 nicht gelöscht, so würden nach der Zuschreibung der Blätter 88, 87 und 339 zu dem Blatte 66 die auf den zugeschriebenen Blättern bereits eingetragenen Hypotheken in der bisherigen Weise gemäß § 1131 Satz 2 auf den betr. Grundstücken weiter gehaftet haben und es wäre dies bei der Zuschreibung auf Blatt 66 entsprechend zu verlautbaren gewesen, wobei dahingestellt bleiben kann, ob es hierzu, da die fr. Hypotheken der Blätter 88, 87 und 339 bereits auf Blatt 66 eingetragen waren, ihrer Mitübertragung auf Blatt 66 im Sinne von § 75[1] der sächs. AB. z. GrBO. bedurft hätte. Dann würden sich also zwar infolge der Zuschreibung der Blätter 88, 87 und 339 zu Blatt 66 die auf diesem Blatt eingetragenen gleichen Beträge in der hier verlautbarten Reihenfolge, also zunächst die 9000 Mark und sodann die 7000 Mark auf die zugeschriebenen Grundstücke erstreckt haben. Es würden aber anderseits auf dem zugeschriebenen Blatt 88 die 7000 Mark an erster Stelle, auf den zugeschriebenen Blättern 87 und 339 die 9000 Mark an erster Stelle weiter gehaftet haben. Demgegenüber wird durch die Löschungen erzielt, daß künftig Blatt 66 schlechtweg und im ganzen Umfange für die beiden Hypotheken von 9000 Mark und 7000 Mark in dieser Reihenfolge haftet und Sonderrechte an den zugeschriebenen Grundstücken nicht weiter in Frage kommen, besonders das Sonderrecht im Blatt 88 wegfällt, nach welchem hier die 7000 Mark vorangehen (vgl. Kretzschmar § 890[6]). Lh.

h) **Zur Auslegung und Anwendung der §§ 1150, 1173[2].**

Kammergericht, XXIV. ZS. Urteil v. 26. Februar 1913.

Der Kläger hatte von X. durch mündlichen Vertrag dessen Grundstück Nr. 4 gekauft. Da X. nicht aufließ, so verklagte ihn der Kläger auf Rückgabe der Anzahlung und ließ auf Grund des Urteils 625 Mark nebst Zinsen auf Nr. 4 als Sicherungshypothek eintragen. Ihr ging eine dem Rentier P. zustehende Hypothek von 2000 Mark im Range vor, für die das gleichfalls dem X. gehörige Grundstück Nr. 5 mithaftete. Letzteres hatte der Beklagte durch notariellen Vertrag mit der Maßgabe gekauft, daß er die Hypothek von 2000 Mark nicht übernahm und X. sich zu ihrer Löschung verpflichtete. Beklagter erhielt die Auflassung durch Urteil und ließ sich, nachdem er als Eigentümer eingetragen war, von P. die Gesamthypothek von 2000 Mark gegen Zahlung der Valuta abtreten. Nunmehr betrieb er die Zwangsversteigerung der Nr. 4 wegen eines Teils von 300 Mark. Im Versteigerungstermin vom 16. März bot der Kläger als zweiter Hypothekar den gesamten Betrag der 1. Hypothek zur Hinterlegung beim Vollstreckungsgericht an, dieses nahm jedoch nur 500 Mark an und stellte das Verfahren einstweilen ein. Am 17. März beantragte der Beklagte die Löschung der Gesamthypothek von 2000 Mark auf seinem Grundstück Nr. 5; dies geschah am 19. März. Darauf betrieb der Beklagte wegen des Restes von 1700 Mark die Zwangsversteigerung des Grundstücks Nr. 4, das ihm für 1505 Mark zugeschlagen wurde; hiervon entfielen 1450 Mark auf seine Hypothek. Der Kläger widersprach der Verteilung und beantragte, ihm den ganzen Betrag zuzuteilen; denn er habe durch die am 16. März angebotene Zahlung die gesamte Hypothek des Beklagten erworben. Infolgedessen wurde der Betrag dem Kläger für den Fall zugeteilt, daß sich sein Widerspruch als berechtigt erwiese. Der Kläger verfolgte jedoch seinen Widerspruch nicht und so wurde die zunächst für ihn eingetragene bedingte Sicherungshypothek wieder gelöscht. Aus den Gründen:

Der Kläger macht in erster Linie einen Anspruch aus der Bereicherung geltend; denn der Beklagte habe bei der Zwangsversteigerung des Grundstücks Nr. 4 einen Betrag zugeteilt erhalten, den der Kläger auf Grund eines angeblich besseren Rechts für sich beansprucht. War der Kläger, wie er behauptet, erster und alleiniger Hypothekar, so ging durch die Zuteilung des Erlöses an den Beklagten aus seinem Vermögen ohne rechtlichen Grund und unter Verletzung des für ihn aus seinem dinglichen Hypothekenrecht erwachsenen Anspruchs auf den Erlös etwas in das Vermögen des Beklagten über, worauf dieser kein Recht hatte (JW. 1904 S. 72[44]). Der Beklagte wäre also auf Kosten des Klägers ungerechtfertigt bereichert. Der Umstand, daß der Kläger sein Recht nicht vor dem Zuschlage geltend machte, und auch nicht den erhobenen Widerspruch gegen den Teilungsplan verfolgte, steht der nunmehr angestrengten Bereicherungsklage nicht entgegen (vgl. Gaupp-Stein § 878 N. 3[2]).

Dem Beklagten stand aber zurzeit des zweiten Versteigerungsverfahrens die für ihn eingetragene Hypothek zum mindesten noch in Höhe der 1700 Mark zu, wegen welcher er die Versteigerung betrieb. Die Hypothek lastete als Gesamthypothek zugleich auf dem dem Beklagten gehörigen Grundstück Nr. 5. Der Beklagte hatte sie sich von dem Gläubiger abtreten lassen. Dieser Fall steht gemäß § 1173 S. 2 dem Falle des § 1173 S. 1 gleich. Eine Ausnahme davon macht aber § 1173[2], der hier anwendbar ist. Nach dem mit dem Beklagten geschlossenen Kaufvertrag hätte X. die Hypothek auf Nr. 5 vor der Auflassung löschen müssen. Da diese Pflicht nicht erfüllt war und der Beklagte daher das Grundstück mit der Belastung bekam, durfte er sein Recht als Eigentümer des belasteten Grundstücks, die Hypothek für sich zu erwerben, ausüben und von X. Ersatz des dazu aufgewendeten Geldbetrages verlangen. Der Beklagte hat also die Hypothek auch auf Nr. 4 erworben.

Als der Beklagte die Zwangsversteigerung dieses Grundstücks betrieb, durfte der Kläger als nachstehender Hypothekar gemäß §§ 1150, 268[1] den Beklagten befriedigen und dadurch gemäß § 268[3] dessen Forderung und mit ihr nach § 401 die für sie bestehende Hypothek erwerben. Dies Recht bestand jedoch nur in Höhe des zur Vollstreckung gestellten Betrages, also am 16. März nur wegen 300 Mark (vgl. Planck § 268[5]). Nur in dieser Höhe kann der Kläger daher die Hypothek auf Nr. 4 erworben haben. Ob er sie tatsächlich erworben hat, kann dahingestellt bleiben. Denn selbst wenn er zurzeit des zweiten Versteigerungsverfahrens Inhaber eines Teils der 1. Hypothek in Höhe von 300 Mark war, so konnte er ihren Übergang auf sich gemäß § 268[3] S. 2 nicht zum Nachteile des Beklagten geltend machen, letzterer ging mit seinen ihm verbliebenen 1700 Mark dem Kläger vor (Planck aO. N. 8[2]). Der Kläger war also, da auf die Hypothek nur 1450 Mark zur Hebung gelangten, mit seinem Recht ausgefallen.

Das Versteigerungsverfahren hat Beklagter später nur wegen 1700 Mark betrieben; es war daher rechtlich zulässig. Eine unerlaubte Handlung liegt auch nicht darin, daß er die Hypothek auf Nr. 5 in voller Höhe zur Löschung brachte. Denn in keinem Falle hat der Kläger auch die auf Nr. 5 bestehende Hypothek in Höhe von 300 Mark erworben. Zwar geht durch Ausübung des in §§ 268, 1150 gegebenen Rechtes die Forderung des Gläubigers mit allen Nebenrechten auf den Zahlenden über, und es müßte demnach regelmäßig auch eine für die Forderung bestehende Gesamthypothek mit übergehen (Staudinger § 1150 3d). Dies kann aber nicht gelten, insoweit die Gesamthypothek auf einem dem betreibenden Gläubiger selbst gehörigen Grundstück lastet; dem steht der § 268 3 S. 2 entgegen, wonach der Übergang der Forderung nicht zum Nachteile des Gläubigers geltend gemacht werden kann. M.

i) **Übertragung amortisierter Hypothekenteile. Anwendung des § 185 1 auf Briefhypotheken.**

Kammergericht, I. ZS. Beschluß v. 23. Oktober 1911.

RG. 54 S. 362 hat für die Buchhypothek folgende Grundsätze aufgestellt: „Erteilt der eingetragene Berechtigte einem andern die Umschreibungsbewilligung, so steht nichts entgegen, daß er zugleich seine Zustimmung zu einer weitern Verfügung des andern erklärt und dadurch diesem ermöglicht, die weitere Verfügung wirksam vorzunehmen, ohne sich vorher durch seine Eintragung als ein Gläubiger zum Berechtigten zu machen" (S. 367), und ferner: „Wird eine Buchhypothek in der erforderlichen Form vom eingetragenen Gläubiger einem andern zum freien Eigentum abgetreten und ihre Umschreibung auf den neuen Gläubiger bewilligt, so ist, wenn nichts anderes erhellt oder nachgewiesen wird, in diesen Erklärungen auch die Einwilligung zu Verfügungen des neuen Gläubigers enthalten, die er vor der Umschreibung vornehmen wird" (S. 369). Diese beiden Grundsätze sind aus dem § 185 1 hergeleitet. Danach ist eine Verfügung, die ein Nichtberechtigter über einen Gegenstand trifft, wirksam, wenn der Berechtigte einwilligt. Diese Vorschrift ist auch auf Briefhypotheken anwendbar. Daraus folgt, daß auch jene Grundsätze des RG. der Übertragung auf Briefhypotheken fähig sein müssen. Eine solche Übertragung führt zu folgenden Ergebnissen: Während die Abtretung der Buchhypothek eine Abtretungserklärung und die Eintragung verlangt (§ 1154 3 mit § 873 1), ist zur Abtretung einer Briefhypothek die schriftliche Abtretungserklärung und die Übergabe des Briefes erforderlich (§ 1154 1). Wenn also die Anwendung des § 185 1 auf Buchhypotheken voraussetzt, daß nur die Abtretung erklärt, nicht aber die Eintragung erfolgt ist, so entspricht diesem Tatbestande bei der Briefhypothek der Fall, daß nur die Abtretungserklärung erteilt, nicht aber der Brief übergeben worden ist. Allerdings besteht zwischen den beiden Fällen ein Unterschied. In dem Falle der Buchhypothek hängt es, wenn dem Erwerber, wie das RG. voraussetzt, von dem bisherigen Gläubiger eine Umschreibungsbewilligung ausgehändigt worden ist, lediglich von dem Willen des Erwerbers ab, den Rechtserwerb zu vollenden: er braucht nur die Umschreibungsbewilligung dem Grundbuchamt einzureichen und gleichzeitig die Umschreibung zu beantragen. Bei der Briefhypothek besteht dagegen der zum Rechtserwerb noch fehlende Akt in einer von dem Willen des Abtretenden abhängenden Handlung, der Briefübergabe. Dieser Umstand steht indes einer Anwendung des § 185 1 auf die

Briefhypothek nicht grundsätzlich entgegen. Er ist vielmehr nur für die Frage von Bedeutung, ob in der bloßen Erteilung der schriftlichen Abtretungserklärung eine Einwilligung des Hypothekars in eine Verfügung des nicht berechtigten Zessionars zu erblicken ist. Für diejenigen, die Regel bildenden Fälle, in denen der Abtretende den Brief besitzt, wird dies zu verneinen sein, wenn nicht besondere Umstände die gegenteilige Annahme rechtfertigen. Denn daraus, daß der Abtretende den Brief zurückbehält, wird im allgemeinen zu schließen sein, daß er mit einer Verfügung des Zessionars über die Hypothek nicht einverstanden ist; wenigstens wird für den formellen Grundbuchverkehr mit der Möglichkeit einer solchen Rechtslage zu rechnen sein. Anders liegt der Fall aber dann, wenn der Abtretende den Brief selbst nicht besitzt; hier wird, wenn nicht das Gegenteil erhellt, anzunehmen sein, daß der Abtretende mit der Aushändigung der Abtretungserklärung an den Zessionar diesem die Einwilligung zur Verfügung über die Hypothek erteilt. Diese Auffassung unterliegt gar keinem Bedenken dann, wenn wie hier Gegenstand der Abtretung Amortisationsbeiträge sind, die von dem Verkäufer des Grundstücks an den Käufer abgetreten und durch den Kaufpreis mitabgegolten werden. In solchem Fall ist, namentlich wenn wie hier der Käufer die ganze Hypothek als Selbstschuldner übernimmt, der Wille des Abtretenden darauf gerichtet, daß alle mit der Hypothek zusammenhängenden Rechte und Pflichten auf den Käufer übergehen sollen. Daß der Abtretende hier in keinem Fall als Hypothekengläubiger eingetragen gewesen ist, ändert an der Rechtslage nichts, da der Übergang des amortisierten Hypothekenteils auf den zahlenden Eigentümer kraft Gesetzes erfolgt und dieser überdies nach der ständigen Rechtsprechung des KG. auf Grund seiner Eigentumseintragung auch als eingetragener Gläubiger der von ihm erworbenen Eigentümerhypotheken anzusehen ist. Hiernach ist mit der weiteren Beschwerde anzunehmen, daß der Eigentümer das Recht zur Verfügung über die von ihm erworbene Eigentümergrundschuld auf den Eigentümer R., dieser das Recht zur Verfügung über die von ihm erworbene Eigentümerteilgrundschuld auf den Eigentümer J. übertragen hat. Daß in jedem einzelnen Fall eine Eigentümergrundschuld erworben worden ist, davon ist auf Grund der Urkunde von 1911 in Verbindung mit § 4 der ursprünglichen Schuldurkunde von 1887 und der Übernahme der Hypothek durch den jedesmaligen Erwerber als Selbstschuldner auszugehen (Jahrb. 36 A 256). Die gegenwärtigen Eigentümer sind demgemäß nicht nur über die von ihnen selbst erworbene Eigentümerteilgrundschuld, sondern auch über die von dem Eigentümer K. erworbene Eigentümerteilgrundschuld zu verfügen berechtigt. Eine gleiche Verfügungsbefugnis steht ihnen hinsichtlich der von A. und der von R. erworbenen Eigentümerteilgrundschuld dann zu, wenn eine Übertragung des aus der Einwilligung des Berechtigten herzuleitenden Rechte zur Verfügung zulässig und hier als erfolgt anzusehen ist. Beide Fragen sind zu bejahen. Daß R. nicht nur das Recht zur Verfügung über die von ihm selbst erworbene

Eigentümerteilgrundschuld, sondern auch das ihm von A. übertragene Recht zur Verfügung über die A.sche Eigentümerteilgrundschuld auf den Eigentümer K. übertragen wollte, ist nach dem uneingeschränkten Inhalt der Abtretungserklärung anzunehmen. Ebenso ist aus der Abtretungserklärung des Eigentümers K. dessen Wille zu entnehmen, auf die jetzigen Eigentümer nicht nur das Recht zur Verfügung über die von ihm selbst erworbene Eigentümerteilgrundschuld, sondern auch das ihm von R. übertragene Recht zur Verfügung über die R.sche Eigentümerteilgrundschuld und das ihm gleichfalls von R. übertragene Recht zur Verfügung über die A.sche Eigentümerteilgrundschuld zu übertragen. Auch die Zulässigkeit derartiger Übertragungen ist nicht zu beanstanden. Wenn der § 185[1] von Verfügungen spricht, die ein Nichtberechtigter über einen Gegenstand mit Einwilligung des Berechtigten trifft, so ist damit nicht gemeint, daß der Nichtberechtigte in Vollmacht und im Namen des Berechtigten verfügt, vielmehr wird dem Nichtberechtigten das Recht eingeräumt, durch Rechtshandlungen, die er in eignem Namen vornimmt, über das Recht des Einwilligenden zu verfügen (RG. 53 S. 274). Durch eine solche Verfügungsermächtigung wird dem Nichtberechtigten also eine eigne, bis zu einem gewissen Grade selbständige Machtstellung gewährt (Hirsch, Übertragung der Rechtsausübung S. 188), aus der sich das Recht zur Verfügung über den fremden Gegenstand ergibt. Dieses Recht ist nach §§ 413, 398 übertragbar; denn das Gesetz schreibt nichts andres vor (§ 413), und die in § 399 behandelten beiden Fälle sind nicht gegeben, weil die Übertragung keine Veränderung des Inhalts des Rechts bewirkt und von einer Ausschließung hier keine Rede ist. Für die Richtigkeit dieser Ansicht spricht auch die Erwägung, daß selbst die Vollmacht, also das Recht, in fremdem Namen über einen fremden Gegenstand zu verfügen, regelmäßig übertragbar ist.

Aus diesen Gründen ergibt sich, daß die gegenwärtigen Grundstückseigentümer nicht nur kraft eignen Rechts über die von ihnen erworbene Eigentümerteilgrundschuld, sondern auch kraft Verfügungsermächtigung über die von den Voreigentümern erworbenen Eigentümerteilgrundschulden verfügen dürfen. Sie haben dieses Verfügungsrecht dadurch ausgeübt, daß sie die sämtlichen Eigentümerteilgrundschulden an die ursprüngliche Hypothekengläubigerin abgetreten haben. Diese hat die Eigentümerteilgrundschulden erworben. Denn da sie im Besitze des Hypothekenbriefs über die ganze Post ist, so genügt nach § 1154 S. 1 Halbs. 2, § 1117 S. 2, § 929 S. 2 die bloße Einigung über die Abtretung, dh. die Erteilung der Abtretungserklärung durch die Verfügungsberechtigten und die Annahme dieser Erklärung durch die neue Gläubigerin. Beides ist in der Urkunde von 1911 enthalten. Voraussetzung dieser Auffassung ist allerdings, daß in der Urkunde eine Abtretung der G r u n d s c h u l d e n und eine sich erst hieran anschließende Umwandlung der Grundschulden in Hypotheken zu erblicken ist. Denn wenn die Umwandlung der Abtretung vorausgegangen oder gleichzeitig mit dieser erfolgt wäre, so würden von ihr die sämtlichen Grundstückseigentümer, die Teile der Hypothek bezahlt haben, betroffen werden. Es würde alsdann gemäß § 40¹ GrBO. der Eintragung der früheren Eigentümer als Grundschuldgläubiger bedürfen (Jahrb. 36 A 258). Diese Eintragung erübrigt sich jedoch nach der besonderen Lage des Falles. Das KG. (Jahrb. 39 A 240) hat ausgesprochen, daß der Eigentümer, der die ihm zustehende Grundschuld in einem Akte zur Sicherung wegen einer bestimmten persönlichen Forderung, also unter Umwandlung der Grundschuld in eine Hypothek abtritt, den Eintritt des neuen Gläubigers nicht ohne die Änderung der Belastungsform wolle und daß es daher nicht angängig sei, die einheitliche Erklärung in zwei selbständige Akte auseinanderzureißen. Diese Ansicht, die aufrechtzuerhalten ist, steht hier der Auffassung nicht entgegen, daß hier zunächst die Abtretung der Grundschulden und dann erst deren Umwandlung beabsichtigt und erklärt sei. Denn der vorliegende Fall unterscheidet sich von dem im Jahrb. 39 entschiedenen dadurch, daß hier nicht nur eine Erklärung der Eigentümer, sondern auch eine Erklärung der neuen Gläubigerin vorhanden ist. Es kann nicht zweifelhaft sein, daß die Eigentümer und die Gläubiger befugt sind, in einer Urkunde die Grundschuld abzutreten und in einer spätern Urkunde die Grundschuld in eine Hypothek umzuwandeln. Sie können also, anders als der Eigentümer, der die zweite Urkunde ohne Mitwirkung des Gläubigers nicht ausstellen kann, die beiden Erklärungen in zwei selbständige Akte zerlegen. Das gleiche gilt auch für den Fall, daß die beiden Akte in einer und derselben Urkunde vorgenommen werden. Hier hätten daher die Beteiligten erklären können: „I. Die Eigentümer treten die durch Amortisation entstandenen Teilgrundschulden an die HBank ab. II. Die Eigentümer und die HBank wandeln alsdann diese Grundschulden in eine Hypothek um.“ Mit dieser Genauigkeit ist freilich die Urkunde von 1911 nicht abgefaßt. Vielmehr scheint, da die Abtretungs- und die Umwandlungserklärung nur von den Eigentümern aufgenommen ist, auf den ersten Blick der Fall ebenso zu liegen wie der im Jahrb. aO. entschiedene. Indes darf dabei nicht übersehen werden, daß nicht nur die Abtretungs-, sondern auch die Umwandlungserklärung als ein Bestandteil der zwischen den Eigentümern und der HBank getroffenen Übereinkunft aufgeführt ist. Wenn also die Eigentümer die Grundschulden abtreten, so hat gleichzeitig die HBank diese Abtretung entgegengenommen, und wenn die Eigentümer die Grundschulden umwandeln, so hat gleichzeitig die HBank dieser Umwandlung zugestimmt. Da ferner die Abtretungserklärung räumlich vor der Umwandlungserklärung steht, so ist die Auslegung gerechtfertigt, daß die Eigentümer zunächst die Grundschulden auf die HBank übertragen und alsdann beide Beteiligte die Umwandlung vorgenommen haben. Hiernach hat die HBank sämtliche Teilgrundschulden außerhalb des Grundbuchs erworben. Die zu der Eintragung der Umwandlung nach § 40¹ GrBO. erforderliche Eintragung des Betroffenen hat also I. in der Eintragung der HBank als der Berechtigten des kraft Gesetzes in eine Grundschuld verwandelten Teilbetrags von 1292 Mark zu bestehen, II. an diese Eintragung hat sich die Eintragung der Umwandlung anzuschließen. Beide Eintragungen dürfen in einem Vermerk zusammengefaßt werden. PosMSchr.

k) **Vormerkung zur Sicherung der Verpfändung einer Hypothek. Zuständigkeit für die einstw. Verfügung.**

OLG. München, III. ZS. Beschluß v. 28. Dezember 1912.

Der Kläger hat am 11. Dezember 1912 die Eintragung einer Vormerkung zur Sicherung seines Anspruchs auf Einräumung des Pfandrechts an der für die Beklagte auf dem Grundstücke Nr. 20 eingetragenen Kaufgeldhypothek in Höhe von 15000 Mark beantragt. Die Beschwerde über die Zurückweisung dieses Antrags ist begründet. Zunächst war das angerufene LG. für die einstw. Verfügung nach §§ 937, 943 ZPO. zuständig; denn es ist für die zu erhebende Klage auf Bestellung des Pfandrechtes — der Hauptsache nach § 937 — gegen die Beklagte das nach § 12 ZPO. örtlich und nach dem Streitwert auch sachlich zuständige Gericht der Hauptsache. Die im Antrage wie auch in der Beschwerde enthaltene Behauptung, daß Beklagte zurzeit noch in Sch. ihren Wohnsitz hat, ist hierdurch mangels gegenteiliger Anhaltspunkte — als solcher kann der Verkauf ihres Anwesens am 6. Dezember 1912 allein nicht erachtet werden — genügend glaubhaft gemacht (§ 294 ZPO.). Überdies ergibt die trotz ihrer ursprünglichen Nichtdatierung jedenfalls glaubwürdige eidesstattliche Versicherung, daß die Beklagte am 10. in Sch. gewohnt; dafür, daß sie am 11. Dezember ihren dortigen Wohnsitz aufgegeben hat, fehlt jede Unterlage; das gleiche ist für die Jetztzeit der Fall. Das Gericht der Hauptsache nach § 937 ist aber dasjenige, bei dem der Rechtsstreit der Hauptsache zur Zeit der Erlassung der einstw. Verfügung anhängig ist oder anhängig gemacht werden könnte (RG. 31 S. 572); ob letzteres auch in Zukunft zutrifft, ist für die Zuständigkeitsentscheidung nach § 937 belanglos.

In der Sache macht die Erklärung des Notariats glaubhaft, daß sich die Beklagte P. am 6. Dezember dem Kläger F. gegenüber verpflichtet hat, die Kaufpreisrestforderung von 15000 Mark zu verpfänden. Zur Sicherung des Anspruches auf Einräumung dieses Pfandrechtes (§§ 1154[3], 1280, 873) kann nach § 883 eine Vormerkung in das Grundbuch eingetragen werden. Die hierzu nach § 885 erforderliche einstw. Verfügung ist lediglich von der Glaubhaftmachung des zu sichernden Anspruches abhängig und ohne Rücksicht auf eine Gefährdung zu erlassen. P.n.

l) **Höchstbetragshypothek: α) Bezeichnung der zu sichernden Forderung.**

OLG. Colmar, II. ZS. Beschluß v. 21. November 1912.

Die Bestellung einer Höchstbetragshypothek nach § 1190 erfordert keine bestimmte Bezeichnung der zu sichernden Forderungen, besonders keine Angabe des Schuldgrundes in der Eintragung oder Eintragungsbewilligung (RG. 65 S. 366 mit 62 S. 168; 75 S. 247; JW. 1907 S. 513[13]). Auch in Ansehung des Schuldgrundes kann die Feststellung der Forderung nach § 1190 vorbehalten werden. Soll sich jedoch die Haftung des Grundstücks nicht auf jede Forderung des bezeichneten Gläubigers gegen den bezeichneten Schuldner erstrecken, so ist allerdings eine bestimmte Umgrenzung des Kreises der durch die Hypothek zu sichernden Ansprüche erforderlich (RGKomm. § 1190 [2]). Dieser Bestimmtheit ermangelt aber die Eintragungsbewilligung nicht, die im Zusammenhang mit der Bewilligung der Eintragung einer Sicherungshypothek für eine bestimmte Forderung ausspricht, daß „für die durch das Gesetz nicht mit Hypothekenrecht geschützten Nebenleistungen, Auslagen und Kosten jeder Art" eine Sicherungshypothek bis zu dem Höchstbetrage von 80 Mark eingetragen werden soll. Insbesondere läßt die Bewilligung keinen Zweifel darüber zu, daß auch für Auslagen und Kosten eine Haftung nur begründet werden soll, insoweit sie als Nebenleistungen geschuldet sein werden. Der Vorbehalt gemäß § 1190 bezieht sich demnach hier auf die Feststellung jedweder Ansprüche auf Nebenleistungen, für die mit der Eintragung der gleichzeitig für die Hauptforderung bestellten Hypothek eine Haftung des Grundstücks nicht begründet wird (vgl. §§ 1115, 1118), und er ist ohne Zweifel dadurch veranlaßt, daß zurzeit noch nicht absehbar ist, ob und in welchem Betrage solche Ansprüche auf Nebenleistungen entstehen. Der Ausdruck „Nebenleistungen" ist somit ersichtlich in demselben Sinne angewendet, wie im § 1115. Was darunter zu verstehen ist, hat zwar das Gesetz nicht bestimmt, ist aber im Zweifelsfalle durch Auslegung zu ermitteln (Rsp. 14 S. 96). Die Auffassung der Vorinstanzen, daß es einer genaueren Bezeichnung der durch die Höchstbetragshypothek zu sichernden Ansprüche und besonders einer bestimmten Angabe des Schuldgrundes bedürfe, verstößt somit gegen § 1190, in dessen Anwendungsbereich die Geltung der §§ 1113, 1115 in diesem Punkt ausgeschlossen ist. Schr.

β) **Einwirkung einer Teilzahlung.**

OLG. Hamburg, VI. ZS. Urteil v. 9. November 1912.

Der auch vom RG. 51 S. 117 vertretenen Auffassung der Höchstbetragshypothek entspricht dem mit dieser Hypothekenart verfolgten Sicherungszwecke. Allerdings entsteht das volle Hypothekenrecht mit seinen Funktionen erst mit der Forderung. Die dingliche Gebundenheit des Grundstückes zugunsten des Gläubigers wird aber sofort durch die auch den Vorrang vor später eingetragenen Rechten sichernde Eintragung bewirkt (Staudinger 2b zu § 1190) und schließt die Entstehung einer Eigentümerhypothek für den Grundeigentümer eben aus, bis endgültig feststeht, daß und wieweit gesicherte Forderungen nicht mehr bestehen oder entstehen können. Zwar kann der Grundeigentümer, wie es RG. 51 S. 118 heißt „bedingt" über den der Hypothek entsprechenden Grundstückswert verfügen; aber die Entstehung einer auch nur bedingten Eigentümerhypothek vor der endgültigen Abrechnung oder der Beendigung des Rechtsverhältnisses hat deshalb der Gesetzgeber nicht gewollt. M. M.

γ) **Eintragung auf Grund Pfändung und Überweisung einer zur Grundschuld gewordenen Höchstbetragshypothek.**

OLG. Darmstadt, I. ZS. Beschluß v. 3. Februar 1911.

Der Eigentümer A., der der Firma B. für ihre aus einer fortlaufenden Geschäftsverbindung entstehenden Forderungen eine Höchstbetragshypothek als Gesamthypothek hatte eintragen lassen, veräußerte die mitbelastete Hofraite an O. und verpflichtete sich zu ihrer Enthaftung. Nach der Auflassung erwirkte der Beschwerdeführer die Pfändung und Überweisung der für A. inzwischen entstandenen Eigentümergrundschuld mit dem Anspruch auf Berichtigung des Grundbuchs und beantragte die Eintragung auf der Hofraite. Der Antrag ist jedoch unbegründet.

Zutreffend nimmt das LG. eine in der Person des früheren Eigentümers A. entstandene Eigentümergrundschuld an. Das volle Hypothekenrecht entsteht zwar erst mit der Forderung, jedoch besteht schon vorher dingliche Gebundenheit. Erst nach Feststellung der Forderung kann bestimmt werden, zu welchem Betrag und für welchen Eigentümer eine Eigentümerhypothek anzunehmen ist.... Hier war eine Sicherungshypothek von 5000 Mark für gelieferte Waren, Darlehn, gewährten Kredit eingetragen. Das Kreditverhältnis hat sein Ende erreicht. Die Höhe des der Hypothekarin erwachsenen Forderung ist anerkannt. Zahlungen auf den festgestellten Betrag, die eine Eigentümergrundschuld zugunsten des späteren Erwerbers zur Folge gehabt haben konnten, stehen nicht in Frage. Unerheblich ist an sich, daß erst nach dem Verkauf gepfändet wurde, denn die Eigentümerhypothek ist ein aus dem Inhalt des Eigentums ausgeschiedenes Rechtsverhältnis, sie gilt nicht als Zubehör des Eigentums, und der Veräußerer behält sie deshalb bei einer Veräußerung an sich zur freien Verfügung (Staudinger §§ 1177 I 3b, 1163 II 4b; RGKomm. § 1163[6]). Deshalb kann dem LG. darin nicht zugestimmt werden, daß durch den Erwerb des mit einer Hypothek belasteten Grundstücks, bei der die Voraussetzungen der Umwandlung in eine Eigentümerhypothek vorlagen, der Berichtigungsanspruch und damit die demnächstige Eigentümergrundschuld selbst auf den neuen Erwerber übergeht, und daß der seitherige Eigentümer, dessen Name aus keiner noch wirksamen Eintragung des Grundbuchs hervorgeht, auch nicht mehr als Gläubiger einer Hypothek oder Grundschuld gelten könne, dessen Rechte der Pfändung unterlägen. Erhellt auch hier die Eigentümergrundschuld noch nicht aus dem Grundbuch, so bestand doch ein materiellrechtlicher Anspruch, der nur in dem Eintritt einer aufschiebenden oder dem Nichteintritt einer auflösenden Bedingung abhängig war — Nichtentstehung einer Forderung des Kreditgebers —, so daß mit dem Eintritt oder Ausfall der Bedingung grundbuchmäßige Wahrung im Wege der Berichtigung für das nichteingetragene Recht nach § 894 begehrt werden konnte (RGKomm. § 1190[1]). Dieser Anspruch unterlag nach der herrschenden Ansicht der Pfändung und Überweisung, so daß insoweit ein Hindernis für eine hierauf gegründete entsprechende Eintragung in der Sach- und Rechtslage nicht zu erkennen ist.

Mit den Vorinstanzen muß jedoch dieses Hindernis in den Verkaufsbedingungen mit dem Erwerber gefunden werden. Bei dem Kauf hatte der Käufer der gegebenen Rechtslage entsprechend mit der Höchstbetragshypothek gerechnet, und der Verkäufer hatte sich zur Enthaftung des Verkaufsobjekts verpflichtet und damit auf den Anspruch, der den Gegenstand der Eigentümergrundschuld und die Unterlage für einen Berichtigungsantrag hinsichtlich des bestehenden Grundbuchseintrags bildet, verzichtet. Lediglich an die Stelle des A. ist aber der Pfandgläubiger getreten, es stehen ihm in keiner Hinsicht mehr Rechte zu, als seinem Schuldner, so daß auch eine Eintragung zu seinen Gunsten gegen den neuen Erwerber als ausgeschlossen erscheint. Aus RG. 66 S. 288 läßt sich nichts Gegenteiliges entnehmen. Dort ist lediglich entschieden, daß bei einer nach Befriedigung des Hypothekars entstandenen Eigentümergrundschuld die Aufhebungserklärung des Eigentümers nur unter den Parteien wirkt und Pfändung und Abtretung der Eigentümergrundschuld nicht ausschließt. Darum handelt es sich hier nicht. Hier hat sich der grundschuldberechtigte Eigentümer dem neuen Erwerber gegenüber verpflichtet, den Eintrag zu beseitigen, also auch keine Rechte daraus herzuleiten. Damit ist die materielle Rechtslage dahin umgestaltet worden, daß sie keine Grundlage mehr für einen Berichtigungsantrag abgibt und damit auch einen Eintrag der vollzogenen Pfändung ausschließt. Auf den bestehenden Eintrag aber kann ein Rechtserwerb, der zum Eintrag führen könnte, nicht gestützt werden, denn der Grundschuldeigentümer ist nicht eingetragen, ein Umstand, der nach § 40 GrBO. den Eintrag der erfolgten Pfändung an sich als unzulässig erscheinen läßt (RGKomm. § 1190[1], Staudinger § 1190[7]), um so mehr, als für die Rechtslage unter den Beteiligten auch die §§ 1169, 1179, 883—888 in Betracht kommen, überdies auch die Feststellung der Resthypothek und die Rangänderung zur Prüfung Anlaß geben könnten. Wg.

m) **EG. Art. 117 beschränkt nicht nur die dingliche, sondern auch die persönliche Haftung.**

OLG. Königsberg, II. ZS. Urteil v. 29. März 1911.

Die Widerklage stützt sich zunächst darauf, daß neben der dinglichen Haftung der Grundstücke noch eine persönliche Haftung der Kläger bestehe, die unkündbar sei. Gemäß EG. Art. 117 bleiben die landesgesetzlichen Vorschriften, die die Ausschließung des Kündigungsrechts des Eigentümers bei Hypothekenforderungen beschränken, unberührt. Eine solche Vorschrift ist im § 92[2] preuß. AblG. vom 2. März 1850 enthalten. Der Wille des Gesetzgebers war, als er das AblG. schuf, den Grundbesitz von hypothekarischen Lasten zu befreien, und zwar zunächst bezüglich der dinglichen Belastung. War jedoch der Eigentümer zugleich auch persönlicher Schuldner, so wollte das Gesetz jedenfalls auch dessen persönliche Haftung beschränkt wissen. Denn eine verschiedenartige Behandlung des Kündigungsrechts würde eben dem ganzen Zwecke des Gesetzes und deshalb auch nicht dem Willen des Gesetzgebers entsprochen haben. Dieser Absicht ist dadurch Ausdruck verliehen, daß nicht von dem „Eigentümer", sondern von dem „Schuldner" als dem Kündigungsberechtigten gesprochen wird. Bei Einführung des BGB. hat der Gesetzgeber, da er für alle Landesteile Rechtsgleichheit herbeiführen wollte, im Art. 31 preuß. AusfG. eine dem § 92 aO. entsprechende Bestimmung gegeben. Hätte er auch hier nur die dingliche Haftung zeitlich beschränken wollen, so hätte er sich des genaueren Ausdrucks „Eigentümer" statt „Schuldner" bedient. Auch ergeben die Vorarbeiten zu Art. 32 AusfG. nichts, was nur für eine dingliche Beschränkung spräche. Aus dem Wortlaut des EG. Art. 117, der vom Kündigungsrecht des Eigentümers bei Hypothekenforderungen spricht, ist nicht zu entnehmen, daß hier nur die dingliche Haftung zeitlich beschränkt sein sollte. Der Gesetzgeber hat vielmehr hier unter Eigentümer auch den persönlich haftenden Eigentümer verstanden, wie aus dem Worte „Hypothekenforderungen" hervorgeht. Auch hat während der Geltung des AblG. kaum ein Streit darüber bestanden, daß § 92 auch zugunsten des Eigentümers bezüglich seiner persönlichen Haftung wirkte (vgl. Strieth. 95 S. 21; Stranz-Gerhard, preuß. AusfG. 6a und 10 zu Art. 32; Turnau-Förster 1 S. 750). Bei entgegengesetzter Auslegung ist ein Fall, wonach der Eigentümer nach Befriedigung des Gläubigers zwar dinglich von der Schuld befreit, persönlich jedoch dem befriedigten Gläubiger gegenüber für alle Zeit verhaftet sein solle, kaum denkbar — ganz abgesehen davon, daß das dem Zwecke des Gesetzes zuwiderliefe. Eine auch etwa vorhandene persönliche Verpflichtung der Kläger für das im Jahre 1828 eingetragene Fideikommißkapital und seine Zinsen war somit ebenfalls kündbar. Th.

n) **Rechtzeitigkeit bei Sendung der Grundschuldzinsen aus einem vom Sitze des Grundbuchamtes verschiedenen Orte.**

OLG. Posen, V. ZS. Urteil v. 17. Januar 1912.

Auf dem in Bromberg belegenen Grundstücke des Beklagten haftet für den Kläger in Danzig eine Grundschuld, die mit 6 % jährlich vom 7. Dezember 1907 ab in halbjährlichen Nachraten verzinslich und sofort zahlbar ist, falls eine Zinsrate nicht in 14 Tagen nach Fälligkeit gezahlt ist. Am 21. Dezember 1910 hat der Beklagte die fällige Zinsrate bei dem Postamt in H. für den Kläger auf Postanweisung eingezahlt. Die Postanweisung ist am folgenden Tage in Danzig eingetroffen und ausgezahlt. Der Kläger hält mit Recht diese Zinszahlung für verspätet.

Die Zinsen waren nach § 1194 an dem Orte zu zahlen, an dem das Grundbuchamt seinen Sitz hat; daß etwas anderes bestimmt worden, ist nicht behauptet und aus sonstigen Umständen nicht herzuleiten. In Bromberg hätte somit der Beklagte innerhalb der Nachfrist leisten müssen, um den Verzugsfolgen zu entgehen, denn zur ordnungsmäßigen Leistung gehört, daß die Leistung am rechten Orte bewirkt wird. Allerdings hätte genügt, wenn hier am letzten Tage der Nachfrist das Geld zur Post gegeben wurde; denn da ungeachtet der dem Schuldner obliegenden Geldübermittelungspflicht die Vorschriften über den Leistungsort unberührt bleiben (§ 270), so beurteilt sich die Frage, ob rechtzeitig geleistet ist, nach der Zeit der Leistung am Leistungsorte, und es kommt, sofern das hier rechtzeitig abgesandte Geld überhaupt bei dem Gläubiger eintrifft, auf den Zeitpunkt des Eintreffens nicht an. Dies setzt aber voraus, daß die rechtzeitige Absendung am Leistungsorte geschieht, wo der Verpflichtete das Geld spätestens am letzten Tage der Frist bereit zu stellen hat. Wird das Geld an einem anderen Orte zur Post gegeben, so ist aus eben diesem Grunde die Absendung keine ordnungsmäßige Leistung und deshalb auch kein Akt, der die Verzugsfolgen abwenden kann. Durch eine solche Absendung erfüllt der Verpflichtete nicht einmal diejenigen Pflichten, die ihm außer der Übermittelung des Geldes obliegen, sondern er bereitet seine Leistung nur vor. Die Leistung selbst ist in solchem Falle erst in dem Zeitpunkte bewirkt, in dem das Geld beim Gläubiger eintrifft und für rechtzeitiges Eintreffen muß der Verpflichtete Sorge tragen, sofern er unter Außerachtlassung der Bestimmungen über den Leistungsort an einem beliebigen anderen Orte absendet. Demgemäß kann für den Zeitpunkt der Zinszahlung die Absendung des Geldes in H. nicht maßgebend sein. Daß das Geld auch dann beim Kläger nicht früher angekommen wäre, wenn der Beklagte es von Bromberg am 21. Dezember abgeschickt hätte, kommt für die rechtliche Beurteilung nicht in Betracht. Denn die größere oder geringere Entfernung des Absendungs- oder Leistungsortes vom Bestimmungsorte ist ohne Bedeutung für die allein zu entscheidende Frage, von welchem Orte die Absendung erfolgen muß, um ordnungsgemäß zu sein. Eine Auslegung der Zahlungsbedingungen dahin, daß die Absendung der Zinsen innerhalb der Nachfrist genüge, gleichviel von welchem Orte aus sie erfolge, ist nach Wortlaut und Zweck der Bedingungen nicht angängig.[1] Dr.

o) Einreden des Verpfänders nach § 1211[2].

OLG. Celle, IV. ZS. Beschluß vom 28. September 1910.

Unzutreffend ist die Auffassung des Klägers, daß gegenüber dem vollstreckbaren Titel, den er gegen den beklagten Mann auf Grund der 1908 fällig gewesenen Wechsel erwirkt habe, die beklagte Frau auf die Unzulässigkeit der Geltendmachung von Rechten aus jenen Wechseln nicht habe zurückkommen dürfen. Ihre Befugnis hierzu ist aus § 1211 zu entnehmen, wonach der Verpfänder dem Pfandgläubiger die dem persönlichen Schuldner gegen die Forderung zustehenden Einreden entgegenhalten darf. Der Abs. 2 stellt klar, daß der Verpfänder, der wie hier vom persönlichen Schuldner verschieden ist, von diesem bei der Verwertung der aus dem persönlichen Schuldverhältnis

[1] Obige Entscheidung scheint recht bedenklich, vielmehr ist darauf Gewicht zu legen, ob der Gläubiger das von einem anderen Orte gesandte Geld später erhält als bei Absendung vom Leistungsorte. Trifft dies nicht zu, so fehlt schon die erste Voraussetzung eines jeden Verzugs, die Zögerung. Der Gläubiger hat aber nicht das geringste Interesse daran, bei welchem Postamte die Zinsen eingezahlt werden. Man denke nur an die Postämter Berlins, die vielfach auch große Teile der Vororte umfassen. Sollte es dem Danziger Gläubiger nicht völlig gleichgültig sein, ob die in Berlin zahlbaren Zinsen bei dem dortigen Postamt W 35 und nicht bei dem in Schöneberg belegenen Postamte W 50 eingezahlt werden, obwohl beide dieselben Bestellzeiten haben? Noch viel weiter geht das RG. bei Warn. 1909 S. 420. D. H.

folgenden Einreden durchaus unabhängig ist. Der Umstand, daß der beklagte Mann durch seine endgültige Verurteilung auf Grund der Wechsel die Einreden gegen die Wechselschuld verloren hatte, konnte daher die Frau an der Geltendmachung derselben Verteidigungsmittel nicht hindern. Dr. J.z.

p) **Gilt § 1223² auch für den Schuldner-Verpfänder?**

Kammergericht, XIV. ZS. Urteil vom 13. Mai 1912.

Die Beklagte verschuldet dem Kläger für die im September 1911 auf Grund des Vertrages vom 23. September 1910 gelieferte Milch noch 1000 Mark. Sie verweigert die Zahlung so lange, als ihr nicht die auf Grund jenes Vertrages in Konsols bestellte Sicherheit von 1000 Mark zurückgewährt ist. Da Streit besteht, ob die Beklagte nicht noch weitere 532 Mark verschulde, hat das LG. sie durch Teilurteil zu 1000 Mark unabhängig von der Rückgabe der Sicherheit verurteilt. Ihre Berufung ist unbegründet.

Nach dem Erlöschen des Pfandrechts ist das Pfand zurückzugeben (§ 1223¹), daher ist an sich Vorleistung des Schuldners die Befriedigung des Gläubigers. Eine Ausnahme macht § 1223² für den Verpfänder. Die in Seuff. 62 S. 104 ausgesprochene Auffassung, daß diese Ausnahme nur für den Drittverpfänder, nicht auch für den Schuldner, der zugleich Verpfänder ist, gilt, ist zu eng. Auch der persönliche Schuldner kann verlangen, daß ihm Zug um Zug gegen Befriedigung das Pfand zurückgegeben wird. Dazu gehört aber, daß die ganze Schuld bezahlt wird. Bei Angebot der ganzen fälligen Schuld kann der Schuldner die Rückgabe des Pfandes fordern. Hier fordert aber die Beklagte nicht die Rückgabe, sondern sie erhebt eine Einrede gegen die fällige, zugestandene Schuld. Diesen Fall deckt § 1223² nicht. Es liegen aber auch die Voraussetzungen weder eines Zurückbehaltungsrechts aus § 320, weil die Zahlung der Schuld und Rückgabe des Pfandes nicht in dem gegenseitigen Verhältnis von Leistung und Gegenleistung stehen, noch eines Zurückbehaltungsrechts aus § 273 vor, weil sich bei der Bestimmung des Vertrages über die wochenweise Bezahlung der Milch aus dem Schuldverhältnisse ein anderes ergibt, als das Recht, die geschuldete Leistung mangels Pfandrückgabe zu verweigern. Es bedarf daher hier nicht der Prüfung, ob die Beklagte die weiter geforderten 532 Mark wirklich schuldet und somit das Pfandrecht des Klägers an der bestellten Sicherheit noch nicht erloschen ist, eine Frage, deren Entscheidung das Ziel des noch in erster Instanz schwebenden Teils des Rechtsstreits ist. Der Schuldner darf die Leistung einer unstreitigen, fälligen Schuld nicht bis zur Rückgabe des Pfandes verweigern, wenn Streit darüber besteht, ob das Pfand nicht auch noch für weitere Forderungen haftet. Fr.

q) **Verpfändung von Mieten im Sinne einer Abtretung.**

OLG. Hamburg, VI. ZS. Urteil v. 10. Juni 1911.

Der Auslegung, die das LG. den 3 Urkunden zuteil werden läßt, war nicht beizutreten. Aus ihrem Inhalte geht hervor, daß der Kläger ohne Rücksicht auf die Fälligkeit seiner Darlehnsforderungen Befriedigung, nämlich „Deckung" aus den eingehenden Mieten erhalten sollte. Wäre lediglich eine

Sicherung durch Verpfändung beabsichtigt worden, so würde nicht ausdrücklich vorgeschrieben sein, daß er den Überschuß wieder auszukehren habe. Bei einer Verpfändung hätte sich dies von selbst verstanden.

Wären die Mieten bloß verpfändet, so hätte der Kläger der Regel nach sie einziehen können, sobald seine Darlehne fällig geworden waren (§ 1282). Allerdings wäre eine abweichende Vereinbarung möglich gewesen (§ 1284). Allein eine endgültige Befriedigung des Gläubigers vor Eintritt der Fälligkeit der gesicherten Forderung würde dem Charakter des Pfandrechts widersprechen. Daß überhaupt die Parteien an die Möglichkeit gedacht haben, mit einer Verpfändung nach §§ 1279ff. ähnliche Wirkungen wie bei einer Abtretung zu erzielen, ist mit Rücksicht auf die Seltenheit solcher Verpfändungen in Verkehrskreisen der hier fraglichen Art und die nicht einfache Gestaltung dieser Rechtsbeziehungen im Gesetze höchst unwahrscheinlich. Der Hinweis auf die Mitwirkung des rechtsgelehrten Notars ist unbeachtlich, weil der Notar nur die Unterschrift des Übertragenden beglaubigt hat. Andererseits geht aus dem Wortlaut der Urkunden hervor, daß ihr Verfasser das Wort „verpfänden" nur im Sinne von „als Sicherheit übertragen" verstanden und zwischen Verpfändung und Abtretung überhaupt nicht unterschieden hat. Sowohl in Anlage 2 als 3 spricht er von den in Anlage 1 verpfändeten Mieten als zedierten und die Verpfändung der Anlage 3 nennt er im Nachtrage geradezu eine Zession. Steht somit fest, daß der Ausdruck „verpfänden" nicht im juristisch technischen Sinne angewandt worden ist, so muß es lediglich auf die Absicht der Vertragsschließenden ankommen, und über diese kann kein Zweifel herrschen. Der Übertragende hat das in solchen Fällen Übliche tun wollen und getan. Er hat zur Sicherheit Forderungen abgetreten, deren Betrag je nach Fälligkeit der einzelnen Raten zur Abtragung der Darlehne ausgezahlt werden sollte. Es bedurfte daher zur Gültigkeit dieser Übertragungen nicht erst der Anzeige an die Drittschuldner (§ 1280). M.M.

r) **Unwirksame Verpfändung. Eigentumsübertragung. Begründung eines Zurückbehaltungsrechts.**[1]

α) Kammergericht, XIV. ZS. Urteil v. 6. Mai 1912.

Die Beklagte hatte ihrem Angestellten X. nach Entdeckung von Veruntreuungen versprochen, von einer Strafanzeige abzusehen, falls er die unterschlagenen Beträge ersetze. X. hatte daraufhin durch eine unwahre Behauptung, seine Firma wolle ihm eine Filiale anvertrauen, verlange aber eine Sicherheit von 750 Mark, den Kläger veranlaßt, ihm ein dem Kläger ausgestelltes Sparkassenbuch über 1382 Mark zur Stellung jener Sicherheit auszuhändigen. Dieses Buch übergab X. der Beklagten als „vorläufige Sicher-

[1] Die Verpfändung der Forderung kann auch der Pfandnehmer selbst als Bevollmächtigter des Gläubigers wirksam anzeigen, weil der § 1280 die Stellvertretung nicht ausschließt (OLG. Marienwerder, II. ZS. Urteil v. 7. Dezember 1909, PosMSchr. 1912 S. 128). — Bei Verpfändung von Namenspapieren ist § 932 nicht anwendbar, da sie nicht gleich den Inhaberpapieren im § 1293 zu den beweglichen Sachen gerechnet werden (OLG. Posen, II. ZS. Urteil v. 3. Dezember 1912, aO. 154).

heit" für die veruntreuten Beträge und erhielt darüber eine Bescheinigung. Die Beklagte fragte sodann bei dem Kläger durch eingeschriebenen Brief an, ob die Sache in Ordnung wäre und erhielt als Antwort den von X. gefälschten Brief, nach welchem der Kläger das Sparkassenbuch dem X. zur freien Verfügung übergeben habe. Die Klage auf Herausgabe jenes Buches ist begründet.

Der Eigentumsklage gegenüber kann die Beklagte die Herausgabe nur verweigern, wenn sie dem Eigentümer gegenüber zum Besitze berechtigt ist, sei es auf Grund eines dinglichen oder obligatorischen Rechts (§§ 985, 986).

Aus der Hingabe des Buchs als vorläufiger Sicherheit, sowie aus dem Briefwechsel, bei welchem X. den Brief der Beklagten abfing und die Antwort des Klägers fälschte, folgt, daß der Wille des X. und der Beklagten dahin ging, ein Pfandrecht an der im Buch verbrieften Forderung oder am Buche selbst für die durch X. geschädigte Beklagte zu begründen. Diese Absicht ist aber nicht erreicht worden, denn ein Sparkassenbuch ist rechtlich kein selbständiger Träger einer Obligation (RG. 66 S. 25, Rsp. 18 S. 190). Hier hat aber der Gläubiger die Verpfändung nicht dem Schuldner, dh. der Sparkasse, angezeigt (§ 1280). Mangels einer wirksamen Verpfändung der Forderung kann auch ein Pfandrecht an dem Buche selbst nicht entstehen, denn nach § 952[1] teilt das Buch das Schicksal der Forderung. Eine selbständige Verpfändung des Buches ohne die Forderung ist mit dem oben dargelegten Charakter des Buches nicht vereinbar.

Der Einwand des Zurückbehaltungsrechts ist an sich zulässig; denn ein Sparkassenbuch kann Gegenstand eines solchen Rechtes sein (RG. 51 S. 87) und würde dieses Recht die Beklagte dem Eigentümer gegenüber aus § 986 zum Besitz berechtigen. Das BGB. kennt nur ein obligatorisches, kein dingliches Zurückbehaltungsrecht (RG. 51 S. 87, Rsp. 18 S. 191). Die gemäß § 140 durch Konversion denkbare Begründung eines vertraglichen Zurückbehaltungsrechts zwischen X. und der Beklagten würde an sich nur zwischen diesen beiden ein obligatorisches Verhältnis herstellen, nicht aber ohne weiteres zwischen der Beklagten und dem Kläger. Diese Verbindung wäre nur hergestellt, wenn X. das Buch zu dem Zweck verwendet hätte, zu dem der Kläger es ihm gegeben hatte. Der Kläger wollte das Buch nur zur Sicherheit für zukünftige im Bereich der Möglichkeit liegende Forderungen der Beklagten geben, welche sich aus einer vielleicht unglücklichen oder fahrlässigen Leitung der Filiale ergeben konnten. Ganz anders war aber der Zweck, zu dem X. das Buch wirklich verwendete. Er gab es zur Sicherheit für eine bereits bestehende und völlig unstreitige Forderung und erklärte, die Beklagte sei berechtigt, über den eingezahlten Betrag jederzeit in vollem Umfange zu verfügen. X. handelte somit eigenmächtig in bewußter Überschreitung der ihm erteilten Befugnisse. Deshalb hat er kein Vertragsverhältnis zwischen der Beklagten und dem Kläger begründet. Er hat ohne Vertretungsmacht einen Vertrag abgeschlossen, der nach § 177 unwirksam ist, weil der Kläger ihn nicht genehmigt hat. Die Beklagte hat daher dem Kläger gegenüber kein vertragsmäßiges Zurückbehaltungsrecht. Sie kann es auch nicht aus § 986 herleiten. Denn X. hatte das Buch nicht zum beliebigen Gebrauch, sondern nur zu einem ganz bestimmten Zweck bekommen. Er verlor daher sein Recht zum Besitz, als er das Buch unbefugt zu einem anderen Zweck verwendete. Deshalb kann auch die Beklagte nicht das Recht zur Verweigerung der Herausgabe von dem mittelbaren Besitzer X. ableiten. Fr.

β) OLG. Hamburg, V. ZS. Urteil v. 7. Februar 1913.

Die Aktien der Viehmarktbank sind vinkulierte Namensaktien im Sinne der §§ 180³, 222⁴ HGB. Sie sind, wenn ihre Übertragung auch an eine erschwerte Form geknüpft ist und von der Zustimmung der Gesellschaft abhängt, nicht lediglich Beweisurkunden, sondern Trägerinnen des Aktienrechts und Wertpapiere (RG. 36 S. 35). Ihre Übertragung erfordert mithin außer dem form- und genehmigungsbedürftigen Veräußerungsvertrage die Übergabe der Urkunde, die nach §§ 854 ff. BGB. erfolgt (Staub, HGB. § 222⁷). Die 10 Aktien, deren Herausgabe der Kläger fordert, hat der damalige Aktionär X. dem Mann der Beklagten 1906 für ein Darlehn verpfändet. Diese Verpfändung ist durch formlose Einigung und Übergabe der Urkunden vollzogen und hat die Zustimmung der Gesellschaft nicht gefunden, sie ist daher nach § 1274 ungültig. Unbedenklich wären aber der Mann der Beklagten und X., wenn sie die Nichtigkeit der Verpfändung gekannt hätten, gewillt gewesen, den Vertrag als Einräumung eines persönlichen Zurückbehaltungsrechts an den Aktien aufrechtzuerhalten; dies Recht hat gemäß § 140 als vertragsmäßig bestellt zu gelten (RG. 66 S. 24) und konnte dem Darlehnsnehmer bis zur Tilgung der Darlehnsschuld entgegengesetzt werden. Auch war der Mann der Beklagten, der die tatsächliche Gewalt über die Aktien von ihrem Eigentümer erlangt hatte, auf Grund der getroffenen Abrede in gleicher Weise wie ein Pfandgläubiger zum Besitz der Urkunden gegenüber dem Aktionär berechtigt; er hatte den unmittelbaren Besitz, während dem X. der mittelbare Besitz im Sinne des § 868 verblieb.

Die Entscheidung hängt also davon ab, ob die Beklagte die gegenüber dem X. begründete Einrede des vertraglich bestellten Zurückbehaltungsrechts auch der Frau des Klägers als der Rechtsnachfolgerin des früheren Aktionärs entgegenhalten kann. Das ist zu bejahen. Der Ansicht des Klägers, daß die §§ 404, 413 BGB. auf die Rechtsstellung seiner Frau zur Beklagten nicht anwendbar seien, ist insoweit beizupflichten, als der Schuldner im Sinne dieser Vorschriften bei der Übertragung des Aktienrechts nicht die Beklagte, sondern die Aktiengesellschaft ist, der gegenüber das Aktienrecht besteht und die dem Aktionär nach Maßgabe seines in der Aktie verbrieften Rechts verpflichtet ist. Die Vorschriften über die Abtretung greifen jedoch hier aus einem anderen Grunde Platz. Die Frau des Klägers hat die Aktien 1908 von ihrem Bruder X. erworben. Sie hat das Eigentum an den Aktien nur erlangt, wenn sie auf Grund des Veräußerungsvertrages Besitzerin der Urkunden geworden ist. Zurzeit der Übertragung befanden sich diese im Besitz des Mannes der Beklagten und sind der Frau des Klägers nicht übergeben worden. Das steht ihrem Eigentumserwerb jedoch nicht entgegen. Es genügt die Erlangung des mittelbaren Besitzes, der nach § 870 durch Abtretung des Herausgabeanspruchs übertragen werden kann. Diese Abtretung ist erfolgt. X. hat seiner Schwester seine Rechte aus der Aktie durch die notarielle Erklärung übertragen. Wenn er auch darin des Besitzübergangs nicht ausdrücklich gedenkt, so ist doch nach Lage der Sache anzunehmen, daß er alle ihm in bezug auf die Aktien zustehenden Rechte übertragen wollte und daß diesem Willen die Absicht der Erwerberin, die Rechtsstellung ihres Bruders in jeder Richtung zu erlangen, entsprach. Dieser übereinstimmende Wille der Vertragsparteien ist in dem Übertragungsakt hinreichend verlautbart, auch wenn er den Herausgabeanspruch nicht besonders erwähnt und die Übereignung der Aktien nur allgemein ausspricht. Nach § 982² kann aber der Besitzer einer nach § 931 veräußerten Sache dem neuen Eigentümer die Einwendungen entgegensetzen, die ihm gegen den abgetretenen Anspruch zustehen. Diese Bestimmung ist auch anwendbar, wenn die Übereignung zwar nicht nach § 931, aber in entsprechender Weise auf Grund der besonderen Vorschriften über die Übertragung von Aktienrechten in Verbindung mit dem § 870 geschieht. Der Erwerber der Wertpapiere tritt in bezug auf die dem Besitzer zustehenden Einreden in die Rechtsstellung seines Vormanns ein und kann den Herausgabeanspruch nur unter derselben Beschränkung geltend machen, die den früheren Aktionär an der Durchführung seines Rechts gegen den Besitzer der Urkunde hindert. Hierbei begründet es keinen Unterschied, ob die Einrede des Besitzers auf einem dinglichen oder einem persönlichen Recht beruht. ... M. M.

s) **Pflichten des Pfandleihers,**[1] **der Versatzscheine eines Kgl. Leihamts als Unterpfand annimmt.**

Kammergericht, XXII. ZS. Urteil v. 26. Oktober 1911.

Der Beklagte hat dem Kläger Darlehne gewährt und dafür als „Unterpfand" Versatzscheine des hiesigen Kgl. Leihamts erhalten, die dadurch wertlos geworden sind, daß die Pfandstücke vom Leihamt wegen unterbliebener Einlösung verkauft wurden. Der Kläger verlangt Schadensersatz wegen Nichterfüllung einer Verpflichtung, welche dem Beklagten bezüglich jener Scheine obgelegen habe. Der Anspruch ist begründet.

Bei dem zwischen den Parteien geschlossenen „Lombardgeschäft" steht weder die Verpfändung der versetzten Sachen selbst noch die einer bloßen Forderung in Frage. Denn zu solchem Geschäfte hätte es der Anzeige

---

[1] Eine Aktiengesellschaft, die gewerbsmäßig in größerem Umfange Gebrauchsgegenstände (Möbel) beleiht, ist Pfandleiherin (OLG. Dresden, StrafS. Urteil v. 3. Januar 1912, Ann. 34 S. 1). Rückkaufsgeschäft als Pfandleihgeschäft: RG. 79 S. 361. Abtretung der Forderungen: RG. 58 S. 71. Keine Anwendung des Ges. v. 17. März 1881 auf Verpfändung von Hypotheken: RG. 39 S. 350.

an das Leihamt bedurft, die nicht behauptet ist (§§ 1205^2, 1280). Hat nur das Papier verpfändet werden sollen, so würde, falls der Pfandschein ein Papier wäre, das lediglich zum Beweise einer Forderung dient, mangels eines realisierbaren Vermögenswertes desselben gleichfalls kein wirksames Faustpfandrecht bestellt sein (RG. 51 S. 86). Es mag dahingestellt bleiben, ob und in welchem Umfange dieser Grundsatz auf Legitimationspapiere (§ 808) anwendbar ist. Jedenfalls mangelt es den hier fraglichen Pfandscheinen nicht an einem realisierbaren Vermögenswert; daher ist auch die Bestellung eines Faustpfandes an ihnen zuzulassen. Nach § 17 Ges. vom 17. März 1881 ermächtigt der bloße Besitz des Pfandscheines zur Ausübung aller dem Verpfänder zustehenden Rechte und dies gilt auch nach § 19 Ges. mit § 12 des Regl. vom 8. Februar 1884 (GS. 23) für das hiesige Leihamt. Da anderseits der ursprüngliche Verpfänder ohne den Pfandschein seine Rechte nicht ausüben kann, so ist damit der Sicherungszweck für den Pfandleiher, welcher Pfandscheine in Versatz nimmt, erreicht. Demnach ist das Verhältnis zwischen den Parteien so zu behandeln, als ob ein Pfandrecht an einem Order- oder Inhaberpapier bestellt wäre (§ 1294). Hiernach ist die Frage zu entscheiden, inwieweit der Pfandleiher berechtigt und verpflichtet ist, die Rechte des Verpfänders gegenüber dem Leihamt auszuüben. Nach § 1294 darf der Pfandgläubiger die verpfändete Forderung einziehen, auch wenn die „Pfandreife" (§ 1228^2), nämlich die Fälligkeit seiner gesicherten Forderung, noch nicht eingetreten ist; daher ist er nach § 1285^2 auch zur ordnungsmäßigen Einziehung verpflichtet. Werden diese Rechtssätze auf das vorliegende Verhältnis entsprechend angewendet, so ergibt sich, daß der Beklagte verpflichtet war, das verpfändete Recht ordnungsmäßig zu verwalten, mithin auch für die Einlösung oder Verlängerung selbst zu sorgen.

Dieses Ergebnis entspricht auch dem wirtschaftlichen Zweck des Geschäfts. Wenn ein Pfandleiher Pfandscheine in Versatz nimmt, so muß er den Wert der Sachen so hoch schätzen, daß außer dem ursprünglichen Darlehn, den Zinsen dafür und den Kosten des Verkaufs auch sein eigenes Darlehn gedeckt ist. Denn sonst hat er keine Sicherheit für seine Forderung. Er muß also in allen Fällen, ohne Gefahr eines Verlustes, in der Lage sein, die Zinsen des ersten Darlehns (das sind die Prolongationskosten) aus eigenen Mitteln noch aufzuwenden. Er wird dies auch in seinem eigenen Interesse tun müssen, weil sonst die Pfänder versteigert werden und damit seine Sicherheit verloren geht. Er muß demnach selbst die Fälligkeit der Pfänder beaufsichtigen. Daß er gemäß § 1218^2 seinen Schuldner unverzüglich davon zu benachrichtigen hat, daß die Fälligkeit der als Unterpfand gegebenen Versatzscheine bevorstehe und der Verkauf der Pfänder drohe, läßt sich allerdings nicht annehmen. Denn um die im § 1218 vorauszusetzende Gefahr einer unvorhergesehenen Wertminderung handelt es sich nicht, da die Fälligkeit der Pfänder sich aus den Pfandscheinen ergibt und daher dem Verpfänder von vornherein bekannt war. R.

6. Familienrecht.

a) Verlöbnis. Rücktritt. Schadensberechnung.

α) OLG. Braunschweig, I. ZS. Urteil v. 12. Juli 1912.

Die Klägerin, die in der Privatklinik als Operationsschwester angestellt war, hatte sich mit dem Beklagten verlobt und ihre Stellung Ende 1907 aufgegeben. Nachdem 1908 der Beklagte von der Verlobung zurückgetreten war, hat die Klägerin außer 1450 Mark Aufwendungen eine lebenslängliche Rente von 1650 Mark jährlich seit 1. Januar 1909 sowie Leistung einer Sicherheit von 10000 Mark beansprucht. Durch rechtskräftiges Zwischenurteil ist der Anspruch dem Grunde nach für berechtigt erklärt. In dem Verfahren über den Betrag hat das LG. unter Abweisung des Anspruchs auf Sicherheitsleistung den Beklagten zur Zahlung der Rente von 1650 Mark verurteilt. Die Berufung des Beklagten ist teilweise begründet.

Auf die Frage, in welche Lebensverhältnisse die Klägerin durch die Eheschließung gekommen wäre, braucht nicht eingegangen zu werden, denn § 1298 gewährt keinen Anspruch auf das Erfüllungsinteresse und beschränkt den Ersatz des negativen Interesses nicht auf den Betrag des Erfüllungsinteresses. Dagegen hat das LG. die Tragweite der über den Grund erlassenen Zwischenurteile überschätzt. Die Frage nach dem mitwirkenden Verschulden kann nicht nur (JW. 1911 S. 445[7], 486[7]) dem Nachverfahren ausdrücklich überlassen bleiben, sondern unter Umständen auch ohne solchen Vorbehalt noch im Nachverfahren geprüft werden. Letzteres ist jedenfalls dann zulässig, wenn wie hier das Verschulden erst später zutage getreten ist. Daß die Klägerin in der ersten Zeit nach der Aufhebung der Verlobung sich mit einer gering besoldeten Stellung begnügt hat, die sich ihr in ihrem bisherigen Wohnorte bot, ist entschuldbar. Später hätte sie aber ihre Leistungsfähigkeit besser ausnutzen und sich außerhalb ihrer Heimat um Stellungen mit höherem Einkommen bemühen müssen. Wenn sie das getan hätte, würde es ihr jedenfalls nach Verlauf einiger Jahre gelungen sein, ihr Einkommen in der von der Zeugin angegebenen Weise zu verbessern; danach würde von der Rente jetzt ein noch größerer Abzug zu machen sein. Vor allem nimmt aber das LG. mit Unrecht an, daß durch die Zwischenurteile rechtskräftig festgestellt sei, die Klägerin könne eine Geldrente auf Lebenszeit fordern. Das LG. hat in seinem Zwischenurteil ausgeführt, es sei ohne weiteres anzunehmen, daß die Klägerin eine gleich günstige Stellung wie in der Privatklinik einstweilen, vielleicht auch dauernd nicht wieder erlangen werde, es genüge aber die Feststellung, daß ein Schaden entstanden sei, und seine Höhe könne einstweilen dahingestellt bleiben. Daraus geht hervor, daß sich das LG. nicht auf die beanspruchte lebenslängliche Rente festgelegt, sondern ihre zeitliche Begrenzung dem Nachverfahren in zulässiger Weise vorbehalten hat (JW. 1911 S. 488[10]). Der Berufungsrichter konnte aber nicht darüber hinausgehen, weil das Urteil nur vom Beklagten angefochten war. Er hat sich deshalb auf die Prüfung der Frage beschränkt, ob die Klägerin ihre

Stellung mit Rücksicht auf die bevorstehende Eheschließung aufgegeben habe und ob danach überhaupt ein durch Rente zu ersetzender Schaden entstanden sei. Für welche Zeit ihr ein Gewinn entgangen sei, ist dagegen nicht erörtert. In der Entscheidung über diese Frage ist demnach das Gericht noch frei. H. g.

β) OLG. München, III. ZS. Urteil v. 9. Juli 1912.

Der § 1300, auf den sich die Klägerin zunächst stützt, setzt das Bestehen eines Verlöbnisses vor Gestattung der Beiwohnung voraus. Allein hier soll der Beklagte vor der 1. Beiwohnung erklärt haben: „Wir heiraten gleich, aufkommen lassen wir nichts und 1000 Mark bekommst du, wenn etwas fehlt." In dieser oder einer ähnlichen, kurz vor oder bei Verübung des Beischlafes in geschlechtlicher Erregung gemachten Äußerung kann unmöglich ein festes, ernstliches Versprechen der Ehe gefunden werden, wenn nicht noch andere, aus dem nachträglichen Verhalten der Parteien oder ihren sonstigen Äußerungen sich ergebende Momente dazu kommen, denen entnommen werden könnte, daß diese Äußerung tatsächlich als ernstes Heiratsversprechen gemeint und von dem anderen Teil aufgefaßt worden ist. Nichts Derartiges kann aber die Klägerin anführen. Der Umstand, daß der Beklagte von vornherein den Fall des Nichteinhaltens seines angeblichen Eheversprechens ins Auge gefaßt und für diesen Fall 1000 Mark versprochen haben soll, hätte schon in einer jedenfalls auch der Klägerin erkennbaren Weise darauf schließen lassen, daß es dem Beklagten nicht um ein ernstliches Eheversprechen, sondern um eine angebliche Beschwichtigung der mit der Beischlafsgewährung zögernden Klägerin zu tun war.[1] P. n.

γ) OLG. Karlsruhe, I. ZS. Urteil v. 12. Juli 1912.

Mit der bloßen Behauptung, die Klägerin sei zu der Zeit, als sie dem Beklagten (ihrem Verlobten) die Beiwohnung gestattete, bescholten gewesen, kann dem Anspruch auf das Kranzgeld (§ 1300) nicht begegnet werden. Die Klägerin hätte den Beweis ihrer Unbescholtenheit nur dann zu führen, wenn Beklagter Tatsachen behauptete, die zur Begründung der Bescholtenheit geeignet sind. Er kann aber den Vorwurf der Bescholtenheit nicht darauf stützen, daß er selbst geschlechtlich mit der Klägerin verkehrte. Die Klageansprüche sind jedoch deshalb nicht begründet, weil Klägerin durch geschlechtlichen Verkehr mit einem anderen am 10. September die Verlöbnistreue gebrochen und dadurch einen wichtigen Grund zum Rücktritt gegeben hat. Die Klägerin hat nun geltend gemacht, der Beklagte sei vom Verlöbnis schon Ende Juli, jedenfalls aber vor dem 10. September zurückgetreten. Wäre dies richtig, so würde die in die Zeit nach dem 10. September fallende Verfehlung der Klägerin den Rücktritt des Beklagten nicht rechtfertigen. Denn ein erst nach dem Rücktritt entstandener Rücktrittsgrund kann den ohne Berechtigung erklärten Rücktritt nicht nachträglich zu einem berechtigten machen. Beklagter

[1] Verlöbnis unter einer Bedingung oder Befristung: RG. 80 S. 88.

hat jedoch diesen von der Klägerin behaupteten Rücktritt bestritten, und diese hat den ihr obliegenden Beweis für den Rücktritt, den sie behauptet hat und zur Begründung ihres Anspruchs auch behaupten mußte, nicht erbracht. E. H.

b) **Einwilligung des VormGerichts zur Eheschließung. Beschwerde.**
Bayer. Oberstes Landesgericht, II. ZS. Beschluß vom 19. Februar 1912.

Das Amtsgericht hat die vom Vormunde verweigerte Einwilligung zur Eingehung der Ehe des Mündels mit J. P. ersetzt. Der Vormund hat das Recht zur Beschwerde. Denn von seiner Einwilligung ist die Eingehung der Ehe des Mündels abhängig. Diese Einwilligung darf nur ersetzt werden, wenn die Eingehung der Ehe im Interesse des Mündels liegt. Wird die Einwilligung ersetzt, ohne daß dieses Interesse vorliegt, so ist das Recht des Vormunds, die Eingehung der Ehe zu bewilligen, beeinträchtigt (Planck § 1304 [6] gegen Dernburg BR. 4 S. 51 [7]). Th.

c) **Zur Anwendung des EG. Art. 13.**
OLG. Dresden, IX. ZS. Urteil v. 15. Januar 1912.

Der Art. 13 S. 1 EG. bezieht sich nicht nur auf die materiell-rechtlichen Erfordernisse im engeren Sinn, sondern auch auf Willensmängel bei Schließung der Ehe, sowie auf die Nichtigkeit oder Anfechtbarkeit der Ehe und die hiermit verbundenen Wirkungen (Staudinger II C; Planck 2; Neumann 1 c zu Art. 13). Es würde deshalb für den Kläger als Nordamerikaner dessen nationales Recht und für die Beklagte als ursprüngliche Deutsche das deutsche Recht anzuwenden sein, wenn nicht das nordamerikanische Recht eine Rückverweisung auf das deutsche Recht enthielte und aus diesem Grunde für beide Parteien gleichmäßig das deutsche Recht (§§ 1330 ff. BGB.) anzuwenden wäre (Art. 27 EG.). Nun kann es nicht zweifelhaft sein, daß das internationale Privatrecht von Nordamerika in Ehesachen dem Domizilprinzip huldigt (Staudinger zu Art. 27 II B 2, 5, 6 verb. m. dem Gutachten Bl. . . .), so daß mit Rücksicht darauf, daß der Kläger bei Eingehung der Ehe unstreitig seinen Wohnsitz in Leipzig hatte, über die erhobene Anfechtungsklage in Ansehung beider Parteien nach den §§ 1330 ff. BGB. zu entscheiden ist. J. M.

d) **Bemessung des Wirtschaftsgeldes als Grund zum Getrenntleben.**
OLG. Naumburg, II. ZS. Urteil v. 19. Januar 1912.

Der Vorwurf, den die Beklagte jetzt aus der Zeit des Zusammenlebens der Parteien gegen den Kläger erheben zu können meint, nämlich die unzulängliche Bemessung des Wirtschaftsgeldes und die Nichtgewährung einer Aushilfe, ist durch die jetzigen Erklärungen des Klägers gegenstandslos geworden. Er will der Beklagten im Falle ihrer Rückkehr zu ihm monatlich 120 Mark Wirtschaftsgeld geben. Bei dem von ihm ohne Widerspruch auf 2704 Mark bezifferten Gesamteinkommen muß ein Gesamtbetrag von 1440 Mark Wirtschaftsgeld als durchaus angemessen bezeichnet werden. Auch hat der Kläger zugesagt, der Beklagten, soweit nötig, eine Aufwartung zu halten. Wenn sie „Garantien" dafür verlangt, daß er seine Versprechungen hält, so kann natürlich von irgendwelcher Sicherstellung der Beklagten im Rechtssinne keine Rede sein: sie würde aber die stärkste Garantie darin haben, daß sie, wenn der Kläger sein Versprechen nicht hielte, gerechtfertigte Ursache haben würde, von ihm getrennt zu leben. Schl.

e) **Schlüsselgewalt:** *α*) **Eigentumserwerb des Mannes.**

OLG. Braunschweig, I. ZS. Urteil v. 29. November 1912.

Der Beklagte hat wegen einer Schuld des A. 4 Schweine pfänden lassen, deren Freigabe die Frau A. deshalb verlangt, weil sie sie mit eigenen Mitteln gekauft habe. Allein die Schweine sind unstreitig für den Haushalt der Eheleute angeschafft. Derartige Anschaffungen liegen innerhalb des Wirkungskreises der dem Hauswesen vorstehenden Frau. Die Klägerin war kraft ihrer Schlüsselgewalt berechtigt, ihren Mann, der die ehelichen Lasten zu tragen hat, bei dem Ankauf der Schweine zu vertreten. Der Kauf gilt, wenn ihn die Frau mit dem Händler geschlossen hat, als im Namen ihres Mannes vorgenommen, so daß dieser das Eigentum an den Schweinen erworben hat. Diese Rechtswirkung würde nur dann nicht eingetreteu sein, wenn aus den Umständen das Gegenteil erhellte; daran fehlt es aber. Hat die Klägerin das Kaufgeld aus ihrem Vermögen entnommen, so hat sie zwar nach Innen einen Ersatzanspruch gegen ihren Mann, sie hat damit aber nicht erkennbar ausgedrückt, daß sie nicht im Namen ihres Mannes gehandelt habe. H.g.

β) **Vorschußweise Zahlung des Haushaltsgeldes.**

OLG. Braunschweig, I. ZS. Urteil v. 7. Juni 1912.

Das LG. hat durch einstw. Verfügung dem Beklagten aufgegeben, seiner Frau, die zwar auf Scheidung geklagt hat, aber mit ihm zusammenlebt, wöchentlich im voraus 45 Mark Haushaltsgeld zu zahlen. Die Berufung ist unbegründet. Nach § 1356 [1] hat die Frau das gemeinschaftliche Hauswesen zu leiten; damit sie dies ausführen kann, gewährt ihr § 1357 [1] die Schlüsselgewalt. Durch ihre Ausübung entstehen Ausgaben, die einen Teil des ehelichen Aufwandes bilden. Diesen hat aber bei den gesetzlichen Güterständen der Mann zu tragen (§§ 1389 [1], 1427 [1]). Bei den vertragsmäßigen Güterständen fällt jener Aufwand dem Gesamtgute zur Last (§§ 1458, 1529 [1], 1549), das der Mann verwaltet. In keinem Falle hat also die Frau ihn zu tragen; ihre Pflicht, im Falle der Gütertrennung dem Mann einen angemessenen Beitrag zu leisten (§1427 [2]), ändert hieran nichts. Darum besteht die Schlüsselgewalt ohne Rücksicht auf den Güterstand in dem Rechte der Frau, innerhalb ihres häuslichen Wirkungskreises die Geschäfte des Mannes für ihn zu besorgen und ihn zu vertreten. Die Frau ist also vom Gesetze mit der Führung fremder Geschäfte beauftragt, und zwar auch in den übergeleiteten Ehen, da es sich hierbei um die persönlichen Beziehungen der Ehegatten zueinander handelt (Art. 199 EG., Motive dazu S. 279). Hieraus hatte der 1. Entw. ausdrücklich gefolgert, daß gewisse Vorschriften über den Auftrag, besonders über die Vorschußleistung an den Beauftragten, entsprechende Anwendung fänden (§ 1278 S. 2). Die 2. Komm. hat dies gestrichen, weil sich diese Anwendung ohne weiteres im Wege der Analogie ableiten lasse. Es ist denn auch allgemein anerkannt, daß diese Vorschriften auf das Verhältnis der Ehegatten entsprechend anzuwenden sind, soweit das Wesen der Ehe nicht entgegensteht. Namentlich ist auch die Ansicht vertreten, daß der Mann der Frau für die zur Ausführung der Schlüsselgewalt erforderlichen Aufwendungen auf Verlangen gemäß § 669 Vorschuß zu leisten hat (Stettin, Rsp. S. 395; Dernburg, Familienrecht § 33 II; Endemann, Familienrecht § 169b Bem. 18; Planck 3[2]; Staudinger 3a; Opet 2a zu § 1357). Über die Leistung dieses Vorschusses können die Ehegatten streiten. Aber auch die Leitung des gemeinschaftlichen Hauswesens und die Ausübung der Schlüsselgewalt können den Anlaß zu Mißhelligkeiten bilden; denn dem Manne steht die Oberleitung zu (§§ 1354, 1356) und er kann die Schlüsselgewalt beschränken oder ausschließen (§ 1357 [2]), soweit in seinen Maßregeln kein Mißbrauch seines Rechtes liegt. Diese Streitigkeiten werden verschieden ausgetragen. Entsteht ein Streit über die Leitung des Hauswesens, namentlich über seinen Zuschnitt, so ist die Klage auf Herstellung des ehelichen Lebens gegeben (Mot. S. 107; Planck § 1356[1]; Staudinger §§ 1354[7], 1356[3]; Opet § 1356). Beschränkt oder entzieht der Mann die Schlüsselgewalt, so kann die Frau die Entscheidung des Gerichts herbeiführen (§ 1357 [2]); manche halten diesen Rechtsbehelf für ausschließlich (Rsp. 6 S. 155; Endemann § 170[40]; Dernburg § 33 II 3 Bem. 21), andere lassen auch die Herstellungsklage zu, wenn die eheliche Gemeinschaft vollständig unmöglich gemacht oder aufgehoben ist (RGKomm. 6, Planck 5; Staudinger 5b; Opet 6[4] zu § 1357). Wenn die Frau dagegen Vorschußleistung verlangt, macht sie einen Anspruch aus dem entsprechend anzuwendenden § 669 geltend; er ist deshalb mit der schuldrechtlichen Leistungsklage verfolgbar.

Wegen dieser Verschiedenheit der Rechtsbehelfe ist zu untersuchen, auf welchem Gebiete sich der Streit der Parteien bewegt. Die Klägerin hat ihren Antrag damit begründet, daß der Haushalt bei standesmäßiger Führung etwa 230 Mark monatlich koste, daß ihr Mann anfangs zwar jeweils Beträge von 20—50 Mark gezahlt, dann aber nur 180 Mark Haushaltsgeld hergegeben, dieses später sogar in täglichen Raten von 6 Mark gezahlt und daß er seit Anfang 1912 überhaupt mit Zahlungen aufgehört, vielmehr erklärt habe, den Haushalt nunmehr selbst verwalten zu wollen; er habe auch die nötigen Einkäufe selbst besorgen lassen. Hierin läge allerdings die Ausschließung der Schlüsselgewalt, die zu einem Verfahren vor dem VormGerichte oder zu einer Herstellungsklage führen, nicht aber im Wege der Klage auf Vorschußzahlung beseitigt werden könnte (Rsp. 6 S. 155). Indessen hat der Beklagte die Haushaltungskasse nur während eines Monats selbst führen wollen, um sich von den Haushaltskosten ein Bild zu machen. Indem die Klägerin trotzdem Haushaltsgeld nicht bloß für diesen, zur Hälfte damals schon abgelaufenen Monat, sondern zeitlich unbeschränkt verlangte, hat sie einen Antrag gestellt, der sich nicht auf die Wiederherstellung der nur zeitweilig ausgeschlossenen Schlüsselgewalt beschränkte. Zudem ist diese schon bald nach

Einleitung des Verfahrens tatsächlich wiederhergestellt und seitdem streiten die Parteien jedenfalls nur noch über die Fälligkeit des Haushaltsgeldes und über seine Höhe.

Der Beklagte will nicht größere Summen im voraus zahlen, weil seine Frau verschwenderisch wirtschafte. Wenn er ihr nun seiner Absicht entsprechend das Haushaltsgeld tageweis zahlte, würde sie in der Ausübung der Schlüsselgewalt tatsächlich allerdings beengt sein. Diese Verhinderung an der freien und praktischen Wirtschaftsführung ist aber nicht gleichbedeutend mit der in § 1357 [2] erwähnten Beschränkung der Schlüsselgewalt, die eine durch Willenserklärung erfolgende rechtliche Beschränkung ist. Ebensowenig liegt hier ein Streit zwischen der Leitung und der Oberleitung des Hauswesens vor. Der Beklagte hat nicht eine das gemeinschaftliche eheliche Leben betreffende Angelegenheit entschieden, sondern erklärt, wie er seine Vorschußpflicht zu erfüllen gedenke. Daß er mit der Art der Erfüllung bezweckt hat, seine Frau vor Verschwendung zu bewahren und dadurch mittelbar das Hauswesen einfacher zu gestalten, ändert an jener Rechtslage nichts. Indem die Klägerin mit dieser Erfüllungsart nicht einverstanden ist, und Vorauszahlung für längere Zeit verlangt, macht sie lediglich einen Anspruch aus § 669 geltend.

Zum Teil anders ist der Streit über die Höhe des Haushaltsgeldes zu beurteilen. Der Beklagte wollte den von seiner Frau verlangten Betrag von 230 Mark monatlich deshalb nicht zahlen, weil sie mit einem geringeren Betrage bloß wegen zu verschwenderischer Führung des Haushaltes nicht auskommen könne. Er hat also die Mittel zu dem von ihr gewünschten Zuschnitte des Hauswesens verweigert und wollte ihn einfacher gestalten. Insofern lag ein Streit zwischen der Leitung des Hauswesens durch die Frau und dem Bestimmungsrechte des Mannes vor. Die präjudizielle Frage, wie das Hauswesen einzurichten sei, konnte aber nicht im Wege der Klage auf Vorschuß ausgetragen werden. Indessen ist der Streit der Parteien in diesem Herrschaftskonflikte nicht aufgegangen. Die Klägerin hat nicht etwa bloß Zahlung eines Mehrbetrages verlangt, der wegen der von ihr gewünschten Lebensweise nötig sei, sondern den ganzen Vorschuß geltend gemacht, vielleicht weil sie anfangs noch nicht gewußt hat, wieviel ihr Mann nach Beendigung seiner eigenen Haushaltsführung bewilligen werde. In diesem Betrage steckte also auch derjenige Betrag, der erforderlich ist, um den Haushalt zu führen, wie ihr Mann es will. Insoweit hat es sich deshalb schon bei dem Antrage auf einstw. Verfügung um eine reine Vorschußangelegenheit gehandelt. Seitdem die Verfügung den Betrag ungefähr in derjenigen Höhe festgestellt hat, die auch der Beklagte für die von ihm gewünschte Art der Lebensweise für notwendig hält, dreht sich der Streit nur noch um die Frage, welche Kosten die in ihren Grundzügen feststehende Haushaltsführung verursacht und wie hoch dementsprechend der Vorschuß zu bemessen ist. Dies ist aber eine Frage, die durch gewöhnliche Forderungsklage auszutragen ist.

Eine andere Frage ist die, ob der Klägerin ein Anspruch auf Vorschußzahlung wirklich zusteht. Nach den Mot. 2 S. 540 hat der Beauftragte keinen solchen Anspruch infolge der Natur des Mandates, sondern muß sich damit begnügen, außer Verantwortung zu sein, wenn er wegen Mangels an Vorschuß nicht handeln könne. Diese Ansicht ist jedoch auf Widerspruch gestoßen; namentlich wird ein Anspruch auf Vorschußzahlung für die mandatsähnlichen Fälle angenommen, in denen andere Rücksichten in Frage kommen, als das bloße Interesse eines Auftraggebers (Dernburg 2 § 297 II und 3 § 33 II; Planck §§ 669[1], 1557[3]; RGKomm. § 669[3]; Stettin, Rſp. 5 S. 395). Dieser Ansicht war beizutreten; deshalb ist zu prüfen, ob der Anspruch der Klägerin begründet ist. Endemann § 169 b Bem. 18 meint zwar, daß die Frau den Vorschuß nicht immer besonders erbitten und begründen müsse, sondern daß er ihr als feste Rente kraft ihrer Stellung als Hausverweserin gebühre. Er vermißt aber die rechtliche Grundlage hierfür bis zur Bildung eines Gewohnheitsrechtes. Dieses mag sich allerdings noch nicht gebildet haben, wohl aber besteht die Sitte, daß der Mann seiner Frau je nach seinen Einkommensverhältnissen für eine Woche oder für längere Zeiträume eine feste Rente als Vorschuß für die Haushaltsführung zahlt. Diese Sitte mag sich besonders deshalb gebildet haben, weil die Frau mit einer wiederkehrenden festen Rente praktischer wirtschaften kann und die Anforderung von kleinen Beträgen für die einzelnen Ausgaben als unwürdig empfindet. Man kann diese Sitte aber auch rechtlich begründen und das ist entscheidend. Sie folgt schon aus dem Begriffe des Vorschusses. Er soll die Frau in den Stand setzen, die voraussichtlich entstehenden Ausgaben bar zu bezahlen und den Kredit des Mannes nicht mehr auszunutzen, als üblich ist. Die Ausgaben sind aber nicht an jedem Tage gleich. Oft ist an einem Tage eine Ausgabe zu bestreiten, die schon für sich allein den durchschnittlichen Tagesbetrag übersteigt. Es ist auch nicht immer vorauszusehen, welche Ausgaben ein Tag bringen wird. Darum würde die Frau durch täglichen Empfang eines Durchschnittsbetrages oder eines besonders zu schätzenden Betrages nicht in den Stand gesetzt sein, die an dem Tage entstehenden Ausgaben zu decken. Auf die Anforderung von Einzelbeträgen für jede schon fällig gewordene Ausgabe braucht sie sich aber nicht einzulassen. Denn das würde nicht mehr das Verlangen eines Vorschusses für voraussichtlich entstehende Ausgaben, sondern das Ersuchen um Begleichung schon notwendig gewordener Ausgaben sein. Hieraus folgt, daß der Mann gleich größere Beträge herzugeben hat. Dies hat Beklagter früher auch getan, indem er eine beliebige Summe gezahlt und nach ihrem Verbrauche wieder eine beliebige Summe hergegeben hat. Aber auch auf dieses Verfahren braucht sich die Frau nicht einzulassen; denn der Vorschuß hat sich nach den voraussichtlich entstehenden Ausgaben zu richten. Deshalb bleibt nichts anderes übrig, als den Vorschuß für größere Zeiträume zu zahlen, in denen sich die täglichen Ausgaben einigermaßen ausgleichen. Der kleinste Zeitraum, in welchem dies allenfalls möglich sein mag, ist aber die Woche. . . . H·g.

γ) **Entziehung der Schlüsselgewalt nach einem Vergleich über den Unterhalt.**

OLG. Hamm, III. ZS. Urteil vom 10. Februar 1913.

Die Parteien stehen seit April 1911 in Ehescheidung, leben aber in demselben Haushalt. Nach dem vollstreckbaren Vergleich vom 1. März 1911 hat der Mann monatlich der Frau ein Haushaltgeld von 150 Mark zu zahlen. Die Frau hat aus diesem Vergleich vollstreckt, obwohl der Mann ihr bereits am 1. August 1912 die Schlüsselgewalt entzogen hatte. Die Zwangsvollstreckung ist als unzulässig aufzuheben. Das LG. meint allerdings, daß der Kläger durch den Vergleich auf sein Recht der Entziehung der Schlüsselgewalt verzichtet habe. Allein nach § 1357 darf der Mann durch einseitige Erklärung die Schlüsselgewalt beschränken und ausschließen. Dieses Recht ist derartig wesentlich für das Wesen der Ehe, daß es durch einen Vertrag überhaupt nicht ausgeschlossen werden kann. Überdies ist der Gedankengang des LG., daß sich der Vergleich nicht mit der Ausschließung der Schlüsselgewalt vertrage, nicht zwingend. Der Kernpunkt der Schlüsselgewalt besteht darin, daß die Frau durch ihre Verträge den Mann verpflichtet. Schließt der Mann die Schlüsselgewalt aus, so verpflichtet sie ihn durch ihre Verträge nicht mehr. Es ist nun sehr wohl denkbar, daß der Mann die Schlüsselgewalt ausschließt und daß der Vergleich trotzdem besteht. Denn durch die Ausschließung versperrt der Mann der Frau die Möglichkeit, durch Kreditkäufe ihn zu verpflichten. Anderseits ist es sehr wohl möglich, daß er ihr trotzdem jeden Monat eine bestimmte Summe bar zu dem Zwecke gibt, daß sie mit diesem Gelde Barkäufe für den Haushalt macht.

Durchschlagend sind folgende Erwägungen: Aus §§ 1354, 1360 f. ist zu schließen, daß Verträge über den Unterhalt der Frau durch eine Geldrente während des Zusammenlebens der Eheleute überhaupt rechtsunwirksam sind, weil sie dem Wesen der Ehe widersprechen (RG. 61 S. 53). Ob das Urteil (Rsp. 5 S. 395), das den Anspruch der Frau auf ein bares Wirtschafts- oder Haushaltungsgeld während Zusammenlebens der Ehegatten anerkannt hat, zutreffend ist, kann dahingestellt bleiben. Denn dort handelte es sich nicht um einen durch einen Vertrag zugebilligten, auch nicht um einen im ordentlichen Prozesse verfolgten Anspruch, sondern lediglich um eine durch einstw. Verfügung getroffene, also besonderen prozessualen Regeln, nämlich den §§ 936, 938 ZPO. unterstehende vorläufige Entscheidung, die das Ehescheidungsgericht getroffen hatte. Jener Fall liegt daher ganz anders als der jetzt zu entscheidende. Anders liegt auch der Fall, wenn die Eheleute getrennt leben; denn in solchem Falle gibt bereits das Gesetz (§ 1361) der Frau den Anspruch auf eine Geldrente. Dann steht nichts entgegen, daß die Höhe der Geldrente — dies ist dann in Wahrheit der einzige Streitpunkt — durch einen besonderen Vertrag rechtswirksam festgesetzt wird (§ 378). Abweichend hält Staudinger § 1360[10] Verträge zur Abänderung des § 1360 für wirksam, soweit sie nicht im Einzelfalle nach § 138 nichtig seien. Diese

Auffassung wird aber den für die Ehe gegebenen Vorschriften nicht gerecht, diese sind regelmäßig zwingender Natur, daher einer Abänderung durch Vertrag nicht zugänglich. Ist hiernach der Vergleich von 1911 von vornherein unwirksam gewesen, so darf er nicht vollstreckt werden. — Aus der hier entwickelten Anschauung ergibt sich keineswegs, daß die Frau dem Manne gegenüber schutzlos ist. Erstens kann sie sich, wenn er ihr die im Haushalt ihr gebührende Stellung nicht zubilligt und dadurch seine durch die Ehe begründeten Pflichten gegen sie schwer verletzt, von ihm trennen und eine Unterhaltungsrente nach § 1361 fordern. Ferner kann sie, wenn sich die Ausschließung der Schlüsselgewalt als Mißbrauch darstellt, gemäß § 1357 [2] ihre Aufhebung herbeiführen. ohne daß sich das VomGericht einer Entscheidung, wegen Vorliegens des Vergleichs enthalten dürfte. Die Frau hat auch nach §§ 53, 60 Nr. 6 FrGG. die sofortige Beschwerde; sie kann sich also nötigenfalls durch Anrufung der höheren Instanzen sehr wohl gegen mißbräuchliche Anordnungen des Mannes schützen. Fr.

f) **Unterhaltspflicht des Mannes nach §§ 1360ff.**[1]

OLG. Braunschweig, I. ZS. Urteil v. 12. April 1912.

Der Anspruch aus § 1361 setzt voraus, daß die faktische Trennung auf einem rechtlich anerkannten Grunde des einen Ehegatten, dem anderen die Gemeinschaft zu verweigern, beruht, daß also der Ehegatte dem anderen wegen Mißbrauchs seiner Rechte nicht zu folgen braucht oder auf Scheidung zu klagen berechtigt ist (§§ 1353 [2], 1354 [2]), oder daß während des Eheprozesses die Trennung der Parteien angeordnet ist. In keiner dieser Beziehungen ist die Klage begründet; vielmehr hat die Klägerin lediglich behauptet, daß der Beklagte, mit dem sie bislang hier zusammengelebt, sie ohne Grund verlassen und nach Th. gezogen sei, wogegen der Beklagte vorgebracht hat, daß er zur Klage auf Scheidung berechtigt sei, was wiederum die Klägerin bestreitet. Fehlt es hiernach an den Voraussetzungen des § 1361, so ist doch § 1360 anwendbar. Nach Abs. 3 das. ist in den Regelfällen des tatsächlichen Zusammenlebens die Unterhaltspflicht durch unmittelbare Beschaffung des Unterhalts zu erfüllen. An Stelle dieser Naturalleistung wird jedoch eine Geldrente treten müssen, wenn infolge der Trennung der Ehegatten der Unterhalt in der durch das Zusammenleben bedingten Weise nicht gewährt werden kann, ohne daß der unterhaltsberechtigte Teil sich der Pflicht der ehelichen Gemeinschaft rechtswidrig entzogen hat (vgl. RG. Recht 1910 Nr. 1264, Kiel, Seuff. 61 S. 178). Hier hat der Beklagte dadurch, daß er die Klägerin verlassen hat unter Umständen, die seine Absicht, sich der häuslichen Gemeinschaft zu entziehen, klar erkennen lassen, eine Lage geschaffen, in der die

[1] Hat sich die getrennt lebende Frau einer notwendigen Operation unterzogen, so hat dabei der Arzt als Geschäftsführer für den Mann gehandelt und kann von diesem die Bezahlung seiner Gebühren verlangen; der Mann kann nicht einwenden, daß sich die Frau eigenmächtig entfernt und ohne sein Einverständnis habe operieren lassen (OLG. München, I. ZS. Beschluß v. 3. Januar 1912). P.n.

Gewährung des Unterhalts in der die Regel bildenden Gestalt ausgeschlossen ist. Ihn trifft daher die Verpflichtung, den Unterhalt, den er, solange die Ehe nicht geschieden ist, zu leisten hat, durch Geldrente zu gewähren. Bei ihrer Abmessung kommt nur der Verdienst von 1000 Mark in Betracht, den er als Bauarbeiter hat. Er bestreitet, daß nach Abzug dessen, was er zur Bestreitung seiner eigenen Lebensbedürfnisse laut der aufgestellten Berechnung zu verausgaben habe, für die Klägerin etwas von seinem Verdienst übrig bleibe. Allein die Ehegatten untereinander können nicht, wie die unterhaltspflichtigen Verwandten nach § 1603[1], abziehen, was zu dem eigenen, standesgemäßen Lebensunterhalte gehört, sondern sie müssen alles Vorhandene miteinander teilen, selbst wenn es nicht einmal zu dem notdürftigen Unterhalt ausreicht (Crome System 4 § 560[28]; Planck § 1360[1.2]). Die Unterhaltsrente, die das LG. zugesprochen hat, erreicht nicht $^1/_3$ des Jahresverdienstes und beschwert den Beklagten nicht. H.g.

g) **Wird das vom Manne Geschenkte Vorbehaltsgut?**

OLG. Braunschweig, I. ZS. Urteil v. 7. Februar 1913.

Die beklagte Frau, die 4 eingeklagte Obligationen bei ihrem Fortgange vom Kläger mitgenommen hat, bestreitet auch nicht, die Papiere noch jetzt zu besitzen, sondern verteidigt sich damit, daß der Kläger ihr die Obligationen — gleichwie das auf seinen Namen lautende Sparkassenbuch — geschenkt und übergeben und daß er nach der Trennung auf die Herausgabe der Papiere ihr gegenüber ausdrücklich verzichtet habe. Von einer Beweiserhebung hierüber kann abgesehen werden. Denn gehören die Obligationen nicht mehr dem Kläger, sondern hat er sie der Beklagten geschenkt, so kann er Herausgabe verlangen auf Grund seines ehemännlichen Verwaltungs- und Nutzungsrechts, kraft dessen er die zu dem eingebrachten Gute seiner Frau gehörigen Sachen in Besitz zu nehmen berechtigt ist (§ 1373). Durch die angebliche Schenkung sind die Papiere eingebrachtes Frauengut geworden (§ 1363[2]). Sie gehören nicht zu dem der Verwaltung und Nutznießung des Mannes entzogenen Vorbehaltsgute (§ 1365), da der Kläger nicht bei der Schenkung das Zugewandte zum Vorbehaltsgute bestimmte (§ 1369). Die ehemännlichen Rechte sind auch nicht durch den behaupteten Verzicht auf Herausgabe beseitigt. Denn jene Behauptung kann nur dahin verstanden werden, daß der Kläger seine ehemännlichen Rechte zugunsten der Frau aufgegeben habe und daß dadurch das Frauengut Vorbehaltsgut geworden sei. Die vertragsmäßige Begründung von Vorbehaltsgut kann aber nach § 1368 nur durch Ehevertrag unter Beobachtung der im § 1434 vorgeschriebenen, aber hier fehlenden Form erfolgen. H.g.

h) **Auskunftspflicht des Mannes. Sicherstellung.**

OLG. Braunschweig, I. ZS. Urteil v. 16. Februar 1912.

Die Klägerin hat dem Beklagten 40000 Mark bares Geld als Heiratsgut eingebracht, das er in sein Geschäft gesteckt hat. Sie verlangt Auskunft über den Stand der Verwaltung und zum Betrage von 40000 Mark Sicherheit. Der Anspruch ist unbegründet. Allerdings ist der § 1374 Satz 2 hier ohne weiteres anwendbar, obwohl die Ehe der Parteien vor 1900 geschlossen ist; denn nach § 73 Nr. 3 AusfG. unterliegt das an diesem Tage vorhandene Heiratsgut den §§ 1363 bis 1425 BGB. Nach § 1394 kann jedoch die Frau Ansprüche, die ihr gegen den Mann auf Grund der Verwaltung und Nutznießung zustehen, erst nach deren Beendigung gerichtlich geltend machen, es lägen denn die Voraussetzungen vor, unter denen die Frau nach § 1391 Sicherheitsleistung verlangen kann. Gegenüber dieser Vorschrift weist Dernburg (§ 41 V[4]) darauf hin, daß die Frau durch die Auskunft Gewißheit darüber erlangen solle, ob die Voraussetzungen eines Anspruches auf Sicherheitsleistung gegeben seien. Er will der Frau das Recht zur gerichtlichen Geltendmachung des Auskunftsanspruches schon dann geben, wenn eine Vertagung bis zur Beendigung der Ehe praktisch den Anspruch illusorisch machen würde, entsprechend der Ausnahme aus § 1394 bezüglich der Unterhaltungsleistung. Außer dieser besonders ausgesprochenen Ausnahme ließen sich noch andere nennen, z. B. die in dieser Instanz praktisch gewordene Pflicht des Mannes zur Zahlung von Prozeßkostenvorschüssen (§ 1387). Allein bei allen diesen Ausnahmen handelt es sich um Ansprüche, die begrifflich nur während der Ehe erhoben werden können. Für die Zulassung einer Ausnahme bei der Auskunftserteilung sprechen dagegen nur gesetzgeberische Erwägungen. Diesen kann aber gegenüber dem Gesetz Bedeutung nicht beigelegt werden. Auch die Kommentare vertreten die Ansicht, daß die Frau den Anspruch auf Auskunftserteilung während der Ehe gerichtlich nur dann geltend machen kann, wenn sie Sicherheitsleistung verlangen kann.

Sicherheitsleistung kann die Frau in den beiden Fällen des § 1391[1, 2] verlangen. Sollte der Beklagte das Geld ohne Einverständnis der Klägerin in das Geschäft gesteckt haben, so würde er auf Schadensersatz haften. Sie würde deshalb Sicherheitsleistung verlangen können, wenn dieser Ersatzanspruch wegen schlechter Vermögenslage des Beklagten oder aus irgendeinem anderen Grunde erheblich gefährdet sein sollte (RG. 65 S. 174). Hat sie dagegen der vorschriftswidrigen Verwendung des Geldes zugestimmt, so hat sie gegen den Beklagten zwar auch einen Ersatzanspruch, aber nicht aus der Verwaltung und Nutznießung des Mannes, sondern aus dem mit ihm eingegangenen Schuldverhältnisse. In diesem Falle kann sie Sicherheitsleistung nur verlangen, wenn durch das Verhalten des Mannes die Besorgnis begründet wird, daß ihre Rechte in einer das eingebrachte Gut erheblich gefährdenden Weise verletzt werden (RG. aO., a. M. anscheinend RG. 60 S. 184; JW. 1909 S. 497[20]). Welcher Fall hier vorliegt, kann dahingestellt bleiben, da der Anspruch auf Sicherheitsleistung in keinem Falle begründet ist. Die Verweigerung einer genügenden Auskunft über den Stand der Verwaltung des eingebrachten Gutes kann allerdings ein Anzeichen schlechter Vermögenslage sein und die Besorgnis begründen, daß die Rechte der Frau in einer das eingebrachte Gut erheblich gefährdenden Weise verletzt werden (Dernburg § 41 V[16]; Planck § 1394[2]; Staudinger[3] § 1374[5]). Dasselbe gilt von der Belastung des Geschäftsgrundstückes mit einer hohen Hypothek. Hier ist aber eine erhebliche Gefährdung des eingebrachten Gutes oder der Ersatzansprüche nicht dargetan. Die Hypothek zu 70000 Mark ist nur eine Sicherungshypothek für den dem Beklagten eröffneten Bankkredit. Freilich hat er die Hypothek so hoch bemessen, um nötigenfalls den Kredit in dieser Höhe auszunutzen. Wenn er dies tut, stehen aber bei ordnungsmäßigem Geschäftsgange der Schuld entsprechend hohe Aktivposten an Rohstoffen, Waren und Forderungen gegenüber; bei Realisierung dieser Aktivposten vermindert sich dann die Inanspruchnahme des Bankkredits wieder. So ist es offenbar bei dem Beklagten; denn zur Zeit der Klagerhebung hat er sogar ein Guthaben von mehr als 7000 Mark bei der Bank gehabt. Daß sein Geschäft mit Nutzen arbeitet, ergibt sich auch aus den nachgewiesenen Anschaffungen und Grundstücksverbesserungen. Die Belastung des Grundstücks mit 60000 Mark Verkehrshypotheken hat auch die Klägerin nicht für bedenklich erklärt. Mit Unrecht weist sie aber darauf hin, daß die Geschwister des Beklagten ihr Auseinandersetzungsguthaben nur mit Mühe erhalten hätten; denn die Auseinandersetzung liegt schon weit zurück. Ebensowenig läßt die Unpünktlichkeit bei der Zinszahlung auf mehr als einen vorübergehenden Mangel an Zahlungsmitteln schließen, da der Beklagte Verbesserungen vorgenommen und ein Bankguthaben gehabt hat. Daß er das Haushaltungsgeld für drei Familienglieder auf 175 Mark monatlich herabgesetzt hat, kann nur als sachgemäß bezeichnet werden. Danach ist es glaublich, daß er die Auskunftserteilung nur aus Rechtsgründen mit Rücksicht auf das schlechte Verhältnis der Parteien zueinander verweigert hat. H.G.

i) **Kosten- und Vorschußpflicht des Mannes, wenn der Frau das Armenrecht bewilligt ist.**

α) OLG. Naumburg, I. ZS. Beschluß v. 3. März 1912.

Der Klägerin ist das Armenrecht bewilligt, von der Zuordnung eines Anwalts ist ihrem Gesuch entsprechend abgesehen worden. Ihr Antrag, dem Beklagten durch einstw. Verfügung die Zahlung eines Vorschusses auf die ihr erwachsenden Anwaltskosten aufzugeben, ist unbegründet. Sie hat nach § 115 ZPO. das Recht auf Zuordnung eines Armenanwalts erlangt. Wenn sie es bisher nicht ausgeübt hat, so ist sie dazu doch jederzeit imstande. Das Bestehen einer Notlage gemäß § 940 ZPO., wie sie die einstw. Verfügung voraussetzen würde, ist zu verneinen. Soll die nicht im Armenrecht klagende, einen Kostenvorschuß begehrende Frau auch nicht durch dessen Versagung unter Hinweis auf die Möglichkeit der Erlangung des Armenrechts zur Nachsuchung des letzteren gedrängt werden (RGKomm. 6b zu § 1387), so liegt der Fall doch anders, wenn wie hier das Armenrecht bereits bewilligt und nur das Recht der Anwaltsbeiordnung nicht ausgeübt ist. H.n.

β) OLG. München, IV. ZS. Beschluß v. 18. Dezember 1912.

Anfang 1912 klagte die Frau A., der am 1. Februar das Armenrecht bewilligt wurde, auf Unterhalt und erwirkte am 1. Februar hierwegen eine einstw. Verfügung, deren Kosten gegen den Beklagten am 24. Februar auf 19 Mark Partei- und 30 Pf. Beschlußkosten festgesetzt wurden. Diese 30 Pf. als auch den die Klägerin im Unterhaltsstreite treffenden Gebührenvorschuß zu 44 Mark nebst 4,40 Mark Auslagenpauschsatz erforderte der Gerichtsschreiber vom Beklagten. Dieser bezahlte den Betrag, erhob aber gegen den Ansatz Erinnerung, da das seiner Frau bewilligte Armenrecht auch zu seinen Gunsten wirke. Das LG., bei dem der Hauptstreit jetzt ruht, erklärte die Einhebung für unberechtigt, da das Armenrecht sowohl die Gebührenschuld der Klägerin wie die Haftung des Beklagten als Gesamtschuldners zu einer aufschiebend bedingten mache und demzufolge auch der Beklagte erst nach Wiederaufhebung des Armenrechts (§ 125 ZPO.) in Anspruch genommen werden könne. Die weitere Beschwerde der Staatskasse ist nur hins. der 30 Pf. Beschlußkosten begründet.

Ist in einem Rechtsstreite zwischen Ehegatten der Mann zu den Streitkosten verurteilt, so verpflichtet der § 86[1] GKG. ihn der Staatskasse gegenüber zur Zahlung der gerichtlichen Gebühren und Auslagen. Seine Haftung ist hier eine prozeß- und kostenrechtliche, die Art des für die Ehe geltenden Güterrechts ist insoweit ohne Belang. Steht aber noch nicht fest, wem in einem solchen Rechtsstreite die Streitkosten zur Last fallen, so kann die Staatskasse bei Geltung des gesetzlichen Güterstandes nach §§ 1388, 1387 Nr. 1, 1416[1] BGB. mit § 92 GKG. wegen der von der Klägerin geschuldeten Gebühren- und Auslagenvorschüsse (§§ 81, 84[1], auch § 89 GKG.) den Mann als Gesamtschuldner in Anspruch nehmen. Solange eben noch in Schwebe ist, ob der Mann nach den Vorschriften der Prozeß- und Kostengesetze und mangels einer besonderen Vereinbarung die Streitkosten zu tragen hat, läßt sich die Kostenschuld noch nicht als eine Verbindlichkeit des Vorbehaltsguts betrachten. Der Mann ist vielmehr so lange seiner Frau gegenüber verpflichtet, unbeschadet künftiger Ausgleichung die Kosten vorläufig zu bezahlen, und haftet dafür der Staatskasse aus bürgerlichrechtlichem, güterrechtlichem Grunde neben der Frau als Gesamtschuldner (vgl. RG. 47 S. 74; JW. 1900 S. 837; Staudinger § 1387[3]). Unentschieden kann bleiben, in welchem Umfange diese güterrechtliche Haftung wieder beseitigt wird, falls die Frau im Rechtsstreite für kostenpflichtig erklärt worden ist; denn damit wird jene Haftung nicht rückwärts in dem Sinne wieder aufgehoben, daß der Gläubiger schon bezahlte Beträge wieder zurückvergüten müßte (vgl. RGKomm. § 1388[4]; Staudinger §§ 1387[5], 1385[3] Rittmann, GKG. § 92[3]; Posen Seuff. 63 Nr. 135). Hiernach schuldet der Beklagte der Staatskasse die auf den Beschluß vom 24. Februar erwachsenen Kosten mit 30 Pfennigen kraft richterlicher Entscheidung im Sinne des § 86 GKG., also aus prozeß- und kostenrechtlichem Grunde, die 48,80 Mark Gebühren- und Auslagenvorschuß aber neben seiner Frau als Gesamtschuldner nach § 1388 BGB., sohin aus güterrechtlichem Grunde, da wegen der Kosten des Unterhaltsstreites selbst sowohl eine gerichtliche Entscheidung als eine Vereinbarung der Parteien mangelt. Bei dieser Sachlage kommt es daher noch darauf an, welchen Einfluß das der Frau bewilligte Armenrecht auf jene Haftungen des Mannes äußert.

Nach § 115 Nr. 1 ZPO. erlangt die arme Partei die einstw. Befreiung von der Berichtigung der rückständigen und künftig erwachsenden Gerichtskosten. Es ist lebhaft bestritten, ob damit ihre Verbindlichkeit zur Zahlung der Gerichtskosten der Staatskasse gegenüber eine aufschiebend bedingte wird, abhängig von einem Beschlusse nach § 125 ZPO., oder ob ihr bis zu solchem Beschlusse die Kosten nur gestundet sind (vgl. hierzu den Beschluß des hiesigen IV. ZS. vom 14. November 1911 Nr. 407, anderseits den des II. ZS. vom 9. Dezember 1911 Nr. 696). Allein ob diese oder jene Ansicht vorzuziehen ist oder ob vielleicht der § 115 Nr. 1 ZPO. nur ein an die Staatskasse gerichtetes Einziehungsverbot auslöst (vgl. dazu Pfafferoth, GKG. S. 344 f.), bedarf hier keiner Untersuchung, da man da wie dort aus anderen Gründen zum gleichen Ergebnisse gelangt.

Die Bewilligung des Armenrechts setzt in vermögensrechtlicher Hinsicht nicht voraus, daß die arme Partei kein pfändbares Vermögen besitzt. Es ist schon dann zu gewähren, wenn sie, obwohl im Besitze pfändbaren Vermögens, doch außerstande ist, ohne Beeinträchtigung des für sie und ihre Familie notwendigen Unterhalts die Prozeßkosten zu tragen. Es kann daher einer im gesetzlichen Güterstande lebenden Frau selbst dann bewilligt werden, wenn sie pfändbares Vorbehaltsgut hat. Würde sie nun in dem Rechtsstreite gegen ihren Mann schließlich zu den Prozeßkosten verurteilt werden und der Mann wegen der von ihm auf Grund des § 1388 an die Staatskasse bezahlten Gebühren und Auslagen zufolge der §§ 426 Satz 1, 1416 Nr. 1, 1417 des Ausgleichs halber auf das Vorbehaltsgut zurückgreifen, so würde das der Frau bewilligte Armenrecht auf einem Umwege wieder gegenstandslos werden. Dabei kommt namentlich in Betracht, daß, da die §§ 1416 Nr. 1, 1417 keine zeitliche Grenze setzen, der Mann den Rückgriff selbst dann nehmen kann, wenn noch seine Nutznießung und Verwaltung besteht. Eine dem § 1394 ähnliche Vorschrift ist für den Mann nicht gegeben (vgl. dazu I § 1324[2]; Prot. 4 S. 202; Staudinger § 1394[1, 7]). Ein solches Ergebnis widerstreitet aber dem Zwecke des Armenrechts und hindert den Eintritt des vom Gesetze damit beabsichtigten Erfolges. Es verträgt sich auch nicht mit dem in der Rechtsprechung angenommenen Grundsatze, daß einer Ehefrau das Armenrecht nur dann gewährt werden soll, wenn auch der nach § 92 GKG. mit § 1388 BGB. vorschußpflichtige Mann arm ist (vgl. JW. 1906 S. 356[17], 560[29]; Gaupp-Stein N. 9; Skonietzki N. 2 zu § 114 ZPO.). Es wäre widersinnig, den Mann wegen der von seiner Frau geschuldeten Kosten vom Staate in Anspruch nehmen zu lassen, wenn ihr das Armenrecht nur deshalb bewilligt wurde, weil auch ihr Mann arm ist. Ob im einzelnen Falle das Gericht diese Voraussetzung berücksichtigte, ist gleichgültig; entscheidend ist nur, daß ohne sie das Armenrecht nicht gewährt werden durfte. Es muß daher das der Frau in einem Rechtsstreite mit ihrem Manne bewilligte Armenrecht bei

Geltung des gesetzlichen Güterstandes grundsätzlich auch zugunsten des Mannes wirken, solange nicht dieser nach den Vorschriften der Prozeß- oder Kostengesetze oder kraft einer Vereinbarung mit seiner Frau die Streitkosten selbst zu tragen hat. Sind gemeinsam verklagte Ehegatten nach § 100⁴ ZPO. zu den Kosten als Gesamtschuldner verurteilt und ist dem einen Ehegatten das Armenrecht bewilligt, so darf nicht übersehen werden, daß dann ein Urteil vorliegt, das auch den anderen Ehegatten zur Tragung der gesamten Kosten verpflichtet. Ob dies und der weitere Umstand, daß dann bei Geltung des gesetzlichen Güterstandes auf das Verhältnis der Ehegatten zueinander nicht § 1416¹, sondern § 1416² mit § 1387 Nr. 1 BGB. anzuwenden ist, eine andere Beurteilung rechtfertigen, bedarf hier keiner Entscheidung. Dem hier gewonnenen Ergebnisse stimmen bei, freilich ohne nähere Begründung, das KG. (KGBl. 15 S. 55, Breslau Rsp. 21 S. 221, 688 zu § 115 ZPO. Nr. 2, Gaupp-Stein § 115 I und VI vor § 91 ZPO., Skonietzki § 115², Rittmann, GKG. § 92²). Demgemäß ist hier der Ansatz eines Vorschusses und Pauschsatzes, beide erwachsen im Unterhaltsstreite selbst, zu Lasten des Beklagten nicht berechtigt.

Anders verhält es sich mit den auf den Festsetzungsbeschluß erwachsenen 30 Pf. Kosten. Hier handelt es sich um eine vom Güterrechte unbeeinflußte, selbständige Kostenschuld des Mannes aus prozeß- und kostenrechtlichem Grunde, von deren Bezahlung ihn jetzt nur ein ihm selbst bewilligtes Armenrecht befreien könnte. Da sowohl in der einstw. Verfügung vom 1. wie im Beschlusse vom 24. Februar eine gerichtliche Entscheidung vorliegt, die ihn zu jenen Kosten verpflichtet, kann er sich auf § 120 ZPO. nicht mehr berufen (§ 125² ZPO.). Er ist auch nicht berechtigt, sich wegen dieser Kosten an das Vermögen seiner Frau zu halten, da für § 1416¹ BGB. hier kein Raum ist. Würde er sie aus dem eingebrachten Gute seiner Frau berichtigen, so hätte er ihr hierfür nach allgemeinen Rechtsgrundsätzen Ersatz zu leisten. Fehlt ihm aber so jedes Recht, sich wegen jener Kosten am Frauenvermögen schadlos zu halten, so kann auch insoweit das seiner Frau bewilligte Armenrecht nicht zu seinen Gunsten wirken; selbst der Umstand, daß die Gewährung des Armenrechts an sie seine eigene Armut voraussetze, ist hier bedeutungslos, solange es ihm nicht als selbständigem Kostenschuldner bewilligt ist. P.n.

k) **Unterhaltsbeitrag der Frau nach § 1427f.**

Kammergericht, III. ZS. Urteil v. 21. Mai 1912.

Die Klägerin hat nach der Scheidung auf Herausgabe einer von ihr während der Ehe durch eigene Tätigkeit außerhalb des Hauses erworbenen Geldsumme geklagt. Der Beklagte entgegnete, dies Geld sei zur Deckung des ehelichen Aufwandes mit verwendet worden, da hieraus Vergnügungsreisen der Parteien bestritten, und ein großer Teppich sowie eine goldene Herrenuhr angeschafft seien. Allein dem Beklagten ist es nach dem eigenen Sachvortrage bei seinem geringen Gehalte nur infolge der Mitarbeit der Klägerin möglich gewesen, für seinen Haushalt eine Aufwartefrau zu halten.

Bei diesen Lebens- und Erwerbsverhältnissen der Parteien können Ausgaben für gemeinsame Vergnügungsreisen und für Ankäufe kostspieliger Gegenstände — mögen solche Ausgaben auch zum „ehelichen Aufwande" gehören — jedenfalls nicht zu demjenigen ehelichen Aufwande gerechnet werden, zu dessen Bestreitung die Klägerin nach § 1427 in „angemessenem" Umfange beizusteuern hatte. Bei dieser Sachlage hat der auf Herausgabe des Vorbehaltsgutes gerichteten Klage gegenüber der Beklagte, der seine Einwendungen auch auf die §§ 1427, 1429 gründet, zu beweisen, daß kein Teil jenes Vorbehaltsgutes zu den oben bezeichneten Ausgaben verwendet worden ist oder in welchem Betrage dies geschehen ist. Diesen Beweis zu führen, ist der Beklagte nach seiner eigenen Erklärung, wonach zwischen den beiderseitigen Vermögensmassen nicht unterschieden, sondern alles in die gemeinschaftliche Wirtschaftskasse geflossen ist, nicht in der Lage.... K.

l) **Ehevertrag. Gemeinschaftliche Vermögensverwaltung.**

OLG. Braunschweig, II. ZS. Urteil v. 31. Dezember 1912.

Die Parteien haben 1901 durch notariellen Ehevertrag ihre ehelichen Güterverhältnisse dahin geregelt, daß ein der Beklagten zustehendes Altenteil während der „beiderseitigen Lebensdauer" „wie bisher gemeinschaftlich" benutzt wird (Nr. 1), daß jeder das ihm zugehörige bare Vermögen für sich zum freien Eigentum behält (Nr. 2), dieses Vermögen jedoch gemeinschaftlich verwaltet wird (Nr. 3). Weiter schreibt Nr. 4 vor, daß die Ehegatten „solches gemeinschaftlich" in Gewahrsam nehmen und sich gegenseitig stets Einsicht gestatten wollen, während nach Nr. 5 die Aufkünfte „zur Bestreitung des Haushaltes und der ehelichen Lasten zu verwenden und ein etwaiger Überschuß zinsbar anzulegen" sei und keiner ohne Zustimmung des anderen etwas von seinem Vermögen verwenden dürfe. Nun hat sich die Beklagte wegen angeblich schlechter Behandlung vom Kläger getrennt und ihr Kapitalvermögen mit sich genommen. Die Klage auf Einräumung des Mitbesitzes an jenem Vermögen, soweit es aus Geld und Geldforderungen nebst den Einkünften daraus und den Altenteilseinkünften besteht, zu gemeinschaftlicher Verwaltung ist begründet.

Das LG. meint allerdings, daß der Kläger die Erfüllung der Vertragspflicht der Beklagten nicht verlangen könne, wenn diese einen genügenden Grund zum Getrenntleben habe. Allein der Vertragsinhalt ergibt keine entsprechende Bedingung. Wäre sie formlos hinzugefügt, so würde sie nach §§ 1434, 125 nichtig sein. Daß die Parteien den Vertrag unter der Voraussetzung abgeschlossen haben, sie würden bis an ihr Lebensende in ehelicher Gemeinschaft leben, macht überdies den Vertrag nicht zu einem bedingten, berechtigt insbesondere keine der Vertragsparteien, beim Nichteintritt der Voraussetzung die Erfüllung zu verweigern. Denn die Lehre von der Voraussetzung hat das BGB. nicht anerkannt. Etwas anderes ist die Frage, ob etwa die Beklagte die Erfüllung auf Grund einer Einrede der Arglist verweigern könnte, wenn nach dem Willen der Parteien die Vertragspflichten nur für den Fall des Zusammenlebens aufgestellt wären. Das könnte man vielleicht bejahen, wenn und insoweit die Vertragserfüllung beim Getrenntleben unmöglich oder unvernünftig erscheinen müßte. Allein auch Personen, die getrennt leben, können ein Vermögen in Mitbesitz und in gemeinschaftlicher Verwaltung haben. Höchstens die Benutzung des Altenteils wird nicht in allen Beziehungen beim Getrenntleben der Ehegatten „wie bisher" erfolgen können, nämlich insoweit nicht, als die Nutzungen nur persönlich auf der Hofstelle selbst gezogen werden können. Aber darum handelt es sich hier auch nicht, sondern nur um die „Einkünfte" aus dem Altenteil. Auch beim Getrenntleben von Ehegatten ist der Mitbesitz und die gemeinschaftliche Verwaltung eines Vermögens an und für sich nichts Widersinniges, wenn sich auch praktisch bei der Handhabung eines solchen Verhältnisses Schwierigkeiten ergeben können. Im Wege der Auslegung des Vertrages kann man daher nicht dazu gelangen, die Beklagte von den übernommenen Pflichten als befreit anzusehen. Auch ein gesetzlicher Grund zur Aufhebung des Ehevertrags ist das Recht zum Getrenntleben nicht. Es ergibt sich das nicht nur aus dem Mangel einer entsprechenden Vorschrift, sondern auch weiter daraus, daß nach § 1361 der Ehegatte, der die Herstellung des ehelichen Lebens verweigern darf, nur einen Unterhaltsanspruch auf Geldrente erhält, während im übrigen die Ehegüterverhältnisse ganz unverändert bleiben. Der Kläger kann daher Vertragserfüllung verlangen. Der Umfang seines Rechtes ist lediglich dem Vertrage selbst zu entnehmen. Danach kann er an dem „baren Vermögen", zu dem auch die Geldforderungen nebst Hypotheken und Wertpapiere zu rechnen sind, „gemeinschaftlichen Gewahrsam" (Nr. 4) und „gemeinschaftliche Verwaltung" (Nr. 3) beanspruchen, und dasselbe gilt von den „Einkünften" aus dem Altenteile (Nr. 1). Dieser „gemeinschaftliche Gewahrsam" und die „gemeinschaftliche Verwaltung" kann auf verschiedene Weise hergestellt werden. Es geschieht dies nicht nur durch Hinterlegung bei einem Dritten (einem Sequester) oder einem sonst von beiden Teilen Bevollmächtigten, sondern auch zB. dadurch, daß sie die Vermögensstücke unter gemeinsamen Verschluß nehmen und die Einkünfte gemeinschaftlich einziehen. Da die Beklagte auf jede dieser Weisen, vielleicht auch noch auf andere Art dem Vertrage gerecht werden kann, also eine Fakultas alternativa auf ihrer Seite vorliegt, so ist der Kläger nicht befugt, eine bestimmte Art dieser verschiedenen Erfüllungsmöglichkeiten von ihr zu verlangen. Anderseits würden aber der Durchführung des in erster Linie gestellten Antrags auf Einräumung des Mitbesitzes und der Mitverwaltung bei seiner Allgemeinheit in der Zwangsvollstreckung kaum überwindbare Hindernisse entgegentreten. Der Rechts- und Sachlage am meisten entsprechend ist daher eine solche Entscheidung, welche alternativ der Beklagten die Möglichkeit beliebiger sachgemäßer Erfüllung bietet. Daß eine derartige Verurteilung zulässig ist, kann nicht zweifelhaft sein (vgl. RG. Recht 1907 S. 568). H. g.

m) **Wechselunterschrift einer Ehefrau mit ihrem Mädchennamen.**

OLG. Marienwerder, II. ZS. Urteil v. 10. Januar 1913.

Die Frau des Klägers ist nicht Schuldnerin des Wechsels geworden, weil sie diesen fälschlicherweise mit ihrem Mädchennamen unterschrieben hat (§ 96 Nr. 5 WO). Wenn auch die Rechtsprechung eine Wechselunterzeichnung mit dem angenommenen Künstlernamen als verbindlich ansieht,[1] so liegt ein solcher Fall doch anders als der hier zu entscheidende. Die Künstlerin führt den Künstlernamen vor der Öffentlichkeit und ist durch diesen ohne weiteres kenntlich gemacht. Die Ehefrau ist, wenn sie sich mit ihrem Mädchennamen unterzeichnet, dadurch wohl für ihren Mann und ihr nahestehende Verwandte, nicht aber für die Allgemeinheit und besonders nicht im geschäftlichen Verkehr zu erkennen.[2]

Wgr.

n) **Verfügungsrecht der Frau nach § 1450 BGB. Vorleistungspflicht aus § 321.**

OLG. München, I. ZS. Beschluß v. 11. Dezember 1912.

Die klagende Ehefrau A. hat die Lieferung der von ihrem jetzt flüchtigen Manne gekauften 5 Wagen Mais gegen Zahlung des Kaufpreises und Ersatz des ihr aus der Verzögerung der Lieferung erwachsenden Schadens beansprucht. Die Hauptsache ist erledigt. Die Kosten wurden dem Beklagten auferlegt.

Gründe:

1. Das LG. hat mit Recht angenommen, daß das Handelsgeschäft des Otto A. durch dessen Flucht nicht aufgehört hat zu bestehen, da es nicht endgültig aufgegeben ist. Ebenso liegen die Voraussetzungen des § 1450 vor. Die Klägerin war daher berechtigt, die auf das Gesamtgut sich beziehenden Rechtsgeschäfte vorzunehmen, besonders auch über das Gesamtgut zu verfügen (Staudinger §§ 1450[2], 1401[3]). Einen Bestandteil des Gesamtguts bildete auch die Forderung des A. gegen den Beklagten auf Erfüllung der aus dem Vertrage vom 6. März 1912 sich ergebenden Lieferungsverpflichtung. Eine (der Klägerin gemäß § 1450 gestattete) Verfügung über diese Forderung war die Annahme der geschuldeten Leistung (vgl. §§ 1812, 1813[1]; Staudinger § 1375[3]). Die Klägerin war also, zumal sie gemäß § 1450 auch befugt war, die zum Gesamtgute gehörenden Sachen in Besitz zu nehmen (Staudinger § 1450[4]), berechtigt, auf Leistung an sie zu klagen. Daß sie sich bei ihrem Verlangen der Lieferung nicht sofort auf § 1450 berufen hat, ist ebenso bedeutungslos als der Umstand, daß dem Beklagten der Güterstand der Ehe-

[1] Urteil des KG. vom 22. April 1912 (13 U 1645/12): Dem Art. 96 Nr. 5 ist genügt, wenn die Unterschrift als Name gelten kann. Das ist nach dem gewohnheitsrechtlich eingebürgerten Anerkenntnisse des Künstlernamens der Fall, sofern der Name dauernd im Verkehr geführt wird (vgl. Mot. zum BGB. 1 S. 185; Rsp. 12 S. 381; Gruchot 31 S. 904). Daß im Falle des § 126 BGB. die Unterzeichnung mit dem Pseudonym eine Verpflichtung begründet, wird allgemein anerkannt, es ist nicht zuzugeben, daß die Wechselstrenge eine besondere Auffassung bedingt. Dem abweichenden Urteile des österr. obersten Gerichtshofes vom 1. März 1911 (Zentralbl. 29 S. 622) kann nicht beigetreten werden. v. W.

[2] Vgl. jedoch auch JW. 1909 S. 299[46], 1912 S. 431[34].

leute A. nicht bekannt war. § 1435[1] kommt nicht in Betracht, weil nicht aus dem Bestehen der allgemeinen GG. Einwendungen gegen das Rechtsgeschäft hergeleitet werden. Die Ansicht des LG., daß die Klage hätte abgewiesen werden müssen, weil nur Lieferung an Otto A. in Firma A. G. hätte begehrt werden können, ist also nicht zutreffend.

2. Auch wenn alle Voraussetzungen des § 321 als vorliegend erachtet werden, hat Beklagter hierdurch nur das Recht erlangt, die ihm obliegende Leistung zu verweigern, bis die Gegenleistung bewirkt oder Sicherheit für sie geleistet wurde. Er wäre also höchstens berechtigt gewesen, die Lieferung der Ware davon abhängig zu machen, daß vorherige Zahlung erfolge oder Sicherheit hierfür angeboten werde. Er hat aber, nachdem ihm die Sachlage mitgeteilt worden war, erklärt, daß er sich nicht dazu verstehen könnte, das Geschäft zu effektuieren, es vielmehr als „nicht gemacht" betrachte; an dieser irrigen Ansicht hat er auch noch festgehalten, nachdem ihm unter Hinweis auf § 321 „Kasse gegen Überweisung der Ware" angeboten war, indem er durch seinen Anwalt erklärte, daß er ablehne, an Frau A. zu liefern, da die Firma G. erloschen sei und er sich einen andern Vertragsgegner nicht aufdrängen lassen wollte. P.n.

o) **Fortgesetzte GG.: α) Einwilligung der Kinder in die Veräußerung der Grundstücke. Zugehen der Einwilligung an den Notar. Ungenehmigte Randsätze der Notariatsurkunde.**

OLG. Colmar, III. ZS. Urteil v. 24. Dezember 1912.

Auf die Berufung der Grundstückskäufer wurde die beklagte Verkäuferin verurteilt, das Zeugnis über die Fortsetzung ihrer GG. mit ihren Kindern zu erwirken und dem Grundbuchamte vorzulegen, das die Umschreibung der Liegenschaften auf die Kläger von jenem Zeugnis abhängig gemacht hatte.

Gründe:

Die Beklagte hat ein Zeugnis gemäß § 1507 nur dann zu beschaffen, wenn der notarielle Akt von 1909 rechtsbeständig ist und einen Verkauf von Liegenschaften der fortgesetzten GG. darstellt. Die Grundstücke hatten dort die Beklagte „eigenen Namens und als mündlich Bevollmächtigte dreier ihrer Kinder" und ihre übrigen persönlich erschienenen Kinder verkauft. Ihr Vorbringen, die Urschrift der Urkunde habe der Notar in Abwesenheit und ohne Genehmigung der Beteiligten nachträglich geändert, kann nur so verstanden werden, daß das für die öffentliche Beurkundung eines Rechtsgeschäfts wesentliche Formerfordernis des § 177 FrGG. nicht beobachtet worden sei. Der hierfür erbotene Beweis ist jedoch nicht schlüssig. Denn selbst wenn die Urschrift, ebenso wie die vorgelegten Abschriften, die behauptete Randberichtigung ohne Unterschrift oder Handzug der Beteiligten aufweist, so könnte sich daraus zwar ersehen lassen, daß eine nachträgliche Änderung vorliegt. Keineswegs wäre aber damit auch nachgewiesen, daß diese Änderung von den Beteiligten nicht genehmigt worden ist. Nur ein Verstoß gegen die Ordnungsvorschrift des § 53[3] AusfG. zum FrGG. wäre anzunehmen, dieser aber den Akt nicht nichtig macht.[1] Auch die weiteren Bemängelungen der Beklagten gegen die Beurkundung des Rechtsgeschäfts sind unbegründet. Die aufgelassenen Grundstücke gehörten unstreitig zu der laut Ehevertrags von 1905 zwischen der Beklagten und ihrem Manne bestandenen allgemeinen GG. Ferner war dort bestimmt, daß der Überlebende mit den aus der Ehe hervorgegangenen Kindern die GG. fortsetzen solle. Die Beklagte war daher hinsichtlich der Grundstücke zwar allein verfügungsberechtigt (§§ 1487, 1443), sie bedurfte aber der Einwilligung der an der Gemeinschaft beteiligten Kinder (§ 1445). Diese konnte, da sie hier zu einer vertraglichen Verfügung zu erteilen war, durch Genehmigung ersetzt werden (§ 1448[1], 1396)[1]. Deshalb kann dahingestellt bleiben, ob in der von der Beklagten bei der Beurkundung behaupteten „mündlichen Bevollmächtigung" durch ihre nicht anwesenden Kinder ein genügender Nachweis für deren damals bereits erteilte Einwilligung erblickt werden darf. Dafür spricht die bereits am folgenden Tage von ihnen vor demselben Notar abgegebene Erklärung, durch die sie die Willensäußerungen der Beklagten als mit ihrem eigenen Willen übereinstimmend anerkannt haben. In dieser Erklärung ist jedenfalls eine Genehmigung enthalten. Der Umstand, daß in den verschiedenen Urkunden von Bevollmächtigung und von Handeln der Beklagten im eigenen Namen und in demjenigen ihrer Kinder die Rede ist, hindert nicht, den unzweideutigen Willen der Parteien maßgebend sein zu lassen (§§ 133, 157), da für den Inhalt der zu beurkundenden Erklärung bestimmte Formen nicht vorgeschrieben sind (RG. 54 S. 381). Der Wille der Beklagten und ihrer Kinder ging unverkennbar dahin, die Grundstücke den Klägern zu verkaufen und die hierzu erforderlichen Erklärungen abzugeben. Dabei waren sich die Kinder laut des Akts bewußt, daß die Grundstücke zur GG. gehörten, und sie konnten auch nach ihrer Kenntnis des Ehe- und Erbvertrages ihrer Eltern nicht im Glauben sein, daß sie an dem Kaufpreis selbständig berechtigt seien. Den „Bevollmächtigungen" kann unter diesen Umständen der Charakter von Zustimmungserklärungen zu Verfügungen der Beklagten um so eher zugesprochen werden, als sie außerdem schon an sich gegenüber Erklärungen der letzteren Art ein Mehr an Einverständniswillen enthalten. Allerdings mußten diese Zustimmungen der Beklagten oder den Klägern gegenüber erklärt sein (§ 182). Eine Abgabe von Person zu Person ist jedoch nicht erforderlich. Es genügt, wenn sie gemäß § 130 zugegangen sind. An eine besondere Form ist dieser Zugang ebensowenig gebunden wie die Zustimmung selbst. Ob es gegenüber dem Grundbuchrichter einer dem § 29 GrBO. entsprechenden Urkunde zum Nachweise des Zugangs bedarf, braucht hier nicht erörtert zu werden, da für die Rechtswirksamkeit unter den Parteien nicht die Förmlichkeiten vorgeschrieben sind, auf deren Wahrung der Grundbuchrichter für die Eintragung zu sehen hat. Mit Un-

[1] § 53[3] lautet: „Zusätze, Abänderungen und Streichungen sollen unter Angabe der zugesetzten oder gestrichenen Worte am Rande der Urkunde vermerkt und von den Beteiligten und den bei der Verhandlung mitwirkenden Personen mit Unterschrift oder Handzug versehen werden."

recht bestreitet die Beklagte, daß die nachträglichen Zustimmungserklärungen den zu ihrem Empfange bestimmten Personen zugegangen seien. Macht schon die Behauptung der „mündlichen Bevollmächtigung" im Kaufakte die bereits erfolgte Willenseinigung zwischen Mutter und Kindern höchst wahrscheinlich, so wird diese Einigung noch bestärkt durch den Umstand, daß die Kinder doch nur auf Grund vorherigen Einvernehmens mit der Beklagten zu der Abgabe ihrer Erklärungen veranlaßt worden sein können, und daß nicht ersichtlich ist, warum das Einverständnis der Beklagten mit ihren bei der Beurkundung erschienenen Kindern anders erzielt worden sein soll, als mit den drei übrigen. Weiter war der Notar nicht ausschließlich amtlich beurkundend tätig, sondern er war von den Parteien mit der Abwicklung des ganzen Kaufgeschäftes beauftragt, besonders sollte ihm hierdurch auch die Veranlassung aller zur Eintragung erforderlichen Maßnahmen übertragen werden. Er gilt daher nach dem Inhalte der Urkunde von 1909 als bevollmächtigt, die bei der Beurkundung noch fehlenden und zugesagten Zustimmungserklärungen für die Parteien entgegenzunehmen, womit sie dann durch die Abgabe gegenüber dem Notar auch diesen zugegangen sind (Rsp. 5 S. 415; Jahrb. 34 A 256). Das Erfordernis des § 182 ist also erfüllt, wenn die Genehmigung dem Notar erklärt ist, der das zu genehmigende Rechtsgeschäft beurkundet hat (Schroeder, Grundbuchentsch. 7 S. 49 [2]; Güthe, GrBO. S. 391). Schließlich sind die Zustimmungen auch den Parteien selbst spätestens in diesem Rechtsstreite zugegangen. Da der Zugang an eine Frist nicht gebunden ist, erfüllt er seine Aufgabe, die Erklärungen wirksam werden zu lassen, so lange, als der zum Empfange bestimmten Person nicht vorher oder gleichzeitig ein Widerruf zugeht (§ 130). Frdthl.

β) **Ausschluß. Form. Wirkung.**

Bayer. Oberstes Landesgericht, I. ZS. Beschluß v. 4. Oktober 1912.

Die Fortsetzung der GG. kann unmittelbar ausgeschlossen werden. Der Ausschluß bedarf nach § 1508 eines Ehevertrags, möglicherweise kann er auch in einem Erbvertrag erfolgen, weil dessen Form (§ 2278) die des Ehevertrags (§ 1434) deckt. Dagegen genügt ein gemeinsch. Testament nicht (Planck § 1508 [3]).

Der Ausschluß der fortgesetzten GG. kann auch mittelbar dadurch herbeigeführt werden, daß sämtliche anteilsberechtigte Abkömmlinge von der Fortsetzung ausgeschlossen werden. Zu dem Ausschluß eines Abkömmlings ist jeder Ehegatte für den Fall, daß die Ehe durch seinen Tod aufgelöst wird, nach § 1511 [1] ohne weiteres befugt. Es bedarf hierzu nur der Zustimmung des andern Ehegatten. Den Ausschluß muß der Ehegatte in einer letztwilligen Verfügung erklären. Die Erklärung der Zustimmung des andern Ehegatten bedarf der notariellen Beurkundung, kann aber auch in einem gemeinschaftlichen Testamente geschehen.

Wird nur ein gemeinschaftlicher Abkömmling oder werden nur einzelne Abkömmlinge ausgeschlossen, so setzt der überlebende Ehegatte die GG. mit den übrigen Abkömmlingen fort. Der oder die ausgeschlossenen Abkömmlinge können aus dem Gesamtgute der fortgesetzten GG. ihren Pflichtteil, wie wenn diese nicht eingetragen wäre, verlangen, und zwar nicht erst nach der Beendigung der GG., sondern sofort. Werden jedoch alle anteilsberechtigten Abkömmlinge ausgeschlossen, so tritt diese überhaupt nicht ein, da sie begriffsmäßig voraussetzt, daß neben dem überlebenden Ehegatten noch mindestens ein anteilsberechtigter Abkömmling vorhanden ist (Planck §§ 1508², 1511⁸). Der § 1511² kann, wenn sämtliche anteilsberechtigte Abkömmlinge von der fortgesetzten GG. ausgeschlossen sind, nicht zur Anwendung kommen (Planck § 1511⁸). Er setzt vielmehr, wie sich schon daraus ergibt, daß die Zahlung des Pflichtteils „aus dem Gesamtgute der fortgesetzten GG." verlangt werden kann, voraus, daß fortgesetzte GG. eintritt. Kommt es zu dieser infolge Ausschlusses sämtlicher Abkömmlinge nicht, so greifen eben einfach die allgemeinen erbrechtlichen Grundsätze platz (§ 1482). Th.

p) **Durch Verzeihung wird das Urteil aus § 1567 Nr. 1 unwirksam.**

OLG. Hamburg, VII. ZS. Urteil v. 27. Januar 1913.

Das LG. hat die Ehe der Parteien geschieden, weil die Beklagte dem Urteile von 1904 auf Wiederherstellung der Gemeinschaft nicht nachgekommen sei. Allein dieses Urteil hat durch das später zwischen den Parteien ergangene Urteil seine Geltung verloren. Wenn 1906 dieses Gericht festgestellt hatte, daß die Beklagte den rechten Willen gehabt habe, das häusliche Leben wieder herzustellen, daß der Kläger aber nicht die Absicht hatte, sie wieder aufzunehmen, wenn ferner dieses Urteil feststellte, daß die Beklagte damals einen berechtigten Grund hatte, sich vom Kläger fernzuhalten, da dieser mit einem Mädchen verkehrte, das ihn auch in seiner Wohnung besuchte, so muß hiernach schon allein die Wirkung des Urteils von 1904 erschöpft sein, und kann der Kläger gemäß § 1567 Nr. 1 erst dann Scheidung verlangen, wenn von neuem durch einen Prozeß festgestellt worden ist, daß die Beklagte wirklich zur Rückkehr verpflichtet ist. Es kommt hinzu, daß 1908 abermals rechtskräftig durch Urteil festgestellt worden ist, daß die Beklagte berechtigt war, sich vom Kläger fernzuhalten, da dieser mit der X. unerlaubte Beziehungen unterhielt. Wenn aber auch durch diese Tatsachen die Wirkung des die Beklagte zur Rückkehr verurteilenden Erkenntnisses noch nicht erschöpft sein sollte, so muß das jedenfalls 1910 durch die Aussöhnuug der Parteien geschehen sein. Deshalb kann der Kläger nicht mehr auf Grund einer Zuwiderhandlung gegen das früher ergangene Herstellungsurteil die Scheidung verlangen. Es ist dem RG. 72 S. 323 darin beizutreten, daß durch die Verzeihung nach § 1570 auch in den Fällen des § 1567 das Recht auf Scheidung vollständig erlischt, und das Herstellungsurteil deshalb seine innere Berechtigung verliert. M. M.

q) **Entsprechende Anwendung des § 1565² im Falle des § 1568.**

α) OLG. Naumburg, II. ZS. Urteil vom 4. Februar 1913.

---

[1] Der auf Scheidung klagende Gatte hat über die auf sein Verschulden zurückzuführenden Verfehlungen hinwegzusehen (RG. 11. Januar 1913, JW. 379¹²).

Der Kläger hat den Zeugen X. zunächst beauftragt, die Beklagte zu beobachten und für den Scheidungsprozeß auszuforschen; wie er dabei vorzugehen gedachte und daß er insbesondere ein Liebesverhältnis anknüpfen wolle, hat X. dem Kläger von vornherein nicht gesagt. Dieser erfuhr jedoch bald von dem sich zwischen X. und der Beklagten anspinnenden Liebesverhältnis durch ihren Brief an X. Seine Pflicht als Ehemann hätte dem Kläger geboten, dem X. ein derartiges Verhalten zu untersagen, statt dessen hat er es befördert, indem er mehrere Briefe seiner Frau haben wollte. Er hat damit gezeigt, daß er mit der Art, wie X. seinen Auftrag ausführen zu dürfen glaubte, durchaus einverstanden war; er hat sich die Anknüpfung und Weiterführung des Verhältnisses zwischen ihr und X. gern gefallen lassen, schien es ihm doch ein gangbarer Weg zu sein, zur Scheidung zu gelangen. Er hat von vornherein mit der Anknüpfung eines solchen Verhältnisses durch X., wenn er sie ihm auch nicht ausdrücklich auftrug, doch wenigstens gerechnet und es von Anfang an gebilligt. Der Fall liegt ähnlich wie der in § 1565 ² geregelte. Hat ein Ehegatte dem Ehebruch des anderen zugestimmt, so ist sein Recht auf Scheidung ausgeschlossen, weil sich der Ehebruch dann nicht als eine gegen den anderen Teil gerichtete Handlung darstellt und weil er unmöglich dessen eheliche Gesinnung zerstören kann. Wenngleich im § 1568 eine solche Bestimmung fehlt, so muß doch ihr Sinn dahin führen, auch der an sich nur nach § 1568 zu beurteilenden Handlungsweise des einen Gatten dann den Charakter eines Scheidungsgrundes zu nehmen, wenn der andere Ehegatte mit jener Handlung einverstanden gewesen ist und sie, wie hier, sogar noch gefördert hat. Schl.

β) OLG. Dresden, V. ZS. Urteil v. 26. Februar 1912.

Trotzdem grundsätzlich eine Aufrechnung dem Scheidungsrechte des BGB. fremd ist (RG. 48 S. 162), kann der Umstand, daß auch der die Scheidung begehrende Ehegatte derselben Verfehlungen, auf die er die Klage stützt, oder anderer schwerer Verletzungen der Ehepflichten sich schuldig gemacht hat, auf die Beurteilung der Zulässigkeit der Scheidung in doppelter Hinsicht von Einfluß sein, einmal, indem sein eigenes ehewidriges Verhalten das zum Scheidungsgrunde gemachte Verhalten des anderen Ehegatten in milderem Lichte erscheinen läßt, ihm den Charakter einer schweren Eheverfehlung nimmt, und sodann in der Richtung, daß die der Klage zugrunde gelegten Tatsachen vom subjektiven Standpunkte des klagenden Teils aus betrachtet, nicht geeignet sind, seine eheliche Gesinnung zu zerstören und ihm die Fortsetzung der Ehe unerträglich zu machen. Im vorliegenden Falle (in dem sich jeder der Ehegatten durch Unterhaltung eines Liebesverhältnisses einer Verfehlung im Sinne von § 1568 schuldig gemacht hat) trifft keins von beiden zu. Die Verfehlnng jedes der beiden Ehegatten bleibt eine schwere trotz der gleichen Schuld des anderen und gerade das vollständige Sichabwenden eines Ehegatten vom andern und das von Liebe getragene Sichanschließen an eine andere Person sind Tatsachen, die ganz regelmäßig und in besonderem Maße geeignet sind, auf die eheliche Gesinnung des preisgegebenen und hintergangenen Ehegatten vernichtend zu wirken, und es muß daher auch den Parteien geglaubt werden, daß durch das Verhalten des anderen Ehegatten in beiden jede Liebe und Neigung zueinander, wie sie die Grundlage der Ehe bilden sollen, vollständig ausgelöscht sind. Das Gegenteil anzunehmen, würde nicht den gewöhnlichen Lebensanschauungen entsprechen. Würde aber jede Partei die Fortsetzung der Ehe als eine unerträgliche Last empfinden müssen, so muß damit auch die Frage verneint werden, ob ihr diese zugemutet werden könne. J. M.

r) **Ehescheidung, wenn der Mann Deutscher, die Frau Ausländerin ist.**

OLG. Braunschweig, I. ZS. Urteil vom 19. Januar 1913.

1. Nach EG. Art. 14 werden die persönlichen Rechtsbeziehungen der Ehegatten ohne Rücksicht auf deren Wohnsitz nach den deutschen Gesetzen beurteilt, wenn beide Ehegatten Deutsche sind, oder wenn der Mann zwar die Reichsangehörigkeit verloren, die Frau sie aber behalten hat. Keiner dieser beiden Fälle liegt hier vor. Der Kläger, der 1865 von hier nach Amerika ausgewandert ist und 1869 in New Jersey die Beklagte geheiratet hat, ist 1903 allein nach Europa zurückgekehrt und hat die braunschweigische Staatsangehörigkeit durch die Naturalisation von 1909 ausdrücklich nur für sich allein erworben, die Beklagte ist also dadurch nicht berührt (§ 11 StaatsangG. in der Fassung des EG. Art. 41 I). Bis dahin war er aber nur amerikanischer Bürger; denn die durch Geburt erworbene braunschweigische Staatsangehörigkeit hatte er durch seine Auswanderung verloren, so daß der § 25² StaatsangG. keine Anwendung fand. Die Beklagte ist danach lediglich Amerikanerin. Für solche Fälle hat das EG. keine Bestimmung getroffen. Das Gericht nimmt mit Planck Nr. 1 und Niedner 3c zu Art. 14 EG. an, daß in solchen Fällen der eine Ehegatte gegen den anderen nur dann ein Recht hat, wenn es ihm nach den Gesetzen beider Staaten zusteht. Hierauf hat sich also die Prüfung, ob die Beklagte dem Kläger nach Deutschland folgen müsse, zu erstrecken.

a) Nach dem Rechte New Jerseys hängt diese Frage davon ab, welche Absicht den Kläger bei seiner Abreise und seinem Fernbleiben von der Beklagten geleitet hat.... Die Tatsache, daß er, wenn auch zuerst unfreundlich, an sie geschrieben und ihr Geld geschickt hat, bildet einen Grund für die Annahme, er habe seine Frau nicht verlassen wollen. Nach den Gesetzen New Jerseys dürfte die Beklagte die Übersiedelung nach Deutschland aber nur dann verweigern, wenn der Kläger während zweier Jahre vom Tage der Abreise also bis 1905 die Absicht gehabt hätte, seine Frau zu verlassen. Da dies nicht der Fall ist, muß sie nach dortigem Recht ohne Rücksicht auf die Länge der seit der Trennung verflossenen Zeit den vom Kläger begründeten neuen Wohnsitz teilen. Die Beklagte verweigert aber nicht nur die Übersiedelung nach Deutschland, sondern die Wiedervereinigung mit dem Kläger überhaupt, weil ihr Vertrauen zu ihm infolge der Umstände seiner Abreise erschüttert sei. Dieser Weigerungsgrund ist dem Gutachter ebenfalls unterbreitet. Er hat aber für den Fall, daß nicht die erörterte bösliche Verlassung vorliege, die Weigerung der Beklagten, mit dem Kläger zusammen zu wohnen, und ihr Beharren darauf, allein zu leben, für unberechtigt erklärt.

b) Als deutsches Recht kommt das BGB. zur Anwendung, obwohl die Ehe der Parteien bei seinem Inkrafttreten schon bestand (Art. 199 EG.). Nach § 1354 bestimmt nun der Mann den Wohnort; ein Mißbrauch dieses Rechts würde allerdings anzunehmen sein, wenn der Kläger New Jersey aus Laune verlassen hätte und wenn berechtigte Interessen der Beklagten durch ihre Übersiedelung nach Deutschland verletzt würden (JW. 19 1908 S. 406[8]). Keins von beiden ist aber der Fall ... Die Beklagte muß deshalb die Bestimmung des neuen Wohnortes gelten lassen. Sie kann aber auch die Herstellung der Gemeinschaft nicht deshalb verweigern, weil sie infolge der Umstände bei der Abreise des Klägers das Vertrauen zu ihm verloren habe. Dies würde nur dann von Bedeutung sein, wenn es einen Scheidungsgrund bildete (§ 1353[2] Satz 2). Das trifft aber weder nach den Gesetzen New Jerseys ausweislich des Gutachtens noch nach deutschem Rechte zu.

2. Es ist nunmehr zu prüfen, ob die hiernach unberechtigte Weigerung der Beklagten einen Scheidungsgrund bildet. Die nach EG. Art. 17[1] maßgebenden deutschen Gesetze entscheiden jedoch nicht allein, da die Verlassung, auf die die Klage gestützt ist, und namentlich die durch sie angeblich herbeigeführte Zerrüttung des ehelichen Verhältnisses sich schon zu einer Zeit ereignet haben, als der Kläger noch dem Staate New Jersey angehörte (Abs. 2 aO.). Allein dessen Gesetze gewähren nach dem Gutachten dem Kläger ohne weiteres das Recht auf Scheidung der Ehe, weil die Beklagte unberechtigt das Zusammenwohnen verweigert und darauf beharrt, allein zu leben. Auch nach § 1568 BGB. stellt sich der Fall als eine schwere Verletzung der durch die Ehe begründeten Pflichten dar.... H. g.

8) **Verpflichtung zum Unterhalt der Frau, auch wenn sie die Scheidung verschuldet.**

α) OLG. Hamburg, III. ZS. Urteil v. 2. Juli 1912.

Da der Beklagte den Vertrag unterschrieben hat, muß er seinen Inhalt und mithin auch den Abs. 4, wonach seine Alimentationsverpflichtung bestehen bleibt, auch wenn wegen Verschuldens der Klägerin die Ehe geschieden wird, gegen sich gelten lassen. Diese Bestimmung würde gegen die guten Sitten verstoßen, wenn sie einen Anreiz zum ehewidrigen Verhalten oder gar einen Freibrief für einen sittenlosen Lebenswandel der Klägerin enthielte. Beides liegt nicht vor. Weder die Bestimmung als solche, noch die Umstände, unter denen sie getroffen wurde, sprechen dafür. Die Pateien lebten seit Monaten getrennt. Der Beklagte unterhielt ehebrecherische Beziehungen zu Frau X. Die Klägerin hatte deswegen nach § 1575 auf Aufhebung der Gemeinschaft geklagt. Es lag nahe, an eine Scheidung der Ehe wegen

Verschuldens des Mannes zu denken. Einer Festsetzung, daß in diesem Falle seine Unterhaltspflicht fortdauern solle, hätte es angesichts der gesetzlichen Regelung (§ 1578) nicht bedurft. Die Parteien faßten aber zugleich den Fall ins Auge, daß wegen Verschuldens der Frau die Ehe geschieden werden könne, und trafen abweichend vom Gesetze für ihn die gleiche Bestimmung. Ob die Klägerin damals schon mit A. ehebrecherische Beziehungen unterhalten hat, kann dahingestellt bleiben, weil die getroffene Vereinbarung auch dann nicht gegen die guten Sitten verstoßen würde. Auf seiten des Mannes schon deshalb nicht, weil er von den unerlaubten Beziehungen unstreitig nichts wußte; auf seiten der Frau deshalb nicht, weil nicht anzunehmen ist, daß das Versprechen des Unterhalts auf ihr sittliches Verhalten einwirken konnte. Es steht nicht einmal fest, daß sie damals gerade den Fall einer Scheidung wegen ihres Ehebruchs und nicht etwa nur den näher liegenden Fall einer Scheidung wegen böslicher Verlassung ins Auge gefaßt hat. Ferner steht nicht fest, daß sie gewußt hat, daß ihr bei einer Scheidung wegen ihres Verschuldens gesetzlich kein Unterhaltsanspruch zustand. Hätte aber hierüber bei ihr und ihrem Manne auch Klarheit bestanden, so konnte doch beiderseits davon ausgegangen werden, daß die im Vertrage festgesetzte Leistung des Unterhalts einer sittlichen Pflicht des Mannes entspräche. Das Gegenteil anzunehmen liegt kein Grund vor.

Unbegründet ist die Rüge des Formmangels nach § 518. Anders als im Urteil v. 12. Dezember 1911 (Bf. III 63/11) kann hier nicht angenommen werden, daß durch den Vertrag eine Leistung schenkweise versprochen sei. Dafür würde es nicht genügen, wenn auf beiden Seiten Klarheit darüber bestanden hätte, daß der Mann bei einer Scheidung wegen Verschuldens der Frau zur Unterhaltsleistung gesetzlich nicht verpflichtet war. Es müßte feststehen, daß beide Teile darüber einig waren, daß die Zuwendung unentgeltlich erfolgen sollte (§ 516). Die Voraussetzung liegt nicht vor. Die Parteien, die in der GG. des BGB. lebten, haben die Unterhaltsfrage gleichzeitig mit der Gütertrennung geregelt. Die beiden Verträge sind am selben Tage vollzogen und bilden ein einheitliches Ganze. Die Klägerin willigte in die Gütertrennung und verzichtete auf die Hälfte des noch ungeteilten Gesamtguts, soweit ihr nicht im § 2 ein Recht auf einzelne Teile desselben gewährt wurde. Gemäß Abs. 3 erklärte sie ferner, daß sie, abgesehen von 50 Mark monatlichen Alimenten, weitere Zuschüsse für ihren Lebensunterhalt nicht zu beanspruchen habe. Die Gegenleistung des Beklagten lag u. a. in dem Versprechen, ihr den Unterhalt auch dann zu gewähren, wenn die Ehe wegen ihres Verschuldens geschieden würde. Eine unentgeltliche Zuwendung kann darin nicht gefunden werden. M. M.

β) **Unterhaltspflicht des Mannes während des Scheidungsprozesses. Wirksamkeit eines Vergleichs hierüber unter den Kindern.**

OLG. München, I. ZS. Urteil v. 12. Februar 1912.

Während des Scheidungsprozesses haben sich die Parteien im Verfahren wegen einstw. Verfügung dahin verglichen, daß der Mann bis zur rechtskräftigen Scheidung an seine Frau Anna als wöchentlichen Unterhaltsbeitrag für sie selbst und für ihre drei bei ihr befindlichen Kinder 70 Mark entrichtet, wovon 25 Mark für die Frau und 15 für jedes Kind entfallen. Später wurde die Frau rechtskräftig verurteilt, die Kinder herauszugeben. Sie behielt die Kinder aber zurück und ließ dennoch den ganzen Unterhalt beitreiben. Die Klage, daß die Zwangsvollstreckung über den Betrag von 25 Mark hinaus unzulässig sei, ist als die Vollstreckungsgegenklage des § 767 ZPO. zu erachten. Daß diese auch auf gerichtliche Vergleiche Anwendung findet, ergibt sich aus §§ 794 Nr. 1, 795 ZPO. Das Erfordernis des § 767² ist erfüllt, weil die Einwendungen erst nach dem Abschluß des Vergleiches entstanden sind. Die Klage ist auch begründet.

Allerdings wird der Vater von seiner gesetzlichen Unterhaltspflicht gegenüber seinen Kindern auch dann nicht befreit, wenn sie gegen seinen Willen in der tatsächlichen Gewalt eines andern festgehalten werden, und daß sein Recht, nach § 1612² die Art des Unterhalts zu bestimmen, insoweit eingeschränkt ist, als die Kinder außerstande sind, den ihnen angebotenen Unterhalt im väterlichen Haushalt zu beziehen (JW. 1901 S. 870; Seuff. 59 Nr. 206; Rsp. 14 S. 247; 17 S. 264). Darum handelt es sich aber hier nicht. Die Frage, ob und in welcher Art der Kläger seinen Kindern Unterhalt zu gewähren hat, wird durch den Vergleich nicht berührt und ist daher auch nicht Gegenstand dieses Rechtsstreites. Der Vergleich regelt vielmehr, entsprechend dem Rahmen des § 627 ZPO., die väterliche Unterhaltspflicht des Klägers lediglich im Verhältnis zu seiner Frau. Die Kinder haben aus dem Vergleich keinen Anspruch; ihre Unterhaltsansprüche gegen den Vater bestehen unabhängig davon. Die Beklagte ist aber zur Geltendmachung dieser Ansprüche nicht befugt.

Die Behauptung der Beklagten, die Verpflichtung des Klägers solle nach dem Willen der Parteien für die Dauer des Scheidungsprozesses fortbestehen, gleichviel, ob die Beklagte die Kinder besitze oder nicht, hat in dem Inhalt des Vergleiches keine Stütze. Im Gegenteil: die Fassung „an die Klägerin als Unterhaltsbeitrag für diese und die drei bei ihr befindlichen Kinder" zeigt deutlich, daß die 70 Mark nicht für die Frau allein, sondern auch für die Kinder als Unterhalt bestimmt sind und an die Frau deshalb bezahlt werden, weil die Kinder bei ihr sich befinden. Sinnwidrig wäre daher die Auslegung, daß die 70 Mark auch dann bezahlt werden sollten, wenn zwar der Scheidungsprozeß noch fortdauert, die Kinder aber sämtlich oder zum Teil nicht mehr bei der Beklagten sich befinden. Daß dann die 70 Mark entsprechend den unbestrittenen Teilansätzen von je 15 Mark für das Kind sich mindern, leuchtet ohne weiteres ein, wenn man unterstellt, daß die Kinder während des Scheidungsprozesses gestorben wären oder der Beklagten in Vollstreckung des Herausgabeurteils weggenommen worden sind. Das gleiche muß aber auch dann gelten, wenn wie hier die Beklagte rechtskräftig zur Herausgabe der Kinder verurteilt, die Vollstreckung des Urteils aber deswegen nicht ausführbar ist, weil die Beklagte sie verborgen hält. Die Beklagte kann nicht dadurch, daß sie dem richterlichen Befehl den Gehorsam verweigert, einen Vorteil erlangen, den sie entbehren müßte, wenn sie dem Urteil nachgekommen wäre. Eine andere Auslegung würde gröblich gegen Treu und Glauben verstoßen. Die rechtskräftige Verurteilung zur Herausgabe ist demnach als eine Tatsache zu erachten, die den der Beklagten aus dem Vergleich zustehenden Anspruch, der hinsichtlich des über 25 Mark wöchentlich hinausgehenden Betrages auf den Besitz der Kinder abgestellt ist, insoweit aufhebt. P.n.

t) **Art der Verwendbarkeit des Stammvermögens zur Erfüllung der Unterhaltspflicht.**

OLG. Marienwerder, I. ZS. Urteil vom 4. Dezember 1911.

Für die Beurteilung der Leistungsfähigkeit des Unterhaltspflichtigen dürfen nicht nur die Einkünfte in Betracht kommen, die er aus seinem Vermögen ziehen kann, sondern der Stamm des Vermögens selbst (vgl. JW. 1907 S. 674[11]). Dann muß folgerichtig der Beklagten zugemutet werden, daß sie, um selbst standesgemäß zu leben und um ihren gesetzlichen Unterhaltspflichten zu genügen, das Kapital schlimmstenfalls bis zu ihrem Lebensende völlig aufbraucht. Ihre Sache ist es daher, auf eine zweckmäßige Nutzbarmachung und angemessene Verwertung der vorhandenen Vermögensbestände Bedacht zu nehmen, auch wenn damit das Vermögen völlig aufgezehrt wird und demzufolge kein Vermögen als Nachlaß verbleibt. Notwendig ist nur, daß ihr der eigene standesgemäße Unterhalt bis zum Lebensende ungefährdet gesichert bleibt. In diesem Sinne würde die Beklagte zweckmäßig verfahren, wenn sie das Kapital etwa bei einer Versicherungsgesellschaft zur Beschaffung einer Leibrente einzahlt. Dann ist sie in der Lage, bei Aufzehrung des Kapitals den Klägern die zugesprochenen Renten zu entrichten, ohne daß ihr eigener standesgemäßer Unterhalt dabei gefährdet zu werden braucht. Bei dem Abschluß eines Leibrentenvertrages nach den Tarifen, wie sie zB. der hann. Beamtenverein veröffentlicht, kann bei dem Alter der Beklagten von mehr als 60 Jahren von der zur Erwerbung einer sofort beginnenden Leibrente hingegebenen Summe eine Leibrente von etwa 9% erwartet werden. Dann würde die Beklagte auch davor geschützt sein, daß sie vorzeitig das Kapital selbst verbrauchte und damit ihr standesgemäßer Unterhalt gefährdet würde. Wgr.

u) **Die „Bestimmung" des § 1612² als Voraussetzung der Entscheidung des VormGerichts.**

α) Kammergericht, Ia. ZS. Beschluß v. 29. November 1912.

Der wegen Geistesschwäche entmündigte, 1887 geborene Boleslaus A. stammt aus einer Ehe, die später wegen Ehebruchs des Mannes rechtskräftig geschieden wurde. Der Mann und der Mündel leben in S., die Frau hat in C. mit ihrem Vater und ihrem Bruder einen gemeinsamen Haushalt. Der Mündel hat, vertreten durch seinen Vormund, gegen seine Mutter auf Gewährung von Unterhalt erfolglos geklagt. Darauf hat der Vormund bei dem zuständigen VormGericht beantragt, daß der Unterhalt des Sohnes außerhalb der Behausung der Mutter zu gewähren ist. Das Amtsgericht hat, nachdem es die Mutter gehört und unter Hinweis auf § 1612² von der Polizeiverwaltung in C. eine Auskunft erfordert hatte, angeordnet: „Boleslaus darf nicht im Haushalt der Mutter unterhalten werden. Der Unterhalt ist durch Entrichtung einer Geldrente in vierteljährlichen Vorausteilen zu entrichten." Die Beschwerde der Mutter ist zurückgewiesen. Ihre weitere Beschwerde ist zulässig und auch sachlich begründet.

Von dem Grundsatze, daß der Unterhaltspflichtige den Unterhalt durch Entrichtung einer Geldrente zu gewähren hat, macht der § 1612 zwei Ausnahmen. Nach Satz 2 kann der Verpflichtete verlangen, daß ihm die Gewährung des Unterhalts in anderer Art gestattet werde, wenn besondere Gründe es rechtfertigen. Die zweite Ausnahme enthält der § 1612² Satz 1, aus dem sich ergibt, daß, wenn die Eltern keine „Bestimmung" getroffen haben, es bei der in Abs. 1 Satz 1 vorgesehenen Regel verbleibt. Der Anspruch auf Gewährung der Geldrente ist, soweit der unterhaltspflichtige Elternteil seine Verpflichtung hierzu nicht freiwillig erfüllt, im Prozeßwege vor dem Prozeßgericht geltend zu machen (JW. 1903 Beil. S. 29; KG. 16. März 1903 I Y. 182). Die Ansicht der Beschwerde, daß das Kind zunächst ganz allgemein auf Gewährung von Unterhalt klagen müsse, ist unzutreffend. Das Kind kann vielmehr, sofern es von der Mutter Unterhalt verlangen kann, sogleich auf Zahlung einer Geldrente klagen. Nur wenn die Eltern eine Bestimmung getroffen haben, in welcher Art und für welche Zeit im voraus einem unverheirateten Kinde der Unterhalt gewährt werden soll, ist in Abweichung von der Regel des Abs. 1 die Bestimmung der Eltern maßgebend und diese kann nach § 1612² Satz 2 das VormGericht aus besonderen Gründen auf Antrag des Kindes ändern. Danach ist Voraussetzung für das Einschreiten des VormGerichts, daß eine „Bestimmung" der Eltern vorliegt. Dagegen ist nicht erforderlich, daß die Eltern zur Gewährung des Unterhalts verurteilt sind oder ihre Unterhaltspflicht anerkannt haben. Für eine solche Annahme bietet das Gesetz keinen Anhalt. Soweit die Beschwerdeführerin daher geltend macht, der Beschluß habe nicht ergehen dürfen, weil sie nicht zur Gewährung des Unterhalts verurteilt sei, noch ihre Verpflichtung anerkannt habe, ist ihre Bemängelung unbegründet. Dagegen ist ihre Behauptung, daß sie eine Bestimmung im Sinne des § 1612² nicht getroffen habe, erheblich; denn ohne sie darf das VormGericht nicht eingreifen. Ob hier die Mutter eine Bestimmung getroffen hat, hat das LG. überhaupt nicht festgestellt und auch der amtsgerichtliche Beschluß enthält keine sichere Feststellung nach dieser Richtung hin, er besagt vielmehr nur, daß die Mutter im Unterhaltsprozeß auch erklärt habe, sie sei bereit, den Sohn bei sich aufzunehmen und zu unterhalten. Diese Erklärung ist aber lediglich eine Verteidigung zur Abwehr des Unterhaltungsanspruches in Geld, die im Prozeß geltend gemacht ist, nicht aber eine „Bestimmung“ des § 1612, die eine rechtsgeschäftliche Willenserklärung sein muß, welche dem Kinde oder dessen gesetzlichem Vertreter gegenüber abzugeben ist (vgl. Staudinger, N. 2 b α zu § 1612; vgl. auch Beschluß vom 16. März 1903 1 Y 182. 03). Sie kann als „Bestimmung“ um so weniger gelten, als die Mutter ihre Unterhaltspflicht zugleich bestritten hat. Die Vorinstanzen haben überdies die Verhältnisse im Hause der Mutter nur auf Grund einer ganz kurzen polizeilichen Auskunft beurteilt. Bei der Bedeutung der getroffenen Anordnung war aber eine eingehende Sachuntersuchung, besonders die Vernehmung der in der Beschwerde benannten Schutzzeugen (48 oder 49) geboten. Insofern liegt auch eine Verletzung des § 12 FrGG. vor. Wgr.

β) **Klagantrag gegen den unterhaltspflichtigen Vater, der nachträglich Naturalverpflegung „bestimmt“ hat.**

OLG. Cöln, VII. ZS. Urteil v. 22. Juni 1911.

Der Beklagte bestreitet nicht seine Verpflichtung, den vier Klägern Unterhalt zu gewähren. Auch steht ihnen nach der jetzigen Sachlage kein Anspruch auf eine Geldrente mehr zu, da Beklagter gemäß § 1612² bestimmt hat, daß der Unterhalt in Natur gewährt werden soll. Da er die Kläger jetzt auch in seinen Haushalt aufgenommen hat, sind sie auch in der Lage, den Unterhalt in Natur zu empfangen, und deshalb ist die „Bestimmung“ ihnen gegenüber wirksam. Dieser Änderung der Sachlage entsprechend haben sie denn auch ihren Klagantrag dahin ergänzt, daß sie die Verurteilung des Beklagten zu einer Geldrente nur für den Fall begehren, daß er ihnen den Unterhalt nicht in Natur gewährt oder gewähren kann. Dieses Klagebegehren können sie aber auf § 258 ZPO. allein nicht mehr stützen, weil es sich jetzt nur mehr um einen durch die Nichtgewährung der Naturalverpflegung bedingten Anspruch auf künftige Leistung der Geldrenten handeln kann. Ihr Antrag ist aber nach § 259 ZPO. zulässig, wenn zu besorgen ist, daß der Schuldner sich der rechtzeitigen Leistung entziehen werde (JW. 1909 S. 393[10]; Rsp. 20 S. 312; Gaupp-Stein, ZPO. § 259). Maßgebend dafür ist das Verhalten des Beklagten vor und während des Rechtsstreites. Die Zeugin hat aber bekundet, daß er ständig Ausreden vorbrachte, wenn ihm gesagt wurde, er müsse sich an das VormGericht wenden, um die Kinder zu erhalten, und daß er noch zu der Zeit, als auf Grund des Versäumnisurteils sein Lohn gepfändet wurde, nicht alle Kinder bei sich hatte. Erst einen Monat nach Erlaß des Versäumnisurteils hat er die Kläger polizeilich angemeldet und bei seinen Eltern untergebracht. Er ist demnach seinen Verpflichtungen erst unter dem Drucke des Urteils und der Vollstreckungsmaßregeln nachgekommen; die Zeugin hatte ihm auch ausdrücklich erklärt, das Versäumnisurteil werde nicht vollstreckt werden, wenn er Naturalverpflegung gewähre; gleichwohl hat er Einspruch eingelegt. Er wollte also augenscheinlich dem Zwang, seiner Unterhaltspflicht nachzukommen, der mit Hilfe des Urteils auf ihn ausgeübt wurde, entgehen. Er kann aber sein Verhalten nicht damit rechtfertigen, daß ihm ohne sein Verschulden unmöglich geworden sei, den Klägern den Unterhalt in Natur zu gewähren, als sie mit ihrer Mutter die gemeinschaftliche Wohnung verlassen hatten. Denn die Kläger waren nicht verantwortlich dafür, daß sie sich nicht in dem Haushalte des Beklagten befanden. Der Beklagte wurde aber dadurch, daß die Kläger aus seinem Haushalte entfernt wurden, selbst wenn dies gegen seinen Willen geschah, von seiner gesetzlichen Unterhaltspflicht nicht befreit. Er mußte vielmehr dieser Pflicht durch Gewährung einer Geldrente genügen, solange er nicht geeignete Schritte tat, die Kinder in seine Obhut zurückzubekommen (OLG. 17 S. 264, 14 S. 247; RG. 57 S. 77; Planck IV, 3. Aufl. § 1612 Anm. 1). Der Beklagte hat somit auch Anlaß zur Klage gegeben und durch sein Verhalten die Besorgnis gerechtfertigt, daß er sich seiner Pflicht zur Gewährung des Unterhalts wieder entziehen werde, sobald der vollstreckbare Titel gegen ihn nicht mehr besteht. Dr. B.

v) **Unterhaltsansprüche minder- und volljähriger Kinder. Armenunterstützung. Umfang des Ersatzanspruchs.**

OLG. Breslau, VIII. ZS. Urteil v. 9. Februar 1912.

1. Der Beklagte behauptet, daß sein Sohn Karl in die Heilanstalt nicht im Wege der Armenpflege aufgenommen sei, sondern im Interesse der öffentlichen Sicherheit, weil er gemeingefährlich war. Trifft das zu, dann würde keine Armenpflege vorliegen und Beklagter könnte wegen der Kosten nicht auf Grund des § 62 UWG. belangt werden. Armenpflege liegt jedenfalls dann nicht vor, wenn die Unterbringung des Geisteskranken in eine Heilanstalt lediglich im öffentlichen Interesse liegt. Sie gewinnt diesen Charakter auch noch nicht dadurch, daß der Untergebrachte zur Bezahlung der Anstaltskosten außerstande ist. Man wird in besonderen Sicherheitsmaßnahmen die Anhaltspunkte dafür sehen müssen, ob die Unterbringung die Bedeutung einer im öffentlichen Interesse erfolgten Internierung hat. Der Umstand, daß die Verpflegung des Karl in einer geschlossenen Anstalt wegen seiner zeitweisen gemeingefährlichen Erregungszustände nicht aufgegeben werden konnte, spricht daher für das öffentliche Interesse an seiner Unterbringung. Anderseits lag daran auch ein persönliches Interesse des Karl vor. Für seine Gesundung oder doch die körperliche Erhaltung war die Anstaltsbehandlung nach ärztlichem Gutachten dienlich und erforderlich. Es bedarf aber nicht der Entscheidung, ob das öffentliche oder sein persönliches Interesse überwiegt. Denn die Gemeingefährlichkeit steht der Annahme noch nicht entgegen, daß die Unterbringung und Verpflegung in einer Anstalt im Wege der Armenpflege erfolgt ist. Ihre Notwendigkeit wird durch den gemeingefährlichen Zustand des an sich Hilfsbedürftigen, von dem jederzeit auch Handlungen gegen sein eigenes Leben und seine Gesundheit zu erwarten sind, nicht ausgeschlossen (DJZ. 1905 S. 1064). Von diesem Gesichtspunkt aus liegt eine armenrechtliche Hilfsbedürftigkeit des Karl jedenfalls vor.

2. In dem Ersatzanspruche nach § 62 ist mit der herrschenden Ansicht

(RG. 72 S. 336) ein Eintreten des Armenverbandes kraft gesetzlicher Abtretung zu sehen (vgl. OLG. Hamm im preuß. VerwBl. 30 S. 237). Schon aus dem Wesen der Abtretung folgt aber, daß das übertragende Recht nur „in demselben Maße und unter denselben Voraussetzungen“ geltend gemacht werden kann, als es dem Unterstützten zusteht. Der Armenverband muß sich daher nach §§ 404, 412 dieselben Einwendungen entgegenhalten lassen, die dem Unterhaltspflichtigen gegen den Unterstützten zustehen; darunter fällt auch der Einwand des Beklagten aus § 1613. Die Meinung des Klägers, daß die Unterhaltsansprüche in dem jedesmaligen Zeitpunkt der Unterhaltsgewährung auf ihn übergegangen seien, und es sich deshalb hier gar nicht um rückständige Beträge handele, ist nicht zutreffend.[1])

3. Der vom Kläger unterstützte Karl ist volljährig, während der Beklagte noch vier minderjährige Kinder zu unterhalten hat. Er meint, daß die Ansprüche der letzteren denen des Karl vorgehen, so daß dessen Ansprüche erst nach Erfüllung der übrigen zu befriedigen sind. Allein für einen Vorrang der Minderjährigen vor den gleichfalls unterstützungsbedürftigen Volljährigen ist im Gesetz kein Anhalt gegeben. Aus § 1609[2] wäre eher das Gegenteil zu folgern. Denn würden die minderjährigen ihren großjährigen Geschwistern vorgehen, so hätte es der Hervorhebung nicht bedurft, daß der Ehegatte den minderjährigen Kindern gleichsteht, den volljährigen Abkömmlingen aber vorgehen soll. Sein Vorrecht vor letzteren wäre denn auch ohne die besondere Bestimmung schon festgelegt gewesen. Nur aus § 1603[2] geht ein — hier bedeutungsloser — Unterschied zwischen den Rechten der volljährigen und minderjährigen hervor, insofern sich die Eltern nur den letzteren gegenüber nicht auf die Erhaltung ihres eigenen standesmäßigen Unterhalts berufen können.
M.r.

w) **Ersatz des Unterhalts, den der Vater dem Kind auf Grund gerichtlichen Zwangs gewährt hat.**

OLG. Hamburg, VI. ZS. Urteil v. 3. Februar 1912.

Beklagter hat an sich dem Kläger [seinem Sohn] die für ihn eingezogenen Rentenbeträge auszukehren. Es kann sich nur darum handeln, ob er dieser Forderung gegenüber mit einem Ersatzanspruch für aufgewandte Unterhaltsgelder aufrechnen kann. Zu der Zeit, als das LG. den Beklagten zur Zahlung von Unterhaltsgeldern an die Ehefrau und den Kläger verpflichtete, war letzterer nicht unterhaltsberechtigt; denn er verdiente damals trotz seiner beschränkten Erwerbsfähigkeit 50 Mark monatlich. Hinzu kommt die monatliche Unfallrente von 42 Mark. Hier handelt es sich nicht um eine öffentliche Unterstützung, welche ihrer inneren Natur nach dazu bestimmt ist, zur Aushilfe zu dienen, wenn entweder privatrechtlich zur Gewährung des Unterhalts

[1] Die Mahnung zur Unterhaltsgewährung braucht aber nicht durch den Berechtigten selbst erfolgt zu sein, vielmehr genügt die Mahnung des Erwerbers der Forderung; denn der § 1613 hindert nicht die Entstehung, sondern nur die Geltendmachung des Unterhaltsanspruchs und dieses Hindernis kann durch den jeweiligen Inhaber der Forderung behoben werden (Urteil desselben ZS. v. 20. Dezember 1910). D.

Verpflichtete nicht vorhanden sind, oder wenn und solange als diese ihrer Unterhaltspflicht tatsächlich nicht nachkommen (vgl. RG. 17 S. 226, Rsp. 1 S. 461), sondern der Rentenberechtigte hat wegen der durch den Unfall eingetretenen völligen oder teilweisen Erwerbsunfähigkeit Anspruch auf Ersatz für den Ausfall seines Arbeitsertrages und dieser Ersatz soll ihn befähigen, in entsprechendem Umfange seinen Unterhalt zu bestreiten. Soweit also das minderjährige, unverheiratete Kind Unfallrente bezieht, ist es imstande, sich selbst zu unterhalten (WarnErg. 1908 Nr. 221). Hieraus folgt, daß der Beklagte dem Kläger auf Grund gerichtlichen Zwanges, aber ohne rechtliche Verpflichtung Unterhalt gewährt hat. Es fragt sich daher, ob er im Gegensatz zu der in § 685² aufgestellten Vermutung die Absicht gehabt hat, vom Kläger Ersatz zu verlangen. Dies muß bejaht werden, einmal weil er einem Zwange folgte und die Einkommensverhältnisse des Klägers kannte, sodann weil er die diesem zukommenden Rentenbeträge in Händen hatte und die Auffassung für ihn nahe lag, den Unterhalt, soweit er den Kläger betraf, aus diesen Geldern zu bestreiten.

Für die Höhe des Betrages, der als auf den Anteil des Klägers bezahlt zu gelten hat, hat das LG. angenommen, daß von den 20 Mark wöchentlich 10 Mark auf die Frau und 10 Mark auf den Kläger fallen. Der Beklagte selbst gründet diese Auffassung auf § 420. Allein wenn überhaupt hier ein Anwendungsfall des § 420 anzunehmen ist, so können doch nicht im Zweifel der Kläger und die Frau als zu gleichem Anteile berechtigt gelten. Es ist vielmehr klar, daß die Frau die bei weitem bedürftigere war. Es muß daher von den 20 Mark der größere Teil (3/4) auf die Frau fallen. M. M.

Dazu: **Änderung eines Unterhaltsvergleichs aus § 323 ZPO.**

OLG. München, IV. ZS. Urteil v. 6. Dezember 1912.

Der Beklagte war nach Scheidung seiner Ehe von dem Pfleger seiner Kinder Fritz und Martha auf Gewährung des Unterhalts verklagt und verglich sich unter Genehmigung des VormGerichts dahin, daß er seit 1903 den Kindern einen monatlichen Unterhaltsbeitrag von insgesamt 60 Mark zahlt. Hierbei wurde den Kindern das Recht vorbehalten, unter den Voraussetzungen des § 323 ZPO. eine entsprechende Abänderung des Vergleichs zu verlangen. Nach dem Tode des Mädchens zahlte Beklagter monatlich 30 Mark. Jetzt klagt der Pfleger des Fritz auf Erhöhung des Beitrags um 20 Mark und drang durch. Gründe:

Der Vergleich steht dem Klaganspruch nicht entgegen. Der gesetzliche Unterhaltsanspruch wird in jedem Augenblick, in welchem seine Voraussetzungen vorliegen, von neuem begründet. Nach § 1614¹ kann für die Zukunft auf den Unterhalt nicht verzichtet werden. Unwirksam ist deshalb ein Vergleich, der die Höhe des Unterhaltsbetrags festsetzt, insoferne dadurch auf den Teil des Unterhalts, um den der gesetzliche Unterhaltsbetrag den vergleichsweise festgesetzten übersteigt, verzichtet oder der gesetzliche Unterhaltsanspruch gemindert werden soll (RG. 50 S. 96, Gruchot 46 S. 945). Der

Vergleich hindert demnach den Kläger nicht, jederzeit den gesetzlichen Unterhaltsanspruch geltend zu machen. Überdies ist darin dem Kläger ausdrücklich das Recht vorbehalten, nach § 323 ZPO. Abänderung des Vergleichs zu verlangen. Davon, daß eine wesentliche Änderung i. S. des § 323 nur solche Umstände sollen begründen können, welche bei dem Vergleichsabschluß nicht bekannt und nicht voraussehbar waren, kann nicht die Rede sein. Maßgebend kann nur sein, welche Verhältnisse die Vergleichsschließenden berücksichtigt und welche zukünftige Änderungen sie vorerst außer Betracht gelassen haben. In dem damaligen Rechtsstreit verlangte der Pfleger für beide Kinder zusammen vorerst monatlich 70 Mark. Der Beklagte wollte nur 50 Mark bezahlen und machte geltend, daß damit der standesgemäße Unterhalt der kleinen Kinder reichlich bestritten werden könne und daß er bei seinen ungünstigen Vermögensverhältnissen zu einer höheren Leistung weder verpflichtet noch imstande sei. Im Vergleich einigte man sich auf 60 Mark für beide Kinder zusammen. Eine wesentliche Änderung ist schon allein durch den Tod des Mädchens eingetreten. Im Vergleich war der Unterhalt für beide Kinder zusammen festgesetzt und nicht ausgeschieden, wie viel auf jedes Kind entfiel. Unstreitig waren die Bedürfnisse beider Kinder verschieden, der Aufwand für den Knaben höher angeschlagen. Die Verwendung des im Vergleich festgesetzten Unterhaltsbetrags für das eine oder das andere Kind wurde offenbar dem Pfleger oder der Mutter überlassen. Bei dieser Sachlage kann man nicht sagen, daß infolge des Todes des Mädchens einfach der vergleichsmäßige Unterhaltsbetrag zur Hälfte wegfällt, vielmehr ist jetzt eine Neuregelung der Unterhaltspflicht erforderlich. Abgesehen davon war offensichtlich bei dem Vergleich beiderseits die große Jugend der Kinder bestimmend. Die Steigerung des Bedarfs der Kinder bei zunehmendem Lebensalter wurde im Vergleich nicht, wohl aber gerade durch die Aufnahme des Vorbehalts Rechnung getragen. Durch das Heranwachsen des Klägers zu einem 12jährigen Knaben ist eine wesentliche Veränderung der Verhältnisse herbeigeführt. Als solche muß auch die allgemeine Steigerung der Kosten für alle Lebensbedürfnisse angesehen werden. P.

x) **Anfechtungsklage des hier wohnenden Ausländers gegen die Ehelichkeit des hier wohnenden Kindes.**[1] **Zuständigkeit der deutschen Gerichte.**

Kammergericht, XII. ZS. Urteil v. 11. Oktober 1911.

Der Kläger ist von russischen Eltern hier geboren. Zwischen ihm und seiner Frau hat hier ein Scheidungsprozeß geschwebt, der wegen Unzuständig-

[1] Wird gegen eine minderjährige, im Geburtsregister als ehelich eingetragene Person und gegen ihren daselbst bezeichneten Vater auf Feststellung der Unehelichkeit des Kindes geklagt, so hat das VormGericht keinen Grund, dem Vater die Vertretung des Kindes für die Prozeßführung zu entziehen und einen Pfleger zu bestellen, sofern sich nicht aus besonderen Umständen ein Widerstreit der Interessen des Kindes und des Vaters ergibt (KG., Ia ZS. Beschluß v. 29. März 1912, Jahrb. 42 S. 20). — Handelt es sich dagegen um ein innerhalb

keit der deutschen Gerichte abgewiesen ist. Nunmehr ficht er die Ehelichkeit des von seiner Frau hier geborenen Kindes an, darauf gestützt, daß die Anfechtung der Ehelichkeit eines während der Ehe geborenen Kindes durch den Mann der Mutter nach russischem Recht allgemein zulässig sei, und zwar seien die Bezirksgerichte zuständig (Art. 1339ff., 1619ff. der ruff. ZPO.; Art. 122ff. des russ. Zivilkodex); mangels einer mit dem Deutschen Reich bestehenden Konvention über die Vollstreckbarkeit lieferten Urteile deutscher Gerichte lediglich für die darin beurkundeten Tatsachen in Rußland urkundlichen Beweis. Mit Unrecht hat das LG. für diesen Prozeß die Zuständigkeit der deutschen Gerichte auf Grund entsprechender Anwendung des § 606[4] ZPO. verneint. Nach dem in der Scheidungssache erstatteten Rechtsgutachten des russischen Justizministeriums werden allerdings in Rußland Entscheidungen von Gerichten der Länder, mit denen keine dahingehenden Übereinkommen bestehen, und mithin die Zuständigkeit dieser Gerichte nicht anerkannt; anders ist es nur, wenn sich dem entgegen in einem Gesetze ein besonderer Hinweis findet. Eine dem § 606[4] entsprechende Vorschrift ist jedoch für die Anfechtung der Ehelichkeit eines Kindes nicht gegeben. Nach § 641 finden eine Reihe von Vorschriften über das Verfahren in Ehesachen auch für Klagen der vorliegenden Art Anwendung; nicht zu diesen Vorschriften gehört aber der § 606. Das LG. erachtet es nicht für angängig, daß ein deutsches Gericht in einer Statussache von Ausländern ein Urteil fälle, das der Heimatsstaat nicht anerkennt. Dem ist nicht beizutreten. Einmal ist die Frage, inwieweit die inländischen Gerichte über Angelegenheiten von Ausländern zu entscheiden haben, grundsätzlich unabhängig davon, wie weit andere Länder die Rechtsprechung der inländischen Gerichte anerkennen (Bl. für vergl. Rechtswiss. 6 S. 94). Ferner gelangt an sich das deutsche Zivilprozeßrecht innerhalb seines räumlichen Geltungsbereiches gleichmäßig für In- und Ausländer zur Anwendung. Das gilt auch für die Zuständigkeit der deutschen Gerichte (Engelmann, Zivilprozeß 3 S. 63; Leske-Loewenfeld, Rechtsverf. 1 S. 732; Gaupp-Stein vor § 12 III). Wenn das Gesetz, besonders im § 606[4], eine Ausnahme macht, so berechtigt dies nicht, aus den Erwägungen des LG. hier eine entsprechende Anwendbarkeit dieser Bestimmungen zu folgern. Die Entstehungsgeschichte des § 606[4] spricht gerade deutlich gegen eine solche Ausdehnung. Das erhellt aus den Prot. der 2. Komm. 6 S. 669. Danach war ursprünglich beantragt, die jetzt ausgesprochene Beschränkung der Zuständigkeit inländischer Gerichte in Ehesachen für die Scheidungsklage „und die Anfechtungsklage" festzulegen. Gegen die letztere Ausdehnung wurde hervor-

302 Tage seit dem Tode des Mannes geborenes Kind, dessen Ehelichkeit jeder Beteiligte anfechten kann, so bedarf es der Regel nach keiner Einleitung einer Vormundschaft, da die Vermutung für die Ehelichkeit spricht und deshalb der Mutter die elterliche Gewalt zusteht. Ist aber vor dem Nachweise der Unehelichkeit die Führung eines Prozesses notwendig, in welchem das Kind einen auf die Behauptung unehelicher Abkunft gestützten Anspruch verfolgt, so bedarf es der Bestellung eines Pflegers, um den zwischen der gesetzlichen Vertretung und dem Inhalte der Klage bestehenden Widerspruch zu beseitigen (Beschl. v. 30. Nov. 1911, aO. 16).

gehoben, es dürfe einer Frau, die ihre deutsche Reichsangehörigkeit durch Verheiratung mit einem Ausländer verloren habe, wenn sie die Ehe anfechten wolle, im Inlande nicht zugemutet werden, ein ausländisches Gericht anzugehen. Daraufhin wurden die Worte „und die Anfechtungsklage" überhaupt gestrichen (aO. 672) und der Fall der Ausnahme von der Zuständigkeit deutscher Gerichte wurde demgemäß auf die Scheidungsklage beschränkt. Die Bestimmungen über die Anfechtung der Ehelichkeit, die ebenfalls erst von der Novelle geschaffen wurden, sind aber gerade im Anschluß an die Vorschriften gegeben, welche für die Anfechtung einer Ehe gelten (Hahn, Mat. 8 zu § 592). Unzutreffend führt auch das LG. aus, daß hier ein verurteilendes Erkenntnis, wenn es der Heimatsstaat nicht anerkenne, wirkungslos wäre. Durch ein dahingehendes Urteil eines inländischen Gerichtes würde die Rechtsstellung des Beklagten im Inlande, besonders in seinem Verhältnis zum Kläger, zB. hinsichtlich der gegenseitigen Unterhaltspflicht, wesentlich beeinflußt werden; es liegt deshalb auch ein Rechtsschutzinteresse vor.

Hiernach ist für die Zuständigkeit des inländischen Gerichts vorliegend unerheblich, welchem Staate die Parteien angehören (Seuffert 2 zu § 642: in §§ 641, 642 fehlt eine dem § 606[4] entsprechende „Beschränkung der Zuständigkeit"; Gaupp-Stein 2 zu § 642). Demgemäß ist das LG. für die Entscheidung des Prozesses zuständig. — Gegen die örtliche Zuständigkeit des LG. I in Berlin ergibt sich kein Bedenken. Dieses Gericht ist nach § 11 BGB. dasjenige des Wohnsitzes des Beklagten (§§ 12, 13 ZPO.). Die den Wohnsitz des ehelichen Kindes regelnde Bestimmung gilt, solange die Ehelichkeit noch nicht mit Erfolg angefochten ist. Die auf die §§ 7ff. und mithin des § 11 BGB. Bezug nehmenden Normen der ZPO. gelten auch für Ausländer. Der Wohnsitz des Beklagten ist ferner im Inlande begründet und deshalb nach deutschem Recht zu beurteilen. G. h.

y) **Verbleib des Kindes im Elternhause.**

Bayer. Oberstes Landesgericht, I. ZS. Beschluß v. 26. April 1912.

Das Recht der Sorge für die Person des Kindes ist — anders als die elterliche Nutznießung — den Eltern nicht in ihrem Interesse gegeben, sie haben es nur um des Kindes willen. Es ist nicht nur ihr Recht, sondern auch ihre Pflicht. Die Interessen des Kindes sind daher bei der Ausübung der Sorge für seine Person maßgebend. Freilich hat der Vater, solange das Kind in seiner Familie erzogen oder unterhalten wird, nach § 1617 Anspruch darauf, daß das Kind ohne Entgelt im elterlichen Haushalte Dienste leistet. Dieser Anspruch auf die Arbeit und die Dienste des Kindes ist jedoch nur eine Folge seines Aufenthaltes im Elternhause, nicht aber haben umgekehrt die Eltern einen Anspruch darauf, daß das Kind im Elternhause verbleibt, damit es ihnen Dienste leistet. Ob das Kind im Elternhause zu bleiben hat, bestimmt sich ausschließlich nach dem Interesse des Kindes. Th.

z) **Aussteueranspruch der Tochter nach § 1620. Einklagung durch ihren Mann.**

α) OLG. Braunschweig, I. ZS. Urteil v. 16. Februar 1912.

Nach § 1370 darf der Kläger die Aussteuerforderung, die zu dem eingebrachten Vermögen seiner Frau gehört, in eigenem Namen geltend machen. Da er jedoch nicht befugt ist, über die Forderung ohne Zustimmung der Frau zu verfügen (§§ 1375, 1370), so konnte er nicht auf Zahlung an sich klagen denn darin würde eine Verfügung über das Eingebrachte gelegen haben. Das hat Kläger auch nicht getan, vielmehr beantragt, an seine Frau, eventuell an beide Ehegatten zu zahlen.

Da der Vater der Frau des Klägers gestorben ist, so hat die vermögende beklagte Mutter eine Aussteuer zu gewähren. Sie bestreitet jedoch ihre Verpflichtung; denn ihre Tochter habe, als sie sich mit dem Kläger, einem Kunstmaler, verlobte, ihr großelterliches Erbteil mit der Begründung, sie wolle sich eine Aussteuer anschaffen und heiraten, herausverlangt, aber die ausgezahlten 7500 Mark nicht zu jenem Zwecke verwandt, sondern zunächst zwei Jahre lang mit dem Kläger in wilder Ehe gelebt und erst geheiratet, als das Geld anderweit verbraucht war. Aus diesen Umständen kann jedoch die Beklagte die Aussteuer nicht verweigern. Nach § 1620 ist der Anspruch ausgeschlossen, wenn die Tochter ein zur Beschaffung der Aussteuer ausreichendes Vermögen hat. Ob dieser Ausschließungsgrund vorliegt, richtet sich nach den Vermögensverhältnissen der Tochter zur Zeit der Eheschließung. Denn erst mit dieser kann der Anspruch auf Aussteuer überhaupt entstehen. Es kann daher auch nur nach den zu diesem Zeitpunkt obwaltenden Umständen beurteilt werden, ob die den Anspruch bedingende Bedürftigkeit der Tochter vorliegt oder nicht. Besitzt sie zu dieser Zeit kein Vermögen mehr, so ist sie — aus welchem Grunde es auch verbraucht sein mag — bedürftig und anspruchsberechtigt. Auf das Verhalten der Tochter kann der Aussteuerpflichtige nur nach § 1621 seine Weigerung stützen; auf diese (tatsächlich nicht begründeten) Ausnahmen hat sich jedoch die Beklagte nicht berufen und über sie hinaus kann die Gesetzesregel der Aussteuerverflichtung nicht eingeschränkt werden.

Die Verpflichtung der Beklagten beschränkt sich auf die Gewährung einer angemessenen Aussteuer — nach Maßgabe ihrer Vermögensverhältnisse und der Standesverhältnisse, in die die Tochter durch ihre Verheiratung gelangt ist. In letzterer Beziehung meint die Beklagte, daß die soziale Stellung des Klägers durch das voreheliche Zusammenleben nach den Grundsätzen, die vom Standpunkt der allgemeinen bürgerlichen — nicht einer Künstlermoral anzuwenden sind, gelitten habe, so daß er sich mit seiner Frau äußerst bescheiden einzurichten habe. Solche allgemeine Erwägungen sind nicht durchschlagend. Maßgebend ist, ob der Kläger durch die voreheliche Gemeinschaft in der menschlichen Gesellschaft, besonders bei seinen Standesgenossen, tatsächlich derart an Wert eingebüßt hat, daß ihm die soziale Stellung, die ihm sonst als Kunstmaler gebührt, nicht zukommt. Zu dieser Annahme, für die die Beklagte Tatsachen nicht angeführt hat, bieten die Umstände des

Falles keinen genügenden Anhalt. Nach dem Beweisergebnis muß dem Kläger die Stellung eines den besseren Ständen angehörenden Kunstmalers eingeräumt werden; er hat akademische Vorbildung genossen und verkehrt als Mitglied des Künstlervereins mit den Künstlern im Künstlerheim. Es ist damit zu rechnen, daß die soziale Stellung, die der Kläger zur Zeit seiner Eheschließung eingenommen hat, die nämliche gewesen ist. Innerhalb desselben Standes sind jedoch je nach den Vermögens- und Einkommensverhältnissen die Ansprüche, auch was die Einrichtung des Haushaltes betrifft, verschieden. ... Nach den vorliegenden Lebensverhältnissen erscheint eine Aussteuer von 4000 Mark, zu deren Leistung die Beklagte fähig ist, als vollkommen ausreichend und angemessen; auch entspricht es dem Interesse beider Teile, besonders bei Berücksichtigung der gegenseitigen Entfremdung in der Verschiedenheit ihres Wohnsitzes, wenn an Stelle der Aussteuergegenstände die zu deren Anschaffung nötige Geldsumme gewährt wird (JW. 1906 S 458). H.g.

Dazu: **Heiratsgutversprechen eines Ausländers.**

OLG. München, VI. ZS. Urteil vom 7. Februar 1912.

Der Kläger hat sich 1902 mit Grethe H., der Tochter der in Salzburg ansässigen Beklagten, verheiratet, nachdem die Brautleute vor dem Bayer. Notariate in T. einen Ehe- und Erbvertrag geschlossen und darin den gesetzlichen Güterstand des BGB. festgesetzt hatten. Nach der Eheschließung erklärten die Beklagten vor dem nämlichen Notare: „Wir stimmen dem von unserer Tochter abgeschlossenen Ehe- und Erbvertrage zu und verzichten auf das uns gegen unsere Tochter zustehende Pflichtteilsrecht." Der Kläger hat unter der Behauptung, daß die Beklagten bei der Eheschließung in Salzburg ihrer Tochter ein sofort fälliges Heiratsgut von 2000 Gulden versprochen, auf Zahlung von 3400 Mark geklagt und obgesiegt. Gründe:

Für die Frage, welches Recht auf die einseitige Vertragsobligation anzuwenden ist, die die Beklagten eingingen, ist nach der jetzt vorherrschenden Ansicht, wofern es wie hier an einem präsumtiven Parteiwillen dafür fehlt, das Personalstatut des Schuldners maßgebend (RG. 62, 380, Staudinger II C zu Art. 11 EG.). Da die Beklagten bei Eingehung der Obligation die österr. Staatsangehörigkeit besaßen und den Wohnsitz in Österreich hatten, ist das österr. Recht anzuwenden. Für die Form des Rechtsgeschäfts genügt jedoch nach Art. 11 EG. zum BGB. auch die Beobachtung der Gesetze des Ortes, an dem das Geschäft vorgenommen wurde. Nach österr. A. BGB. §§ 1217 f., 1225; Ges. v. 25. Juli 1871 § 1 bedarf ein Vertrag, der das Versprechen eines Heiratsgutes enthält, der notariellen Form. Ein allenfalls in Österreich vor dem Ehe- und Erbvertrag von 1902 und vor der notariellen Erklärung der Beklagten abgegebenes Heiratsgutversprechen würde also wegen Formmangels ungültig sein. In den notariellen Erklärungen ist aber das Versprechen eines Heiratsgutes nicht enthalten. Wohl aber hätten Beklagte gemäß Art. 11 EG. im Deutschen Reiche formlos dem Kläger versprechen können, für ihre Tochter ein Heiratsgut zu geben; denn nach

BGB. bedarf das Versprechen einer Ausstattung zu seiner Wirksamkeit keiner Form.

Der Kläger behauptet in zweiter Instanz, ohne daß der hierin liegenden Klagänderung widersprochen ist, Beklagte hätten ihm auch 1909, als er mit ihnen von O. nach St. ging, die Auszahlung eines Heiratsgutes von 2000 Gulden versprochen. Diese Behauptung ist, da es ein im Deutschen Reiche abgegebenes neues selbständiges Versprechen einer Ausstattung bedeutet, erheblich. Haben sie dieses Versprechen abgegeben, so sind sie gemäß § 1225 öst. ABGB., Art. 11 EG. schuldig, dem Kläger das versprochene Heiratsgut zu gewähren; der Kläger kann nach dem angef. § 1225 selbständig, ohne Beitritt seiner Frau, fordern, daß ihm das Heiratsgut gewährt werde. P.n

β) **Form und Widerruflichkeit des Ausstattungsversprechens.**

OLG. Marienwerder, I. ZS. Urteil v. 11. Dezember 1911.

Die Frau des Klägers ist eine Nichte der Frau des Beklagten. Unter Berücksichtigung dieses Schwägerschaftsverhältnisses und der sonstigen Sachlage kann das mündliche Ausstattungsversprechen des Beklagten nicht als Gegenleistung zu dem Eheversprechen des Klägers, also als Teil eines gegenseitigen Vertrages, angesehen werden. Es ist nicht zur Herbeiführung oder Beförderung der Eheschließung, sondern nur aus Anlaß des unabhängig davon gegebenen Eheversprechens abgegeben. Es handelt sich sonach um ein freies Schenkungsversprechen, das mangels der Form des § 518 unwirksam ist. Jedenfalls ist das Versprechen gültig widerrufen. Wird nämlich eine Ausstattung einem Verlobten gegenüber oder auch schon vor der Verlobung versprochen, wenn die Absicht der Eheschließung mit einer bestimmten Persönlichkeit besteht, so ist regelmäßig das Versprechen nur mit Rücksicht auf diesen bestimmten, bei seiner Abgabe in Aussicht genommenen Eheschluß abgegeben. Daß hier von der Regel abgewichen sei, ist nicht ersichtlich. Danach gilt hier das Versprechen für die Ehe der Nichte mit einem selbständigen Kaufmann und Inhaber eines Drogengeschäftes, von dem anzunehmen war, daß er aus dessen Einkünften sich und seine Familie zu ernähren imstande sei. Durch den Konkurs des Klägers wurde es offenbar, daß Beklagter sich hierin geirrt hatte. Dadurch war die vom Beklagten als Voraussetzung für den Eheschluß angenommene Grundlage weggefallen. Bei verständiger Würdigung der Sachlage konnte ihm unter den neuen Verhältnissen die Eheschließung nicht mehr erwünscht erscheinen. Ihm mußte sonach das Recht zustehen, sein Versprechen einseitig zu widerrufen. Wenn später die persönlichen Beziehungen zwischen den Parteien von neuem angeknüpft wurden und auch die Heirat erfolgte, so kam diese Heirat auf gänzlich veränderter Grundlage zustande und konnte das längst erledigte frühere Ausstattungsversprechen nicht von neuem wirksam machen, zumal es nicht wiederholt worden ist. Wgr.

γ) **Darf der Pfleger minderjähriger Hauskinder von ihrem Vater den mütterlichen Nachlaß verlangen?**

Kammergericht, III. ZS. Urteil v. 5. Januar 1912.

Der Beklagte hat sich nach dem Tode seiner Frau mit seinen 4 minderjährigen Kindern, den Klägern, auseinandergesetzt. Da das Vermögen der Kläger gefährdet erschien, wurde ihnen ein Pfleger „zur Wahrnehmung ihrer Rechte am mütterlichen Nachlasse" bestellt. Seine Klage auf Herausgabe des Nachlasses ist unbegründet. Der Beklagte als Gewalthaber hat nach §§ 1627, 1649 das Kindesvermögen zu verwalten und ist deshalb berechtigt, die dazu gehörigen Sachen zu besitzen und die Herausgabe an einen Dritten, damit dieser sie verwalte, zu verweigern. Allerdings erstreckt sich dieses Recht nach § 1628 nicht auf solche Angelegenheiten, für die dem Kinde ein Pfleger bestellt ist, und nach § 1630² kann das VormGericht dem Vater aus § 1796 die Vertretung entziehen, wie es denn auch hier eine Pflegschaft über die Kinder eingeleitet hat. Allein dadurch ist dem Beklagten nicht die Vermögensverwaltung entzogen. Nach § 1628 hat zwar, wenn dem Kinde für einzelne Angelegenheiten ein Pfleger bestellt ist, insoweit der Vater nicht das Recht der Fürsorge, aber in welchen Fällen die Befugnisse des Vaters durch Einsetzung eines Pflegers eingeengt werden dürfen, ist in § 1628 nicht bestimmt. Anders verhält es sich mit § 1630², der auf § 1796 verweist; danach kann das Gericht den Vormund in einzelnen Angelegenheiten ohne besondere gesetzliche Voraussetzungen beschränken, wenn widerstreitende Interessen sich gegenüberstehen. Hierbei ist aber zu beachten, daß § 1630 und ebenso § 1796 nur von der Vertretung sprechen. Diese aber fällt nicht mit dem Rechte der Vermögensverwaltung zusammen, vielmehr bildet erstere nur einen Teil des letzteren. Hieraus folgt, daß in der Entziehung der Vertretung noch nicht die der Vermögensverwaltung liegt und daß aus § 1630 sich nicht ergibt, wann dem Gewalthaber die letztere entzogen werden könne. Diese Voraussetzungen sind in anderm Zusammenhange durch §§ 1666², 1667, 1668 und 1670 geregelt. Auf Grund keiner dieser Bestimmungen ist hier aber die Verwaltungsbefugnis dem Beklagten entzogen worden: Bei der Verpflichtung des Pflegers ist ausdrücklich nur von der „Vertretung" die Rede, es heißt in dem Protokoll, daß die Bestellung zwecks Vertretung in ihren Ansprüchen auf das Muttererbe gegen ihren Vater geschehe, und der VormRichter hat noch besonders in den Akten vermerkt, daß er die Entziehung der Vermögensverwaltung nicht beabsichtigt habe, daß er sie für die Zwecke des Prozesses auch nicht für erforderlich halte, ihm vielmehr die Bestellung eines Pflegers gemäß § 1909 als ausreichend erschien. Gründe für diese Auffassung, durch die er sich in bewußten Gegensatz zu der ihm bekannten Ansicht des Senats stellte, hat er nicht angegeben.

Daß der Kläger A. inzwischen volljährig geworden, ist für den gegenwärtigen Prozeß ohne Bedeutung. Denn da die vier Kläger sich noch in ungeteilter Erbengemeinschaft befinden, die Vermögensstücke aber, deren Herausgabe verlangt wird, zur Erbschaft gehören, so läßt sich ein bestimmter Anteil des Klägers A. an den einzelnen Gegenständen nicht aussondern. Sollte er aber hier nach § 2039 die Ansprüche der sämtlichen Erben geltend machen dürfen, so würde er in das Verwaltungsrecht des Beklagten, das ihm gegenüber den andern Klägern noch unstreitig zusteht, in unzulässiger Weise eingreifen. K. ch.

δ) **Regelung des persönlichen Verkehrs auf Antrag:** α) **des für schuldig an der Scheidung erklärten Vaters.**[1]

OLG. Braunschweig, I. ZS. Beschluß v. 24. Mai 1912.

Das VormGericht hat den Verkehr des durch sein Verschulden geschiedenen A. mit seinen beiden minderjährigen Kindern dahin geregelt, daß er 1. bei seiner Anwesenheit hier die Kinder einen um den andern Tag auf je zwei Stunden in der mütterlichen Wohnung besuchen, 2. ihnen zu ihren Geburtstagen, zu Weihnachten, Neujahr, Ostern und Pfingsten, sowie außerdem in jedem Vierteljahre einmal schreiben darf. Auf Beschwerde des A. wurde die Nr. 1 aufgehoben und angeordnet: 1. Der Beschwerdeführer darf jährlich während der Sommerferien mit seinen Kindern auf 14 Tage ein Nord- oder Ostseebad besuchen. 2. Die Kinder haben in den Weihnachts- und in den Osterferien den Beschwerdeführer an je zwei Nachmittagen in der hiesigen Wohnung seiner Mutter, die die Tage bestimmt, von 2 Uhr an bis zum Abend zu besuchen; jedoch darf dazu immer nur der eine der beiden Festtage gewählt werden. Ihm bleibt überlassen, an diesen Nachmittagen mit seinen Kindern einen Ausflug in die nähere oder weitere Umgebung Braunschweigs zu Fuß oder unter Benutzung eines Beförderungsmittels zu unternehmen. Diese Zusammenkünfte dürfen nur in Gegenwart seiner Mutter, seiner Schwester oder seines Bruders stattfinden. Die weitere Beschwerde der Mutter der Kinder ist zulässig. Da an der Scheidung der Mann die alleinige Schuld trägt, so steht nach § 1635 der Frau die Sorge für die Person der beiden Kinder zu. Ihr Fürsorgerecht ist durch die dem Vater nach § 1636 zustehende Befugnis beschränkt, mit den Kindern persönlich zu verkehren. Die näheren Bestimmungen über die Art dieses Verkehrs hat das VormGericht zu treffen. Wird bei der Regelung über die Grenzen der dem schuldigen Teil zustehenden Verkehrsbefugnis hinausgegangen, so erleiden die Rechte des fürsorgepflichtigen Elternteils eine Beeinträchtigung, die ihn nach § 20 FrGG. zur Beschwerde, oder wenn die Beeinträchtigung in der Beschwerdeinstanz erfolgt ist, zur weiteren Beschwerde berechtigen. Die Aktivlegitimation der Frau A. ist daher nicht zu beanstanden. Sie würde sich auch aus § 57 Nr. 9 FrGG. insofern ergeben, als der durch das LG. geregelte Verkehr zwischen Vater und Kindern zu den die Sorge für die Person der Kinder betreffenden Angelegenheiten gehört, an deren Wahrnehmung die Mutter kraft ihres Fürsorgerechts ein berechtigtes Interesse hat.

---

[1] Das VormGericht hat nur die Art des Verkehrs näher zu regeln, es darf aber nicht den Verkehr davon abhängig machen, daß der nicht sorgeberechtigte Elternteil die Erfüllung seiner Unterhaltspflicht nachweist (KG., Ia ZS. Beschluß v. 16. Februar 1912, RJA. 12 S. 3). — Die Anordnung des VormGerichts bindet auch das Prozeßgericht (OLG. Posen, I. ZS. Beschluß v. 18. April 1912, MSchr. 59).

In der Sache ist zunächst der § 12 FrGG. nicht dadurch verletzt, daß der Beschwerdeführerin nicht persönliches Gehör gewährt wurde. Eine gesetzliche Verpflichtung, im Fall der Verkehrsregelung nach § 1636 den fürsorgeberechtigten Elternteil zu hören, besteht nicht. Nach § 1673 soll das Gericht vor einer Entscheidung, durch die die Sorge für die Person des Kindes dem Vater entzogen oder beschränkt wird, den Vater und, wenn möglich, auch die Mutter hören. Aber um eine solche Entscheidung handelt es sich im Fall des § 1636 nicht. Es steht lediglich im pflichtmäßigen Ermessen, ob und in welcher Form der fürsorgeberechtigte Elternteil bei der Verkehrsregelung nach § 1636 gehört werden soll. Auf mündliche Anhörung hat er keinen Anspruch, selbst wenn der andere Teil persönlich vernommen sein sollte. Das LG. hat der Frau A., nachdem sie schon vor dem VormGericht ausgiebig schriftlich und mündlich zu Worte gekommen ist, die Beschwerdeschrift des Mannes mitgeteilt, worauf sie sich durch ihren Anwalt in einem umfänglichen Schriftsatz erklärt hat. Ihre Erklärungen hat das LG. geprüft. Eine Gesetzesverletzung ist in diesem Verfahren nicht zu finden. Die Beschwerde kann auch nicht darauf gestützt werden, daß zu der Vernehmung des Zeugen der Anwalt der Beschwerdeführerin erst am Tage zuvor geladen, sie selbst aber gänzlich ohne Nachricht geblieben ist. Es kann dahingestellt bleiben, ob auf das Amtsverfahren der freiwilligen Gerichtsbarkeit der § 357 ZPO. Anwendung findet, und ob die Beteiligten zu dem Beweisaufnahmetermin geladen werden müssen (s. dagegen RG. 63 S. 275; KG. RJA. 4 S. 1; a. M. Jastrow FrGG. S. 332). Denn im Termine ist die Beschwerdeführerin nicht unvertreten gewesen. Für sie ist ihr geladener Anwalt erschienen. Er hat, ohne die Verspätung der Ladung zu rügen, ihre Rechte wahrgenommen. Dadurch ist sie eines etwaigen Beschwerderechts verlustig gegangen.

Es ist weiter zu prüfen, ob die sachliche Entscheidung auf einer Verletzung des Gesetzes beruht. Die Regelung des schriftlichen Verkehrs durch das VormGericht ist nicht angefochten. Übrigens ist die Ansicht des LG., daß der persönliche Verkehr nach § 1636 nicht den brieflichen umfasse, nicht richtig. Der § 1636 unterscheidet zwischen der Sorge für die Person des Kindes und dem Verkehr mit der Person des Kindes. Ein Verkehr ist ebensowohl schriftlich wie mündlich möglich und es kann sich die Notwendigkeit eines Eingreifens des VormGerichtes ebensowohl für den Schriftwechsel, wie für den unmittelbaren Umgang herausstellen, denn auch durch Briefwechsel kann in das Erziehungsrecht des unschuldigen Teils eingegriffen werden. Den unmittelbaren Verkehr durch Zusammenkünfte hat das LG. in zwei Richtungen weit über die von dem VormGerichte gesteckten Grenzen dadurch ausgedehnt, daß der Vater mit den Kindern in den Sommerferien reisen darf und daß während seiner hiesigen Anwesenheit die Zusammenkünfte nicht in der Wohnung der Mutter der Kinder, sondern bei der väterlichen Großmutter stattfinden. In dieser letzten Beziehung liegt kein Beschwerdegrund. Während es bei dem unheilbaren Riß zwischen den geschiedenen Ehegatten für den Vater einer Versagung des Verkehrs mit seinen Kindern nahezu gleich kommen würde, wenn er sich zu diesem Zweck in die Wohnung der geschiedenen Frau begeben müßte, widerstrebt der vom LG. eingeschlagene Weg weder dem Interesse der Kinder, die den anormalen Zustand weniger drückend empfinden werden, wenn sie mit dem Vater bei dessen Mutter zusammenkommen, noch dem Rechte der Mutter. Sie hat gegen die Persönlichkeit der Mutter A.s ernstliche Bedenken nicht vorbringen können. Sie hat nicht bestritten, daß sie mit ihr zunächst nach der Scheidung in freundschaftlichem Verkehr geblieben ist. Wenn sie ihn jetzt abgebrochen hat, so hat sie keinen andern Grund angegeben, als daß bei verschiedenen Gelegenheiten Partei für den geschiedenen Mann genommen sei und daß die Mitglieder der Familie A. ihr gegenüber die Stellung einnehmen, als ob sie an der Scheidung schuld habe. Bestimmte Tatsachen, aus denen zu folgern wäre, daß durch die angefochtenen Maßregeln ihr Fürsorgerecht beeinträchtigt werden würde, hat sie nicht behauptet. Ihre allgemeine Bemerkung, sie bringe den Angehörigen der Familie A. das Vertrauen auf eine gute Beeinflussung der Kinder nicht entgegen, reicht dazu nicht aus. Die Regelung gibt auch hinsichtlich der Zeit und der sonstigen näheren Bestimmungen keinen Anlaß zu rechtlichem Bedenken

Dagegen stellt sich die Anordnung des LG., soweit sie dem Vater Badereisen mit den Kindern gestattet, als ein unzulässiger Eingriff in die Rechte der Mutter dar. Der Verkehr zwischen dem schuldigen Teil und den Kindern darf nur in solcher Weise geordnet werden, daß dadurch der unschuldige Teil in seinem Rechte, für das persönliche Wohl und Gedeihen der Kinder in körperlicher, geistiger und auch in moralischer Hinsicht zu sorgen, nicht beeinträchtigt wird und daß die ihm kraft des Rechts und der Pflicht der Erziehung zukommende Stellung keine Einbuße erleidet. Bei der Regelung ist die Persönlichkeit des an der Scheidung Schuldigen und der Grund seiner Schuld nicht außer Acht zu lassen. Es mag hier auf sich beruhen, ob Gefahr besteht, daß der Vater, der in Zentralasien ein kaufmännisches Geschäft betreibt und in Wien seinen Wohnsitz hat, die Gelegenheit der Badereisen dazu benutzen werde, die Kinder ins Ausland zu entführen. Begründet ist jedenfalls die Besorgnis, daß die Kinder ihrer Mutter in einer die Erziehung erschwerenden Weise entfremdet werden, wenn sie während beträchtlicher Zeit in den Ferien dem Machtbereiche der Mutter und ihrem persönlichen Einflusse gänzlich entzogen werden. Zu dieser Annahme liegt um so mehr Anlaß vor, als der Vater die Neigung zu derartigen, die Mutter in den Augen der Kinder zurücksetzenden Übergriffen dadurch bereits an den Tag gelegt hat, daß er auf einer Postkarte an den Sohn bemerkt hat: „Vergiß nie, daß ich es bin, der für Dich arbeitet und für Dich denkt." Die Besorgnis einer mehr oder weniger bewußten und gewollten Einwirkung zum Nachteil der Mutter wird auch dadurch, daß nach Anordnung des LG. Mitglieder der Familie A. sich an der Reise zu beteiligen haben, nicht mit Erfolg, weil praktisch undurchführbar, beseitigt. Vornehmlich aber fallen die Bedenken ins Gewicht, die sich daraus ergeben, daß der Vater mit der unv. X., mit der er die Ehe gebrochen hat, in außerehelicher Gemeinschaft zusammenlebt und mehrere Kinder erzeugt hat. Mag auch der Vater unmittelbare persönliche Berührungen in dieser Beziehung im Interesse seiner ehelichen Kinder verhüten, so hält es doch das Gericht für unausbleiblich, daß die Kinder bei längerem engen Zusammensein einen Blick in Verhältnisse tun, deren Kenntnis ihnen vorzuenthalten die Mutter kraft ihres Erziehungsrechts ein berechtigtes Interesse hat. Wenn aus diesen Gründen den Wünschen des Vaters, durch Reisen mit seinen Kindern der gegenseitigen Entfremdung entgegenzuwirken, nicht entsprochen werden kann, so hat er diese Folge seinem ehewidrigen Verhalten zuzuschreiben. Die Rechte der Mutter und das Wohl der Kinder können unter dem Verlangen des Vaters nicht leiden. H.g.

ε) Bayer. Oberstes Landesgericht, I. ZS. Beschluß v. 3. Januar 1913.

Der § 1635 S. 1 weist dem unschuldigen Ehegatten die Sorge für die Person der Kinder nicht um des unschuldigen Teiles willen zu, sondern weil das Gesetz bei ihm die Kinder am besten für versorgt betrachtet. Dem Satz 2 ist der allgemeine Grundsatz zu entnehmen, daß bei allen das Verhältnis der Kinder zu ihren geschiedenen Eltern betreffenden Anordnungen das Vorm.-Gericht zunächst das Wohl der Kinder zu berücksichtigen hat. Soweit dieses zuläßt, darf das natürliche Recht des schuldigen Eheteils, mit den Kindern persönlich zu verkehren, nicht ohne Grund geschmälert werden. Insbesondere muß auch dem schuldigen Ehegatten der persönliche Verkehr mit seinen Kindern in einem Maße gestattet werden, daß eine Entfremdung zwischen ihm und den Kindern nicht zu befürchten ist (ObLG. Samml. 7 S. 249). Grundsätzlich unzulässig ist nicht, daß die Kinder, um mit dem an der Scheidung schuldigen Elternteile persönlich zu verkehren, auf einige Zeit von dem Orte, den ihnen der unschuldige Elternteil als ihren Aufenthalt bestimmt hat (§ 1631), sich entfernen. Insbesondere sind Rechtslehre und Rechtsprechung darin einig, daß auf Grund des § 1636 auch Reisen der Kinder an den Wohnort des schuldigen Gatten und längeres — sogar mehrwöchentliches — Verweilen bei diesem Gatten gestattet werden dürfen (Rsp. 2 S. 348, 3 S. 370, 9 S. 458; Samml. 10 S. 350). Th.

ζ) des sorgeberechtigten Elternteils, der tatsächlich vom Kinde getrennt lebt.

Kammergericht, Ia. ZS. Beschluß v. 31. Januar 1913.

Die Mutter, der nach § 1635[1] das Personensorgerecht zusteht, verlangt Regelung ihres persönlichen Verkehrs mit ihrer bei den Großeltern des Mannes befindlichen Tochter Anna. Das VormGericht hat demgemäß auf Grund des § 1636 die Mutter für berechtigt erklärt, das Kind an bestimmten Tagen in der Wohnung ihrer Schwester, Frau Schulz, zu sehen und zu sprechen, und dem Vater unter Androhung einer Ordnungsstrafe von 10 Mark für jeden Fall der Zuwiderhandlung auferlegt, das Kind zu Frau Schulz zu schicken. Die Mutter verkennt nicht, daß der § 1636 hier keine unmittelbare

Anwendung findet, da ihr das Sorgerecht zusteht. Sie meint aber, daß die Vorschrift analog angewendet werden müsse. Dem kann jedoch nicht gefolgt werden. Allerdings muß der Grund des Gesetzes über den Wortlaut hinaus gesucht werden und überschreitet, wenn eine Bestimmung sich als Ausfluß eines allgemeinen Grundsatzes darstellt, die Auslegung nicht die ihr gezogenen Grenzen, indem sie diesen Grundsatz voll zur Geltung bringt (vgl. Eccius, Privatr. 1 S. 74 § 13; RGKomm. 3 vor § 1). Aber für die Fälle der vorliegenden Art erscheint die Folgerung unberechtigt, daß der Gesetzgeber auch diese Fälle der im § 1636 getroffenen Entscheidung unterworfen haben würde. Das Recht des Ehegatten, mit dem Kinde persönlich zu verkehren, ist (vgl. Jahrb. 37 A S. 30, 41 S. 13) weder ein Ausfluß der Sorge für die Person des Kindes noch überhaupt ein Bestandteil der elterlichen Gewalt, sondern entspringt dem zwischen Eltern und Kindern bestehenden nahen Verwandtschaftsverhältnisse. Dieses letztere bedingt, daß kein Elternteil von dem Verkehr mit seinem Kinde ganz ausgeschlossen werden kann. Daß dieses Recht eines jeden der Ehegatten auch nach der Scheidung fortbesteht, folgt eigentlich schon aus dem Fortbestehen des Verwandtschaftsverhältnisses. Der Gesetzgeber hat es aber für angezeigt erachtet, hinsichtlich desjenigen Ehegatten, dem nach § 1635 die Sorge für die Person des Kindes nicht zusteht, auszusprechen, daß er die Befugnis, mit dem Kinde persönlich zu verkehren, behält (vgl. Motive 4 S. 628), während ein solcher Ausspruch hinsichtlich des sorgeberechtigten Elternteils als zu selbstverständlich fortgeblieben ist. Das Recht, über den Verkehr des Kindes mit anderen Personen das Geeignete zu bestimmen, ist Gegenstand der Personensorge (§ 1631 [1]). Dieses Recht des sorgeberechtigten Elternteils ist durch die Befugnis des anderen zum persönlichen Verkehr mit dem Kinde beschränkt (RJA. 4 S. 138; Jahrb. 41 S. 13). Die Festlegung des Inhalts der letztgenannten Befugnis, für den konkreten Fall die nähere Regelung des Verkehrs, ist nach Satz 2 § 1636 der Zuständigkeit des VormGerichts unterworfen. Streiten sich die Eltern über die nähere Regelung des persönlichen Verkehrs des nicht sorgeberechtigten Elternteils mit dem Kinde, also über den Umfang und die Art der Beschränkung des Personensorgerechts des sorgeberechtigten Elternteils, so soll dieser Streit im Beschlußverfahren vor dem VormRichter ausgetragen werden, das für derartige Streitigkeiten geeigneter ist als das Prozeßverfahren und das vermöge des Offizialprinzips volle Gewähr dafür bietet, daß die bei der Regelung des Verkehrs der Eltern mit den Kindern obenan stehende Rücksicht auf das Wohl der Kinder zur Geltung gelangt (RG. 63 S. 238). Das ist der gesetzgeberische Gedanke und ihm ist RG. 69 S. 94 dadurch gerecht geworden, daß es die in § 1636 Satz 2 bestimmte Zuständigkeit auch bei noch bestehender Ehe für anwendbar erklärt hat, sofern die häusliche Gemeinschaft für nicht absehbare Zeit aufgehoben ist. Dagegen kann aus § 1636 Satz 2 nicht der allgemeine Grundsatz entnommen werden, daß das VormGericht allgemein zu einer Verkehrsregelung in den Fällen befugt sein soll, wo ein Elternteil tatsächlich von seinem Kinde getrennt lebt. Wie der sorgeberechtigte Elternteil seinen persönlichen Verkehr mit dem Kinde regelt, ist ausschließlich seinem Ermessen überlassen, da er über diesen Verkehr ausschließlich zu befinden hat. Übt er dieses Recht in einer das Kindeswohl schädigenden oder gefährdenden Weise aus, so kann dies das VormGericht veranlassen, gemäß § 1666 einzuschreiten. Solange dies aber nicht der Fall ist, kann eine Anordnung des Gerichts überhaupt nicht getroffen werden. Denn da eine Beschränkung des sorgeberechtigten Teils durch das eigene Verkehrsrecht begrifflich ausgeschlossen ist, so fällt damit auch jede Möglichkeit eines Streites über den Inhalt einer derartigen Beschränkung. Daß aus § 1636 Satz 2 nicht der allgemeine Grundsatz entnommen werden darf, daß das Gericht allgemein den Verkehr der Eltern mit den Kindern regeln kann, folgt auch daraus, daß eine Anordnung, die den Verkehr des sorgeberechtigten Teils mit dem Kinde regelt, in das Personensorgerecht dieses Teils eingreift. Solche Eingriffe hat aber das Gesetz nur in den von ihm ausdrücklich zugelassenen Fällen, besonders im Falle des § 1666[1] gestattet. Wäre mit § 1636 Satz 2 beabsichtigt, dem Gericht einen Eingriff in die Personensorge des sorgeberechtigten Teils zu übertragen, so hätte dies unzweideutig bestimmt werden müssen. Dieses Bedenken wird auch nicht dadurch beseitigt, daß hier der sorgeberechtigte Ehegatte selbst die Verkehrsregelung beantragt hat. Denn da der § 1636 Satz 2 keinen Antrag voraussetzt und das Gericht daher auch auf Anregung des nicht sorgeberechtigten Elternteils einschreiten müßte, so würde eine Ausdehnung auf die Fälle der vorliegenden Art immer als eine Einschränkung des sorgeberechtigten Elternteils angesehen werden müssen. Daß das Gesetz dies gewollt hat, kann nicht angenommen werden. Es kommt aber auch noch hinzu, daß eine mit dem Imperium ausgestattete Behörde die Macht haben muß, ihre gesetzlich erlassenen Verfügungen nötigenfalls im Wege des Zwanges durchzuführen (vgl. Nußbaum: BuschZ. 29 S. 441). Solche Zwangsmittel stehen für Anordnungen aus § 1636 in den Art. 15—17 preuß. FrG. zur Verfügung. Befindet sich das Kind nach Trennung der Ehe bei dem nicht sorgeberechtigten Elternteil mit Wissen und Willen des andern Teils in Pflege, so liegt darin eine Übertragung der Ausübung der Sorge (vgl. Planck 11 zu § 1634). Des Sorgerechts selbst konnte sich der nach dem Gesetz sorgeberechtigte Ehegatte nicht entschlagen (RG. 60 S. 266, JW. 1903 Beil. S. 82; Bay. ObLG. Recht 1904 S. 449 Nr. 1838). Der nach Art. 15 bis 17 preuß. FrG. vom VormGericht auszuübende Zwang kann sich aber stets nur gegen denjenigen Ehegatten richten, dem rechtlich die Personensorge zusteht, nicht auch gegen denjenigen, dem die Personensorge nur tatsächlich der Ausübung nach übertragen ist. Hier hat das VormGericht eine Handlung dem Vater auferlegt, obwohl ihm weder das Personensorgerecht zustand noch ihm übertragen war. Das Kind befindet sich nämlich nicht bei dem Vater, sondern bei dessen Eltern in Pflege. Gegenüber Dritten kann das VormGericht keinen Zwang ausüben (vgl. Nußbaum aO. 461), zur Ausübung eines

Zwangs gegen den Vater liegt kein Grund vor, da ihm weder das Personensorgerecht zusteht, noch der Ausübung nach übertragen ist. Anordnungen aber zu erlassen, die zwangsweise nicht durchgesetzt werden können, darf im Interesse des Ansehens einer Behörde dem VormGericht nicht zugemutet werden.

Wie die Mutter ihr Verkehrsrecht ihrer Tochter gegenüber ausüben will, muß ihr überlassen bleiben. Ob ihr gegen die Eltern des Vaters auf Gestatten des Verkehrs die Klage zusteht, braucht hier nicht erörtert zu werden. Denn, auch wenn das Prozeßgericht sie nicht zuließe, würde dies das VormGericht noch nicht berechtigen, seine Zuständigkeit in einem Falle anzunehmen, in welchem das Gesetz sie ihm nicht zugewiesen hat. In jedem Falle kann die Mutter ihr Verkehrsrecht dadurch verwirklichen, daß sie das Kind von den Großeltern fortnimmt und an anderer Stelle unterbringt. Will sie das nicht tun, so muß sie sich den Anordnungen der Großeltern fügen, die diese im Interesse des Kindes für notwendig erachten. J.g.

η) **ausländischer Ehegatten.**

Kammergericht, I. ZS. Beschluß v. 7. Februar 1913.

Eine Zuständigkeit der deutschen VormGerichte zum Einschreiten Ausländern gegenüber ist im EG. Art. 23 ausdrücklich ausgesprochen, doch nur für einen bestimmten Kreis von Verrichtungen. Wie im Jahrb. 37 S. 32 ausführlich dargelegt ist, läßt sich die Tätigkeit der deutschen VormGerichte in drei Gruppen teilen: a) in eigentliche Vormundschaftssachen, welche die Fürsorge durch Anordnung und Leitung von Vormundschaften und Pflegeschaften zum Gegenstande haben; b) in vorläufige Maßnahmen, besonderes einstw. Anordnungen, die irgendwie der Fürsorge für schutzbedürftige Ausländer dienen sollen; c) in Anordnungen über familienrechtliche Angelegenheiten, die nicht auf den Schutz hilfsbedürftiger Personen abzielen, sondern lediglich aus Zweckmäßigkeitsgründen vom deutschen Gesetzgeber nicht dem Prozeß-, sondern dem VormGericht zugewiesen sind, das insoweit nicht als „VormGericht" im international-rechtlichen Sinne, sondern als „Familienrechtsgericht" (Jahrb. 37 S. 34) oder „Verwaltungsgericht" (RG. 63 S. 238) entscheidet. Welche Maßnahmen im einzelnen unter die Gruppe b) fallen, und ob sie unter der Zuständigkeitsnorm des Art. 23 stehen, kann zweifelhaft sein. Bejaht ist die Anwendbarkeit des Art. 23 auf Maßnahmen aus § 1666 (Jahrb. 32 S. 23), ebenso auf die vorläufige Unterbringung im preuß. Fürsorgeerziehungsverfahren (23 S. 34), aber auch auf Entscheidungen über die religiöse Erziehung (31 S. 49). Dagegen kann nicht zweifelhaft sein, daß eine unter die Gruppe c) fallende Tätigkeit des VormGerichts nicht dem Art. 23 untersteht, da die international-privatrechtlichen Erwägungen, die dieser Vorschrift zugrunde liegen, hier nicht zutreffen. Der Gruppe c) sind auch Verkehrsregelungen des VormGerichts nach § 1636 zu unterstellen, da diese nicht der Fürsorge für schutzbedürftige Kinder, sondern der Verwirklichung elterlicher Privatrechte dienen. Diese Verrichtungen stehen daher, falls nicht besondere Gesichtspunkte der Fürsorge für schutzbedürftige Kinder (§§ 1666, 1686) hinzukommen, nicht unter der Norm des Art. 23 EG. Jahrb. 37 S. 38, 39; RGKomm. 6 vor § 1616), wengleich auch hier das Interesse der Kinder von Amts wegen mit zu berücksichtigen ist (RG. 63 S. 239). Läßt sich hiernach eine Zuständigkeit der deutschen VormGerichte zur Regelung des Verkehrs ausländischer Ehegatten mit ihrem Kinde nicht aus Art. 23 EG. herleiten, so folgt anderseits auch aus § 1636 selbst, daß die deutschen VormGerichte für die Regelung eines derartigen Verkehrs unzuständig sind.

Schon durch grammatische Auslegung des § 1636 ist davon auszugehen, daß die Zuständigkeitsnorm des Satz 2 untrennbar mit der materiellen Norm des Satz 1 verbunden ist, dh. daß die Zuständigkeit des VormGerichts nur für die Regelung eines aus der materiellen Norm des Satz 1 fließenden Verkehrsrechts gegeben ist. Dies wird bestätigt, wenn man die Tragweite der Vorschrift weiterverfolgt. Nur zu einer „näheren Regelung" des Verkehrs ist das VormGericht zuständig. Es folgt hieraus, daß es den Verkehr des nicht sorgeberechtigten Elternteils — und, nach Ausdehnung des § 1636 auf bestehende Ehen (RG. 69 S. 94; Jahrb. 39 S. 3): des getrennt lebenden Ehegatten — mit dem bei dem anderen Elternteil sich aufhaltenden Kinde nicht gänzlich ausschließen und umgekehrt dem nur verkehrsberechtigten Teil das Kind nicht gänzlich überweisen darf. Aus der Zuständigkeit gerade des VormGerichts, als einer über dem Kinderinteresse wachenden Behörde, und aus dem Zwecke, welcher der Zuweisung mannigfacher familienrechtlicher Streitigkeiten an das VormGericht zugrunde liegt, folgt weiter, daß das letztere auch ohne Antrag und unter steter Berücksichtigung des Kindesinteresses tätig zu sein hat (Jahrb. 37 S. 26; Beschl. v. 31. Jan. 1913 I a X. 10. 13; Rsp. 21 S. 262; RG. 63 S. 239). Hieraus ist besonders zu folgern, daß Verträge der Ehegatten über Regelung des Verkehrs mit dem Kinde mindestens dann nicht zu berücksichtigen sind, wenn sie einen Verzicht des einen Elternteils auf den Verkehr enthalten („nähere Regelung") oder aus irgend einem Grunde dem Kindeswohl widerstreiten. Die Anordnung unterliegt daher auch der jederzeitigen Abänderung, wenn das VormGericht solche nach richterlichem Ermessen für sachdienlich erachtet. Aus der besonderen Zuständigkeitsnorm des § 1636 Satz 2 in Verbindung mit den allgemeinen Grundsätzen über die Aufgabe und Wirksamkeit der deutschen Vorm.-Gerichte ergibt sich also, daß die Verkehrsregelung des VormGerichts ein materielles Elternrecht voraussetzt, das eine Änderung in der Hand des Vorm.-Richters gestattet. Hätte dieser auch den Verkehr ausländischer Eltern mit ihrem Kinde zu regeln, so müßte er vermöge des Art. 19 EG. — ob im Falle der Ehescheidung das Verkehrsrecht als materielle Folge der Scheidung gilt und in diesem Falle Art. 17. EG. anzuwenden ist, ist streitig — materielles ausländisches Familienrecht anwenden. Es könnten sich dann Fälle ergeben, wo das nach dem maßgebenden Personalstatut anwendbare ausländische Recht einem

Rechtszustand gebietet, zu dessen Verwirklichung dem deutschen VormRichter die Zuständigkeit fehlt. Er müßte ablehnen, ein den Verkehr mit dem Kinde regelndes ausländisches Gerichtsurteil, einen Vertrag oder eine ausländische Privatrechtsnorm zur Grundlage seiner Verkehrsregelung zu nehmen. Denn seine Zuständigkeit setzt voraus, daß ein „Verkehrsrecht" besteht, so daß keine Rechtsnorm, keine behördliche Entscheidung, kein Vertrag vor ihm Bestand haben kann, wodurch dieses Verkehrsrecht ganz aufgehoben oder anderseits über den Rahmen eines bloßen Verkehrsrechts, wie das deutsche Elternrecht es kennt, erweitert wird. Seine Zuständigkeit bezieht sich auf ein Verkehrsrecht in dem Umfange und mit dem Inhalte, wie beides sich aus § 1636 Satz 1 ergibt. Dieses Ergebnis bedeutet kein Versagen der inländischen Gerichtsbarkeit Ausländern gegenüber, sondern nur die Unanwendbarkeit einer Zuständigkeitssondernorm (§ 1636 Satz 2) auf die nach ausländischem Recht zu beurteilenden Rechtsverhältnisse. E.r.

Dazu: **Anzuwendendes Recht. Zuständigkeit deutscher Gerichte. Verbindung des Verfahrens nach § 1635 mit dem Verfahren nach § 1666.**

Bayer. Oberstes Landesgericht, I. ZS. Beschluß v. 13. März 1912.

A., Angehöriger des Staates Newyork, schloß 1895 hier die Ehe mit der bayer. Staatsangehörigen Anna S. und nahm hier seinen Wohnsitz. 1910 wurde die Ehe hier aus Schuld beider Ehegatten geschieden; doch blieben die Kinder auf Grund einer Vereinbarung bei dem Vater. Nachdem sich die Mutter 1911 wieder verheiratet hatte, klagte sie auf Herausgabe der Kinder gegen ihren Mann, der nunmehr bei dem VormGerichte beantragte, daß gemäß § 1635 Satz 2 die Sorge für die Person der Kinder ihm übertragen werde. Dem Antrage wurde stattgegeben. Die weitere Beschwerde der Mutter ist begründet.

1. Mit Recht haben die Vorinstanzen deutsches Recht angewendet. Da die Vereinigten Staaten dem Haager Abkommen zur Regelung der Ehescheidung und der Vormundschaft nicht beigetreten sind, kommen ausschließlich die Bestimmungen des EG. zum BGB. in Betracht. Für die familienrechtlichen Beziehungen von Angehörigen des Staates Newyork, die ihren Wohnsitz im Ausland haben, sind nach dem Rechte dieses Staates die Gesetze des Ortes des Wohnsitzes maßgebend. Der Antragsteller und dessen Frau haben aber während der Dauer der Ehe ihren Wohnsitz in München gehabt.

Die Frage, ob das Recht der Eltern bezüglich der Sorge für die Kinder aus geschiedenen Ehen als eine Wirkung der Ehescheidung nach dem diese regelnden Art. 17 EG. zu beurteilen ist, in welchem Fall sich ohne weiteres aus dem Art. 27 die Anwendbarkeit des deutschen Rechts ergeben würde, oder nach dem das Rechtsverhältnis zwischen den Eltern und einem ehelichen Kinde betreffenden Art. 19 ist streitig; sie kann aber dahingestellt bleiben, denn auch bei Anwendung des Art. 19 wäre der Fall nach deutschem Rechte zu beurteilen. Der Art. 19 bestimmt nur, daß das Rechtsverhältnis zwischen den Eltern und den ehelichen Kindern nach deutschem Rechte zu beurteilen ist, wenn der Vater oder nach dessen Tode die Mutter die Reichsangehörigkeit besitzt; er enthält aber keine Bestimmung für den Fall, daß der Vater Ausländer ist. Es kann aber aus Art. 19 unbedenklich der allgemeine Grundsatz entnommen werden, daß über die Rechte der Eltern gegenüber ihren Kindern das Recht des Staates entscheidet, dem der Vater bzw. die Mutter angehört. In den Art. 27, der nur Fälle betrifft, in denen in erster Linie fremdes Recht anzuwenden ist, konnte der Art. 19, der nur von der Anwendbarkeit deutschen Rechtes spricht, nicht aufgenommen werden; es steht aber nichts im Wege, hier, wo ebenso wie in den im Art. 27 geregelten Fällen das Personalstatut des Vaters entscheidend ist, den im Art. 27 ausgesprochenen Rechtssatz entsprechend anzuwenden. Ergibt sich aber hier auf Grund einer ausdehnenden Auslegung des Art. 19 für das Recht des Vaters grundsätzlich die Maßgeblichkeit des Rechtes des Staates Newyork, so muß folgerichtig auch die in diesem Rechte vorgeschriebene Rückverweisung auf das Recht des Wohnsitzes Beachtung finden, und hieraus ergibt sich die Anwendbarkeit des deutschen Rechtes (JW. 1911 S. 208).

2. Die Beschwerde bestreitet jedoch die Zuständigkeit des deutschen Vorm.-Gerichts, weil die familienrechtlichen Angelegenheiten von Ausländern den deutschen VormGerichten nicht unterständen. Allein der § 1635 S. 2 ist keine bloße Zuständigkeitsnorm, sondern vormundschaftsrechtlicher, also auch materiellrechtlicher Natur (Habicht-Greiff, Intern. Privatrecht Anm. 3[5] zu Art. 19 EG.). Dies ergibt sich schon daraus, daß die Vorschrift gar nicht durchführbar wäre, wenn nicht das deutsche VormGericht zuständig wäre. Übrigens ist § 1635 Satz 2 selbst dann anwendbar, wenn das Scheidungsurteil nicht auf Grund des deutschen, sondern des ausländischen Rechtes erging. Er muß es also erst recht sein, wenn wie hier für die Scheidung deutsches Recht maßgebend gewesen war. Der die Zulässigkeit einer Vormundschaft oder Pflegschaft über einen Ausländer regelnde Art. 23 EG. bezieht sich nicht auf die dem Vorm.-Gericht im § 1635 Satz 2 eingeräumte Befugnis. Nur für die Anordnung einer Vormundschaft oder Pflegschaft kann daher in Frage kommen, ob und inwieweit das ausländische Gericht die Sorge für die familienrechtlichen Angelegenheiten seiner Staatsangehörigen übernimmt (Niedner, 4a zu Art. 19; Habicht-Greiff IV zu Art. 23 EG.).

3. Das LG. hat angenommen, daß besondere Gründe vorliegen, welche im Interesse der Kinder eine von § 1635 Satz 1 abweichende Regelung geboten erscheinen lassen; es hat deshalb die Sorge für die Person dieser Kinder der Mutter abgesprochen und dem Vater zugewiesen. Die Beschwerde rügt nur, daß die Vorinstanzen die nach Lage des Falles gebotene Prüfung unterlassen haben, ob dem Antragsteller das Recht der Sorge für die Kinder auch belassen werden kann oder ob etwa Maßregeln nach § 1666 veranlaßt sind. Das VormGericht ist davon ausgegangen, daß in dem Verfahren nach § 1635 Satz 2 die Frage, ob der andere Elternteil zur Erziehung der Kinder geeignet ist, auszuscheiden hat und erst eventuell zu prüfen ist, wenn fest-

steht, daß die Kinder ihm nach Satz 2 zuzuweisen sind, weil sie bei dem Elternteile, dem nach der Regel des Satz 1 die Sorge zusteht, gefährdet sind. Nach der Auffassung des LG. kann dagegen das VormGericht, wenn die Vermutung besteht, daß bei der nach Satz 2 gebotenen abweichenden Anordnung das leibliche oder geistige Wohl der Kinder gefährdet ist, mit dem Verfahren nach § 1635 das Verfahren nach § 1666 verbinden, hierzu sei aber das Beschwerdegericht nicht befugt. Dieser Ansicht ist nicht beizutreten. Ist die Ehe aus beiderseitigem Verschulden der Ehegatten geschieden, so kann das VormGericht eine von § 1635 S. 1 abweichende Regelung treffen; diese kann nur darin bestehen, daß dem nicht fürsorgeberechtigten Elternteile, hier dem Vater, die Sorge zugewiesen wird. Einem anderen, etwa einem Pfleger, dürfen die Kinder auf Grund des Satz 2 nicht zugewiesen werden, ebensowenig können sie auf Grund des Satzes 2 gegen den Willen des nach Satz 1 fürsorgeberechtigten Elternteils in einer anderen Familie oder in einer Erziehungsanstalt untergebracht werden. Solche Maßregeln können gegen den Willen des fürsorgeberechtigten Elternteils nur verfügt werden, wenn in seiner Person die Voraussetzungen des § 1666 gegeben sind (vgl. Samml. des ObLG. 4 S. 93). Liegen nun in der Person des nach § 1635 Satz 1 nicht fürsorgeberechtigten Elternteils die Voraussetzungen zu einem Einschreiten nach § 1666 vor, so kann ihm die Sorge für die Person der Kinder nicht zugewiesen werden. Denn weil die Voraussetzungen des § 1666 vorliegen, könnten die Kinder bei ihm nicht belassen werden, sie müßten auf Grund des § 1666 bei einem anderen untergebracht werden. Das braucht sich aber der nach § 1635 Satz 1 fürsorgeberechtigte Elternteil nicht gefallen zu lassen, er muß sich auf Grund des Satzes 2 nur die Zuweisung an den andern Elternteil gefallen lassen. Hieraus folgt, daß, wenn die Vermutung begründet ist, daß bei dem nach Satz 1 nicht fürsorgeberechtigten Elternteil das geistige oder leibliche Wohl der Kinder gefährdet ist, die im Satz 2 zugelassene Zuweisung der Sorge an ihn nur verfügt werden kann, wenn vorher oder gleichzeitig festgestellt wird, daß jene Vermutung unbegründet ist. Sonst würde sich ergeben, daß dem fürsorgeberechtigten Elternteil die Sorge auf Grund des Satzes 2 rechtskräftig abgesprochen, demnächst aber diese Sorge auch dem Elternteil, dem sie zugesprochen wurde, aberkannt wird. Ob mit dem Verfahren nach § 1635 Satz 2 das Verfahren nach § 1666 verbunden wird, ist demnach keine Frage der Zweckmäßigkeit; beide Verfahren müssen vielmehr miteinander verbunden werden. Die Lage war hier allerdings insofern eine besondere, als der Antragsteller bisher die Sorge für die Kinder tatsächlich ausgeübt hat, und es sich gegenüber der Klage der Beschwerdeführerin auf Herausgabe dieser Kinder darum handelte, zunächst einmal festzustellen, ob ihr die ihr gesetzlich zukommende Sorge für die Kinder auch tatsächlich überlassen werden konnte. Allein trotz dieser Sachlage durfte sich das VormGericht nicht darauf beschränken, zunächst diese Frage zu entscheiden und die Prüfung, ob die Kinder dem Antragsteller auch endgültig belassen werden können, einem eventuellen weiteren Verfahren vorzubehalten, denn die Gründe, die für die Notwendigkeit der Verbindung der Prüfung beider Fragen sprechen, treffen auch bei dieser Sachlage zu. Daß sich die Würdigung des LG. auf die Frage beschränkt, die den Gegenstand des erstinstanzlichen Verfahrens und deshalb auch der Beschwerde bildet, ist freilich zutreffend. Allein ob das Amtsgericht den Umfang der seiner Würdigung zu unterstellenden Frage richtig begrenzt hat, muß das LG. prüfen, und zwar selbst ohne daß sich die Beschwerde hierauf richtet. M.

7. Familienrecht.

a) Schlüsselgewalt. Eintragung des Ausschlusses vor seiner Erklärung an die Frau. Nachträgliche Heilung.

OLG. Rostock, II. ZS. Beschluß v. 27. November 1912.

Der Kaufmann A. hat in einem an das Amtsgericht gerichteten Schriftsatz erklärt, daß er „hiermit" gemäß § 1357² die Berechtigung seiner Frau, innerhalb ihres häuslichen Wirkungskreises die Geschäfte des Mannes für ihn zu besorgen und ihn zu vertreten, ausschließe und die Eintragung dieses Ausschlusses im Güterrechtsregister beantrage. Das Amtsgericht hat dem entsprochen und den geschehenen Eintrag veröffentlicht. Darauf hat die Frau dessen Löschung beantragt, weil der Mann die Ausschließung nicht ihr gegenüber ausgesprochen habe. Nachdem das Amtsgericht diesen Antrag dem Manne mitgeteilt hatte, hat der Rechtsanwalt P. am 26. September der Frau einen Schriftsatz zugestellt, worin er ihr im Auftrage des A. mitteilt, daß dieser ihr die fr. Befugnis entziehe. P. hat dies dem Amtsgericht angezeigt und auf dessen Verlangen ein vom 1. Oktober datiertes Schriftstück überreicht, in welchem A. ihm Vollmacht erteilt, der Ehefrau die Entziehung der Schlüsselgewalt auszusprechen, und erklärt, daß diese Vollmacht dem P. bereits mündlich erteilt gewesen sei. Darauf wurde der Antrag der Frau zurückgewiesen. Ihre weitere Beschwerde ist jedenfalls insofern zulässig, als sie geltend macht, daß die Eintragung mangels einer gesetzlichen Voraussetzung, nämlich weil die Aufhebung nicht ihr gegenüber zuvor ausgesprochen ist, unzulässig sei. Denn wenn auch von diesem Standpunkt aus der Eintragung rechtliche Wirkung nicht zuzuerkennen sein würde, so enthält sie doch eine Beeinträchtigung der fortbestehenden Schlüsselgewalt, da deren Ausübung im Verhältnis zu Dritten gehindert und erschwert wird. Es wird also ein Recht der Frau verletzt, sie ist daher befugt, die Tätigkeit des Gerichts nach den §§ 161, 142 FrGG. anzurufen und gegen ablehnende Entscheidungen Beschwerde einzulegen (RJA. 5 S. 172²; 7 S. 189). Die weitere Beschwerde kann aber nach § 27 FrGG. nur auf eine Verletzung des Gesetzes, d. h. auf Nichtanwendung oder unrichtige Anwendung einer Rechtsnorm, gestützt werden; die Berücksichtigung neuer Tatsachen ist ausgeschlossen. Daher kann die Behauptung der Frau, daß die Eintragung im Güterregister inzwischen im Verfahren vor dem VormGerichte aufgehoben worden sei, weil die Ausschließung der Schlüsselgewalt sich als ein Rechtsmißbrauch des Mannes darstelle, hier keine Beachtung finden. Anderseits aber kann auch nicht deshalb, weil die Frau infolge jener Entscheidung kein sachliches Interesse mehr an der Aufhebung des landgerichtlichen Beschlusses habe, die Beschwerde für unzulässig oder gegenstandslos erachtet werden. Denn abgesehen davon, daß die Rechtskraft des vormundschaftlichen Beschlusses noch nicht feststeht, kann dieser Beschluß, wie er nicht zu ihren Gunsten berücksichtigt werden kann, auch nicht zu ihren Ungunsten verwertet werden.

In der Sache selbst widerspricht die Rechtsauffassung des LG. derjenigen, welche der Entsch. des KG. (Rsp. 14 S. 218) zugrunde liegt. Hier ist mit eingehender Begründung die Ausführung versucht, daß der Mann die Schlüsselgewalt nur durch eine gegenüber der Frau selbst abgegebene Erklärung wirksam ausschließen könne, und daß sonst die Eintragung des Ausschlusses nicht erfolgen dürfe, wenn sie aber erfolge, wirkungslos sei und gelöscht werden müsse. Diese Ansicht hat allerdings Widerspruch gefunden (Staudinger 5b zu § 1357; Josef, „Recht" 1908 S. 441). Es bedarf jedoch der Stellungnahme zu dieser Streitfrage nicht, da vor der Entscheidung des Amtsgerichts über den Antrag der Frau der Mann ihr gegenüber den Ausschluß der Schlüsselgewalt erklärt hat. Diese nachträgliche Erklärung mußte auch im jetzigen Verfahren mit der Wirkung berücksichtigt werden, daß die etwa unzulässige Eintragung ohne weiteres bei Bestand zu bleiben hat. Zwar hat diese, wenn man dem KG. folgt, bis zu dem Zeitpunkt, in welchem die Erklärung der Frau gegenüber erfolgt ist, der rechtlichen Grundlage entbehrt. Eben deshalb aber ist sie dann bis dahin ohne rechtliche Wirksamkeit geblieben, da sie weder einen wirklichen Ausschluß der Schlüsselgewalt zur Folge gehabt, noch eine Vermutung hierfür begründet hat. Sie hat also rechtliche Nachteile für die Frau nicht verursacht. Anderseits würden, wenn die erste Eintragung gelöscht und gleichzeitig eine neue Eintragung angeordnet würde, die Rechtslage des Mannes ohne ausreichenden Grund verschlechtert werden; denn gegenüber Schulden, die die Frau innerhalb ihres sonstigen häuslichen Wirkungskreises nach dem 26. September etwa gemacht hat, würde er sich auf den Ausschluß der Schlüsselgewalt nicht berufen können, trotzdem er von da an alles Nötige getan hatte, um sich gegen derartige Nachteile zu sichern.

Mit dieser Auffassung über die Berücksichtigung der nachträglichen Erklärung stimmt das KG. a.O. überein. Denn wenn es die im Verfahren eingereichten Schriftsätze für nicht beachtlich erklärt, weil sie nicht an die Frau gerichtet sind, und wenn es weiter erwägt, daß nicht ersichtlich sei, ob ihr gegenüber im Termin eine Erklärung abgegeben sei, so bringt es damit zum Ausdruck, daß nach Einleitung des Verfahrens gegenüber der Frau mündlich oder schriftlich erfolgte Erklärungen des Mannes die Löschung der Eintragung verhindern. Ebenso hat sich das KG. über die §§ 142, 143 FrGG. in einer handelsrechtlichen Sache (RJA. 7 S. 179) für die Ablehnung der Löschung ausgesprochen, wenn der bei der Eintragung vorhanden gewesene

Mangel bis zur Entscheidung gehoben ist. Vgl. ferner Dorner 2d, Ebert-Dudek 3[1] zu § 142 FrGG.

Die Erklärung des Ausschlusses der Schlüsselgewalt kann für den Mann auch durch einen dazu bevollmächtigten Vertreter abgegeben werden. Es handelt sich um eine vermögensrechtliche Angelegenheit und es ist dafür die Unzulässigkeit einer Vertretung weder ausdrücklich bestimmt, noch aus inneren Gründen zu entnehmen. Zwar ist der Rechtsanwalt P. bei Abgabe der Erklärung noch nicht im Besitze einer schriftlichen Vollmacht gewesen. Dieser Umstand hätte aber die Frau nur berechtigt, die Erklärung gemäß § 174 unverzüglich zurückzuweisen. Das ist nicht geschehen. — Daß dem P. am 26. September schon mündlich Vollmacht erteilt war, ist nicht bezweifelt worden. Da die Frau ihren Antrag auch nicht zurückgezogen hat, nachdem die Erklärung des Mannes ihr gegenüber in rechtswirksamer Form abgegeben war, so war es auch gerechtfertigt, ihr die Kosten des ihren Antrag zurückweisenden Beschlusses aufzuerlegen.

Das KG. a.O. hat weiter die Frage erörtert, ob ein Ausschluß der Schlüsselgewalt möglich und eine bezügliche Eintragung zulässig ist, wenn ein gemeinschaftliches Hauswesen, in welchem die Frau die Befugnisse des § 1357[1] ausüben könnte, tatsächlich nicht besteht. Das LG. hat angenommen, daß die Eheleute A. getrennte Wohnungen haben, es hat aber für Fälle der vorliegenden Art trotzdem dem Manne die Befugnis, die Schlüsselgewalt auszuschließen, zugesprochen. Wenn es dabei meint, von der Ansicht des KG. abzugehen, so ist das nicht zutreffend; denn in jener Entscheidung ist ausdrücklich gesagt, daß das getrennte Leben der Ehegatten allein nicht ausreicht, um ein gemeinschaftliches Hauswesen zu verneinen; weitere Tatsachen, aus denen dies zu schließen sein würde, sind aber nicht vorgebracht. Anderseits ist auch nicht ersichtlich, aus welchem Grunde sich die Beschwerdeführerin gegen die Annahme des LG., als eine tatsächlich nicht genügend begründete wendet; denn jene Annahme ist zu ihren Gunsten getroffen, insofern als das LG. erwägt, ob nicht daraus zu folgern sei, daß die Schlüsselgewalt nicht mehr ausgeschlossen werden könne und aus diesem Grunde die Eintragung unzulässig sei. Im Ergebnis zeigt sich also, daß das Nichtvorhandensein eines gemeinschaftlichen Hauswesens nicht behauptet ist und die einzige vom LG. herangezogene Tatsache zu einer solchen Annahme nicht ausreicht und von der Beschwerdeführerin selbst bestritten worden ist. Die erwähnten Ungenauigkeiten können jedoch für die jetzige Instanz dahingestellt bleiben und insbesondere auch nicht zur Zurückverweisung der Sache zwecks weiterer tatsächlicher Aufklärung führen. Denn wenn ein gemeinschaftliches Hauswesen nicht vorhanden ist und somit eine Schlüsselgewalt, die ausgeschlossen werden könnte, an sich nicht besteht und ausgeübt wird, so gereicht es auch der Frau nicht zur Beschwerde, wenn der Wegfall ihrer auf § 1357[1] beruhenden Rechte in das Güterregister eingetragen und öffentlich bekannt gemacht wird. Es werden dadurch nur Dritte gegen möglicherweise eintretende Nachteile geschützt, Rechte der Frau aber in keiner Weise beeinträchtigt. Sie kann also nach § 20[1] FrGG. ihre Beschwerde — wie sie es auch nicht getan hat — nicht darauf stützen, daß die Schlüsselgewalt ihr überhaupt nicht mehr zugestanden habe und deshalb nicht ausgeschlossen werden könne (vgl. Rsp. 12 S. 300d). J.n.

b) **Kindesvermögen. Klagerecht des Vaters.**

OLG. Braunschweig, I. ZS. Urteil v. 7. Februar 1913.

Die Beklagte hat, als sie ihren klagenden Mann verließ, das auf den Namen des Kindes der Parteien lautende Sparkassenbuch mitgenommen. Schon in erster Instanz hat sie bestritten, daß der Kläger befugt sei, im eigenen Namen und nicht im Namen des Kindes auf Herausgabe zu klagen. Das LG. hat angenommen, daß der Kläger „offenbar" die Einzahlungen aus eigenen Mitteln geleistet habe und deshalb das Verfügungsrecht über die Forderung behalten habe. Allein die Frage, wer der Gläubiger eines auf einen bestimmten Namen angelegten Sparkassenguthabens ist, kann nicht entschieden werden, ohne daß die näheren Umstände dieser Anlegung festgestellt werden (vgl. RG. 73 S. 220; 60 S. 143). Es bedarf jedoch keiner Feststellung, ob das Forderungsrecht und folgeweise das Eigentum an dem Buche (§ 952) dem Kläger oder seinem minderjährigen Kinde — ein Dritter kommt nicht in Betracht — zustehe. Denn auch im letzteren Falle stand dem Kläger ein eigenes Klagerecht zu. Nach §§ 1627, 1649 hat der Vater Verwaltung und Nutznießung des Kindesvermögens und zwar aus eigenem Rechte als Bestandteile der elterlichen Gewalt (Mot. 4 S. 724, Crome, System 4 §§ 608[24], 609, Staudinger, Vorbem. 2 zu § 1689, Planck §§ 1627[3], 1630[3], Rsp. 11 S. 298). Wie er befugt ist, zwecks Betätigung seines Verwaltungs- und Nutznießungsrechts das Kindesvermögen für sich und nicht als Bevollmächtigter des Kindes in Besitz zu nehmen, so muß ihm auch das Recht zustehen, die Herausgabe von Kindesgut in eigenem Namen gerichtlich geltend zu machen. Wenn auch das Streitobjekt in fremdem Eigentum steht, so ist doch der Grund, weshalb er das fremde Gut herausverlangt, ein eigenes Recht. Daher ist er und nicht das Kind Partei. Gleich jedem andern Dritten, der ihm den Besitz vorenthält, hat auch die Mutter sein Recht gegen sich gelten zu lassen, da ihre Rechte aus der elterlichen Gewalt vermöge der natürlichen und gesetzlichen Unterordnung hinter denen des Vaters zurückstehen (§ 1684). Hiernach hat dem Kläger die Aktivlegitimation nicht gefehlt. Auch wenn der Kläger das Sparkassenbuch des Kindes der Beklagten, wie sie behauptet, zur Aufbewahrung gegeben, war sie doch zur Herausgabe verpflichtet, da nach § 695 die Hinterleger die hinterlegte Sache jederzeit zurückfordern kann. Der angebliche spätere Verzicht des Klägers auf Herausgabe würde ohne Wirkung gewesen sein, da der Gewalthaber sich der Verwaltungspflicht nicht willkürlich entschlagen kann. H.g.

c) **Religiöse Erziehung. Fürsorge der wiederverheirateten Mutter. Anzuwendendes Recht.**

α) OLG. Hamburg, I. ZS. Beschluß v. 12. Februar 1913.

Der wiederverheirateten Mutter steht über ihre ersteheliche Kinder zwar nicht die volle elterliche Gewalt, wohl aber die Sorge über die Person der Kinder zu, in der das Recht, über ihre religiöse Erziehung zu bestimmen, inbegriffen ist. Daran wird nichts dadurch geändert, daß den Kindern ein Vormund bestellt ist. Nicht dieser, der nur die rechtliche Stellung eines Beistandes hat, sondern nur die Mutter hat zu entscheiden, in welcher Weise die religiöse Erziehung erfolgen und also auch welchem Bekenntnis ihre Kinder angehören sollen. Das ist das Recht des BGB., welches mangels abweichender Vorschrift in Hamburg gilt und dessen Recht entscheidet, weil die Kinder hamburgische Staatsangehörige sind.

Die übereinstimmende Meinung aller Kommentatoren zu § 1697 BGB., ferner Endemann 2 S. 628 und für das Hamburger Recht Nöldeke § 153 VIII geben das religiöse Erziehungsrecht ausschließlich der Mutter, auch der wiederverheirateten, wenn der Vater gestorben ist. Das OLG. Frankfurt (KGJ. 28 S. 300) führt nach Feststellung dieses Rechtssatzes noch speziell aus: die Erwägung, daß die Wahl des Bekenntnisses zugleich die Zugehörigkeit zu einer Kirchengemeinschaft begründe und deshalb rechtliche Folgen nach sich ziehe, könne nicht dazu führen, die Bestimmung über die religiöse Erziehung des Mündels (statt der Mutter) dem Vormunde zuzuweisen. Ob in Hamburg der vermögensrechtliche Folgen nach sich ziehende Austritt aus einer Kirchengemeinschaft nach dem Gesetz von 1888 von den Eltern für minderjährige Kinder erklärt werden kann, steht hier nicht in Frage.

Endlich würde zur Zurückweisung der Beschwerde auch die Erwägung genügen, daß die Handlungsweise der Mutter, die nach ihrem eigenen Übertritt zur evang. Konfession ihre Kinder in dieser erziehen und auch taufen läßt, keinesfalls einen Mißbrauch ihrer Sorge für die Person der Kinder enthält und daher die vom Vormund beantragte Entziehung dieser Fürsorge nicht gerechtfertigt sein würde. M. M.

β) Bayer. Oberstes Landesgericht, I. ZS. Beschluß v. 26. März 1912.

Der österr. Staatsangehörige R. heiratete 1903 die evang. Beschwerdeführerin und schloß mit ihr bald darauf in Prag einen notariellen Ehevertrag, wonach die Kinder „in der Konfession ihrer Mutter, nämlich der evangelischen", zu erziehen sind. Nachdem der Mann 1906 in Triest gestorben war, verlegte die Witwe ihren Wohnsitz nach Stuttgart und erwarb mit ihren Kindern die dortige Staatsangehörigkeit. 1911 verheiratete sie sich mit dem hier ansässigen A., der württ. und braunschw. Staatsangehöriger ist und aus der evang. Kirche in die freireligiöse Gemeinde übergetreten war. Auch seine Frau trat aus der evang. Kirche aus und erklärte vor dem hiesigen Vorm.-Richter, daß sie beabsichtige, ihre Kinder freireligiös erziehen zu lassen. Nach Anhörung des Vormunds verbot das Amtsgericht der Mutter, die Kinder in einer anderen als der evang. Konfession zu erziehen. Die Beschwerde der Mutter wurde zurückgewiesen. Auch ihre weitere Beschwerde ist unbegründet.

Besondere Vorschriften über die religiöse Erziehung bestehen in Bayern nur für Kinder aus einer gemischten Ehe sowie für uneheliche Kinder (§§ 12, 24 der II. Beilage zur VerfUrk.). Soweit hiernach Vorschriften fehlen, finden die für die Erziehung überhaupt geltenden Vorschriften des BGB. Anwendung. Die Kinder R. stammen aus einer gemischten Ehe. Sie besitzen aber nicht die bayer., sondern die württ. Staatsangehörigkeit. Gleichwohl ist die Frage, nach welchen religiösen Grundsätzen die beiden Kinder zu erziehen sind, nach der II. Beilage zu entscheiden. Sowohl die grundlegende Bestimmung des § 9 Tit. IV VU. als die hierzu gehörige II. Beilage wendet sich an alle Einwohner des Königreichs, nicht nur an die bayer. Staatsangehörigen, die bayer. Verfassung stellt also bezüglich der Ausübung der Religion das Territorialprinzip auf. Vermöge desselben tritt eine in einem fremden Staatsgebiet dauernden Aufenthalt nehmende Person in die Rechtssphäre des betr. Staates ein, nimmt an der Gemeinschaft der dortigen öffentlichen Rechtsordnung teil und wird auch in bezug auf ihre rechtliche Behandlung dem Inländer gleichgestellt. Daraus, daß auf die religiöse Kindererziehung nach dem bayer. Rechte die Vorschriften des BGB. über die Erziehung von Kindern überhaupt anwendbar sind, folgt, daß, soweit dies der Fall ist, das bayer. Recht die religiöse Kindererziehung entsprechend ihrer inneren Natur (vgl. Planck Art. 134 EG.) dem bürgerlichen Rechte zurechnet. Insoweit fällt also auch ein Streit über die religiöse Kindererziehung in die Zuständigkeit der Gerichte. Die §§ 12—23 der II. VerfBeilage dagegen haben öffentlich-rechtlichen Charakter. Über ihre Anwendbarkeit haben die Verwaltungsgerichte zu entscheiden. Die Frage, ob die beiden Kinder freireligiös erzogen werden dürfen, kann hiernach von den Gerichten nicht entschieden werden. Diese Frage ist aber auch gegenwärtig nicht Gegenstand des Verfahrens. Es handelt sich vielmehr darum, ob Frau A. das ihr zustehende Recht der Sorge für die Person ihrer Kinder mißbraucht, wenn sie die Kinder freireligiös erzieht. Diese Frage gehört zum Wirkungskreise des VormGerichts, und dieses hat nur als Vorfrage für sie geprüft, ob die Kinder freireligiös erzogen werden dürfen.

Die Anwendung der II. VerfBeilage ergibt, daß die Kinder R. in der evang. Konfession zu erziehen sind. Die Eheleute R. gehörten verschiedenen Religionsbekenntnissen an, für die religiöse Erziehung ihrer Kinder ist also in erster Linie der § 12 aO. maßgebend, wonach es in solchen Fällen bei einer in einem gültigen Ehevertrage zwischen den Eltern getroffenen Vereinbarung sein Bewenden hat. Die Beschwerdeführerin legt den Ehevertrag dahin aus, daß die Kinder unter allen Umständen in ihrem Bekenntnisse zu erziehen seien; der Beisatz „nämlich in der evangelischen" sei nur gemacht worden, um zweifelsfrei festzustellen, welcher Konfession die Kinder nach dem damaligen Stand der Dinge angehören sollten. Für die Auslegung des Ehevertrags sind nicht, wie die Beschwerde annimmt, die Vorschriften des deutschen, sondern des österr. Rechts maßgebend. Denn der Vertrag ist in

Österreich von den damals österr. Staatsangehörigen R. errichtet worden und er ist auch offenbar bestimmt gewesen, für die in Österreich erfolgende religiöse Kindererziehung wirksam zu werden. Würde freilich die II. Verf.-Beilage eine Auslegungsregel für Eheverträge enthalten, so müßte sie zur Anwendung kommen. Da dies aber nicht der Fall ist, ist zu prüfen, ob das LG. den Vertrag nach den §§ 914 ff. des österr. BGB. richtig ausgelegt hat. Zu dieser Prüfung ist das Gericht der weiteren Beschwerde befugt, weil der § 27 BGB. den § 549 ZPO. nicht für anwendbar erklärt, das ausländische Recht von der Nachprüfung mithin nicht ausschließt.

Beide vertragschließende Teile gehörten nun zur Zeit des Vertragsabschlusses einem christlichen Religionsbekenntnis an. Zweck der Vereinbarung war offensichtlich, eine religiöse Spaltung unter den Kindern zu vermeiden und eine einheitliche religiöse Erziehung der Kinder zu sichern. Es konnte sich also nach Lage der Sache nur darum handeln, eine der beiden Konfessionen zu bestimmen, denen die Vertragschließenden angehörten. Wenn dabei ihre Wahl auf die Konfession der Mutter fiel, so mögen sie allerdings von der Erwägung geleitet worden sein, daß die Mutter in erster Linie zur häuslichen Erziehung der Kinder berufen ist und ihr infolgedessen auch der maßgebende Einfluß auf die religiöse Erziehung zustehen soll. Es stand aber damals außerhalb des Bereiches jeder Berechnung, daß die Mutter einmal aus der Kirche austreten und der freireligiösen Gemeinde beitreten würde. Diesen Fall in Erwägung zu ziehen bestand um so weniger Veranlassung, als der Ehemann der österr. Armee als Arzt angehörte und gerade in seinen Kreisen ein derartiger Schritt als nahezu ausgeschlossen erachtet werden muß. Dazu kommt, daß nach dem österr. Rechte auch Kinder konfessionsloser Eltern den Unterricht in den Lehren eines positiven Religionsbekenntnisses erhalten müssen. Nichts berechtigt also zu der Annahme, daß R. beabsichtigt haben soll, der Mutter die religiöse Erziehung der Kinder vollständig, also auch für den Fall, daß sie keinem christlichen Religionsbekenntnisse mehr angehören würde, zu überlassen. Dafür bietet weder der Wortlaut noch der Zweck des Vertrags irgendeinen Anhaltspunkt. Wenn daher die Vorinstanzen den Vertrag dahin auslegten, es sei der Wille der Vertragschließenden gewesen, daß die Kinder in der protestantischen Konfession erzogen werden, so haben sie keine Rechtsnorm verletzt. Da nach § 16 der II. VerfBeilage der Tod eines der Eltern an den Bestimmungen über die religiöse Erziehung nichts ändert, ist die Beschwerdeführerin verpflichtet, die Kinder in der evang. Konfession erziehen zu lassen. Ob der Ehevertrag nach österr. Rechte gültig ist, kann unerörtert bleiben, da beim Fehlen eines gültigen Ehevertrags das Ergebnis nach § 14 aO. das gleiche wäre.

Steht sonach fest, daß die Kinder in der evang. Konfession zu erziehen sind, so fragt es sich weiter, ob das VormGericht veranlaßt und verpflichtet war, wegen der beabsichtigten freireligiösen Erziehung gegen die Mutter vorzugehen. Dies ist besonders deshalb zweifelhaft, weil sie erklärt hat, daß sie, wenn die Gerichte sie für verpflichtet erklären, die Kinder evangelisch zu erziehen, sich diesem Ausspruche fügen werde. Das VormGericht hätte mit Rücksicht hierauf sich allerdings darauf beschränken können, eine Entscheidung der Verwaltungsgerichte über die religiöse Erziehung herbeizuführen. Es war aber auch berechtigt, selbst vorzugehen. Denn die Verwaltungsgerichte können naturgemäß die religiöse Erziehung, nur soweit sie äußerlich in die Erscheinung tritt, erzwingen; sie können erzwingen, daß das Kind den evang. Religionsunterricht besucht und an den von den Schulbehörden vorgeschriebenen kirchlichen evang. Feierlichkeiten und Gottesdiensten teilnimmt. Der Erziehung zu Hause, der häuslichen Einwirkung auf das Kind gegenüber sind sie machtlos. Hier kann nur das VormGericht eingreifen. Es ist aber auch seine Aufgabe, wenn es von einer Gefährdung, die dem Kinde droht, erfährt, durch geeignete Gebote und Verbote die Gefahr abzuwenden. Hier ist es auf Grund des § 1666 vorgegangen. Die Sorge für die Person des Kindes ist ein Bestandteil der elterlichen Gewalt und unterliegt, auch wenn dem sorgeberechtigten Elternteil nicht die volle elterliche Gewalt zusteht, den für diese geltenden Vorschriften. Insbesondere findet der § 1666 Anwendung, der einen Mißbrauch des Rechts der Sorge für das Kind, eine dadurch herbeigeführte Gefährdung des leiblichen oder geistigen Wohles des Kindes und ein Verschulden des Fürsorgeberechtigten voraussetzt. Die Sorge für die Erziehung des Kindes ist nicht nur ein Recht, sondern auch eine Pflicht des sorgeberechtigten Elternteils. Bei der Ausübung der Sorge für die Erziehung hat daher der sorgeberechtigte Elternteil die gesetzlichen Vorschriften zu beachten, die hinsichtlich der Erziehung von Kindern bestehen. In jeder Einwirkung auf das Kind, die einen mit diesen Vorschriften widersprechenden Erfolg herbeiführen soll, liegt ein Mißbrauch des Fürsorgerechts. Die Beschwerdeführerin mißbraucht deshalb die Sorge für die religiöse Erziehung ihrer Kinder, wenn sie diese entgegen den gesetzlichen Vorschriften freireligiös erzieht. Ein Mißbrauch des Erziehungsrechts liegt aber auch deshalb vor, weil sie ihrem verstorbenen Manne gegenüber im Ehevertrag rechtsgültig die Verpflichtung übernommen hat, die Kinder evangelisch zu erziehen. Auch den Kindern gegenüber ist es ein Mißbrauch des Erziehungsrechts, wenn das Recht der Sorge für das Kind dazu benützt wird, es der religiösen Unterweisung auf die es einen gesetzlichen und vertragsmäßigen Anspruch hat, zu entziehen und es religiösen Anschauungen zuzuführen, über deren Berechtigung es mangels der erforderlichen Verstandsreife selbst noch nicht urteilen kann (vgl. hierzu Rsp. 8 S. 357, 12 S. 331, 18 S. 280, 21 S. 253).

Hier ist aber auch eine Gefährdung des geistigen Wohles der Kinder gegeben. Es mag dahingestellt bleiben, ob die Organisation des freireligiösen Unterrichts, dem die Kinder zugeführt werden sollen, die erforderliche Gewähr für eine sachgemäße religiöse Unterweisung im weiteren Sinne bietet, und ob nicht etwa schon von diesem Gesichtspunkt aus von einer Gefährdung des geistigen Wohles der Kinder gesprochen werden kann. Es kann auch unentschieden bleiben, ob, wie die Vorinstanzen angenommen haben, unter allen Umständen in der Nichtbefolgung der gesetzlichen Vorschriften über die religiöse Erziehung ohne weiteres auch eine Gefährdung des geistigen Wohles der Kinder zu erblicken ist, weil ihnen der Unterricht in der Konfession, auf den sie einen gesetzlichen Anspruch haben, vorenthalten und ihnen dadurch die Möglichkeit genommen wird, sich, wenn sie einmal die erforderliche Verstandesreife erlangt haben, ein selbständiges Urteil in religiösen Dingen zu bilden. Auf jeden Fall liegt eine „Gefährdung" deshalb vor, weil die freireligiöse Erziehung der Kinder auf die Dauer doch nicht durchgeführt werden kann. Denn bei Bekanntwerden des gesetzwidrigen Zustandes müßte die Verwaltungsbehörde einschreiten und die Kinder dem ihnen zukommenden religiösen Unterricht zuführen. Durch eine derartige unter Umständen zwangsweise Änderung in der religiösen Erziehung müßte erst recht die Verwirrung in den Gemütern der Kinder, die die Beschwerdeführerin hintanhalten möchte, hervorgerufen werden, sie müßte also direkt zu einer Gefährdung des geistigen Wohls der Kinder führen. Ein Verschulden der Beschwerdeführerin endlich ist gegeben, wenn sie auf ihrem Vorhaben, obwohl sie über die Ungesetzlichkeit desselben durch die Beschlüsse der Gerichte belehrt wurde, beharrt.

Bei dieser Sachlage kann unerörtert bleiben, ob das VormGericht, wie das KG. für das preuß. Recht annimmt (vgl. Jahrbüch 37 S. 78, 39 S. 16, 21), nach dem bayerischen Rechte wegen Verletzung der Vorschriften über die religiöse Erziehung der Kinder selbst dann einschreiten könnte, wenn eine Gefährdung des geistigen Wohles des Kindes nicht vorliegt. Samml.

d) **Streit der personensorgeberechtigten Mutter mit dem zur Sorge für das Vermögen berechtigten Vater über die Berufswahl.**

Bayer. Oberstes Landesgericht, I. ZS. Beschluß v. 19. Juni 1912.

Die Ehe des Beschwerdeführers A. ist aus dessen Verschulden rechtskräftig geschieden. Der älteste Sohn Wilhelm soll nach der Bestimmung der Mutter in die Großhandlung H. als Lehrling eintreten. Der Vater verweigerte die Unterzeichnung und beantragte bei dem VormGericht, die Meinungsverschiedenheit zwischen ihm und seiner früheren Frau dahin zu entscheiden, daß der Sohn ihm in die Lehre gegeben werde. Das Amtsgericht entschied demgemäß. Das LG. wies dagegen den Antrag des A. zurück. Die weitere Beschwerde ist unbegründet.

Die Meinungsverschiedenheit zwischen dem Vater und gesetzlichen Vertreter des Wilhelm und seiner Mutter, der die Sorge für seine Person zukommt, betrifft die Vornahme einer Handlung, die sowohl die Person als das Vermögen des Kindes berührt. Denn vermöge der Personensorge steht der Mutter die Erziehungsgewalt (§ 1631 [1]) und damit das Recht und die Pflicht zu, den Sohn einem bestimmten Lebensberufe zu widmen; die Berufswahl und der Abschluß des Lehrvertrags äußern zugleich vermögensrechtliche Wirkungen für den Sohn, so daß insoweit der Vater die Interessen des Sohnes zu wahren hat. Aus dem Grundgedanken des § 1629 und aus § 1798 wird allgemein gefolgert, daß in allen Fällen, wo die Sorge für die Person und die für das Vermögen eines Minderjährigen verschiedenen Personen zusteht, eine Meinungsverschiedenheit zwischen ihnen der VormRichter zu schlichten hat, wenn die Frage die beiden Gebiete der Fürsorge betrifft. Gegen die in entsprechender Anwendung des § 1629 getroffene Entscheidung des LG. steht dem Vater nach § 58² FrGG. die weitere Beschwerde zu. Diese ist die sofortige; denn das Gericht soll die Zustimmung der Mutter zu der vom Vater vertretenen Meinung ersetzen (§ 53¹, 60 Nr. 6 FrGG.).

Die Beschwerde ist jedoch unbegründet.... Allerdings ist der Ausgangspunkt des LG., daß, weil der Mutter die Sorge für die Person zusteht, ihre Wahl nur aus besonderen im Interesse des Sohnes gelegenen Gründen mißbilligt werden dürfe, nicht zutreffend. Wenn eine Angelegenheit in Frage steht, die sowohl die Sorge für die Person als auch die für das Vermögen berührt, so stehen sich der für die Person und der für das Vermögen berechtigte Elternteil als vollkommen gleichberechtigt gegenüber. Keines Elternteils Interesse hat das Übergewicht, sondern den Streit hat das Gericht nach freiem Ermessen zu entscheiden. Ihm sind im § 1629 keine Schranken gezogen, es sind also nur die gesamten Umstände des Falles und das Interesse des Kindes maßgebend. Der § 1635 ist hier nicht anwendbar, weil er sich auf das Gebiet der Personensorge beschränkt, in den Fällen des § 1629 aber Angelegenheiten in Frage stehen, die über dieses Gebiet hinausgreifen. Die Entscheidung des LG. erweist sich jedoch aus anderen Gründen als richtig. Der Eintritt des Wilhelm in das Geschäft seines Vaters müßte nämlich die Aufnahme des Sohnes in die häusliche Gemeinschaft des Vaters notwendig zur Folge haben.... Dadurch würde aber der Mutter das Recht der Personensorge entzogen und dem Vater zugewendet; sie wäre auf den persönlichen Verkehr mit dem Sohne beschränkt. Ein solcher Eingriff in ihr Fürsorgerecht ist ihr nicht zuzumuten, zumal zwingende Gründe, die lediglich die vom Vater gewünschte Berufswahl als im Interesse des Kindes gelegen erscheinen ließen, nicht festgestellt sind. Samml.

e) **Regelung des Verkehrs zwischen der Frau, die die häusliche Gemeinschaft wiederherzustellen hat, und ihren Kindern.**

Kammergericht, Ia. ZS. Beschluß v. 7. März 1913.

Das LG. hat den persönlichen Verkehr der Frau mit ihren Töchtern in sinngemäßer Anwendung des § 1636 näher geregelt, obwohl die Ehe der Eltern noch nicht geschieden ist, diese vielmehr nur getrennt leben. Allerdings hat Beschluß (Rsp. 11 S. 294) für solche Fälle die Zuständigkeit des VormGerichts verneint. Diesen Standpunkt hat aber der Senat schon im Anschluß an RG. 69 S. 94 verlassen (vgl. RJA. 10 S. 100; Jahrb. 39 S. 3). Insbesondere hat auch der I. FerienZS. am 8. August 1911 1a X 710 noch einmal ausdrücklich ausgesprochen, daß das VormGericht den persönlichen Verkehr der bei bestehender Ehe von ihrem Manne tatsächlich getrennt lebenden Frau auch dann zu regeln habe, wenn kein Recht zum Getrenntleben nach § 1353 [2] besteht. Daher ist es rechtlich nicht zu beanstanden, wenn das LG. den Verkehr geregelt hat. Die Art und Weise seiner Regelung beruht im allgemeinen auf Zweckmäßigkeitserwägungen und ist deshalb hier nicht nachzuprüfen. Der Beschwerdeführer hat denn auch — abgesehen von der Nichtanwendbarkeit des § 1636 — keine Rechtsrüge erhoben, sondern nur bemerkt, daß die Kinder erklärt hätten, sie wollten nicht zur Mutter, und daß sie daher nur mit Gewalt nach Berlin zu befördern sein würden. Mit Rücksicht darauf sei auf den Beschluß vom 23. Dezember 1908 (Jahrb. 37 A 18), hingewiesen, daß der zur Erziehung berechtigte Elternteil dem Kinde, das mit dem andern Elternteil verkehren soll, nicht etwa macht- und willenlos gegenüberstehe, vielmehr als Inhaber der elterlichen Erziehungsgewalt das Recht habe, äußerstenfalls angemessene Zuchtmittel gegen das Kind anzuwenden, so daß er sehr wohl in der Lage sei, gegen das sich sträubende Kind seine elterliche Autorität geltend zu machen, um dessen unberechtigten Widerstand zu brechen. Wgr.

f) Fortführung eines für einen Minderjährigen ohne Genehmigung erworbenen Geschäfts.

OLG. Breslau, II. ZS. Urteil v. 11. Februar 1913.

Für die minderjährige Beklagte hatte ihr Vater ein Eisengeschäft ohne Genehmigung des VormGerichts entgeltlich erworben. Dann hatte er bei dem Kläger für dieses Geschäft Waren gekauft. Gegenüber der Klage auf Zahlung des Kaufpreises wendet die Beklagte Nichtigkeit des Warenkaufs ein. Der Einwand ist jedoch unbegründet. Allerdings ist nach den sich als zwingende Gültigkeitsvorschrift darstellenden §§ 1643, 1822 Nr. 3 vormundschaftsgerichtliche Genehmigung zu dem auf den entgeltlichen Erwerb gerichteten Vertrag erforderlich. Damit ist aber nur die obligatorische Seite des Geschäfts und zwar wiederum nur der Erwerbsvertrag als solcher getroffen, nicht dagegen, worauf es hier ankommt, die einzelnen lästigen Verträge, die bei Fortführung des ohne Genehmigung erworbenen Geschäfts geschlossen werden und die zweifellos nicht als Verträge der im § 1822 Nr. 3 gekennzeichneten Art anzusehen sind. Wie Planck (§ 1822 II 3a) zutreffend ausführt, ist die tatsächliche Fortführung des Erwerbsgeschäfts auf Grund des unwirksamen Vertrags genau so zu beurteilen, wie der ohne einen solchen Vertrag erfolgte Beginn eines neuen Erwerbsgeschäfts, zu dem die nach §§ 1823, 1645 vorgeschriebene Genehmigung nicht eingeholt worden ist. Da die §§ 1823, 1645 aber nur Ordnungs-, nicht Gültigkeitsvorschriften sind, und deshalb nur eventuell den gesetzlichen Vertreter zum Schadensersatze verpflichten, so erzeugen auch die im gedachten Falle in Fortführung des Geschäfts geschlossenen Verträge, sofern sie nicht etwa nach §§ 1643, 1821, 1822 der Genehmigung in jedem Falle bedürfen, was bei dem hier vorliegenden Kaufvertrage nicht zutrifft, für den Minderjährigen rechtswirksame Verbindlichkeiten. Es wäre auch nicht einzusehen, weshalb ein Unterschied zwischen den Verträgen, die im Rahmen eines entgeltlich ohne Genehmigung des Vorm.-

Gerichts erworbenen Erwerbsgeschäfts geschlossen werden, und denen, die der Vater in einem von ihm auf den Namen des Kindes ohne solche Genehmigung neu begründeten Geschäfte für das Kind eingeht, gemacht werden sollte. Die Gefahr ist in beiden Fällen für den Minderjährigen gleich, wenn man nicht vielleicht sogar sagen kann, daß im Durchschnitte der Beginn eines neuen Geschäfts noch größere Gefahren in sich birgt als der Fortbetrieb eines schon bestehenden. M. r.

g) Gefährdung der Kinder: α) Anhörung von Verwandten.

Bayer. Oberstes Landesgericht, I. ZS. Beschluß v. 1. Februar 1912.

Wenn die Vorinstanzen in der absichtlichen Nichtgewährung des Unterhalts, obwohl dadurch das leibliche Wohl der Kinder verletzt werden mußte und dem Beschwerdeführer, ihrem Vater, die Gewährung des Unterhalts möglich war, eine verschuldete Gefährdung des leiblichen Wohles der Kinder erblickten, so liegt dieser Rechtsauffassung kein Rechtsirrtum zugrunde.[1] Welche Maßregeln aber erforderlich sind, um die den Kindern aus dem Verhalten ihres Vaters drohende Gefährdung zu beseitigen (§ 1666), hat das VormGericht nach freiem Ermessen zu bestimmen; hier erachtete es als das Beste, die noch in einem sehr jugendlichen Alter befindlichen Kinder bei der Mutter unterzubringen. Diese Entscheidung läßt keinen Verstoß gegen gesetzliche Vorschriften erkennen. Im übrigen ist die Nachprüfung der Ermessensfrage dem Gerichte der weiteren Beschwerde entzogen.

Der Beschwerdeführer rügte, daß das VormGericht zwei Verwandte der Kinder vor der Beschlußfassung nicht gehört habe, obwohl ihre Vernehmung beantragt worden sei. Ein Verstoß gegen den § 1673² führt zur Aufhebung der angefochtenen Entscheidnng, wenn anzunehmen ist, daß sie auf der Nichtbeachtung der Vorschrift beruht. Ein Verstoß gegen den § 1673² liegt aber nicht vor. Diese Vorschrift gebietet die Anhörung von Verwandten (Verschwägerten) des Kindes, wenn sie ohne erhebliche Verzögerung und ohne verhältnismäßige Kosten geschehen kann, nicht aber die Vernehmung aller Verwandten und Verschwägerten. Es genügt, daß überhaupt Verwandte (Verschwägerte) des Kindes gehört werden. Selbstverständlich sollen, wenn mehrere Verwandte (Verschwägerte) vorhanden sind, diejenigen vernommen werden, von denen das Gericht annehmen darf, daß gerade sie Auskunft geben können, und das Gericht darf von der Anhörung weiterer Verwandten oder Verschwägerten nur absehen, wenn es auf Grund des Ergebnisses der veranstalteten Ermittelungen die Sachlage als genügend aufgeklärt erachtet. Der Inhaber der elterlichen Gewalt hat kein Recht darauf, daß die von ihm bezeichneten Verwandten oder Verschwägerten des Kindes gehört werden,

[1] Die zwangsweise Erfüllung der Unterhaltspflicht steht der Nichtgewährung des Unterhaltes gleich, soweit in ihr eine Vernachlässigung des Kindes zu erblicken ist; dies trifft jedenfalls dann zu, wenn andere Mittel zum Unterhalte des Kindes nicht zur Verfügung stehen und die Nichtleistung des Unterhalts dem Vater zum Verschulden gereicht (Beschluß desselben ZS. v. 21. Juni 1912, Samml. 13 S. 497).

wenn auch naturgemäß das Gericht auf sie zunächst Rücksicht nehmen wird, weil es annehmen darf, daß gerade sie am besten Auskunft geben können.[1] Dem Antrage des Gewalthabers, bestimmte Verwandte oder Verschwägerte zu hören, kommt nur die Bedeutung eines Beweisangebots zu.[2] Th.

β) **Beschwerderecht des Elternteils, dem die Personensorge entzogen ist?**

Kammergericht, Ia. ZS. Beschluß v. 10. Januar 1913.

Die weitere Beschwerde ist schon deshalb zurückzuweisen, weil der Beschwerdeführerin gegen den Beschluß des VormGerichts vom 1. Oktober überhaupt nicht das Beschwerderecht zusteht. Demjenigen Elternteil, dem durch eine gemäß § 1666 getroffene Anordnung das Recht der Personensorge entzogen worden ist, steht in den diese Sorge betreffenden Angelegenheiten gegen die Verfügungen des VormGerichts ein Recht zur Beschwerde weder auf Grund des § 20 noch auf Grund des § 57 Nr. 9 FrGG. zu, auf Grund des § 20 deshalb nicht, weil das Recht, dessen Beeinträchtigung sonst in Frage stehen würde, gerade dem Elternteil entzogen ist, und auf Grund des § 57 Nr. 9 deshalb nicht, weil er durch die Entziehung dieses Rechtes für unfähig erklärt ist, insoweit die Interessen seines Kindes noch weiterhin zu vertreten (Jahrb. 34 S. 26). J. . . . g.

b) **Fürsorgeerziehung:** α) **Begriff des gesetzlichen Vertreters.**

Kammergericht, Ia. ZS. Beschluß v. 24. Januar 1913.

Die Berechtigung zur Einlegung von Rechtsmitteln ist in § 4[3.4] FEG. in ausschließender Weise derart geregelt, daß sie nur den das. Bezeichneten zusteht. Die Eltern des Minderjährigen sind daher als solche nicht beschwerdeberechtigt, sondern nur unter der Voraussetzung, daß sie dessen gesetzliche Vertreter sind. Wenn der Mutter, die nach dem Tode ihres Mannes gesetzliche Vertreterin ihrer minderjährigen Kinder geworden ist (§§ 1684 Nr. 1, 1627, 1630), gemäß § 1666 das Personensorgerecht entzogen ist, so hat sie, da hiermit zugleich das Recht der Vertretung in den persönlichen Angelegenheiten der Kinder ihr genommen ist, das Recht verloren, im FürsErzVerfahren Rechtsmittel einzulegen. Dieses Recht ist auf den zur Wahrnehmung des Personensorgerechts bestellten Pfleger übergegangen. Allerdings hat die Mutter in solchem Falle die gesetzliche Vertretung der Kinder in deren Vermögensangelegenheiten behalten. Allein wenn im angef. § 4[3.4] FEG. vom „gesetz-

[1] Ebenso Beschluß desselben ZS. v. 22. März 1912: Der § 1673[2] ist nicht dahin auszulegen, daß sämtliche überhaupt zu ermittelnde Verwandten gehört werden müssen. Durch die vorgeschriebene Anhörung soll es dem Gerichte nur erleichtert werden, sich in die für die Anordnung der Zwangserziehung maßgebenden Verhältnisse einen Einblick zu verschaffen und insbesondere zu prüfen, ob die Zwangserziehung notwendig ist oder ob auch durch andere, weniger einschneidende Maßnahmen die Gefahr verhütet werden kann. Wieweit die Vernehmung auszudehnen ist, bleibt dem pflichtgemäßen Ermessen der Instanzgerichte überlassen. Th.

[2] Ist aber die Anhörung unterblieben, ohne daß Gründe dafür angegeben sind, so ermangelt die Entscheidung der nach § 25 FrGG. erforderlichen Begründung und ist deshalb aufzuheben (Beschluß desselben ZS. v. 19. Januar 1912, Samml. 13 S. 19).

lichen Vertreter" die Rede ist, so ist damit der gesetzliche Vertreter in den persönlichen Angelegenheiten gemeint, da die FürsErziehung eine persönliche, keine Vermögensangelegenheit des Minderjährigen ist. Sie berührt nicht nur das Erziehungsrecht, sondern alle persönlichen Angelegenheiten: Erziehung, Aufsicht und Aufenthaltsbestimmung, und es würde daher, wenn der Mutter nur das Erziehungsrecht und damit die gesetzliche Vertretung in Erziehungsangelegenheiten abgesprochen worden wäre, neben dem Erziehungspfleger auch die Mutter beschwerdeberechtigt sein. Aber um Vermögensangelegenheiten des Minderjährigen handelt es sich hier nicht. Allerdings hat die Unterbringung zur FürsErziehung für den Minderjährigen selbst und diejenigen, die nach bürgerlichem Recht gesetzlich zu seinem Unterhalt verpflichtet sind, vermögensrechtliche Folgen (§ 16 FEG.). Aber dies rechtfertigt nicht, denjenigen, dem lediglich die gesetzliche Vertretung in den Vermögensangelegenheiten des Minderjährigen obliegt, im FürsErzVerfahren als beschwerdeberechtigt anzusehen. Denn wenn § 4[3,4] das Beschwerderecht auf einen engen Kreis von Personen begrenzt, und unter diesen den „gesetzlichen Vertreter" nennt, so kann es sinngemäß darunter nur diejenigen Personen meinen, deren Ansicht, Stimme und Argumente vermöge der Angelegenheit, in der sie den Minderjährigen vertreten, im Verfahren Beachtung finden können. Wer aber nur berufen ist, den Minderjährigen in Vermögensangelegenheiten zu vertreten, dessen Vorbringen ist in jenem Verfahren unbeachtlich; denn Gesichtspunkte, welche nur die Vermögensangelegenheiten des Minderjährigen betreffen, kommen darin überhaupt nicht in Betracht. Wer nur solche nicht beachtliche Gesichtspunkte vermöge seines Vertretungsrechts vorzubringen in der Lage ist, ist nicht „gesetzlicher Vertreter". Die im FürsErzVerfahren nicht beachtliche vermögensrechtliche Folge des § 16 FEG. kann gegen die Richtigkeit dieser Ansicht schon deshalb nicht herangezogen werden, weil vermöge der in § 16 ausgesprochenen Folge auch die nach bürgerlichem Recht Unterhaltspflichtigen in gleicher Weise berücksichtigt werden müßten. Dadurch aber, daß der Gesetzgeber den Unterhaltspflichtigen als solchen, also auch den Eltern des Minderjährigen, soweit sie nicht zugleich gesetzliche Vertreter sind, kein Beschwerderecht verliehen hat, hat er zum Ausdruck gebracht, daß ein Beschwerderecht nicht darauf gestützt werden kann, daß ein Erstattungsanspruch aus § 16 FEG. gegeben ist. S.

β) **Die Voraussetzungen der vorläufigen Unterbringung.**

Kammergericht, Ia. ZS. Beschluß v. 29. November 1912.

Es handelt sich nicht um eine Maßnahme der Fürsorgeerziehung, sondern um eine gerichtlich autorisierte, durch das öffentliche Interesse getragene Maßregel polizeilichen Charakters, die lediglich darauf geht, das Kind aus seiner gefährdenden gegenwärtigen Umgebung zu entfernen, anderweit „vorläufig unterzubringen". (Begründung S. 21, Drucks. d. Herrenh. 1900 Nr. 8; KommBer. zu § 5, Drucks. d. AbgH. Nr. 183.) Den Rahmen für diese Maßnahme bildet ein anhängiges FürsVerfahren; doch bedarf es keines besonderen Einleitungsbeschlusses, vielmehr stellt die Anordnung der vorl. Unterbringung gegebenenfalls die Einleitung des Verfahrens dar, vorausgesetzt, daß ersichtliche Ermittelungen zwecks Vorbereitung der endgültigen Entscheidung über Unterbringung zur Fürsorgeerziehung eingeleitet sind oder gleichzeitig eingeleitet werden (Rsp. 21 S. 272). Anderseits ist für die Anordnung aus § 5 kein Raum mehr, wenn bereits die Aussichtslosigkeit des Verfahrens feststeht (Recht 1907 S. 911), während sie wiederum so lange zulässig bleibt, bis das Verfahren rechtskräftig abgeschlossen ist (Jahrb. 26 S. 192). — Innerhalb dieser Grenzen ist die Maßnahme zulässig „bei Gefahr im Verzuge". Die „Gefahr" muß die Zwecke der Fürsorgeerziehung, so wie sie sich aus § 1 Nr. 1—3 FEG. ergeben, betreffen (Recht 1911 S. 339): Es muß mit dem Aufschube der Überweisung bis zum rechtskräftigen Abschluß des Verfahrens die Gefahr der Verwahrlosung oder der weiteren Verwahrlosung verknüpft sein; nicht dagegen braucht bereits festzustehen, daß die Voraussetzungen der FürsErziehung nach § 1 FEG. gegeben sind. Freilich wird in der Regel nur eine naheliegende, besonders dringliche Gefahr die sofortige Entfernung des Minderjährigen aus seiner gegenwärtigen Umgebung erfordern (Recht 1908, S. 421), da es sich um eine Ausnahmemaßregel im Verhältnis zur FürsErziehung handelt, und diese selbst vermöge ihrer tief in die Familienverhältnisse einschneidenden Wirkung nur als subsidiärer Rechtsbehelf, wenn andere Erziehungsmittel keinen Erfolg versprechen, zugelassen ist. — Vor der Entscheidung aus § 5[1] FEG. ist das Gericht zu tatsächlichen Ermittelungen nicht in dem Sinne verpflichtet, wie § 3 FEG., § 12 FrGG. es vorschreiben. § 3 gilt für die vorl. Unterbringung überhaupt nicht, ebensowenig die in § 4[2] vorgeschriebene Anhörungspflicht. Dagegen ist hier der § 12 FrGG. grundsätzlich anwendbar (Jahrb. 32 S. 13; 34 S. 62; 38 S. 89). Dasselbe gilt aber auch für die Vorbereitung einer Entscheidung aus § 5 FEG., da auch hier ein Amtsverfahren ohne Bindung an Beweisanträge stattfindet. Immerhin muß geprüft werden, inwieweit hier nach den Zwecken des Verfahrens die Anwendbarkeit des § 12 FrGG. reicht. Mit den Zwecken der schleunigen Unterbringung wäre es unvereinbar, wollte man das Gericht verpflichten, in jedem Falle eine eigene aktive Ermittelungstätigkeit zu entwickeln. Hierzu ist es nicht verpflichtet, wenn es aus dem ihm, zB. von einer Antragsbehörde, unterbreiteten Material die Überzeugung gewinnt, daß die tatsächlichen Voraussetzungen der vorl. Unterbringung, wie sie oben angedeutet sind, vorliegen (Glaubhaftmachung genügt nicht). S.

i) Voraussetzungen des BGB. § 1685 Abs. 2.[1]

Bayer. Oberstes Landesgericht, FerienZS. Beschluß v. 31. Juli 1912.

Die Ehe der Beschwerdeführerin mit A. ist durch gerichtliches Urteil

[1] § 1677[1] ist auf die rechtliche Stellung desjenigen Elternteils entsprechend anwendbar, dem nicht die elterliche Gewalt, sondern nur das Recht und die Pflicht zusteht, für die Person des Kindes zu sorgen. Das Personenrecht dieses Elternteils ruht also, wenn nach der Feststellung des VormGerichts der Elternteil an der Ausübung der Personensorge auf längere

aufgelöst. Da der Vater für den Unterhalt seiner noch minderjährigen Kinder nicht sorgte und auswanderte, wurde die Mutter zur Geltendmachung des Unterhalts ihrer Kinder als Pfleger der Kinder bestellt. Als jedoch das Amtsgericht durch Erhebungen festgestellt hatte, daß die Mutter an Verfolgungsideen leidet, durch die ihre freie Willensbestimmung ausgeschlossen ist, ordnete es Aufhebung der Pflegschaft und Einleitung einer Vormundschaft für die Kinder an. Die Beschwerde der Mutter wurde zurückgewiesen. Auch ihre weitere Beschwerde blieb erfolglos.

Die Beschwerdeführerin ist nach § 104 Nr. 2 geschäftsunfähig und kann deshalb das Beschwerderecht nicht ausüben. Die Beschwerde ist aber auch unbegründet. Nach § 1685² hat, wenn die Ehe aufgelöst ist und die elterliche Gewalt des Vaters ruht, ohne daß Aussicht besteht, daß der Grund des Ruhens wegfallen werde, das VormGericht der Mutter auf ihren Antrag die Ausübung der elterlichen Gewalt zu übertragen. Diese Übertragung setzt aber selbstverständlich voraus, daß nicht einer der Gründe vorliegt, der ihre elterliche Gewalt kraft Gesetzes ausschließt oder ihr Ruhen verursacht. Dies trifft hier zu. Denn die Mutter ist geschäftsunfähig und nach §§ 1676¹, 1696 würde die elterliche Gewalt, wenn sie ihr übertragen würde, ruhen. Da die elterliche Gewalt des Vaters ruht und der Mutter diese Gewalt nicht übertragen werden kann, so sind die Voraussetzungen für die Anordnung der Vormundschaft gegeben (§ 1773¹) und die Pflegschaft nach § 1919 aufzuheben. Die Beschwerdeführerin könnte übrigens wegen ihrer Geisteskrankheit schon nach § 1886 mit § 1915 nicht Pflegerin bleiben. Th.

k) **Abtretung einer Nachlaßhypothek durch die in ihrer Vertretungsmacht gemäß §§ 1690, 1812 beschränkte Mutter. Weiterveräußerung des Erwerbers. Hat dieser den Erlös nach § 816 herauszugeben?**

OLG. Rostock, II. ZS. Urteil v. 17. November 1911.

Die Witwe A. hat von der beklagten Bank 1909 ein Darlehn von 1800 Mark gegen Ausstellung eines Wechsels und Abtretung zweier Grundschuldforderungen von je 1000 Mark erhalten. Diese Grundschulden standen damals noch auf den Namen des A., der von seiner Witwe zu $^1/_4$ und seiner minderjährigen klagenden Tochter zu $^3/_4$ beerbt war, und gehörten zu seinem Nachlaß. Zu ihrer Legitimation legte die Witwe A. der Beklagten den am 19. März 1909 ausgestellten Erbschein vor, der sie und die Klägerin als alleinige Erben auswies und die letztere als unter ihrer elterlichen Gewalt stehend bezeichnete. Zur Zeit der Abtretung der Grundschulden war der Witwe A. aber ein Beistand bestellt; dieser wußte nichts von der Abtretung.

Zeit tatsächlich verhindert ist. Bei geistiger Erkrankung des Elternteils liegt eine solche Verhinderung nicht nur vor, wenn die geistige Störung längere Zeit ununterbrochen ohne Aussicht auf Heilung fortdauert, sondern regelmäßig auch dann, wenn für eine gewisse Zeit zwar Heilung eingetreten, das Wiederauftreten der Krankheitserscheinungen aber in nicht ferner Zukunft mit Wahrscheinlichkeit zu erwarten ist (KG., Ia. ZS. Beschluß v. 24. Nov. 1911, Jahrb. 42 S. 30).

Die Grundschulden sind später auf die Beklagte umgeschrieben und von ihr 1911 gegen Zahlung von 2000 Mark an X. abgetreten. Die Klägerin hält die Abtretung der Grundschulden für unwirksam und hat ursprünglich auf die Berichtigung geklagt. Demnächst hat sie den Hilfsantrag auf Zahlung von 2000 Mark gestellt. Dieser Hilfsantrag ist begründet.

Beklagte hat durch die von seiten der Witwe A. erfolgte Abtretung oder die nachfolgende Umschreibung im Grundbuch das Gläubigerrecht an den beiden Grundschulden und demzufolge auch das Eigentum an den Grundschuldbriefen nicht erworben. Über die Grundschulden als Einzelgegenstände des Nachlasses konnten die Erben nur gemeinschaftlich verfügen. Die Verfügung der Witwe A. stellte aber, trotzdem sie gesetzliche Vertreterin der Klägerin war und auch als solche die Abtretung erklärt, keine rechtswirksame Verfügung der Gesamtheit der Erben dar, weil sie, soweit sie für die Klägerin handelte, der Genehmigung des Beistandes gemäß § 1812 bedurfte und wegen dieses Mangels ihr Handeln unwirksam für die Klägerin war. Dieser Rechtsmangel ihres Erwerbs ist für die Beklagte auch nicht dadurch unschädlich gemacht, daß sie in Unkenntnis desselben auf Grund des über die Beerbung des A. ausgestellten Erbscheins erworben hat. Das wäre allerdings dann der Fall, wenn die Witwe A. als alleinige Erbin ihres Mannes die Grundschulden abgetreten hätte und als solche durch den Erbschein — zu Unrecht — ausgewiesen wäre. Aber sie hat nicht nur in eigenem Namen, sondern zugleich in Vertretung der Klägerin gehandelt und das Erbrecht beider ergab sich aus dem Erbschein. Der Rechtsmangel, der dem Erwerb der Beklagten anhaftete, betraf vielmehr die Vertretungsmacht der für ihre Miterbin mithandelnden Witwe A., und dafür ist weder der gute Glaube der Beklagten noch der die Beschränkung der Vertretungsmacht nicht erwähnende Erbschein von Bedeutung. Insbesondere steht der Beklagten die Vermutung aus § 2366 nicht zur Seite, da die Annahme, daß der im Erbschein bezeichnete Erbe nicht durch andere als die dort angegebenen Anordnungen beschränkt sei, sich nur auf erbrechtliche Anordnungen bezieht.

Die Rechtslage ist aber gegenwärtig anders zu beurteilen, weil die Beklagte die Grundschulden auf X. übertragen hat. X. hat gemäß § 892, da er von der als Gläubigerin eingetragenen Beklagten erworben hat und seine Bösgläubigkeit von keiner Seite behauptet ist, mit Wirkung auch gegenüber der Klägerin das Gläubigerrecht an den Grundschulden erlangt; dadurch ist das der A.schen Erbengemeinschaft gleichzeitig untergegangen. Damit fällt aber die Begründetheit des ersten Klagantrages. Denn er ist gestützt lediglich auf die dingliche Rechtsstellung der Klägerin bzw. der Erbengemeinschaft in betreff der Grundschulden und bezielt die Herstellung des dieser Rechtsstellung entsprechenden Zustandes. Mit dem Wegfall des dinglichen Rechts, mag dieser vor oder nach der Klagerhebung eingetreten sein, verlor die Klägerin die Berechtigung, auf Berichtigung des Grundbuchs durch Eintragung des dem materiellen Recht entsprechenden Rechtszustandes zu klagen, und damit wird ihrem weiteren Verlangen, daß die Briefe dem Grundbuchamte vorgelegt und einem Sequester ausgehändigt werden sollen, zugleich die Grundlage entzogen. Dagegen ist sie nicht gehindert, die Rechte, die ihr dadurch erwachsen sind, daß die Grundschulden zum Nachlaß gehört haben und durch eine Rechtshandlung der Beklagten daraus geschieden sind, gegenwärtig zu verfolgen, wie sie dies mit dem Hilfsantrag tut. Dem steht weder das Verbot der Klagänderung noch des § 529² ZPO. entgegen. Denn die Klägerin war bis zu dem gegenteiligen Vorbringen der Beklagten in der Berufungsinstanz berechtigt zu der Annahme, die Beklagte habe die Briefe noch hinter sich und über die Grundschulden noch nicht weiter verfügt. Anderseits ist der Klagegrund nicht geändert. Fraglos würde dies sein, wenn die mit dem Hilfsantrag geforderten 2000 Mark entsprechend dem in §§ 292, 989 BGB. aufgestellten Grundsatz (vgl. auch RG. 39 Nr. 118) als Schadensersatz deshalb begehrt würden, weil die Beklagte sich nach der Rechtshängigkeit des Anspruchs durch die Abtretung der Grundschulden als eine von ihrem freien Willen abhängige Handlung selbst in die Unmöglichkeit versetzt habe, dem ursprünglichen Klagantrage zu genügen. Die Klägerin hat sich jedoch darauf beschränkt, die Behauptung, daß die Beklagte schon vor der Klagerhebung die Grundschulden übertragen habe, zu bestreiten. Der Hilfsantrag kann daher nur auf § 816 gestützt werden, der auch dann anwendbar ist, wenn die Beklagte als Nichtberechtigte vor der Rechtshängigkeit verfügt hat. Aber auch von diesem Standpunkt aus erscheint der Klagegrund nicht geändert. Der durch § 816 gegebene Anspruch ist dem durch die Verfügung des Nichtberechtigten um sein Recht gebrachten Berechtigten als Ersatz dafür gewährt, daß er den Gegenstand seines Rechts von ihm nicht mehr herausverlangen kann (RGKomm. § 816²). Die materielle Grundlage des Anspruchs bildet die dingliche Rechtsstellung des fordernden Klägers, die der Beklagte wie vorher durch Vorenthaltung des Gegenstandes des Rechts, so nunmehr durch die Verfügung verletzt hat. Wenn zufolge der letzteren nach gesetzlicher Bestimmung als Objekt des Anspruchs das durch die Verfügung Erlangte an die Stelle des Gegenstandes getreten ist, so ist diese Veränderung für die Frage der Klagänderung einflußlos.

Die Beklagte hat über die rechtlich nicht ihr, sondern den A.schen Erben zustehenden Grundschulden, also das Nichtberechtigte, durch die Abtretung eine Verfügung getroffen, die gemäß § 892 den Erben gegenüber wirksam ist, und durch die sie 2000 Mark erlangt hat. Der Tatbestand des § 816 ist also gegeben, und nach seinem Wortlaut ergibt sich daher ohne weiteres die Verpflichtung der Beklagten, „das Erlangte herauszugeben". Es ist aber zu berücksichtigen, daß der Anspruch aus § 816 die Natur eines Bereicherungsanspruchs hat. Dies wird zwar von Staudinger und Kuhlenbeck bestritten, geht jedoch aus der Entstehungsgeschichte klar hervor. Den § 816 hat die 2. Komm. beschlossen und in den Titel „Ungerechtfertigte Bereicherung" eingestellt, um durch eine allgemeine Bestimmung den Anspruch zu regeln, den der 1. Entwurf zur Ausgleichung des Rechtsverlusts, welcher zufolge der Verfügung eines Nichtberechtigten wegen des Schutzes des gutgläubigen Erwerbers den Berechtigten trifft, bei den einzelnen Anwendungsfällen des Grundsatzes in den §§ 839, 880, 2081[3] mit § 2083 gegeben hatte. Diese Vorschriften beschränkten aber ausdrücklich den Anspruch auf die Bereicherung oder sie verwiesen auf die Bestimmungen, die in dem Titel von der Bereicherung getroffen waren. Auch der Wortlaut des § 816 steht nicht entgegen, denn dieselbe Fassung weist der § 812 auf, der, an der Spitze des Titels stehend, den Grundgedanken der Bereicherung zum Ausdruck bringt und ebenfalls von der Herausgabe des Erlangten redet. Die überwiegende Mehrheit der Schriftsteller erkennt denn auch diese Natur des durch § 816 normierten Anspruchs und zwar meist in einer Weise an, als ob abweichende Meinungen gar nicht beständen. Die Beklagte verneint aber im Hinblick auf die Tilgung ihrer Darlehnsforderung und die Verrechnung des Überschusses auf sonstige Forderungen gegen die Witwe A. jede Bereicherung. Für ihre Verneinung, allerdings nur in Höhe der 1800 Mark, kann, da das Vorbringen der Beklagten in tatsächlicher Beziehung Zweifel übrig läßt, ein doppelter Gesichtspunkt in Betracht kommen. Einmal läßt sich das Verhalten der Beklagten, welche die ihr als Sicherheit für das Darlehn abgetretenen Grundschulden schon 1909 auf sich hat umschreiben lassen, dahin auffassen, daß sie die Grundschuldforderungen gegen Aufgabe jener Forderung definitiv erworben und demnächst weiter veräußert hat. Dann erscheint der Verlust der Forderung von 1800 Mark als Preis für den Erwerb der Grundschulden, und für den Umfang der Bereicherung der Beklagten ist die Beantwortung der schon im gemeinen Recht streitigen Frage entscheidend, ob der Veräußerer einer fremden Sache um den ganzen Erlös bereichert ist oder den von ihm seinerseits beim Erwerb derselben gezahlten Preis in Abzug bringen darf. Mit der herrschenden Ansicht (Windscheid-Kipp 820 Nr. 2, a. M. RG. Rsp. 12 S. 125) ist diese Frage aber im ersten Sinne zu bejahen, da der Veräußerer vor der Veräußerung den Regreßanspruch gegen seinen Auktor hatte und nachher diesen und den Erlös besitzt. Die zweite Möglichkeit — diese liegt näher, da die Beklagte das Darlehn noch 1910 durch die Einklagung als fortbestehend behandelt hat — bietet sich von der Auffassung aus, daß sie die Grundschulden auch nach der Umschreibung im Innenverhältnis nur als fiduziarisch Berechtigte besessen und sich aus ihnen im Wege der Einziehung der Grundschuldforderungen nach Fälligkeit und Vollstreckbarkeit ihres Darlehns befriedigt hat. Dem steht auch nicht entgegen, daß sie die Grundschulden an X. abgetreten hat, da dies auf Anweisung des Eigentümers geschah und dem bei Auszahlung gekündigter Grundschulden im Verkehr üblichen Zahlungsmodus entspricht. Bei diesem Sachverhalte steht die Beklagte nicht anders wie ein Pfandgläubiger, der sich aus der verpfändeten Forderung durch Einziehung befriedigt. Wie ein solcher hat sie das, was sie von ihrer Schuldnerin zu fordern hatte, dadurch erhalten, daß sie das ihr von dieser zu solchem Zweck zur Verfügung gestellte fremde Vermögensstück verwertete. Nach dem bei Bestellung der Sicherheit ausgedrückten Willen der Schuldnerin war die Zahlung des Dritten dazu bestimmt, zur Tilgung der Schuldverbindlichkeit das Eigentum an 1800 Mark der Beklagten zu verschaffen, und diese erlangte auch an den ihr gezahlten Geldstücken unwiderrufliches Eigentum. Nimmt man daher an, daß durch diesen Vorgang, der äußerlich alle Erfordernisse der Schulderfüllung enthält, die Schuld der A. getilgt ist, so ist die Beklagte in diesem Umfang nicht bereichert, weil sie mit dem Erwerb der in den 2000 Mark steckenden 1800 Mark und durch ihn gleichzeitig ein Forderungsrecht in derselben Höhe — daß es wertlos war, ist nicht behauptet — verlor.

Die Frage, ob der Gläubiger dem Bereicherungsanspruch des Eigentümers der Pfandsache unterliegt, wenn dieser infolge der Pfandverwertung sein Recht verloren hat, oder ob der Eigentümer sich nur an den infolge Tilgung seiner Schuld um deren Betrag bereicherten Schuldner halten kann, ist seit lange umstritten. Das RG. (JW. 1906 S. 15[13]) hat den Anspruch gegen den Gläubiger bejaht, allerdings ohne darauf einzugehen, ob die Bereicherung wegen gleichzeitiger Tilgung seiner Forderung fortfällt, während es in einem tatsächlich anders gearteten, aber grundsätzlich gleich zu beurteilenden Falle (Gruchot 53 S. 1001) die Bereicherung verneint. Jedenfalls kann darauf kein Gewicht gelegt werden, daß der Gläubiger die gezahlte Summe zur Tilgung der Forderung angenommen und an ihr unbeschränktes und unwiderrufliches Eigentum erlangt hat. Denn das liegt auch vor, wenn der Pfandgläubiger in rechtsungültigem Verfahren das Pfand verkauft hat und deshalb dem Rückforderungsanspruch des Erwerbers ausgesetzt ist, obwohl fraglos seine Forderung gegen den Schuldner nicht getilgt ist. Vielmehr ist entscheidend, ob der Gläubiger die erlangte Zahlung behalten kann, seine Befriedigung also endgültig ist. Da der Gläubiger nun in eigenem Namen, nicht als Vertreter das Vermögensstück verwertet hat, so ist es nicht gerechtfertigt, ihm im Verhältnis zu dem Drittberechtigten, der zufolge gesetzlicher Bestimmung durch jene Verwertung sein Recht eingebüßt hat und dafür entschädigt werden soll, zu gestatten, das Kausalverhältnis zu dem Schuldner, auf das hin er den Erwerb erlangt hat, für die Frage der Bereicherung heranzuziehen. Der Drittberechtigte darf nicht darunter leiden, daß der Gläubiger seinem Schuldner gegenüber berechtigt ist, den empfangenen Betrag als Schuldzahlung zu behandeln. Denn aus der Person des Schuldners kann der Gläubiger für sich dem Drittberechtigten gegenüber keine Vorteile herleiten, weil ja gerade wegen dessen entgegenstehenden Rechts die Verfügung des Schuldners, auf Grund welcher der Gläubiger verwertet hat, ungültig war und kein Recht dem Gläubiger übertrug. Unterliegt dieser aber dem Anspruch des Drittberechtigten, so ist seine Befriedigung keine endgültige und deshalb ist er, da er diese und das gezahlte Geld in seinem Vermögen hat, um das letztere bereichert (Dernburg 2 § 378[3], RGKomm. § 818[6]).

Die Beklagte hat endlich ein Zurückbehaltungsrecht wegen ihrer Darlehnsforderung geltend gemacht. Allein nach § 2039 steht jedem Miterben ein selbständiges Recht zu, die Leistung an alle zu fordern, und, wie der § 2040² dem Nachlaßschuldner die Aufrechnung mit einer ihm gegen einen einzelnen Miterben zustehenden Forderung abspricht, so kann die Beklagte ebensowenig der Klägerin gegenüber wegen einer Forderung, die sich nur gegen die miterbende Mutter A. persönlich richtet, zurückbehalten. J.n.

l) **Vormundschaft oder Pflegschaft, wenn beiden geschiedenen Eltern die Personenpflege entzogen ist. Abgabe der Vormundschaft.**

OLG. Colmar, I. ZS. Beschluß v. 24. Januar 1912.

Die von ihrem in Cöln wohnhaften Ehemann geschiedene, für allein schuldig erklärte A. hat sich wieder verheiratet und ihren Wohnsitz in Straßburg begründet. Die aus der ersten Ehe hervorgegangenen, minderjährigen Kinder befinden sich, obwohl das VormGericht eine Anordnung nach § 1635 Satz 2 nicht getroffen hat, die Personensorge also gesetzlich dem Vater zustand, in der Obhut der Mutter in Straßburg; der Vater lehnt auch jede Fürsorge ab. Das für sie zuständige preuß. VormGericht hat auf Grund des § 1666 fürsorgliche Maßnahmen getroffen und angeordnet, daß beiden Eltern die Sorge für die Person der Kinder entzogen und daß diese anderweitig untergebracht werden. Zugleich hat es das Amtsgericht Straßburg um Übernahme der Sache und Bestellung des Vormunds ersucht. Darauf hingewiesen, daß eine Vormundschaft nicht eingeleitet werden könne, weil dem Vater noch die elterliche Gewalt zustehe, hat es geantwortet, daß, nachdem dem Vater die elterlichen Sorgerechte entzogen seien, es immerhin erforderlich sei, für eine Vertretung der Kinder zu sorgen; die Bestellung dieses Vertreters und die weitere Aufsicht könne aber zweckmäßig nur vom Amtsgericht Straßburg erfolgen. Dieses hat jedoch abgelehnt, worauf gemäß § 46² FrGG. die Sache zur Entscheidung vorgelegt worden ist. Das OLG. Colmar ist nach Art. VII des Ges. vom 22. Mai 1910 zuständig, vgl. KG. Jahrb. 39 A S. 11, dessen Begründung beigetreten wird. Bei Prüfung der Frage, ob die Übernahme der Vormundschaft (Pflegschaft) nach § 46 FrGG. beim gegenwärtigen Stande der Sache überhaupt zulässig ist, wird zwar mit dem KG. (Rsp. 12 S. 208; Jahrb. 25 S. 193) davon ausgegangen, daß zuvor von dem an sich zuständigen Gericht die Vormundschaft (Pflegschaft) „angeordnet" sein muß; eine „Ernennung" des Vormundes (Pflegers) braucht indessen noch nicht erfolgt zu sein; diese kann bereits dem Gericht, an das abgegeben wird, überlassen bleiben. Eine „Anordnung" der Vormundschaft (Pflegschaft) hat hier durch das Amtsgericht Cöln bereits stattgefunden. Eine Unklarheit besteht nur darüber, ob es eine Vormundschaft oder eine Pflegschaft angeordnet hat. Da es aber offenbar nur diejenige Maßregel zum Schutze der Kinder anordnen wollte, die nach Lage des Falles zulässig und erforderlich war, ist anzunehmen, daß es nur diese Maßregel auch tatsächlich angeordnet hat. Zulässig und erforderlich war aber nur die Anordnung einer Pflegschaft.

Auch nach rechtskräftiger Scheidung der Ehe nämlich stand die gesetzliche Vertretung der Kinder dem Vater zu. Die Anordnung einer Vormundschaft oder Pflegschaft kam zunächst nicht in Frage. Auch dadurch, daß dem Vater die Personensorge entzogen worden, war die Anordnung einer Vormundschaft oder Pflegschaft zunächst noch nicht zulässig oder erforderlich geworden. Durch diese Maßregel war vielmehr in Ermangelung einer abweichenden Anordnung des VormGerichts die Sorge für die Person der Kinder vom Vater kraft Gesetzes ohne weiteres auf die geschiedene und wiederverheiratete Mutter übergegangen. Daß in diesem Sinne der § 1635 zu verstehen ist, hat das KG. (Rsp. 11 S. 300; vgl. auch RJA. 10 S. 95) angenommen. Seinen Ausführungen, die in der Rechtslehre teils Zustimmung (Staudinger N. 4), teils Widerspruch (Planck, N. 6 zu § 1635) erfahren haben, wird beigepflichtet. Erst dadurch, daß das VormGericht auch der Mutter die Personensorge entzogen hat, ist eine weitere Fürsorgemaßregel für die Kinder erforderlich geworden, und zwar die Anordnung einer Pflegschaft nach § 1909 (Staudinger § 1773[1]), so zwar, daß der Wirkungskreis des Pflegers die Sorge für die Person der Kinder zu umfassen hat.

Muß sonach angenommen werden, daß das Amtsgericht Cöln eine Pflegschaft für die Kinder mit diesem Wirkungskreis des Pflegers angeordnet und die Übernahme der Pflegschaft einschließlich der Ernennung des Pflegers beim Amtsgericht Straßburg in an sich zulässiger Weise beantragt hat, so fragt es sich nur noch, ob ein „wichtiger Grund" hierzu vorliegt. Das ersuchte Gericht verneint dies, weil nicht erkennbar sei, was jetzt mit den Kindern geschehen solle. Da nur deren privatrechtliche Zwangserziehung nach § 1666 angeordnet sei, diese aber tatsächlich nur erfolgen könne, wenn der Vater die Kosten der Unterbringung bestreite, wozu er aber nicht imstande sei, werde auch der zu ernennende Pfleger diese Unterbringung nicht bewerkstelligen können, und es bleibe dann schließlich doch nur die Anordnung der öffentlichen Fürsorgeerziehung übrig, für die wieder nur das Amtsgericht Cöln zuständig wäre. Nach dem preuß. wie auch dem elsaß-lothr. Landesrecht ist jedoch die öffentliche Fürsorgeerziehung nur anzuordnen, wenn sie erforderlich ist zur Verhütung völligen sittlichen Verderbens oder weiterer sittlicher Verwahrlosung des Minderjährigen. Sie stellt also eine subsidiäre Maßregel dar, die besonders dann nicht angeordnet werden darf, wenn es noch möglich ist, durch anderweitige Unterbringung, namentlich durch Trennung der Minderjährigen von den Eltern, auf Grund des § 1666 Abhilfe zu schaffen. Diese Möglichkeit hat aber gerade das Amtsgericht Cöln als gegeben erachtet, indem es im Anschluß an die Rechtsprechung des KG., die allerdings der des preuß. ObVerwG. widerspricht (vgl. Rsp. 17 S. 268; 21 S. 267) davon ausging, daß, wenn der mit der Aufgabe anderweitiger Unterbringung der Kinder betraute Pfleger von deren Unterhaltsverpflichteten die Mittel hierzu wegen deren Vermögenslosigkeit nicht erlangen könne, nach dem Unterstützungswohnsitzgesetz und den dazu ergangenen AusfGesetzen der Armenverband verpflichtet sei, die Kosten der anderweitigen Unterbringung zu tragen.

Ob diese Annahme gesetzlich begründet ist, braucht hier nicht nachgeprüft zu werden, weil die Ablehnung der Übernahme der Pflegschaft sich aus anderen Gründen als gerechtfertigt erweist. Dem erst noch zu ernennenden Pfleger hat das Amtsgericht Cöln nur die Aufgabe zugedacht, dafür zu sorgen, daß der unterstützungspflichtige Armenverband die Mittel zu einer anderweitigen Unterbringung der Kinder zur Verfügung stelle. Bei der einzurichtenden Pflegschaft handelt es sich also in der Hauptsache für das VormGericht nur noch darum, einen Pfleger zu ernennen, der dieser Aufgabe gewachsen ist, und den Pfleger zu überwachen, ob er die nötigen Schritte zur Unterbringung der Kinder tut. Ein geeigneter Pfleger ist dem Amtsgericht Cöln bereits in der Person des Generalvormunds zu Straßburg namhaft gemacht. Es ist nicht abzusehen, welches besondere Interesse die Kinder daran haben sollten, daß unter solchen Umständen der Pfleger vom Amtsgericht Straßburg statt vom Amtsgericht Cöln bestellt und überwacht werde. Auch ein sonstiger wichtiger Grund für die Übernahme der Pflegschaft nach Straßburg besteht nicht. Insbesondere kann dafür nicht der Umstand angeführt werden, daß die Kinder sich zurzeit in Straßburg aufhalten, wo sie weder ihren gesetzlichen Wohnsitz noch ihren Unterstützungswohnsitz haben, von wo sie namentlich der für sie zu bestellende Pfleger jederzeit entfernen kann. Frdthl.

Dazu: Bayer. Oberstes Landesgericht, II. ZS. Beschluß v. 17. März 1913.

Auch das Interesse des Vormundes an wesentlicher Erleichterung der Führung der Vormundschaft bildet unter Umständen einen „wichtigen Grund" zur Abgabe der Vormundschaft an ein anderes Gericht. Th.

m) **Wer regelt den Verkehr zwischen dem Vormund einer Ehefrau und dieser bei einem Streit zwischen Vormund und Mann?**

Kammergericht, Ia. ZS. Beschluß v. 14. März 1913.

Der Beschwerdeführer ist der Vater und Vormund der wegen Geisteskrankheit entmündigten Frau X., die mit ihrem Mann zusammenwohnt. Als dieser der Wärterin der Entmündigten verboten hatte, mit dieser den Vormund zu besuchen, wandte sich letzterer an das VormGericht, dessen Versuche eine Einigung herbeizuführen, an dem schroff ablehnenden Verhalten des Mannes scheiterten, der dem Beschwerdeführer nur gestatten wollte, seinen Mündel in der ehelichen Wohnung aufzusuchen, und das Recht, den Aufenthalt seiner Frau zu bestimmen, für sich beanspruchte. Hierauf hat das VormGericht seine Mitwirkung zur Regelung der Besuche des Mündels bei dem Beschwerdeführer abgelehnt. Die Beschwerde des Vormunds ist zurückgewiesen. Auch seine weitere Beschwerde ist nicht begründet.

Die Vorinstanzen haben das Verlangen das Vormunds, daß sein Mündel ihn besuche, als die Geltendmachung eines aus der Person des Mündels sich ergebenden Rechts gegenüber dem Mann des Mündels aufgefaßt, zu dessen Durchführung dem VormGericht Machtbefugnisse nicht zur Verfügung ständen. Richtiger ist es wohl, in dem Verlangen des Vormunds die Ausübung des diesem zustehenden Rechts der tatsächlichen Sorge für die Person des volljährigen Mündels zu erblicken (§ 1901²). Auch dieses Recht erstreckt sich gemäß § 1901¹ nur so weit, als es der Zweck der Vormundschaft erfordert. Es bleiben also durch die Fürsorge des Vormunds die dem Mann auf Grund der ehelichen Gemeinschaft zustehenden Rechte unberührt. Herrscht daher über den Umfang der beiderseitigen Rechte zwischen dem Vormund und dem Mann Streit, so handelt es sich dabei nicht um eine Angelegenheit, über die zu entscheiden das VormGericht berufen wäre, sondern in dieser Beziehung steht dem Vormund der Mann des Mündels wie jeder andere Dritte gegenüber, der ihm sein Recht zur tatsächlichen Sorge für die Person des Mündels streitig macht. Wenn dieses Recht dem Vormund auch von einer öffentlichen Behörde, dem VormGericht, übertragen worden ist, so liegt doch seine Geltendmachung ihm selbst ob, da hier nicht die Durchführung einer vom VormGericht beschlossenen Maßregel, sondern die Abwehr eines vermeintlichen Eingriffs des Mannes in die unter Billigung und auf Veranlassung des VormGerichts geschaffene tatsächliche Gewalt des Beschwerdeführers in Frage steht (Rsp. 2 S. 451). Zur Entscheidung über eine solche Streitigkeit ist allein das Prozeßgericht zuständig (Staudinger § 1632³; Planck § 1632⁷; Enneccerus § 79 IV⁷; Endemann § 214⁶ᵃ). Übrigens wäre selbst dann, wenn man das Verlangen des Beschwerdeführers als Geltendmachung der Rechte seiner Tochter, deren gesetzlicher Vertreter er sei, auffassen wolle, das VormGericht zur Entscheidung nicht zuständig. Auch über Rechte, die sich auf § 1354² gründen, hat ausschließlich das Prozeßgericht zu entscheiden. Der § 45 FrGG., den der Beschwerdeführer hier für anwendbar hält, hat nur die Fälle im Auge, in denen das VormGericht auf Grund besonderer Vorschriften (vgl. §§ 1357², 1358) zur Entscheidung über die persönlichen Rechtsbeziehungen der Ehegatten zueinander berufen ist. Keiner dieser Fälle liegt hier vor. J.g.

n) **Genehmigung einer entgegen dem § 181 bewirkten Auseinandersetzung durch einen den Minderjährigen nachträglich bestellten gemeinsamen Pfleger.**

OLG. Colmar, I. ZS. Beschluß v. 5. Februar 1913.

Da bei der Auseinandersetzung zwischen dem Vater K. und seinen 5 minderjährigen Kindern diese durch einen gemeinschaftlichen, vom Vorm.-Gericht bestellten Pfleger vertreten waren, trotzdem die Auseinandersetzung auch eine Teilung und Auflassung unter den Kindern selbst enthielt, verstieß diese Art der Vertretung der Kinder gegen § 181 (RG. 71 S. 162). Das unter Verstoß gegen § 181 abgeschlossene Rechtsgeschäft ist jedoch nicht schlechthin nichtig, sondern kann durch nachfolgende Genehmigung gemäß § 177 wirksam werden. Zwar vertritt Staudinger (6 zu § 181) die Ansicht, daß wohl im allgemeinen ein Verstoß gegen § 181 beim Abschluß eines Rechtsgeschäfts letzteres nicht nichtig mache, daß aber Nichtigkeit die Folge jenes Verstoßes dann sei, wenn das Rechtsgeschäft von einem gesetzlichen Vertreter abgeschlossen wurde. Diese Unterscheidung zwischen den verschiedenen

Arten der Vertreter, die entgegen § 181 tätig wurden, findet jedoch im Gesetze keine Stütze. Zu einer solchen Auffassung kann der von Staudinger angeführte Umstand allein nicht berechtigen, daß der § 177 insofern nicht für den Fall der gesetzlichen Vertretungsmacht passe, als in manchen Fällen der letzteren es an einem Organe fehle, welches die nachträgliche Genehmigung erteilen könnte (vgl. RG. 68 S. 175, 71 S. 162ff., ZBl. FrG. 11 S. 538).

Das VormGericht hat nun zum Zwecke der nachträglichen Genehmigung der Auseinandersetzung einen zweiten besonderen, allen 5 Kindern gemeinschaftlichen Pfleger ernannt. Das LG. hat dies gebilligt. Der Entscheidung ist in ihrem Ergebnis beizutreten. Die der Auseinandersetzung zu ihrer Wirksamkeit noch fehlende nachträgliche Genehmigung ist ein einseitiges empfangsbedürftiges Rechtsgeschäft, bei dem alle 5 Kinder nicht unter sich eine rechtserhebliche Willenserklärung abgeben, sondern durch Erklärung gegenüber ihrem Vertreter, nämlich dem ersten Pfleger, ein von diesem bereits abgeschlossenes, jedoch infolge Verstoßes gegen den § 181 vorläufig unwirksames Rechtsgeschäft genehmigen. Eine rechtsgeschäftliche Erklärung eines Pflegers namens eines Minderjährigen mit sich als Vertreter der übrigen Mündel findet also hier nicht statt. Der § 181 hindert daher keineswegs, daß die nachträgliche Genehmigung eines bereits abgeschlossenen Rechtsgeschäfts in allen Fällen wie dem vorliegenden für mehrere Vertretene von einem Vertreter gemeinschaftlich erklärt werde. Daß etwa wegen erheblichen Interessengegensatzes der Kinder untereinander nach §§ 1630², 1625, 1796², 1909, 1915 die Ernennung eines besonderen Pflegers für jedes Kind zur Genehmigung der Teilung geboten wäre, erscheint nach deren Inhalte ausgeschlossen. Ein Tatbestand, wie ihn RG. 71 S. 162 im Auge hat, würde nur dann in Frage kommen, wenn die Beteiligten beabsichtigt hätten, mit Rücksicht auf den aus dem § 181 sich ergebenden Mangel der Auseinandersetzung eine neue Teilung vorzunehmen. Ob auch da die Ernennung verschiedener Pfleger für alle 5 Kinder vermieden werden könnte, mag dahin gestellt bleiben (vgl. Zeitschr. des Notarvereins 1912 S. 149). Schr.

o) Pflegschaft für sämtliche Angelegenheiten des Geisteskranken?

Bayer. Oberstes Landesgericht, I. ZS. Beschluß v. 10. Januar 1913.

Einem nicht bevormundeten volljährigen Geisteskranken oder Geistesschwachen, der im Sinne des § 6 Nr. 1 seine Angelegenheiten im allgemeinen nicht zu besorgen vermag, kann auf Grund des § 1910² ein Pfleger für einzelne Angelegenheiten bestellt werden, falls das Bedürfnis im Einzelfalle nur eine solche beschränkte Vertretung verlangt (Planck 2 zu § 1910; RG. 52 S. 240), aber die Bestellung einer Pflegschaft für sämtliche Angelegenheiten des Geisteskranken oder Geistesschwachen ist ausgeschlossen. Durch die Anordnung, daß einer solchen Person für die Wahrnehmung ihrer Angelegenheiten bei Gericht oder bei Behörden ein Pfleger zu bestellen sei, würden sämtliche Angelegenheiten der Person getroffen werden. Denn jede Angelegenheit kann möglicherweise in irgendeiner Form vor einem Gericht oder einer sonstigen Behörde wahrzunehmen sein. Wenn der Person für diese Wahrnehmung ein Pfleger bestellt würde, so würde ihr für alle ihre Angelegenheiten — wenn auch nur für diese Seite derselben — ein Pfleger bestellt werden. Die Anordnung würde so tief in ihre sämtlichen Angelegenheiten eingreifen, daß sie einer Entmündigung gleich kommen würde. Th.

p) **Endigung einer Pflegschaft. Klage eines nicht mehr legitimierten gesetzlichen Vertreters. Versäumnisurteil.**

OLG. Hamburg, IV. ZS. Beschluß v. 10. Februar 1913.

Grundsätzlich besteht eine Pflegschaft so lange, bis das VormGericht sie durch eine dem Pfleger zugehende Verfügung aufhebt (§§ 1919 BGB., 16[1] FrGG.). Eine Ausnahme bilden die drei Fälle des § 1918. Der erste dieser Fälle, Pflegschaft für eine unter elterlicher Gewalt (Vormundschaft) stehende Person, liegt hier vor, wo RA. G. zum Pfleger für die minderjährigen Kinder A. zur Wahrnehmung ihrer Interessen hinsichtlich des väterlichen Nachlasses bestellt ist. Solche Pflegschaft endigt mit der Beendigung der elterlichen Gewalt (Vormundschaft). Der Pflegling Hinrich A. ist am 12. März 1912 volljährig geworden. Damit war die elterliche Gewalt (Vormundschaft) und mithin auch die Pflegschaft über ihn ohne weiteres kraft Gesetzes aufgehoben. Die Pflegschaft für einen Minderjährigen bildet stets nur „Surrogat und Annex" des elterlichen (vormundschaftlichen) Schutzes. Wo dieses allgemeine Schutzbedürfnis überhaupt weggefallen ist, ist auch die Pflegschaft beendet. Die Streitfrage, ob das gleiche auch schon dann eintritt, wenn es sich nur um einen Wechsel in der Person des Gewalthabers (Vormundes) handelt, bedarf hier keiner Entscheidung. Für den Fall des § 1918[3] ist innerhalb des Rahmens der Pflegschaft über Minderjährige überhaupt kein Raum. Die Meinung des LG., die Anwendung dieser Vorschrift scheide nur deshalb aus, weil G. nicht zur Besorgung einer „einzelnen" Angelegenheit, sondern eines Komplexes von Angelegenheiten zum Pfleger bestellt sei, ist deshalb nicht zu billigen.

Hieraus ergibt sich: G. ist schon zur Zeit der Klagerhebung (April 1912) nicht oder doch nicht mehr Pfleger des Hinrich A. gewesen; der § 53 ZPO. kann deshalb keine Anwendung finden; er setzt voraus, daß nach Maßgabe des Bürgerlichen Rechts wirklich eine Pflegschaft besteht, während dies hier gerade nicht der Fall ist. Entscheidend ist vielmehr § 56[1] ZPO.; ist wie hier ein Mangel der Legitimation des gesetzlichen Verkehrs von Beginn des Prozesses an vorhanden gewesen und auch nicht zu beheben, so war die Erhebung der Klage von Anfang an unwirksam. Verlangt der Gegner eine Entscheidung des Prozesses, so ergeht kein Sach-, sondern ein Prozeßurteil (absolutio ab instantia), wobei es keinen Unterschied macht, ob der Mangel bereits in erster oder wie hier erst in der Berufungsinstanz entdeckt wurde. Darüber herrscht in Lehre und Rechtsprechung Einigkeit und ebenso darüber, daß dieses Prozeßurteil stets auf Namen derjenigen Personen, die im Rubrum der Parteischrift als Partei erscheint, also des vermeintlich Vertretenen zu stellen ist. Streitig ist nur, ob der letztere auch zur Tragung der Prozeßkosten verurteilt werden darf, oder ob diese stets dem Vertreter, gleichgültig ob ihn ein Verschulden trifft oder nicht, auferlegt werden müssen. An diesem Rechtszustande wird nichts dadurch geändert, daß im Landgericht der Prozeßvertreter, im Amtsgericht sei es dieser, sei es der vermeintlich gesetzliche Vertreter nicht erscheint. Auch dann kann der Gegner nichts anderes als jenes Prozeßurteil (ein kontradiktorisches Urteil im unechten Versäumnisverfahren, auch unechtes Versäumnisurteil genannt) verlangen. Denn ein Fall wirklicher Säumnis der Partei, die in Wahrheit in dem Prozesse überhaupt nie vertreten war, liegt nicht vor.

Nach der Erklärung des G. als Prozeßvertreter, er erscheine für den Mitkläger Hinrich A. nicht mehr, war mithin der vom Beschwerdeführer gestellte Antrag auf Versäumnisurteil gegen diesen Mitkläger nicht begründet; deshalb ist auch die Beschwerde gegen den Beschluß, durch den das LG. diesen Antrag, wenn auch aus nicht richtigen Gründen zurückgewiesen hat, zu verwerfen. Allerdings ist aus seiner nicht zutreffenden rechtlichen Anschauung heraus das LG. auch in der Prozeßleitung, kraft deren es den Beschwerdeführer zur Stellung des sachgemäßen Antrags auf Erlaß eines Prozeßurteils im oben erwähnten Sinne hätte veranlassen sollen, nicht richtig verfahren; allein hiergegen bereits jetzt in der Beschwerdeinstanz Abhilfe zu schaffen, war nicht möglich. Denn an die letztere ist der Rechtsstreit kraft der Beschwerde überhaupt nur in dem Umfange, ob Versäumnisurteil nach § 330 ZPO. erlassen werden durfte oder nicht, erwachsen, wie denn ein Urteil des LG. als in der Berufungsinstanz ergangen, überhaupt nicht mit einem Rechtsmittel anfechtbar gewesen wäre. Vielmehr muß es den Beschwerdeführern überlassen bleiben, neu vor das LG. zu laden und dort den sachgemäßen Antrag zu stellen. M. M.

8. Erbrecht.

a) Keine Verleihung der Erbenstellung an Nichterben. Zwischenverfügungen aus § 87² FrGG.

Kammergericht, I. FerienZS. Beschluß v. 20. August 1912.

Die Eheleute A. hatten durch wechselseitiges Testament von 1883 sich gegenseitig zum Erben eingesetzt, die 6 Kinder des K. zu Erben des Letztlebenden ernannt, diesem das Recht vorbehalten, einen Nachtrag zum Testament aufzustellen, und den Miterben Paul K. als Testamentsvollstrecker „zur Beaufsichtigung der rechtlichen Erfüllung des Testaments" bestellt. 1908 starb die Frau. 1911 errichtete der Mann A. ein neues Testament, worin er Paul K. und Hans F. als seine Erben je zur Hälfte einsetzte. Nach seinem Tode fochten die im 1. Testament eingesetzten Erben das 2. Testament als unwirksam an und beantragten bei dem Nachlaßgericht, die Auseinandersetzung über den Nachlaß des A. zu vermitteln. Der in beiden Testamenten als Miterbe eingesetzte Paul K. widersprach jedoch, weil den Antragstellern nach dem 2. Testament kein Erbrecht gegen den Mann A. zustehe, und weil er selbst im 1. Testament als Vollstrecker eingesetzt und deshalb zur Bewirkung der Auseinandersetzung berechtigt sei. Jeder der beiden Gründe bildet ein Hindernis, das, sofern es besteht, durch Vermittelung nicht beseitigt werden kann. Denn die Beteiligten sind rechtlich nicht in der Lage, durch übereinstimmende Willenserklärung einem Nichterben die Stellung eines Erben zu verleihen oder dem Vollstrecker die Auseinandersetzung zu entziehen (Jahrb. 33 S. 106). Das Nachlaßgericht hat deshalb den Antrag mit Recht zurückgewiesen. Das Beschwerdegericht war auch nicht befugt, sich der Prüfung der beiden Widerspruchsgründe zu enthalten und auf Grund des § 87[2] FrGG. den Antragstellern, durch Zwischenverfügungen aufzugeben, durch ein von ihnen binnen Jahresfrist beizubringendes Urteil nachzuweisen, daß sie Miterben des Mannes auf Grund des 1. Testaments geworden seien, dieses also rechtswirksam sei, und daß der darin zum Vollstrecker ernannte Paul K. zur Bewirkung der Auseinandersetzung nicht befugt sei. Z.-n.

b) **Fiskalisches Erbrecht. Beschwerde der vom Gericht als Erben angesehenen Personen.**

Kammergericht, I. ZS. Beschluß v. 4. Dezember 1911.

Das LG. hat den Beschluß des Amtsgerichts aufgehoben, weil Anna H. als Tante des Erblassers nach der Ausschlagung der übrigen Verwandten Erbin geworden sei, sie die Erbschaft verspätet ausgeschlagen habe und daher endgültig Erbin geblieben sei, mithin die Voraussetzung für die Feststellung des fiskalischen Erbrechts, daß kein anderer Erbe vorhanden sei, fehle. Die weitere Beschwerde der Anna kann keinen Erfolg haben, weil sie zur Beschwerde nicht legitimiert ist. Voraussetzung dafür ist nach § 20 FrGG. die Beeinträchtigung eines „Rechtes". Darunter ist, wie allgemein anerkannt wird, nur ein wirkliches subjektives Recht zu verstehen; es genügt nicht ein rechtliches oder etwa nur berechtigtes Interesse. Ein subjektives Recht ist hier aber nicht beeinträchtigt. Es ist hier nicht — wie dies bei der Feststellung des Erbrechtes des Fiskus zutrifft — ein Erbrecht der Beschwerdeführerin festgestellt, so daß durch den Beschluß eine Vermutung für ihre Erbeneigenschaft geschaffen würde und ihr damit die Erbenpflichten auferlegt würden, sondern es ist eine Feststellung des fiskalischen Erbrechts abgelehnt und lediglich in den Gründen darauf hingewiesen, daß die Voraussetzung des fiskalischen Erbrechts fehle, weil die Beschwerdeführerin als Erbin anzusehen sei. Durch diesen Ausspruch wird irgend ein subjektives Recht der Beschwerdeführerin nicht beeinträchtigt, da die Gründe nicht nach außen hin Recht schaffen, sondern lediglich eine Meinungsäußerung des Gerichts darstellen, die für die Beschwerdeführerin ebensowenig verbindlich ist, wie wenn von einer anderen Seite behauptet würde, sie sei Erbin geworden. Der Umstand, daß sie infolge der angefochtenen Entscheidung, wenn diese bekannt wird, möglicherweise Angriffen der Nachlaßgläubiger ausgesetzt sei, begründet lediglich ein wirtschaftliches Interesse. Das Ziel einer weiteren Beschwerde würde nur die Wiederherstellung der amtsgerichtlichen Feststellung sein können; diese zu betreiben, ist die Beschwerdeführerin nicht befugt. J.g.

c) **Verpflichtung zur Erbschaftsausschlagung. Form.**

OLG. München, II. ZS. Urteil v. 5. Oktober 1912.

Die Klägerin hat sich privatschriftlich zugunsten der Beklagten, ihrer Brüder, verpflichtet, die ihr angefallene väterliche Erbschaft auszuschlagen, wogegen sie 3000 Mark erhalten sollte. Sie hat demgemäß zu Protokoll des Nachlaßgerichts ausgeschlagen, worauf die Beklagten einen Erbschein als alleinige Erben ihres Vaters erhielten. Die Klage auf die 3000 Mark ist begründet.

Die Anschauung, daß der Vertrag der Parteien mangels der notariellen Beurkundung nach § 313 nichtig sei, beruht auf einer Verwechslung der wirtschaftlichen Folgen dieses Vertrages mit seinem Gegenstande. Dieser war ausschließlich für die Klägerin die Verpflichtung, die ihr angefallene väterliche Erbschaft auszuschlagen. Wenn infolgedessen und in Verbindung mit der Ausschlagung der weiteren Miterben die Beklagten Alleinerben und damit Alleineigentümer des nachgelassenen Anwesens geworden sind, so ist dies nur eine mittelbare Folge der Ausschlagung, bildet aber nicht den Gegenstand des Vertrages selbst. Die Auffassung der Beklagten wäre begründet, wenn die Klägerin gerade das Gegenteil dessen, wozu sie sich verpflichtete, getan, d. i. die angefallene Erbschaft angenommen und damit Miteigentümerin des Anwesens ihres Erblassers geworden wäre. Erst die Übertragung dieses dinglichen Rechtes oder die Verpflichtung hierzu in einem Vorvertrage hätte zur Gültigkeit der notariellen Beurkundung bedurft. Für die Verpflichtung zu der nach § 1945 in öffentlich beglaubigter Form abzugebenden Erklärung der Ausschlagung ist aber im Gesetze keine besondere Form vorgeschrieben. — Ebensowenig liegt ein Erbschaftsverkauf oder ein nach § 2385 zu beurteilender Veräußerungsvertrag vor. Begriffliche Voraussetzung beider Bestimmungen ist eine angefallene oder anderweit erworbene Erbschaft. Die rechtzeitig von der Klägerin erklärte Ausschlagung der Erbschaft hat rückwirkende Kraft und der Anfall gilt nach § 1953 als nicht erfolgt. Die Klägerin besaß daher aus dem väterlichen Nachlasse nichts, was sie hätte übertragen können ... P.n.

d) **Nachlaßpfleger**[1]: *α*) **Negative Feststellungsklage gegen Erbprätendenten.**

Kammergericht, III. ZS. Urt. v. 15. November 1912.

Der Kläger ist nach § 1960 zum Pfleger für den Nachlaß der Frau F., als deren Erben einerseits zwei Kinder erster Ehe, anderseits der zweite Mann in Frage kommen, gerichtlich bestellt. Seine Klage auf Feststellung, daß dem Mann am Nachlasse weder ein Erbrecht, noch ein sonstiger An-

[1] Der nach § 1960 f. bestellte Nachlaßpfleger ist zu dem Antrag auf einen Erbschein nicht befugt, sofern sich dieser auf denjenigen Erbfall bezieht, für den die Nachlaßpflegschaft angeordnet ist (KG., I. ZS. Beschluß v. 5. Dezember 1910, Jahrb. 40 S. 37).

spruch zustehe, ist unbegründet. Dem Nachlaßpfleger aus § 1960 liegt, abgesehen von der Fürsorge für den Nachlaß und dessen Erhaltung, regelmäßig die Verwaltung ob und deshalb ist er auch unbedenklich zur Geltendmachung des Erbschaftsanspruchs aus § 2018 legitimiert. Ferner ist seine Hauptaufgabe die Ermittelung der Erben, wenn diese unbekannt sind. Er ist aber nicht berufen, Streitigkeiten über das Erbrecht auszufechten. Denn da er gesetzlicher Vertreter des Erben ist, würden sich in einem derartigen Streite über das Erbrecht der Vertreter und der Vertretene einander im Prozesse gegenüberstehen, was begrifflich ausgeschlossen ist (Mot. z. BGB. 5 S. 551). Es würde dann der Pfleger auch in die ebenfalls begrifflich unmögliche Lage kommen, das Erbrecht dessen, für den er als Pfleger bestellt ist, im gerichtlichen Verfahren anzufechten. Er ist eben nicht Vertreter eines individuell bestimmten Erben, sondern des ideellen Erben, nämlich desjenigen, welcher sich schließlich als der wirkliche und endgültige Erbe herausstellt. Er hat nicht, wie der Vollstrecker nach § 2204, die Auseinandersetzung unter den vorhandenen mehreren Erben zu bewirken. Die dem Pfleger obliegende Verwaltung umfaßt demnach auch nicht die Aushändigung des Nachlasses an den Berechtigten. Es ist also gar nicht seine Sache, sich, wie der Vollstrecker, darüber Gewißheit zu verschaffen, wer der Erbe ist; vielmehr fällt der Grund für die Anordnung der Nachlaßpflegschaft fort, wenn feststeht, wer der Erbe ist (Rsp. 21 S. 306, Jahrb. 40 S. 37)....

Dem an sich begründeten Erbrecht des Beklagten steht weder das Testament der Frau noch das zwischen der Erblasserin und dem Beklagten ergangene Ehescheidungsurteil, das nicht rechtskräftig geworden ist, entgegen. Ob die Erblasserin zur Zeit ihres Todes auf Scheidung wegen Verschuldens des Beklagten zu klagen berechtigt gewesen ist, ob also das Erbrecht des Beklagten nach § 1933 ausgeschlossen ist, erscheint sehr zweifelhaft. Bei dieser Sachlage kann hier also nicht gesagt werden, daß der Beklagte in keinem Fall als Erbe in Betracht komme und der Nachlaßpfleger deshalb etwa nach § 2018 die g ä n z l i c h unbegründete Erbschaftsanmaßung des Beklagten zurückweisen dürfe (vgl. Planck § 2018).

Der Kläger hatte auch kein Interesse daran, daß die Ausschließung des Beklagten von dem ihm gesetzlich zustehenden Erbrechte gemäß § 1933 a l s b a l d festgestellt werde. Wenn die streitenden Erben vom Kläger den Nachlaß verlangen und mit Klage und Regreßansprüchen drohen, so kann er sie darauf hinweisen, daß er zur Herausgabe an sie, bis sie ihre Erbstreitigkeit untereinander im Rechtswege ausgetragen haben, nicht legitimiert ist. Denn diese Herausgabepflicht tritt gemäß §§ 1915, 1890 erst nach Beendigung des Amtes ein. Es ist dann Sache des Empfangsberechtigten, sich ihm gegenüber zu legitimieren. Der Kläger kann sich nach § 372 durch Hinterlegung von dem Nachlasse befreien (Jahrb. aO.). K.ch.

β) **Haftung der Erben für die Kosten der Sicherung.**

OLG. Braunschweig, II. ZS. Urteil v. 12. November 1912.

Der Kläger, der im Auftrage des X. das Nachlaßgrundstück 300 Nächte lang bewacht hat, verlangt von den Erben die ihm von X. versprochene Vergütung von je 2 Mark unter der Behauptung, X. sei von dem Nachlaßgerichte zum Nachlaßpfleger bestellt, insbesondere. beauftragt, einen Mann mit der nächtlichen Obhut des Hauses zu betrauen. Der Anspruch ist begründet. Obgleich Zeuge X. bekundet hat, daß er zum Nachlaßpfleger bestellt sei, unterliegt dies starkem Zweifel, da das Gesetz eine Nachlaßpflegschaft hinsichtlich einzelner Nachlaßgegenstände nicht kennt. Allein der darüber angebotenen Beweise bedarf es nicht, da beide Parteien jetzt darüber einverstanden sind, daß X. vom Nachlaßgerichte, in dessen Fürsorge das Grundstück stand, beauftragt ist, einen Nachtwächter anzustellen. Da auch Beklagte nicht behaupten, daß das Nachlaßgericht zu dieser Anordnung nicht befugt gewesen sei, kann es sich nur um eine solche auf Grund des § 1960[1] handeln. Danach hatte aber X. auch, wenn er nicht Nachlaßpfleger war, durch die Anordnung die Ermächtigung, einen Nachtwächter zu bestellen, und damit auch ohne weiteres die Befugnis, mit diesem die Vergütung zu verabreden, da sonst die Bestellung überhaupt nicht stattfinden konnte. Die §§ 1909 ff., 1846 finden auf diesen Fall weder unmittelbar noch mittelbar Anwendung. Sollte X. seinen Auftrag durch Vereinbarung eines solchen Lohnes mißbraucht haben, so mag das vielleicht Ersatzansprüche gegen ihn begründen. Die Rechte des Klägers aber berührt das nicht. Dieser hat vielmehr aus der Abrede unmittelbar einen Anspruch auf Bezahlung der vereinbarten Vergütung gegen die Erben erlangt. Es ergibt sich daraus, daß die bis zur Teilung des Nachlassers durch Erhaltung der Nachlaßgegenstände erforderlichen Verwaltungskosten als Nachlaßverbindlichkeiten im Sinne des § 1967 gelten (RG. 62 S. 39, RGKomm. § 1967[3]), für welche die Erben nach § 2058 gesamtschuldnerisch haften. H.-g.

γ) **Vergütung für Tätigkeit und Auslagen.**

Kammergericht, I. ZS. Beschluß v. 29. Januar 1913.

Das Nachlaßgericht hat dem Nachlaßpfleger für seine Tätigkeit und Auslagen eine Vergütung von 1500 Mark bewilligt, die das LG. auf Beschwerde zweier Miterben auf 750 Mark herabgesetzt hat. Die weitere Beschwerde des Nachlaßpflegers ist begründet. Die Herabsetzung der Vergütung ist außerhalb des Rahmens der Beschwerde erfolgt. Diese richtete sich nach den klaren Erklärungen am Anfang und am Schlusse der Beschwerdeschrift lediglich dagegen, daß auch die Erbteile der beiden Beschwerdeführer mit den Kosten der Pflegschaft für die unbekannten Erben im allgemeinen und mit der Vergütung des Pflegers im besonderen belastet würden. Die Höhe der vom Nachlaßgericht bewilligten Vergütung ist in der Beschwerde mit keinem Worte bemängelt, wie auch der Umstand nicht gerügt ist, daß (entgegen den im Jahrb. 27 S. 179, 29 S. 22 entwickelten Grundsätzen) die dem Nachlaßpfleger gemäß §§ 1836[1], 1915, 1962 für seine Tätigkeit zu gewährende Vergütung und die ihm nach § 1835 zu erstattenden Auslagen in einer

Pauschsumme zusammengefaßt ist. Gegenstand der Anfechtung war überhaupt nicht der vom LG. als angefochten bezeichnete Beschluß des Nachlaßgerichts vom 11., sondern dessen Bescheid an den Miterben A. vom 20. November, daß die Kosten der Pflegschaft dem Nachlasse zur Last fallen. Dieser Bescheid ist auf die Eingabe des A. vom 14. November erteilt, in welcher A. um „Auskunft" darüber gebeten hatte, ob diejenigen beiden Miterben, welche sich sofort legitimiert hätten, mit den Kosten der Pflegschaft für die unbekannten Erben nicht belastet würden. Als bloße Auskunft, also Meinungs- und nicht Willensäußerung, ist der Bescheid weder eine Verfügung im Sinne des § 19 FrGG. noch eine Entscheidung im Sinne des § 25 preuß. GKG. Weder aus dem einen noch aus dem anderen Gesetze war deshalb eine Beschwerde gegeben; diese hätte mithin als unzulässig verworfen werden müssen. Der Beschluß des LG. ist deshalb aufzuheben und jetzt diejenige Entscheidung zu erlassen, welche das LG. hätte erlassen müssen.

Übrigens ist die von der Beschwerde bekämpfte Auffassung des Nachlaßgerichts, daß die (gerichtlichen und außergerichtlichen) Kosten der Nachlaßpflegschaft den ganzen Nachlaß und nicht bloß einzelne Erbteile belasten, für den vorliegenden Fall zutreffend, da die Pflegschaft über die ganze Erbschaft eingeleitet und bis zu ihrer Aufhebung geführt worden ist. Die Einleitung ist erfolgt, weil damals nicht bekannt war, ob von den vier in dem wechselseitigen Testamente der Erblasserin und ihres verstorbenen Mannes von 1878 auf den Überrest des beiderseitigen Vermögens substituierten, namentlich aufgeführten Erben auch nur einer noch am Leben sei oder wer von diesen mit oder ohne Hinterlassung von ersatzweise berufenen Nachkommen gestorben sei. Ob, nachdem sich zwei von den im Testamente benannten Erben, die beiden Beschwerdeführer, bei dem Nachlaßgerichte gemeldet hätten, mit Bezug auf deren Erbteile von je ein Viertel der Erbschaft die Pflegschaft hätte aufgehoben werden müssen (vgl. RJA. 7 S. 29, Jahrb. 33 S. 94), ist für die Kostenfrage unerheblich. Da die beiden Beschwerdeführer eine solche Aufhebung nicht erwirkt haben, haben sie die sich aus der Weiterführung der Pflegschaft auch mit Bezug auf ihre Erbteile ergebende Kostenfolge zu tragen. Dr. Hg.

e) **Haftung des „Nachlasses" für die Staatsgebühren?**

Bayer. Oberstes Landesgericht, II. ZS. Beschluß v. 28. Oktober 1912.

Irrig ist die Auffassung des LG., daß die Gebühren für die Eröffnung des Testaments als eine Last des Nachlasses, als eine Verbindlichkeit des der Armenpflege angefallenen Vermögens zu betrachten seien. Hierfür bietet weder der Wortlaut noch der erkennbare Sinn des GebG. Art. 115 einen Anhalt. Vielmehr läßt der Abs. 1, wonach „für die Zahlung dieser Gebühren die Erben nach den Vorschriften über Nachlaßverbindlichkeiten haften", genügend erkennen, daß es keineswegs in der Absicht des Gesetzgebers lag, für die Gebührenbewertung den Nachlaß als selbständigen Träger der Gebührenpflicht der Person des Erben gegenüberzustellen, sondern, daß sich in dieser Hinsicht das Verhältnis des Erben zum Nachlasse nach dem bürgerlichen Rechte bestimmen soll. Dem BGB. ist aber eine Haftung „des Nachlasses" für die durch die gerichtliche Nachlaßbehandlung erwachsenen Staatsgebühren fremd. Ein Ausfluß des in § 1922 aufgestellten Grundsatzes der Gesamtnachfolge ist es, daß für die Nachlaßverbindlichkeiten „der Erbe" haftet (§ 1967 [1]). Dies gilt auch im Falle der beschränkten Haftung der Erben (§§ 1975 ff.), auch hier haftet der Erbe, wenn auch nur mit dem Nachlasse. Th.

f) **Inventaraufnahme gemäß § 2003. Armenrecht.**

Kammergericht, I. ZS. Beschluß v. 6. November 1911.

Die Erben können den Antrag, ihnen für eine Aufnahme des Nachlaßinventars das Armenrecht zu bewilligen, nicht mit Armut des Nachlasses begründen. Laut § 14 FrGG. finden die Vorschriften der ZPO. über das Armenrecht entsprechende Anwendung. Nach §§ 114 [1], 118 [2] ZPO. gilt aber als Armut das Unvermögen, die Kosten ohne Beeinträchtigung des notwendigen Unterhalts zu bestreiten. Hiernach ist das Armenrecht auf natürliche Personen beschränkt. Zugunsten eines Nachlasses kann es nicht bewilligt werden. Findet eine Vertretung statt, so kommt es auf die Armut des Vertretenen an. Aus diesem Gesichtspunkte hat RG. 50 S. 394 die durch einen Nachlaßpfleger vertretenen unbekannten oder ungewissen Erben zum Armenrechte zugelassen, wenn der Nachlaß, dessen Mittel allein dem Nachlaßpfleger zur Kostenbestreitung zur Verfügung stehen würden, arm ist. Stehen dagegen, wie hier, die Erben fest, so müssen sie ihr eigenes Unvermögen durch obrigkeitliche, dem § 118 [2] ZPO. entsprechende Zeugnisse nachweisen. Unabhängig von der Bewilligung des Armenrechts kommt den Erben der § 3 [1] preuß. GKG. zustatten, wonach die Kosten der Inventarerrichtung aus dem Nachlaß entnommen werden können und daß für die Zahlung dieser Kosten die Erben nur beschränkt nach den Vorschriften über Nachlaßverbindlichkeiten haften. Eine darüber hinausgehende persönliche Haftung der Erben tritt auch nicht etwa aus § 1 aO. ein, sofern die Erben durch ihre Antragstellung die Tätigkeit des Nachlaßgerichts veranlassen. Denn der § 1 ist nur anzuwenden, soweit nicht im Gesetz ein anderes bestimmt ist, seine Anwendbarkeit wird also durch die in § 3 getroffenen besonderen Bestimmungen ausgeschlossen (Mügel, preuß. GKG. § 3 [12]; Jahrb. 31 S. 26). Unter § 3 fallen sowohl die im § 50 vorgesehene Gebühr für die Aufnahme des Inventars, wenn dieses durch den Richter oder gemäß § 70 preuß. AG. GVG. durch den Gerichtsschreiber aufgenommen wird, als auch die für die Entgegennahme eines in anderer Weise aufgenommenen Inventars und zugleich für die vorangegangene Anordnung wegen Aufnahme des Inventars in § 89 vorgesehene Gebühr. Hinsichtlich dieser Gerichtsgebühren und der neben ihnen aus §§ 112 ff. preuß. GKG. zu erhebenden Auslagen bedürfen die Beschwerdeführer also des Armenrechts, um die Beschränkung ihrer Kostenzahlung auf den Nachlaß zu erreichen. Hier hat das Nachlaßgericht auf den Antrag der Erben die Aufnahme des Nachlaßinventars weder selbst bewirkt, noch einem Gerichtsschreiber übertragen, sondern mit ihr gemäß § 74 Nr. 3 AG. zum GVG., Art. 38 preuß. FrG. einen Gerichtsvollzieher beauftragt. Dieser hat die Erledigung des Auftrags von einem Vorschusse der Erben abhängig gemacht. Das letztere rechtfertigt sich nach § 18 GebO. für GV. mit Art. 23 preuß. Ges. vom 6. September 1910. Denn jener gerichtliche Auftrag gilt nach § 24 Abs. 1a preuß. GVO. für die Gebührenerhebung als Parteiauftrag; er ist so zu behandeln, als wäre er unmittelbar für Rechnung der zahlungspflichtigen Partei auszuführen. Die Erben stehen einem Gerichtsvollzieher, der auf den von ihnen aus § 2003 gestellten Antrag vom Nachlaßgerichte beauftragt ist, hinsichtlich der Kostenpflicht nicht anders gegenüber als einem von ihnen gemäß § 2003 zugezogenen Notar. Auch die durch eine derartige Aufnahme entstehenden Kosten sind freilich insofern Nachlaßverbindlichkeiten, als sich der Gerichtsvollzieher oder Notar selbst im Falle des Nachlaßkonkurses, und zwar dann in der bevorzugten Stellung eines Massengläubigers (§ 224 Nr. 4 KO.), an den Nachlaß halten kann. Nach der Art ihrer Entstehung, nämlich infolge des unmittelbaren oder mittelbaren Auftrags der Erben an den Notar oder Gerichtsvollzieher, aber sind jene Kostenschulden zugleich Eigenverbindlichkeiten der Erben. Die Rechtslage ist ähnlich, wie bei sonstigen Rechtsgeschäften, die ein Erbe in den ihn als solchen betreffenden Angelegenheiten, zB. zur Beerdigung des Erblassers (§ 1968), mit Dritten abschließt; der Erbe wird bei solchen Geschäften, von einer abweichenden Vereinbarung abgesehen, persönlich verpflichtet, doch kann der Dritte seinen Anspruch im Falle der Nachlaßabsonderung auch gegenüber dem Nachlasse geltend machen (vgl. Strohal, Erbr. 2 S. 181; Planck, Nr. 6a; RGKomm. Nr. 3 zu § 1967). Ebenso, wie mit den Verbindlichkeiten aus Rechtsgeschäften des Erben als solchen, verhält es sich mit den Kosten eines vom Erben oder gegen den Erben in dieser Eigenschaft geführten Prozesses. Auch hier haftet der Erbe nach der herrschenden und richtigen Ansicht, da die Kostenpflicht keine Erweiterung der materiell-rechtlichen Haftung, sondern eine in der ZPO. erschöpfend geregelte Folge der Prozeßführung und des Unterliegens im Prozeß ist, mit seinem eigenen Vermögen, ohne sich auf die etwa in der Hauptsache eintretende Beschränkung seiner Haftung auf den Nachlaß berufen zu können; dem Prozeßgegner ist es aber auch im Falle der Nachlaßabsonderung möglich, sich wegen seines Kostenanspruchs aus dem Nachlasse zu befriedigen (Strohal 181, 182; Planck aO. N. 10b; Gaupp-Stein II 2 vor § 91 ZPO.). Die persönliche Haftung der Erben für die bei der Aufnahme des Nachlaßinventars durch einen Notar oder Gerichtsvollzieher entstehenden Kosten wird auch durch die Mot. 5 S. 616 bestätigt. . . . Die hier anerkannte Eigenverbindlichkeit des Erben zur Bestreitung der Kosten der Inventaraufnahme ist durch den oben erörterten § 3 preuß. GKG., dem seine hier maßgebende Fassung erst durch Art. 86 AusfG. zum BGB. gegeben ist, eingeschränkt. Es gibt danach jetzt einen Weg, auf dem die Erben ihre persönliche Verhaftung für die Kosten abwenden können, nämlich den Weg, durch eine geeignete Antragstellung, eventuell Beschwerdeführung, darauf hinzuwirken, daß das Nachlaßgericht das Inventar entweder selbst aufnehme, wozu nur in besonders gearteten Fällen Anlaß vorliegen wird, oder durch den Gerichtsschreiber aufnehmen lasse. Einen Antrag der Erben aus § 2003 in dieser Weise zu erledigen, erscheint bei glaubhaft gemachter Unzulänglichkeit des Nachlasses als eine Amtspflicht des Gerichts, da dieses das Kosteninteresse der Beteiligten billigerweise zu berücksichtigen hat. J. g.

g) **Rechtliche Natur der aufschiebenden Einreden aus §§ 2014 f. Kostenpflicht des Erben.**

Kammergericht, XIII. ZS. Urteil vom 16. Dezember 1912.

Die auf Zahlung nach Kräften des Nachlasses beklagten Erben erkannten den Anspruch sofort an, widersprachen aber der Kostenlast. Dieser Widerspruch ist unbegründet. Allerdings hat der Senat bisher (Rsp. 18 S. 318) die Ansicht vertreten, daß der Gebrauch der „aufschiebenden Einreden" den Eintritt des Verzuges des Erben und daher auch den der Verzugsfolgen ausschließt, so daß dem Erben, der den Anspruch an sich im Prozesse sofort anerkennt, der § 93 ZPO. zur Seite steht. Diese Auffassung läßt sich jedoch nicht aufrecht erhalten. Vielmehr sind in Ausgleichung der einander widerstreitenden Interessen des Erben, seiner persönlichen Gläubiger und der Nachlaßgläubiger, die nach der Denkschr. 272 mit §§ 2014, 2015 BGB. und §§ 305, 782, 783 ZPO. beabsichtigt war, diese Bestimmungen dahin zu verstehen, daß der Erbe während dieser Fristen nur berechtigt sein soll, das endgültige Ausscheiden von Nachlaßgegenständen aus der Nachlaßmasse zu verweigern und zu verhüten, ohne daß damit die an sich bestehende Haftung für die durch die Nichterfüllung der Nachlaßverbindlichkeiten den Gläubigern erwachsenden Nachteile ausgeschlossen wird. Das Interesse an dem Vorbringen der Einreden können sowohl die Gläubiger als auch der Erbe haben; jene, wenn der Nachlaß zur Befriedigung sämtlicher Nachlaßverbindlichkeiten nicht ausreicht; dieser, wenn die Nachlaßmasse zur Befriedigung der Gläubiger stark genug ist. Mag nun der Nachlaß zur Deckung der Nachlaßschulden hinreichen oder nicht, in jedem Fall entspricht es der Billigkeit und den Anforderungen eines ordnungsmäßigen Verkehres, wenn dem Erben die Folgen der Nichterfüllung einer an sich zu Recht bestehenden Verbindlichkeit auferlegt werden. Denn in den seltensten Fällen würden die §§ 226, 242 BGB. zum Schutze der Gläubiger genügen, wenn der Erbe die Einrede geltend machen könnte, ohne die Verzugsfolgen fürchten zu müssen.

Nach dieser Auffassung, wonach die §§ 2014, 2015 den Erben nur gegen die Durchführung der Zwangsvollstreckung in den Nachlaß und in sein eigenes Vermögen schützen, stand hier den Beklagten kein Recht zu, der Verurteilung zu widersprechen. Sie haben, als die unterliegende Partei, nach §§ 91, 100[4] ZPO., die Kosten als Gesamtschuldner persönlich zu tragen. Auf § 93 ZPO. können sie sich nicht berufen, da sie den Kläger nicht klaglos gestellt haben, dieser vielmehr ein Recht auf einen die formelle und materielle Rechtskraft herbeiführenden Vollstreckungstitel hatte. Diese rein prozessual zu beurteilende Folge würde selbst dann anzuerkennen sein, wenn man den Einreden aus §§ 2014, 2015 eine materielle, den Leistungsverzug hindernde Bedeutung beilegt. Denn wie aus den Prot. (5 S. 744, 784, 785—791; 6 S. 661; vgl. Denkschr. S. 271, 272) und aus §§ 305, 782 ZPO. hervorgeht, hindert das Vorschützen dieser Einreden weder die Belangung, noch die Verurteilung des Erben, noch auch die Einleitung der Zwangsvollstreckung. Solange letztere nicht die Befriedigung des Gläubigers herbeizuführen geeignet ist, kann der Erbe sich über sie „nicht beschweren" (Prot. 5 S. 787). Der Erbe hat daher den Nachlaßgläubiger in die Lage zu versetzen, wegen seines Anspruchs die Pfändung (§§ 782, 930 ZPO.) zu bewirken. Solange er dies nicht tut, hat er zur Klagerhebung Veranlassung gegeben. S.

h) **Auskunftspflicht aus § 2027 und § 2028.**

α) OLG. Hamburg, IV. ZS. Urteil v. 14. Februar 1912.

Der Kläger hat aus § 2028 von der Beklagten mit Recht Auskunft darüber verlangt, welche erbschaftlichen Geschäfte sie bezüglich des Nachlasses seiner 1905 verstorbenen Großmutter geführt hat und was ihr über den Verbleib der Nachlaßgegenstände bekannt ist; denn die Beklagte hat sich ebenso wie ihr Mann mit der Großmutter zurzeit des Erbfalles in häuslicher Gemeinschaft befunden, da alle drei als Hausgenossen miteinander lebten. Auskunftspflichtig gemäß § 2028 ist also die Beklagte als Hausgenossin, und in keiner anderen Eigenschaft, da sie selbst die Großmutter nicht beerbt und auch sich niemals ein Erbrecht beigelegt hat. Was sie an Nachlaßgegenständen besitzt, hat sie aus dem Nachlaß ihres Mannes erlangt. Sie ist also nicht Erbschaftsbesitzerin in bezug auf einen Gegenstand des großmütterlichen Nachlasses, deshalb auch nicht als solche durch § 2027 zur Auskunftserteilung verpflichtet; denn wenn ihr Mann hierzu verpflichtet war, so ist diese höchst persönliche Verpflichtung nicht auf seine Erbin übergegangen.

Zur Erfüllung der ihr selbst als Hausgenossin obliegenden Verpflichtung hat die Beklagte das Nachlaßverzeichnis übergeben mit der Erklärung, daß sie die darin aufgeführten Mobilien verwahre, daß weitere Erbschaftsgegenstände bei dem Ableben ihrer Schwiegermutter nicht vorhanden gewesen seien, und daß sie erbschaftliche Geschäfte nicht geführt habe. Die Frage, ob die Beklagte den Offenbarungseid zu leisten hat, ist zu bejahen. Denn da die Erblasserin 1895 ihr Haus dem Mann der Beklagten, ihrem Sohne, verkauft hat und dieser ihr aus diesem Geschäft 2940 Mark bar zu zahlen hatte, da ferner die betagte Frau im Kaufvertrage sich das Recht auf Wohnung, Unterhalt und jegliche Pflege, auch auf ein monatliches Taschengeld von 10 Mark ausbedungen hatte, so besteht Grund zu der Annahme, daß die 2940 Mark nicht aufgezehrt, vielmehr in ihrem Nachlasse, wenn nicht bar, so in einer entsprechenden Forderung an den Sohn vorhanden waren. Die Beklagte wird aber als Frau des Sohnes und seine wie der Mutter Hausgenossin die Sachlage kennen. [Es wurde daher auf Leistung dieses Eides erkannt.] M. M.

β) OLG. Braunschweig, II. ZS. Urteil v. 24. Juni 1912.

Der Kläger, zur Hälfte gesetzlicher Erbe seines Vaters, verlangt von seiner einzigen Miterbin Auskunft über den Bestand des Nachlasses, über die Führung erbschaftlicher Geschäfte und über den Verbleib der Erbschaftsgegenstände, da sie Erbschaftsbesitzerin sei und auch in häuslicher Gemeinschaft gelebt habe. Nachdem dann die Beklagte ein Nachlaßverzeichnis aufgestellt und Auskunft dahin erteilt hatte, daß sie, abgesehen von der Beerdigung, erbschaftliche Geschäfte nicht geführt habe, daß auch alle Nachlaßgegenstände sich noch an ihrem Ort befänden, hat der Kläger die Leistung des Offenbarungseides beansprucht. Einen solchen Anspruch hat aber der Kläger nur in dem Umfange, als eine gesetzliche Auskunftspflicht der Beklagten besteht. Diese ist als Miterbin an sich nicht zur Auskunft über den Nachlaß verpflichtet (Gruchot 48 S. 973; Leonhard, Erbr. § 2038 II aA.; RGKomm. § 2038[7]); sie würde als solche nur eine beschränkte Auskunftspflicht nach § 2057 haben. Dagegen beruft sich der Kläger mit Recht auf § 2027, da die Beklagte als Erbschaftsbesitzerin anzusehen ist. Denn das kann auch eine Miterbin sein, soweit sie sich den tatsächlichen Besitz von Erbschaftsgegenständen auf Grund eines ihr nicht zustehenden Alleinerbenrechts anmaßt (Staudinger §§ 2027[1], 2018 B.; RGKomm. § 2018[2]; Leonhard §§ 2027 II, III, 2018 II S. 1; JW. 1903 Beil. 64). Hier hat sich die Beklagte anfänglich als Alleinerbin geriert, u. z. noch während des gegenwärtigen Rechtsstreits dem Anwalt des Klägers gegenüber. Allein schließlich sind dann die Parteien dahin einig gewesen, daß sie Miterben seien. Damit hat jedoch der ursprüngliche Anspruch aus § 2027 nicht wegfallen können. Dies folgt daraus, daß der Erbschaftsbesitzer auch über den Verbleib der Erbschaft Auskunft zu erteilen hat, und daß er es ohne solche Pflicht durch Verfügung über die Nachlaßgegenstände in der Hand hätte, jeder Rechenschaft zu entgehen (vgl. auch Leonhard aO.; Binder, Rechtsstellg. d. Erben 433). Hiernach hatte Beklagte als Erbschaftsbesitzerin a) über den Bestand und b) über den Verbleib Auskunft zu erteilen (§ 2027). Ob daneben noch eine Verpflichtung aus § 2028 auf Auskunft über die Führung erbschaftlicher Geschäfte bestehen kann, ist teilweise mit der Begründung bestritten, daß § 2028 inhaltlich nicht weiter gehe, als § 2027, diese letztere besonders auch eine Rechnungslegung umfasse (RG. Rsp. 20 S. 428). Allein die Auskunftspflicht über Bestand und Verbleib nach § 2027 kann immer nur eine Rechnungslegung über Nachlaßsachen und Forderungen begründen, über die der Erbschaftsbesitzer verfügt hat. Die erbschaftlichen Geschäfte haben aber, wie schon § 1959[1, 2] ersehen läßt, eine weitere Bedeutung. Sie begreifen zB. auch Verwaltungsmaßregeln, die den Nachlaß mit Verbindlichkeiten belasten, ohne den Aktivbestand zu verändern. Ebensowenig kann der Ansicht (RGKomm. § 2028[1]) beigetreten werden, daß der Miterbe als Hausgenosse nicht unter

§ 2028 falle (vgl. RG. 58 S. 89). An sich hatte daher der Kläger auch noch einen Anspruch auf Auskunft über erbschaftliche Geschäfte der Beklagten.

Die Auskunftspflicht führt aber zu der Pflicht, die Angaben zu beschwören, in allen drei Beziehungen nur dann, wenn Grund zu der Annahme besteht, daß die Auskunft nicht mit der erforderlichen Sorgfalt erteilt worden sei. Dazu genügt zwar nicht ein allgemeines Mißtrauen gegen den Verpflichteten oder seine Angaben (Leonhard § 2028), wohl aber der Umstand, daß die Beklagte sich noch über 1/2 Jahr nach dem Erbfalle in dem Glauben, Alleinerbin zu sein, im Besitze des gesamten Nachlasses befunden und gegen den Anwalt des Klägers den Standpunkt vertreten hat, ihr stehe eine Nachlaßforderung im vollen Umfange zu. Auch gibt immerhin die Tatsache, daß sie am 27. Mai 1911 erklärt hat, auf die in ihrem Nachlaßverzeichnis aufgeführten Sachen zugunsten des Klägers verzichten zu wollen, einem gewissen Verdachte Raum, daß sie noch andere, vielleicht wertvollere Nachlaßgegenstände verschwiegen oder daß sie darüber bereits anderweit verfügt hat. Aus diesen Gründen ist die Besorgnis ungenügender Auskunft über den Bestand des Nachlasses und den Verbleib der Nachlaßgegenstände dargetan. Dagegen reichen sie nicht aus für die Annahme, daß auch die Auskunft über Führung erbschaftlicher Geschäfte, soweit diese nicht schon durch die Auskunftspflicht über den Verbleib von Nachlaßgegenständen mit umfaßt wird, der erforderlichen Sorgfalt entbehre. Es fehlt zunächst an jedem Anhalt, worin diese Geschäfte bestanden haben könnten. Sollte die Beklagte Hypothekzinsen eingezogen haben, die zum Nachlasse gehören, so hat sie über Nachlaßgegenstände verfügt und sich ohnehin über deren Verbleib auszuweisen.... H. g.

γ) Begriff der Erbschaft. Vollstreckung aus § 888 ZPO.

Kammergericht, III. ZS. Beschluß v. 19. April 1912.

Nach dem Tode der A. haben die Beklagten als Testamentsvollstrecker des kurz vorher verstorbenen Mannes A. den Inhalt eines in der Wohnung befindlichen Geldschranks, dessen Schlüssel die A. bisher besessen hatte, an sich genommen und dem Kläger, dem alleinigen Erben der A., eine Anzahl Wertpapiere ausgehändigt mit der Erklärung, diese seien Eigentum der A. gewesen, während der weitere Inhalt des Geldschranks lediglich zum Vermögen des Mannes A. gehöre. Die Beklagten sind jedoch verurteilt worden, dem Kläger über den Bestand der Erbschaft der A. und über den Verbleib der Erbschaftsgegenstände Auskunft zu erteilen und ein Verzeichnis des Bestandes vorzulegen. Sie haben darauf ein genaues Verzeichnis derjenigen Wertpapiere, die sie ihm als zum Vermögen der A. gehörig bereits ausgehändigt hatten, überreicht und bemerkt, daß alles, was sonst im Geldschranke sich befunden hätte, nicht Eigentum der A. gewesen sei. Der Antrag des Klägers aus § 888 ZPO. wurde zurückgewiesen. Die Beschwerde hierüber ist begründet.

Zu dem Vermögen des § 1922 gehören nicht bloß die Aktiva des Erblassers, sondern auch die Schulden und alle in seiner Person begründeten

Rechte und Verbindlichkeiten, mit Ausnahme der höchstpersönlichen. Da im Geldschrank nicht bloß die angeblich der Erblasserin eigentümlich gehörig gewesenen Wertpapiere, sondern auch noch andere Gegenstände vorhanden waren, so müssen bezüglich dieser Gegenstände in der Person der Erblasserin irgendwelche rechtlichen Beziehungen, seien es Berechtigungen, seien es Verpflichtungen, z. B. Besitz oder Besitzdienerschaft oder dgl., bestanden haben. Diese Rechtsbeziehungen bilden einen Bestandteil ihres Vermögens, das in seiner Gesamtheit auf den Kläger übergegangen ist. Hierüber sind die Beklagten zur Auskunft verpflichtet. Der Kläger kann nur durch eine solche Auskunft in die Lage kommen, Ansprüche, die ein Dritter gegen ihn bezüglich einzelner im Geldschranke vorhanden gewesener Gegenstände erheben könnte, entgegenzutreten oder seinerseits derartige Ansprüche zu erheben.

Umfaßt hiernach das Verzeichnis nicht die ganze Erbschaft der A., so ist der Kläger nicht auf das Verlangen des Offenbarungseides gemäß § 260 beschränkt, vielmehr steht ihm auch der hier gewählte Weg des Antrags aus § 888 ZPO. offen. Allerdings kann, wenn das Verzeichnis sich äußerlich als vollständig darstellt, seine Ergänzung durch Nachholung unterbliebener Angaben nicht verlangt, sondern nur die Leistung des Offenbarungseides gefordert werden. Hier nehmen aber die Beklagten an, daß sie gewisse, im Geldschranke vorhanden gewesene Gegenstände nicht anzugeben brauchen. Sie haben also infolge dieser unzutreffenden Ansicht ein Verzeichnis, wie es ihnen vorzulegen durch das Urteil aufgegeben ist, gar nicht legen wollen und sind somit weder Willens gewesen, ihrer Verpflichtung nachzukommen, noch sind sie ihr nachgekommen. K. ch.

i) **Abtretung eines „Erbteils". Anfechtung.**

α) OLG. Stettin, III. ZS. Urteil v. 20. Dezember 1912.

Der Kläger hat die in der Urkunde von 1910 enthaltene Verpfändung und Abtretung angefochten. Gegenstand dieser Rechtshandlung war aber nicht der Anteil des Sohnes Hermann der Beklagten an dem Vermögen einer fortgesetzten GG. Denn die Beklagte hatte mit ihrem 1901 verstorbenen Manne in dem Güterstande des Märk. Provinzialrechtes, der in den gesetzlichen Güterstand des BGB. übergeleitet ist, gelebt und das Wahlrecht aus Art. 46 AusfG. durch die am 1. April 1901 dem Nachlaßgerichte gegenüber abgegebene Erklärung dahin ausgeübt, daß sie ihr in die Ehe eingebrachtes Vermögen mit der Folge der Halbteilung in den Nachlaß eingeworfen und damit die GG. von Todes wegen herbeigeführt hat, die rechtlich keine andere Bedeutung hat als die Erbengemeinschaft des § 2032. Solange nun diese Gemeinschaft bestand, konnte der Miterbe Hermann zwar über seinen Anteil verfügen, aber gemäß § 2033 nur durch einen gerichtlich oder notariell beurkundeten Vertrag. Da der Urkunde von 1910 diese Form fehlt, so wäre die darin ausgesprochene Verpfändung und Abtretung nichtig gewesen, wenn, wie das LG. annimmt, der Erbanteil des Hermann Gegenstand der Verpfändung und Abtretung gewesen ist. In diesem Falle würde für eine Gläubigeranfechtung überhaupt kein Raum sein; denn die vom LG. angenommene Heilung dieses Formmangels durch die auf Grund der Auseinandersetzung vorgenommene Auflassung ist nicht denkbar, da mit der Auseinandersetzung das Anteilsrecht an der gemeinschaftlichen Erbmasse (§§ 2032, 2033) aufhörte und an dessen Stelle der Anspruch aus dem Auseinandersetzungsvertrage trat.

Die Auslegung des LG. ist aber nicht zutreffend. Wenn es in der Urkunde heißt: „Zur Sicherheit für das Darlehn von 2100 Mark verpfände ich meiner Mutter ein mir zustehendes, demnächst zur Auszahlung kommendes Erbteil in gleicher Höhe und treten diesen Anspruch an sie ab", so ist als Gegenstand der Verpfändung nicht der Anteil an dem ungeteilten Nachlasse, sondern der Anspruch auf dasjenige gemeint, was dem Sohne Hermann aus der Erbauseinandersetzung zukommen würde. Dieser Anspruch war damals noch ein zukünftiger, seine Verpfändung bedurfte zwar nicht der gerichtlichen (notariellen) Beurkundung, sie hatte aber zurzeit der Ausstellung der Urkunde keine *dingliche* Wirkung, weil, solange die Erbengemeinschaft bestand, Hermann nur über seinen Erbanteil (§ 2033) verfügen konnte. Trotzdem war seine Erklärung nicht vollkommen wirkungslos, sondern begründete für ihn die vertragliche Verpflichtung, der Beklagten dasjenige zu verschaffen, was ihm demnächst aus dem Auseinandersetzungsvertrage in Höhe des ihm gewährten Darlehns zukommen werde, falls er das Darlehn nicht zurückzahlte (vgl. RG. 60 S. 126). Durch diese Erklärung für sich allein sind also die Gläubiger nicht benachteiligt, weil in Ermangelung der dinglichen Wirkung aus dem Vermögen des Hermann nichts auf die Beklagte übergegangen ist. Die Benachteiligung konnte vielmehr erst eintreten dadurch, daß ihr Sohn die durch die Verpfändung der Beklagten gegenüber eingegangene Verpflichtung erfüllte. Mg.

β) Verfügung des einen Miterben zugunsten des anderen.[1]

Kammergericht, I. ZS. Beschluß v. 25. März 1912.

Der Hypothekar ist 1911 verstorben und laut Erbschein von seinen Brüdern Robert und Hermann je zur Hälfte beerbt worden. Robert hat notariell die Hypothek, „soweit sie durch Erbgang auf ihn gediehen ist nebst allen rückständigen und laufenden Zinsen" an seinen „Bruder und Miterben"

[1] Unter „Erbteilungsvertrag" i. S. des § 1822 Nr. 2 ist derjenige dingliche Vertrag unter Miterben zu verstehen, durch den die Erbengemeinschaft bezüglich des ganzen Nachlasses oder eines zum Nachlasse gehörenden Gegenstandes (zB. durch Abtretung einer Nachlaßhypothek an einen Miterben) aufgehoben wird (KG., I. ZS. Beschluß v. 18. März 1912, Jahrb. 42 S. 50). Miterben können sich auch durch Festsetzung von *Bruchteilen* an den einzelnen Sachen auseinandersetzen (ObVerwG. 20. November 1911, preuß. VerwBl. 34 S. 44); dagegen ist Aufhebung der Gemeinschaft nicht anzunehmen, wenn im Grundbuche nur auf Grund des Erbscheins — aber ohne Auflassung — *Bruchteile der einzelnen Erben* eingetragen sind (Urteil v. 6. Juni 1912, aO.). Ist einmal die Erbengemeinschaft aufgelöst, so kann der Erbauseinandersetzungsvertrag nicht mit der Wirkung aufgehoben werden, daß die *Erbengemeinschaft wieder auflebt*. Ein bereits unter die Erben geteiltes Grundstück kann nicht wieder in die Erbengemeinschaft gezogen werden (Urteil v. 4. Januar 1912, aO.).

Hermann unter Übergabe des Briefes abgetreten, so daß diesem „die Post jetzt allein zusteht", und die Umschreibung auf ihn beantragt. Die Vorinstanzen haben abgelehnt, weil Robert als Miterbe über die Nachlaßhypothek nach bürgerlichem Recht nicht allein verfügen könne. Diese Auffassung ist jedoch nicht frei von Rechtsirrtum. Allerdings kann der Miterbe nach § 2033[2] über seinen Anteil an den einzelnen Nachlaßgegenständen nicht verfügen, vielmehr bedarf es nach § 2040[1] der gemeinschaftlichen Verfügung aller Miterben. Eine solche liegt aber auch dann vor, wenn von zwei Miterben der eine dem andern eine Nachlaßhypothek bei der Erbteilung überweist und der andere dieser Überweisung zustimmt. Diese Voraussetzungen liegen hier vor. Robert hat dem Hermann die Hypothek überwiesen und Hermann hat zu dieser Überweisung spätestens dadurch seine Zustimmung erklärt, daß er gegen die Zurückweisung des Umschreibungsantrags des Robert Beschwerde einlegte, sich also den Antrag des Robert zu eigen machte. Zu Unrecht verlangt das LG., daß diese Zustimmung in einer dem § 29 GrBO. entsprechenden Form erklärt werde, weil dadurch sein Recht im Sinne des § 19 GrBO. „betroffen" werde. Allein wie bereits im Jahrb. 23 S. 115 und im Beschlusse vom 31. Januar 1910 1 X 14 ausgeführt ist, wird in Fällen der vorliegenden Art „betroffen" lediglich das Recht desjenigen Miterben, der die Nachlaßhypothek dem anderen Miterben überwiesen hat, nicht auch das Recht dieses anderen Miterben, denn dieses erfährt dadurch, daß er Alleinberechtigter der Hypothek wird, keinen Verlust, sondern einen Rechtsgewinn. K. I.

γ) Sicherstellung des Erbteils. Vertretung des minderjährigen Erben.

OLG. Braunschweig, II. ZS. Urteil v. 14. Juli 1912.

Die Eheleute A. haben durch gemeinschaftliches Testament ihre zwei Kinder, die Parteien, zu Erben eingesetzt und bestimmt, daß nach dem Tode des Letztlebenden der Beklagte den Grundbesitz erhält und die Tochter 20000 Mark dergestalt bekommt, daß sie selbst „nur den Zinsgenuß haben", die Kapitalien aber „für ihre Kinder festgelegt werden sollten", und zwar „soll unser Sohn unter Oberaufsicht des VormGerichts die Kapitalien verwalten". Diese fallen ihm bei kinderlosem Tode der Tochter zu. Nach dem Tode des A. (1899) hat der Beklagte die ihm angesonnene Verwaltung nicht angenommen. Die Erben haben aber zusammen mit der Witwe am 1. Mai 1903 einen notariellen Vertrag verlautbart, wonach sie allerseits in die sofortige Umschreibung des Grundbesitzes auf den Beklagten willigten. Zugleich ist bemerkt: „Gemäß dem Willen des Erblassers wird auf diesem Grundbesitz eine Hypothek von 20000 Mark für die Kinder Agnes und Richard der Klägerin eingetragen." Ferner ist bestimmt, daß die Hypothek nach dem Tode der Witwe A. mit 4% zu verzinsen sei und daß der Zinsgenuß der Mutter der Kinder lebenslänglich zustehe. Der Mann der Klägerin hat diese Erklärungen „als gesetzlicher Vertreter seiner Kinder" in derselben Urkunde „genehmigt". Nachdem dann 1910 auch die Witwe A. verstorben ist, hat die Klägerin ihre Zinsrate und zugleich verlangt, daß Beklagter wegen dieses Betrages die Zwangsvollstreckung in den belasteten Grundbesitz zu dulden habe. Das LG. hat auch demgemäß erkannt. Die Berufung ist teilweise begründet.

1. Der Vertrag vom 1. Mai 1903 ist nichtig. Die Kinder der Klägerin, denen Beklagter dort eine Hypotheck bewilligt hat, sind bei dem Vertrage nicht vertreten gewesen. Denn durch das Testament ist dem Vater der Kinder, für die das Kapital „festgelegt" werden sollte, die Verwaltung schlechthin entzogen, indem sie dem Beklagten übertragen ist; dieser sollte nicht etwa, wie die Klägerin meint, nur Testamentsvollstrecker sein. Höchstens könnte in Frage kommen, ob die Bestimmung nicht lediglich zugunsten des Beklagten getroffen ist, so daß mit seiner Ablehnung der Verwaltung von selbst die gesetzliche Vertretung des Vaters wieder platzgegriffen haben würde. Aber wenn auch aus dem Umstande, daß der Beklagte Schuldner der Kinder rücksichtlich der 20000 Mark und daher nach den maßgebenden Bestimmungen des gemeinen Rechts untauglich zu der ihm übertragenen Kuratel war (Windscheid-Kipp, Pand.[8] § 434[18]), zu folgern sein möchte, daß das Interesse seines Sohnes in der Tat bei dessen Berufung von Bedeutung gewesen ist, so war doch nach der Fassung des Testaments dieses Interesse nicht der alleinige Beweggrund. Indem nämlich weiter bestimmt ist, daß beim kinderlosen Ableben der Tochter deren Erbteil einschließlich der Kapitalien unter Übergehung ihres Mannes an den Beklagten fallen solle, ergibt sich, daß der Mann überhaupt hat ausgeschlossen sein sollen. Waren hiernach die Kinder bei dem Vertrag unvertreten (§§ 1638, 1630), so war dieser gemäß § 139 seinem ganzen Inhalte nach unwirksam. Er kann auch nicht nachträglich genehmigt worden sein, da noch immer kein Pfleger für die Kinder bestellt ist, der für sie die entsprechenden Erklärungen hätte abgeben können. Aus der Nichtigkeit des obligatorischen Vertrages folgt nun freilich noch nicht ohne weiteres die Nichtigkeit der daraufhin erfolgten Hypothekenbestellung. Denn zu deren formeller Wirksamkeit ist nichts weiter erforderlich, als die Bewilligung und der Antrag des Beklagten als Grundeigentümers. Allein, da nach § 873 zur Begründung einer Hypothek außer der Eintragung die rechtswirksame Einigung des Berechtigten und des anderen Teils erforderlich ist, so ist beim Fehlen solcher Einigung das Hypothekenrecht überhaupt nicht entstanden (RG. 68 S. 101; 70 S. 356). Zu der Geltendmachung dieser Nichtigkeit ist der Beklagte nicht auf dem Weg des des § 894 beschränkt, sondern kann die Nichtigkeit auch im Wege der Einrede vorschützen. Hiernach ist die angestellte hypothekarische Klage unbegründet und abzuweisen.

2. Die zugleich erhobene persönliche Schuldfrage ist nicht von der Gültigkeit des notariellen Vertrages abhängig. Denn der Zinsanspruch der Klägerin ist nicht erst durch diesen Vertrag, sondern durch das Testament begründet, wonach sie nur den Zinsgenuß haben, das Kapital selbst aber für ihre Kinder festgelegt werden solle. Indem schließlich der § 2 das. noch bestimmt, daß

Beklagter für das der Klägerin Zugewandte „aufkommen" müsse, ist hier der Nießbrauch am Kapitale in der Weise vermacht, daß Beklagter persönlicher Schuldner des der Klägerin zugewandten Zinsgenusses von 20000 Mark geworden ist. Die Klägerin sollte sich nach dem Willen des Testaments an den Beklagten unmittelbar halten können und nicht auf den Erbauseinandersetzungsanspruch oder gar auf eine Forderung gegenüber ihren Kindern beschränkt sein. Der persönliche Anspruch gegen den Beklagten würde deshalb bestehen geblieben sein, auch wenn etwa das Kapital selbst an die Kinder gezahlt wäre. Wohl aber könnte der Beklagte der persönlichen Schuldfrage mit dem Einwande der Zahlung begegnen. Allein dafür würde seine Behauptung, die Klägerin habe auf ihren Erbteil durch Hypothekenabtretung aus dem Nachlaß schon mehr empfangen, als sie zu beanspruchen habe, selbst dann nicht ausreichen, wenn ihr, entgegen ihrer Darstellung, die Hypotheken für sie selbst und nicht für ihre Kinder übertragen wären. Denn § 367[1] kommt hier nicht in Frage, da die Zinsforderung hier für die Klägerin Hauptleistung war. Als bezahlt würde sie nur dann angesehen werden können, wenn das als Erfüllung Angebotene auch wirklich als Erfüllung dieser Zinsschuld angenommen wäre (vgl. RGKomm. § 363[1]). Dieser dem Beklagten um so mehr obliegende Beweis, als die Erfüllung durch Hypothekabtretungen eine Hingabe an Zahlungsstatt sein würde, muß aber schon daran scheitern, daß er stets den Standpunkt vertreten hat und noch vertritt, er sei überhaupt nicht zur Zinszahlung verpflichtet. Daß die Parteien aber auch nachträglich nicht übereingekommen sind, die erfolgten Vermögenszuwendungen als Erfüllung gelten zu lassen, ergibt sich aus der Beweisaufnahme.... H.g.

k) **Vorkaufsrecht des Miterben. Übertragbarkeit?**

OLG. Colmar, III. ZS. Urteil v. 25. Februar 1913.

Daß das Vorkaufsrecht nicht selbständig, dh. nicht ohne gleichzeitige Übereignung des Erbteils des vorkaufsberechtigten Miterben übertragbar ist, wird allgemein anerkannt. Dagegen ist vielfach (Staudinger, Planck, RGKomm., Strohal § 64, Kreß, Erbengemeinschaft S. 188) die Ansicht vertreten, daß es zugleich mit dem Erbteile übertragen werden könne und soweit auch der durch Erbteilskauf in die Erbengemeinschaft eintretende Nichterbe vorkaufsberechtigt werde. Allein dem wird nicht beigetreten. Jedenfalls insoweit ist dies unhaltbar, als auch der Übergang des Vorkaufsrechts auf einen Nichterben zugelassen werden soll. Dies ergibt sich schon daraus, daß nach jener Ansicht in allen den Fällen, in denen gleichzeitig mehrere Nichterben je einen Erbteil mit dem Vorkaufsrecht des veräußernden Miterben erwerben würden, diese sich gegenseitig durch Ausübung jenes Rechts von der Erbengemeinschaft auszuschließen berechtigt wären. Dadurch könnte ein Zustand des Zusammentreffens von sich gegenseitig ausschließenden Rechten entstehen, der mangels gesetzlicher Regelung unlösbar wäre. Gerade daß das Gesetz diese Fälle, die bei Richtigkeit jener Ansicht zudem nicht einmal selten vorkommen könnten, nicht vorgesehen hat, und anderseits in § 2034¹ jeden dritten Erbteilskäufer ohne Ausnahme, also auch den, der mit Vorkaufsrecht erwirbt, dem Vorkaufsrechte der Miterben unterworfen hat, läßt erkennen, daß das Gesetz den Übergang des Vorkaufsrechts auf einen Miterben als ausgeschlossen ansieht. Dies wird auch durch die Fassung des § 2034¹ bestätigt; dort wird bezeichnend gesagt, daß, wenn „ein Miterbe seinen Anteil an einen Dritten verkauft, die übrigen Miterben zum Vorkaufe berechtigt" sind. Indem das Recht „auf die übrigen Miterben" beschränkt wird, ist klar ausgedrückt, daß die im vorangestellten Bedingungssatz Genannten, nämlich: der Miterbe, der seinen Anteil verkauft, und der Nichterbe, obgleich er einen Erbteil kauft, kein Vorkaufsrecht habe.

Fraglich könnte nur sein, ob das Vorkaufsrecht wenigstens mit dem Erbteile an einen anderen Miterben übertragbar ist. Diese Ausnahme würde allerdings mit dem dem Vorkaufsrecht zugrunde liegenden gesetzgeberischen Gedanken, nämlich: den Miterben zu ermöglichen, lästige Dritte von der Erbengemeinschaft auszuschließen, wohl im Einklang stehen. Allein wie die gesetzgeberischen Vorverhandlungen zeigen, gilt die Regel des § 514 schlechthin auch für das Vorkaufsrecht der Miterben (vgl. Rsp. 9 S. 388, Jahrb. 28 S. 205; Gruchot 51 S. 789; Pringsheim, Erbengemeinschaft 61). Dieses ist also grundsätzlich nicht übertragbar, und seine in § 2034² S. 2 zugelassene Vererblichkeit hat den Charakter einer Ausnahme. Für die Zulassung einer weiteren Ausnahme zugunsten eines Miterben läßt sich weder aus dem Gesetze selbst noch aus dessen Grundgedanken ein stichhaltiger Grund gewinnen, denn soweit der Miterbe als Erwerber des Anteils eines anderen auftritt, tut er dies nicht als berufener Miterbe, hat er also auch keinen Anspruch auf die den Miterben als solchen vom Gesetze gewährten Rücksichten. Die Tatsache, daß er in Ansehung eines anderen Erbteils Miterbe ist, kann für den Erwerb und die Ausübung der sonstwie erworbenen Rechte am Nachlasse und für deren Inhalt und Tragweite nicht von Belang und deshalb auch nicht geeignet sein, den Erwerber solcher Rechte bloß aus dem Grunde, weil er Miterbe bezüglich eines anderen Erbteils ist, besser zu stellen, als einen anderen Erwerber. Überdies ist jeder Miterbe schon vermöge dieser seiner Eigenschaft unter allen Umständen allein, ohne auf die Mitwirkung der anderen Miterben angewiesen zu sein, in der Lage, das Vorkaufsrecht im ganzen auszuüben und so den eindringenden Fremden vollständig von der Erbengemeinschaft fernzuhalten. Die Erreichung dieses Ziels dem Miterben möglich zu machen, ist aber der einzige Zweck des Rechtsinstituts des Vorkaufsrechts überhaupt. Demnach kann der Gesetzgeber nicht wohl beabsichtigt haben, dem einzelnen Miterben, der als solcher schon dieses Ziel erreichen kann, unter Beiseitesetzung des Grundsatzes von der Unübertragbarkeit des Vorkaufsrechts die Möglichkeit zu verschaffen, dasselbe Recht nochmals durch Ankauf eines anderen Erbanteils zu erwerben. Frdth.

l) **Klage wegen der Nachlaßschuld des Miterben.**

OLG. Breslau, V. ZS. Urteil v. 23. Januar 1913.

Nach dem Schuldschein hat die Erblasserin den Beklagten, ihrer Tochter B. und ihrem Schwiegersohne ein Darlehen gewährt. Dieses haben die Kläger, also ein Teil der Erben, aufgekündigt und dadurch über den Nachlaßgegenstand verfügt (RG. 65 S. 6), obwohl hierzu der einzelne Miterbe vor der Teilung nicht befugt ist. Unerheblich erscheint, daß die Parteien die einzigen Erben sind, und daß sonach einer der Miterben, hier die Beklagte B., Nachlaßschuldner ist. Auch in solchem Falle sind die übrigen Miterben allein nicht zur Aufkündigung befugt; es bleibt ihnen dann eben lediglich die Klage auf Vertretung zum Nachlaß gegen den Miterben-Schuldner offen. Würde es daher auf die Kündigung ankommen, so müßte ohne weiteres die Klage abgewiesen werden. Nun ist aber im Schuldschein der Gläubigerin die Befugnis zugesprochen worden, das Darlehen sofort „gerichtlich einbringlich zu machen", falls die Schuldner mit einer Zinsrate länger als 4 Wochen im Rückstande bleiben. Danach ist die Fälligkeit des Kapitals eingetreten, da Zinsen bezahlt sind. Zwar darf das aus einer solchen Verwirkungsklausel entsprungene Recht nicht zu einem von der Willkür des Berechtigten abhängigen, für den anderen Teil lästigen Schwebezustand von einer für diesen nicht absehbaren Dauer führen, vielmehr wird der Berechtigte an dem Vertrage festzuhalten sein, wenn er sein Recht nicht innerhalb eines angemessenen, nach dem gewöhnlichen Laufe der Dinge zur Übermittelung der Erklärung an den anderen Teil ausreichenden Zeitraum ausübt. Immerhin wird dadurch doch aber nur das aus der Säumigkeit im Einzelfall entstandene Recht auf sofortige Zahlung betroffen, nicht aber ein Verzicht auf die Verwirkungsklausel als solche begründet. In jedem Jahr erneuerte sich infolge der Nichtbezahlung der Zinsen das Recht der Gläubigerin, auf sofortiger Bezahlung zu bestehen, und wenn die Erblasserin der Parteien auch in den ersten Jahren durch Nichtausübung ihrer Vertragsbefugnis dieses ihres Rechtes auf sofortige Rückzahlung der 500 Mark verlustig gegangen sein mag, so ist doch jedenfalls infolge der Nichtbezahlung der Zinsen im letzten Lebensjahre der Erblasserin die Fälligkeit des Kapitals eingetreten. In diesem fälligen Zustand ist dann die Nachlaßforderung auf die Erbengemeinschaft übergegangen und, da die einzelnen Miterben zur Verfügung über diesen Nachlaßgegenstand nicht befugt waren, auch so geblieben. Demnach kommt es auf die Aufkündigung nicht weiter an; Kapital und Zinsen sind fällig. Eine fällige Nachlaßforderung kann aber auch von dem einzelnen Erben geltend gemacht werden.

Hiernach ist die Klage gegen den Mann begründet. Dagegen erscheint es unbillig, von der beklagten Frau die Hinterlegung des ganzen Schuldbetrages zu verlangen, da sie doch nach den eigenen Angaben der Kläger 1/2 erbberechtigt ist. Unter Zugrundelegung des RG. 65 Nr. 2 und unter Berücksichtigung der zweifellos vorhandenen wirtschaftlichen Erschwerung, die für die Beklagte darin liegen würde, daß sie die gesamten 500 Mark aufbringen muß, während sie bei Anrechnung ihres Erbteils nur die Hälfte hiervon sich zu verschaffen hätte, rechtfertigt sich die Verrechnung des auf sie fallenden Erbteils auf ihre Schuld, so daß sie nur zur Hinterlegung von 250 Mark nebst Zinsen zu verurteilen war. M. r.

m) **Ausgleichungspflicht der Abkömmlinge.**

α) OLG. Karlsruhe, I. ZS. Urteil v. 23. November 1911.

Die Erblasserin hat sich in ihrem Testament von 1903 nicht darauf beschränkt, lediglich ihre früheren Testamente aufzuheben, sondern hat weiter angeordnet, daß ihr ganzes Vermögen zu gleichen Teilen auf ihre sämtlichen Kinder entfallen, dh. daß es unter ihren Abkömmlingen nach Stämmen zu gleichen Teilen verteilt werden soll. Danach fehlt es hier an der ersten Voraussetzung der Ausgleichungspflicht, die nach § 2050 nur dann Platz greift, wenn die Abkömmlinge des Erblassers als gesetzliche Erben zur Erbfolge gelangen, während hier die testamentarische Erbfolge eintritt. Gleichwohl bestimmt auch für letztere der § 2052 die Ausgleichungspflicht dann, wenn wie hier die Erbteile so bestimmt sind, daß sie zueinander in demselben Verhältnisse stehen, wie die gesetzlichen. Der § 2052 enthält aber lediglich eine Auslegungsregel, die nur „im Zweifel" gelten und dem mutmaßlichen Willen des Erblassers Rechnung tragen soll. Auch wenn der Erblasser eine der in § 2052 vorgesehenen Verfügungen getroffen hat, tritt die Ausgleichungspflicht nicht ein, wenn er die Ausgleichung erkennbar nicht gewollt hat, wofür der an sich ausgleichungspflichtige Erbe beweispflichtig ist (RGKomm. § 2052[2]). Diese Absicht der Erblasserin ergibt sich hier zunächst aus dem Umstand, daß sie sich nicht auf die Aufhebung ihrer früheren Testamente beschränkt, sondern noch weiter ihre Abkömmlinge zu ihren Erben eingesetzt und damit zu erkennen gegeben hat, daß die gesetzliche Erbfolge mit allen ihren Folgen, besonders auch mit der Ausgleichungspflicht ausgeschlossen sein soll. Noch unzweideutiger aber ergibt sich diese Absicht aus dem Wortlaut der Erbeinsetzung, wonach das „ganze Vermögen" der Erblasserin zu gleichen Teilen auf ihre sämtlichen Kinder entfallen soll. Der allgemein übliche Sprachgebrauch, wie er besonders auch in den Kreisen der Bevölkerung herrscht, denen die Erblasserin angehört hat und die Streitteile angehören, rechnet man zu dem „Vermögen" einer Person nur solche Vermögensstücke, die der Inhaber des Vermögens bei seinen Lebzeiten in Geldeswert umsetzen kann, oder die doch für den Inhaber bei seinen Lebzeiten Geldeswert haben, und nicht etwa einen Ausgleichungsanspruch der hier fraglichen Art, der für den Inhaber des Vermögens wertlos ist. Diesen landläufigen Sprachgebrauch hat unzweifelhaft auch die Erblasserin der Erbeinsetzung zugrunde gelegt, und daher die gleichmäßige Teilung nur des bei ihrem Tode vorhandenen Vermögens, nicht aber des sich unter Berücksichtigung der ausgleichungspflichtigen Vorempfänge ergebenden Vermögens anordnen wollen. Damit ist, da jede Ausgleichung die gleichmäßige Verteilung des bei dem Tode vorhandenen Vermögens vereiteln würde, die Ausgleichungspflicht ausgeschlossen. Diese Ausschließung gilt nicht allein bezüglich der vor, sondern auch bezüglich der nach Errichtung des Testaments getroffenen Zuwendungen. Denn als letzter Wille, der erst mit dem Tode rechtswirksam werden soll, muß das Testament, ohne Rücksicht auf den Zeitpunkt der tatsächlichen Errichtung, als die zuletzt getroffene Anordnung gelten, wie wenn die Erblasserin es erst unmittelbar vor ihrem Tod errichtet hätte, so daß es auch die erst nach seiner Errichtung begründeten Ausgleichungspflichten beseitigt. Deshalb hat insbesondere eine von der Erblasserin gemäß § 2050³ getroffene Anordnung der Ausgleichung als durch Testament widerrufen zu gelten.

In vier Fällen gründet sich allerdings der Klaganspruch darauf, daß die Beklagten Darlehne von der Erblasserin erhalten hätten. Insoweit handelt es sich jedoch nicht um Zuwendungen der Erblasserin i. S. v. 2050³, sondern um Leistungen, die ein Rückforderungsrecht der Erblasserin und eine Schuldverpflichtung der Schuldner begründen wollten und sollten. Auf solche Schuldverhältnisse ist aber der § 2050 nicht anwendbar, wennschon der Klage auf Feststellung des Schuldverhältnisses nichts im Wege steht, sofern die übrigen Voraussetzungen einer solchen Klage gegeben sind. Erhoben ist aber hier nicht die Klage auf Feststellung einer solchen Schuldverpflichtung, sondern auf Feststellung der Ausgleichungspflicht, und die Klage ist weder in erster, noch in dieser Instanz geändert. Deshalb durfte das LG. nicht an Stelle der begehrten Feststellung der Ausgleichungspflicht eine Schuldverpflichtung des Beklagten feststellen. Hgr.

β) **Ausgleichungsanordnung des Erblassers für den Fall, daß ein früher von ihm gegebenes Darlehen bis zu seinem Tode nicht zurückgezahlt sei.**

OLG. Rostock, II. ZS. Urteil v. 17. Januar 1912.

Der im Jahre 1910 verstorbene A. hat seine Kinder, die 3 Beklagten, sowie die 5 klagenden Kinder eines vorverstorbenen Sohnes Ludwig hinterlassen und durch letztwillige Verfügung die Beklagten zu Erben je zu $^1/_3$ eingesetzt, die Kläger aber auf den Pflichtteil gesetzt mit der Bestimmung, daß sie sich 5000 Mark, die ihr Vater unter der ausdrücklichen Bedingung der Anrechnung auf den Erbteil von ihm geliehen erhalten habe, anrechnen lassen sollten. Der Vater der Kläger hat 1893 dem Erblasser einen Darlehnsschuldschein über 5000 Mark ausgestellt und darin seine Verpflichtung anerkannt, sich die 5000 Mark, die er früher zu verschiedenen Zeiten erhalten habe, auf seinen demnächstigen Anteil am Nachlasse seines Vaters in An- und Abrechnung bringen zu lassen. Das LG., das die Klage abgewiesen hat, geht mit Recht davon aus, daß durch diese Urkunde in Beihalt der Erklärung in der letztwilligen Verfügung bewiesen sei, daß Ludwig A. Darlehen in der angegebenen Höhe seinem Vater geschuldet habe, und daß hieran auch nichts geändert werde, wenn diese Darlehen der unter der Firma C. H. betriebenen offenen Handelsgesellschaft hingegeben seien.

Im Ergebnis ist dem LG. auch darin beizutreten, daß sich aus diesen

Darlehen Zuwendungen im Sinne des § 2050[3] entwickelt haben. Die Kläger bestreiten zwar, daß schon bei der Hingabe der Darlehen ausgedrückt ist, daß, wenn sie bis zum Tode des Erblassers nicht zurückgezahlt sein sollten, sie bei der Erbteilung angerechnet werden sollten; durch die Urkunde von 1903 aber ist bewiesen, daß dies spätestens in diesem letzteren Zeitpunkt zum Ausdruck gelangte. Aus der damals getroffenen Bestimmung muß aber der Wille des Erblassers entnommen werden, die Schuld unter der Bedingung zu erlassen, daß sie bis zu seinem Tode nicht getilgt sei. Er hat dies zwar nicht ausdrücklich ausgesprochen, er hat aber, wie die Urkunde besagt, die Übernahme der darin ausgesprochenen Verpflichtung von seinem Sohne verlangt. Dies Verlangen läßt deutlich erkennen, daß es dem Vater darum zu tun war, zu verhindern, daß sein Sohn trotz dieses Darlehns, von dem offenbar angenommen wurde, daß es bis zum Tode des Vaters schwerlich zurückgezahlt sein werde, bei der Erbauseinandersetzung noch einen Anspruch auf Auszahlung seines Erbteils — soweit er nicht etwa über den Betrag des Darlehns hinausgehe — erheben könne. Dieser Wunsch des Vaters konnte sich in verschiedener Weise zur Berücksichtigung gebracht werden. Einmal war es möglich, dem Sohne die Darlehnsforderung des Vaters gegen ihn auf den ihm zukommenden Erbteil zu überweisen. Weiter war es aber auch möglich, zu bestimmen, daß mit dem Tode des Vaters die Schuld, wenn sie dann noch bestände, erlassen und die in dem Erlaß liegende Zuwendung zur Ausgleichung gebracht werde. Im ersteren Fall würde es sich um eine in betreff der Teilung des Nachlasses getroffene Anordnung, im letzteren Fall um die Anordnung der Ausgleichung einer Zuwendung im Sinne des § 2050 handeln. Ob eine Teilungsanordnung durch die vorliegende Abmachung wirksam getroffen werden konnte oder eventuell die Anordnung nach § 140 als Bestimmung der Ausgleichung einer Zuwendung aufrecht erhalten werden könnte, kann dahingestellt bleiben, da die Auslegung für richtig zu erachten ist, daß hier der Erblasser das letztere Rechtsgeschäft von vornherein im Auge gehabt hat. Die Urkunde von 1903 sowie die letztwillige Verfügung sprechen zunächst nicht von einer „Forderung", die der Sohn übernehmen solle, sondern lediglich von der „Summe" von 5000 Mark, die ihm angerechnet werden solle. Ferner wird in diesen Urkunden gesagt, daß jene Summe auf den Erbteil „in An- und Abrechnung gebracht werden solle", eine Ausdrucksweise, die für die Bezeichnung der Ausgleichung gerade gebräuchlich und besonders bezeichnend ist. Endlich liegt es auch für die natürliche Auffassung viel näher, eine Forderung zu erlassen, als die gleiche Wirkung dadurch zu erzielen, daß dem Schuldner die Forderung gegen ihn selbst überwiesen wird.

Einer ausdrücklichen Hervorhebung des Willens, daß die Schuld, wenn sie zur Zeit des Todes des Erblassers noch bestand, erlassen sein solle, bedurfte es unter diesen Umständen nicht. Die Anordnung der Ausgleichung setzte den Empfang einer Zuwendung voraus, und diese konnte nur vorliegen, wenn kein Rückforderungsrecht mehr bestehen sollte (RG.Komm. § 2050[7]).

Gegen die Annahme einer Zuwendung läßt sich auch nicht einwenden, daß keine Aussicht bestanden habe, die Schuld jemals beizutreiben, und daß in dem Erlasse einer völlig wertlosen Forderung keine Verbesserung der Lage des Schuldners liege. Denn die erst durch den Eintritt der beschränkten Erbenhaftung für die Kläger eingetretene Befreiung von der Schuld bestand für ihren Erblasser (Vater) noch nicht; dieser hatte also 1903 damit zu rechnen, daß gemäß §§ 2042², 756 aus seinem Erbteil oder durch Aufrechnung gegen seine Pflichtteilsforderung das Darlehn noch werde realisiert werden können. Der Umstand, daß in der Urkunde gerade darauf, daß das Darlehn durch Stadtbuchschriften gesichert sei, hingewiesen wird und daß auch später, sogar noch nach dem Tode des Ludwig, der Erblasser auf die ihm gewährte Sicherheit nicht verzichtet hat, kann gegen die Absicht des Erlasses unter den vorliegenden Verhältnissen nicht angeführt werden. Es handelte sich eben nicht um einen sofort in Kraft tretenden Erlaß, sondern um einen solchen, der an die Bedingung geknüpft war, daß der Schuldbetrag bis zum Tode des Erblassers nicht zurückgezahlt sei. Dieser behielt also bis zu seinem Tode noch das Recht, auf Rückzahlung des Darlehns zu dringen, und hatte sonach auch Veranlassung, die ihm gebotene Sicherheit so lange festzuhalten. Dem entsprach es auch, wenn in der Urkunde gesagt wurde, daß dem Ludwig bei der Auseinandersetzung über den väterlichen Nachlaß die zur Sicherheit gegebenen Stadtbuchschriften zurückzuliefern seien.

Auch die weitere Frage, ob, da lediglich eine Zuwendung des § 2050 Abs. 3 in Betracht kommt, der Erblasser die Ausgleichung bei der Zuwendung des Betrages von 5000 Mark angeordnet habe, ist zu bejahen. Nicht darauf, ob bei Hingabe der einzelnen Darlehen jene Anordnung getroffen ist, kommt es hier an, wenn auch an sich die Ausgleichsanordnung in dieser Form durchaus möglich ist (Warneyer, Jahrb. 1910 S. 255). Vielmehr kann es, da die Zuwendung in dem Erlasse des Darlehns liegt und dieser Erlaß ein durch die Nichtbeitreibung der Schuld bis zum Tode des Erblassers bedingter ist, lediglich darauf ankommen, ob die Anordnung spätestens in dem Zeitpunkt erfolgt ist, in welchem das Recht des Erblassers oder seiner Erben, das Darlehn zurückzufordern, aufhörte. Bis dahin hatte es der Erblasser in der Hand, durch die Ausübung seines Rückforderungsrechts den Ausfall der Bedingung des Erlasses zu bewirken, er konnte also auch so lange für den Fall des Eintritts der Bedingung die Ausgleichung anordnen. Hiernach ist, da das Rückforderungsrecht erst 1910 erlosch, die spätestens 1903 im Hinblick auf die künftige Möglichkeit des Eintritts der Bedingung vorweg getroffene Anordnung jedenfalls keine verspätete.

Freilich könnte sich fragen, ob der Wert der Zuwendung, wie er bei Anordnung der Ausgleichung angegeben ist, dem wahren Werte der erlassenen Forderung entsprach und ob nicht etwa die Wertangabe als zu hoch für die Kläger — wenigstens soweit es sich um ihren Pflichtteil handelt — unverbindlich ist (Planck § 2055²). Die Kläger haben jedoch selbst nicht behauptet, daß die Forderung bei der Zuwendung wertlos oder minderwertig gewesen sei; ferner hat ihr Vater bei Übernahme der Ausgleichungsverpflichtung der Anrechnung des vollen Betrages nicht widersprochen; endlich war, wenn auch nur geringe Aussicht für die Beitreibung der Forderung bestanden haben mag, der Erblasser doch immer in der Lage, anstelle der Zuwendung und Bestimmung der Ausgleichung seinen Sohn auf den Pflichtteil zu setzen und so den Erfolg herbeizuführen, daß der Pflichtteilsanspruch durch die Darlehnsforderung aufgewogen wurde. J. n.

γ) **Anrechnung einer Aussteuer. Ergänzende Auslegung letztwilliger Bestimmungen.**

OLG. Hamburg, I. ZS. Urt. v. 6. Januar 1913.

Sämtliche Bestimmungen des Ehe- und Erbvertrages, in denen Ludwig A. Anordnungen über die seiner Tochter Anna und der Klägerin, seiner Stieftochter, für den Fall ihrer Verheiratung zu gewährenden Aussteuer und Ausstattung sowie über deren Anrechnung gibt, beschränken sich auf den Fall, daß jene Leistungen aus seinem Nachlaß erfolgen; der andere Fall, daß es schon bei seinen Lebzeiten zu ihrer Hergabe kommen würde, ist nicht berücksichtigt. Das würde nicht ausschließen, die Anordnungen über die Anrechnungspflichtigkeit jener Leistungen auch auf jenen zweiten Fall zu beziehen. Denn zur richterlichen Auslegung einer letztwilligen Verfügung gemäß § 133 gehört, falls erforderlich, ihre Ergänzung (Dernburg 5 S. 120). Diese wird notwendig, falls der Wortsinn der Verfügung den Eventualitäten der Zukunft nicht genügend gerecht wird; alsdann hat der Richter den Gedanken des Erblassers aus dem Ganzen der Verfügung zu entwickeln, auch über deren wörtliche Erklärung hinaus (vgl. Danz, Auslegung 204; Dernburg, DJZ. 1904 S. 3; auch Bay. ObLG. das. 1912 S. 1535). Die Voraussetzung dafür ist hiernach das Vorliegen einer Lücke. Daraus folgt, daß sie sich verbietet, sobald fraglich ist, ob überhaupt eine Lücke da ist, ob nicht vielmehr der Erblasser absichtlich über gewisse Punkte nichts bestimmt hat, um sie, falls sie praktisch werden sollten, anderweitiger rechtsgeschäftlicher Regelung oder derjenigen des Gesetzes zu überlassen. Wollte der Richter angesichts solcher Zweifel die Verfügung des Erblassers ergänzen, weil es ihm wahrscheinlich dünkt, daß sie ergänzungsbedürftig ist, so würde er Gefahr laufen, in seinen Ergebnissen mit dem Willen des Erblassers gerade in Widerspruch zu geraten. Solche Zweifel ergeben sich hier.

Die Eheleute A. haben freilich an die Spitze ihrer „Verfügungen von Todes wegen" den Satz gestellt, daß sie sich zu ihnen durch die Absicht bestimmen ließen, ihre sämtlichen Kinder möglichst gleich zu stellen. Dem entspricht es, daß A. seine Stieftochter, die Klägerin, mit dem gleichen Nacherbenrecht bedachte wie seine Tochter Anna, daß er beiden den gleichen Anspruch auf Aussteuer und Ausstattung aus dem Nachlaß gewährte und beiden eine Anrechnungspflicht auferlegte. Daß er aber bei Errichtung des Ehevertrages die Frage, ob die gleiche Anrechnungspflicht auch für etwaige von ihm noch bei Lebzeiten gegebene Aussteuern und Ausstattungen gelten solle, bejaht hätte, ist wohl möglich, aber nicht außer Zweifel. Es liegt ebenso nahe, daß er geantwortet hätte, für diesen Fall wolle er sich die Entschließung vorbehalten: konnten doch für diese Entschließung die verschiedensten Umstände, besonders seine künftige Vermögenslage und die des künftigen Schwiegersohnes, maßgebend werden, Umstände, die rechtfertigen konnten, die Absicht, alle Kinder gleichzustellen, zurücktreten zu lassen. Vom menschlichen wie vom rechtlichen Standpunkte wäre es somit verständlich gewesen, wenn A. Fragen, über die er von Fall zu Fall zu entscheiden in der Lage war, nicht in seiner letztwilligen Verfügung ein für allemal hätte regeln wollen. Denkbar ist daneben, daß er irrtümlich die seine Tochter treffende gesetzliche Anrechnungspflicht (§ 2052) auch auf seine Stieftochter für anwendbar erachtete und sich die leichte Möglichkeit offen halten wollte, je nach den Umständen Abweichungen von ihr festzusetzen. Ist hiernach für eine ergänzende Auslegung kein Raum, so muß die im Ehevertrage nicht beantwortete Frage, ob eine der Klägerin vom Erblasser bei Lebzeiten gegebene Aussteuer und Ausstattung anrechnungspflichtig ist, verneint werden. Denn Ausgleichungspflicht des § 2052 trifft die Klägerin nicht, weil sie nicht Abkömmling des Erblassers ist. M. M.

n) **Verhältnis des § 2069 zu § 2108² Satz 1. Fortgesetzte GG. neben Alleinerbenrecht oder Vor- und Nacherbschaft? Ausschließung sämtlicher Abkömmlinge von der fortgesetzten GG.**

Kammergericht, I. ZS. Beschluß v. 6. November 1911.

1901 errichteten die Eheleute Rudolf und Auguste A. ein gemeinschaftliches Testament. Nach § 1 setzt der Überlebende bis an seinen Tod oder bis zur Auseinandersetzung die GG. mit den sechs Kindern fort und hat als alleiniger Erbe des Erstversterbenden die alleinige freie Verfügung über das gemeinschaftliche Vermögen, dessen Überrest die Kinder nach Beendigung der GG. erhalten. Der § 3 lautet: „Der Überlebende ist der Testamentsvollstrecker des Erstversterbenden. Unsere Kinder beerben gleichanteilig den Erstversterbenden als Nacherben und den Überlebenden als dessen 'alleinige Erben.“ 1902 verstarb die Frau A., worauf das Testament eröffnet wurde. Damals lebten noch die sechs Kinder. 1906 starb der Sohn Max A. in Nordamerika mit Hinterlassung seiner Ehefrau und eines Kindes John. 1910 verstarb Rudolf A. Den demnächst vom Sohne Gustav A. beantragten gemeinschaftlichen Erbschein nach seinen Eltern dahin, daß die noch lebenden fünf Geschwister A. und John Erben geworden seien, lehnte das Amtsgericht bezüglich der Erblasserin Auguste A. deshalb ab, weil diese außer von den im Antrage genannten sechs Personen auch von der Witwe des Max A. beerbt worden sei. Die Beschwerde wurde zurückgewiesen. Die weitere Beschwerde ist begründet. Das Testament enthält Anordnungen, die schon begrifflich nicht miteinander vereinbar sind. Ein Nebeneinanderbestehen von fortgesetzter GG. einerseits und Alleinerbenrecht oder Vor- und Nacherbschaft anderseits ist von vornherein unmöglich. Der Überlebende und die gemeinschaftlichen

Abkömmlinge treten in ein Gemeinschaftsverhältnis zur gesamten Hand; beide Teile sind Mitinhaber des Gesamtguts. Der Alleinerbe dagegen ist Alleineigentümer des überkommenen Vermögens und auch der Vorerbe ist bis zum Eintritt des Falles der Nacherbfolge wahrer Erbe und als solcher Alleininhaber der ererbten Sache. Durch diesen unverkennbaren inneren Widerspruch wird jedoch die Gültigkeit des Testaments noch nicht berührt. Es kommt darauf an, den wirklichen Willen der Erblasser zu erforschen und diesen, sofern er in den Bestimmungen des Testaments hinlänglich ausgedrückt ist, zur Geltung zu bringen. Die Anordnungen bedeuten nach ihrem Gesamtinhalte sachlich einen Ausschluß der in § 1 des Testaments verordneten fortgesetzten GG.; sie sind nach ihrem sachlichen Inhalte als eine gemäß §§ 1511, 1516 zulässige Ausschließung sämtlicher Abkömmlinge von der fortgesetzten GG. aufzufassen. Daß diese Ausschließung sich nicht nur auf einzelne, sondern auch auf alle anteilsberechtigten Abkömmlinge erstrecken kann, hat der Senat wiederholt ausgesprochen, wird auch in der Literatur allgemein angenommen. Sie braucht nicht mit ausdrücklichen Worten zu geschehen; sie liegt in jeder Verfügung, die mit einer Fortsetzung der GG. nicht vereinbar ist. Anderseits kam es ersichtlich den Erblassern vor allem darauf an, dem überlebenden Ehegatten eine möglichst freie Stellung einzuräumen. Die Vorinstanzen erblicken deshalb mit Recht in der durch § 3 angeordneten Vor- und Nacherbschaft die Hauptbestimmung des Testaments, durch die der Wille der Erblasser voll gewahrt und deren Überlebenden die Stellung eines befreiten Vorerben gesichert wird.

Was die Person der Nacherben anbetrifft, so nehmen die Vorinstanzen an, daß die Witwe des Max A. gemäß § 2108² zunächst Miterbin und nach dem Tode des Erblassers Rudolf A. Erbin der Frau A. geworden ist. Die Erbfolge nach Max steht jedoch in keiner Weise fest, namentlich ist die Frage, ob etwa Max das Erbrecht der Witwe durch Testament oder Ehevertrag ausgeschlossen hat, unerörtert gelassen. Auch die Annahme, daß Max zurzeit des Todes noch deutscher Reichsangehöriger gewesen und daher nach deutschem Rechte beerbt worden sei, entbehrt einer ausreichenden tatsächlichen Begründung. Die Vorinstanzen gehen ferner darin fehl, daß sie bei ihrer Auslegung des Testaments den im Eingang enthaltenen Hinweis auf den Eintritt der fortgesetzten GG. bei der Frage nach dem Personenkreise der Nacherben außer Betracht lassen, indem sie den § 1 Satz 1 als erledigt ansehen. Aber die Auslegungsregel des § 2108² greift wie jede Auslegungsregel nur so weit ein, als nicht ein abweichender Wille des Erblassers ersichtlich ist. Die in § 2108² Satz 1 bestimmte Vererblichkeit der Anwartschaft kann unbedenklich nicht nur ganz ausgeschlossen, sondern auch auf bestimmte Personen aus dem Kreise der Erben beschränkt werden. Es besteht also die Möglichkeit, daß dem § 1 Satz 1, dem keine selbständige Bedeutung im Sinne einer Anordnung des Eintritts der fortgesetzten GG. beigelegt werden kann, eine Bedeutung wenigstens insofern zukommt, als darin etwa der Personenkreis bestimmt ist, der nach dem Willen der Erblasser bedacht werden sollte. Möglicherweise ging der Wille des Testaments dahin, daß sich der Kreis der Nacherben nach den Grundsätzen der fortgesetzten GG. bestimmen und daß das Eindringen fremder Personen dadurch verhütet werden sollte, daß anstelle eines weggefallenen Abkömmlings nur Abkömmlinge der Erblasser, nicht aber nicht verwandte Personen, besonders nicht die Schwiegerkinder der Erblasser zu treten hätten. Ob ein solcher Wille zurzeit der Testamentserrichtung vorhanden war, ist noch durch Aufdeckung der damals vorliegenden Verhältnisse durch Vernehmung der Geschwister A. und sonstiger geeigneter Personen, wenn möglich auch des Testamentsrichters aufzuklären. Kann dadurch kein solcher Wille festgestellt werden, so kommt weiter die Rechtsfrage in Betracht, ob im Falle der Einsetzung von Abkömmlingen zu Nacherben bei dem späteren Wegfall eines eingesetzten Abkömmlings die Auslegungsregeln des § 2069 oder der § 2108² vorgeht oder umgekehrt. In der Rechtslehre sind beide Ansichten vertreten, für die erstere — nach welcher hier anstelle des Max dessen einziger Abkömmling John getreten sein würde — vgl. namentlich Staudinger § 2108²; Köpke, Rechtsstellung des Ersatzerben und des Nacherben 1902 S. 14; für die letztere Ansicht auch Planck § 2108; Strohal, Erbrecht 1 § 27²¹.

Zn.

o) **Anfechtung eines Erbvertrags nach §§ 2078, 2079. Zeugnis über die Fortsetzung der GG. nach BGB. und nach Ges. v. 16. April 1860 bei dem Tode des einzigen Abkömmlings.**

Kammergericht, I. ZS. Beschluß v. 24. Februar 1913.

Der 1902 verstorbene A., der in der westf. GG. nach dem Ges. vom 16. April 1860 gelebt und von Todes wegen nicht verfügt hatte, hinterließ außer seiner Witwe nur eine volljährige Tochter Anna. Mutter und Tochter, die die GG. fortsetzten, schlossen 1903 vor einem Notar einen Erbvertrag, in welchem sie sich gegenseitig als Erben einsetzten, ferner eine Reihe von Verwandten des Mannes und der Frau A. zu Nacherben des erstversterbenden Teils beriefen, endlich auch eine Anzahl von Vermächtnissen anordneten, die bei dem Tode des Letztlebenden fällig sein sollten. Nachdem Anna 1908 verstorben, nahm die Witwe 1910 durch notariellen Vertrag, der vom Amtsgericht bestätigt wurde, ihre Nichte an Kindes Statt an und erklärte zu notariellem Protokolle, daß sie den Erbvertrag von 1903 anfechte, weil ihr in der Person ihrer Adoptivtochter ein Pflichtteilsberechtigter entstanden sei. Eine Ausfertigung des Protokolls überreichte sie persönlich dem Amtsgericht als zuständigem Nachlaßgericht. 1912 beantragte sie demgemäß, ihr einen Erbschein als unbeschränkter Alleinerbin ihrer Tochter zu erteilen. Das Amtsgericht lehnte ab, wurde jedoch auf Beschwerde angewiesen, bei der erneuten Entscheidung über den Antrag den Erbvertrag als angefochten anzusehen, worauf es in den Akten bescheinigte, daß die Anna von ihrer Mutter gesetzlich beerbt worden sei. Nachdem weitere Beschwerde eingelegt worden war, erklärte es jedoch, noch vor der Aushändigung des Erbscheins diesen für eingezogen.

Die weitere Beschwerde des F. A. ist zulässig; denn er ist im Erbvertrage von 1903 auf einen Bruchteil als Nacherbe der Anna und als Erbe der Witwe A. eingesetzt und daher durch die dem Nachlaßgericht erteilte Anweisung in einem Rechte beeinträchtigt. In diesem Punkte ist seinen Ausführungen allerdings nicht beizutreten, vielmehr ist mit dem LG., wenngleich teilweise aus anderen Gründen, anzunehmen, daß der Vertrag von 1903 durch die Anfechtung beseitigt ist.

Die Witwe A. lebte mit ihrer Tochter in der fortgesetzten GG. des westf. Provinzialrechts. Denn wenn auch der Mann erst 1902 gestorben ist, so ist doch nach Art. 48 AusfG. für die vor 1900 geschlossene Ehe hinsichtlich der in der Ehe bestehenden GG. und ihrer Fortsetzung nach dem Tode des Mannes nicht das Recht des BGB., sondern das Ges. vom 16. April 1860 maßgebend gewesen. Dagegen untersteht der Erbvertrag von 1903 als solcher nach Art. 1, 213, 214 EG. vollständig dem neuen Rechte, daher bestimmt sich auch das Anfechtungsrecht der Witwe nach den §§ 2281 ff., 2078, 2079. Da Form und Frist gewahrt sind, so fragt sich, ob ein wirksamer Anfechtungsgrund besteht. Soweit dafür § 2079 in Betracht kommt, ist mit der allgemeinen Meinung davon auszugehen, daß die Anfechtung auch dann gegeben ist, wenn der Hinzutritt des neuen Pflichtteilsberechtigten auf einer freien Handlung des Erblassers (Eheschließung, Antrag auf Ehelichkeitserklärung, Annahme an Kindes Statt) ruht; die gegenteilige Ansicht des Amtsgerichts findet im Gesetze keine Stütze. Richtig ist ferner, daß das hiernach für die Witwe begründete Anfechtungsrecht durch die von den übrigen Beteiligten schon in der Beschwerdeinstanz erhobenen und gegenwärtig weiter verfolgten Einwendungen nicht ausgeschlossen wird. Daß die Annahme an Kindes Statt ein bloßes Scheingeschäft sei, wird nicht behauptet und ist auch nach Lage der Sache nicht anzunehmen. Ist der Vertrag aber ernstlich gemeint, so sind die auf §§ 138, 226, 826 gegründeten Einwendungen nicht haltbar. Die Befugnis der Witwe, nach dem Tode ihrer Tochter eine andere Person an Kindes Statt anzunehmen, beruht auf ihrem gesetzlich gewährleisteten Rechte auf freie Lebensbetätigung. Daß die Ausübung dieses Rechts nur den Zweck haben könne, die im Erbvertrage bedachten Personen durch Beseitigung ihrer gegenwärtigen und künftigen Rechte zu schädigen, ist zweifellos nicht richtig. Selbst wenn, was noch dahinsteht, anzunehmen wäre, daß der eigentlich bestimmende Grund zum Abschlusse des Adoptionsvertrags für die Witwe in der Absicht, den Erbvertrag zu beseitigen, gelegen hätte, so würde damit doch den Anforderungen des § 226 nicht genügt sein. Denn diese Ausnahme findet nur dann Anwendung, wenn nach den Umständen des Falles jeder andere Zweck der Rechtsausübung als die Schädigung des Dritten ausgeschlossen ist; die bloße Möglichkeit eines anderen Zwecks oder Interesses macht die Vorschrift unanwendbar. Auch gegen die guten Sitten hat selbst bei Unterstellung des oben bezeichneten Beweggrundes die Witwe nicht verstoßen, da sie nur zur Erreichung eines nach dem durchschnittlichen

Empfinden nicht verwerflichen Ziels ein ihr zustehendes Recht ausgeübt hat und überdies, wie sie glaubhaft versichert, darauf bedacht ist, den Personen, deren Erbrechte durch die Anfechtung des Erbvertrags beseitigt worden sind, durch testamentarische Verfügungen einen gewissen Ersatz zu verschaffen. Es ist dabei nicht zu übersehen, daß die beseitigten Erbrechte jener Personen erst durch den später angefochtenen Erbvertrag, also durch eine freie, wenn auch mit Rücksicht auf die Wünsche ihres verstorbenen Mannes vorgenommene, Rechtshandlung der Witwe geschaffen worden sind.

Die Anfechtung läßt sich auf den § 2079 BGB. aus einem anderen Grunde nicht stützen. Nach der Auffassung des RG. (50 S. 238) und des KG. (Jahrb. 38 S. 121) liegt eine „Übergehung" nur vor, wenn dem Pflichtteilsberechtigten gar nichts zugewendet worden ist. Ist dagegen einem Berechtigten, der erst nach der Errichtung der Verfügung es geworden ist, ohne Rücksicht auf die seinem Rechte zugrunde liegende Stellung zum Erblasser eine Zuwendung gemacht worden, so schließt diese das Anfechtungsrecht nach § 2079 aus. Wird an dieser auch in der Rechtslehre überwiegend gebilligten Auffassung festgehalten (vgl. Crome, System 5 § 654[31]; Kipp, Erbrecht § 22 IV 1, grundsätzlich auch Leonhard 11 B zu § 2079 aO. mit beachtlichen Gründen; Planck § 2079 [2]), so scheidet der § 2079 aus. Denn der Nichte ist im Erbvertrage ein Vermächtnis von 12500 Mark ausgesetzt; sie ist mithin im Sinne des § 2279 nicht übergangen.

Gleichwohl ist die Anfechtung begründet. Denn neben dem § 2079, der nach der aus den Gesetzesmaterialien hervorgehenden, auch vom RG. gebilligten Auffassung sich als ein Sonderfall der Irrtumsanfechtung darstellt, kommt auch für die Übergehung eines Pflichtteilsberechtigten die allgemeinere Vorschrift des § 2078 [1] in Betracht. Danach kann der Erblasser eine letztwillige Verfügung, mithin nach § 2281 [1] auch eine vertragsmäßige anfechten, soweit er zu ihr durch die irrige Annahme oder Erwartung des Eintritts oder Nichteintritts eines Umstandes bestimmt worden ist. Daß das Nichtvoraussehen der künftigen Existenz eines Pflichtteilsberechtigten unter den Begriff der irrigen Erwartung des Nichteintritts eines Umstandes gebracht werden könne, hat das RG. 50 S. 240 allerdings nur unter der Voraussetzung als richtig anerkannt, daß aus bestimmten Tatsachen geschlossen werden könne, der Erblasser würde die Verfügung nicht getroffen haben, wenn er die künftige Gestaltung der Dinge in dem fraglichen Punkte vorausgesehen hätte. Demgemäß ist im Jahrb. 38 S. 119 für einen Fall, in welchem sich solche Anhaltspunkte boten (122, 123), der Satz ausgesprochen, daß der Berechtigte die ihn schädigende Verfügung aus § 2078 [2] anfechten könne, wenn auch die Verfügung nicht der Anfechtung aus § 2079 unterliege. In Bd. 77 S. 174 hat sodann das RG. den § 2078 [2] weniger streng ausgelegt.... Ob diese Auffassung von den früheren Ausführungen des RG. (50 S. 240, vgl. auch 59 S. 38) abweicht, kann dahingestellt bleiben. Denn hier läßt sich aus bestimmten Anhaltspunkten schließen, daß die Erblasserin ihre im Erbvertrag errichtete Verfügung von Todes wegen nicht so wie geschehen getroffen haben würde, wenn sie die spätere Gestaltung der Dinge vorausgesehen oder auch nur als möglich bedacht hätte.... Somit sind sowohl die irrige Erwartung des Nichteintritts eines gewissen Umstandes, als auch deren ursächlicher Zusammenhang mit der getroffenen Verfügung als gegeben anzusehen. Will man bei der Anfechtung eines Erbvertrags zwischen der Verfügung selbst und der bloßen vertragsmäßigen Bindung des Erblassers unterscheiden (Planck § 2279 2b; Strohal, Erbrecht 1 § 45[2]; vgl. dazu Kipp § 36IV 1g), so wird hier durch die Anfechtung der Witwe noch deren Verfügung selbst entkräftet, da sich der den Anfechtungsgrund bildende Willensmangel auf den Inhalt der Verfügung, nicht etwa nur auf die Eingehung einer vertragsmäßigen Bindung bezieht.

Die weitere Folge der mit der Anfechtung eingetretenen Nichtigkeit (§ 142) war, daß der ganze Erbvertrag, also auch die Verfügung der Anna unwirksam wurde (§ 2298[1]). Die Voraussetzung der Ausnahme des § 2298[3], daß ein anderer Wille der Vertragschließenden anzunehmen ist, trifft nach der Sachlage offenbar nicht zu; Anna würde die im Erbvertrage von ihrer Seite angeordneten Erbeinsetzungen und Vermächtnisse nicht verfügt haben, wenn nicht ihre Mutter eine entsprechende Verfügung getroffen oder wenn sie die Nichtigkeit dieser Verfügung vorausgesehen hätte (§ 2270[2]). Schon diese Erwägung führt weiter dazu, daß eine Aufrechterhaltung der nichtigen vertragsmäßigen Verfügung der Anna als einseitig letztwillige im Wege der Umwandlung (§ 140) ausgeschlossen erscheint. Zu demselben Ergebnisse führt aber auch die Erwägung des LG., daß die Tochter während des Bestehens der fortgesetzten GG. über ihren Anteil an dieser eine Verfügung von Todes wegen zugunsten anderer als der im § 16[2] Ges. vom 16. April 1860 bezeichneten Personen (Abkömmlinge, Ehegatten und übrige Mitbeteiligte der GG.) nur mit Zustimmung der Mutter hat treffen können, daß die im Vertragsschlusse liegende Zustimmung aber mit der späteren Anfechtung der Mutter hinfällig geworden ist. Es wird durch den ersten dieser beiden Gründe die im Schlußsatze, durch den zweiten aber die im Vordersatze des § 140 aufgestellte Voraussetzung der Umwandlung (Konversion) ausgeschlossen.

Obwohl hiernach die Anfechtung des Erbvertrags als wirksam anzunehmen ist, muß doch aus einem anderen Grunde die erste Beschwerde zurückgewiesen werden. Anna hat anderes Vermögen außer ihrem Anteil am Gesamtgute nicht besessen und auch die von der Witwe begehrte Bescheinigung soll, wie ausdrücklich erklärt ist, gerade zur Verfügung über ein zum Gesamtgute gehörendes Grundstück dienen. Über den Übergang des hiernach allein in Betracht kommenden Vermögens der Anna aber kann nicht ein Erbschein (§ 2353ff.), sondern nur gemäß § 1507 AusfG. Art. 66 ein Zeugnis über die Fortsetzung der GG. erteilt werden. Nach § 1490 gehört nämlich, wenn während der fortgesetzten GG. ein anteilsberechtigter Abkömmling stirbt, sein Anteil am Gesamtgute nicht zu seinem Nachlasse. Es ist daher insoweit weder für eine Verfügung von Todes wegen Raum, noch findet eine gesetzliche Erbfolge statt; es treten vielmehr kraft Gesetzes seine Abkömmlinge an seine Stelle; hinterläßt er solche nicht, so wächst sein Anteil den übrigen anteilsberechtigten Abkömmlingen (also den Geschwistern des Weggefallenen) und, wenn solche nicht vorhanden sind, dem überlebenden Ehegatten an. In dessen Hand konsolidiert sich mithin das Gesamtgut, wenn — sei es von Anfang an, sei es nach dem Wegfall anderer Abkömmlinge — nur ein einziger Abkömmling vorhanden ist und durch dessen Tod die fortgesetzte GG. beendigt wird. Der Erwerb des Anteils des weggefallenen Abkömmlings durch den überlebenden Elternteil (wie auch durch die etwaigen Geschwister) vollzieht sich nicht auf erbrechtlicher, sondern familienrechtlicher Grundlage; es handelt sich nicht um eine Erbfolge und überhaupt nicht um eine Rechtsnachfolge in die Stellung des Weggefallenen, vielmehr tritt der Erwerber kraft eines eigenen Familienmitgliedschaftsrechts an dessen Stelle (Planck 2c, 4 zu § 1490; Strohal 1 S. 13; die Motive 4 S. 460 lassen die Konstruktionsfrage offen, geben aber doch zu erkennen, daß Erbfolge nicht in Frage steht)....

Für die fortgesetzte westf. GG., die zwischen der Witwe und ihrer Tochter bestanden hat, wird trotz des — oben geschichtlich erklärten — Mangels einer besonderen Vorschrift dasselbe anzunehmen sein, was nach § 1490 Satz 3 für das heutige Recht gilt. Denn sie ist trotz mancher Abweichungen im einzelnen ihrem Wesen nach grundsätzlich dieselbe, wie diejenige des BGB., nämlich eine fortgesetzte GG. im engeren Sinne im Gegensatz einerseits zu dem System der Konsolidation bz. des Alleinerbrechts des überlebenden Ehegatten und anderseits dem System des Besitzes (Mot. z. BGB. 4 S. 425). Dies hat auch das RG. schon wiederholt ausgesprochen, besonders in den Beschlüssen (Rsp. 2 S. 266, 14 S. 237), die den Satz aufstellen, daß schon nach dem westf. Gesetze die unabgefundenen eigenen Kinder des Überlebenden, der mit ihnen die GG. fortsetzt, bezüglich ihres Anteils am gemeinschaftlichen Vermögen nicht Erben im Sinne des BGB., sondern Gütergemeinschaftsgenossen des Überlebenden seien und daß daher nicht ihnen ein Erbschein, vielmehr nur nach § 1507 dem Überlebenden ein Zeugnis über die Fortsetzung der GG. erteilt werden könne. Nach jenem System ist das gemeinschaftliche Vermögen auch nach der Auflösung der Ehe ein Gesamthandsvermögen, bei dem, soweit der Anteil des verstorbenen Ehegatten in Frage steht, ähnlich wie das RG. (65 S. 235, 68 S. 414) dies für die offene Handelsgesellschaft angenommen hat, grundsätzlich jeder Gemeinschafter auf das Ganze berechtigt und nur durch die gleiche Berechtigung seiner Mitteilhaber beschränkt ist. Auch der überlebende Ehegatte, der bezüglich seiner „Eigentumshälfte" (§ 7^1 Ges. vom 16. April 1860) eine andere Rechtsstellung einnimmt, ist grundsätzlich auf die Hälfte des Verstorbenen mitberufen, er wird jedoch, solange gemeinschaftliche Abkömmlinge vorhanden sind, von diesen ausgeschlossen. Fällt ein einzelner Anteilsberechtigter weg, so findet kein eigentlicher Übergang seines Anteils auf die übrigen Teilhaber, kein „Hinzuerwerben“ ihrerseits statt, vielmehr erstreckt sich deren schon vorhandenes Recht vermöge einer ihm innewohnenden Ausdehnungskraft auf den freigewordenen Anteil oder — von der anderen Seite aus gesehen — der Anteil des Weggefallenen wächst denjenigen der übrigen Teilhaber an. Sind sämtliche Anteilsberechtigten weggefallen, so konsolidiert sich das gütergem. Vermögen in der Hand des Überlebenden. Es handelt sich hierbei, wie die vorbesprochenen besonderen Fälle erkennen lassen, nicht um ein „Wiederaufleben des gesetzlichen Erbrechts des Parens“ (so Welter-Schultz 366 c, Riehl S. 80 N. 1 b), sondern um einen besonderen güterrechtlichen Vorgang, der bei der Anwachsung an die Geschwister im Gesetze (§ 16[3]) und in der Rechtslehre unbestrittene Anerkennung gefunden hat, der aber nicht auf diesen Fall beschränkt ist.

Diese Auffassung widerspricht auch nicht der Entstehungsgeschichte und den einzelnen Vorschriften des Gesetzes von 1860. Wenn auch der von diesem mit Bezug auf die fortgesetzte GG. einzelner früherer westf. Güterrechte geführte theoretische Streit über das Konsolidations- oder Kondominialprinzip (JWBl. 1844 Anl. zu Nr. 33) mit dem Siege der letzgenannten Anschauung geendigt hat und dem Ges. von 1860 nach der später fast allgemein angenommenen Ansicht des Kondominialprinzips zugrunde liegt (Welter-Schultz 137, 158, 356 ff.; Böttrich 60 ff.; RG. 9 S. 267), so schließt dies doch die Annahme einer subsidiären Mitberechtigung des überlebenden Ehegatten an der Hälfte der Abkömmlinge nicht aus. Es ist auch anerkannt, daß das Gesetz trotz grundsätzlichen Festhaltens an der Kondominialtheorie im einzelnen doch mehrfach zum Konsolidationsprinzipe hinneigt und eine Ausgleichung zwischen den verschiedenen früheren Rechtssystemen anstrebt (Mot. zu § 16, Drucks. des Herrenh. 1860 Nr. 9 S. 28; Mot. z. BGB. 4 S. 426, 458, 486; Brenken, Gruchot 39 S. 80). Einen Anklang an das Prinzip der Konsolidation kann man besonders in dem § 10[4] erblicken, der dem überlebenden Ehegatten die Befugnis gibt, durch Übertragungsverträge oder letztwillige Verfügungen unter den unabgefundenen Kindern die Nachfolge in das gemeinschaftliche Vermögen zu regeln (Mot. 4 S. 486, RG. 42 S. 87; anderseits RG. 9 S. 267, wo auf den rechtlichen Gesichtspunkt einer erweiterten elterlichen Schutzgewalt hingewiesen wird). Unter diesen Umständen kann auf das in den §§ 7, 16 gebrauchte Wort „Nachlaß“ kein entscheidendes Gewicht gelegt und daraus nicht das Bestehen einer Erbfolge im technischen Sinne abgeleitet werden. Bezüglich der Fassung der §§ 1482, 1483, 1490 BGB. liegt dies anders; hier hat man, wie die Materialien ergeben, durch die Worte „gehört zum Nachlasse“ „gehört nicht zum Nachlasse“ eine bestimmte juristische Konstruktion ausdrücken wollen. Beruhen hiernach weder der Eintritt der Kinder in die fortgesetzte GG. noch die Anwachsung des Anteils eines weggefallenen Kindes an die Geschwisteranteile auf Erbgang, so erscheint es gerechtfertigt, auch den Anfall des Anteils des einzigen oder letzten Kindes an den überlebenden Ehegatten nicht auf Vererbung, sondern gleichfalls auf die dem Gesamthandsvermögen eigentümliche Anwachsung zurückzuführen. Wenn dem Überlebenden, abgesehen von den Fällen der Schichtung, bis zu seinem Tode der Genuß des ganzen gemeinschaftlichen Vermögens erhalten bleiben, anderseits aber eine Fortsetzung der GG. mit fremden Personen nicht zugelassen werden soll, so ist dies mit Rücksicht auf die Fälle, in denen der Überlebende nicht oder nicht allein Erbe des einzigen Abkömmlings ist, auch praktisch nicht anders zu erreichen, als daß die Vereinigung des gütergem. Vermögens in der Hand des überlebenden Ehegatten anerkannt wird.

Wenn man aber auch diese das materielle Rechtsverhältnis betreffenden Ausführungen nicht als zutreffend anerkennen wollte, so ergibt sich doch aus einer formellen Vorschrift des heutigen Rechtes, daß hier nur ein (modifiziertes) Zeugnis über die Fortsetzung der GG. erteilt werden kann. Nach Art. 66 AusfG. findet bei einer fortgesetzten GG., für welche die bisherigen Gesetze maßgebend bleiben, der § 1507 BGB. Anwendung. Damit sollte, wie in der Begründung und dem KommBerichte klargestellt wird, die dem neuen Rechte eigentümliche Einrichtung eines Zeugnisses über die Fortsetzung der GG. auf die materiell nach altem Recht zu beurteilenden Gemeinschaften ausgedehnt werden, um auch für diese jenes Zeugnis zum ausschließlichen Beweismittel gegenüber dem Grundbuchamte (§ 36[2] GrBO.) zu machen und dadurch den Grundbuchverkehr bezüglich der fortgesetzten GG. des alten Rechts zu erleichtern. Deshalb ist der § 1507 auf die Gemeinschaften des früheren Rechts schlechthin, nicht etwa nur entsprechend, für anwendbar erklärt, obwohl das zwischen dem Überlebenden und den Teilnehmern bestehende Rechtsverhältnis an sich nach Maßgabe des bisherigen Rechts nachgewiesen werden könnte. Hiernach findet der § 1507 auf eine fortgesetzte GG. alten Rechts grundsätzlich in demselben Umfang Anwendung wie auf die des neuen Rechts. Sofern daher nach heutigem Recht bei dem Wegfall eines anteilsberechtigten Kindes die Erteilung eines Zeugnisses über die nach dem Tode des Kindes fortgesetzte GG. zulässig erscheint, ist die Erteilung eines solchen Zeugnisses auch für eine altrechtliche GG. möglich. Nach § 1490 vererbt sich der Anteil eines Abkömmlings nicht, es treten vielmehr seine Abkömmlinge ein (Satz 2) oder es greift die Anwachsung Platz (Satz 3). Demgemäß kann die sich aus dem Tode eines Kindes ergebende veränderte Anteilsberechtigung nicht durch einen Erbschein nachgewiesen werden, vielmehr ist dem offensichtlich vorhandenen praktischen Bedürfnisse dadurch zu genügen, daß dem überlebenden Ehegatten ein Zeugnis über die mit den nunmehr vorhandenen Teilhabern fortgesetzte GG. ausgestellt oder daß, falls vorher bereits ein Zeugnis erteilt war, dieses berichtigt oder ergänzt wird. Dies ist zwar im Gesetz nicht besonders vorgesehen, aber in der Rechtslehre und Rechtsprechung bereits anerkannt (Planck § 1507[4]; Rsp. 7 S. 58; Beschl. v. 23. März 1903 1 Y 214). Dem Bedenken, daß durch das Zeugnis nur der Eintritt, nicht das Fortbestehen der fortgesetzten GG. bescheinigt werden soll

(Planck aO.; Rsp. 6 S. 320), wird in der Begründung jener Entscheidungen mit der Erwägung begegnet, daß mit einem auf Grund des § 1490 Satz 2, 3 erteilten Zeugnisse nicht das unveränderte Fortbestehen einer bereits früher eingetretenen fortgesetzten GG., sondern der Eintritt einer durch den Tod des anteilsberechtigten Abkömmlings im Mitgliederbestande veränderten und damit „eventuell einer anderen" fortgesetzten GG. bescheinigt werde.

Vom Standpunkte dieser Entscheidungen, von denen abzugehen kein Anlaß besteht, bedeutet es aber nur einen weiteren Schritt, wenn ein Zeugnis über die Fortsetzung der GG. auch mit dem Inhalte für zulässig erachtet wird, daß nach dem Tode des einzigen oder letzten anteilsberechtigen Abkömmlings die Vereinigung des gesamten gütergem. Vermögens in der Hand des Überlebenden eingetreten sei. Der Senat trägt kein Bedenken, diesen weiteren Schritt zu tun, also die Zulässigkeit eines solchen Zeugnisses nach §§ 1490, 1507 zu bejahen. Alsdann aber muß das gleiche auch für eine fortgesetzte GG. alten Rechts gelten, und zwar ohne Unterschied, ob nach den materiellen Grundsätzen des früheren Rechts die Vereinigung des Vermögens in der Hand des überlebenden Ehegatten auf güterrechtlicher Anwachsung (Konsolidation) oder etwa auf einer Vererbung des Anteils beruhte (Rsp 7 S. 59). Denn wenn das Zeugnis nach § 1507 die ausschließlich zulässige Form einer gerichtlichen Bescheinigung des bestehenden oder bestandenen Gemeinschaftsverhältnisses ist, — dies hat der Beschluß vom 12. Oktober 1903 1 Y 1039 sogar für den nach dem BGB. unmöglichen Fall angenommen, daß nach altem Recht bei unbeerbter Ehe die GG. mit den Seitenverwandten des verstorbenen Ehegatten fortgesetzt wird —, so kann auch auf eine vom BGB. abweichende Auffassung des Rechtsvorganges nach dem alten Recht kein Gewicht gelegt werden, sofern nur in dem betreffenden Falle das wirtschaftliche Ergebnis durch das auszustellende Zeugnis richtig wiedergegeben wird. Damit wird zugleich der praktische Vorteil erreicht, daß schwierige Erörterungen über die vielfach unklare und streitige rechtliche Beurteilung der alten Güterrechte vermieden werden und die Richtigkeit des erteilten Zeugnisses nicht aus diesem Gesichtspunkt bezweifelt werden kann. Da hier ein Zeugnis nach § 1507 BGB., AusfG. 66 bereits vorhanden, aber trotz seiner Ausstellung im Jahre 1909 den Tod der Tochter und die dadurch herbeigeführte Rechtsänderung nicht bescheinigt, so wird es nur einer entsprechenden Ergänzung dieses Zeugnisses bedürfen. Für die behufs Erwirkung des Zeugnisses zu machenden Angaben und abzugebenden eidesstattlichen Versicherungen ist nicht das frühere Recht (Gesetz vom 12. März 1869), sondern die nach § 1507 Satz 2 entsprechend anwendbaren §§ 2354 ff. maßgebend (Beschluß vom 23. März 1903). Dr.

p) **Erbe oder Vermächtnisnehmer?**

α) OLG. Hamburg, IV. ZS. Urteil v. 26. Mai 1911.

Der Beklagte erachtet den Kläger, der den Pflichtteil aus dem Nachlasse seines Sohnes fordert, nicht für berechtigt, diesen Anspruch gegen ihn, den

Beklagten, allein zu erheben, weil er nach Inhalt des Testamntes nicht der alleinige Erbe sei. Diese Beurteilung ist jedoch unzutreffend. Die an erster Stelle mit bestimmten Summen bedachten 10 Neffen sind zweifellos Vermächtnisnehmer, ebenso wie sie ist aber auch des Erblassers Bruder Wilhelm Vermächtnisnehmer und nicht Erbe geworden, denn auch ihm ist nur ein bestimmter Gegenstand, ein Geldbetrag, zugewendet und seine Namhaftmachung neben dem auf den Rest des Vermögens eingesetzten Beklagten nur darauf zurückzuführen, daß der ihm zugewendete Betrag alsbald auszuzahlen ist, während den Neffen die Beträge nebst Zinsen und Zinseszinsen erst bei erreichtem 20. Lebensjahre zur Verfügung gestellt werden sollen. Es fehlt aber auch sonst an jedem Anhalt dafür, daß der Erblasser seinen Bruder Wilhelm habe zu seinem Erben einsetzen wollen: eine solche Absicht läßt sich aus der Zuwendung eines bestimmten Geldbetrages an ihn neben der Zuwendung des Restes an den Beklagten nicht entnehmen, und ebensowenig kann dafür etwas daraus abgeleitet werden, daß sich am Eingang des Testaments die Zuwendung von Vermächtnissen an die Neffen angeführt findet und dann die Zuwendungen an den Bruder und an den Beklagten folgen, denn es findet sich wieder hinter diesen Bestimmungen die zweifellos ein Vermächtnis darstellende Zuwendung der Zimmereinrichtung an die Wirtin des Erblassers. Endlich würde dem Umstande, daß dieser die Urkunde selbst und ohne Einholung juristischen Beirats angefertigt hat, keine Bedeutung für seine Absichten beigelegt werden können; gerade für Fälle, in denen die juristisch technischen Ausdrücke nicht verwendet wurden, sind die Auslegungsvorschriften des § 2087 gegeben. M. M.

β) Kammergericht, I. ZS. Beschluß v. 4. März 1912.

In dem eigenhändigen Testament der Frau A. war bestimmt: „Indem ich meinen Mann von der Erbschaft ausschließe, setze ich zu Erben ein: 1. Meine Eltern bekommen von meinem Sparkassenbuch über 2654 Mark — wenn einer tot ist der Überlebende — 1354 Mark nebst Zinsen; 2. meine Nichte Fr. erbt 1000 Mark und sämtliche Wäsche, Uhr und das Bett; 3. mein Neffe H. erbt 300 Mark; 4. meiner Schwester T. vermache ich den Brillantring zum Andenken". — Die Mutter der Erblasserin beantragte auf Grund des Testaments und der Erbausweisverhandlung die Erteilung eines gemeinschaftlichen Erbscheins für sämtliche vorgenannten Personen als Erben hinsichtlich der unter Nr. 1—4 aufgeführten Teile des Sparkassenbuchs und Sachen; falls aber das Gericht das Testament anders auslege, solle der Erbschein gemäß dieser anderweitigen Auffassung erteilt werden. Die weitere Beschwerde über die Zurückweisung dieser Anträge ist unbegründet.

Für die Frage, ob sich die Zuwendungen der einzelnen Gegenstände und Summen als Erbeinsetzungen oder Vermächtnisse darstellen, ist entscheidend, ob sich aus den näheren Umständen, besonders aus der Art und dem Zwecke der Zuwendung der Wille der Erblasserin entnehmen läßt, daß die Bedachten Erben eines bestimmten Bruchteils ihres Gesamtvermögens, also ihre Gesamtnachfolger sein sollten. Von diesem Gesichtspunkt aus sind die Zuwendungen zu Nr. 2, abgesehen von den 1000 Mark, und zu Nr. 4 lediglich als Vermächtnisse anzusehen. Die so Bedachten sollten nur ein Forderungsrecht auf Herausgabe der ihnen vermachten Gegenstände erwerben. Zum Teil anders steht es mit den Summenzuwendungen unter Nr. 1, 2 und 3. Die Eltern sollten den nach Abzug der an Fr. und H. zu zahlenden runden Summen von 1000 und 300 Mark verbleibenden Rest des Sparkassenbuchs, des wichtigsten Vermögensstücks, und hiermit alles das bekommen, was nach Entrichtung der gewissen anderen Personen ausgesetzten bestimmten Summen oder Gegenstände von dem Nachlasse noch vorhanden ist. Sie sind also als Erben eingesetzt; Fr. und H. bezüglich der ihnen zugewendeten Summen Vermächtnisnehmer. Der Antrag der Beschwerdeführerin auf Ausstellung eines gemeinschaftlichen Erbscheins für sämtliche im Testament aufgeführten Personen war also zurückzuweisen. Denn da nach § 2353 der Erbschein nur auf Antrag erteilt werden kann, ist (vgl. Rsp. 3 S. 297; 11 S. 271, 18 S. 368, 21 S. 353, BayObLG. 4 S. 634) eine Abweichung von diesem Antrage nicht zulässig. Hieran wird auch nichts durch den dem Nachlaßgericht unterbreiteten Hilfsantrag der Beschwerdeführerin geändert. Dieser allgemein gehaltene Antrag kann, da er keinen bestimmten Vorschlag enthält, sondern ganz dem Ermessen des Gerichts überläßt, wie er den Erbschein erteilen wolle, der Erteilung eines Erbscheines nicht zugrunde gelegt werden. Denn dem Nachlaßgericht liegt nur die Nachprüfung eines ihm von dem Antragsteller zu unterbreitenden bestimmten Vorschlages ob.

Zurückzuweisen ist endlich auch die Ansicht der Beschwerdeführerin, daß es keiner Angabe der Erbteile nach Bruchteilen in dem Antrage auf Erteilung des Erbscheins bedurft hätte, daß vielmehr die Bezeichnung der einzelnen zugewendeten Summen und Gegenstände genüge. § 2357² erfordert ausdrücklich, daß in dem Antrage auf Erteilung eines gemeinschaftlichen Erbscheins die Erben und ihre Erbteile anzugeben sind. Unter „Erbteil" aber ist hier wie sonst im BGB. ein Bruchteil der ganzen Erbschaft, nicht eine Summe oder ein einzelner Nachlaßgegenstand zu verstehen (Jahrb. 20 S. 265, 34 S. 117; vgl. wegen der äußeren Form dieser Angabe Rsp. 18 S. 369). Zn.

q) **Ersatzerben oder Teilung nach Köpfen?**

Bayer. Oberstes Landesgericht, I. ZS. Beschluß v. 6. November 1912.

Die Annahme, daß die Kinder eines eingesetzten Erben als dessen Ersatzerben berufen sind, und die Annahme, daß die eingesetzten Erben nach Köpfen zu teilen haben, sind miteinander nicht vereinbar. Denn wenn die Erben nach Köpfen zu teilen haben, sind sie um ihrer Person willen, nicht als Repräsentanten ihres Stammes bedacht. Nur wenn sie als Repräsentanten ihres Stammes angesehen werden können, ist es möglich, daß an die Stelle eines nach der Testamentserrichtung weggefallenen eingesetzten Erben dessen Abkömmlinge treten. Th.

r) Vorerbschaft. Nachweis der Entgeltlichkeit einer Verfügung des befreiten Vorerben.[1]

α) Bayer. Oberstes Landesgericht, I. ZS. Beschluß v. 26. September 1912.

Die befreite Vorerbin, Witwe A., verkaufte notariell den Acker an die Beschwerdeführer für 625 Mark. Die Verkäuferin verzichtete auf dingliche Sicherstellung, die Käufer unterwarfen sich der sofortigen Zwangsvollstreckung. Verkäuferin und Käufer beantragten und bewilligten die Eintragung der Auflassung. Bei der Eigentumseintragung wurde jedoch das Recht der Nacherben vermerkt. Die Löschung dieses Vermerks wurde abgelehnt. Die weitere Beschwerde ist zulässig und begründet.

Aus dem Zwecke, den die Eintragung des Rechts des Nacherben verfolgt, ergibt sich, daß diese Eintragung gegenstandslos wird, wenn der Vorerbe eine Verfügung trifft, welche das Recht des Nacherben nicht beeinträchtigen oder vereiteln kann. Diese Beeinträchtigung ist ausgeschlossen, wenn der Nacherbe die Verfügung des Vorerben gegen sich gelten lassen muß. Dies ist der Fall, wenn er jener Verfügung zugestimmt hat oder — bei dem befreiten Vorerben — wenn die Verfügung entgeltlich ist. Die Eintragung des Rechts des Nacherben ist daher auf Antrag zu löschen, wenn dem Grundbuchamte durch öffentliche oder öffentlich beglaubigte Urkunden nachgewiesen wird, daß der Nacherbe der Verfügung des Vorerben zugestimmt hat oder daß die Verfügung des befreiten Vorerben keine unentgeltliche ist. Wenn der Vorerbe mit Zustimmung des Nacherben verfügt, liegt in der Zustimmung zu der Verfügung zugleich die Bewilligung (§ 19 GrBO.) des Nacherben, daß der Vermerk des Rechts des Nacherben gelöscht wird. Wenn der befreite Vorerbe entgeltlich verfügt, liegt in dem Nachweise der Entgeltlichkeit der Nachweis der Gegenstandslosigkeit des Vermerks des Nacherbenrechts. Ein gegenstandsloser Vermerk macht das Grundbuch unrichtig; zur Berichtigung des infolge der Gegenstandslosigkeit des Vermerks unrichtig gewordenen Grundbuchs ist nach dem § 22 GrBO. die Eintragungsbewilligung des von der Löschung Betroffenen nicht erforderlich, wenn die Unrichtigkeit des Grundbuchs durch öffentliche oder öffentlich beglaubigte Urkunden nachgewiesen wird. Hier hat das LG. zutreffend festgestellt, daß die Verfügung der Vorerbin entgeltlich ist. Damit ist die Möglichkeit, daß die Nacherben durch die Verfügung betroffen wurden, ausgeschlossen. Das Grundstück schied durch den Verkauf aus der Erbschaft, auf die die Nacherben eine Anwartschaft haben, aus. Das Recht der Nacherben wurde bezüglich dieses Grundstücks aufgehoben. Wenn das Recht des Nacherben gleichwohl eingetragen steht, ist das Grundbuch unrichtig. Th.

β) Kammergericht, I. ZS. Beschluß vom 10. April 1912.

Die Witwe A., befreite Vorerbin nach ihrem verstorbenen Manne, hat eine für sie eingetragene Hypothek abgetreten und in der Urkunde erklärt:

[1] Vergleich über einen gegen den Nachlaß erhobenen Anspruch als entgeltliche Verfügung des befreiten Vorerben: JW. 1913 S. 494 Nr. 16.

„Ich bekenne, den Gegenwert der Abtretung bar und richtig erhalten zu haben.“ Zugleich hat der Eigentümer erklärt: „Ich nehme von vorstehender Abtretung Kenntnis und übernehme die Kosten.“ Die beantragte Umschreibung machten die Vorinstanzen davon abhängig, daß die Witwe A. als Vorerbin und ihre Kinder als Nacherben sich eintragen ließen oder die Entgeltlichkeit des Geschäfts nachgewiesen wurde oder die Nacherben zustimmten. Die weitere Beschwerde ist begründet. . . .

Das LG. hat die Entgeltlichkeit verneint, weil dafür die einseitige Erklärung der Vorerbin ebensowenig wie die Bescheinigung des Erwerbers der Hypothek genüge und eine gewisse, aber nicht irgend erhebliche Wahrscheinlichkeit nur aus der Übernahme der Kosten durch den Eigentümer folge. Es hat aber außer acht gelassen, daß die Witwe die Mutter der Nacherben ist und daß daher zwischen ihr und den Kindern durch das Familienband von vornherein eine erhebliche Gemeinschaftlichkeit der Interessen gegeben ist, die nach der Erfahrung des täglichen Lebens sich regelmäßig auch im rechtsgeschäftlichen Verkehr wirksam erweist. Würde eine Schenkung vorliegen, so würde die Vorerbin nicht nur sich selbst, sondern auch ihren eigenen Kindern 4000 Mark entzogen haben. Es kommt weiter hinzu, daß die Hypothek zugunsten einer Person abgetreten ist, die, dem Namen nach zu urteilen, mit der Vorerbin nicht verwandt ist, so daß auch hieraus kein Anhalt für eine etwaige Begünstigungsabsicht der Vorerbin entnommen werden kann. Diese beiden Umstände genügen zur Erbringung des Nachweises der Entgeltlichkeit der Abtretung, wenn sie im Zusammenhange mit der Erklärung des Eigentümers, daß er von der Abtretung Kenntnis nehme und die Kosten übernehme, betrachtet werden. Denn dieses Verhalten des Eigentümers ist aller Wahrscheinlichkeit nach damit zu erklären, daß ihm die Hypothek gekündigt ist, daß er in der Person des Zessionars einen neuen Geldgeber gefunden und statt der Löschung und Neueintragung der Hypothek oder der Umwandlung der Eigentümerhypothek in eine Darlehnshypothek den einfacheren und billigeren Weg der Abtretung der eingetragenen Restkaufgeldhypothek auf den neuen Geldgeber gewählt hat. Ist diese Annahme richtig, so würde es sich von selbst verstehen, daß der Eigentümer die ihn von dem neuen Geldgeber gezahlte Valuta zur Bezahlung der Hypothekenforderung der Witwe A. verwendet habe oder an diese den Betrag vom Zessionar unmittelbar habe zahlen lassen. Jedenfalls aber enthält die Erklärung des Eigentümers eine Bestätigung der Richtigkeit der vorangegangenen Abtretungserklärung und ist ohne weiteres anzunehmen, daß der Eigentümer die Kosten nicht übernommen hätte, wenn die Witwe die Hypothek verschenkt hätte. H. ch.

γ) Kammergericht, I. ZS. Beschluß v. 17. Juni 1912.

M., für den unter Nr. 4 eine Teilhypothek von 500 Mark haftet, hat in notarieller Urkunde erklärt: „Die Eigentümerin, Witwe A., hat mir das Kapital und die Zinsen gezahlt; ich quittiere darüber und willige in die Löschung der Post.“ Eine gleiche Quittung hat der Gläubiger der Grundschuld Nr. 5, der rangletzten Post, erklärt. Weil jedoch in Abt. II eingetragen ist: „Die Eigentümerin A. ist befreite Vorerbin; zu Nacherben auf dasjenige, was bei Eintritt der Nacherbfolge übrig sein wird, sind A., B. und C. eingesetzt ...“ haben die Vorinstanzen zu der beantragten Löschung die Zustimmung der Nacherben erfordert. Die weitere Beschwerde der Witwe ist zulässig und begründet.

Nach den Quittungen sind die beiden Posten durch die Vorerbin bezahlt worden. Dadurch ist jedenfalls, wenn die Zahlung aus den Mitteln des Nachlasses erfolgte, an die Stelle der Hypothek Nr. 4 gemäß § 1163 [1] Satz 2 mit § 362 [1] eine Eigentümergrundschuld getreten, und das gleiche gilt für die Grundschuld Nr. 5, da auch auf sie gemäß § 1192 [1] der § 1163 Satz 2 Anwendung findet (Jahrb. 35 S. 327). Ob die Rechtslage dann eine andere wäre, wenn die Vorerbin, wie sie behauptet, die beiden Posten aus eigenen Mitteln bezahlt hätte, oder ob nicht auch in diesem Falle die beiden Posten in den Nachlaß gefallen wären, bedarf keiner Entscheidung. Denn da die Wahrscheinlichkeit dafür spricht, daß ein Vorerbe Nachlaßschulden aus den Mitteln des Nachlasses bezahlt, so muß die Beschwerdeführerin den Nachweis erbringen, daß sie die beiden Posten aus eigenen Mitteln bezahlt habe. Ob ein solcher Nachweis grundbuchrechtlich überhaupt zu führen ist, kann dahingestellt bleiben. Jedenfalls ist er hier dadurch, daß die Gläubiger der beiden Posten deren Bezahlung durch die Vorerbin bezeugt haben, nicht erbracht, und die bloße Angabe der Vorerbin ist kein Beweismittel. Ist demgemäß davon auszugehen, daß die Vorerbin die beiden Posten aus den Mitteln des Nachlasses bezahlt hat, so folgt aus dem § 2111 [1], daß durch die Bezahlung die beiden Posten Eigentümergrundschulden des Nachlasses geworden sind. Da hier die Löschung beider Posten beantragt ist, so würde die Eintragung des Nacherbenvermerks keinen Schutz verleihen (Jahrb. 22 S. 315; 33 S. 242; 25 S. 278). Die Vorerbin darf vielmehr mit Rücksicht auf die Möglichkeit einer Unentgeltlichkeit ihrer Verfügung nur dann über die beiden Eigentümergrundschulden verfügen, wenn sie dem Grundbuchrichter entweder die Zustimmung der Nacherben beibringt oder die Entgeltlichkeit ihrer Verfügung nachweist. Der Auffassung der Vorinstanzen, daß dieser Nachweis nicht geführt sei, kann nicht beigetreten werden. Der Senat hat sich in drei gedruckten Beschlüssen mit der Frage der von einem Vorerben betriebenen Löschung einer zum Nachlasse gehörenden Eigentümergrundschuld beschäftigt. Der erste Beschluß (Rsp. 14 S. 298) befaßt sich mit dem Falle des § 2113 S. 1 und kommt daher hier nicht weiter in Betracht. Der zweite Beschluß (Jahrb. 35 S. 305) betrifft einen Fall, in welchem das Grundstück mit anderen der Eigentümergrundschuld im Range nachstehenden Rechten nicht belastet ist. Der dritte Beschluß (Jahrb. 41 S. 180) bezieht sich auf einen Fall, in dem hinter der Eigentümergrundschuld des Nachlasses noch andere Rechte eingetragen standen. Auch das OLG. Dresden (Ann. 30 S. 451) hat in dem Beschluß vom 3. Juli 1909 die Frage erörtert und zwar in einem Falle, in dem die Eigentümergrundschuld des Nachlasses die einzige Belastung des Grundstücks bildete. Im Jahrb. 35 S. 305 ist dargelegt, daß auch dann, wenn der Eigentümergrundschuld des Nachlasses andere Rechte zur Zeit auf dem Grundstücke nicht nachständen, das Recht des Nacherben durch die Löschung vereitelt oder beeinträchtigt werden könnte. Diese Annahme ist einmal auf die Erwägung, daß die Neubestellung einer Hypothek größere Kosten mache als die Weiterbegebung der Eigentümergrundschuld, sowie auf die Möglichkeit gestützt, daß späterhin andere, auch gegen den Nacherben wirksame Rechte zB. aus § 648 auf dem Grundstück eingetragen werden. Beide Gründe bezeichnet Dresden (aO.) für unzutreffend. Auf diese Meinungsverschiedenheiten braucht aber nicht eingegangen zu werden. Dem befreiten Vorerben sind nur Schenkungen verwehrt; dagegen darf er entgeltliche Verfügungen auch dann vornehmen, wenn durch sie das Recht des Nacherben vereitelt oder beeinträchtigt wird. Durch eine Schenkung, besonders die Fortschenkung eines Rechts, wird das Recht des Nacherben stets vereitelt (RGKomm. § 2113[3]); denn das fortgeschenkte Recht scheidet aus dem Nachlaß aus. Liegt also eine Schenkung vor, so ergibt sich die Vereitelung des Nacherbenrechts ohne weiteres. Das gleiche gilt auch dann, wenn mangels eines Nachweises der Entgeltlichkeit der Verfügung des Vorerben für den Grundbuchverkehr mit dem Vorliegen einer Schenkung gerechnet werden muß. Steht dagegen die Entgeltlichkeit fest, so bedarf es einer Erörterung, ob durch die Verfügung das Recht des Nacherben vereitelt wird, ebenfalls nicht, weil der befreite Vorerbe auch solche entgeltlichen Verfügungen vornehmen darf, die das Recht des Nacherben vereiteln oder beeinträchtigen. Im Falle der befreiten Vorerbschaft sind demnach alle Erörterungen über die Frage überflüssig, ob das Recht des Nacherben vereitelt wird. Es bedarf vielmehr nur der Feststellung, ob die Verfügung des Vorerben eine entgeltliche oder eine unentgeltliche ist. Diese Frage ist von Dresden (aO.) gar nicht und im Jahrb. 35 S. 305 lediglich mit dem Satze erörtert: „Irgend ein Entgelt für die Löschung fließt dem Nachlasse nicht zu." Dieser Satz ist indessen unzutreffend. Das Wesen der Eigentümergrundschuld besteht darin, daß dem Eigentümer der Rang eines Rechts erhalten bleibt, um das Vorrücken der nachstehenden Rechte auszuschließen. Wenn hinter jener Grundschuld noch ein anderes Recht steht, so geht im Falle ihrer Löschung deren Rang auf das andere Recht über; es geht also für den Eigentümer verloren. Gewährt der Berechtigte des anderen Rechts für den Erwerb des Ranges der Eigentümergrundschuld dem Eigentümer kein Entgelt, so liegt in ihrer Aufhebung ein unentgeltliches Geschäft. Von diesem Standpunkt geht der Beschluß (Jahrb. 41 S. 100) aus; dort war jedoch die Verfügung deswegen keine unentgeltliche, weil der Vorerbe gleichzeitig eine neue Darlehnshypothek bestellt und deren Gläubiger die Löschung der Eigentümergrundschuld verlangt hatte und weil nach der Sachlage dadurch der neuen Hypothek der Rang der Eigentümergrundschuld verschafft wurde. Steht dagegen hinter der Eigentümergrundschuld kein anderes Recht, so erwirbt der Eigentümer den Rang, den er durch ihre Aufhebung aufgibt, kraft seines Eigentumsrechts, von neuem. Gerade so, wie die gemäß § 1196 erfolgende Bestellung einer Eigentümergrundschuld eine entgeltliche Belastung des Grundstücks, dh. eine Belastung für die das Entgelt in dem Erwerbe der Grundschuld durch den Eigentümer liegt (so Beschl. v. 20. Mai 1912 X 175) ist auch die Aufhebung einer rangletzten Eigentümergrundschuld eine entgeltliche Verfügung, weil das Entgelt in dem Erwerbe ihres Ranges durch den Eigentümer besteht. Eine andere Person als der Eigentümer hat, abgesehen von dem Falle der gleichzeitig mit der Löschung der Eigentümergrundschuld erfolgenden Eintragung eines neuen Rechts, keinen rechtlichen Vorteil von der Löschung, kann also ein Entgelt für die Löschung nicht gewähren. Insbesondere ist auch für einen persönlichen Gläubiger des Eigentümers ein rechtlicher Vorteil aus der Löschung nicht herzuleiten. Denn ein solcher Gläubiger kann seine Befriedigung an der durch die Eigentümergrundschuld eingenommenen Rangstelle auch im Falle ihres Bestehenbleibens erreichen, indem er sie pfänden und sich zur Einziehung an Zahlungsstatt überweisen läßt. Abgesehen hiervon aber kann die bloße Möglichkeit, daß später einmal vielleicht ein Dritter die durch die Löschung der Eigentümergrundschuld entstandene Rechtslage zu seinen Gunsten verwertet, die Aufhebung jener Grundschuld nicht zu einer unentgeltlichen Verfügung machen, dh. der Tatsache nicht ihre Bedeutung entziehen, daß der Eigentümer für die Aufhebung durch den Erwerb des dadurch freigewordenen Ranges kraft seines Eigentumsrechts ein Entgelt erhalten hat. Beansprucht später ein Dritter das Eigentumsrecht an der Rangstelle für sich, so zieht er nicht aus der Aufhebung der Eigentümergrundschuld, sondern aus dem Rechte einen Vorteil, das als Entgelt an die Stelle jener Grundschuld getreten ist. Eine rechtliche Beziehung zwischen dem Dritten und der Aufhebung der Grundschuld besteht also nicht. Hiernach ist die Aufhebung einer an letzter Stelle stehenden Eigentümergrundschuld durch den Eigentümer des Grundstücks stets ein entgeltliches Geschäft, falls nicht gleichzeitig mit der Löschung ein neues Recht eingetragen wird. Sch. S.

δ) Kammergericht, I. FerienZS. Beschluß v. 13. August 1912.

Für den 1905 verstorbenen A. ist eine Hypothek von 13000 Mark eingetragen. Er hatte mit seiner Frau ein gemeinschaftliches Testament dahin errichtet: „Wir setzen uns gegenseitig als Erben ein; der Längstlebende erhält den gesamten Nachlaß des Zuerststerbenden. Nach dem Tode des Längstlebenden erhalten unseren gemeinschaftlichen Nachlaß unsere gemeinschaftlichen Kinder .... Der Überlebende ist sonach Vorerbe des Erstversterbenden, und die Kinder sind Nacherben, und zwar nur auf dasjenige, was beim Eintritt der Nacherbfolge übrig sein wird." 1912 überreichte der Magistrat die Löschungsbewilligung der Witwe A., worin sie bekennt, von der Eigentümerin das Hypothekenkapital nebst Zinsen erhalten zu haben, und Löschung bewilligt. Die Vorinstanzen machen die Löschung von dem Nachweise der Zustimmung der Nacherben abhängig. Die weitere Beschwerde ist nicht begründet.

1. Nach § 2269 [1] ist die Bestimmung, daß sich die Ehegatten gegenseitig zu Erben einsetzen, und daß nach dem Tode des Überlebenden der beiderseitige Nachlaß an die Kinder fallen soll, im Zweifel so auszulegen, daß die Kinder für den gesamten Nachlaß als Erben des Letztverstorbenen eingesetzt seien. Die nachfolgenden Sätze zeigen indessen, daß die Ehegatten dies nicht gewollt haben. Der Überlebende wird darin als Vorerbe bezeichnet, die Kinder als Nacherben, und sie werden auf dasjenige eingesetzt, was beim Eintritt der Nacherbfolge übrig sein werde. Hiermit ist ausgedrückt, daß die Kinder als Nacherben des Zuerstversterbenden eingesetzt worden sind. Die ersten Sätze stehen damit nicht, wie die Beschwerde meint, in einem unlösbaren Widerspruch, da sie, wie schon der § 2269 beweist, auch in diesem Sinn ausgelegt werden können. Daß der Letztlebende bis zu seinem Tode in unbeschränktem Besitz der gesamten Masse verbleiben sollte, ergibt sich schon aus § 2112 und aus der Bestimmung gemäß § 2137, daß die Nacherben nur auf das eingesetzt worden sind, was beim Eintritt der Nacherbfolge übrig sein werde. Richtig ist, daß im Falle einer Wiederverheiratung des Überlebenden ein aus der neuen Ehe geborener pflichtteilsberechtigter Abkömmling nach dem Tode des Zuletztverstorbenen das Testament gemäß § 2079 anfechten kann. Das trifft aber sowohl dann zu, wenn der Überlebende bloß Vorerbe, als auch, wenn er Alleinerbe ist; im letzteren Fall erstrecken sich sogar die Wirkungen der Anfechtung auf den ganzen Nachlaß beider Ehegatten. Daraus, daß der Fall der Wiederverheiratung im Testamente nicht geregelt ist, läßt sich deshalb nicht auf die Alleinerbschaft der Witwe schließen.

2. Die befreite Vorerbin darf über einen Erbschaftsgegenstand nicht unentgeltlich oder zu der Erfüllung eines von ihr abgegebenen Schenkungsversprechens verfügen. Bei einer Verfügung, die die Löschung einer Hypothek bezweckt, ist zum Nachweise der Verfügungsbefugnis gemäß § 29 GrBO. die Beibringung der Bewilligung des Nacherben erforderlich, soweit nicht die Entgeltlichkeit des Rechtsgeschäfts bei dem Grundbuchamte offenkundig ist (RG. 61 S. 229, 65 S. 214). Der Offenkundigkeit gleichzustellen sind Fälle, in denen die Unentgeltlichkeit nach der Sachlage ausgeschlossen erscheint, zB. wenn die Vorerbin über die Zahlungspflicht mit dem Schuldner einen Rechtsstreit führt (RG. 69 S. 261). Eine einseitige Erklärung des Vorerben reicht zum Beweise der Entgeltlichkeit nicht aus; das gilt besonders für das Empfangsbekenntnis in einer Quittung (Rsp. 21 S. 327, RG. 70 S. 333), mag auch darin die Zahlung der Schuld durch eine Stadtgemeinde behauptet werden. Auch die Einreichung dieser Urkunde durch den Magistrat zur Begründung des Löschungsantrages ist einer ausdrücklichen Erklärung des Vertragsgegners über die Entgeltlichkeit des Geschäfts nicht gleichzustellen. Die erst in dieser Instanz überreichte Urkunde kann die weitere Beschwerde rechtfertigen, weil damit neue Tatsachen vorgebracht werden (Rsp. 18 S. 225). Sch. S.

8) **Nachprüfung des eingetragenen Nacherbrechts?**

Kammergericht, I. FerienZS. Beschluß v. 13. August 1912.

Für die 1908 verstorbene Witwe A. war eine Hypothek von 30000 Mark eingetragen. Anfang 1912 traten die Testamentsvollstrecker diese 30000 Mark an B. mit der Maßgabe ab, daß ein Teilbetrag von 25000 Mark einen Teil der Erbschaft bilde, hinsichtlich deren dem B. in dem Testamente der Frau A. die Frau C. als Nacherbin eingesetzt worden sei. Demgemäß wurde im Grundbuche die Abtretung der Post mit der erwähnten Maßgabe eingetragen und für den mit dem Nacherberecht belasteten Teil der Hypothek von 25000 Mark ein Teilhypothekenbrief ausgefertigt. Am 2. Mai 1912 überreichten Frau C. mit ihrem Manne die Sterbeurkunde des B. und den Teilhypothekenbrief mit dem Antrage, im Grundbuche und auf dem Briefe zu vermerken, daß die Hypothek durch den Tod des Vorerben auf C. als Nacherbin übergegangen sei.

Das Amtsgericht verlangte durch Verfügung vom 17. Mai 1912 die Beibringung eines Erbscheines nach der Witwe A., weil ihr Testament vom 21. Februar 1908 nur privatschriftlich sei, und weil daraus das Nacherberecht der Frau C. nicht sicher hervorgehe. Die Beschwerde wurde zurückgewiesen; denn das Nacherbenrecht der C. sei jetzt nachzuprüfen, weil ihre Eintragung als Nacherbin nicht den Vorschriften der GrBO. gemäß erfolgt sei, indem der Grundbuchrichter damals in Ermangelung eines öffentlichen Testaments sich durch einen Erbschein die Gewißheit darüber habe verschaffen müssen, ob eine Nacherbfolge angeordnet war. Die weitere Beschwerde hiergegen ist nicht begründet, obwohl die Ausführungen des LG. durch Rechtsirrtum beeinflußt sind. Nach § 891 wird, wenn für jemand ein Recht eingetragen ist, vermutet, daß ihm das Recht zusteht. Diese Vermutung ist auch für den Grundbuchrichter bindend, sofern er nicht aus den eigenen Erklärungen der Beteiligten, den vorgelegten Urkunden, den Grundakten oder sonstigen ihm dienstlich bekannt gewordenen Umständen die Überzeugung von der Unrichtigkeit des Grundbuchs entnommen hat (Jahrb. 29 S. 148, 40 S. 199). Eine solche Überzeugung kann aber dadurch allein nicht gerechtfertigt werden, daß die formellen Grundlagen, die zu der Eintragung geführt haben, nach der Ansicht des später mit einer Eintragung zu derselben Post befaßten Grundbuchrichters hierzu nicht ausreichend waren. Es ist unzulässig, eine neue Eintragung aus dem Grunde abzulehnen, weil die die Grundlage des Antrages bildende ältere Eintragung unter Verletzung von Ordnungsvorschriften der GrBO. bewirkt worden (Jahrb. 20 S. 181, 40 S. 199; Rsp. 18 S. 224). Eine Ausnahme gilt nur, wenn der Inhalt der Eintragung selbst gesetzlich unzulässig ist. Eine inhaltlich dem § 52 GrBO. entsprechende Eintragung des Rechts des Nacherben gibt diesem somit das Recht, durch den Nachweis, daß der Fall der Nacherbfolge eingetragen sei, die Berichtigung des Grundbuchs nach § 22 GrBO. herbeizuführen (Güthe § 52[10]). Nun gehört aber zur Eintragung des Rechts des Nacherben auch die Angabe der Voraussetzungen, unter denen die Nachfolge eintritt. Namentlich kann aus dem Fehlen einer solchen Angabe nicht entnommen werden, daß die letztwillige Verfügung hierüber nichts bestimme, in welchem Falle die Erbschaft dem Nacherben mit dem Tode der Vorerben anfallen würde (§ 2106[1]). Eine Eintragung, wie die vorliegende, die jener Angabe entbehrt, ist zum Nachweise dafür, unter welchen Voraussetzungen der Nacherbe zur Nacherbfolge berufen ist, nicht geeignet. Die Beschwerdeführerin hat demgemäß anderweit nachzuweisen, daß die Nacherbfolge nach dem sie berufenden Testamente mit dem Tode der Vorerbin eingetreten sei. Dieser Nachweis kann bei der Privatschriftlichkeit des berufenden Testaments gemäß § 36 GrBO. nur durch einen Erbschein geführt werden. Sch.Z.

t) **Eintragung von Verfügungen über das Nacherbenrecht.**

Kammergericht, I. ZS. Beschluß v. 4. März 1912.

Für A. ist eine Briefhypothek mit der Maßgabe eingetragen, daß, falls der Gläubiger ohne eheliche Deszendenz stirbt, sämtliche alsdann noch lebenden Enkelkinder des B. und seiner Frau und deren Deszendenz Nacherben sein sollen; für die Nacherben ist ein Pfleger bestellt. Nachdem die Hypothek 1909 auf W. umgeschrieben worden war, hat die Gerichtskasse wegen der ihr gegen die Nacherben zustehenden Kostenforderung je ein Zahlungsverbot nebst Überweisungsbeschluß erlassen, in welchem das Nacherbenrecht und der Anspruch der Nacherben gegen W. auf Herausgabe des Hypothekenbriefes gepfändet sowie den Kostenschuldnern die Verfügung über die gepfändeten Rechte und dem Drittschuldner die Leistung verboten wird. Die Kasse beantragte mit der Bescheinigung, daß diese Beschlüsse dem Pfleger, dem W. und dem A. und noch sieben anderen Personen zugestellt seien, die Eintragung der Pfändung. Die weitere Beschwerde über die Zurückweisung des Antrags ist begründet.

1. Die Rechtsnatur des Nacherbenrechts in der Zeit zwischen dem Erbfall und dem Eintritte des Falles der Nacherbfolge ist schon im ALR. streitig gewesen. Die herrschende Meinung (bei Turnau[5] 2 S. 440 A 3, vgl. besonders RG. 17 S. 228, JW. 87 S. 126) nahm an, daß der Fideikommissar kein dingliches Recht habe, sondern nur ein persönliches Forderungsrecht gegen den Fiduziar auf Herausgabe der Nachlaßgegenstände. Dagegen traten Dernburg (preuß. PrR. 3 S. 464) und Wienstein (Gruchot 8 S. 305) für eine dingliche Berechtigung des Fideikommissars an den einzelnen Nachlaßgegenständen ein. Dieser Streit nahm eine Wendung, als das ObTr. (Strieth. 96 S. 368) und ihm folgend das RG. (33 S. 293, Gruchot 29 S. 914; 31 S. 955) darauf hinwiesen, daß die bisherige Rechtsprechung sich nur auf das Verhältnis des Fideikommissars zum Fiduziar beziehe, daß aber dem ersteren außer und neben dem persönlichen Herausgabeanspruche gegen den Fiduziar ein weiteres Recht, nämlich ein betagtes oder bedingtes Erbrecht zustehe.

Vom Standpunkte des BGB. aus ist die Rechtslage eine ähnliche. Der Nacherbe hat nach den §§ 2113—2138 folgende Rechte:

1. Das Recht, die den §§ 2113—2119 zuwider laufenden Verfügungen des Vorerben als unwirksam zu behandeln und anzufechten;
2. das Recht auf Mitteilung eines Nachlaßverzeichnisses (§ 2121);
3. das Recht auf Feststellung des Zustandes der Erbschaft (§§ 2122, 2123);
4. das Recht auf Auskunft über den Bestand der Erbschaft (§ 2127);
5. das Recht auf Sicherheitsleistung oder Bestellung eines Verwalters (§§ 2128, 2129);
6. das Recht auf Herausgabe der Erbschaft (§§ 2130—2138) einschließlich des Rechts auf Ersatz des Wertes gemäß § 2134 und des Rechts auf Schadensersatz gemäß § 2138²;
7. das Recht auf Rechnungslegung (§ 2130²).

Diese sieben Rechte lassen sich in 2 Gruppen gliedern. Die erste Gruppe umfaßt die gegenwärtigen Rechte (die Schutzrechte), dh. die dem Nacherben bereits in der Zeit zwischen dem Erbfall und dem Eintritte des Nacherbfolgefalles zustehenden Rechte; hierher gehören Nr. 2—5. Die zweite Gruppe umfaßt die zukünftigen Rechte, dh. die Rechte, die dem Nacherben erst nach dem Eintritte des Nacherbfolgefalles zustehen; dazu gehören (vgl. § 2113¹: „im Falle des Eintritts der Nacherbfolge", § 2136¹: „nach dem Eintritte der Nacherbfolge" und § 2134: „nach dem Eintritte der Nacherbfolge") die Nr. 1, 6 und 7. Nur ist zu bemerken, daß nach der Ansicht des RG. (IV 551. 06) das Recht Nr. 1 unter besonderen Umständen auch zur ersten Gruppe gehören kann, nämlich insoweit, als schon vor dem Eintritte der Nacherbfolge eine Feststellungsklage zulässig ist. Aus dem Gesagten ergibt sich, daß das Nacherbenrecht ebensowenig wie im preuß. Recht sich in dem Herausgabeanspruche des Nacherben gegen den Vorerben erschöpft, daß dieser Anspruch vielmehr nur eines der mehreren dem Nacherben gegebenen Rechte ist. Das Nacherbenrecht besteht aber weiterhin auch nicht aus der Summe der 7 Rechte. Diese sind nur die Wirkungen eines außer ihnen vorhandenen Rechts. Das folgt aus § 2139; er schafft in Verbindung mit den sonstigen Bestimmungen des Titels den aus den §§ 2113—2138 sich ergebenden Einzelrechten gegenüber ein selbständiges Recht, aus dem jene Einzelrechte erst hervorgehen. Nur weil dem Nacherben ein Recht zusteht, das sich mit dem Eintritte des Nacherbfolgefalles ohne weiteres in ein Vollerbrecht verwandelt, sind dem Nacherben eine Reihe von gegenwärtigen Schutzvorschriften sowie der Herausgabeanspruch, der Rechnungslegunganspruch und der Anspruch auf Anfechtung der den §§ 2113ff. zuwider laufenden Verfügungen des Vorerben eingeräumt. Die rechtliche Natur dieses über den Einzelrechten stehenden Rechts kann nicht in der Begründung von betagten dinglichen Rechten an den einzelnen Nachlaßgegenständen gefunden werden. Allerdings hat der alleinige Vollerbe außer seinem Erbrechte noch dingliche Rechte an den einzelnen Nachlaßgegenständen und der mit anderen zusammen eingesetzte Vollerbe außer dem Anteil an dem Nachlasse noch einen Anteil an den einzelnen Nachlaßgegenständen, wenn dieser auch nach § 2033² nicht seiner Verfügung unterliegt. Die dinglichen Rechte des Vollerben sind jedoch nur die Wirkung des Erbrechts. Da diese Wirkung nach § 1942¹ mit dem Anfalle der Erbschaft eintritt, dem Nacherben die Erbschaft aber nach § 2139 erst mit dem Eintritte des Falles der Nacherbfolge anfällt, so kann das dem Nacherben schon vorher zustehende Recht an der Erbschaft sich inhaltlich nicht mit dem Rechte des Vollerben an der Erbschaft decken. Der Nacherbe hat demnach ein besonders geartetes Recht an der Erbschaft, das nur erbrechtliche, aber nicht zugleich auch sachenrechtliche Wirkungen hervorbringt. Dies Recht hat allerdings gewisse dingliche Wirkungen; sie ergeben sich aus dem gegen jeden Dritten verfolgbaren Anfechtungsrechte des Nacherben (oben Nr. 1) und, wenn der Herausgabeanspruch als ein dinglicher betrachtet wird (so Planck § 2130[40]; aA. Staudinger §§ 2130—2135 S. 11 aE.) auch aus dem oben unter Nr. 6 aufgeführten Rechte. Daraus ist jedoch kein Widerspruch gegen die Ansicht herzuleiten, daß das Nacherbenrecht nicht sachenrechtlicher Natur ist; denn jene dinglichen Wirkungen sind nicht sachenrechtlicher Art, sondern Wirkungen, wie sie sich aus allen absoluten Rechten ergeben. Die hier vertretene Auffassung entspricht im wesentlichen der herrschenden Meinung (Planck vor § 2100[4b]; Staudinger § 2100[5]; Jaeger, KO. § 128[1]; Wäntig, D. NotZ. 1906 S. 384; Weber, ebenda S. 616, 625; aA. nur Dernburg-Engelmann, Erbrecht S. 174).

Der vorstehenden Auffassung widerspricht auch der § 52 GBO. nicht. Allerdings kann das Nacherbenrecht, wenn es kein dingliches Recht an den einzelnen Nachlaßgegenständen begründet, nicht als solches eingetragen werden. Der § 52 schreibt eine solche Eintragung aber auch nicht vor. Aus seiner entstehungsgeschichtlichen Entwicklung (Mot. z. BGB. 5 S. 111; Prot. 5 S. 110; Denkschr. z. GrBO. § 50) ergibt sich nämlich zunächst, daß er keinen neuen materiell-rechtlichen Satz aufstellen, sondern lediglich eine Folgerung aus den Vorschriften des BGB. über das Nacherbenrecht ziehen will. Begründet dieses daher kein dingliches Recht an den einzelnen Nachlaßgegenständen, so kann seine Eintragung auch nicht dazu bestimmt sein, ein solches Recht grundbuchmäßig zu verlautbaren. Es ergibt sich aber auch weiter aus den Bemerkungen der Motive, der Protokolle und der Denkschrift, welchen Zwecken die Eintragung des Rechts des Nacherben dient. Am klarsten ist das in den Motiven hervorgehoben. Danach bezweckt die Eintragung einerseits die Sicherung der Rechte des Nacherben und anderseits die richtige Eintragung des Rechts des Vorerben. Soweit der zweite Zweck in Betracht kommt, ist die Annahme, daß die Eintragung des Nacherbenrechts der Verlautbarung eines dinglichen Rechts an den einzelnen Nachlaßgegenständen dient, ohne weiteres ausgeschlossen. Diese Annahme kann aber auch dann, wenn auf die Sicherung der Rechte des Nacherben der Ton gelegt wird, nicht aus § 52 GrBO. hergeleitet werden. Denn da das Recht des Vorerben bei den einzelnen Nachlaßgegenständen eingetragen wird und der Nacherbenvermerk sich an diese Eintragung anschließen muß, so bleibt nichts anderes übrig, als auch das Recht des Nacherben bei den einzelnen Nachlaßgegenständen zu buchen. Der § 52 steht demgemäß der Auffassuug nicht im Wege, daß das Nacherbenrecht ein dingliches Recht an den einzelnen Nachlaßgegenständen nicht begründet.

2. Die weitere Frage, ob das Nacherbenrecht der Pfändung unterliegt, ist zu bejahen. Denn da es ein Vermögensrecht ist, seine Pfändbarkeit ebensowenig wie seine Übertragbarkeit gesetzlich ausgeschlossen ist und der § 2108² seine Vererblichkeit grundsätzlich anerkennt, so ist es als ein übertragbares und den Zugriffen der Gläubiger des Nacherben unterworfenes Recht anzusehen. Das ist auch die fast ausschließlich vertretene Ansicht (Mot. 5 S. 122; Prot. 5 S. 81 ff.; RG. 67 S. 428 ff.; Gruchot 52 S. 680, so auch RG. 65 S. 144; Planck vor § 2100 N. 4b; Staudinger § 2100⁵; RGKomm. § 2108²; Strohal, Erbrecht 2 S. 415²; Predari, GrBO. § 52⁹; Güthe § 52²; Gaupp-Stein, ZPO. § 857¹¹; Eichhorn-Goldmann, Testament S. 210; Wäntig, D.NotV. 1906 S. 390; aA. ist nur du Chesne, ZBlFrG. 8 S. 534. Das Nacherbenrecht ist demnach pfändbar.

3. Für die Art und Weise der Pfändung ergibt sich aus der oben dargelegten Auffassung ohne weiteres, daß die Pfändung des Nacherbenrechts nicht in der Pfändung dieses dinglichen Rechts bestehen kann. Es kommen daher auch die Formen einer solchen Pfändung (zB. § 830 ZPO.) nicht in Betracht. Vielmehr ist der § 857 anwendbar. Die Pfändung würde sich danach gemäß § 829 ZPO. durch den Erlaß eines Pfändungsbeschlusses und dessen Zustellung an den Drittschuldner vollziehen. Es fragt sich aber, ob ein Drittschuldner vorhanden ist. Wäre dies zu verneinen, so wäre nach § 857² die Pfändung mit dem Zeitpunkt bewirkt anzusehen sein, in welchem dem Schuldner das Gebot, sich jeder Verfügung über das Recht zu enthalten, zugestellt ist. Für diese und auch für die weitere Frage, was Gegenstand der Pfändung ist, ist ebenso wie bei der Pfändung von Eigentümerhypotheken (Güthe, Seufferts Bl. für RA. 1911 S. 611) die Unterscheidung von Hauptanspruch und Hilfsansprüchen von maßgebender Bedeutung. **Hauptanspruch** ist, gleichviel ob ein oder mehrere Nacherben vorhanden sind, das Nacherbenrecht selbst, dh. das besonders geartete Recht des Nacherben an der Erbschaft. Alle sich aus diesem Recht ergebenden Rechte, dh. die oben unter Nr. 1—7 aufgezählten sind **Hilfsansprüche**. Die Pfändung des Hauptanspruchs genügt stets für sich allein, um ein Pfandrecht an dem Nacherbenrecht zu begründen, wenn sie auch möglicherweise ohne die hinzutretende Pfändung von Hilfsansprüchen praktisch nicht zum Ziele führt; dagegen kann die Pfändung eines oder mehrerer Hilfsansprüche für sich allein kein Pfandrecht am Nacherbenrechte begründen. Im übrigen ist die Rechtslage verschieden, je nachdem nur **ein** Nacherbe oder **mehrere** Nacherben vorhanden sind. Hier ist der erstere Fall gegeben; denn Nacherbe ist die bei dem Tode des Vorerben lebende Nachkommenschaft der Eheleute B. in ihrer Gesamtheit, also unabhängig davon, ob im Augenblicke des Eintrittes der Nacherbfolge ein oder mehrere Abkömmlinge am Leben sind. In solchem Falle ist, um ein Pfandrecht an dem Rechte des Nacherben zu begründen, das Nacherbenrecht als der Hauptanspruch zu pfänden. Für dieses ist ein Drittschuldner nicht vorhanden; denn als ein Recht an der

Erbschaft richtet es sich nicht gegen den Vorerben, der zwar auch an der Erbschaft ein Recht, aber ein ganz anders geartetes Recht hat. Ebenso ist die bei dem Vorhandensein mehrerer Nacherben gegebene Möglichkeit, die andern Nacherben als Drittschuldner anzusehen, ausgeschlossen. Dagegen sind für sämtliche Hilfsansprüche Drittschuldner vorhanden. Für das Recht Nr. 1 ist Drittschuldner der Dritte, der vom Vorerben einen Nachlaßgegenstand unter Verletzung der §§ 2113—2119 erlangt hat, für die Schutzrechte Nr. 2—5 ist Drittschuldner der Vorerbe und für die Rechte Nr. 6 und 7 ebenfalls der Vorerbe. Die Drittschuldner der Hilfsansprüche kommen hier nicht in Betracht. Denn hier ist nur der Hauptanspruch, das Nacherbenrecht selbst, gepfändet. Der außerdem noch gepfändete Anspruch auf Herausgabe des Hypothekenbriefes ist kein erbrechtlicher, sondern ein hypothekenrechtlicher Hilfsanspruch, der überdies nicht weiter in Betracht kommt, weil der Brief dem Grundbuchamte vorgelegt worden ist. Die Pfändung des Nacherbenrechts bedarf hiernach gemäß § 857[3] ZPO., da ein Drittschuldner nicht vorhanden ist, der Zustellung des im Pfändungsbeschluß enthaltenen Verfügungsverbots an den Schuldner, also an die zum Nacherben eingesetzte Nachkommenschaft. Nach der Bescheinigung der Gerichtskasse ist es dem bestellten Pfleger zugestellt. Diese Bescheinigung vermag indessen die Zustellungsurkunde nicht zu ersetzen; daher ist deren Einreichung erforderlich. Ist das Nacherbenrecht wirksam gepfändet, so hat die Gläubigerin am Nacherbenrecht ein Pfandrecht erworben, das sich mit dem Eintritte des Falles der Nacherbfolge ohne weiteres in ein Pfandrecht an den sämtlichen einzelnen dann noch zur Erbschaft gehörenden Nachlaßgegenständen umwandelt (RG. 60 S. 133 für den Fall der Pfändung des Anteils eines Miterben); soweit ein Grundstück zum Nachlasse gehört, erwirbt der Pfandgläubiger entsprechend den §§ 1075, 1287 BGB. und § 848 ZPO. eine Sicherungshypothek an diesem Grundstück. Gegen diese Auffassung kann auch nicht eingewendet werden, daß das Erbrecht des alleinigen Vollerben als solches nicht pfändbar ist. Denn die beiden Fälle liegen rechtlich verschieden. Der Vollerbe erwirbt mittels seines Erbrechts unmittelbar das Eigentum an sämtlichen Nachlaßgegenständen; diese können also im Wege der Einzelpfändung in Anspruch genommen werden. Der Nacherbe erwirbt dagegen das Eigentum an den einzelnen Nachlaßgegenständen zunächst nicht. Er erlangt vielmehr nur ein Recht an der gesamten Erbschaft, und dieses kann daher nur in seiner Gesamtheit gepfändet werden. Unrichtig ist hiernach, mit Planck (vor § 2100[46]), Wäntig (384ff., 399) und Peiser, Testamentrecht[2] S. 71[25] — anders Gaupp-Stein (ZPO. § 857 II 5 a. E.) — die Pfändung des künftigen Herausgabeanspruchs des Nacherben gegen den Vorerben als die im Falle des Vorhandenseins nur eines Nacherben allein in Betracht kommende Pfändung anzusehen. Eine solche kann ohne gleichzeitige Pfändung des Nacherbenrechts ein Pfandrecht an diesem nicht begründen. Der Pfändungsgläubiger kann mit ihr seinen Zweck nicht erreichen, weil der Nacherbe schon vor der Herausgabe der einzelnen Nachlaßgegenstände das

Eigentum an ihnen gemäß § 2139 besitzt und daher durch die Geltendmachung des Herausgabeanspruchs ein Pfandrecht an diesen Gegenständen nicht begründet werden kann. Der Herausgabeanspruch hat für den Pfändungsgläubiger nur die Bedeutung, daß er die Herausgabe der Erbschaftssachen an einen Gerichtsvollzieher und deren Verwertung zu seiner Befriedigung verlangen kann. Jedenfalls ist der Herausgabeanspruch aber nur ein Hilfsanspruch, er kann also nur in Verbindung mit der Pfändung des Nacherbenrechts zum Ziele führen.

4. Ist das Nacherbenrecht hiernach wirksam gepfändet, so kann es nach § 40[1] GrBO. nur eingetragen werden, wenn derjenige, dessen Recht durch sie betroffen wird, als der Berechtigte eingetragen ist. Als Betroffener kann nur der Vorerbe oder der Nacherbe in Betracht kommen. Was zunächst den Vorerben anbetrifft, so ist dem § 40[1] insofern zweifellos genügt, als er, wenn er als Eigentümer eines Nachlaßgrundstücks oder als Gläubiger eines Nachlaßrechts im Grundbuche steht, als der Berechtigte des betroffenen Nachlaßrechts eingetragen ist. Es ist aber weiterhin auch die Frage zu bejahen, ob der Vorerbe derjenige ist, dessen Recht durch die Eintragung des Pfandrechts am Nacherbenrecht betroffen wird. Die hier gegebene Rechtslage ist eine andere als die, die für den Eigentümer im Falle der Eintragung eines Pfandrechts an einer Hypothek besteht. Dieser wird, wenn er auch zur Herbeiführung der Löschung der Hypothek oder der Eintragung ihrer Rangverschlechterung der Zustimmung nicht nur des Hypothekars, sondern auch des Pfandgläubigers bedarf, von der Eintragung des Pfandrechts nicht betroffen. Denn diese Eintragung bringt für ihn rechtlich weder einen Gewinn noch einen Verlust, wenn sie auch wirtschaftlich für ihn sehr erheblich sein kann (Güthe, GrBO. § 19[38]). Anders ist dagegen das Verhältnis zwischen dem Vorerben und demjenigen, der ein Pfandrecht am Nacherbenrecht erworben hat. Die Verschiedenheit beider Fälle wird dadurch bedingt, daß im ersten Falle die Beziehung zwischen dem Eigentümer und dem Pfandgläubiger durch ein dingliches Recht, im zweiten Falle die Beziehung zwischen dem Vorerben und dem Pfandgläubiger durch eine Verfügungsbeschränkung herbeigeführt wird. Das dingliche Recht wirkt, soweit der Begriff des Betroffenseins in Frage kommt, lediglich als solches, also unabhängig von der Person des Berechtigten. Der Grundeigentümer wird also nur durch die Eintragung der Hypothek als solcher betroffen. Die Änderung der Person des Berechtigten betrifft den Eigentümer im Rechtssinne nicht, wenn sie auch wirtschaftlich für ihn häufig von Bedeutung sein wird. Eine solche Änderung wird aber nicht nur durch die Abtretung der Hypothek, sondern — vom Standpunkte des Eigentümers aus — auch durch die Begründung eines Pfandrechts an der Hypothek bewirkt. Daß durch das Pfandrecht ein neues dingliches Recht geschaffen wird, ist für ihn unerheblich. Für ihn ist von rechtlichem Interesse nur der Umstand, daß sein Eigentumsrecht durch die Eintragung der Hypothek beschränkt wird. Was innerhalb des Rahmens der

Hypothek geschieht, betrifft, soweit nicht der Inhalt oder der Rang der Hypothek geändert wird, den Eigentümer nicht. Für ihn ist es daher rechtlich gleichgültig, daß das persönliche Recht des Hypothekars, über die Hypothek zu verfügen, durch den Pfandgläubiger beschränkt wird. Anders ist die Rechtslage dann, wenn die Beziehung zwischen dem Berechtigten und einem Pfandgläubiger durch eine Verfügungsbeschränkung herbeigeführt wird. Diese — wenigstens ihre hier in Betracht kommende Gattung — wirkt nur für die bestimmte Person, zu deren Gunsten sie besteht. Darum sagt der § 892 S. 2 BGB., der zweifellos auch für die durch Anordnung einer Nacherbschaft begründete Verfügungsbeschränkung gilt: „Ist der Berechtigte in der Verfügung über ein im Grundbuch eingetragenes Recht zugunsten einer bestimmten Person beschränkt, so ist die Beschränkung dem Erwerber gegenüber nur wirksam, wenn sie aus dem Grundbuch ersichtlich oder dem Erwerber bekannt ist." Soweit derartige Beschränkungen in Frage stehen, wird der in der Verfügung über ein Grundbuchrecht Beschränkte also nicht nur durch die Eintragung desjenigen Rechts, dessen Bestehen die Verfügungsbeschränkung zur Folge hat, sondern auch durch die Eintragung jedes anderen, an dieses Recht sich anschließenden Rechts betroffen, falls dieses zugunsten einer andern bestimmten Person als das erste beschränkende Recht besteht und den Berechtigten des beschränkten Rechts gleichfalls in der Verfügung über dieses beschränkt. Denn nicht durch die Eintragung des beschränkenden Rechts als solchen, sondern durch die Eintragung der bestimmten Personen, zu deren Gunsten der Berechtigte in der Verfügung über sein Recht beschränkt ist, wird der Berechtigte betroffen. Der Vorerbe wird daher nicht durch die Eintragung des Nacherbenrechts als solchen, sondern durch die Eintragung der Person des Nacherben und die Eintragung aller derjenigen Personen betroffen, zu deren Gunsten er gleichfalls in der Verfügung über das für ihn eingetragene Nachlaßrecht beschränkt ist. Es ist demnach die Frage zu beantworten: Ist der Vorerbe in der Verfügung über sein Recht an den einzelnen Nachlaßgegenständen auch zugunsten desjenigen beschränkt, der ein Pfandrecht am Nacherbenrecht erlangt hat? Diese Frage ist zu bejahen. Nach § 1276[2] kann ein durch Vertrag verpfändetes Recht durch Rechtsgeschäft nur mit Zustimmung des Pfandgläubigers geändert werden, sofern die Änderung das Pfandrecht beeinträchtigt. Diese Vorschrift gilt nach § 304[3] ZPO. auch für das Pfändungspfandrecht. Wenn der Vorerbe im Widerspruch zu § 2113 BGB. über ein Erbschaftsgrundstück oder über ein zur Erbschaft gehöriges Recht an einem Grundstück — nur diese beiden Gruppen von Verfügungen kommen für die Eintragungsfähigkeit des Pfandrechts in Betracht — verfügt, so wird dadurch das Recht des Nacherben und demzufolge das Recht des Pfändungsgläubigers nicht geändert, da die Verfügung dem Nacherben gegenüber nicht gilt. Wenn der Nacherbe aber einer solchen Verfügung zustimmt und vermöge des Grundsatzes des guten Glaubens der Dritte, zu dessen Gunsten verfügt wird, ein unanfechtbares Recht erlangt, so würde das Nacherbenrecht in einer für den Pfandgläubiger nachteiligen Weise geändert werden. Dies gilt nicht nur für den Fall, daß der Dritte kein Entgelt zahlt, sondern auch für sonstige Fälle. Denn für das Nacherbenrecht ist es von Bedeutung, wenn an die Stelle eines nach § 2113 besonders geschützten Rechts ein weniger geschütztes tritt, und mit der Möglichkeit eines solchen Eintritts muß stets gerechnet werden. Eine solche Änderung des Nacherbenrechts ist deshalb nach § 1276² nur mit Zustimmung des Pfändungsgläubigers zulässig (Jahrb. 31 A 265). Hieraus ergibt sich, daß der Vorerbe in der Verfügung über sein Recht außer durch die Anordnung der Nacherbschaft auch durch das Pfandrecht am Nacherbenrechte beschränkt wird. Denn während er vor der Pfändung eine über den Fall der Nacherbfolge hinaus wirkende Verfügung über einen Erbschaftsgegenstand mit alleiniger Zustimmung des Nacherben treffen konnte, bedarf es dazu nach der Pfändung auch noch der des Pfandgläubigers. Der Vorerbe ist also in der Verfügung über sein Recht auch zugunsten des Pfandgläubigers beschränkt. Hieraus folgt, daß der Vorerbe durch die Eintragung des Pfandrechts an dem Nacherbenrechte betroffen wird. Dem § 40¹ GrBO. ist demnach dadurch genügt, daß der Vorerbe als der Berechtigte eingetragen ist. Aus dem Gesagten ergibt sich weiter auch, daß die Eintragung des Pfandrechts materiellrechtlich zulässig ist; denn da sie nur deswegen erfolgt, weil durch die Pfändung des Nacherbenrechts eine Verfügungsbeschränkung des Vorerben zugunsten des Pfändungsgläubigers begründet wird, so erfährt sie durch den § 892 Satz 2 BGB. ihre materiellrechtliche Rechtfertigung.

Die vorstehenden Ausführungen lassen ferner erkennen, daß die Vorinstanzen RG. 61 S. 379 zu Unrecht herangezogen haben; denn dort ist nur ausgesprochen, daß der gemäß § 52 GrBO. eingetragene Nacherbe nicht als der Berechtigte im Sinne des § 40¹ anzusehen. Der Beantwortung dieser Frage bedarf es hier aber nicht, weil es nur darauf ankommt, daß der Vorerbe als der Berechtigte im Sinne des § 40¹ eingetragen ist. Wenn das RG. (Gruchot 31 S. 954) angenommen hat, daß der Vorerbe durch die Pfändung des Nacherbenrechts in seinem Rechte nicht betroffen wurde, so handelt es sich dabei um die Anwendung des ALR.; für das heutige Recht ist diese Ansicht nicht zutreffend.

Schließlich steht auch der Eintragung des Pfandrechts nicht die Erwägung entgegen, daß bis zum Eintritte des Falles der Nacherbfolge ein Pfandrecht an den einzelnen Nachlaßgegenständen nicht begründet wird. Denn die Eintragung bezweckt nicht, ein solches Pfandrecht zum Ausdrucke zu bringen; sie ist vielmehr dazu bestimmt, die Beschränkung des Verfügungsrechts des Vorerben grundbuchmäßig zu verlautbaren. Daß dies durch die Eintragung des Pfandrechts bei den einzelnen Nachlaßgegenständen geschieht, ist lediglich die Folge davon, daß das Nacherbenrecht im Anschluß an das Vorerbenrecht bei den einzelnen Nachlaßgegenständen zur Eintragung gelangt.

H. ch.

u) **Pflicht des Vorerben[1] zum Offenbarungseid?**

α) OLG. Braunschweig, I. ZS. Urteil v. 17. Mai 1912.

Die Beklagte, testamentarische Vorerbin ihres 1911 verstorbenen Mannes, hat dem Kläger, einem der Nacherben, auf sein Verlangen ein Verzeichnis der Nachlaßgegenstände mitgeteilt. Sein Anspruch auf Leistung des Offenbarungseides kann weder auf § 2121 noch auf § 2127 gestützt werden. Denn der Vorerbe ist zur eidlichen Bekräftigung des von ihm dem Nacherben mitgeteilten Verzeichnisses der Erbschaftsgegenstände an sich nicht verpflichtet. Das Gesetz (§ 2121) hat sich in Würdigung der dem Vorerben durch den Erblasser eingeräumten Vertrauensstellung damit begnügt, den Vorerben zur Aufnahme und Mitteilung des Nachlaßverzeichnisses unter Anordnung bestimmter Sicherungsmaßregeln für die Richtigkeit des Verzeichnisses zu verpflichten. Eine Auskunftspflicht und zwar des jeweiligen Bestands der Erbschaft hat sie ihm, wie schon § 2127 gegensätzlich klarstellt, nur auferlegt, wenn Grund zu der Annahme besteht, daß er durch seine Verwaltung die Rechte des Nacherben erheblich verletzt (Rsp. 21 S. 325). Hier laufen aber die Behauptungen des Klägers alle darauf hinaus, daß die Beklagte den Bestand des Nachlasses zurzeit des Todes des Erblassers unrichtig oder unvollständig angegeben habe. Sie beziehen sich also gar nicht auf die Verwaltungstätigkeit der Beklagten, betreffen vielmehr Handlungen zur Feststellung des Bestandes der Erbschaft, durch die eine Änderung des Bestandes des vorhandenen Nachlasses nicht herbeigeführt wird. § 2127 setzt aber voraus, daß der Vorerbe die erhebliche Gefährdung der Rechte des Nacherben durch die Verwaltung des Nachlasses herbeiführt (BayObLG. Recht 03 S. 458 Nr. 2397). H.g.

β) **Anspruch auf Sicherheit aus § 2128[1]. Zuwendung eines Bruchteiles des reinen Nachlasses als Quotenvermächtnis.**

OLG. Cöln, VII. ZS. Urteil v. 12. Oktober 1911.

Die Kläger verlangen Sicherheitsleistung, weil das Verhalten der Beklagten als Vorerbin und ihre ungünstige Vermögenslage die Besorgnis einer erheblichen Verletzung ihrer Rechte als Nacherben begründe. Bei dem Bestreiten der Beklagten ist zunächst zu prüfen, ob die Kläger Nacherben des 1909 verstorbenen A. oder Vermächtnisnehmer sind. Denn nur als Nacherben haben sie den Anspruch auf Sicherheitsleistung gemäß § 2128[1], während ein Vermächtnisnehmer seinen Anspruch nur nach den allgemeinen Vorschriften durch Erwirkung einer Vormerkung im Grundbuche (§§ 883 ff. BGB.) oder sonst nach den Grundsätzen des Arrestes 2c (§§ 916 ff., 935 ZPO.) sichern kann. Sie berufen sich auf den 1908 vor einem Notar geschlossenen Erbvertrag, in welchem A. die Beklagte zu seiner Alleinerbin mit der Bestimmung eingesetzt hat, daß sie an die Kläger zu 1—4 zusammen 1/10 und an die

[1] Der Vorerbe und die Nacherben sind nicht Miterben; ihre Verabredung über die Teilung des Nachlasses ist deshalb keine Auseinandersetzung unter Miterben, vielmehr ist die Rechtsstellung des Erben dauernd und unverzichtbar (OberVerwG., VII. ZS. Urteil vom 22. Februar 1912, preuß. VerwBl. 34 S. 44).

Klägerin zu 5 6/25 seines Nachlasses innerhalb sechs Monaten nach seinem Tode und, falls die Witwe M. ihn überlebe, nach deren Tode zinsfrei auszahlen soll. Den Klägern sind also nicht Bruchteile der Erbschaft, sondern nur Summen zugewendet, die gewissen Bruchteilen des Reinbestandes der Erbschaft entsprechen. Diese Rechtsauffassung ergibt sich zwanglos aus der Bestimmung des Erblassers, daß den Klägern 1/10 bzw. 6/25 des Nachlasses zinsfrei auszuzahlen sind. Sie sollen eben diejenigen Summen erhalten, die sich auf der Grundlage der Feststellung des reinen Nachlasses als die den Bruchteilen entsprechenden Beträge oder auch als entsprechende Bruchteile des bei der Liquidierung des Nachlasses sich ergebenden Barerlöses der Erbschaft herausstellen. Ein Bruchteil des reinen Nachlasses ist aber kein Bruchteil des erblasserischen Vermögens. Die Kläger sind also nicht zu Nacherben eingesetzt, sondern es sind ihnen wahre Vermächtnisse, Quotenvermächtnisse zugewendet (vgl. Staudinger 2b, 4[3] zu § 2087; Planck § 2081; WarnErg. 1909 Nr. 306). B.r.

γ) **Wie ist die Befreiung des Vorerben anzuordnen?**

OLG. Dresden, VI. ZS. Beschluß v. 9. Mai 1911.

Ob und in welchem Umfange der Erblasser den Vorerben von den ihn an sich treffenden Beschränkungen und Verpflichtungen hat befreien wollen, ist Sache der Auslegung des Testaments (RG. 69 S. 258). Der § 2137 enthält Vorschriften zur Auslegung einer auf die Befreiung des Vorerben gerichteten Anordnung. Die Vorschriften schließen nicht aus, daß der Erblasser eine Befreiung des Vorerben von den gesetzlichen Beschränkungen und Verpflichtungen auch mit anderen Worten bestimmt. Ist nach der vom Erblasser hierüber, gleichviel mit welchen Worten, getroffenen Bestimmung anzunehmen, daß der Vorerbe von den Beschränkungen seiner Verfügungsmacht befreit sein soll, so ist der Vorerbe im Sinne des § 2363 Satz 2 zur freien Verfügung über die Erbschaft berechtigt. Das LG. durfte daher nicht dahingestellt lassen, ob der Erblasser, wie geltend gemacht wird, mit den von ihm gebrauchten Worten: „der Vorerbe soll indessen nicht verpflichtet sein, wegen dieser Nacherbschaft irgendwelche Sicherheit zu leisten“ die Befreiung von allen im § 2136 bezeichneten Beschränkungen und Verpflichtungen angeordnet habe.

Das LG. führt allerdings weiter aus, aus dem bloßen Erlasse der Sicherheitsleistung gehe nicht hervor, daß der Erblasser dem Beschwerdeführer das Recht zur freien Verfügung und damit zum Verbrauche der Erbschaft habe einräumen wollen. Diese auf der tatsächlichen Ermittlung des Willens des Erblassers beruhende Auslegung des Testaments könnte an sich geeignet erscheinen, die angefochtene Entscheidung zu tragen. Einmal ist jedoch dabei nicht berücksichtigt, daß es in dem Testamente heißt, der Beschwerdeführer solle nicht verpflichtet sein, irgendwelche Sicherheit zu leisten. Vor allem ist mit der Möglichkeit zu rechnen, daß die Auslegung von der nicht zutreffenden Meinung des LG. über die Bedeutung des § 2137 beherrscht wird. Deshalb war die Sache an das LG. zurückzuverweisen. Ann.

w) **Vermächtnis: α) Auslegung eines bedingten.**

OLG. Rostock, II. ZS. Urteil v. 1. November 1912.

Der Vater des Beklagten hat in seinem Testamente bestimmt: „Unter der Bedingung, daß meine Wirtschafterin A. auch nach meinem Tode bei meinem Sohne Joachim bleibt und ihm lebenslänglich die Wirtschaft führt, vermache ich ihr in Anerkennung ihrer treuen Dienste ein Kapital von 6000 Mark, das ihr nach dem Ableben meines Sohnes aus dessen Nachlaß ungekürzt auszuzahlen ist; sollte mein Sohn sich aber mit ihr nicht vertragen können und sie entlassen, so soll sie von ihm 3000 Mark erhalten." Der Beklagte, alleiniger Erbe seines Vaters, ist demnächst wegen Geisteskrankheit entmündigt und als unheilbar in eine Irrenanstalt gebracht, nachdem die A. vorher verstorben war. Ihr alleiniger Erbe beansprucht die der A. vermachten 3000 Mark. Nach dem Inhalte des Testaments kann nicht zweifelhaft sein, daß der A. das Vermächtnis unter einer Bedingung, nicht nur unter einer Befristung, zugedacht war. Nach § 2074 ist es ihr nur dann angefallen wenn sie den Eintritt der Bedingung erlebt hat, und nur in diesem Fall ist das Recht auf das Vermächtnis an den Kläger als Erben der A. übergegangen. Daß der Erblasser eventuell die Erben der Frau A. hat bedenken wollen, ist nach dem Inhalte der Bestimmung ausgeschlossen, da er keinen Grund hatte, den Erben der A. wegen der von dieser zu leistenden Dienste eine Zuwendung zu machen. Die A. hat also das Vermächtnis nur erworben, wenn die Bedingung erfüllt wurde. Der Kläger stützt sich wenigstens eventuell auch auf die vom Beklagten zugegebene Tatsache, daß die A. vor ihrem Ableben dienstunfähig geworden sei. Es fragt sich daher, ob auch in diesem Falle die Bedingung des Vermächtnisses als erfüllt zu gelten hat, ob also der Erblasser der A. die 3000 Mark auch dann zugedacht hätte, wenn er die Möglichkeit berücksichtigt hätte, daß sie vor ihrem und des Sohnes Tode infolge von Dienstunfähigkeit, mithin ohne ihr Verschulden, zur Fortführung der Wirtschaft und Pflege außerstande war. Für eine solche Feststellung kommen hier Umstände, die nicht im Testamente erwähnt sind, nicht in Betracht, da hierüber Parteibehauptungen nicht vorliegen. Es bedarf daher keines Eingehens darauf, ob solche außerhalb des Testaments liegende Umstände bei der Auslegung zu berücksichtigen sind (vgl. Danz, Auslegung der Rechtsgeschäfte 231). Davon zu unterscheiden ist die weitere Frage, ob der Richter die mutmaßlichen Absichten des Erblassers auch dann berücksichtigen darf, wenn dieser an etwas nicht gedacht und daher eine diesbezügliche Bestimmung unterlassen hat, ohne daß sein Wille im Testament zum Ausdruck gekommen ist (vgl. Danz aO., der aber beide Fragen nicht vollständig auseinanderhält). Aber auch auf diese Frage, die richtiger so zu stellen sein wird: in welchem Maße der Wille des Testators im Testament ausgedrückt sein muß, um überhaupt eine Auslegung in der bezeichneten Richtung möglich zu machen, braucht hier nicht eingegangen zu werden. Denn vorerst müßte festgestellt werden, daß der Erblasser, wenn er an den Fall einer Dienstunfähigkeit der A. gedacht hätte, ihr 3000 Mark zugewendet hätte. Dafür fehlt es an Unterlagen. Wenn der Erblasser der A. für alle Fälle, in denen eine Beendigung der Wirtschaftsführung und Pflege ohne ihr Verschulden bei ihren Lebzeiten eintrat, 3000 Mark hätte zuwenden wollen, so hätte nichts näher gelegen, als allgemein für diesen Fall ihr 3000 Mark zuzuwenden und eine Erhöhung der Summe auf 6000 Mark unter der im Absatz 1 gesetzten Bedingung zu bestimmen; er hat aber nur zwei bestimmte Möglichkeiten berücksichtigt und es liegt, abgesehen von allgemeinen unsicheren Wahrscheinlichkeitserwägungen, nichts dafür vor, daß er auch andere berücksichtigt wissen wollte. Aus dem wirtschaftlichen Zweck, den er verfolgte, ergibt sich nichts anderes. Dieser Zweck war zunächst der, die Interessen seines Sohnes zu fördern, einerseits dadurch, daß er die A. durch das ihr nach Satz 1 zugedachte Vermächtnis geneigt machte, bei dem Sohne bis an dessen Lebensende auszuhalten, anderseits dadurch, daß er auf den Sohn einen gewissen Druck ausübte, der A. die Wirtschaftsführung zu belassen, indem er für den Fall der Entlassung dem Sohne die Verpflichtung auferlegte, ihr 3000 Mark auszuzahlen. Ob der Erblasser auch eine Belohnung der A. für alle Fälle der Beendigung der Wirtschaftsführung, in denen sie kein Verschulden traf, beabsichtigte, steht dahin. Daher Abweisung der Klage. J.n.

β) Stillschweigendes Mitvermächtnis des Anspruchs auf Auskunftserteilung über die Höhe der Erbschaft.

OLG. Naumburg, II. ZS. Urteil v. 19. März 1912.

Die wiederverheiratete Beklagte hatte 1900 mit ihrem verstorbenen ersten Mann ein gemeinschaftliches Testament dahin errichtet, daß der zum Erben berufene überlebende Teil, falls er zu einer neuen Ehe schreite, beim Fehlen von Kindern den halben Wert des Nachlasses des Erstverstorbenen an dessen Geschwister als Vermächtnis herauszuzahlen habe. Der Anspruch dieser Geschwister auf Auskunftserteilung über den Nachlaß und auf Herausgabe der Hälfte ist begründet.

Nach § 2027 hat der Erbe das Recht, von dem Erbschaftsbesitzer Auskunft über den Bestand der Erbschaft zu verlangen. Dieses Recht hat auch der Nacherbe. Dem Vermächtnisnehmer ist es dagegen nicht eingeräumt. Im § 1994 handelt es sich nur um das Recht der Nachlaßgläubiger, zu denen nach § 1967 auch der Vermächtnisnehmer zu rechnen ist, durch das Verlangen nach Errichtung eines Inventars eventuell die unbeschränkte Haftung des Erben herbeizuführen. Nach § 2087 kommt es zwar nicht auf die Bezeichnung: Erbe oder Vermächtnisnehmer an; maßgebend ist vielmehr, ob der Erblasser einen Bruchteil seines Vermögens oder eine bestimmte Sache oder eine bestimmte Summe hat zuwenden wollen. Gegenüber dem Wortlaut und den klaren, bis ins einzelne gehenden Bestimmungen des Testamentes, das erkennen läßt, daß es von einem Rechtskundigen oder wenigstens unter seiner Beihilfe verfaßt ist, besteht kein Zweifel, daß der Erblasser den Klägern ein

Vermächtnis hat zuwenden wollen. Die Art, wie er die einzelnen möglichen Fälle unterscheidet, läßt erkennen, daß er sich des Unterschiedes zwischen Erbschaft und Vermächtnis wohl bewußt gewesen ist. Er hat ohne Zweifel den Klägern nur eine Summe, welche dem halben Wert des abgeschätzten Nachlasses entspricht, zuwenden wollen. Wenn sie zu Erben eingesetzt wären, würden sie nach §§ 2032, namentlich 2039 bis 2040 ein Recht auf Auseinandersetzung und Teilung haben, und das muß nach dem Wortlaut des Testaments als ausgeschlossen gelten. Es ist jedoch anzunehmen, daß der Erblasser den Klägern zugleich mit dem Vermächtnis den Anspruch auf Auskunftserteilung über die Höhe der Erbschaft hat mitvermachen wollen und stillschweigend mitvermacht hat. Denn ohne zu wissen, wie groß der Nachlaß ist, können sie ihren Anspruch auf Herausgabe des Vermächtnisses nicht wirksam geltend machen. Nach §§ 133, 242 ist nicht anzunehmen, daß der Erblasser den Anspruch auf das Vermächtnis ohne das Recht auf Auskunft hat vermachen wollen, da ohne dies Recht das Vermächtnis wenig Wert hätte. Dies wird dem Erblasser auch klar gewesen sein. Es ist hier auf den § 89 Einl. zum ALR. hinzuweisen: „Wem die Gesetze ein Recht geben, dem bewilligen sie auch die Mittel, ohne welche dasselbe nicht ausgeübt werden kann." Wenn dieser Grundsatz auch im BGB. nicht ausdrücklich ausgesprochen ist, so muß er doch auch für das jetzt geltende Recht anerkannt werden. Auch das RG. erkennt an, daß Fälle denkbar sind, in denen eine Auskunftspflicht als stillschweigend gegeben anzunehmen ist auch ohne besondere gesetzliche Vorschrift (Gruchot 51 S. 899). Ob man etwa sagen könnte, der vorliegende Fall sei dem gleich zu stellen, daß jemand einen Inbegriff von Gegenständen herauszugeben hat, und es sei somit § 260 entsprechend anwendbar, kann nach dem Erörterten dahingestellt bleiben. Schl.

γ) **Formloses Versprechen der Erfüllung eines formlosen Vermächtnisses.**

OLG. Hamburg, II. ZS. Urteil v. 21. Juni 1912.

Daß sich der Klaganspruch nicht als erbrechtlicher Anspruch halten läßt, ist angesichts der für das Vermächtnis vorgeschriebenen Testamentsform, die nicht beobachtet ist, außer Frage. Eine Schenkung kommt, abgesehen von der mangelnden Form des § 518, schon deshalb nicht in Betracht, weil es an einer Einigkeit darüber fehlen würde, daß die Zuwendung der 1000 Mark im Verhältnis der Parteien „unentgeltlich erfolgt" (§ 516). Die Klägerin versucht den Anspruch zu halten allein aus dem Gesichtspunkt einer Novation: Der Beklagte habe mit ihr vereinbart, daß er die ihr von seiner Frau als Vermächtnis zugedachten 1000 Mark bis auf weiteres gegen Verzinsung behalten wolle, und sich dabei verpflichtet, das Geld jederzeit auszuzahlen; er habe auch die 1000 Mark aus seinem Vermögen abgesondert und so das Vermächtnis, wenn es auch klaglos gewesen, tatsächlich erfüllt und das Rechtsverhältnis somit in ein Darlehnsverhältnis umgewandelt. Dazu ist zu bemerken, daß bis zu jener vom Beklagten abweichend dargestellten Vereinbarung unstreitig ein Schuldgrund überhaupt nicht bestanden hatte. Fehlte es aber an einem Schuldgrund, so konnte sich durch die Vereinbarung allein keine Novation vollziehen, weil diese voraussetzt, daß das umzuschaffende ursprüngliche Schuldverhältnis überhaupt besteht, wie auch § 607 [2] voraussetzt, daß Geld oder die Sache überhaupt geschuldet werden. Aber auch unter Hinzunahme der von der Klägerin betonten Absonderung der 1000 Mark ist der Klaganspruch nicht zu halten. Der Beklagte hat die 1000 Mark nicht seinem Vermögen entzogen und dem der Klägerin einverleibt. Er hat sie unwiderlegt nach wie vor als Bestandteil seines Vermögens behalten und zwar, wie er sagt, um sie erforderlichenfalls der Klägerin, dh. wenn sich diese in ein Stift einkaufe, auszahlen zu können. Hat aber keine Vermögensverschiebung stattgefunden, so hat der Beklagte auch nicht das Vermächtnis erfüllt und sich auf diesem Wege zum Darlehnsschuldner der Klägerin gemacht. Ein weiterer Klagegrund ist in dieser Instanz nicht vorgebracht, kann auch nach Sachlage kaum geltend gemacht werden, insbesondere ist ein schriftliches Schuldanerkenntnis hinsichtlich jener Unterredung unstreitig nicht erfolgt. M. M.

δ) **Verzinsung des Vermächtnisses. Abzug der Erbschaftssteuer.**

OLG. Braunschweig, I. ZS. Urteil v. 6. Dezember 1912.

Der Klägerin sind 5000 Mark vermacht und am 3. August 1911 angefallen. Der Beklagte als Testamentsvollstrecker hat ihr, ohne gemahnt zu sein, am 14. März 1912 4500 Mark gezahlt unter Zurückhaltnng von 500 Mark, die er als 10 %ige Erbschaftssteuer am 29. April 1912 entrichtet hat. Die Klägerin verlangt 4 % Zinsen auf 5000 Mark vom 3. August 1911 bis 14. März 1912 und auf 500 Mark vom 14. März bis 29. April 1912 und leitet den Anspruch aus § 2184 her. Allein nach § 2184 hat der Vermächtnisnehmer nur dann, wenn ein bestimmter Erbschaftsgegenstand vermacht ist, einen Anspruch auf die seit dem Anfall gezogenen Früchte. Der Klägerin ist jedoch kein bestimmter Gegenstand vermacht; ihr ist ohne Beschränkung auf die im Nachlaß befindlichen Sachen eine nach Gattungsmerkmalen bestimmte Geldsumme zugewandt. Das Vermächtnis einer Geldsumme ist aber nach den gewöhnlichen Regeln über Geldschuld zu berichtigen (Crome, Syst. 5 § 697 S. 405). Hiernach kann es sich, da andere Bestimmungen über die gesetzliche Zinspflicht nicht in Betracht kommen, nur fragen, ob die Klägerin aus dem Rechtsgrunde des Verzuges Zinsen verlangen kann. Diese Frage ist zu verneinen sowohl für die gezahlten 4500 Mark, als auch bezüglich der zurückbehaltenen 500 Mark. Verzugszinsen auf diese 500 Mark kann die Klägerin schon deshalb nicht verlangen, weil der Beklagte ihr diese Summe nicht geschuldet hat. Zwar hat nach § 31 ErbschStG. vom 3. Juni 1906 der Erwerber des steuerpflichtigen Anfalls die Erbschaftssteuer zu entrichten. Die Klägerin würde daher, falls ihr das Vermächtnis ohne Kürzung der Steuer ausgezahlt wäre, zur Steuerentrichtung von 5000 Mark verpflichtet gewesen sein. Zu dieser unverkürzten Zahlung war aber der Beklagte nicht verpflichtet. Nach § 32 aO. haftet der Vollstrecker persönlich für die Steuer, wenn er Vermächtnisse 2c vor der Berichtigung oder Sicherstellung der darauf entfallenden Steuer ausantwortet und diese nicht beigetrieben werden kann. Ist ihm hiernach vom Gesetz die unbeschränkte, wenn auch subsidiäre Haftung für die Erbschaftssteuer dem Staate gegenüber auferlegt, so muß er auch, um dem etwaigen Rückgriff des Staates vorzubeugen, dem Erben oder den sonstigen Bedachten gegenüber berechtigt sein, den Steuerbetrag aus der Erbmasse zu berichtigen und nur die steuerfreie Masse an die Berechtigten auszuantworten. Er hat aber den Erben gegenüber nicht nur das Recht, sondern auch die Pflicht zur Entrichtung der Steuer. Die Erbschaftssteuer gehört zu den Nachlaßverbindlichkeiten im Sinne des § 1967. Zwar wird sie nicht bei der Feststellung des Wertes des Nachlasses behufs Berechnung der Erbschaftssteuer abgezogen (§ 29 III), aber sie ist neben dem Erwerber auch dem Erben als solchem, als Subjekt des Nachlasses, auferlegt, für sie haftet der Nachlaß „die ganze steuerpflichtige Masse" (§ 31 I, II). Sie wird auch in der Wissenschaft als zu den Nachlaßverbindlichkeiten gehörig angesehen (Strohal § 70 I 2ff., Crome § 719[44], Jäger, KonkO. § 229[7]). Wie es nun zu den Pflichten des Vollstreckers gehört, die Nachlaßverbindlichkeiten zu berichtigen, soweit es die ordnungsmäßige Verwaltung des Nachlasses erfordert, so ist es auch als eine im Interesse der Beteiligten gebotene Obliegenheit anzusehen, daß er, um eine endgültige Gestaltung der Verhältnisse herbeizuführen, die letztwilligen Vergebungen nicht ohne vorgängige Regelung der Steuer austeilt. Hiernach hatte die Klägerin keinen Anspruch darauf, daß außer den 4500 Mark auch die zur Steuerentrichtung nötigen 500 Mark an sie ausgezahlt wurden. Sie kann daher Verzugszinsen auf diese Summe nicht verlangen und zwar weder für die Zeit vom Erbfall bis zur Zahlung des Vermächtnisses noch für die spätere Zeit bis zur Entrichtung der Steuer an das Erbschaftssteueramt 1912. Wann der Vollstrecker die Steuer zahlen will, liegt innerhalb der Grenzen ordnungsmäßiger Verwaltung in seinem pflichtmäßigen Ermessen. Er kann sich unter Umständen durch Ordnungswidrigkeiten dem Erben ersatzpflichtig machen. Aber eine Zinspflicht ihnen gegenüber entsteht dadurch nicht, daß er die Steuer früher oder später, vor oder nach der Austeilung der Zuwendungen entrichtet.

Auch auf die 4500 Mark sind Verzugszinsen vom Erbfall an bis zur Zahlung nicht zu entrichten. Zu ihrer Zahlung wurde der Beklagte, dem die Ausführung der letztwilligen Verfügung oblag, erst verpflichtet, wenn er nach dem Anfall die Auszahlung des Vermächtnisses schuldhaft verzögerte und durch Mahnung in Verzug gesetzt wurde (§§ 284, 285, 288). Der Beklagte ist aber nie gemahnt worden.

Die Zinspflicht des Beklagten kann endlich nicht auf Bereicherung nach § 812 gestützt werden. Hat er Zinsen von den 5000 Mark gezogen, so hat er sie nicht ohne rechtlichen Grund erlangt, sondern auf Grund ordnungsmäßiger Verwaltung, wozu er berechtigt und verpflichtet war. Es hat sich auch durch den Zinsbezug keine Vermögensverschiebung auf Kosten der Klägerin vollzogen. Das liegt zunächst auf der Hand bezüglich der 500 Mark, auf deren Zahlung und Verzinsung sie überhaupt keinen Anspruch hatte. Aber auch die zinsliche Anlegung der 4500 Mark bis zur Auszahlung hat das Vermögen der Klägerin nicht gemindert. Sie hatte einen persönlichen Zahlungsanspruch und dieser Anspruch ist dadurch nicht berührt, daß bis zu dessen Befriedigung der Vollstrecker Zinsen von dem entsprechenden Teile der Nachlaßmasse gezogen hat. H.g.

x) **Testamentsvollstrecker: α) Übertragung der Verwaltung eines Erbteils an einen vom Nachlaßgerichte zu ernennenden Vollstrecker.**

OLG. Rostock, II. ZS. Urteil v. 31. Januar 1912.

Der 1910 verstorbene A. hat neben zwei Söhnen auch seine klagende Tochter als Erbin eingesetzt und bestimmt, daß sie zwar an dem ihr Zugewendeten den Nießbrauch haben solle, aber nur über 12000 Mark (wegen deren sie bereits befriedigt ist) frei verfügen dürfe, und ihren gesamten übrigen Erbteil ihren Kindern als Erbteil zu hinterlassen habe. Für Verwaltung dieses Erbteils, von der sie ausgeschlossen sein soll, sei vom Nachlaßgericht eine besondere, näher geregelte Pflegschaft einzusetzen. Weiter ist der Beklagte zum Vollstrecker bestellt und ausdrücklich befugt worden, auch die Rechte der Nacherben wahrzunehmen und zu vertreten. Die Klägerin hält die Anordnung der Pflegschaft für unstatthaft und verlangt deshalb die Herausgabe gewisser, ihr auf ihr Erbteil überwiesener Grundschuldbriefe, sowie Hinterlegung von Wertpapieren. Die Klage ist jedoch zurzeit unbegründet.

Der Erblasser hat durch die ausdrückliche Bestimmung, daß die Verwaltung des Erbteils der Klägerin nicht zustehen solle, und durch die Anordnung der „Pflegschaft" klar zu erkennen gegeben, daß er der Klägerin die Verwaltung ihres Erbteils unter allen Umständen ganz entziehen und sie dauernd in andere Hände legen wolle. Dies konnte aber nur durch Ernennung eines Vollstreckers erreicht werden, weil das BGB., abgesehen von § 1419, nur Personalpflegschaften kennt, während ihm im übrigen im Gegensatz zum gemeinen Recht Verwaltungspflegschaften fremd sind. Demnach muß angenommen werden, daß der Erblasser auch den einzig zur Erreichung seines Zweckes möglichen Weg hat einschlagen, also einen Vollstrecker hat bestellen wollen. Diesen Willen hat er auch durch die Bestellung eines Verwalters unter der Bezeichnung eines „Pflegers" genügend ausgedrückt.

Allerdings ergibt sich aus dem Testament, besonders aus der darin dem „Pfleger" auferlegten Verpflichtung, dem Nachlaßgericht Rechnung zu legen, der Wille des Erblassers, diesen Verwalter unter die Aufsicht des Gerichts zu stellen, ein Wille, der unausführbar ist, weil dem BGB. eine derartige Aufsicht bei der Vollstreckung unbekannt ist. Es liegt aber nichts dafür vor, daß er die Aufsicht des Gerichts nicht bloß für zweckmäßig, sondern für so wesentlich gehalten hat, daß er bei Kenntnis ihrer Unausführbarkeit von der Anordnung der Sonderverwaltung ganz abgesehen hätte. Da es ihm darauf ankam, jedenfalls eine Verwaltung, die in andern Händen als in denen der Klägerin lag, ins Leben zu rufen, so ist die Annahme begründet, daß er die

Gültigkeit der Anordnung der Verwaltung nicht von der Möglichkeit einer gerichtlichen Aufsicht abhängen lassen wollte.

Es kann dahingestellt bleiben, ob der Erblasser selbst die von ihm als Pfleger benannten Personen zu seinen Vollstreckern ernannt hat; denn sie sind weggefallen. In Wirksamkeit tritt nur die als Ersuchen im Sinne des § 2200 aufzufassende Bestimmung, daß das Nachlaßgericht den Pfleger, dh. den Verwaltungstestamentsvollstrecker „zu berufen und einzusetzen", also zu ernennen habe. Unterbleibt diese Ernennung, zu der das Nachlaßgericht nicht unbedingt verpflichtet ist (Staudinger II 4 zu §§ 2197—2201), so wird die gesamte Anordnung über die Sonderverwaltung hinfällig und der Erbteil der Klägerin von der Beschränkung frei. In diesem Falle würde demnach der Klaganspruch begründet sein. Die Ansicht des LG., daß, wenn ein besonderer Vollstrecker nicht eintrete, der im § 7 ernannte Vollstrecker, also der Beklagte, den Erbteil der Klägerin weiter zu verwalten und darüber zu verfügen habe, findet im Testament keine Stütze. In § 7 ist der Geschäftskreis des Beklagten auf die Ordnung, Regelung und Verteilung des Nachlasses beschränkt, und nicht über die Auseinandersetzung der Erben hinaus ausgedehnt; wenn der Beklagte darin ausdrücklich für befugt erklärt ist, bei seiner Amtsführung die Rechte der Nacherben wahrzunehmen, so ist diese Funktion auf die Dauer seiner sonstigen Amtstätigkeit beschränkt. Davon, daß er nach Erledigung der ihm besonders zuerteilten Aufgaben die Verwaltung des Erbteils der Klägerin fortführen solle, ist nirgends die Rede. Daraus aber, daß der Erblasser diese Verwaltung der Klägerin unbedingt entziehen wollte, kann angesichts der ausführlichen Bestimmungen über die Person des Sondervollstreckers, auf deren Durchführbarkeit der Erblasser sicher rechnete, nicht gefolgert werden, daß dem Beklagten eventuell auch die Aufgaben des Sondervollstreckers stillschweigend übertragen sein sollten. Wäre dies der Wille des Erblassers gewesen, so würde er ihn auch ausgesprochen haben.

Es steht aber noch nicht fest, daß ein Sondervollstrecker durch das Nachlaßgericht nicht ernannt wird. Bisher ist nur die Ernennung des jetzt verstorbenen D. abgelehnt, wogegen eine Beschwerde nicht mehr mit Erfolg eingelegt werden kann. Zwar hat das Nachlaßgericht die Ablehnung allgemein damit begründet, daß die Ernennung nach dem Testament nicht zulässig sei. Dies hindert aber nicht, einen erneuten Antrag auf Ernennung zu stellen und durch die Instanzen durchzuführen. Bis dahin bleibt die Ausführung der letztwilligen Anordnung ungewiß. Zwar kann der Klägerin der Nachweis einer absoluten Unmöglichkeit nicht zugemutet werden, weil abstrakt die Möglichkeit fortbesteht, daß das Nachlaßgericht trotz seiner anfänglichen Weigerung doch noch einen Vollstrecker ernennt. Aber sie muß doch dartun, daß nach der konkreten Sachlage die angeordnete Vollstreckung nicht ausführbar ist. In erster Linie hat freilich Beklagter eine definitive Entscheidung im Wege der freiwilligen Gerichtsbarkeit herbeizuführen und hat bisher keine weiteren Schritte getan. Aber auch die Klägerin ist untätig geblieben und kann daher, nachdem der Beklagte sich jetzt zur Erneuerung des Antrags und zur Beschwerdeeinlegung bereit erklärt hat, nicht damit gehört werden, daß ihr ein längeres Warten auf eine definitive Ordnung der Sache nicht zugemutet werden könne. J. n.

β) **Ist eine auf die Genehmigung von Verfügungen des Vorerben beschränkte Vollstreckung zulässig?**

Kammergericht, I. ZS. Beschluß v. 4. November 1912.

Die Eheleute A. haben im gemeinschaftlichen Testament sich gegenseitig als befreite Vorerben und ihre Kinder als Nacherben auf den Überrest eingesetzt. Der Mann hat außerdem im § 6 bestimmt: „Meine Frau soll bei ihrer geschäftlichen Unkenntnis verpflichtet sein, alle das gemeinschaftliche Vermögen betreffenden Rechtsangelegenheiten, besonders alle Kauf-, Tausch-, Schenkungsverträge und alle Manipulationen in Grundbuchsachen nur mit Genehmigung und Zustimmung unseres Sohnes Gustav oder eines von diesem mit notarieller Vollmacht versehenen Stellvertreters und Bevollmächtigten vorzunehmen." Nach dem Tode des Mannes beantragte Gustav, ihm ein Vollstreckerzeugnis gemäß § 6 zu erteilen. Die Vorinstanzen haben abgelehnt. Die weitere Beschwerde ist begründet. . . .

1. Dem LG. ist darin beizutreten, daß der Beschwerdeführer nach der Anordnung seines Vaters nicht selbst für den Nachlaß handeln, sondern nur bei den Rechtshandlungen — nicht bei rein wirtschaftlichen Maßnahmen — seiner Mutter beratend und genehmigend mitwirken soll. Daher bedarf es der Prüfung, ob eine Vollstreckung in dieser beschränkten Gestalt, die im Ergebnis auf ein bloßes Einspruchsrecht des Vollstreckers gegen Rechtshandlungen des Erben hinausläuft, nach dem BGB. möglich ist. Dies ist zu bejahen. Das BGB. hat absichtlich vermieden, abgesehen von den Sonderfällen der §§ 2222, 2223, verschiedene gesetzliche Typen eines Vollstreckers, wie sie die Rechtslehre aufgestellt hat und noch jetzt aufstellt, zu schaffen. Die beiden Kommissionen haben im Hinblick auf die geschichtliche Entwicklung der Rechtseinrichtung und auch aus Zweckmäßigkeitsgründen für richtiger gehalten, nur einen gesetzlichen Typus und zwar mit möglichst weit bemessenen Machtbefugnissen hinzustellen und dem Erblasser zu überlassen, dem von ihm ernannten Vollstrecker diejenigen gesetzlichen Befugnisse zu entziehen, die er ihm aus besonderen Gründen nicht beilegen will (vgl. Mot. 5 S. 218, 226; Prot. 5 S. 268, 280; Planck, Vorbem. 3a zu § 2197). Die rechtliche Macht des Erblassers, dementsprechend den Rechts- und Pflichtenkreis des Vollstreckers nach seinen Wünschen und seiner Ansicht von dem im Einzelfalle bestehenden Bedürfnis enger abzugrenzen, ist im § 2208[1] ausgedrückt, indem diese Vorschrift besagt, daß der Vollstrecker die ihm in §§ 2203, 2204 beigelegten Aufgaben und die ihm zu deren Durchführung nach den §§ 2205, 2206 regelmäßig zustehenden Befugnisse nicht habe, soweit anzunehmen sei, daß sie ihm nach dem — ausdrücklichen oder aus den Umständen zu ent-

nehmenden — Willen des Erblassers nicht zustehen sollen. Ein Mindestmaß, bis auf das der Umfang der Befugnisse des Vollstreckers herabgesetzt werden kann, ist nicht angegeben. Es kann daher von den gesetzlichen Aufgaben und Befugnissen beliebig viel weggenommen werden, sofern nur irgend etwas übrig bleibt, was den Namen eines Vollstreckers, dh. eines Vertrauensmanns des Erblassers, der, ohne persönlich beteiligt zu sein, den letzten Willen nach irgend einer Richtung und in irgend einer Art verwirklichen soll, noch zu rechtfertigen vermag. Diese Voraussetzung würde bei dem Beschwerdeführer, wenn seine Zustimmung zur Wirksamkeit der den Nachlaß betreffenden Rechtshandlungen der Vorerbin erforderlich ist, unbedenklich zutreffen. Eine Beschränkung der Geschäftsfähigkeit der Vorerbin im Sinne der §§ 106 ff. kommt dabei nicht in Betracht; man kann daher auch nicht mit dem LG. von einer vormundschaftlichen Natur des Rechtsverhältnisses sprechen. Auf der gleichen Auffassung beruht offenbar Rsp. 14 S. 301, wo sogar dem nur nach bestimmten Merkmalen bezeichneten Anwalt, dessen sich der im Testament ernannte Vollstrecker als seines Rechtsbeistandes bedienen sollte, die Eigenschaft eines Vollstreckers zugesprochen ist. Eine nähere Erörterung der Frage hat in der Rechtslehre bisher anscheinend nicht stattgefunden; doch ist auch, soweit ersichtlich, bisher nichts geäußert worden, was der hier vertretenen Ansicht entgegenstände (vgl. noch Rsp. 7 S. 361, 18 S. 336; Jahrb. 40 S. 196; Ann. 27 S. 247). Hervorzuheben ist, daß die danach hier möglicherweise anzunehmende Anordnung einer Vollstreckung sich keineswegs mit einer solchen aus § 2222 decken würde, obwohl eine Nacherbeinsetzung vorliegt. Dies erhellt schon daraus, daß die Vorerbin durch die Vollstreckung auch in ihrer abgeschwächten Gestalt in viel weiterm Maße beschränkt wird als, zumal bei der angeordneten Befreiung der Vorerbschaft, nach den §§ 2112 ff., 2136 ff. durch die Rechte der Nacherben.

2. Eine derartige Vollstreckung ist in der Tat auch durch § 6 angeordnet. Das LG. hält allerdings dies für unvereinbar mit dem „uneingeschränkten" Verwaltungs- und Verfügungsrechte, das der § 2 dem Überlebenden einräumt. Allein vermöge des § 6, mit dem sich die Frau A. im Abs. 2 ausdrücklich einverstanden erklärt, wird die Anordnung im § 2 auf den Mann beschränkt, falls dieser der überlebende Teil sein sollte. Der § 6 ist überdies auch hinsichtlich der erbenden Frau doch insofern von Bedeutung, als er den Nacherben gegenüber die Eigenschaft der Frau als befreite Vorerbin klarstellt. Auch der vom LG. hervorgehobene Mangel einer „Spezialvollmacht" für den Vollstrecker hat nichts zu bedeuten. Denn einmal ist es, um eine Vollstreckung als von den Erblassern gewollt anzusehen, nicht notwendig, daß sie sich über diese rechtliche Natur ihrer Anordnung klar waren. Ferner ist ... im § 6 deutlich gesagt, welche Obliegenheiten der Vollstrecker haben soll.

Für die Auffassung der Vorinstanzen, daß A. seiner überlebenden Frau nur einen Rat habe erteilen oder höchstens eine persönliche Verpflichtung zur Zuziehung ihres Sohnes habe auferlegen wollen, läßt sich vielleicht anführen, daß die Frau sich mit der Anordnung des Mannes einverstanden erklärt hat (obwohl dieser Erklärung nach Obigem noch eine andere Bedeutung zukommt). Man könnte daraus, wie auch aus der Begründung der Bestimmung mit bloßer Geschäftsunkenntnis (nicht etwa Unzuverlässigkeit) der Frau schließen, daß die Ehegatten die Sache nur als eine das Innenverhältnis zwischen der Witwe und den Kindern berührende Vertrauensangelegenheit hätten behandeln wollen. Allein dieser schon an sich wenig begründeten Auffassung steht der Umstand entgegen, daß der Sohn bei etwaiger Behinderung einen „mit notarieller Vollmacht versehenen Stellvertreter und Bevollmächtigten" bestellen und daß alsdann dessen Zustimmung erforderlich sein soll. Diese Bestimmung, besonders das Erfordernis der notariellen Vollmacht, zwingt zu der Annahme, daß § 6 nicht nur rechtsgeschäftliche Bedeutung hat, sondern auch im Verhältnis zwischen der Witwe (Vorerbin) und Dritten, also *nach außen hin*, wirken soll. Es ist also die oben unter 1 unterstellte Voraussetzung gegeben. Dabei ergibt sich jedoch aus der rechtlichen Natur der Vollstreckung überhaupt eine wesentliche Einschränkung. Die Wirkung der Anordnung nach außen hin ist auf *Verfügungen* der Vorerbin im technischen Sinne, also auf solche Rechtsgeschäfte, durch die unmittelbar ein Recht übertragen, belastet, geändert oder aufgehoben wird, zu beschränken. Zur Eingehung einer *persönlichen Verpflichtung*, mag sich diese auch auf einen Nachlaßgegenstand beziehen, kann die Zustimmung des Vollstreckers mit Wirkung gegenüber dem Dritten (andern Vertragsteile) *nicht* für erforderlich erklärt werden. Es würde dies einen Eingriff in die Geschäftsfähigkeit der Vorerbin bedeuten, der auch durch eine im vollen gesetzlichen Umfang angeordnete Vollstreckung wie überhaupt durch einen rechtsgeschäftlichen Akt nicht wirksam herbeigeführt werden könnte (Planck § 2211[2]). Soweit daher die Frau auch beim Abschluß von Kauf-, Tausch- und Schenkungsverträgen ihren Sohn zuzuziehen hat, bedeutet diese Anordnung mit Bezug auf die Eingehung einer persönlichen Verbindlichkeit allerdings nur einen wohlgemeinten Rat, da die Unterlassung der Zuziehung auf die Wirksamkeit der von der Frau eingegangenen Verpflichtung dieser gegenüber ohne Einfluß ist und von einer Klagbarkeit oder Erzwingbarkeit der Auflage nach § 888 oder § 890 ZPO. nicht wohl die Rede sein kann (vgl. Planck § 2203[4]; RG. 43 S. 338). Ob die Zustimmung des Vollstreckers zur Eingehung einer persönlichen Verbindlichkeit der Vorerbin etwa die Folge hat, daß der Gläubiger alsdann im Sinne des § 2115 S. 2 (vgl. §§ 2206, 2207) einem Nachlaßgläubiger gleichsteht, daß also ihm gegenüber das Zwangsvollstreckungsverbot und die Widerspruchsklage der Nacherben nach § 773 ZPO. nicht durchgreifen, braucht gegenwärtig, wo es sich nur um die Erteilung des Vollstreckerzeugnisses handelt, nicht entschieden zu werden. ... M.

Dazu: **Beschränkung auf einzelne Gegenstände.**

Bayer. Oberstes Landesgericht, I. ZS. Beschluß v. 16. Februar 1912.

Während in § 2205 dem Vollstrecker die Verwaltung des Nachlasses nur als ein Mittel zu dem Zwecke übertragen ist, ihm die Durchführung seiner eigentlichen Aufgaben (§§ 2203, 2204) zu ermöglichen, läßt der § 2209 zu, daß ihm die Verwaltung als Selbstzweck übertragen wird (Planck §§ 2205, 2209). Diese Übertragung kann sich, ebenso wie nach § 2208, auch auf einen Teil des Nachlasses oder einzelne Nachlaßgegenstände beziehen. Sind mehrere Erben vorhanden, so setzt die Ernennung eines bloß verwaltenden Vollstreckers, wenn sie sich auf einzelne Nachlaßgegenstände bezieht, voraus, daß für diese die Auseinandersetzung ausgeschlossen oder aufgeschoben ist (Planck § 2209 5). Th.

γ) **Verfügungen vor Beginn seines Amtes. Nichtvorlegung der Beschwerde über Zwischenverfügungen in Grundbuchsachen.**

OLG. Colmar, II. ZS. Beschluß v. 28. Januar 1913.

Daß das Grundbuchamt die gegen seine Zwischenverfügung vom 2. Oktober gerichtete, in ihrem Schlußsatz als Beschwerde bezeichnete Eingabe dem LG. nicht vorgelegt, nach Ablauf der Frist aber mangels Hebung des Hindernisses den Eintragungsantrag abgewiesen hat, ist keinesfalls ein Grund, die diese Abweisung billigende Entscheidung des LG. als auf einer Verletzung des Gesetzes beruhend anzusehen. Durch die Abweisung des Antrages ist jene Beschwerde in jedem Falle gegenstandslos geworden. Denn das Grundbuchamt war an die in seiner Zwischenverfügung getroffene vorläufige Entscheidung nach keiner Richtung hin gebunden; es konnte jederzeit noch über den Antrag endgültig entscheiden. Nur brauchte der Antragsteller den Ablauf der in der Zwischenverfügung bestimmten Frist nicht abzuwarten, um das Beschwerdegericht anrufen zu können. Wenn ihm durch unterlassene Vorlage der Beschwerde die Möglichkeit benommen worden ist, vor Erlaß der endgültigen Entscheidung des Grundbuchamts eine Entscheidung des LG. herbeizuführen, könnte daher wegen der durch diese Unterlassung in der Behandlung der Sache eingetretenen Verzögerung unter Umständen Grund zu einer Beschwerde bei der Aufsichtsbehörde gegeben sein. Die Rechtmäßigkeit der über den Antrag erlassenen endgültigen Entscheidung hingegen wird hierdurch nicht berührt.

Auch in der Sache ist im Ergebnis den Vorinstanzen beizutreten. Ein Vollstrecker kann wirksam erst nach Beginn seines Amtes verfügen und dieses beginnt erst mit der Annahmeerklärung des Ernannten gegenüber dem Nachlaßgericht. Hat der Erblasser die Bestimmung der Person des Vollstreckers einem Dritten überlassen, so kann die Annahme des Amtes nicht wirksam erklärt werden, bevor diese Bestimmung durch Erklärung des Dritten gegenüber dem Nachlaßgericht gemäß § 2198 wirksam geworden ist. Hier hat der antragstellende Notar die Erklärung des Dritten über die Bestimmung der Person des Vollstreckers und des Ernannten über seine Annahme des Amtes sowie anschließend daran eine Auflassungserklärung des Ernannten in einem und demselben Protokoll beurkundet. Seine Meinung, mit der Übermittlung dieses Protokolles an das Grundbuchamt würden diese Erklärungen sämtlich wirksam werden, traf daher jedenfalls für die Auflassungserklärung nicht zu.

Verfügungen, die nur kraft eines Amtes getroffen werden können, werden, wenn sie vor Beginn des Amtes, also ohne amtliche Befugnis getroffen worden sind, dadurch nicht wirksam, daß derjenige, der sie getroffen hat, später das Amt und damit die Verfügungsbefugnis erlangt. Eine Ausdehnung des in § 185 enthaltenen Grundsatzes auf diesen Fall ist ausgeschlossen. Bei dieser Sachlage und bei den durch die gesetzlichen Obliegenheiten des Grundbuchamts und des Nachlaßgerichts und deren Verschiedenheit erforderten Einrichtungen ließ sich aber auch füglich nicht erwarten, daß bei dem hier allerdings zugleich als Grundbuchamt und als Nachlaßgericht zuständigen Amtsgericht, dem das Protokoll mit Antrag auf Eintragung der Eigentumsänderung eingereicht wurde, die so bewirkte Zustellung des die Erklärungen über die Bestimmung der Person des Vollstreckers und über die Annahme des Amtes enthaltenden Protokolles als Abgabe dieser Erklärungen ihm gegenüber aufgefaßt werden würde. Dann sind aber diese Erklärungen dem Nachlaßgericht in der Tat nicht zugegangen. Denn ob jemand instand gesetzt ist, von einer für ihn bestimmten Erklärung Kenntnis zu nehmen, beurteilt sich nicht nach der abstrakten Möglichkeit der Kenntnisnahme, die hier ja gegeben sein möchte, sondern nach den im Verkehr herrschenden Anschauungen. Nach diesen verbietet es sich, die Abgabe einer Erklärung so zu gestalten, daß offensichtlich der Erklärungsgegner auch bei dem Willen zur Kenntnisnahme und eigenem entsprechenden Verhalten Gefahr läuft, die Wahrnehmung der Erklärung zu verpassen. Behörden können von Erklärungen, die ihnen gegenüber abzugeben sind, nur in der Person ihrer zur Wahrnehmung der behördlichen Obliegenheiten berufenen Organe Kenntnis nehmen. Der mündliche und schriftliche Verkehr mit Behörden muß sich daher der Organisation, d. i. den Einrichtungen der Behörden, anpassen. Das Bestehen von Einrichtungen, welche ein einheitliches Zusammenwirken der verschiedenen Organe einer und derselben Behörde gewährleisten, darf dabei allerdings vorausgesetzt werden, aber doch nur im Rahmen dessen, was tunlich und üblich ist. Diese Erwartung darf nicht überspannt werden. Je nach den Umständen kann sich daher bei schriftlicher Abgabe von Erklärungen besonders einer Behörde gegenüber, welche Obliegenheiten verschiedener Art zu verrichten hat und bei der diese Verrichtungen durch verschiedene Personen wahrgenommen werden, eine ausdrückliche Kundgabe darüber gebieten, daß und in bezug auf welche Obliegenheiten der Behörde mit der Einreichung eines Schriftstückes eine Erklärung der Behörde gegenüber abgegeben werden soll. Das war hier der Fall, wenn durch die Mitteilung des als Unterlage für einen Grundbuchantrag eingereichten Protokolles an das mit mehreren Richtern besetzte Amtsgericht zugleich die Abgabe der obenbezeichneten Erklärungen diesem Gericht gegenüber als Nachlaßgericht bewirkt werden sollte. Abgesehen davon, daß wegen des Mangels einer gültigen Auflassung dem Beschwerdeantrag sowieso nicht stattgegeben werden könnte (§ 78 Satz 2 GrBO., § 563 ZPO.), liegt also die von der weiteren Beschwerde gerügte

Verletzung der §§ 29 GrBO., 130 BGB. nicht vor; deshalb kann dahingestellt bleiben, ob den Gründen der angefochtenen Entscheidung im übrigen beizustimmen ist. Schr.

δ) **Grundbucheintrag aus Verfügungen des Vollstreckers zu seinen eigenen Gunsten.**

OLG. Rostock, II. ZS. Beschluß v. 24. Februar 1913.

A. als Vollstrecker hat eine Briefgrundschuld für den Erblasser B. an sich selbst abgetreten und dabei bekannt, „den Wert der Abrede gemäß empfangen zu haben". Die Vorinstanzen haben die beantragte Umschreibung abgelehnt, indem sie als Regel aufstellten, daß der Vollstrecker Verfügungen in seinem Interesse nicht treffen dürfe. Allein mit RG. 61 S. 139 ist davon auszugehen, daß § 181 auf den Vollstrecker keine Anwendung findet, weil er nicht Vertreter der Erben ist, sondern seine Befugnisse zu eigenem Rechte ausübt. Weiter muß aber mit dieser Entscheidung als Grundsatz aufgestellt werden, daß er, mag er Miterbe sein oder nicht, zu allen Verfügungen, auch solchen zu seinen Gunsten, berechtigt ist, falls kein abweichender Wille des Erblassers erhellt, oder ein offenbarer Interessenwiderspruch vorliegt (vgl. auch Güthe GrBO. § 36[67], Oberneck 2 S. 599[2]). Die Regel ist enthalten in §§ 2203—2205, der § 2208 stellt eine Ausnahme dar, deren Voraussetzung besonders nachzuweisen ist (RG. 61 S. 142), ebenso der Fall der Interessenkollision. Das LG. folgert nicht aus tatsächlichen Erwägungen, daß der Ausnahmefall eines offenbaren Interessenwiderspruchs anzunehmen sei, falls nicht der Vollstrecker den von ihm verlangten Nachweis führe; sondern es erklärt den Nachweis für nicht geführt, den es auf Grund einer unzutreffenden rechtlichen Erwägung über die rechtliche Stellung des Vollstreckers im allgemeinen von ihm verlangt. Es stellt auch nicht tatsächlich fest, daß nach den ihm vorliegenden Unterlagen eine unentgeltliche Verfügung und mithin ein offenbarer Interessenwiderspruch vorliege, sondern sagt nur, daß sich aus der Abtretungsurkunde nicht ersehen lasse, ob es sich um eine entgeltliche oder eine unentgeltliche Verfügung handle. Die Sache war daher an das Grundbuchamt zurückzuverweisen, damit es tatsächlich prüfe, ob der Fall einer Interessenkollision gegeben ist. Diese ergibt sich aus der Abtretung an den Vollstrecker nicht ohne weiteres, da die formelle Rechtsänderung zu seinen Gunsten den Interessen des Nachlasses nicht zu widersprechen braucht. J.n.

ε) **Fiduziarisches Rechtsgeschäft. Unentgeltlichkeit. Beweis.**[1]

Kammergericht, I. ZS. Beschluß v. 18. März 1912.

---

[1] Darf der Vollstrecker kraft eigenen Rechts Nachlaßgrundstücke auflassen und belasten (§ 2205 S. 2), ist er weiter befugt, die Eintragung eines mit Mitteln der Erbschaft erworbenen Grundstücks auf den Namen der Erben herbeizuführen, so muß ihm auch das viel weniger erhebliche Recht zugesprochen werden, die Eintragung des Erben als Eigentümer eines Nachlaßgrundstücks herbeizuführen und die dazu nach § 22[2] GrBO. erforderliche Zustimmung kraft eigenen Rechts zu erklären (KG., I. ZS. Beschluß v. 16. Januar 1911, Jahrb. 40 S. 204). Ebenso ist er berechtigt, sämtliche Nachlaßgegenstände als zur Erfüllung seiner Obliegenheiten

Der Rentner A. setzte seinen Sohn Paul testamentarisch zum Alleinerben ein mit der Beschränkung, daß die Verwaltung des ganzen Erbes dem Vorstand der jüdischen Gemeinde, die unter gewissen, bisher nicht eingetretenen Voraussetzungen auf $^1/_6$ des Nachlasses zur Nacherbin eingesetzt ist, zustehen sollte. Der Erblasser räumt dem Vorstand „die weitgehendsten Verwaltungsbefugnisse" ein, besonders auch über die Substanz zu verfügen, Forderungen abzutreten, ihnen zu entsagen, Prozesse zu führen, auch Grundbucheintragungen zu bewilligen und zu beantragen. Außerdem sind zwei Vollstrecker ernannt, welche beauftragt werden, gemeinsam den Nachlaß in Besitz zu nehmen und zu regulieren; sie sollen alle Wertpapiere und baren Gelder sofort jenem Vorstand abliefern. Im übrigen werden die Befugnisse der Vollstrecker näher geregelt, besonders ihnen auch das Recht übertragen, Verträge jeder Art über die Nachlaßgrundstücke zu schließen und Eintragungen ins Grundbuch zu bewilligen. Bezüglich derjenigen Nachlaßgegenstände, welche dem Vorstand übergeben sind, sollen alle den Vollstreckern eingeräumten Befugnisse auf ihn übergehen, er auch befugt sein, die Rechte des Erben auf Rechnungslegung und bezüglich der Entlastung der Vollstrecker auszuüben. Das Nachlaßgericht hat letzteren das Vollstreckerzeugnis vom 1. März erteilt und darin bescheinigt, daß sie in der Eingehung von Verbindlichkeiten für den Nachlaß nicht beschränkt seien. Durch notarielle Erklärung traten sie darauf zwei Hypotheken an die jüdische Gemeinde ab, wobei sie dem Grundbuchamt erklärten, daß die Abtretung fiduziarisch erfolge, um die Gemeinde zu Verfügungen über die Hypotheken instand zu setzen und damit den Willen des Erblassers durchzuführen. Die Vorinstanzen haben die beantragte Umschreibung abgelehnt. Die weitere Beschwerde ist begründet.

Das Amtsgericht, das in der Abtretung eine unentgeltliche Verfügung sieht, hat das Wesen der fiduziarischen Rechtsübertragung verkannt. Bei dieser ist das Verhältnis nach außen und nach innen verschieden. Nach außen erhält der Fiduziar die Stellung des Eigentümers oder Gläubigers und damit die volle Legitimation zur Geltendmachung des Rechts; nach innen bleibt er bloßer Bevollmächtigter; die ihm übertragene Sache oder Forderung ist für ihn im Verhältnis zum Vollmachtgeber eine fremde. Daraus ergibt sich einerseits, daß die Übertragung, die ohne eine Gegenleistung erfolgt, darum doch keine unentgeltliche Verfügung ist. Unentgeltlich ist ein Rechtsgeschäft, wenn die Absicht der Beteiligten auf eine Bereicherung des einen Teiles geht und deswegen keine oder doch keine nach der Vorstellung der Beteiligten

---

entbehrlich dem Erben zur freien Verfügung zu überlassen; dadurch erlischt endgültig sein Recht zur Verwaltung der überlassenen Gegenstände (Beschluß v. 9. Mai 1910, aO. 208). — Da er hinsichtlich seiner Stellung überhaupt und seiner einzelnen Befugnisse gesetzlich auch von der Person des Erben unabhängig ist, so hat er, wenn eine Kirchengemeinde als Erbin eingesetzt ist und der Nachlaß mehr als 5000 Mark beträgt, zur Verfügung über Nachlaßgegenstände, insbes. zur Auflassung von Nachlaßgrundstücken an Dritte (Käufer) nicht den Nachweis der nach Art. 6 oder 7 AusfG. erteilten Genehmigung zu erbringen; dieser bedarf er erst zur Abführung des Kaufpreises an die Kirchengemeinde (Beschluß v. 4. Juli 1910, aO. 214).

gleichwertige Gegenleistung gewährt ist (Jahrb. 33 S. 165). Bei einer fiduziarischen Rechtsübertragung wird im Verhältnis unter den Beteiligten an dem bestehenden Rechtszustande nichts geändert, der Empfänger daher nicht auf Kosten des Übertragenden bereichert. Da der Vollstrecker nach § 2205 Satz 3, von Ausnahmefällen abgesehen, zu unentgeltlichen Verfügungen nicht berechtigt ist, muß im Grundbuchverkehr nachgewiesen werden, daß bei seinen Eintragungsbewilligungen keine unentgeltliche Verfügung vorliegt. Dieser Beweis kann jedoch nicht nur mit öffentlichen Urkunden (§ 29 GrBO.), sondern mit allen Beweismitteln geführt werden (RG. 65 S. 222), er kann sich auch ohne weiteres aus der Sachlage ergeben. Letzteres trifft hier unbedenklich zu. Die Vorinstanzen bezweifeln nicht, daß die Erklärung der Vollstrecker, die Abtretung der Hypotheken sei fiduziarischer Natur, der Wahrheit entspricht. Ist dem aber so, dann steht keine unentgeltliche Verfügung in Frage. Anderseits ist ohne weiteres klar, daß die beantragte Umschreibung, sofern die Vollstrecker zu einer fiduziarischen Abtretung der Hypotheken befugt sind, das Grundbuch nicht unrichtig machen würde. Denn nach außen hin ist der Fiduziar vollberechtigter Eigentümer oder Gläubiger; die unter Beobachtung der Formen des § 1154[1] bewirkte Abtretung der Briefhypotheken würde also das Gläubigerrecht auf die Gemeinde übertragen haben, so daß die Umschreibung sich lediglich als Berichtigung des Grundbuchs darstellen würde.

Es fragt sich hiernach nur, ob die Vollstrecker zu einer fiduziarischen Abtretung der Hypotheken befugt sind. Das LG. verneint dies auf Grund des Testaments und des § 2208. Hierin liegt, wie die weitere Beschwerde mit Recht rügt, eine Verletzung der §§ 2365, 2369 BGB. und des § 36[2] GrBO. Nach letzterer Vorschrift wird im Grundbuchverkehr die Befugnis des Vollstreckers zur Verfügung über einen Nachlaßgegenstand durch das Vollstreckerzeugnis nachgewiesen. Liegt ein solches vor, so ist es für den Grundbuchrichter bindend, dieser hat seine Richtigkeit nicht nachzuprüfen (Jahrb. 34 S. 227; 37 S. 249, 253). Dabei aber spricht, wie bei dem Erbschein, die gesetzliche Vermutung nicht nur für die Richtigkeit, sondern auch für die Vollständigkeit des Inhalts; es wird vermutet, daß der Vollstrecker nicht durch andere als die im Zeugnis angegebenen Anordnungen beschränkt sei (§§ 2365, 2368[3]). Im vorliegenden Zeugnisse sind keine Beschränkungen angegeben. Das Grundbuchamt oder das LG., das in der Beschwerdeinstanz an dessen Stelle steht, war daher nicht berufen und nicht befugt, seinerseits durch Auslegung des Testaments den Machtkreis der Vollstrecker abzugrenzen, es mußte die gesetzliche Regel des § 2205 zugrunde legen. Aus dem gleichen Grunde ist auch das Kammergericht nicht in der Lage, die von der Vorinstanz erörterte Frage materiell zu prüfen. Hervorgehoben sei nur, daß die vom LG. vertretene Annahme einer doppelten Testamentsvollstreckung, nämlich „regulierender" Vollstrecker nach § 2203 ff. und einer daneben bestehenden „verwaltenden" Vollstreckung der jüdischen Gemeinde nach § 2209, der Zulässigkeit einer fiduziarischen Rechtsübertragung seitens der erstgenannten

Vollstrecker auf die Gemeinde nicht entgegenstehen würde. Gegen jene Konstruktion ist im übrigen nichts einzuwenden, doch würde mangels einer Annahmeerklärung des Vorstandes das Amt der Gemeinde als Vollstreckerin nach § 2202 bisher nicht begonnen haben. H. ch.

c) Ist im Falle des § 2222 der Vollstrecker in dem für den Vorerben bestimmten Erbschein anzugeben?

Kammergericht, I. ZS. Beschluß v. 27. Juni 1912.

Frau Marie A. setzte testamentarisch ihren Mann als Vorerben und ihre im Kindesalter stehenden Neffen in bestimmter Reihenfolge als Nacherben ein. Bezüglich ihres Guts K. bestimmte sie im § 6: „Die Nacherbschaft soll alsbald im Grundbuch ... eingetragen werden; der Vorerbe darf das Gut nur mit Zustimmung des Vollstreckers und des ersten Nacherben oder seines Pflegers belasten.“ Sodann heißt es im § 10: „Der Nacherbe soll die Verwaltung von K. erst nach vollendetem 28. Lebensjahre übernehmen; bis dahin soll es für seine Rechnung ... verwaltet werden. Dies und die Notwendigkeit, für eine Reihe von Jahren Vorsorge zu treffen, veranlassen mich zu der Bestimmung: Ich berufe einen Vollstrecker ... Ich ermächtige ihn, den Nachlaß zu verwalten.“ ...

Nach dem Tode der Frau A. beantragte der Vorerbe einen Erbschein des Inhalts, daß die Erblasserin „zur Wahrnehmung der Rechte der Nacherben und zur Verwaltung des Nachlasses nach eingetretener Nacherbfolge Testamentsvollstreckung angeordnet habe“. Das Nachlaßgericht erteilte einen Erbschein, dessen letzter Satz lautet: „Die Erblasserin hat einen Testamentsvollstrecker ernannt.“ Die Beschwerde des Vorerben wurde zurückgewiesen. Seine weitere Beschwerde ist begründet.

Der Beschwerdeführer verlangt die Ergänzung des Erbscheins aus einem doppelten Grunde: weil die darin enthaltene Angabe über die angeordnete Vollstreckung nicht mit der übereinstimme, die er darüber aufzunehmen beantragt habe, und weil der Erbschein durch die aufgenommene Angabe unrichtig sei. Ob aus dem ersten Grunde allein der Antrag auf Ergänzung zulässig sein würde, kann dahingestellt bleiben. Jedenfalls ist der zweite Grund berechtigt. Mit Recht wird an dem Erbschein auch sachliche Unrichtigkeit in dem streitigen Punkte gerügt, und mit Rücksicht auf diese Rüge ist der Antrag auf „Ergänzung“, wie bereits in anderen Fällen angenommen (Rsp. 9 S. 437, 12 S. 401; vgl. auch Jahrb. 36 S. 116), als Antrag auf Einziehung des vorhandenen unrichtigen und Erteilung eines neuen richtigen Erbscheins aufzufassen. Gegen die Ablehnung eines derartigen Antrags steht der Beschwerdeweg nach Maßgabe der §§ 19ff. FrGG. offen.

Die vom Erbscheine berührten Nachlaßbeteiligten haben nicht das Recht, eine Ergänzung zu fordern, die über den gesetzlichen Rahmen des Erbscheins hinausgeht und an dessen Rechtswirkungen nicht teil hat (RG. 64 S. 178; Jahrb. 29 S. 65). Die hier beantragte Ergänzung hält sich jedoch in diesem Rahmen und bedeutet eine sachlich gerechtfertigte Beschränkung oder nähere

Bestimmung des Vermerks über die Ernennung des Vollstreckers. Nach dem Wortlaute des § 2364[1] scheint es allerdings, als müsse im Erbscheine notwendig jede Ernennung eines Vollstreckers, und zwar ohne näheren Zusatz, angegeben werden. Aus dem Zwecke der Vorschrift und ihrem Zusammenhange mit anderen Vorschriften, besonders dem § 2365, ergibt sich jedoch, wie auch in der Rechtslehre anerkannt wird, daß nur solche Vollstreckungen zu erwähnen sind, die den Erben, und zwar eben denjenigen Erben beschränken, dessen Recht im Erbscheine bezeugt wird. Demgemäß ist ein Vollstrecker, der nur für die Ausführung der einem Vermächtnisnehmer auferlegten Beschwerungen zu sorgen hat (§ 2223), überhaupt nicht zu erwähnen, ein Vollstrecker aber, der nur für den Erbteil eines Miterben ernannt ist, nur in dem diesem Miterben ausgestellten Teilerbschein oder in einem gemeinschaftlichen Erbschein, und zwar im letzteren unter Hervorhebung seiner Beschränkung auf jenen Erbteil. Es würde sachlich nicht gerechtfertigt und in Anbetracht der Weiterungen, die der im Erbschein enthaltene Hinweis auf die Anordnung einer Vollstreckung im Rechtsverkehr nach sich ziehen kann, praktisch bedenklich sein, wenn die Vollstreckung in einem Erbschein erwähnt würde, der ausschließlich einem von ihr nicht betroffenen Erben erteilt wird, oder wenn bei einer Mehrheit von Erben nicht durch die Fassung des Vermerks klargestellt würde, wer von ihnen der Vollstreckung unterliegt. Dient also der Erbschein zur Legitimation mehrerer Erben und werden nicht alle von der Ernennung des Vollstreckers betroffen, so ist anzugeben, welche Erben durch die Anordnung beschränkt werden. Dieses Erfordernis widerspricht nicht etwa dem Satze, daß über die Person und den Umfang der Befugnisse des Vollstreckers in den Erbschein nichts aufgenommen werden darf (Jahrb. 23 B S. 8, 29 A S. 67, 33 A S. 101). Denn in dem einen Falle handelt es sich um die äußere Ausdehnung der Vollstreckung, im andern dagegen um die innere Ausgestaltung des Rechtsverhältnisses.

Hier handelt es sich um einen dem Vorerben zu erteilenden Erbschein. Ein solcher ist, insofern er ergibt, wer die zu Verfügungen des Vorerben etwa erforderliche Zustimmung zu erteilen hat, zugleich für die Legitimation der zurzeit seiner Ausstellung als Nacherben berufenen Personen von Erheblichkeit (Jahrb. 24 S. 186) und dient daher in diesem Sinne zum Ausweise mehrerer Erben. Sollte in ihm die Anordnung der Testamentsvollstreckung ohne nähere Bestimmung anzugeben sein, so müßte sie nach den eben entwickelten Grundsätzen als solche den Vorerben und die Nacherben beschränken. Das ist aber nicht der Fall. Aus § 10 ergibt sich einmal, daß der Vollstrecker das Recht der Verwaltung des Nachlasses für die Zeit nach dem Eintritte der Nacherbfolge haben soll. Darin liegt keine Beschränkung des Vorerben, sondern nur eine solche des Nacherben, und zwar eine Beschränkung, die überhaupt erst nach dem Eintritte des Falles der Nacherbfolge (§ 2139) wirksam wird. Hätten die Befugnisse, die die Erblasserin dem Vollstrecker zugedacht hat, nur den oben angegebenen Umfang, so wäre seine

Ernennung in dem jetzt zu erteilenden Erbschein überhaupt nicht anzugeben, da in diesem das dem Nacherben künftighin etwa zustehende Erbrecht nicht bescheinigt wird (Motive 5 S. 566). Der Vollstrecker ist aber ferner ernannt, um die Interessen der Nacherben — wie zu ergänzen ist: gegenüber dem Vorerben — wahrzunehmen. Insoweit handelt es sich um die Anordnungen einer Vollstreckung im Sinne des § 2222, die ihre Wirkung nach zweifacher Richtung äußert. Sie beschränkt einmal den Nacherben, indem sie die Rechte, die diesem nach den §§ 2113 ff. zustehen, dem Vollstrecker zur Wahrnehmung überantwortet, sie macht sich aber auch dem Vorerben gegenüber geltend. Denn wenn auch der Umfang der Beschränkung, die dem Vorerben aus der Einsetzung eines Nacherben erwächst, durch den Hinzutritt eines nach § 2222 ernannten Vollstreckers nicht vergrößert wird, so erleidet diese Beschränkung doch ihrer Art und ihrem Inhalte nach eine Abänderung, die für den Nacherben selbst und für Dritte, die zu ihm in rechtsgeschäftliche Beziehungen treten, von wesentlicher Bedeutung ist. Wie daher bei der im § 52 GrBO. vorgeschriebenen Eintragung des Rechtes eines Nacherben, wenn das Grundbuch die Rechtslage richtig darstellen soll, zugleich eine gemäß § 2222 BGB. für den Nacherben angeordnete Vollstreckung schon auf Grund des § 52, ganz abgesehen von dem § 53 GrBO., mit eingetragen werden muß (Jahrb. 40 A S. 196, 198), so ist die Vollstreckung auch in den Erbschein für den Vorerben aufzunehmen (Planck § 2364[2]; Boschan, Nachlaßsachen 1 S. 262). Wenn im RGKomm. § 2364 die entgegengesetzte Ansicht aufgestellt wird, so scheint das auf der anderweit (zB. von Leonhard, Erbrecht I zu § 2364, vgl. auch Planck aO.) deutlich ausgesprochenen Auffassung zu beruhen, daß es für die §§ 2364, 2365 auf eine Beschränkung des Erben ankomme, die in der Entziehung des Verwaltungsrechts (§§ 2205, 2208, 2211 f.) besteht. Diese Auffassung trifft jedoch unbedenklich nicht das Richtige. Denn wenn auch während des Bestehens einer Vorerbschaft der Erbschein nur dem Vorerben erteilt wird, so wird er doch nicht lediglich in dessen Interesse, sondern zur Sicherung des Rechtsverkehrs mit dem Erben überhaupt (§§ 2366 f.) und auch zur Legitimation des Nacherben (bis zum Eintritte des Falles der Nacherbfolge) erteilt. Dieser Zweck würde verfehlt, wenn der Erbschein nur die Angaben über die eingesetzten Nacherben enthielte. Die Rechtsstellung des Vorerben würde damit in dem Sinne unrichtig dargestellt werden, als könnte er mit der vom Nacherben selbst erteilten Zustimmung vollwirksam über alle Nachlaßgegenstände verfügen, während er in Wahrheit an die Zustimmung des Vollstreckers gebunden ist. Hieraus folgt, daß die Anordnung der Vollstreckung in dem dem Vorerben zu erteilenden Erbschein einerseits nicht übergangen werden darf, anderseits aber zwecks Vermeidung von Mißverständnissen und Beeinträchtigungen des Vorerben dahin klargestellt werden muß, daß der unmittelbar Beschränkte nur der Nacherbe ist, daß es sich also um eine Vollstreckung nach § 2222 handelt.

RJA.

η) **Voraussetzungen der Zuständigkeit nach § 2224.**

OLG. Colmar, I. ZS. Beschluß v. 30. Dezember 1912.

Die Eheleute A. haben durch gemeinschaftliches Testament nach Regelung der Erbfolge bestimmt, daß die Verwaltung dem Überlebenden gemeinschaftlich mit dem zum Vollstrecker bestimmten Sohn August zustehe; daß der Überlebende als Verwalter des Nachlasses einem Vollstrecker gleichstehe, sowie daß er und der Vollstrecker berechtigt seien, einen weiteren Mitvollstrecker zu ernennen. Auf Grund der letzteren Bestimmung hat die Witwe zum Mitvollstrecker ihren Schwiegersohn E. ernannt. Da August seiner Mutter das Recht hierzu bestritt, beantragte sie bei dem Nachlaßgericht eine Entscheidung gemäß § 2224 dahin, daß sie befugt sei, ohne Mitwirkung ihres Sohnes einen Mitvollstrecker zu ernennen. Das Amtsgericht wies den Antrag zurück, das LG. entsprach ihm. Die weitere Beschwerde des Sohnes ist begründet.

Der § 2224 ist nur anwendbar, wenn die Tatsache feststeht, daß es sich um eine von den mehreren Vollstreckern gemeinschaftlich vorzunehmende Amtsausübung handelt. An dieser Voraussetzung fehlt es hier. Hier streiten die Parteien nicht darüber, ob und in welcher Weise ein den beiden Vollstreckern gemeinschaftlich zustehendes Recht auf Ernennung eines Mitvollstreckers ausgeübt werden soll, ein Streit, den das Nachlaßgericht ebenso wie irgend eine Frage der Nachlaßverwaltung zu entscheiden hätte (RG.Komm., Planck zu § 2199). Der Streit betrifft vielmehr die Frage, ob überhaupt jenes Ernennungsrecht nach den Anordnungen des Erblassers von den beiden Vollstreckern gemeinschaftlich auszuüben ist oder ob, wie die Witwe behauptet, jedem von ihnen ein selbständiges Ernennungsrecht zusteht. Es handelt sich also nicht um einen Streit im Sinne des § 2224 Satz 1, sondern um einen solchen darüber, ob der Erblasser die ihm durch Satz 3 gewährte Befugnis gebraucht hat, Anordnungen zu treffen, die von der im Satz 1 aufgestellten Regel der gemeinschaftlichen Amtsführung abweichen. Einen derartigen Streit bindend zu entscheiden, ist Sache nicht des Nachlaß-, sondern des Prozeßrichters. Allerdings kann unter Umständen eine mittelbare Entscheidung auch der vorliegenden Frage durch das Nachlaßgericht herbeigeführt werden, zB. wenn nach Ausübung des den mehreren Vollstreckern übertragenen Ernennungsrechts ein Zeugnis über die Ernennung gemäß § 2368 beantragt wird, da dann das Nachlaßgericht gemäß § 2368³ mit § 2359 die Frage der Berechtigung von Amts wegen zu prüfen hat. Um eine solche Entscheidung, die übrigens nicht, wie nach § 2224, den Prozeßweg über das Ernennungsrecht ausschließen würde, handelt es sich aber im vorliegenden Falle nicht. Frdthl.

ϑ) **Wichtiger Entlassungsgrund nach § 2227.**

Bayer. Oberstes Landesgericht, I. ZS. Beschluß v. 16. Februar 1912.

Daß der Vollstrecker zugleich Nachlaßgläubiger ist, bildet an sich keinen Grund zu seiner Entlassung. Sein Interesse als Nachlaßgläubiger kann jedoch unter Umständen zu den Interessen des Nachlasses, die der Vollstrecker als solcher zu wahren hat, in einem solchen Gegensatze stehen, daß sein gedeihliches Walten ausgeschlossen erscheint oder doch die Besorgnis begründet ist, er könnte die Interessen der Erben gefährden. In solchen Fällen kann der Interessengegensatz zwischen dem Amte des Vollstreckers und seiner Gläubigereigenschaft einen wichtigen Grund zur Entlassung abgeben. Das Verhältnis ist ähnlich wie beim Vormunde, der bloß deshalb, weil er zugleich Gläubiger oder Schuldner ist, auch nicht ohne weiteres von der Wahrnehmung der Rechte oder Pflichten eines Vormunds ausgeschlossen ist, den aber mit Rücksicht auf seine Gläubiger- oder Schuldnereigenschaft das VormGericht unter den Voraussetzungen der §§ 1796, 1886 von der Vertretung des Mündels ausschließen oder vom Amt entfernen kann.

Feindschaft zwischen dem Vollstrecker und den Erben kann zwar einen wichtigen Entlassungsgrund abgeben, allein nur unter besonderen Umständen. Das Amt des Vollstreckers beruht nicht auf einem Vertrauensverhältnisse zwischen ihm und den Erben, sondern auf der Anordnung des Erblassers, dessen letzten Willen er auszuführen hat. Der Vollzug der Verfügung von Todes wegen wird nicht immer den Wünschen der Erben entsprechen, er wird ihrem persönlichen Interesse oft geradezu zuwiderlaufen. Würde schon die Tatsache einer Entfremdung zwischen dem Vollstrecker und den Erben diesen berechtigen, auf Entlassung anzutragen, so wäre in vielen Fällen der mit der Anordnung der Vollstreckung verfolgte Zweck geradezu vereitelt. Einen wichtigen Grund kann das Bestehen einer Feindschaft namentlich dann bilden, wenn sie der geordneten Ausführung der letztwilligen Anordnung des Erblassers hinderlich und damit zugleich den berechtigten Interessen der Bedachten schädlich ist.[1]

Dazu: OLG. Hamburg, I. ZS. Beschluß v. 6. Januar 1913.

... Die Annahme, ein wichtiger Grund rechtfertige die Entlassung des Vollstreckers, liegt nicht lediglich auf dem der Nachprüfung des Gerichts der weiteren Beschwerde entzogenen Gebiet der tatsächlichen Feststellungen (vgl. Dresden Seuff. 60 S. 149). Die Erwägungen des LG., das einen wichtigen Grund zur Entlassung des Antraggegners annimmt, sind aber weder einzeln noch in ihrer Gesamtheit geeignet, die ausgesprochene Entlassung zu rechtfertigen. Das LG. bemerkt zunächst: es bedürfe kaum einer Ausführung, daß das zwischen dem Antraggegner und dem Antragsteller herrschende Verhältnis „nicht ohne nachteilige Wirkung auf die Nachlaßverhältnisse bleiben könne“. Dann führt es aus, daß die Feindschaft zwischen den Parteien so ausgesprochen und die Erbitterung auf beiden Seiten so groß sei, daß jeder persönliche Verkehr aufgehört habe. Nicht einmal die beiden Vollstrecker selbst erledigten die Nachlaßgeschäfte gemeinsam; sogar der direkte schriftliche Verkehr

[1] Dagegen ist trotz bestehender Feindschaft der Vollstrecker nicht zu entheben, wenn zwischen ihm und den Erben bei ihrem Bildungsgrade ein geschäftlicher Verkehr nicht ausgeschlossen ist und dieser eine Gefährdung der Rechte der Erben nicht besorgen läßt; vgl. Jahrb. 36 S. 73. (ObLG., FerienZS. Beschluß v. 28. August 1912.) Th.

zwischen ihnen habe aufgehört. Die Antragsteller hielten den Gegner für einen Mann, der sich schwere Verfehlungen in seinem Amte habe zuschulden kommen lassen; und der Gegner wiederum werfe den Antragstellern vor, sie hielten ihre Anschuldigungen gegen ihn wider besseres Wissen aufrecht. „Ein solches Verhältnis kann auf die Dauer nicht ohne schädlichen Einfluß auf die Nachlaßverhältnisse bleiben.“ Diese Ausführungen können als eine zureichende Begründung nicht angesehen werden. Es mag sein, daß persönliche Feindschaft zwischen zwei Vollstreckern geeignet ist, einem jeden von ihnen die Führung des Amtes in gewisser Weise zu erschweren; denn es ist naturgemäß leichter zu verhandeln, wenn sie auch im persönlichen Verkehr freundschaftlich zueinander stehen. Aber in der durch persönliche Feindschaft herbeigeführten Schwierigkeit der gegenseitigen Verhandlungen liegt an sich noch keine Gefährdung der Nachlaßinteressen. Gerade in einem Fall wie hier, wo es sich um zwei an sich angesehene und geschäftserfahrene Herren handelt, die miteinander die Nachlaßverwaltung zu führen haben, wird im Gegenteil angenommen werden dürfen, daß, nachdem zwischen ihnen persönliche Differenzen entstanden sind und das frühere allseitige Vertrauen einem durchaus unbegründeten Mißtrauen Platz gemacht hat, nunmehr jeder von ihnen nur um so sorgsamer darauf bedacht sein wird, die Interessen des Nachlasses nach jeder Richtung zu wahren und auch den Schein zu meiden, als ob er in seinen Amtshandlungen einseitige oder gar eigennützige Interessen vertrete. Man wird vielleicht sogar so weit gehen dürfen, zu sagen, daß ein gewisses gegenseitiges Mißtrauen mehrerer miteinander arbeitender Vollstrecker den Gesamtinteressen des Nachlasses im allgemeinen förderlicher ist als ein allzu großes Vertrauen.

Das LG. führt weiter aus, daß, wenn schon bei minder wichtigen Fragen eine schriftliche Erledigung mitunter unzweckmäßig sei, bei den Werten, die hier in Frage ständen, Meinungsverschiedenheiten der Vollstrecker über Verwaltungsfragen von solcher Bedeutung sein könnten, daß zu ihrer Erledigung eine persönliche Aussprache unter ihnen und mit den Erben geradezu notwendig sei. Das mag an sich richtig sein. Aber wenn sich später einmal die Notwendigkeit solcher persönlichen Verhandlungen ergeben sollte, so darf erwartet werden, daß alle Beteiligten sie erkennen und alsdann schon im eigenen sachlichen wie persönlichen Interesse die Verhandlungen so führen, daß die allen gemeinsamen Interessen des Nachlasses zu ihrem Recht kommen. Im übrigen ist doch nicht ohne Bedeutung, daß trotz der seit Jahren schwebenden Differenzen und trotz der nun schon seit 1909 schwebenden Verhandlungen über den vorliegenden Absetzungsantrag die Verhältnisse des Nachlasses unstreitig nicht nur keinen Schaden genommen, sondern sich in einem für alle Beteiligten vorteilhaften Sinne entwickelt haben. Im übrigen werden die buchhalterischen Angelegenheiten des Nachlasses von einer Mittelsperson erledigt, und wenn sich dabei über die Behandlung der einen oder anderen Frage sachliche Meinungsverschiedenheiten ergeben, so fehlt es nicht an Wegen, auf denen sie sich aus der Welt schaffen lassen. Ebenso haben sich offenbar auch die Grundstücksangelegenheiten in den letzten Jahren angemessen erledigen lassen, ohne daß persönliche Besprechungen der beiden Vollstrecker oder zwischen ihnen und den anderen Erbbeteiligten notwendig gewesen wären. Der Umstand, daß beide Vollstrecker auch persönlich — der Antraggegner freilich nur als Mann einer Miterbin — an dem Gedeihen des Nachlasses unmittelbar beteiligt sind, drängt ganz von selbst dazu, ausschließlich das Gesamtinteresse des Nachlasses in den Vordergrund zu stellen und alle persönlichen Differenzen zurücktreten zu lassen. Jedenfalls hätte es ganz anderer tatsächlicher Darlegung bedurft, um die Annahme zu rechtfertigen, daß die Feindschaft zwischen dem Antragsteller und dem Antraggegner geeignet ist, eine Gefährdung der Interessen des Nachlasses herbeizuführen.

Wenn das LG. endlich geltend macht, gerade das Vollstreckungsamt setze ein weitgehendes Vertrauen zwischen Erben und Vollstreckern voraus, so ließe sich daraus allenfalls ein Argument entnehmen, wenn nur **ein** Vollstrecker vorhanden wäre, von dem feststände, daß er, und zwar nicht ohne eigenes Verschulden, das Vertrauen sämtlicher Erben verloren hätte. Hier aber sind zwei Vollstrecker vorhanden, die gemeinsam den Nachlaß zu verwalten haben, die sich gegenseitig beaufsichtigen können und sollen, und von denen der eine nach wie vor das ungeminderte Vertrauen sämtlicher Erben mit Ausnahme der Frau des Antraggegners besitzt, während dieser anderseits zugleich auch der besondere Vertrauensmann seiner am Nachlaß als Erbin beteiligten Frau ist. . . . M. M.

ι) OLG. Hamburg, I. ZS. Beschluß v. 3. März 1913.

Das LG. hat auf Beschwerde der Frau S. den Gutsverwalter A. aus seinem Amte entlassen, weil er an dem zwischen der Witwe und ihm bestehenden Verhältnis mitschuldig sei; diese Mitschuld liege einmal in nicht rechtzeitiger Aufstellung eines Verzeichnisses des Nachlaßvermögens und zweitens darin, daß er die Herbeiführung der gemeinschaftlichen Verwaltung eines Hypothekenbriefs über 45000 Mark, der sich in Händen des Mitverwalters Notar X. befand, nicht energischer betrieben hat. Der zweite Punkt hat das LG., wie es sagt, wesentlich mit bestimmt, während es nicht feststellt, wie es entschieden haben würde, wenn nur der erste Punkt vorliegen würde. Auf andere Beschwerdepunkte geht das LG. nicht ein. Die weitere Beschwerde ist begründet.

Ein schlechtes oder gar unerträgliches Verhältnis zwischen der Witwe und dem Samtgutsverwalter kann nicht an sich ein Entlassungsgrund sein; es kann auch nicht darauf ankommen, ob der eine oder andere Teil dieses schlechte Verhältnis verschuldet hat; sondern es wird stets darauf ankommen, ob das Vorhandensein eines derartig schlechten Verhältnisses auf die geordnete Verwaltung des Nachlasses hinderlich ist (so auch BayObLG. 16. Februar 1912); eine derartige Feststellung ist nicht getroffen; ob sie getroffen werden kann, unterliegt der Prüfung des LG. Hinsichtlich des schlechten oder gar unerträglichen Verhältnisses zwischen Samtgutsverwalter und der Witwe wird stets zu berücksichtigen sein, daß schon in der Einsetzung eines Samtgutsverwalters auf Grund des § 17² des Hamb. Güterstandsges. leicht der Keim zu einem solch schlechten Verhältnis gegeben ist, namentlich dann, wenn die Witwe die Einsetzung eines Samtgutsverwalters nicht als Wohltat, sondern als Beschränkung ihrer Rechte empfindet. Schon deshalb kann das erwähnte schlechte Verhältnis nicht allein Grund zur Entlassung des Verwalters sein. Auch auf die Frage des Verschuldens kann es nicht ankommen. Die tatsächliche Feststellung eines Verschuldens ist freilich Sache des Tatrichters. Aber die Tätigkeit des Samtgutsverwalters ist die Vermögensverwaltung; in der Regel können nur Vorkommnisse, die sich auf diese beziehen, Anlaß zur Entlassung geben; einen sicheren Anhalt hierfür gibt die analoge Bestimmung des § 2227 BGB.; grobe Pflichtverletzung und Unfähigkeit zur Vermögensverwaltung werden als Beispiele eines wichtigen Grundes zur Entlassung aufgeführt. Das LG. hat freilich auch den Satz aufgestellt, daß bei dem Mangel jeglicher Fühlung der Parteien die Befürchtung sich nicht von der Hand weisen läßt, daß die Interessen des Gesamtgutes darunter leiden. Dieser Satz entbehrt aber im Beschlusse des LG. jeder tatsächlichen Unterlage; ob sich die aufgestellte Behauptung tatsächlich begründen läßt, wird bei erneuter Prüfung der Sache zu erwägen sein.

Zu prüfen sind ferner die übrigen vom LG. nicht geprüften Beschwerdepunkte. Aus der nicht rechtzeitigen Aufstellung eines Vermögensverzeichnisses allein will das LG. einen Entlassungsgrund nicht herleiten; die dieser Ansicht zugrunde liegenden Tatsachen sind ebenfalls nicht festgestellt. Für den Beschluß, der hierauf nicht beruht, war eine solche Feststellung auch nicht erforderlich; bei erneuter Prüfung der Sache wird auch dieser Punkt zu prüfen sein. Für das LG. war wesentlich mitbestimmend, daß A. nicht energischer auf die Herbeiführung der gemeinschaftlichen Verwaltung eines Hypothekenbriefes über 45000 Mark gedrungen hat. Hierin kann ein wichtiger Grund zur Entlassung nicht gesehen werden. Der andere Samtgutsverwalter erfreute sich, bis er flüchtig wurde, eines guten Rufes; der ihm amtlich vorgesetzte LGPräsident beließ ihn in der angesehenen Stellung eines Notars. Es kann dahingestellt bleiben, ob ein Mitvollstrecker, falls ein Schaden erwachsen ist, auf Grund eines geringen Versehens zivilrechtlich haftet, wenn er seinem in angesehener Stellung befindlichen Mitvollstrecker Vertrauen schenkt. Eine Pflichtverletzung als Vermögensverwalter kann hierin nicht erblickt werden. Es ist notorisch, daß in Hamburg viele Vermögensverwaltungen von Stiftungen, Testamenten 2c in der Weise geführt werden, daß ein Verwalter die Gestio hat, und daß dieser regelmäßig auch die Werte des fremden Vermögens unter sich hat, während die anderen Verwalter sich auf eine Kontrolle beschränken, und wenn es sich um angesehene Personen handelt, die noch dazu in dem öffentlichen, amtlichen Leben eine Stellung einnehmen, denen von allen Seiten Vertrauen entgegengebracht wird, so kann man einen Samtgutsverwalter nicht aus seinem Amt entlassen, weil er gleiches getan hat; vor allem dann nicht, wenn, wie hier, ein Schaden nicht erwachsen, jedenfalls nicht festgestellt ist. M. M.

x) **Antrag auf Einziehung des unrichtigen Erbscheins. Beschwerde bei Ablehnung.**

Bayer. Oberstes Landesgericht, I. ZS. Beschluß v. 21. Dezember 1912.

Die Rechtsprechung (Jahrb. 22 S. 56, 26 S. 62, RJA. 2 S. 163) und die Rechtslehre (Planck § 2353 [4]; Dernburg 5 S. 453) hält den Vollstrecker zum Antrag auf Erteilung eines Erbscheins für berechtigt. Steht ihm diese Befugnis zu, so ist er auch zum Antrag auf Einziehung eines nach seiner Meinung unrichtigen Erbscheins berechtigt (§ 2361) und steht ihm gegen die ablehnende Entscheidung das Beschwerderecht zu. Die Frage, ob er zum Antrag auf Erteilung eines Erbscheins berechtigt ist, kann jedoch dahingestellt bleiben. Denn seine Legitimation zur Einlegung der Beschwerde gegen den die Einziehung eines unrichtigen Erbscheins ablehnenden Beschluß ergibt sich schon daraus, daß er nach § 2364 [2] berechtigt ist, von dem Besitzer eines unrichtigen Erbscheins dessen Herausgabe an das Nachlaßgericht (§ 2362 [2]) zu verlangen. Damit ist sein privatrechtlicher Anspruch darauf anerkannt, daß der Besitzer eines unrichtigen Erbscheins diesen an das Nachlaßgericht herausgibt; es ist also anerkannt, daß das Recht des Vollstreckers verletzt ist, wenn ein unrichtiger Erbschein erteilt wird. Hieran ändert nichts, daß in § 2364 der § 2361 nicht erwähnt wird. Denn dies hat seinen Grund offenbar darin, daß der § 2361 nur die von Amts wegen zu bewirkende Einziehung eines unrichtigen Erbscheins betrifft, der § 2364 aber einen privatrechtlichen Anspruch gewährt. Th.

y) **Testament: α) Form der nach 1900 errichteten Nachzettel.**

OLG. Breslau, IV. ZS. Urteil v. 22. Februar 1913.

Die Eheleute A. hatten sich im gegenseitigen Testamente von 1896 zu Alleinerben eingesetzt und sich Nachzettel vorbehalten, die gültig sein sollten, wenn sie von beiden unterschrieben oder nach dem Tode des einen Gatten vom Überlebenden ge- und unterschrieben wären. Nach dem Tode der Frau (1903) errichtete der Mann, der sich inzwischen wieder verheiratet hatte, 1910 durch notarielle Übergabe einer von ihm unterzeichneten, im übrigen aber von fremder Hand herrührenden Niederschrift ein neues Testament: „Ich treffe als Nachtrag zu meinem Testamente von 1896 folgende Bestimmung: Ich setze meiner zweiten Frau ein Vermächtnis von 2000 Mark aus.“ Dieses Testament ist jedoch ungültig. Die Frage, inwieweit der Mann nach dem Tode seiner ersten Frau noch Verfügungen über seinen Nachlaß treffen konnte, ist gemäß Art. 214 [2] EG. nach dem § 392 II 1 ALR. zu beurteilen. Da sich die Eheleute Nachzettel, und zwar sowohl gemeinschaftlich, als auch nur durch den Überlebenden vorbehalten haben, so war der Mann befugt, auch nach dem Tode seiner Frau noch anderweitig von Todes wegen zu verfügen.

Diese Nachzettel hatten nach Anh. § 35 zu § 163 I 12 mit dem Testamente gleiche Kraft; ob sie außer der eigenhändigen Unterschrift des Erblassers noch mit anderen Erfordernissen versehen sein müssen, hing von den Bestimmungen ab, die das Testament dieserhalb enthält. Die notariell errichtete Verfügung von 1910 ist als Nachzettel im Sinne des wechselseitigen Testaments anzusehen, denn der Erblasser erwähnt am Eingange ausdrücklich, daß er als Nachtrag zum Testamente von 1896 Bestimmung treffe. Er hat dabei aber die im Testament erwähnte Formvorschrift nicht beachtet; indes eine Form gewählt, die für letztwillige Verfügungen durch § 2281 Nr. 1 BGB. vorgesehen ist. Es fragt sich, ob dieses in der gesetzlichen Form errichtete Testament, obwohl es der Formvorschrift des gemeinschaftlichen Testaments nicht entspricht, dennoch für rechtswirksam zu erachten ist. Dies war zu verneinen. Denn die durch das gemeinschaftliche Testament für den Überlebenden sich ergebende Bindung bezieht sich nicht nur auf die letztwilligen Bestimmungen materieller, sondern auch auf solche formeller Natur. Aus der Anordnung des gemeinschaftlichen Testaments ist zu entnehmen, daß die Eheleute die zugelassene Änderung durch den Überlebenden allein haben erschweren wollen und die Gültigkeit des Nachzettels deshalb an die eigenhändige Niederschrift geknüpft haben. Demgegenüber erscheint die Wahl der nach gegenwärtigem Recht stattgehabten notariellen Form unzulässig, weil dies für den Überlebenden eine leichtere Form seiner Verfügung ist, die ihn der genaueren, sorgfältigeren Überlegung der beabsichtigten Abänderung entbindet. In Wirklichkeit gestaltet sich die notarielle Form als die unterschriftliche Vollziehung des Nachzettels, welche die Eheleute nur dann haben gestatten wollen, wenn der Nachzettel von ihnen beiden hätte unterschrieben werden können. M. r.

β) **Testament vor dem Gemeindevorsteher.**

OLG. Cöln, VII. ZS. Urteil v. 5. Oktober 1911.

Mit Recht hat das LG. aus der im Testament enthaltenen Beurkundung des Gemeindevorstehrs: „Die Erblasserin war bettlägerig krank und erklärte mir, daß sie zum Notar geschickt habe, dieser sei aber nicht zu Hause gewesen, und da sie befürchte, vorzeitig zu sterben, so ersuchte sie mich, ihr Testament aufzunehmen“, entnommen, daß der Gemeindevorsteher die von der Erblasserin verlautbarte Besorgnis, daß die Errichtung ihres Testaments vor einem Notar oder einem weit schwerer als dieser erreichbaren Richter des nächsten Amtsgerichts nicht mehr möglich sein werde, geteilt und protokollarisch festgestellt habe. Damit ist dem § 2249 [2] genügt. Denn das Gesetz verlangt zur Feststellung der Besorgnis des vorzeitigen Todes des Erblassers nicht den Gebrauch bestimmter Worte, vielmehr genügt, wenn sich aus dem Inhalte des Protokolls ergibt, daß bei seiner Aufnahme die Urkundsperson jene Besorgnis gehabt hat. Dadurch, daß der Gemeindevorsteher das Protokoll mit der vorgenannten Erklärung der Erblasserin eingeleitet hat und dann zur Protokollierung ihrer Verfügungen geschritten ist, bezeugt er, daß nach seinem pflichtmäßigen Ermessen die Bedingung des Nottestaments, nämlich die Besorgnis, die Erblasserin werde früher sterben, als die Errichtung eines Testaments vor Richter oder Notar möglich wäre, gegeben war. Ob gegenüber dieser im Testament getroffenen Feststellung der Nachweis zulässig ist, daß die Urkundsperson jene Besorgnis (subjektiv) gar nicht gehabt habe, kann dahingestellt bleiben, da die dafür beweispflichtigen Kläger keinen genügenden Beweis angetreten haben. Wenn selbst der einzige hierzu benannte Zeuge bekunden sollte, daß der Gemeindevorsteher ihm nach Aufnahme des Testaments erklärt habe, er habe auf Grund des körperlichen Befindens der Erblasserin bei der Testamentserrichtung die Überzeugung gehabt, daß sie nicht so bald sterben würde, so würde doch diese spätere Äußerung des Ortsvorstehers dessen widersprechende, aus dem Inhalt des Protokolls sich ergebende Feststellung seiner Besorgnis eines vorzeitigen Todes der Erblasserin nicht erschüttern können. Zudem würde auch die Tatsache, daß er geglaubt hätte, die Erblasserin würde nicht so bald sterben, noch nicht ausschließen, daß er auf Grund der eigenen Erklärung der Erblasserin über ihre Todesfurcht mit der Möglichkeit ihres vorzeitigen Ablebens gerechnet hat. Auch diese Besorgnis würde jedenfalls zur Rechtfertigung des Nottestaments genügen. B.r.

γ) **Kein Widerruf, wenn die beabsichtigte Vernichtung unterbleibt. Anfechtung letztwilliger Verfügungen.**

OLG. Hamburg, IV. ZS. Urteil v. 31. Januar 1912.

1. Das Testament der Frau A. ist nicht wegen Widerrufs unwirksam. Der Fall des § 2256 liegt nicht vor, da es nicht in amtliche Verwahrung genommen, sondern bei einem Hausmakler hinterlegt war. Der § 2255 erfordert aber zum Widerruf, daß der Erblasser die Testamentsurkunde in der Absicht, sie aufzuheben, vernichtet, oder an ihr Veränderungen vorgenommen hat, durch die der Wille, es ohne schriftliche Willenserklärung aufzuheben, ausgedrückt zu werden pflegt. Diese Handlungen lassen, wie schon die Mot. 5 S. 301 ausführen, eine Vertretung im Willen überhaupt nicht zu. Es ist aber anderseits nicht erforderlich, daß der Erblasser persönlich tätig geworden sei, vielmehr kann er sich auch einer anderen Person als Werkzeuges bedient haben. Das Werkzeug muß aber, solange er lebt, gehörig funktioniert haben. Ebenso, wie wenn der Erblasser das Testament mit einer Schere durchschneiden will, die Schere aber versagt, die Urkunde nicht vernichtet ist, ebensowenig ist es der Fall, wenn die Person, die er als Werkzeug benutzen will, nicht die ihm anbefohlene Tätigkeit ausgeübt hat. So liegt es auch hier. X. sollte den Vernichtungsakt vornehmen; er hat ihn aber nicht vorgenommen und so ist die Urkunde unverletzt geblieben. Ihre Zurücknahme aus der Hinterlegungsstelle bedeutet weder ihre Vernichtung, noch die Vornahme einer im Sinne des § 2255[1] erheblichen Veränderung mit ihr. Nach dem Tode der Erblasserin kann das Werkzeug nicht mehr tätig werden; der Widerruf einer Verfügung nach dem Tode des Erblassers ist übrigens schon begrifflich ein Unding. Soweit die Klägerin ihren Anspruch auf den Widerruf des Testaments stützt, erscheint er deshalb nicht begründet.

2. Als Anfechtungsgrund steht nur § 2079 in Frage, der nur den Pflichtteilsberechtigten betrifft (§ 2080[3]). Pflichtteilsberechtigt war allein der Mann A.; er hat angefochten. Die Wirkung der Anfechtung ist Nichtigkeit der ganzen Verfügung, so daß die gesetzliche Erbfolge Platz greift. Soweit indessen anzunehmen ist, daß der Erblasser auch bei Kenntnis der Sachlage die Verfügung getroffen hätte, ist nach § 2079[2] die Anfechtung ausgeschlossen. Diese Voraussetzung hat der Anfechtungsgegner zu beweisen. Der Beweis ist aber hier als geführt anzusehen. Zurzeit der Errichtung der Verfügung war die Klägerin so gut gesetzliche Erbin, wie zurzeit des Todes der Erblasserin. Es liegt kein Grund dafür vor, daß, wenn diese gewußt hätte, daß sie sich später wieder verheiraten würde, dieser Umstand sie veranlaßt hätte, nunmehr nicht nur ihren zukünftigen Mann, sondern auch die Klägerin im Testamente zu bedenken; im Gegenteil muß angenommen werden, daß sie, insoweit das Intestaterbrecht des zukünftigen Ehegatten nicht in Frage stand, es bei dem Inhalte ihres Testaments hätte bewenden lassen, so daß die beiden Beklagten zu Erben eingesetzt blieben und die Klägerin nach wie vor vom Erbrecht ausgeschlossen war. M. M.

δ) **Amtliche Verwahrung i. S. des § 2261.**

OLG. Hamburg, I. ZS. Beschluß v. 5. Februar 1913.

Die Eheleute A. haben 1874 an ihrem Wohnsitze Prenzlau ein gemeinschaftliches Testament errichtet und dem dortigen Amtsgericht in besondere amtliche Verwahrung übergeben. Nach dem Tode des Mannes hat jenes Gericht das ganze Testament eröffnet und zu seinen Akten genommen. Demnächst hat die Witwe ihren Wohnsitz hierher verlegt und ist hier 1912 gestorben. Das Amtsgericht Hamburg hat nunmehr um Übersendung des Testaments ersucht, das hier weiter verwahrt werden solle. Das Ersuchen wurde abgelehnt, worauf die Sache gemäß § 5[1] FrGG. zur Entscheidung vorgelegt wurde. Der Senat tritt dem ersuchten Richter bei, obwohl das RG. am 13. Oktober 1902 gegenteilig entschieden hat. Damals hatten die hier ansässigen Eheleute W. ein gemeinschaftliches Testament errichtet, das das hiesige Amtsgericht, nachdem hier 1902 die Frau verstorben war, eröffnete und zu den Akten nahm. Bald darauf ist sodann in Altona der Mann verstorben. In dem Streit der Amtsgerichte Hamburg und Altona hat das RG. das letztere Amtsgericht für die fernere Verwahrung des Testamentes für zuständig erklärt. Der Beschluß hat freilich keine Gründe, aber er verweist auf §§ 2261, 2273; andere gesetzliche Vorschriften dürften auch nicht in Frage kommen und daher muß angenommen werden, daß das RG. jene Bestimmungen anders auslegt, als der Senat.

Nach diesseitiger Auffassung spricht § 2261 von derjenigen amtlichen Verwahrung, die in § 2246 geregelt ist. Wird nach dem Tode des Erblassers das Testament eröffnet, so gelangt es im Regelfall nicht wieder in amtliche Verwahrung, sondern es wird ein Teil der Nachlaßakten des Gerichts. Nur bei einem gemeinschaftlichen Testament kann der Fall eintreten, daß es nicht ganz eröffnet wird, nämlich wenn sich die Verfügungen des Überlebenden von den Verfügungen des zuerst Verstorbenen sondern lassen; dann ist nach § 2273 das Testament — nach der teilweisen Eröffnung und Anfertigung einer beglaubigten Abschrift von den Verfügungen des verstorbenen Ehegatten — wieder zu verschließen und in die besondere amtliche Verwahrung zurückzubringen. Diese ist eben die im § 2246 erwähnte. Läge dieser Fall vor, so wäre das Amtsgericht Hamburg aus § 2261 berechtigt, die Übersendung des Testamentes zu verlangen. Aber er liegt nicht vor, ebensowenig wie er im Falle W. für das Amtsgericht Altona vorgelegen hat. Das Amtsgericht Prenzlau hat das gemeinschaftliche Testament der Eheleute A. nicht mehr in amtlicher Verwahrung, sondern es ist ein Teil der Akten geworden und einen Teil seiner Akten braucht das Gericht an kein gleichstehendes Gericht herauszugeben. Vielmehr wird sich das Amtsgericht Hamburg mit einer beglaubigten Abschrift zu begnügen haben. Es ist auch kein Grund ersichtlich, warum das Nachlaßgericht des zuletzt verstorbenen Ehegatten geeigneter wäre, das gemeinschaftliche Testament bei seinen Akten zu haben als das Amtsgericht des zuerst verstorbenen Ehegatten. M. M.

ε) **Ablehnung der Übersendung des Testaments. Beschwerde.**

Kammergericht, I. ZS. Beschluß v. 25. März 1912.

Das LG. hat dem Beschwerdeführer gestattet, die Testamentsakten auf der Gerichtsschreiberei des Nachlaßgerichts einzusehen; dagegen abgelehnt, die beantragte Versendung nach seinem Wohnsitze zur Einsicht auf der dortigen Gerichtsschreiberei anzuordnen. Die weitere Beschwerde sucht darzulegen, daß eine Gefahr des Verlustes des Testaments kaum in Betracht komme, anderseits durch die Ablehnung das Recht des Beschwerdeführers auf Einsichtnahme praktisch vereitelt werde. Allein wie der Beschluß vom 3. Mai 1909 (Jahrb. 38 S. 6) ausführt, ist gegen eine Verfügung des Nachlaßgerichts, durch welche die von einer Privatperson zum Zwecke der Einsicht beantragte Übersendung der Testamentsakten an ein anderes Gericht nicht mangels Glaubhaftmachung eines rechtlichen Interesses des Antragstellers, sondern aus Verwaltungsrücksichten, insbesondere wegen Gefahr des Verlustes, abgelehnt wird, regelmäßig nicht die Beschwerde im Rechtswege, sondern nur eine Aufsichtsbeschwerde zulässig. An diesem Satze, der auch von anderen oberen Gerichten und in der Rechtslehre gebilligt wird (Bay. ObLG. Recht 1905 S. 196, Planck § 2264; Josef FrGG. 234², ZBl. FrG. 5 S. 176; Güthe 29 zu § 11 BGB.), ist festzuhalten. Wenn in der erwähnten Entsch. offen gelassen wird, ob eine Verfügung des fraglichen Inhalts dann einer Beschwerde im Rechtswege unterliegt, wenn durch die Versagung der Aktenversendung das Recht des Beschwerdeführers auf Einsicht des Testaments vereitelt werden würde, so kann diese Frage auch hier unentschieden bleiben. Denn einerseits ist die Entfernung zwischen dem Wohnsitze des Beschwerdeführers und dem Sitze des Nachlaßgerichts nicht so erheblich, daß ersterem nicht eine Reise zur persönlichen Ausübung seines Rechts auf der Gerichtsschreiberei des

Nachlaßgerichts angesonnen werden könnte. Anderseits ist nicht ersichtlich, warum ein Bevollmächtigter nicht die Akten einsehen kann. Der Beschwerdeführer hat die Erblasserin persönlich nicht gekannt, würde sich also über die Echtheit oder Eigenhändigkeit der Schrift, die übrigens bezüglich des ersten Testaments bisher von keinem Beteiligten bezweifelt worden ist, bezüglich des zweiten Testaments aber offensichtlich nicht vorliegt, voraussichtlich auch nach persönlicher Einsichtnahme der Akten nicht äußern können. Von einer Vereitelung seines Rechts kann daher nach der Sachlage nicht die Rede sein. Hg.

ζ) **Wann ist ein Erwerb i. S. des § 61 Reichserbschaftssteuerges. als „begründet" anzusehen?**

OLG. Braunschweig, I. ZS. Urteil v. 24. Januar 1913.

Das beklagte Erbschaftssteueramt hat 15 % Erbschaftssteuer von dem Kläger erfordert. Dieser nimmt aber mit Recht an, daß er nur $2^1/_2$ % zu entrichten hat. Es handelt sich um ein gemeinschaftliches Testament von Ehegatten, durch das sie sich 1895 gegenseitig als Erben eingesetzt und bestimmt haben, daß nach dem Tode des Überlebenden der beiderseitige Nachlaß an Dritte, darunter den Kläger, einen Neffen des Mannes, fallen soll. Wäre hierauf das neue Recht anwendbar, so wäre im Zweifel anzunehmen, daß die Dritten für den gesamten Nachlaß als Erben des zuletzt versterbenden Ehegatten eingesetzt seien. Der § 2269 ist jedoch nicht anzuwenden, weil der Mann schon vor 1900 gestorben ist (RG. 76 S. 22). Für das hier noch in Betracht kommende gemeinsame Recht hat sich aber der Senat der vom RG. 25 S. 140 und von der überwiegenden Rechtslehre vertretenen Ansicht angeschlossen und hält hieran fest, da hier keine der Testamentsbestimmungen entgegensteht.... Hiernach war die Witwe Fiduziarerbin ihres Mannes mit der Verpflichtung, die Hälfte seines Nachlasses dem Kläger als Erbschaftsvermächtnis (Universalfideikommiß) herauszugeben. Nur die Hälfte des Nachlasses der Witwe erhielt der Kläger also als ihr Erbe. Folglich hätte die Erbschaftssteuer jedenfalls nur zum weitaus kleinsten Teile nach § 10 IV. REStG. berechnet werden dürfen, im übrigen aber nach I 2 erhoben werden müssen, wenn dieses Gesetz überhaupt anwendbar wäre. Dies ist jedoch nicht einmal der Fall. Nach § 61 REStG. bestimmt sich die Steuerpflicht für einen Erwerb, der bereits zurzeit des Inkrafttretens dieses Gesetzes begründet ist, nach den bisherigen Gesetzen. Der Erwerb des Klägers war aber sowohl zu dem Teile, den er als Erbschaftsvermächtnisnehmer seines Onkels erhielt, als zu dem Teile, den er als Erbe der Witwe erwarb, beim Inkrafttreten jenes Gesetzes schon begründet. Der Kläger sollte das Erbschaftsvermächtnis freilich erst nach dem Tode des Überlebenden erhalten. Starb er nach dem Tode des Ehemannes ohne eheliche Nachkommen, so konnte die Witwe anderweit darüber verfügen. Das Vermächtnis war also durch den Willen der Erblasser an die Bedingung geknüpft, daß der Kläger auch den Zuletztsterbenden überlebte. Bedingte Vermächtnisse fielen aber dem Bedachten erst mit dem Eintritte der Bedingung an; starb er vorher, so ging das Vermächtnis nicht auf seine Erben über (Windscheid 3 §§ 642, 664). Trotzdem war der Erwerb des Erbschaftsvermächtnisses durch den Kläger schon mit dem Tode des Ehemannes Herrmann begründet. Nach der dem § 61 REStG. beigegebenen Begründung ist der Ausdruck „begründet" in demselben Sinne gebraucht wie in § 404 BGB. Es steht aber fest, daß der Schuldner dem neuen Gläubiger alle Einwendungen entgegensetzen kann, welche ihren Grund in dem Schuldverhältnisse haben, wie es zurzeit der Forderungsabtretung bestand, mögen auch die Tatsachen, infolge deren der in dem Schuldverhältnisse wurzelnde Rechtsgrund der Einwendung wirksam wird, erst nachher eingetreten sein (Planck § 404[1]). Die Begründung zu § 61 REStG. weist ferner sogar ausdrücklich darauf hin, daß auch bedingte Erwerbe schon „begründet" seien. Danach war auch der Erwerb des Erbschaftsvermächtnisses durch den Kläger beim Inkrafttreten des REStG. schon „begründet". Die letztwillige Verfügung und der Erbfall waren als seine rechtliche Grundlage schon vorhanden, nur die nicht zu seinem gesetzlichen Tatbestande gehörende Bedingung ist erst später eingetreten.

Für den Erwerb, den der Kläger als Erbe der Witwe gemacht hat, war vor dem Inkrafttreten des REStG. nur die letztwillige Verfügung als rechtliche Grundlage vorhanden. Regelmäßig gewährt eine solche allerdings nur eine Aussicht, die den Erwerb noch nicht „begründet". Hier war aber die Witwe deshalb, weil sie die Erbschaft angenommen hatte, an das Testament gebunden (RG. 63 S. 120). Nur wenn ein durch das Gesetz oder das Testament vorgesehener Ausnahmefall eintrat, konnte sie anders verfügen. Diese Bedingtheit schließt jedoch nicht aus, daß der Erwerb schon „begründet" war. Im übrigen hing der Erwerb hier von derselben Tatsache ab, wie der Erwerb des Erbschaftsvermächtnisses, nämlich davon, daß der Kläger die Witwe überlebte. Daß der Tod dieser Erblasserin in jenem Falle sich nur als Eintritt der Bedingung darstellte, hier dagegen den Erbfall begründete, macht nichts aus. Der Erbfall muß nicht notwendig schon eingetreten sein, um einen Erwerb als „begründet" erscheinen zu lassen. Wie der Erbvertrag eine hinreichende rechtliche Grundlage des später erfolgenden Erwerbes bildet, muß auch ein korrespektives Testament dazu ausreichen, sobald die Bindung eingetreten ist. Dies ist spätestens am 31. Januar 1899 geschehen. Hiernach ist der gesamte Erwerb des Klägers nach den früheren Gesetzen zu besteuern. . . . H. g.

z) **Erbvertrag. Auslegung. Umfang der Verfügungen.**

α) Bayer. Oberstes Landesgericht, I. ZS. Beschluß v. 24. Januar 1913.

Der Erbvertrag ist vor 1900 errichtet, die Erblasserin aber nach diesem Zeitpunkte gestorben. Nach der festen Rechtsprechung findet in solchem Falle die Auslegungsregel des BGB. Anwendung. Th.

β) OLG. Braunschweig, I. ZS. Beschluß v. 24. Mai 1912.

Der Antrag des Beschwerdeführers, ihm einen gemeinschaftlichen Erbschein nach seiner 1910 verstorbenen Stiefmutter zu erteilen und zwar auf Grund ihres eigenhändigen Testaments von 1906 wurde zurückgewiesen. Die weitere Beschwerde ist unbegründet. Zutreffend gehen die Vorinstanzen davon aus, daß das Testament der Rechtsgültigkeit ermangelt, wenn sich die Erblasserin durch vorher geschlossenen Erbvertrag des Rechts, über ihren Nachlaß letztwillig zu verfügen, begeben hat. Ohne Rechtsirrtum ist ferner angenommen, daß durch die Erklärungen der Erblasserin, ihres vorverstorbenen Mannes und des zum Kurator für die erstehelichen Kinder des letzteren bestellten X. zum gerichtlichen Protokoll vom 1. Juni 1869 ein Erbvertrag zwischen der Erblasserin und den erstehelichen Kindern ihres Mannes zustande gekommen ist. Mit Unrecht meint die Beschwerde, der Erbvertrag ergreife nur diejenigen Vermögensstücke, welche die Erblasserin durch Vertrag vom 1. März 1864 ihrem Manne, damaligen Bräutigam, in die Ehe gebracht habe. Im Vertrage vom 1. Juni 1869 ist gesagt, daß bezüglich der Kinder erster Ehe und etwaiger Deszendenz zweiter Ehe in betreff des „Mutterguts" Einkindschaft vereinbart sei. Unter „Muttergut" ist aber nach dem üblichen Sprachgebrauch der gesamte mütterliche Nachlaß zu verstehen. In demselben Sinn ist der Ausdruck Muttergut, zB. in § 2 der Verordnung über die Verwaltungs- und Nutznießungsrechte des Vaters vom 6. Mai 1828 gebraucht. Daß auch hier die Vertragsschließenden den ganzen Nachlaß der Erblasserin dem Erbvertrage haben unterwerfen wollen, erhellt deutlich aus §§ 5, 6 des gerichtlichen Vertrages vom 1. März 1864, auf den im Vertrage von 1869 ausdrücklich Bezug genommen, und welcher daher zur Auslegung des letzteren zu verwenden ist. Nach § 5 haben die Kinder beider Ehen in betreff des Mutterguts beider Ehefrauen gleiche Anrechte, „so daß bei einer künftigen Vererbung das g e s a m t e Muttergut eine einzige Erbmasse bildet". § 6 bestimmt unter anderen, daß, falls die Frau (d. i. die Erblasserin) die Erstversterbende ist, deren E r b g u t den Kindern aus erster Ehe mit zufallen soll. Wie das Protokoll der Grundakten erkennen läßt, stand im § 6 zunächst Muttergut und dieses Wort ist, da es in der gewählten Verbindung nicht recht paßte, in Erbgut einkorrigiert. Die letztere Bezeichnung weist aber darauf hin, daß man Muttergut gleichbedeutend mit Erbgut hielt, unter welcher letzteren Bezeichnung unzweifelhaft der gesamte Nachlaß zu verstehen ist. Dem steht nicht entgegen, daß, wie § 6 weiter bestimmt, unter gewissen — nicht eingetretenen — Umständen die Einkindschaft wiederum aufhören und die Frau das Recht haben solle, über ihr Eingebrachtes anderweit zu verfügen. Denn wenn diese Stelle von dem Eingebrachten spricht, so ist der Schluß durchaus nicht gerechtfertigt, daß unter dem in anderer Verbindung gebrauchten Worte Muttergut und Erbgut ebenfalls nur das Eingebrachte gemeint sei. Vielmehr liegt die Auslegung näher, daß unter den in § 6 am Schlusse vorgesehenen Voraussetzungen, wenn nämlich die überlebende Frau zur zweiten Ehe schreitet, einmal die Einkindschaft und außerdem die Ehestiftung bezüglich des Eingebrachten der Frau wegfallen soll. Das „Eingebrachte" steht danach außer Beziehung zum Einkindschaftsvertrage. Jedenfalls ist unter den dargelegten Umständen nicht dargetan, daß sich die Vorinstanzen bei den getroffenen Entscheidungen eine Verletzung der Rechtsgrundsätze über die Auslegung hätten zuschulden kommen lassen. H.g.

9. Zwangsvollstreckung. ZPO. §§ 707ff.

a) Offenbarungseid als unersetzlicher Nachteil?

OLG. Rostock, II. ZS. Beschluß v. 2. Oktober 1912.

Der Beklagte, der die einstw. Einstellung der Vollstreckung ohne Sicherheitsleistung beantragt, hat nur geltend gemacht, daß er bereits zum Offenbarungseide geladen sei. Aus der Eidesleistung würde ihm jedoch ein Nachteil im Sinne des § 707 (719) nicht erwachsen. Der Eid soll nach dem Gesetz nur dazu dienen, den Schuldner unter dem Eideszwange zu veranlassen, ein vollständiges Vermögensverzeichnis vorzulegen; aus diesem soll der Gläubiger ersehen, ob der Schuldner noch Vermögensgegenstände hat, in die der Gläubiger vollstrecken kann. Der Eid ist demnach nur ein Hilfsmittel, um dem Gläubiger eine weitere Zwangsvollstreckung zu ermöglichen, seine Leistung selbst bedingt keinen Nachteil. Die etwa daraus für den Kredit des Schuldners sich ergebenden Nachteile sind keine weitergehenden als die, welche sich aus der Vornahme einer fruchtlosen Vollstreckung oder der voraussehbaren Erfolglosigkeit einer solchen bei einem Schuldner ergeben; dies ist aber nach dem Gesetz (§ 807) Voraussetzung der Offenbarungspflicht des Schuldners, deren Vorhandensein dem Vollstreckungsgerichte glaubhaft gemacht werden muß. J.n.

Dazu: **Einstellung nach beendeter Vollstreckung.**

OLG. München, IV. ZS. Beschluß v. 9. Juli 1912.

Im Vollzug des vorläufig vollstreckbaren Urteils des LG. ließ der Kläger A. wegen 600 Mark bei dem Schuldner pfänden. Da dieser Berufung einlegte, so wurde auf seinen Antrag vom 17. am 19. Juni die Zwangsvollstreckung einstweilen eingestellt und die Mobiliarpfändung gegen eine Sicherheit von 700 Mark aufgehoben. A. hatte aber in Vollstreckung des ersten Urteils bereits am 14. Juni einen am Tage darauf zugestellten Beschluß des Amtsgerichts als Vollstreckungsgerichts erwirkt, wonach dem A. ein dem Beklagten gegen die Brauerei auf Rückzahlung einer Kaution zustehender Anspruch gepfändet und dem A. zur Einziehung überwiesen wurde. Demgemäß zahlte die Drittschuldnerin den überwiesenen Betrag dem Kläger, der die Herausgabe an den Beklagten verweigert. Deshalb beantragt dieser eine Anordnung zum Beschluß vom 19. Juni dahin: daß der Pfändungsbeschluß des Amtsgerichts aufgehoben werde und A. den von der Brauerei ihm ausbezahlten Betrag dem Schuldner hinauszugeben habe. Dieser Antrag ist jedoch prozessual nicht statthaft.

Gemäß § 707 kann zwar die Vollstreckung schon *vor* Beginn, dagegen nicht mehr *nach* ihrer Beendigung eingestellt werden, und es ist unzulässig, dem Gläubiger den ihm ausgeantworteten Gegenstand der Zwangsvollstreckung auf dem Wege des § 707 wieder abzunehmen (Freudenthal § 707; RG. 23

S. 336). Die Vollstreckung endigte hier mit der Einziehung der Forderung und der Befriedigung des Gläubigers. Laut Zuschrift der Brauerei war bis zum 17. Juni die Kaution durch den Kläger bereits erhoben, somit war zurzeit der Beschlußfassung vom 19. Juni 1912 (vgl. Gaupp § 707 I[1]) die Vollstreckung in der Richtung gegen die Brauerei bereits beendet. P.n.

b) **Wo ist die Sicherheit nach § 710 zu hinterlegen?**

OLG. Celle, IV. ZS. Beschluß v. 13. Juli 1912.

Der Kläger durfte aus dem vorläufig vollstreckbaren Urteil nur gegen Sicherheitsleistung vollstrecken. Diesem Erfordernis hat er dadurch nicht genügt, daß er den Betrag zur vorläufigen Verwahrung bei dem Amtsgericht in Bückeburg gegeben hat. Da das Urteil gegen einen hier wohnenden Schuldner zu vollstrecken war, hatte die Hinterlegung nach den hier geltenden Gesetzen, also nach der HinterlO. vom 14. März 1879 zu geschehen. Diese bestimmt aber nicht, bei welchen der von ihr bezeichneten Stellen im einzelnen Falle zu hinterlegen ist. Diese Frage ist jeweilig nach dem Grund und Zweck der Hinterlegung zu beantworten. Neben der Hinterlegung läßt sie aber auch eine vorläufige Verwahrung durch die Amtsgerichte mit der im § 72 festgesetzten Wirkung zu. Nach der Begründung sollte das Gesetz die Gerichte von jeder Art der Depositalverwaltung entlasten. Dabei erkannte man jedoch an, daß in Fällen, die besonderer Beschleunigung bedurften, das Hinterlegungsgeschäft nur dann ohne Benachteiligung der Beteiligten durchgeführt werden könnte, wenn eine Hinterlegung auch bei den Amtsgerichten zugelassen wurde; immerhin aber sollten sie in Hinterlegungssachen nur ausnahmsweise in Anspruch genommen werden. Deshalb wurde die vorläufige Verwahrung zunächst im § 73 auf dringende Fälle beschränkt und im § 76 vorgeschrieben, bei welchem Amtsgericht sie im einzelnen Falle zu erfolgen hat. Die Begründung bemerkt, es liege keine Veranlassung vor, für dringliche Fälle nur die vorläufige Verwahrung zuzulassen; vielmehr sei es wünschenswert, daß von ihr ein nur geringer Gebrauch gemacht werde, deshalb müsse daneben die Hinterlegung zugelassen werden. Unzweckmäßig und dem Gegner des Hinterlegers gegenüber ungerechtfertigt würde es aber sein, wenn die Wahl des Amtsgerichts, bei welchem die Verwahrung erfolgen solle, dem Belieben des Hinterlegers überlassen würde.

Diese Sätze der Begründung lassen erkennen, daß die Vorschriften über die örtliche Zuständigkeit der Amtsgerichte als Verwahrungsstellen nicht nur eine Anweisung an diese sind, so daß, wenn einmal eine Verwahrung zugelassen ist, für die Beteiligten die Wirkungen einer Hinterlegung auch dann eingetreten sind, wenn das Amtsgericht nach § 76 HO. für die Verwahrung nicht zuständig war. Vielmehr sind, wie auch die Begründung des AusfG. zum BGB. Art. 89 sagt, mit den Amtsgerichten als Verwahrungsstellen Behörden bezeichnet, die nur unter bestimmten, von der Behörde zu prüfenden tatsächlichen Voraussetzungen im Verhältnis der Beteiligten als Hinterlegungsstellen dienen. Nur wenn diese Voraussetzungen, zu denen neben der Dringlichkeit des Falles auch die örtliche Zuständigkeit des Amtsgerichts gehört, gegeben sind, gilt die vorläufige Verwahrung für die Beteiligten als Hinterlegung. Hätten die Amtsgerichte nach außen hin für die vorläufige Verwahrung unbeschränkt zuständig sein sollen, so hätte es der eingehenden Vorschriften über ihre örtliche Zuständigkeit nicht bedurft. Es hätte, um einem Mißbrauch der Verwahrung vorzubeugen, deren Einschränkung auf die dringenden Fälle genügt. Daß durch die Beschränkung der Zuständigkeit die Verwahrung in einzelnen Fällen für den Gläubiger ihre wesentlichen Vorteile verlieren kann, ist freilich nicht zu verkennen. Aber sie ist eben nur ein Rechtsbehelf, der einerseits die Gerichte mit einer, ihnen an sich nicht zukommenden Verwaltungstätigkeit belastet, anderseits dem Hinterlegungsgegner nicht immer die gleiche Sicherheit bietet wie eine Hinterlegung. Deshalb muß sich der Hinterleger die im Interesse der Gerichte und seines Gegners gegebene Einschränkung gefallen lassen. L.t.

c) Erbieten des Klägers zur Sicherheitsleistung nach § 713.

OLG. München, I. ZS. Urteil v. 30. Oktober 1912.

Vor dem LG. hat sich der Kläger erboten, vor der Vollstreckung Sicherheit zu leisten, anderseits der Beklagte beantragt, ihm zu gestatten, durch Sicherheitsleistung die Vollstreckung abzuwenden. In solchen Fällen spricht sich die herrschende Meinung (Seuffert 2 S. 324) für beiderseitige Kautionen aus und hält deshalb für geboten, der Vollstreckbarerklärung zwei Zusätze hinzuzufügen: einmal, daß dem Schuldner gestattet wird, durch Sicherheitsleistung (Hinterlegung) die Vollstreckung abzuwenden, und zweitens, daß der Gläubiger trotz dieser Sicherheitsleistung das Urteil vollstrecken dürfe, wenn er seinerseits Sicherheit leiste. Der Senat hält jedoch die von Planck (Lehrb. 2 S. 641) vertretene Auffassung (vgl. hierzu auch Neumiller BayZ. 1905 S. 361) für richtig, wonach allerdings das Gericht an sich einem Antrag des Beklagten aus § 713² Folge geben muß, der Kläger aber die Verwerfung dieses Antrages dadurch herbeiführen kann, daß er sich erbietet, seinerseits Sicherheit zu leisten und in solchem Falle dann die vorläufige Vollstreckbarkeit auszusprechen, die Ausführung aber von vorgängiger Bestellung der Sicherheit des Gläubigers abhängig zu machen ist. Nach dem Wortlaut des Gesetzes ist zu folgern, daß, *wenn* der Gläubiger Sicherheit anbietet, das Gericht dem Schuldner die Abwendung der Vollstreckung durch Sicherheitsleistung (Hinterlegung) *nicht* zu gestatten hat, daß also auch eine ausdrückliche Abweisung des Antrags des Schuldners wegfällt. Bei einem Erbieten des Gläubigers zur Sicherheitsleistung gemäß § 710 aE. kann zweifellos ein Antrag des Schuldners aus § 713² nicht in Betracht kommen; es ist aber nicht abzusehen, warum das Erbieten des Gläubigers im § 713² etwas anderes sein soll als im § 710; der § 713² betrifft eben nur diejenigen Fälle, wo die vorläufige Vollstreckbarkeit des Urteils *ohne* Sicherheitsleistung ausgesprochen werden kann oder muß (§§ 708, 709) und soll nur ein Abwehrmittel dann gewähren, wenn *nicht* durch Sicherheitsleistung des Gläubigers ohnehin ein Schutz gegen den Mißbrauch der vorläufigen Vollstreckung gegeben ist (Neumiller aO., Colmar Rsp. 18 S. 391).

Hiernach war auf die Berufung des Klägers das erste Urteil dahin zu ändern, daß es nur gegen Sicherheitsleistung des Klägers in Höhe des jeweils beizutreibenden Betrages[1] vollstreckbar ist. Diese ist nach § 301 ein Teilurteil (Gaupp-Stein § 718 II), das nach Lage der Sache einen Ausspruch im Kostenpunkte nicht enhalten kann und gemäß § 718³ sofort in Rechtskraft erwächst, sohin nicht für vorläufig vollstreckbar zu erklären ist. P.n.

d) **Ersatzpflicht nach § 717². Verjährung. Selbstverschulden.**

α) OLG. München, IV. ZS. Urteil v. 18. November 1912.

1903 pfändete der Gerichtsvollzieher aus einem vorläufig vollstreckbaren Urteil bei dem Verurteilten A. 10 Schweine und eine Dreschmaschine und erhielt nach der Versteigerung dieser Maschine den Restbetrag von 600 Mark ausgezahlt. Auf Berufung wurde jedoch die Klage abgewiesen und der damalige Kläger zur Rückzahlung der 600 Mark verurteilt. A. behauptet nun, daß er zur Beschaffung dieser 600 Mark Viehverkäufe unter großen Verlusten habe vornehmen müssen und klagt auf Erstattung von 1000 Mark. Der Anspruch ist begründet.

1. Die Frage, ob die Ersatzpflicht in § 717² auf eine unerlaubte Handlung des Klägers im Sinne des BGB. zurückzuführen ist und demgemäß nach § 852 BGB. in 3 Jahren verjährt, ist in der Theorie bestritten (Staudinger § 852 N. 8 e, D. JZ. 1898 S. 66) und oberstrichterlich bis jetzt noch nicht entschieden, da die bisher ergangenen Urteile des RG. sich lediglich auf den Fall des § 945 bezogen. Aus JW. 1910 S. 390 könnte vielleicht entnommen werden, daß das RG. auch die Haftung des Klägers aus § 717 als eine solche aus einer unerlaubten Handlung erachtet, da, wie es dort heißt, eine unerlaubte Handlung im Sinne des BGB. zwar kein persönliches Verschulden des Handelnden als Begriffsmerkmal verlangt, wohl aber ein gegenständlich rechtswidriges Vorgehen und eine auf § 717 gestützte Klage gerade voraussetzt, daß sich hinterher — nach Aufhebung des vorläufig vollstreckbaren Urteils — das Vorgehen des Gläubigers als ein gegenständlich rechtswidriges darstellt. Die Streitfrage kann jedoch auf sich beruhen, weil selbst bei Anwendung des § 852 der Anspruch nicht verjährt ist. Allerdings kann nach § 717 der Schadensersatz im anhängigen Rechtsstreit gefordert werden, notwendig ist dies jedoch nicht. Zur Entstehung gelangt der Anspruch erst mit der Aufhebung des vorläufig vollstreckbaren Urteils (RG. 58 S. 243, Gaupp § 717 II 4) wie dies auch der Fall ist bei der Aufhebung eines vollzogenen Arrestes, wenn er auch schon vorher geltend gemacht

[1] Die Frage, ob die Sicherheitsleistung nach der gesamten Höhe der Verurteilung zu bewirken ist oder ob sie nach Höhe des beizutreibenden Betrages bemessen werden kann, läßt sich nicht grundsätzlich, sondern nur nach den Umständen des Einzelfalles entscheiden; die Interessen beider Parteien sind gegeneinander abzuwägen (OLG. Dresden, IV. ZS. Urteil v. 11. Januar 1912, Ann. 34 S. 98).

werden kann. Erst nach Aufhebung des Urteils weiß der Beklagte, daß er mit Erfolg einen Ersatzanspruch gegen den Gläubiger, der vollstreckt hat, erheben kann. Hier erging das Berufungsurteil am 29. September 1906, dagegen ist die jetzige Klage am 28. September 1909 zugestellt.

2. Das LG. meint, daß der Kläger den eingeklagten Schaden überwiegend selbst verschuldet habe. Allein die Einstellung der Zwangsvollstreckung ohne Sicherheitsleistung hätte er beim Berufungsgericht nicht beantragen können, da die Voraussetzung des § 707 ein nicht zu ersetzender Nachteil gerade im Hinblick auf § 717 gefehlt hätte. Würde aber das Berufungsgericht die Einstellung gegen Sicherheit angeordnet haben, so hätte der Kläger zur Beschaffung dieser Sicherheit ebenso wie zur Abwendung der Versteigerung Vermögensstücke freihändig veräußern müssen, weil dies tatsächlich geschah, und den nämlichen Schaden erlitten, den er jetzt davongetragen hat. Ebensowenig läßt sich sagen, daß dem Kläger durch seine Maßnahmen überhaupt ein ungewöhnlich hoher Schaden i. S. des BGB. § 254² zugegangen ist. Jeder erfahrene Mann wie der Beklagte weiß, daß sowohl bei einer Zwangsversteigerung wie bei einem Notverkauf nicht der normale Wert der zur Veräußerung gelangenden Gegenstände, sondern ein weit geringerer erzielt wird und daß durch Weggabe von Viehstücken jeder Art der Landwirt einen ganz beträchtlichen Schaden in seinem Wirtschaftsbetrieb erleidet — dieser Schaden war kein ungewöhnlich großer und dem Beklagten nicht unbekannt. P.n.

β) **Einwendungen gegen den Anspruch aus § 717³.**

OLG. Celle, IV. ZS. Urteil v. 5. Oktober 1912.

Die Beträge, deren Rückzahlung die Beklagte begehrt, sind zufolge des nach § 708 Nr. 7 für vorläufig vollstreckbar erklärten Berufungsurteils gezahlt. Nachdem dieses aufgehoben ist, war der Kläger nach § 717³ auf Antrag zur Erstattung des Gezahlten zu verurteilen. Materiell-rechtliche Einwendungen hiergegen kann er nicht geltend machen. Denn die Anordnung der Erstattung ist eine rein prozessuale Maßregel, die nach Wegfall des vollstreckbaren Titels die unbedingte Rückzahlungspflicht festsetzt und deren erkennbarer Zweck ein Zurückgehen auf den Inhalt des Klaganspruchs und die ihm entspringenden Einreden nicht zuläßt. Von dieser Auffassung ist man ausgegangen, als der Erstattungsanspruch mit demselben Wortlaut wie jetzt im früheren § 655² gegeben war (RG. 34 S. 355). Der durch die Novelle v. 1898 gewährte Schadensanspruch schließt allerdings, da er selbst nach materiellem Recht zu beurteilen ist, materielle Einwendungen nicht aus (RG. 76 S. 406). Einen solchen Schadensanspruch kann aber die Beklagte nicht geltend machen, da ihr nach dem durch die Novelle vom 22. Mai 1910 dem § 717 hinzugefügten Abs. 3 nur ein Rückforderungsrecht in dem früher durch § 655² gewährten Umfange zusteht, insoweit also der frühere Rechtszustand wiederhergestellt ist (vgl. Motive 1910 S. 21). Der Kläger kann daher auch dem Anspruch der Beklagten keine materiell-rechtlichen Einwendungen entgegensetzen, besonders weder bestreiten, daß er nach Wegfall des Vollstreckungstitels, auf Grund dessen die Zahlung erfolgte, ungerechtfertigt bereichert sei, weil ihm der Klaganspruch zustehe, noch mit der Klageforderung gegen den Erstattungsanspruch der Beklagten aufrechnen.

Der § 541², auf den im § 717³ verwiesen ist, betrifft nur den Umfang der dem Kläger obliegenden Leistungen, ändert aber nichts an dem prozessualen Charakter des Erstattungsanspruchs. L.t.

e) **Keine Klausel für bedingte Urteile.**

OLG. Breslau, FerienZS. Beschluß v. 10. August 1912.

Nachdem die Berufung des Klägers gegen das bedingte Endurteil kostenpflichtig und vorläufig vollstreckbar zurückgewiesen worden war, hat der Beklagte eine vollstreckbare Ausfertigung des Berufungsurteils vergeblich beantragt. Seine Beschwerde ist unbegründet. Die Klausel soll nach §§ 724ff. dazu dienen, den Schuldtitel zur Bewirkung der Vollstreckung geeignet zu machen. Der Gerichtsschreiber hat also zunächst zu prüfen, ob das Urteil überhaupt einen zur Vollstreckung geeigneten Titel bildet (KGBl. 1907 S. 32). Diese Voraussetzung liegt hier nicht vor, denn das Urteil hat lediglich die Berufung zurückgewiesen. Eine durch staatlichen Zwang herbeizuführende Leistung kommt nicht in Frage, da in erster Instanz ein bedingtes Endurteil ergangen ist, also eine in ihrem Endergebnisse noch gar nicht feststehende, der Vollstreckung überhaupt noch nicht fähige Entscheidung. Der Hinweis des Beklagten auf das Festsetzungsverfahren ist verfehlt. Denn dafür bedarf es nur der Vorlegung eines zur Vollstreckung an sich geeigneten Titels (§ 104), also des Urteils; beigetrieben werden die Kosten auf Grund des mit der Klausel versehenen Festsetzungsbeschlusses (KG. aO; RG. v. 23. Januar 1912, Zeitschr. für Justizsekr. 12 S. 76). Gd.

f) **Zur Auslegung des § 726 ZPO.**

OLG. Marienwerder, I. ZS. Beschluß v. 22. März 1913.

Die Parteien haben einen Prozeßvergleich dahin geschlossen: „Der Beklagte zahlt am 1. Februar 1913 an den Kläger 830 Mark. Falls er bis dahin sein Grundstück veräußert, verpflichtet er sich, den Anspruch auf den baren Kaufpreis in Höhe von 830 Mark zahlungshalber dem Kläger abzutreten. Dieser Vergleich tritt außer Kraft, wenn nicht bis zum 1. Februar 1913 der Kläger befriedigt ist." Die vom Kläger beantragte Erteilung einer vollstreckbaren Ausfertigung wurde abgelehnt, weil er nicht nachgewiesen habe, daß der Vergleich nach 1. Februar 1913 in Kraft geblieben sei. Die Beschwerde ist begründet. Das LG. geht zu Unrecht davon aus, daß ein Fall des § 794 Nr. 1, §§ 795, 726¹ vorliege. Es hängt nicht die Vollstreckbarkeit des Vergleichs nach seinem Inhalt von dem durch den Gläubiger zu beweisenden Eintritt einer Tatsache ab. Der Vergleich ist vielmehr seinem Inhalte nach ohne den Eintritt irgend einer aufschiebenden Bedingung ohne weiteres wirksam und vollstreckbar. Lediglich die Aufhebung des Vergleichs und seiner Vollstreckbarkeit hängt von dem Eintritt einer auflösenden Bedingung ab.

Ob aber der seinem Inhalte nach an sich wirksam und vollstreckbar gewordene Vergleich durch Eintritt einer auflösenden Bedingung außer Kraft getreten ist, hat der Gerichtsschreiber bei der Erteilung der Klausel nicht zu prüfen. Es ist Sache des Schuldners, seine Einwendungen nach § 732 oder § 767 geltend zu machen. Dahingestellt bleiben kann, ob sich auf den Schlußsatz des Vergleichs nur der Kläger oder auch der Beklagte solle berufen dürfen. Wgr.

g) **Klausel für den Rechtsnachfolger: α) bei mehreren Prätendenten.**

Kammergericht, XXII. ZS. Beschluß v. 15. Mai 1913.

Nachdem das RG. die Kläger abgewiesen und verurteilt hatte, der Frau des Beklagten auf Grund einer Abtretung vom 1. November 1911 die beim Beklagten beigetriebenen Beträge zurückzuzahlen und die Kosten des Rechtsstreits zu tragen, sind diese Kosten am 19. März 1913 auf 3000 Mark festgesetzt worden. An demselben Tage hat jedoch die Gerichtskasse wegen einer Kostenschuld des Beklagten dessen Anspruch aus der Kostenfestsetzung gepfändet und sich zur Einziehung überwiesen, auch am 4. April 1913 vollstreckbare Ausfertigung des Festsetzungsbeschlusses erhalten. Dagegen lehnte der Gerichtsschreiber bei Zustellung des Festsetzungsbeschlusses unter Hinweis auf das Zahlungsverbot der Gerichtskasse die Erteilung der Vollstreckungsklausel für den Beklagten ab. Die Beschwerde hierüber ist nicht begründet, da das LG. mit Recht eine Berücksichtigung der vom Beklagten geltend gemachten Abtretung des Kostenerstattungsanspruchs vom 1. November 1911 ablehnt.

Es handelt sich nicht um eine Einwendung des Schuldners aus § 732 gegen die Zulässigkeit der erteilten Klausel, sondern um einen Streit zweier angeblicher Gläubiger, von welchen jeder das Recht auf eine vollstreckbare Ausfertigung für sich beansprucht. Für die Entscheidung eines Streites dieser Art bietet das Verfügungsverfahren der §§ 727 flg. und das Beschwerdeverfahren keinen Raum. Die Erteilung der vollstreckbaren Ausfertigung gemäß §§ 727, 730 richtet sich nach dem beigebrachten Urkundenmaterial; durch die Vorschrift, daß die Rechtsnachfolge offenkundig oder durch öffentliche ꝛc Urkunden nachgewiesen sein müsse, wird dafür gesorgt, daß formelle Zweifel über die Berechtigung nach Möglichkeit ferngehalten werden. Nach den beigebrachten Urkunden konnte aber die Klausel lediglich der Gerichtskasse erteilt werden. Es wird geltend gemacht, die Abtretung von 1911 gehe bereits aus dem der Kostenfestsetzung zugrunde liegenden Urteil hervor. Hieraus folgt aber für die Streitfrage nichts. Denn einerseits ergibt sich aus der im Urteil allein erwähnten Abtretung des zuerkannten Anspruchs keineswegs auch der Übergang des Kostenerstattungsanspruchs auf den Zessionar, andererseits hatte der Beklagte bis zum Erlasse des Festsetzungsbeschlusses nur die Festsetzung der Kosten für sich beantragt, ohne eine Abtretung auch dieses Anspruchs an seine Frau zu erwähnen. Erst nachdem solchergestalt die Klausel zu Recht der Gerichtskasse erteilt war, hat der Beklagte unter Berufung auf die frühere Abtretung beantragt, die Klausel für seine Frau zu erteilen und, wie es in der Beschwerde heißt, „die zugunsten der Gerichtskasse erteilte Klausel für nichtig zu erklären.“ Für einen derartigen Antrag bietet die ZPO. keine Unterlage. Es ist hier nicht mehr möglich, das Vorrangsverhältnis zwischen der Abtretung und dem Zahlungsverbot nachträglich zu prüfen. Es muß der Berechtigten überlassen bleiben, durch besondere Klage ihr angebliches Vorrecht gegen die Gerichtskasse zur Geltung zu bringen. Tr.

β) **bei dem Verkauf eines eingetragenen Gebrauchsmusters?**

OLG. Dresden, VI. ZS. Beschluß vom 4. Juni 1912.

Der Techniker A. hat nach dem rechtskräftigen Verf.Urteil die Löschung des für ihn eingetragenen Gebrauchsmusters zu bewilligen. Da das Muster nach der Klagerhebung auf X. umgeschrieben worden war, beantragte der hiervon erst nachträglich unterrichtete Kläger, ihm gegen X. als den Rechtsnachfolger des Beklagten eine vollstreckbare Ausfertigung zu erteilen. Seine Beschwerde über die Zurückweisung dies Antrags ist begründet.

Allerdings ist der Vertrag, durch den der Beklagte seine durch die Gebrauchsmustereintragung begründeten Rechte auf X. übertrug, schon vor der Klagerhebung abgeschlossen worden; wenigstens ist ein späterer Abschluß weder bei dem Gericht offenkundig noch durch Urkunden nachgewiesen. Auch hat X. durch den Vertragsschluß für sich allein das Gebrauchsmusterrecht dergestalt wirksam erworben, daß der Beklagte durch eine nachfolgende nochmalige Veräußerung dem zweiten Erwerber das Recht nicht mehr würde verschaffen können (GebrMustG. § 7). Die Rechtsnachfolge im Sinne von § 727 hat aber der Vertragsschluß noch nicht erzeugt; sie ist vielmehr erst auf Grund der Umschreibung eingetreten. Denn formell ist nach § 6 GebrMustG. verb. mit dem entsprechend anwendbaren § 19² PatG. (RG. 67 S. 176; Seligsohn, PatG.⁵ 468⁶; Isay² 489³) bis zur Umschreibung und zwar ausschließlich der Beklagte berechtigt und verpflichtet geblieben, nicht nur im Verhältnisse zum Patentamte, sondern gleichermaßen auch im Verhältnisse zum Kläger und jeden sonstigen Dritten. X. war bis zur Umschreibung nicht in der Lage, sein erworbenes Gebrauchsmusterrecht, sei es angriffs-, sei es verteidigungsweise, gerichtlich geltend zu machen; er war dem Beklagten also in diese zum vollständigen Rechtserwerb unentbehrlichen Berechtigungen noch nicht nachgefolgt und mußte bis zur Umschreibung noch alle durch oder gegen den Beklagten erfolgten Änderungen des Gebrauchsmusterrechts gegen sich gelten lassen. Die Umschreibung ist demnach Voraussetzung für den (vollständigen) Rechtsübergang, die Rechtsnachfolge (vgl. Isay 489; auch Cantor, GebrMustG. S. 851; Dernburg, BR. 6 S. 275; ferner Seligsohn 273). Ann.

γ) **bei privatschriftlichen, eröffneten Testamenten.**

Kammergericht, VII. ZS. Beschluß v. 26. Oktober 1912.

Eine Urkunde wird zu einer öffentlichen, wenn sie von einer öffentlichen Behörde innerhalb der Grenzen ihrer Amtsbefugnisse oder von einer mit öffentlichem Glauben versehenen Person innerhalb des ihr zugewiesenen Geschäftskreises in der vorgeschriebenen Form aufgenommen wird. Diese Voraussetzungen liegen jedoch bei dem privatschriftlichen Testament nicht vor; es wird auch nicht dadurch, daß es eröffnet und zu den Testamentsakten genommen wird, zu einer öffentlichen Urkunde, diese Eigenschaft kommt vielmehr nur dem über die Eröffnung aufgenommenen Protokolle zu. Bildet es hiernach auch nach seiner Eröffnung keine zweifelsfreie Grundlage für die Rechtsnachfolge der Erbin des Klägers, so ergibt sich daraus ohne weiteres, daß die Rechtsnachfolge auf Grund der Testamentsakten auch nicht als offenkundig, dh. dem Gericht bekannt, angesehen werden kann. L.n.

δ) **bei Abtretung an einen der verurteilten Wechselschuldner.**

OLG. Breslau, IV. ZS. Beschluß v. 20. Dezember 1911.

Wenn der Beschwerdeführer, der als Indossant aus dem Wechsel mitverhaftet, auch vom Kläger mitverklagt und mitverurteilt ist, an den Kläger die Wechselschuld bezahlt hätte, so wäre allerdings die Wechselobligation ganz getilgt und für eine Abtretung von Ansprüchen des Klägers aus dem Wechselurteil kein Raum mehr gewesen. Hier liegt aber nichts weiter vor, als eine formelle Abtretungserklärung, und die darin enthaltenen Worte: „Gegenwert der Abtretung habe ich erhalten" lassen die Frage, worin dieser Gegenwert bestanden und wie hoch er sich belaufen hat, ganz offen und beweisen deshalb für sich allein in keiner Weise, daß der Beschwerdeführer die Wechselschuld durch Zahlung getilgt hat. Die Rechtsnachfolge steht in der in § 727 vorgeschriebenen Weise fest; daher hängt die Umschreibung der Klausel nicht von dem Ermessen des Gerichts ab, vielmehr ist dem Schuldner zu überlassen, Einwendungen gegen die Erteilung auf dem in §§ 732, 768 vorgeschriebenen Wege geltend zu machen, besonders auch nach der Richtung, ob und inwieweit die Forderungen des Klägers etwa durch Zahlung des Beschwerdeführers in ihrem wesentlichen Bestande beeinflußt worden sind (Rsp. 15 S. 274). Gd.

h) **Einwendung aus § 732 und Beschwerde.**

OLG. Hamburg, IV. ZS. Beschluß v. 5. Februar 1913.

Gegen die Zulässigkeit der vom Gerichtsschreiber auf Anordnung als Vorsitzenden erteilten Klausel hat der Schuldner gemäß § 732 eine Einwendung erhoben, mit der er eventuell — nämlich für den Fall der Zurückweisung seines Antrags — das Rechtsmittel der Beschwerde verbunden hat. Über die Einwendung hatte das Prozeßgericht, dessen Gerichtsschreiber die Klausel erteilt hat, zu entscheiden, und gegen diese Entscheidung hatte der Schuldner die einfache Beschwerde, da die Erteilung der Klausel nur der Vorbereitung der Vollstreckung dient, es sich mithin bei ihr nicht um eine Entscheidung im Vollstreckungsverfahren gemäß § 793 handelt (vgl. Gaupp-Stein § 730 II, 732 II). Hiernach hatte zunächst das Prozeßgericht über die Einwendung zu befinden. Seine Entscheidung, die die Voraussetzung des Beschwerderechts bildete, fehlt bislang. Es hat sich darauf beschränkt, die Beschwerde, die nur für den Fall der Ablehnung der Einwendung erhoben war, dem OLG. zu überweisen. In dem diese Überweisung aussprechenden Beschluß kann eine sachliche Entscheidung des Prozeßgerichts, wie sie § 732 erfordert, nicht erblickt werden. Die Voraussetzung, unter der die Beschwerde erhoben ist, ist mithin noch gar nicht eingetreten, und es bedarf zunächst einer materiellen Entscheidung des Prozeßgerichts über die Einwendung selbst, gegen die dem Schuldner, falls sie ihm ungünstig ist, die Beschwerde zusteht. Da es sich hierbei aber um die einfache Beschwerde handelt und ein Fall des § 577⁴ nicht vorliegt, so ist die bereits im voraus für den Fall der ungünstigen Entscheidung erhobene Eventualbeschwerde unzulässig (RG. 46 S. 418); der Schuldner wird daher die Beschwerde neu zu erheben haben. M. M.

i) **Duldungspflicht des Mannes bei Gütertrennung?**

OLG. Dresden, II. ZS. Urteil v. 26. Januar 1912.

Aus dem Schuldscheine von 1906 war die Frau B. zur Zahlung und der Mann zur Duldung der Vollstreckung verurteilt worden. Die Berufung des Mannes war zu beachten. Wenn nicht schon vorher, so ist 1904 mit der Eröffnung des Konkurses zu seinem Vermögen unter den schon damals verheirateten Eheleuten Gütertrennung eingetreten (BGB. § 1419 verb. mit § 1426). Ein anderer, besonders der gesetzliche Güterstand hätte danach von ihnen gemäß § 1434 BGB. nur durch einen vor Gericht oder vor Notar geschlossenen Vertrag eingeführt werden können. Daß die Beklagten sich in dieser Form über einen neuen Güterstand geeinigt hätten, behauptet der Kläger selbst nicht. Bei diesem Sachstande liegt keine der Voraussetzungen vor, unter denen der Mann wegen eigener Rechte am Frauengute grundsätzlich die Vollstreckung in dieses zu hindern vermöchte, und unter denen dementsprechend der § 739 ZPO. eine solche Vollstreckung von der Verurteilung des Mannes zur Duldung abhängig macht, soweit dessen Gewahrsam berührt wird. Daß der Kläger etwa irrtümlich einen anderen Güterstand für gegeben erachtete, vermag das Bestehen des Güterstands selbst nicht zu ersetzen. Im Hinblick auf das Konkursverfahren von 1904 wäre er auch nicht berechtigt gewesen, den gesetzlichen Güterstand bei den Beklagten zu vermuten. Selbst wenn der Eintritt der Gütertrennung weder im Güterrechtsregister eingetragen noch dem Kläger tatsächlich bekannt geworden wäre, hätten übrigens sogar gegen Rechtsgeschäfte und Urteile der im § 1435 BGB. bezeichneten Art aus der gesetzlichen Änderung des Güterstands Einwendungen hergeleitet werden können. Um so gewisser ist der Mitbeklagte nicht behindert, sich gegenüber der vorliegenden Klage auf die wirkliche Sachlage zu berufen. Auch die Entscheidung Ann. 27 S. 356 legt nur wegen der Kosten des Prozesses über den Duldungsanspruch darauf Wert, ob die (vertragsmäßige) Änderung des Güterstands eingetragen worden sei oder nicht.

Die Ehe als solche — abgesehen vom Güterstande — gibt dem Manne kein Recht, der Vollstreckung in das Frauengut zu widersprechen. Auch das Prozeßrecht erfordert nicht allein um der Ehe willen die Verurteilung des Mannes zur Duldung der Vollstreckung. Die abweichenden Ausführungen in Rsp. 15 S. 160 sind nicht überzeugend. Wenn das RG. in einem Urteile vom 20. Februar 1909 zur Begründung seiner abweichenden Auffassung bemerkt, im Falle der Gütertrennung sei der Mann „ebenso wie jeder Dritte" verpflichtet, die Vollstreckung in die Sachen der verurteilten Frau zu dulden, so führt diese Begründung über das Ziel hinaus. Die nach beiden Entscheidungen mit der hier vertretenen Auffassung angeblich verbundenen Unzuträglichkeiten würden das geltende Recht nicht ändern können, erscheinen aber auch übertrieben, vor allem für den vorliegenden Fall. Dieser bietet auch keinen Anlaß, darauf einzugehen, wann etwa ein Irrtum des Klägers über das bei den Gegnern bestehende Güterrecht für die Kostenentscheidung erheblich werden könnte. Die Klage auf Verurteilung zur Duldung war demnach abzuweisen, ohne daß auf den Streit darüber einzutreten war, ob der Kläger bei Erhebung der Klage von der Konkurseröffnung gewußt habe oder nicht (vgl. Jolly, ZivArch. 93 S. 449, 453; Hein, Duldung der Zwangsv. 23; Struckmann N. 7; Gaupp-Stein N. I; Petersen N. 2 aE.; Seuffert zu § 739 ZPO.; Rsp. 25 S. 196, auch Rsp. 15 S. 406). Ann.

k) **Ist zur Festsetzung der Vollstreckung nach dem Tode des Gläubigers die Klausel auf seine Erben umzuschreiben?**

OLG. Breslau, V. ZS. Beschluß v. 31. Oktober 1912.

Gegen den auf Antrag der Frau des Schulders am 16. Juni erlassenen, aber erst nach ihrem Tode dem Drittschuldner zugestellten Pfändungsbeschluß hat der Schuldner eingewendet, daß die Klausel noch auf den Namen der Frau laute. Diese Einwendung ist jedoch unbegründet. Für die Frage, ob zur Fortsetzung der Zwangsvollstreckung nach dem Tode der Gläubigerin die Umschreibung der Klausel auf die Erben erforderlich ist, ist aus dem § 779, nach dem eine beim Tode des Schuldners gegen diesen bereits begonnene Vollstreckung in den Nachlaß fortgesetzt werden kann, nichts zu entnehmen. Der § 779 enthält eine mit Rücksicht auf das Fortbestehen des Schuldnervermögens nach dem Tode des Schuldners im Interesse des Gläubigers gegebene Sonderbestimmung. Da zur Herbeiführung der Vollstreckung grundsätzlich die Tätigkeit einer Person, des Gläubigers, erforderlich ist, so kann aus § 779 zugunsten der Nachlaßmasse des Gläubigers nichts gefolgert werden. Die Frage ist lediglich aus § 750 zu verneinen. Der § 750[1] spricht an sich nur von dem Beginne der Vollstreckung. Ob hiernach in jedem Falle ihre Fortsetzung von der Umschreibung der Klausel auf die Rechtsnachfolger des Gläubigers unabhängig ist, kann dahingestellt bleiben. Ohne Einfluß auf den Fortgang des Verfahrens muß jedenfalls der Eintritt eines Rechtsnachfolgers an die Stelle des im Schuldtitel bezeichneten Gläubigers dann bleiben, wenn, wie hier, eine neue Tätigkeit des Gläubigers selbst nicht erforderlich ist. Die Vollstreckung hat hier auf Betreiben des Prozeßbevollmächtigten begonnen; dieser ist mangels abweichender Anweisung der Gläubigerin gemäß dem § 81 zur Stellung des Pfändungsantrages ermächtigt und bleibt, da nach dem § 86 die Vollmacht durch den Tod der

Vollmachtgläubigerin nicht erlischt, auch nach dem Tode der Gläubigerin zum weiteren Betreiben der Vollstreckung auf Grund des ihm erteilten Auftrages der Gläubigerin befugt. Demnach ist die Zustellung des Pfändungsbeschlusses ohne die Umschreibung des Titels zu Recht erfolgt.[1] R.

l) **Erinnerung oder Beschwerde, wenn das Amtsgericht auf Anweisung des Beschwerdegerichts pfändet?**

Kammergericht, VIII. ZS. Beschluß vom 5. Februar 1913.

Die weitere Beschwerde richtet sich gegen den Beschluß, durch den das LG. das Amtsgericht angewiesen hat, dem von diesem abgelehnten Pfändungsgesuche stattzugeben. Gegen einen solchen Beschluß des LG. ist nicht das Rechtsmittel der Beschwerde gegeben, sondern der Schuldner ist darauf beschränkt, gegen den die Pfändung nunmehr aussprechenden Beschluß des Amtsgerichts, wenn er ergehen sollte — vorliegend ist er bereits am 2. Januar erlassen worden — bei dem Amtsgericht die Erinnerung gemäß § 766 zu erheben. Die Rechtslage ist ähnlich wie in dem Falle, daß das Gericht erster Instanz einen beantragten Arrest abgelehnt, das Beschwerdegericht aber ihn erlassen hat. Hier hat über den gemäß § 924 erhobenen Widerspruch nicht das Beschwerdegericht zu entscheiden, sondern das Gericht erster Instanz (RG. 29 S. 396, 37 S. 368). Nur wenn der Schuldner in einem Falle wie dem vorliegenden auf den Weg der Erinnerung gewiesen wird, läßt es sich erreichen, daß für die Entscheidung über die Einwendungen des Schuldners der gesetzlich geordnete Instanzenzug eingehalten wird; die Rechte des Schuldners könnten empfindlich beeinträchtigt werden, wenn er genötigt wäre, seine Einwendungen in einer Instanz mittels der an die Notfrist gebundenen sofortigen weiteren Beschwerde zu verfolgen, während ihm, wenn bereits das Amtsgericht gepfändet hat, zur Geltendmachung seiner Einwendungen die unbefristete Erinnerung und die Anrufung von mindestens zwei Instanzen zusteht. [Vgl. dagegen Falkmann 374 c.] Br.

m) **Vollstreckungsgegenklage: α) gegen einstw. Verfügungen.**

OLG. Braunschweig, I. ZS. Urteil v. 20. Dezember 1912.

Auf Antrag der Frau L., die auf Scheidung klagte, hatte das LG. durch einstw. Verfügung das Getrenntleben gestattet, der Frau die Sorge für das Kind übertragen, den Mann zur Zahlung von Unterhalt verurteilt und ihm einen Kostenvorschuß von 548 Mark an den Gegenanwalt aufgegeben. Nach erhobenem Widerspruch haben sie sich im Verhandlungstermine dahin verglichen: 1. das Kind verbleibt der Frau; 2. der Mann zahlt ihr monatlich 120 Mark Unterhalt; 3. die Kosten werden auf den Ausfall der Sache verstellt; 4. über den Kostenvorschuß bleibt eine Einigung vorbehalten. Ehe der Vergleich geschlossen ist, hat das Amtsgericht wegen des Kostenvorschusses die Gehaltsforderung des Mannes gepfändet und der Frau zur Einziehung überwiesen. Nach dem Vergleichsschluß hat die Frau den Gerichtsbeschluß dem Dritt-

[1] Vgl. dagegen Seuffert N. 4c; Gaupp-Stein N. I zu § 750; Falkmann, Zwangsv. 157; Jacobi, BuschZ. 25 S. 467. D. E.

schuldner zugestellt. Der Mann hat zunächst bei dem Amtsgericht gegen den Pfändungsbeschluß sofortige Beschwerde verfolgt und nach ihrer Abweisung bei dem LG. aus § 767 geklagt und obgesiegt. Die Berufung der Frau ist unbegründet.

Der Mann L. hat die Vollstreckungsgegenklage erhoben, nachdem er zunächst im Wege der sofortigen Beschwerde Aufhebung des Pfändungsbeschlusses und Einstellung der Vollstreckung beantragt hatte. Das LG. hat die Beschwerde als Erinnerung gegen die Art und Weise der Vollstreckung aufgefaßt und an das Amtsgericht zurückgegeben, um als Vollstreckungsgericht nach § 766 zu entscheiden. Das Amtsgericht hat jedoch das Rechtsmittel verworfen, weil der Antragsteller keine „Erinnerung“, sondern eine materiell-rechtliche, im Wege der Klage nach § 767 geltend zu machende Einwendung erhoben habe. Dabei ist verkannt, daß, wenn ein Schuldner unter Vorlegung einer Vergleichsurkunde, durch die die Befriedigung des Gläubigers nach § 775 Nr. 4 klargestellt wird, Einstellung beantragt, ein formelles Hindernis der Vollstreckung geltend gemacht wird, über das nach § 766 zu entscheiden ist. Die gänzliche Abweisung des Rechtsmittels war daher nicht gerechtfertigt; der Antragsteller hat sich jedoch dabei beruhigt und aus seiner materiellen Rechtsstellung nach § 767 geklagt.

Ob diese Klage gegen die Vollstreckung aus einstw. Verfügungen gegeben ist, ist streitig. Es verneinen Gaupp-Stein § 938 N. 40, 47 abweichend von den früheren Auflagen; Seuffert § 928; Jena Seuff. 62 Nr. 71; dagegen Petersen N. 3; Struckmann N. 1 zu § 936; JW. 1902 S. 23[14]; Breslau Seuff. 50 Nr. 228. Die verneinende Ansicht wird damit begründet, daß durch die Anordnung als vorläufige Maßnahme nicht, wie durch ein Urteil, ein Anspruch „festgestellt“ werde (Gaupp, Seuff. 62). Daneben wird hervorgehoben, daß dem Schuldner der § 927 offen stehe, und daß andernfalls eine Einstellung nach § 769 möglich sein würde, was dem Wesen der EV. ebenso widerspreche, wie die Einstellung nach §§ 707, 719 (Gaupp). Diese Ansicht wird dem Zweckbegriffe der EV. insofern gerecht, als durch die zwangsweise Durchführung eines durch Urteil festgestellten Anspruches dem Gläubiger Befriedigung verschafft werden soll, während die EV. grundsätzlich nur die Sicherung eines gefährdeten Anspruches bezweckt, für den die Voraussetzungen der ordentlichen Zwangsvollstreckung noch nicht vorliegen. Man wird daher von einem durch die EV. festgestellten Anspruch nicht sprechen können, wenn die angeordneten Maßregeln sich auf eine vorläufige Sicherung der Anspruchsverwirklichung, ohne die Verwirklichung selbst herbeizuführen, beschränkt, wie in der Regel bei richterlichen Befehlen zum Handeln, Dulden oder Unterlassen. Es gibt indessen Fälle, in denen der Zweck der EV. nur durch ein Mittel erreicht werden kann, das einen der Anspruchserfüllung tatsächlich gleichen Zustand schafft, so daß das, was dem Antragsteller durch die EV. zuerkannt wird, sich mit dem deckt, was ihm die im Wege der ordentlichen Vollstreckung erfolgte Verwirklichung seines Anspruchs verschaffen würde. Eine solche vorweggenommene Vollstreckung mit dem Erfolg einer Befriedigung des Gläubigers liegt vor, wenn bei Geldansprüchen dem Schuldner die sofortige Zahlung aufgegeben wird, weil eine bloße Sicherungsmaßregel den Zweck der EV. verfehlen würde. Verfügungen dieser Art sind allgemein anerkannt nicht nur bei Ansprüchen auf wiederkehrende Leistungen wie Gehalts- und Unterstützungsansprüchen, sondern auch bei Verpflichtungen zu einmaliger Zahlung, besonders zu Prozeßkostenvorschüssen (RG. 9 S. 336; 27 S. 429; 36 S. 390). Zwar wird dabei mit der Möglichkeit einer Rückerstattung des Geleisteten gerechnet, aber in ihrer Wirkung kommen sie den vorläufig vollstreckbaren Urteilen gleich, bei denen auch die Möglichkeit einer Wiederherstellung des früheren Zustandes besteht (§§ 503, 717). Es ist auch allgemein anerkannt, daß die Verfügungen, durch die eine Geldzahlung auferlegt wird, in derselben Weise wie Urteile gleichen Inhalts nach den Bestimmungen über Zwangsvollstreckung wegen Geldforderungen (§ 803 ff.) zu vollstrecken sind. Deshalb liegt auch kein Grund vor, diese Gleichstellung dann zu verneinen, wenn gegen die Vollstreckbarkeit Veränderungen vorzubringen sind, die die materielle Zahlungspflicht nach der Entstehung des Vollstreckungstitels erlitten hat. Zwar kann die EV. auch wegen veränderter Umstände aufgehoben werden nach § 927, der mit der aus § 939 sich ergebenden Maßgabe auch hier anzuwenden ist (Gaupp-Stein N. II, Seuffert N. 1k; Petersen N. 2[11]; Struckmann N. 1 zu § 936, RG. 33 S. 418). Dadurch wird aber dem Schuldner nicht der ausschließliche Weg des Rechtsschutzes vorgeschrieben. Er hat vielmehr die Wahl, ob er nach § 927 den Titel, oder nach § 767 nur das Vollstreckungs recht beseitigen will. Wählt er den letzteren Weg, so muß ihm auch das Recht zustehen, durch Erwirkung einer Anordnung des § 769 die Vollstreckung zu hemmen. Hier hat der Mann nicht auf Aufhebung der EV. geklagt, sondern beantragt, die aus ihr betriebene Vollstreckung für unzulässig zu erklären. Der Klage stehen sonach prozessuale Bedenken nicht entgegen. Ihr Erfolg hängt davon ab, ob sich die Parteien über den Kostenvorschuß verglichen haben. Die Erklärung über den Vorbehalt einer Einigung ist mehrdeutig. Sie kann den Sinn haben, daß über diesen Streitpunkt das Widerspruchsverfahren fortgehen solle, oder daß das Verfahren zwar beendigt, aber der Vergleich nicht über Vorschußpflicht mitgeschlossen, sondern insoweit die Vollstreckbarkeit der EV. aufrecht erhalten sei, oder endlich, daß die EV. auch hinsichtlich dieses Streitpunktes beseitigt sei in der Aussicht auf außergerichtliche Einigung über die Vorschußpflicht..... Hier wird durch die Tatsache, daß die Parteien über die durch die EV. entstandenen Kosten, die auf den Ausfall der Sache verstellt sind, eine Vereinbarung getroffen haben, ein genügender Anhalt dafür gegeben, daß sie die EV. völlig außer Kraft setzen wollten, so daß auch die Anordnung der Vorschußzahlung nicht vollstreckbar bleiben sollte..... H.g.

β) **gegen Kostenfestsetzungsbeschlüsse. Aufrechnung mit Schiedsgerichtskosten. Widerklage.**

OLG. München, III. ZS. Urteil v. 12. Dezember 1912.

Das LG. hat die Zwangsvollstreckung aus seiner Kostenfestsetzung vom 1. Juli 1911 in Sachen A. gegen B. wegen Vollstreckbarkeit eines Schiedsspruchs für unzulässig erklärt und die Widerklage auf Bezahlung von 1532 Mark für Arbeiten und sonstige Ansprüche aus dem Vertrag vom 1. August 1910 über den Umbau des klägerischen Anwesens als unzulässig abgewiesen. Es nahm an, daß die Klagepartei die dem Beklagten B. festgesetzten Kosten von 50 Mark durch Aufrechnung mit dem ihr auf Grund des Schiedsspruchs vom 6. November 1910 gegen B. zustehenden, dem Betrage nach höheren Anspruch auf Erstattung der von ihr vorgeschossenen, aber zu 2/3 dem B. auferlegten Kosten des Schiedsverfahrens zum Erlöschen gebracht habe und daß der jetzt verfolgte Klaganspruch mit den Gegenforderungen der Widerklage nicht im Sinne des § 33 zusammenhänge. Die Berufung ist unbegründet.

Die Klage des § 767 ist auch gegenüber einem Festsetzungsbeschlusse zulässig (RG. 45 S. 343, 62 S. 189). Sie kann auch auf die Behauptung gestützt werden, daß der im Vollstreckungstitel zugesprochene Betrag durch Aufrechnung getilgt worden sei (RG. 44 S. 364). Hier hat der Kläger aus der Reihe der in der Klage aufgeführten Forderungen seinen Kostenerstattungsanspruch aus dem Schiedsspruch vom 6. November 1910 zur Aufrechnung bestimmt (§§ 396, 366 BGB). Das war allerdings in der Aufrechnungserklärung vom 1. Juli 1911 noch keineswegs deutlich ausgedrückt (Staudinger BGB. § 396[4]); aber er hat diese Erklärung spätestens in der Berufung nachgeholt und hiergegen hat der Beklagte nichts erinnert. ...

Die Widerklage ist in Ermangelung entgegenstehender Vorschriften zwar an sich auch gegenüber einer Vollstreckungsgegenklage zulässig (Gaupp § 33 IV 3, § 722[27], § 723[5]). Aber ein Gerichtsstand nach § 33 wäre hier nur dann gegeben, wenn die Gegenforderungen aus dem Bauvertrag von 1910 mit dem Klaganspruch oder mit den dagegen vorgebrachten Verteidigungsmitteln zusammenhingen. Ein solcher Zusammenhang hätte angenommen werden können, wenn der Kläger seinen anderen in der Klage aufgeführten Forderungen, gegen die sich der Beklagte auf Grund der Abmachung von 1910 verwahren zu können glaubt, sei es ganz oder teilweise zur Aufrechnung herangezogen hätte. Aber gegenüber dem schiedsgerichtlichen Kostenerstattungsanspruch kann davon keine Rede sein. Dieser hat — wie ein im ordentlichen Prozeß auf Grund der ZPO. zuerkannter prozeßrechtlicher Anspruch auf Kostenersatz — eine ganz andere rechtliche Grundlage. Er beruht nicht auf dem Bauvertrag von 1910, sondern darauf, daß die Parteien das Schiedsgericht angerufen haben, und daß dieses über die Kosten des Schiedsverfahrens entschieden hat (RG. 59 S. 149). Hätte der Beklagte — was er nicht getan hat — gegen diesen, der sachlichen Nachprüfung durch die ordentlichen Gerichte entzogenen, Kostenausspruch des unangefochten gebliebenen Schiedsspruchs etwas einwenden wollen, dann hätte diese „Verteidigung" gegen den Klaganspruch jedenfalls nicht mit solchen Behauptungen geschehen können, wie er sie zur Begründung seiner Widerklage aufgestellt hat P.n.

γ) **Beklagter im Falle der Abtretung des Anspruchs.**

OLG. Dresden, VII. ZS. Urteil v. 15. März 1912.

Für die Passivlegitimation des Beklagten kommt in Betracht, daß nach seinem eigenen Vorbringen weder er noch sein Rechtsnachfolger, der Erwerber des Judikatsanspruchs, die Vollstreckung des Schuldtitels betreibt oder ins Werk gesetzt hat, und daß die Klausel nach wie vor auf Beklagten lautet. Dieser prozessuale Sachstand läßt die Klage jedenfalls dann als gegen den richtigen Beklagten erhoben erscheinen, wenn wie hier die Einwendung materiell dahin lautet, der Judikatsanspruch sei in der Person des Beklagten, nicht seines Rechtsnachfolgers erloschen. Hätte der Beklagte, wie er geltend macht, die vollstreckbare Ausfertigung seinem Rechtsnachfolger überlassen, so vermöchte er sie sich von ihm jederzeit wiederzuverschaffen; schon deshalb kann er nicht damit gehört werden, die Durchführung des jetzigen Rechtsstreits ermangele eines beachtlichen Interesses und könne nur bezwecken, ihm Schaden zuzufügen. Die hier vertretene Rechtsansicht teilt Falkmann (Zwangsv. S. 387) insofern er, solange die Umschreibung der Klausel noch aussteht, es von dem Inhalte der Einwendung abhängen läßt, ob der bisherige oder der neue Gläubiger mit der Gegenklage zu belangen sei, und im Endergebnis annimmt, ein Erlöschen des Anspruchs in der Person des ursprünglichen Gläubigers sei mit der Klage gegen diesen zu verfolgen, während der Rechtsnachfolger belangt werden müsse, wenn er behauptlich befriedigt sein solle. Das OLG. Naumburg (Rsp. 20 S. 374) hat nur ausgesprochen, daß die Gegenklage gegen den neuen Gläubiger gerichtet werden könne (aber nicht müsse), und auch dies nur mit Bezug auf eine besondere, von der jetzigen abweichenden Sachlage. Die in der Anmerkung dazu mitgeteilte Ansicht, daß jedesmal gegen den die Vollstreckung Betreibenden zu klagen sei, führt nicht weiter, weil hier von keiner Seite mit der Vollstreckung des Schuldtitels vorgegangen worden ist. RG. 57 S. 285 aber behandelt die Frage, wann in einem Wiederaufnahmeverfahren die Nichtigkeitsklage gegen den bisherigen Kläger und wann gegen den Zessionar anzustellen sei, ist also nicht anwendbar, gestattet vielmehr nur, aus ihrer Begründung den Satz abzuleiten, daß eine Rechtsnachfolge, die der Rechtshängigkeit der Gegenklage zeitlich nachfolgt, im Hinblick auf § 265² ZPO. jedenfalls keine Beachtung finden kann, wogegen für die Bedeutung einer früheren Abtretung, wie sie hier in Frage steht, keine Schlüsse daraus gezogen werden können. Ann.

δ) **Dauer der Einstellung nach § 769.**

OLG. Dresden, VI. ZS. Beschluß v. 27. April 1912.

Der Beklagte, verurteilt zur Aufgabe der von ihm bei X. angenommenen Stellung, hat aus § 767 geklagt und die Einstellung der Zwangsvollstreckung gemäß § 769 beantragt. Das LG. wies den Antrag zurück; das OLG. gab ihm am 28. März statt. Am 2. April wies das LG. die Klage ab, ohne dabei wegen der vom OLG. „bis zur Erlassung des Urteils" angeordneten Einstellung zu entscheiden. Nunmehr setzte das LG. auf Antrag die Zwangsvollstreckung fort, verurteilte den Beklagten am 15. April zu 100 Mark und forderte ihn unter Androhung der Verhaftung zur Aufgabe seiner Stellung bei X. auf. Hierüber beschwert er sich unter Berufung darauf, daß der Einstellungsbeschluß durch das Urteil vom 2. April nicht außer Kraft gesetzt sei. Hiefür spricht bis zu einem gewissen Grade der § 770, der, wie die Mot. 410 bemerken, dem Prozeßgerichte die Handhabe, die früheren Anordnungen der Sachlage anzupassen, geben und so einen Ersatz dafür bieten soll, daß das ergehende Urteil nicht von Amts wegen für vorläufig vollstreckbar zu erklären ist. Daraus wird gefolgert, daß das die Klage abweisende Urteil, solange es nicht rechtskräftig oder vorläufig vollstreckbar ist, die nach § 769 angeordnete Einstellung unberührt lasse, wenn er die Anordnung nicht aufhebt (vgl. Reincke II[3], Seuffert N. 1, Petersen N. 3 zu § 770; Falkmann 347, Bruchhausen in BuschZ. 14 S. 263; LG. Dresden das. 21 S. 509). Diese Folgerung ist jedoch nicht zutreffend.

Die Einstellung nach § 769 dient dem Zwecke, das Ergebnis der erhobenen Einwendung zu sichern; sie ist eine vorläufige und erfolgt bis „zur Erlassung des Urteils". Wird die Klage abgewiesen, so ist das Nichtbestehen der Einwendung ausgesprochen und damit der Einstellung der Boden entzogen. Durch die auf Grund mündlicher Verhandlung erfolgende Klagabweisung wird deshalb die ihr widersprechende Einstellung als die vorläufige Entscheidung von selbst hinfällig; einer besonderen Aufhebung bedarf es dazu nicht (so auch RG. 42 S. 370; KG. Rsp. 14 S. 162; Düsseldorf das. 20 S. 341). Ob unter Umständen die Auffassung Platz zu greifen hat, daß das Gericht mit Rücksicht auf die von ihm als möglich unterstellte Abänderung des Urteils in der Berufungsinstanz die angeordnete Einstellung trotz der Abweisung der Klage habe aufrecht erhalten wollen (vgl. Falkmann S. 348 Anm. 41), darf dahingestellt bleiben. Hier ist eine solche Auffassung ausgeschlossen, weil das LG. nach Ausweis der Akten den Einstellungsbeschluß des OLG. zurzeit der Urteilsverkündung noch nicht gekannt hat. Ann.

n) **Widerspruchsklage: α) Durchführung trotz Aufhebung der Pfändung nach § 769.**

Kammergericht, XXIV. ZS. Urteil v. 16. Oktober 1912.

Der Beklagte hat einen Kraftwagen gepfändet, dessen Eigentum die Klägerin beansprucht. Das LG. hat die Zwangsvollstreckung einstweilen eingestellt und ferner angeordnet, daß die Vollstreckungsmaßregeln aufzuheben seien, sofern die Klägerin die Leistung einer Sicherheit von 250 Mark dem Gerichtsvollzieher nachweise. Dieser hat darauf das Pfandstück freigegeben. Das LG. hat die Klage abgewiesen, da nach Aufhebung der Pfändung eine Zwangsvollstreckung, die für unzulässig erklärt werden könnte, nicht mehr bestehe. Allein die Widerspruchsklage ist darauf gerichtet, die vorgenommene Vollstreckung für unzulässig zu erklären, sie ist also so lange zulässig, als nicht die Vollstreckung durch freiwillige oder erzwungene Befriedigung des Gläubigers **beendigt** ist (JW. 1897 S. 237[8]). Eine solche Beendigung tritt nicht schon dadurch ein, daß die Aufhebung der vorgenommenen Vollstreckungsmaßregeln gegen Sicherheitsleistung des Gläubigers angeordnet ist. Denn dadurch wird nur immer eine Vollstreckungs**maßregel** — hier die Pfändung — aufgehoben, die Vollstreckung **als solche** ist aber damit noch nicht beendigt, vielmehr ist diese fortzusetzen, wenn die einstweilige Anordnung außer Kraft tritt oder die Widerspruchsklage rechtskräftig abgewiesen ist. Mit Recht wirft auch die Klägerin dem LG. vor, daß es die Abweisung aus dem mangelnden Feststellungsinteresse hergeleitet und damit das Wesen der Widerspruchsklage verkannt habe, die keine Feststellungsklage des § 256 ist, sondern der Abwehr des in das Vermögen des Widersprechenden in unzulässiger Weise vorgenommenen Eingriffs dient. Im übrigen liegt auch ein solches Feststellungsinteresse, wenn von einem solchen gesprochen werden könnte, vor, denn der Widersprechende will durch die Anrufung des Prozeßgerichts ein für allemal festgestellt wissen, daß die Vollstreckung in das Pfandstück unstatthaft ist. B. n.

β) **Verbindung der Beschwerde über die Anordnung aus § 771[3] mit dem Antrag auf einstw. Verfügung?**

OLG. Karlsruhe, I. ZS. Beschluß v. 13. November 1912.

Der Beklagte hat die seiner Schuldnerin X. zustehenden Mietzinsforderungen an vier Mieter ihres Hauses gepfändet und sich zur Einziehung überweisen lassen. Der Kläger erhob mit der Behauptung, daß die X. ihm die Mietzinsen schon 3 Monate zuvor abgetreten habe, beim LG. Widerspruchsklage und erwirkte zugleich die Einstellung. Gegen diesen Beschluß, der entgegen dem § 329[3] nur dem Kläger, nicht auch dem Beklagten zugestellt ist, hat letzterer sofortige Beschwerde eingelegt mit dem Antrag, daß die Zwangsvollstreckung aus dem Pfändungsbeschluß nur zur Hinterlegung der beizutreibenden Beträge gestattet werde. Er verlangt also eine Anordnung, wonach ihm die Beitreibung der Mietzinsen gestattet sein soll mit der Auflage, sie zu hinterlegen. Diesem Begehren war nicht stattzugeben. Wenn dem Beklagten die Einziehung der Mietzinsen gestattet wird, ist damit die Anordnung des LG. im wesentlichen wirkungslos gemacht, während die Anordnung, daß Beklagter die von ihm eingezogenen Mietzinsen hinterlege, auf Grund des § 771[3] mit § 769 nicht erlassen werden kann. Wenn Beklagter eine Sequestration hinsichtlich der beizutreibenden Mietzinsen herbeiführen will, so muß ihm überlassen werden, auf Grund der §§ 935 ff. (vgl. bes. § 938[2]) ein Gesuch um eine einstw. Verfügung anzubringen. Eine Verbindung einer **Anordnung** i. S. des § 771[3] mit einer **einstw. Verfügung** der §§ 935 ff., wie sie Beklagter anstrebt, kann auf dem Wege der Beschwerde gegen eine einstw. Anordnung nicht erreicht werden. Mit Unrecht beruft sich Beklagter auf RG. 30 S. 397, das die Frage entscheidet, ob nach §§ 690[3], 688 (jetzt §§ 771[3], 769) die Hinterlegung des Erlöses der zu verkaufenden Pfandsachen angeordnet werden kann. Hgr.

γ) Haftung wegen Pfändung fremder Sachen. Mitverschulden.

OLG. München, I. ZS. Urteil v. 28. Juni 1912.

Nachdem die Beklagte bei X. Beleuchtungskörper gepfändet hatte, teilte der Kläger ihr mit, daß er jene Körper dem X. nur behufs Ausstellung bei Besuchen von Kunden mit Konsignation überlassen habe. Auf Ersuchen um Übersendung der Belege teilte der Kläger eine Abschrift seines Vertrages mit X., sowie eine Abschrift aus dem Konsignationsbuche mit; er sei auf Wunsch bereit, die Abschriften amtlich beglaubigen zu lassen, doch mache er darauf aufmerksam, daß er bereits beim Landgericht interveniert habe und diesem jedenfalls schon den Nachweis seiner Angaben erbringen müsse. Die Klage auf Ersatz des durch die Versteigerung erlittenen Schadens ist unbegründet.

Das Landgericht hat eine Fahrlässigkeit der Beklagten bei Verletzung des fremden Eigentums verneint. Allein die Eigentumsbelege, die der Kläger übersandte, sind als genügende Glaubhaftmachung seiner Rechte, jedenfalls unter den gegebenen Verhältnissen zu erachten und wären daher an sich ausreichend gewesen, die Beklagte, wenn sie sich nicht einer sorglosen Nichtachtung fremden Eigentums schuldig machen wollte, zu veranlassen, bis zur endgültigen Stellungnahme nach Anhörung ihres Anwaltes wenigstens von der Fortsetzung der Zwangsvollstreckung vorerst abzusehen und die Aufhebung des unmittelbar bevorstehenden Versteigerungstermines herbeizuführen. Aber der Standpunkt, den die Beklagte eingenommen hat, läßt sich erschöpfend nicht beurteilen ohne gleichzeitige Würdigung des Verhaltens des Klägers.

Eine in der Wissenschaft und Rechtsprechung, auch der des Reichsgerichts, verbreitete Ansicht, macht es dem Eigentümer im Gewahrsam Dritter befindlicher und dort gepfändeter Sachen zur Pflicht, wenigstens dann, wenn man es nach seinen persönlichen und den örtlichen Verhältnissen von ihm verlangen kann, das zur Abwendung des drohenden Verlustes seines Eigentumes Erforderliche selbst vorzukehren, besonders die Einstellung nach §§ 771[3], 769, sei es beim Prozeß- oder vor Klagerhebung beim Vollstreckungsgericht, seinerseits zu beantragen (vgl. JW. 1903 S. 67[8], Seuff. 59 S. 422, Rsp. 10 S. 157, Bl. für RA. 72 S. 368). Unterläßt der Eigentümer, obwohl er es ohne Beschwernis könnte, ein eigenes Eingreifen, so steht seinem Ersatzanspruch der § 254 BGB. entgegen. Hier hat der Kläger die Einstellung nicht beantragt, obwohl man es von ihm hätte erwarten können. Er hat aber in seinem Brief vom 11. Juli der Beklagten gegenüber sich den Anschein gegeben, als habe er einen solchen Antrag bei Gericht gestellt. Denn die Bemerkung: daß ich schon direkt bei dem hiesigen Landgericht I interveniert habe, läßt sich nicht anders als in jenem Sinne verstehen. Die Anführung des Landgerichts statt des Vollstreckungsgerichts konnte zwanglos mit einem Schreibversehen erklärt werden und der Schlußsatz des Briefes, der nur von der Interventionsklage handelt, steht jener Bemerkung nicht entgegen. Die Beklagte konnte sich darauf verlassen, daß die Mitteilung des Klägers der Wahrheit entspreche und daß daher, da sie keine andere Nachricht erhielt, die in dem nahen Versteigerungstermine liegende Gefahr für das Eigentum des Klägers beseitigt sei. P. n.

δ) **Einstellung des Prozeßgerichts vor der Klage. Zubehör im Sinne des § 865.**

OLG. Braunschweig, I. ZS. Beschluß v. 24. Dezember 1912.

Die Antragsgegner haben gegen A. 40 Gegenstände gepfändet, an denen seine Frau ein die Veräußerung hinderndes Recht beansprucht. Auf ihren Antrag hat das LG. die Vollstreckung in 1—39 einstweilen eingestellt, jedoch den Vollzug dieser Anordnung vom Nachweise der Zustellung der Klage an die Antraggegner abhängig gemacht. Die Beschwerde, die statt dessen die Bestimmung einer Frist zur Klagerhebung verlangt, ist unbegründet. Wenn nach § 769 das „Prozeßgericht" zu Anordnungen befugt ist, so kann man streng genommen vom Prozeßgericht erst sprechen, wenn das zuständige Gericht mit der Klage befaßt ist. Zwar ist allgemein anerkannt, daß das zuständige Gericht die Anordnung schon vor Zustellung der Klage treffen kann. Die Rechtsgültigkeit solcher Anordnung setzt aber die demnächstige Zustellung der Klage voraus und das Gericht hat deshalb dafür zu sorgen, daß die Klage wirklich erhoben wird. In der Regel ist deshalb der Vollzug der Anordnung von der Zustellung der Klage abhängig zu machen (RG. 10 S. 315; 33 S. 391; Stein N. II; Seuffert N. 1c; Petersen N. 3a zu § 769). Ob dies der einzig mögliche Weg ist, wie Stein meint, mag zweifelhaft sein. Nimmt man an, daß die Anordnung erst mit der Zustellung der Klage in Kraft treten kann, weil vorher ein „Prozeßgericht" als solches noch nicht vorhanden ist, so muß das Wirksamwerden von der Klagerhebung abhängig gemacht werden. Da aber das Vollstreckungsgericht eine solche Anordnung vor der Klage wirksam treffen kann (§ 769²), so wird man dieselbe Befugnis auch dem Prozeßgericht zuerkennen dürfen (RG. 10 S. 315). Auch diesem würde danach an sich die Setzung einer Frist zur Erhebung der Klage mit der Wirkung zustehen, daß die Anordnung sofort in Kraft tritt und ihr Wirksambleiben von der Klagerhebung innerhalb der Frist abhängt. Jedenfalls ist es aber am sichersten, wenn das als Prozeßgericht angerufene Gericht den Vollzug der Anordnung von der Klagezustellung abhängig macht. Dadurch werden auch die Rechte der Antragsgegner am besten gewahrt. Da die Anordnungen in der Regel mit ausführlichen Gründen nicht versehen werden, so haben die Antragsgegner ein erhebliches Interesse daran, die Gründe des Anspruchs alsbald aus der Klage kennen zu lernen, um danach ihre weiteren Entschlüsse zu fassen. Die Antragstellerin hat nun nichts dargetan, daß in diesem Falle die bemängelte Bestimmung des LG. unangemessen sei. Sie hat als Frau des Schuldners von der Pfändung ohne Zweifel sogleich Kenntnis erlangt und hätte bei der durch die Natur der Angelegenheit gebotenen Eile alsbald die Gläubiger unter Glaubhaftmachung ihrer Ansprüche zur Freigabe der Pfandstücke binnen kurzer Frist auffordern und sodann spätestens gleichzeitig mit dem Antrage die Klage zur Terminbestimmung einreichen können und müssen..

Bei dem Gegenstand Nr. 40 handelt es sich um einen Kaffeebrenner im Werte von 100 Mark, der in den Boden fest eingelassen ist. Die Beschwerdeführerin nimmt deshalb den Kaffeebrenner als Zubehör des Grundstücks und für ihre Hypothek haftbar in Anspruch (§ 865). Es mag sein, daß das Grundstück von vornherein als Geschäftshaus eingerichtet ist, dh. daß einige Räume zur Verwendung als Laden, Lagerraum 2c bestimmt sind. Vielleicht hat auch der Eigentümer schon bei Erbauung des Gebäudes beabsichtigt, in dem einzurichtenden Laden ein Materialwarengeschäft zu betreiben. Daß aber die Räume ihrer baulichen Ausgestaltung nach speziell für ein solches Geschäft bestimmt seien, ist nicht dargelegt. Erfahrungsmäßig wechseln in den Städten die Inhaber eines Ladens häufig und mit ihnen die besondere Art der darin betriebenen Handelsgeschäfte. Noch häufiger kommt es vor, daß ohne solchen Wechsel infolge der schwankenden Geschäftslage oder aus sonstigen Gründen der Geschäftsleiter manche Artikel eingehen läßt und andere neu zulegt. Daß der Schuldner zurzeit unter andern mit Kaffee handelt und deshalb einen Kaffeebrenner aufgestellt hat, ist ein rein zufälliger Umstand. Daß die wirtschaftliche Zweckbestimmung der Räume zu einem Ladengeschäft irgendwelcher Art die Aufstellung des Kaffeebrenners erfordere, läßt sich nicht sagen. Eine objektive, dauernde Beziehung des Kaffeebrenners zu dem Grundstück als solchem, wie es zur Erfüllung des Zubehörbegriffes erforderlich ist, liegt nicht vor (§§ 97, 98 Nr. 1 BGB.; JW. 1909 S. 485). Der Kaffeebrenner dient nach dem Vorbringen der Antragstellerin lediglich den persönlichen Zwecken des jetzigen Ladeninhabers und Grundeigentümers. Mit Recht hat daher das LG. hier die Einstellung abgelehnt. H.g.

Dazu: OLG. München, III. ZS. Beschluß v. 22. April 1913.

Das LG. hat die Klage abgewiesen und zugleich die Einstellung aufgehoben. Der Kläger hat Berufung eingelegt und beantragt, die Zwangsvollstreckung bis zur Erlassung des Berufungsurteils einzustellen. Allerdings ist bestritten, ob die Aufhebung der Einstellung im ersten Urteil nur durch die Berufung angefochten werden kann, unter Ausschluß der Zulässigkeit eines neuen Antrags auf Anordnung nach § 769[1] in der Berufungsinstanz, oder ob der Einstellungsantrag hier wiederholt werden darf. Das letztere ist mit Seuffert-Petersen gegen Gaupp-Stein zu § 770 anzunehmen. P.n.

o) **Ergänzung des Urteils im Falle des § 713[2].**

OLG. Hamburg, V. ZS. Urteil v. 25. April 1913.

Der Antrag auf Befugung gemäß § 713[2] kann Gegenstand eines Ergänzungsurteils sein; der § 716 hat für den Fall der Übergehung dieses Antrages zwar keine Bestimmung getroffen, einer entsprechenden Anwendung dieser Vorschrift stehen jedoch keine Bedenken entgegen (Rsp. 18 S. 390). Der Antrag der Beklagten ist aber nicht begründet. Sie hat in der Berufungsverhandlung die Anträge der ersten Instanz nicht wiederholt, sondern lediglich beantragt, die Klage abzuweisen. Es kann nicht anerkannt werden, daß dieser Antrag zugleich den Antrag enthält, im Falle der Verurteilung dem in der ersten Instanz gestellten, bei dem Bericht über den Sach- und Streitstand allerdings mitgeteilten Antrage zu entsprechen. Gerade weil der Rechtsstreit vor dem Berufungsgericht in den durch die Anträge bestimmten Grenzen von neuem verhandelt wird, muß von den Parteien verlangt werden, daß sie ihre Berufungsanträge durch eine ausdrückliche Erklärung stellen. Ebenso wie in erster Instanz sind hier die Anträge aus den vorbereitenden Schriftsätzen zu verlesen oder durch eine Bezugnahme mitzuteilen. Dabei wird genügen, wenn die Partei erklärt, sie wiederhole die erstinstanzlichen Anträge und bitte, danach zu erkennen. Aber auch diese Verweisung auf die früheren Anträge muß ausdrücklich erfolgen. Die Zulassung einer stillschweigenden Bezugnahme würde dazu führen, daß das Berufungsgericht prüfen müßte, ob ein erstinstanzlicher Antrag aufrecht erhalten oder fallen gelassen sei, was offenbar dem aus § 297 zu entnehmenden Willen des Gesetzes widerstreitet. Die durch das Ergänzungsverfahren entstandenen Kosten sind der Beklagten gemäß § 91 aufzuerlegen, da sie in der Hauptsache unterlegen ist. M. M.

p) **Vollstreckung gegen den Bayer. Fiskus, Kostenfestsetzung.**

OLG. München, I. ZS. Beschluß v. 23. Oktober 1912.

Nachdem der Gerichtsschreiber die dem Beklagten (Postfiskus) auferlegten Kosten festgesetzt hatte, ersuchte der Anwalt des Klägers unter Hinweis auf Art. 9 des AusfG. zur ZPO. das Verkehrsministerium vergeblich um Zahlung der festgesetzten Kosten und 5 Mark Vollstreckungskosten. Die Zahlung wurde abgelehnt. Im weiteren Verfahren setzte das LG. die Kosten der Zwangsvollstreckung und des Festsetzungsantrags auf 3 Mark Gebühr für den Antrag an das Ministerium, 2 Mark Gebühr für den Kostenfestsetzungsantrag und 1,50 Mark Schreibgebühren fest. Die Beschwerde des Beklagten ist unbegründet.

Da auf die Zustellung des ersten Festsetzungsbeschlusses nichts gezahlt wurde, war das Schreiben an das Ministerium durchaus begründet; es stellte sich keineswegs als Beschleunigungsgesuch, sondern als eine Vollstreckungsmaßnahme im Sinne des angeführten Art. 9 dar. Hierfür kann der Anwalt die ihm gesetzlich zustehende Gebühr beanspruchen; und da der Beklagte die Zahlung abgelehnt hat, ist auch das Interesse des Klägers an besonderer Festsetzung der Vollstreckungskosten gegeben (vgl. Willenbücher[7] 107). Zuständig zu dieser Festsetzung ist der Gerichtsschreiber des Prozeßgerichts I. Instanz; ohne Bedeutung ist für die Zuständigkeit, daß die Gebühr für die Zwangsvollstreckung nicht den Vorschriften der ZPO. unterliegt und nicht durch die deutsche RAGebO. bestimmt wird, sondern durch landesgesetzliche Bestimmungen; es genügt, daß zugunsten eines Anspruchs vollstreckt wird, der seine Grundlage in einem Kostenfestsetzungsbeschluß, also zu einem reichsgesetzlichen Vollstreckungstitel hat (§ 794 N. 2 ZPO.). Für die Berechnung sind anzuwenden: die bayer. V. über die Gebühren in Angel. der Verwaltung 2c (JMBl. 1902 S. 489) Art. 1^{1} u. 13, ferner § $76^{1, 2}$ RAGebO. in der Fassung vom 1. Juni 1909. P. n.

q) **„Gläubiger" (Schuldner) des § 792 sind auch die Rechtsnachfolger.**

α) Kammergericht, VII. ZS. Beschluß v. 12. Februar 1913.

Der zu den Prozeßkosten verurteilte Kläger ist nach der Kostenfestsetzung gestorben. Der Beklagte hat, um eine vollstreckbare Ausfertigung des Beschlusses gegen die Erben zu erwirken, bei dem Nachlaßgericht die Erteilung eines Erbscheins vergeblich beantragt. Allein der § 792 gestattet dem Beklagten an Stelle „des Schuldners" die Erteilung des Erbscheins nach dem verstorbenen Kläger zu verlangen. Als „Schuldner" ist nach dem Tode des Klägers dessen Erbin, seine Frau, anzusehen. Es liegt kein stichhaltiger Grund für die Auffassung des Nachlaßgerichts vor, daß die Erteilung des Erbscheins nur nach dem Erblasser des im Schuldtitel aufgeführten ursprünglichen Schuldners verlangt werden könne und nicht auch nach dem ursprünglichen Schuldner selbst. Der § 792 spricht ganz allgemein vom „Gläubiger" und „Schuldner", ohne diese Begriffe in der vom Nachlaßgericht untergelegten Weise einzuschränken, es sind unter diesen Begriffen nicht nur die in dem Schuldtitel als Gläubiger und Schuldner bezeichneten Personen, sondern auch deren Rechtsnachfolger zu verstehen (KG. in RJA. 5 S. 234). L.n.

β) **Zuständigkeit für die weitere Beschwerde.**

OLG. München, I. ZS. Beschluß v. 23. Dezember 1912.

Die Erteilung eines Erbscheins ist eine Angelegenheit der freiwilligen Gerichtsbarkeit. Sie verliert diese Eigenschaft auch dadurch nicht, daß gemäß § 792 der Gläubiger zur Zwangsvollstreckung die Erteilung beantragt. Die Rechtsmittel, die dem Gläubiger bei Abweisung seines Antrags zustehen, bestimmen sich daher nach dem FrGG. Demzufolge ist hier zur Entscheidung über die Beschwerde des Antragstellers gegen den landgerichtlichen Beschluß, die sich als weitere Beschwerde darstellt, nicht das OLG., sondern das Oberste LG. zuständig (FrGG. §§ 28, 199[1]; EG. zum GVG. § 8; AusfG. zum GVG. Art. 42[3]). P.n.

r) **Fallen Zimmervermieter unter § 811 Nr. 5?**

α) OLG. Braunschweig, I. ZS. Beschluß v. 10. Dezember 1912.

Der Erfolg der weiteren Beschwerde hängt davon ab, ob die Beschwerdeführerin aus Handarbeit oder sonstigen persönlichen Leistungen ihren Erwerb zieht. Über die Anwendbarkeit des § 811 Nr. 5 auf Vermieter möblierter Zimmer sind die Ansichten nicht einig. Teils wird die Einrichtung des möblierten Zimmers als pfändbar auch dann angesehen, wenn der Vermieter durch Bedienung und Beköstigung persönlich tätig ist (LG. Mainz, Recht 5 S. 470 Nr. 1951; OLG. Cöln das. 8 S. 505 Nr. 2150; Breslau Rsp. 16 S. 302; Jena 22 S. 377; Gaupp-Stein Note 69; Petersen N. 7; Struckmann N. 5 zu § 811 5; Conrades Recht 1 S. 163). Nach anderer Ansicht sind die Möbel dann unpfändbar, wenn sich der Vermieter zu persönlichen Dienstleistungen verpflichtet hat, sei es schlechthin (Cassel Seuff. 65 S. 203; Seuff. § 811; „Vermieter möblierter Zimmer mit persönlichen Leistungen"; Waitz in D. JZ. 1908 S. 536), sei es, daß die persönlichen Leistungen den überwiegenden oder einen nicht nebensächlichen Teil der Gesamtleistung ausmachen (Frankfurt Rsp. 7 S. 352; Kiel 16 S. 327; KG. und München 22 S. 378 und 352; Falkmann, Zwangsv.[2] § 56 S. 691).[1] Zum richtigen Verständnis des Gesetzes ist auf seine Entstehung zurückzugehen. Durch den früheren § 715 Z. 4 waren ausgenommen „bei Künstlern, Handwerkern, Hand- und Fabrikarbeitern die zur persönlichen Ausübung des Berufs unentbehrlichen Gegenstände". Die Novelle von 1898 hat sowohl den Kreis der geschützten Personen als auch den Umfang der pfändungsfreien Gegenstände erweitert. Zur Begründung der Ausdehnung des Personenkreises bemerkt die Begründung, daß nunmehr die Vorschrift auch auf Personen Anwendung finde, die vermöge der Art ihrer Beschäftigung den Handwerkern nahe ständen, ohne doch ihnen beigezählt werden zu können, wie Fischer, Handwagenführer ꝛc (Hahn 8 S. 152). Im Laufe der Verhandlungen ist beantragt, die Tendenz des Gesetzes durch beispielsweise Anführungen wie Fischer, Schiffer, Privatbeamte, klarer zu stellen. Der Antrag ist abgelehnt, weil derartige Exemplifikationen leicht zu einem arg. e contr. Anlaß böten und die angeführten Beispiele sich z. T. gar nicht in den Rahmen der allgemeinen Regel bewegten. Um Verdunkelungen zu verhüten, müsse es bei der allgemeinen Regel sein Bewenden haben, durch welche die Ratio der Bestimmung genügend klar ausgedrückt würde (aO. 406 f.). Es sei an dem bereits in dem geltenden Gesetze liegenden Grundgedanken festzuhalten, wonach nur solche Personen, die von ihrer Hände Arbeit oder von sonstigen dieser gleichzustellenden persönlichen Leistungen lebten, diejenigen Sachen gesichert werden sollten, welche sie unmittelbar für ihre Arbeit brauchten (aO. 516). Hiernach besteht jetzt das entscheidende Merkmal darin, daß die persönliche Arbeit der Schuldner die unmittelbare Quelle ihres Einkommens bildet. Personen, die aus Güterumsatz oder aus der Überlassung von Gütern zu Gebrauch und Nutzung Erwerb ziehen, fallen nicht darunter. Zwar ist auch bei ihnen, wie bei jeder Erwerbsart, ein Verdienst nicht ohne Verrichtung von Arbeit denkbar, aber das Bezeichnende ihres Erwerbes besteht nicht in der Verwertung ihrer Arbeitskraft für andere, sondern in der Verwertung von Gütern. Daher erstreckt sich zB. der Schutz des Gesetzes nicht auf Kleinkaufleute (aO. S. 516). Wenn sie auch den Ein- und Verkauf der Waren persönlich vornehmen, so ziehen sie doch ihren Erwerb nicht unmittelbar aus der Arbeitsleistung, sondern aus dem Umsatz der Waren. Auch Zimmervermieter können nicht zu den Personen gezählt werden, die den Schutz des § 811 Nr. 5 genießen. Die von ihnen regelmäßig übernommenen persönlichen Dienste (Reinigung des Zimmers, Besorgung des Frühstücks, Bedienung und Aufwartung), deren Vergütung oft in dem Mietpreise einbegriffen ist, sind nicht selbständige Leistungen von besonderem Rechtscharakter, sondern unselbständige Hilfsleistungen zur Erfüllung eines einheitlichen Vertrages, der in seiner Natur als Mietvertrag durch die Nebenverpflichtungen nicht beeinträchtigt wird, weshalb das gesetzliche Ver-

[1] Ebenso der III. ZS. des OLG. Karlsruhe am 28. Januar 1913, wenn die persönliche Tätigkeit gegenüber der Ausnutzung des Anlagekapitals überwiegt (Bad. Rpr. S. 71).

mieterpfandrecht aus § 559 BGB. auch wegen seiner Vergütung für die Nebenleistungen zu gewähren ist. Die Leistungen können bei der untergeordneten Bedeutung nicht als eine Erwerbstätigkeit im Sinne des § 811 Nr. 5 angesehen werden. Der Zimmervermieter gehört bloß wegen dieser vertraglichen Nebenleistungen nicht zu der Klasse der Bevölkerung, die sich durch unmittelbare Verwendung der Arbeitskraft Verdienst verschaffen. Die Dienste bezwecken nur, die Vermietung als eigentliche Einnahmequelle zu ermöglichen, gleichwie auch die Möbel der Mieträume nur als Betriebsmittel für die Gebrauchsgewährung, nicht für die Verrichtung der Dienste in Betracht kommen. Durch den Schutz der Zimmervermieter würde die gesetzliche Ausnahme, beruhend auf der Tendenz, den wirtschaftlich schwachen zur Arbeit fähig zu erhalten, über die festgesteckten Grenzen hinaus zum Nachteile der Gläubiger, auf die auch Rücksicht zu nehmen ist, ausgedehnt werden. In welchem Umfange die Dienste des Zimmervermieters beansprucht werden, ist ohne entscheidende Bedeutung, sofern nur der gesamte Vertrag nach seinem Zweck als Mietvertrag und die Verrichtungen des Vermieters als Nebenleistungen zu beurteilen sind. Zuzugeben ist, daß neben der Überlassung möblierter Räume Leistungen übernommen werden können, die nicht nebensächlicher Natur sind oder hinter denen die Gebrauchsgewährung zurücksteht, wie zB. bei Übernahme von Verpflegung, Erziehung; dann handelt es sich aber nicht lediglich um einen Mietvertrag und von den tatsächlichen Verhältnissen des Einzelfalls hängt es ab, ob das Pfändungsprivileg Platz greift. Die Zimmervermietung mit den üblichen Dienstleistungen gehört nicht dahin. Ein solches Rechtsverhältnis liegt hier vor. Die Beschwerdeführerin hat in der Regel an fünf Herren abvermietet; sie hält ohne fremde Hilfe die Zimmer in Ordnung, bereitet Morgenkaffee und Frühstück und besorgt nötigenfalls Einkäufe zum Abendessen. Ihre Tätigkeit ist gegenüber der Überlassung der Mieträume von untergeordneter Bedeutung, sie bildet einen Teil ihrer Verpflichtungen aus dem Mietvertrage. Es liegen keine Tatsachen vor, aus denen zu folgern wäre, daß sie auf Grund eines von der Vermietung verschiedenen Rechtsverhältnisses eine Erwerbstätigkeit im Sinne des Gesetzes ausübe. Daß die Zeit der Beschwerdeführerin durch die ihr obliegenden Verrichtungen erheblich beansprucht wird, ist rechtlich bedeutungslos. Entscheidend ist nicht das Maß, sondern die Art der Tätigkeit; diese erleidet aber durch die dem Wechsel unterworfene Zahl der Mieter keine Veränderung. H.g.

β) Entbehrlichkeit eines Karussells. Bedeutung des § 812 Nr. 2. Pfändbarkeit eigener Sachen des Gläubigers.

OLG. Breslau, V. ZS. Beschluß v. 16. Januar 1913.

Die Rügen, soweit sie formelle, die Gültigkeit der Pfändung an sich in Frage ziehende Mängel betreffen, sind vom Landgericht überhaupt noch nicht erörtert; sie können jedoch noch in der Beschwerdeinstanz geltend gemacht werden. Sie sind aber sämtlich unbegründet.

Die Bemängelung, daß die Ausfertigung des Urteils den §§ 313 Nr. 2, 317[4] nicht entspreche, da die beteiligten Richter im Urteilskopf nicht namentlich aufgeführt seien, greift schon deshalb nicht durch, weil in der Ausfertigung ausdrücklich mit den Worten: „durch die unterzeichneten Richter" auf die unter der Urteilsform befindlichen Unterschriften der Richter Bezug genommen wird und dadurch ihre Namen ein Teil des Urteilsinhalts werden. Allerdings sagt Gaupp-Stein (§ 313 II 2), daß durch die Unterschrift die Angabe über die Namen der Richter im Urteilskopf nicht ersetzt werde, und er begründet seine Ansicht damit, daß mit Rücksicht auf §§ 309, 315, 320[4], 551[1-3], 579[1-3] jeder Zweifel über die Identität der entscheidenden und unterschreibenden Richter ausgeschlossen sein müsse. Diese Voraussetzung wird hier aber durch die Fassung der Urteilsausfertigung erfüllt. Daß auch das RG. sich auf den vom Schuldner eingenommenen Standpunkt gestellt hat, ergibt sich keineswegs aus RG. 50 S. 16, wo gerade die Frage, ob § 313 Nr. 2 neben der Unterschrift die ausdrückliche namentliche Bezeichnung der Richter im Urteilskopf verlange, offengelassen ist. . . .

Zutreffend ist allerdings, daß die Pfändung einer im Besitz des Schuldners, aber noch im Eigentum des Gläubigers befindlichen Sache nicht bedenkenfrei ist. Zu ihrer Gültigkeit wird man einen Verzicht des Gläubigers auf sein Eigentum und dessen Übertragung auf den Schuldner fordern müssen, da niemand ein Pfandrecht an seiner eigenen beweglichen Sache erwerben kann, und auch die ZPO. davon ausgeht, daß das Vermögen des Schuldners gepfändet werden soll. Eine derartige Eigentumsübertragung vollzieht sich nach § 929 Satz 2 BGB. regelmäßig nur durch einen dinglichen Vertrag zwischen beiden Teilen; es genügt dazu aber hier die im Pfändungsauftrage liegende einseitige Verzichtserklärung des Gläubigers. Denn bei dem zugrunde liegenden Abzahlungsgeschäft ist bereits eine durch die Vollständigkeit der Bezahlung bedingte Einigung über die Eigentumsübertragung von vornherein erfolgt, und es muß in solchen Fällen dem Gläubiger überlassen bleiben, den Eintritt der Bedingung ohne Mitwirkung des Schuldners als herbeigeführt anzusehen, bei den hier in Frage kommenden Umständen um so mehr, als der Schuldner auf den 22800 Mark betragenden Kaufpreis bereits 20300 Mark bezahlt hatte.

In der Frage der Entbehrlichkeit des Karussells endlich war dem LG. im Ergebnis beizupflichten. Nach § 811 Nr. 5 sind die Gegenstände unpfändbar, die zur *persönlichen* Fortsetzung der Erwerbstätigkeit des Schuldners unentbehrlich sind. Das Gesetz verlangt also, daß der Schuldner persönlich tätig ist und zu dieser persönlichen Tätigkeit und unmittelbaren Umwertung seiner Arbeit der Gegenstände bedarf. Nun kann man allerdings nicht so weit gehen, daß man jede fremde Mitwirkung im Gewerbe des Schuldners ausschließt, sondern es fragt sich, wie die Arbeit dieser Hilfskräfte im Vergleich zu der Tätigkeit des Schuldners zu bewerten ist. Ist die Tätigkeit der Hilfskräfte gleichwertig mit der des Schuldners, dient sie mithin nicht lediglich zur Unterstützung seiner persönlichen Leistungen, oder haben diese keine unmittelbare Beziehung zu den Pfandstücken, so kann man von einer Unentbehrlichkeit nicht mehr sprechen (Rsp. 19 S. 7). Nach der Auskunft der Polizeiverwaltung sind in dem Karussellbetriebe des Schuldners im ganzen fünf Personen beschäftigt, von denen jeder eine selbständige Tätigkeit obliegt. Es ergibt sich ferner aus ihr, daß der Schuldner in der Hauptsache die Beaufsichtigung des Betriebes und die Einkassierung des Geldes besorgt. Eine überwiegende persönliche Tätigkeit des Schuldners an dem Betriebe selbst liegt danach nicht vor. Seine Erwerbsquelle ist hier weniger seine Arbeitsleistung als das aufgewendete Kapital (Rsp. 4 S. 153). R.cl.

γ) OLG. Dresden, VI. ZS. Beschluß v. 6. Februar 1912.

Der Schuldner ist Unternehmer von Varieté- und Ringkämpfervorstellungen und beschäftigt in diesem Gewerbe, das er vom April bis zum Oktober auszuüben pflegt, gewöhnlich 4—6 Mann. Die Bude, deren Gerüst gepfändet ist, dient ihm zur Bildung eines geschlossenen Raums, in welchem die Vorstellungen gegeben werden. Hiernach bedarf er der Bude zur Ausübung des Gewerbes als Unternehmer von Schaustellungen; zur Ausübung seiner Erwerbstätigkeit als Artist (Ringkämpfer) braucht er hier in Betracht kommende Gerätschaften nicht, so daß ihm die Bude nicht zur persönlichen Fortsetzung seiner Erwerbstätigkeit unentbehrlich ist. Daß er bei Aufrechterhaltung der Pfändung Gefahr läuft, sein Unternehmen aufgeben und als einfacher Artist in den Dienst eines anderen Unternehmers treten zu müssen, steht der Pfändung nicht entgegen, weil das Gesetz, das auch die Interessen des Gläubigers berücksichtigen muß, dem Schuldner eben nur die Möglichkeit des Erwerbs durch persönliche Leistungen offen halten will. Die Gegenstände, deren der Schuldner lediglich in seiner Eigenschaft als selbstständiger Unternehmer bedarf, sind der Pfändung nicht entzogen. Ann.

δ) OLG. Breslau, V. ZS. Beschluß v. 11. November 1912.

Der Schuldner, welcher einen Milchhandel unter Benutzung von Pferd und Wagen betreibt, setzt die Milch zum Teil im Laden, in dem seine Frau tätig ist, an die Kunden ab, zum größeren Teil verkauft er sie, indem er mit Pferd und Wagen in der Stadt und der Umgegend herumzieht. Hiernach ist er als Minderkaufmann im Sinne des § 4 HGB. anzusehen. Auch der Geschäftsbetrieb eines solchen setzt eine persönliche Tätigkeit des Inhabers voraus; aber nicht aus den einzelnen persönlichen Leistungen zieht er seinen Erwerb, sondern aus der Gesamtheit der Geschäfte, aus seinem Handelsgewerbe. Es tritt bei diesem auch die persönliche Leistung hinter dem Warenumsatz, für den die Beförderung der Milch mit Pferd und Wagen des Schuldners nur ein zweckdienliches Mittel ist, darauf zurück, daß die Anwendung der Schutzbestimmung des § 811[5] auf Minderkaufleute, die nach der Art des Schuldners ohne irgendwelche Verarbeitung die Ware vertreiben, unzulässig erscheint. Es unterliegen daher auch die beim Schuldner gepfändeten Gegenstände dem Zugriffe seiner Gläubiger. R.cl.

s) **Haftung des Gerichtsvollziehers für Erteilung des Zuschlags zu überaus niedrigem Gebote.**

OLG. Posen, IV. ZS. Urteil v. 19. September 1912.

Der beklagte Gerichtsvollzieher hat eine Menge Marmorwaren, die durch den zur Pfändung hinzugezogenen Sachverständigen auf 2500 Mark geschätzt sind, gepfändet und bei der Versteigerung für 100 Mark zugeschlagen, so daß der Kläger mit 1460 Mark ausgefallen ist. Diesen Ausfall verlangt er von dem Beklagten; denn dieser habe, als er sah, daß sich zum Bieten lediglich zwei Leute eingefunden hatten, die, wie allgemein bekannt, aus dem billigen Erwerb von Pfandsachen ein Geschäft machten und Gebote abgegeben hätten, die kaum ernst zu nehmen gewesen wären, alsbald die Versteigerung ohne Erteilung des Zuschlags abbrechen müssen, um sich vom Kläger weitere Weisungen zu erbitten. Der Anspruch ist unbegründet.

Nach § 91 ZwVG. ist der Zuschlag dem Meistbietenden zu erteilen; dieser hat also ein Recht auf den Zuschlag, der Vollstreckungsrichter darf mithin den Zuschlag wegen zu niedrigen Gebotes, sofern es sonst zulässig ist, nicht versagen. Eine gleiche Bestimmung in dieser allgemeinen Art fehlt in der ZPO. Bei beweglichen Sachen kann also der Zuschlag versagt werden, und zwar ohne Angabe von Gründen, ja sogar ohne Vorliegen von Gründen dem Meistbietenden gegenüber. Der § 817 ZPO. verweist auf § 156 BGB., so daß das Gebot auch desjenigen, der Meistbietender bleibt, lediglich als ein Vertragsantrag anzusehen ist, der angenommen oder abgelehnt werden kann. Hieraus folgt aber nicht, daß der Gerichtsvollzieher nach seinem freien Ermessen den Zuschlag erteilen oder versagen kann. Gold- und Silbersachen darf er nach § 820 nicht unter ihrem Gold- oder Silberwerte zuschlagen. Aus dem Gegensatze folgt, daß er andere Sachen zuschlagen muß, sofern der Gläubiger nichts anderes bestimmt hat. Es folgt dies namentlich aus der Geschäftsanw. und zwar besonders aus § 6: „Die Erledigung der erteilten Aufträge darf nicht verzögert werden;" aus § 50 „der Gerichtsvollzieher hat die Zwangsvollstreckung ohne Verzug zu beginnen und durchzuführen". Nirgends gestattet Gesetz oder Geschäftsanweisung dem Gerichtsvollzieher eine selbständige Entscheidung darüber, ob der Zuschlag erteilt oder versagt werden soll, sofern es sich nicht um Gold- oder Silbersachen handelt (vgl. Gaupp-Stein II zu § 817). Auch das RG verneint die Haftung des Gerichtsvollziehers, der die gepfändeten Sachen weit unter dem Schätzungswerte versteigert (JW. 1907 S. 192[33]). Hiernach ist anzunehmen, daß der Beklagte ohne Anweisung des Klägers den Zuschlag gar nicht versagen durfte, vielmehr erteilen mußte. Von einer Haftung aus dem Auftrag kann hier keine Rede sein, denn wegen des Fehlens der Unentgeltlichkeit ist ein Auftrag zu verneinen (§ 662 BGB.). Ein Dienstvertrag, der eine Geschäftsbesorgung zum Gegenstande hat, kommt nach § 675 in Frage. Auf ihn ist § 665, der den Beauftragten berechtigt, von den Weisungen des Auftraggebers abzuweichen, anwendbar. Es ist fraglich, ob die Berechtigung die

Verpflichtung einbegreift, und ob der Gerichtsvollzieher deshalb den Zuschlag auch ohne Anweisung des Gläubigers versagen durfte. Für die Anwendbarkeit des § 665 und für das Ermessen des Gerichtsvollziehers ist jedenfalls insoweit kein Raum, als dieses Ermessen durch Gesetz und Geschäftsanweisung ausgeschlossen und bestimmt vorgeschrieben ist, was der Gerichtsvollzieher, dessen Auftrag mit dem Gläubiger eben kein reiner Dienstvertrag ist, zu tun und zu unterlassen hat. Wollte der Kläger einen Zuschlag für ein zu niedriges Gebot verhindern, so hätte er oder sein Anwalt ein Mindestgebot setzen müssen, zu dem der Beklagte den Zuschlag erteilen durfte. Seine Vertragspflichten hat der Beklagte somit nicht verletzt.

Eine Amtspflicht hat der Beklagte überhaupt nicht, am wenigsten fahrlässig verletzt. Das ist namentlich deshalb zu verneinen, weil er auf die herrschende Ansicht vertrauen konnte, so daß dahingestellt bleiben kann, ob die Ausführung des Klägers Berechtigung hat, daß das RG. bei erneuter Prüfung, besonders bei Erwägung der Folge, daß Sachen im Werte von 1 Million Mark auf das Gebot von 1 Pfennig zugeschlagen werden müßten, zu einer anderen Ansicht kommen wird. Ebenso bedarf es keiner weiteren Prüfung, ob die Klage nicht schon deshalb abzuweisen ist, weil die Versteigerung des Gerichtsvollziehers eine Amtspflicht ist und bleibt, selbst wenn sie durch einen Dienstvertrag in Bewegung gesetzt ist und bei ihrer Ausübung Handlungen oder Unterlassungen unterlaufen, die unter §§ 823, 826 BGB. fallen, so daß er nach § 1 preuß. Ges. vom 1. August 1909 dem Beschädigten nicht haftet, weil die Verantwortlichkeit anstelle des Beamten den Staat trifft, diesem nur ein Rückgriffsrecht gegen den Beamten zusteht. Dr.

t) **Ermächtigung des Konkursverwalters gemäß § 825.**

OLG. Dresden, VI. ZS. Beschluß vom 26. März 1912.

Nachdem A. gegen die nachmals in Konkurs verfallene Gesellschaft m. b. H. ein Büfett gepfändet hatte, beantragte der Konkursverwalter bei dem Vollstreckungsgerichte, ihm gemäß § 127 KO., § 825 ZPO. das Pfand zur eigenen Verwertung zu überweisen. Das Amtsgericht gab dem Antrage mit der Bestimmung statt, daß der Verwalter den Erlös bei sich zu hinterlegen habe. Auf Beschwerde des A. änderte das LG. den Beschluß dahin ab, daß die Verwertung „nach den Vorschriften über die Zwangsvollstreckung oder über den Pfandverkauf zu erfolgen habe". Allein zu solcher Verwertung bedarf der Verwalter, wie er mit Recht geltend macht, einer Genehmigung des Gerichts überhaupt nicht; die Befugnis hierzu steht ihm bereits kraft Gesetzes zu (KO. § 127 [1]). Was er mit seinem Antrag erstrebte und wozu ihn das Amtsgericht ermächtigt hat, ist die Verwertung im Wege des freihändigen Verkaufs. Da er befugt ist, die Verwertung einer gepfändeten, zur Konkursmasse gehörenden Sache, nach den Vorschriften über die Zwangsvollstreckung zu betreiben, war die Ermächtigung nach § 825 ZPO. zulässig (vgl. LeipzZ. 1908 S. 612[6], 627[6]), und die Umstände des Falles lassen sie auch gerechtfertigt erscheinen. Die Interessen des Gläubigers sind ausreichend dadurch gewahrt, daß der Verwalter den Erlös „bei sich zu hinterlegen", das ist, den Erlös bis zur Entscheidung über die Anfechtungsklage gesondert aufzubewahren und zur Befriedigung des Gläubigers bereitzuhalten hat (vgl. Jaeger § 127[12]).

Ohne Grund rügt dagegen der Gläubiger mit seiner Beschwerde, daß das LG. unterlassen habe, eine Frist für die Verwertung des Pfandes zu bestimmen; denn eine solche Fristbestimmung hat das Gesetz nicht vorgesehen. Verletzt der Verwalter seine Verpflichtung zur ordnungsmäßigen Verwertung, so erwächst dem Gläubiger ein Masseschuldanspruch nach § 59 KO. und bei Verschulden des Konkursverwalters ein Schadenanspruch gegen ihn nach § 82 KO. Ann.

u) **Berichtigung des Pfändungsgläubigers.**

α) OLG. München, FerienZS. Beschluß v. 27. Juli 1912.

Auf Antrag der Firma „Gebr. Framel & Staud" wurden aus dem Vollstreckungsbefehle das Anwesen des Schuldners zum Zwecke der Zwangsversteigerung mit Beschlag belegt. Hiergegen erhob der Schuldner Widerspruch unter der Begründung: die Forderung, wie solche im Vollstreckungsbefehl enthalten sei, sei vollauf beglichen; übrigens sei die vormalige Gläubigerin „Framel & Staud G. m. b. H." nicht identisch mit der die Versteigerung betreibenden Firma. Diese selbst brachte gegen die Klage vor: sie sei zur Sache passiv nicht legitimiert, da der Vollstreckungsbefehl für die G. m. b. H., die inzwischen in Liquidation getreten sei, erlassen und auf Antrag dieser Firma die Versteigerung angeordnet worden sei. Das Prozeßgericht hat darauf die Zwangsvollstreckung einstweilen eingestellt. Nun beantragte der Rechtsanwalt H. unter Vorlage einer Vollmacht der beiden Liquidatoren der Gesellschaft m. b. H. bei dem Versteigerungsrichter, den Beschlagnahmebeschluß dahin richtig zu stellen, daß als Gläubigerin die Gesellschaft m. b. H benannt werde, da der Vollstreckungsbefehl auf diese Firma lautete, das Gesuch, in welchem für diese Firma die Zwangsversteigerung beantragt wurde, nur versehentlich die Firma „Gebr. Framel & Staud" aufführte und so ebenfalls aus Versehen das Amtsgericht die Zwangsversteigerung zugunsten der letzteren Firma anordnete. Das Amtsgericht entsprach dem Antrage, die Beschwerde des Schuldners hatte Erfolg. Die weitere Beschwerde ist zwar, da der § 319[3] auf den Fall einer erst aus der Beschwerde ausgesprochenen Zurückweisung des Berichtigungsantrages keine Anwendung findet und § 319 auch bei Beschlüssen Platz greift (JW. 1897 S. 64), zulässig, aber unbegründet. Der Zahlungsbefehl wurde auf Antrag des Rechtsanwalts X. für die G. m. b. H. erlassen. Ob eine Vollmacht beilag, ist nicht ersichtlich, ebensowenig, ob der Vollstreckungsbefehl auf Antrag des X. oder aber auf den der Partei selbst erging, in welch ersterem Fall der Anwalt allerdings eine Vollmacht hätte vorlegen müssen. Somit steht keineswegs fest, daß X. seinerzeit eine Vollmacht der Gläubigerin vorlegte und er deshalb bei Stellung des Versteigerungsantrages keiner neuerlichen Vollmacht bedurfte. Dieser Antrag erfolgte „in Sachen Firma: Gebr. Framel & Staud". Allerdings lag ihm der für die Gesellschaft m. b. H.

ergangene Zahlungs- und Vollstreckungsbefehl bei; dagegen weist nicht nur die mitvorgelegte Vollmacht die erstere Firma als Ausstellerin aus, sondern auch am Schluß des Antrags heißt es ausdrücklich: „Namens und im Auftrage der Firma Gebr. Framel & Staud beantrage ich daher auf Grund anliegender Vollmacht . . .“ Aus welchem Grunde X. den Antrag so stellte, ob hier ein Versehen vorliegt oder ob mit Absicht die Beschlagnahme namens dieser Firma beantragt wurde, braucht nicht untersucht zu werden. So viel steht nämlich fest, daß die Versteigerung namens und im Auftrage der Firma Gebr. Framel & Staud beantragt wurde. Somit lag, wenn der Antrag für die G. m. b. H. gestellt werden sollte, schon in diesem Antrag und nicht erst im amtsgerichtlichen Beschluß eine Unrichtigkeit. Unrichtigkeiten aber, welche ihre Ursache in einem Versehen der Partei haben, können nicht Gegenstand eines Berichtigungsverfahrens sein (Freudenthal § 319[1]). Im § 319 handelt es sich nur um Mängel im Ausdruck des Gewollten, nicht aber des Wollens. Irrtümer, welche das Wollen beeinflußt haben (nur um einen solchen könnte es sich hier handeln), sind nicht Gegenstand einer Berichtigung (JW. 1888 S. 96). Übrigens spricht gegen die Zulässigkeit einer Berichtigung hier auch die Erwägung, daß die Frage, in wessen Auftrag und für wen die Versteigerung beantragt und beschlossen wurde, bereits u. a. den Gegenstand eines anhängigen Widerspruchsprozesses bildet und nicht wohl angängig erscheint, in Form eines Berichtigungsbeschlusses eine unter den Prozeßparteien schwebende und der Entscheidung des Prozeßgerichts unterbreitete Streitfrage aus der Welt zu schaffen. P.n.

β) **Bestimmte Bezeichnung der gepfändeten Forderung.**

Kammergericht, XXI. ZS. Urteil v. 6. Mai 1913.

Ein Pfändungsbeschluß hat nicht nur den zu vollstreckenden Anspruch nach Schuldtitel und Betrag, sondern auch die zu pfändende Forderung derart bestimmt sowohl hinsichtlich des Drittschuldners, als bezüglich des Gegenstandes und des Schuldgrundes zu bestimmen, daß an der Identität der Forderung kein Zweifel bestehen kann. Sie muß hiernach auch zeitlich so genau bezeichnet sein, daß keine Ungewißheit darüber entstehen kann, welche Forderung gepfändet ist. Dementsprechend ist bei Mietforderungen erkennbar zu machen, welche bestimmte Rate gepfändet ist. Freilich ist die Pfändung künftiger Raten an sich unbedenklich zulässig, insofern ausgedrückt wird, welche künftige Rate gepfändet wird. Hier sind nach dem Wortlaute des Pfändungsbeschlusses in bezug auf zehn Mieter „die zunächst fällig werdenden und, falls diese schon anderweitig gepfändet oder abgetreten sein sollten, die weiterhin fällig werdenden Beträge“ gepfändet. Daß hiermit genügend klar ausgedrückt sei, welche bestimmte Mietforderung dem Bereiche des Schuldners entzogen sein soll, ist zu verneinen. Die Fassung ist vielmehr unklar, denn sie läßt nicht erkennen, welche Rate tatsächlich gepfändet ist, ob nur die zunächst fällige, dh. die erste Rate, oder die darauf fällig werdende zweite oder eine noch spätere Rate tatsächlich beschlagnahmt ist. Man kann den

Beschluß auch nicht dahin auslegen, daß zwei oder noch mehr Mietraten der bezeichneten zehn Mieter gleichzeitig gepfändet seien, was unbedenklich eine Überpfändung enthalten würde. Ist hiernach nicht eine bestimmte, die eine oder die andere Mietrate als gepfändet bezeichnet, so fehlt es hier an jeder näheren Bestimmung und Bezeichnung der gepfändeten Forderung. Der hierdurch entstehende Zustand ist aber völlig unhaltbar. Die Mietzinsen können von dem ersten der zehn Mieter ganz oder teilweise gezahlt, ganz oder teilweise abgetreten oder gepfändet sein. Das gleiche gilt von jedem der neun anderen Mieter, denen gegenüber gepfändet ist. Das Verhältnis verwickelte sich dadurch, daß gleiche Rechtshandlungen bei den später fällig werdenden Raten vorliegen können. Bei solcher Sachlage kann ein Teil der Miete des Mieters A. aus einem Quartal gepfändet oder abgetreten, die Miete des Mieters B. aus demselben Quartal frei sein. Dies würde dazu führen, daß zur Deckung der Klageforderung drei oder noch mehr Quartale in einzelnen Beträgen gegenüber einer größeren Zahl von Mietern in Anspruch genommen werden müssen. Jede Übersicht über die ausstehenden Mietforderungen geht sowohl dem Eigentümer und Schuldner, als auch den anderen Gläubigern verloren. ... Dr. P.

v) **Entscheidet über die Anfechtung die Zeit der Ankündigung oder der Pfändung?**[1]

OLG. Naumburg, II. ZS. Urteil v. 26. November 1912.

Indem das Gesetz der Ankündigung die Wirkung eines Arrestes beilegt, sofern die Pfändung bewirkt wird, kann es nur eine völlig einwandfreie, ganz gesunde Pfändung im Auge gehabt haben. Eine Pfändung dagegen, die, wenn auch an sich zunächst gültig und wirksam, doch insofern leidend ist, als sie auf Andringen gewisser durch sie benachteiligter Dritter diesen gegenüber ihre Wirkung verliert, kann sich aus einer zurückliegenden Ankündigung nicht zu einer dauernd und unbedingt wirksamen ergänzen, nicht zu voller Gesundheit erholen. Soweit ihr das Gesetz eine Rückwirkung beilegt, nimmt sie doch den ihr anhaftenden Mangel der Anfechtbarkeit dorthin mit. Erst durch die Pfändung und daher nicht unabhängig von den Entstehungsfehlern vollendet sich das Recht des Vollstreckenden. Die Ausnahmewirkung des § 845² ist auf die Erhaltung des zeitlichen Vorrangs gegenüber späteren Zugriffen zu beschränken, nicht aber auf die Beurteilung der Anfechtbarkeit auszudehnen, für die vielmehr mit Jäger N. 36, v. Wilmowski N. 28 zu § 30 KO., der Zeitpunkt der Pfändung selbst als entscheidend zugrunde gelegt werden muß. Schl.

[1] Forderungspfändungen gegen den Gemeinschuldner können als seine Rechtshandlungen oder entgeltliche Verträge nur angesehen werden, wenn sie lediglich äußerlich Zwangsmaßregeln gegen ihn darstellen, in Wahrheit aber mit seinem Einverständnis und dann also in der Absicht, den pfändenden Gläubiger unter Benachteiligung der übrigen zu begünstigen, stattfinden. Ein solches Indiehandspielen von Vermögensstücken zur Deckung einer Schuld läßt sich aber als entgeltlicher Vertrag im Sinne des § 31² KO. auffassen und stellt auch eine Rechtshandlung der Nr. 1 dar, die in der dem anderen Teile bekannten Absicht der Gläubigerbenachteiligung vorgenommen wird (Urteil desselben ZS. v. 26. November 1912). Schl.

w) Unpfändbare Forderungen: α) 1500 Mark-Vertrag.[1]

OLG. Düsseldorf, VIII. ZS. Urteil v. 2. Oktober 1912.

Der Kläger, der als unehelicher Sohn des Zahntechnikers X. gegen diesen ein vollstreckbares Urteil auf Unterhaltsgewährung erwirkt hatte, hat wegen rückständigen Unterhalts den dem X. gegen den Beklagten zustehenden Gehaltsanspruch, soweit dieser 100 Mark monatlich übersteigt, pfänden lassen. Der Beklagte gibt zu, den X. früher gegen ein Monatsgehalt von 210 Mark beschäftigt zu haben; als aber das Gehalt vorgepfändet worden sei, habe er dem X. gekündigt, weil dieser mit Frau und Kindern von den freigelassenen 100 Mark monatlich nicht hätte leben können und er deshalb hätte befürchten müssen, daß X. sich gelegentlich in der Not an den ihm zugänglichen Vorräten an Gold und künstlichen Zähnen vergreifen könne. Auf Bitten des X. habe er ihn dann in seinen Diensten behalten, nachdem das Dienst- und Gehaltsverhältnis durch einen zwischen dem Beklagten einerseits und X. und dessen Frau anderseits am 1. Juni 1911 geschlossenen Vertrag neu dahin geregelt worden, daß X. monatlich 100 Mark, die Frau X. aber selbständig auf die Auszahlung weiterer 110 Mark einen Anspruch erhält. Das LG. hat abgewiesen. Die Berufung ist begründet.

Dem LG. ist darin beizutreten, daß für die Anfechtung des Vertrages vom 1. Juni 1911 kein Raum ist. Es fehlt an der ersten und Hauptvoraussetzung, daß aus dem Vermögen des Schuldners etwas veräußert, weggegeben oder aufgegeben ist, was als noch dazu gehörig zurückgewährt werden könnte. Denn dafür liegen weder nach dem Vertrage noch nach den sonstigen Ausführungen der Parteien genügende Anhaltspunkte vor, daß X. einen Teil seines Gehaltes an seine Frau abgetreten hätte. X. war vom Beklagten nicht auf längere Dauer angestellt, sondern, da er 14tägige Gehaltszahlung hatte, mit kurzer oder höchstens mit der im Stande üblichen einmonatigen Kündigungsfrist. Der Beklagte hätte ihn also alsbald entlassen können. Wenn er statt dessen einen neuen Dienstvertrag schloß, so konnten dadurch keine Rechte aus dem bisherigen Vermögen des Schuldners zum Nachteile der Gläubiger ausscheiden, sondern es wurden nur neue begründet. In dieser Hinsicht schließt sich der Senat dem RG. 69 S. 59 an. Übrigens wäre auch nicht der Beklagte Anfechtungsgegner, sondern die Frau X.

Ebensowenig verstößt der Vertrag gegen die guten Sitten. Will man darin etwas Sittenwidriges sehen, daß dem Kläger der ihm zustehende Unterhalt entzogen werden sollte, so würde dieser eine Umstand nicht genügen, dem Vertrage den Stempel der Sittenwidrigkeit aufzudrücken. § 138 BGB. will nur solchen Rechtsgeschäften die Anerkennung und den Rechtszwang versagen, die nach ihrem aus der Zusammenfassung von Inhalt, Motiv und Zweck zu entnehmenden Gesamtcharakter, nach den objektiven und subjektiven Momenten gegen die guten Sitten verstoßen (RG. 56 S. 231). Daran fehlt

[1] Das OLG. Cöln hat im Urteil des V. ZS. v. 5. März 1912 auf solche Verträge den § 826 BGB. angewendet (RhArch. 110 S. 186).

es hier; dem Recht des Klägers auf Unterhalt entspricht das zum mindesten gleiche Recht der Frau und ehelichen Kinder des Schuldners auf Unterhalt. Auch soweit der Vertrag überhaupt, abgesehen von dem Kläger, bezweckt, den Dienstlohn des X. dessen Gläubigern zu entziehen, ist nach Lage der hier vorliegenden Verhältnisse nicht anzunehmen, daß er unmittelbar gegen die guten Sitten verstößt, weil damit nicht der Zweck verfolgt wurde, dem X. unter Hintenansetzung seiner Gläubiger ein behagliches Leben, sondern nur den, seiner Familie den notwendigen Unterhalt zu sichern (vgl. JW. 1912 S. 689[13]).

Dahingegen ist der Senat der Ansicht, daß der Vertrag vom Juni, insofern darin von einer Forderung der Frau gesprochen wird, zwar als Scheingeschäft nichtig ist, die Vertragsparteien aber durch dieses Scheingeschäft ein anderes, wirklich gewolltes Rechtsgeschäft haben verdecken wollen (§ 117[2] BGB.). Ein Scheingeschäft liegt vor, wenn eine Willenserklärung einem anderen gegenüber abzugeben gewesen ist. Für die Frage, ob der Wille nur zum Schein erklärt sei, kann es auf die Vernehmung des Rechtsanwalts nicht ankommen; denn dieser könnte höchstens bekunden, daß die Erklärungen, *soweit für ihn erkennbar*, ernstlich abgegeben worden sind, nicht aber, daß sie auch ernstlich *gewollt* waren, da dieser Wille sich als innere Tatsache der Kenntnis eines Dritten entzog. Der Vertrag selbst aber läßt in Verbindung mit den Umständen, unter denen er zustande gekommen ist, nicht den geringsten Zweifel darüber, daß die Vertragsparteien das, was beurkundet worden, unmöglich ernstlich gewollt haben können. Nach dem Vertrag gibt X. den Anspruch auf das bisherige Gehalt von 210 Mark monatlich, soweit es 100 Mark monatlich übersteigt, auf, der Beklagte verspricht aber, für die Dauer des Dienstverhältnisses an die Frau X. 110 Mark monatlich zu zahlen, dergestalt, daß die Frau auf die 110 Mark einen selbständigen Anspruch haben, dem X. dieser Betrag aber nicht zustehen solle. Wie eine solche Zahlungsverpflichtung gegenüber der Frau rechtlich und wirtschaftlich begründet werden soll, ist nicht erfindlich. Rechtlich läßt sie sich überhaupt nicht qualifizieren; denn auch die formell der Frau versprochenen 110 Mark sollten Gegenleistung für die von X. zu leistenden Dienste sein, es ist aber bei der Wechselwirkung von Leistung und Gegenleistung mit dem Wesen eines Dienstvertrages unvereinbar, daß der Lohn einem anderen zustehen soll als dem die Dienste Leistenden, und zwar dem ersteren als *alleinigen* selbständigen Gläubiger unter Ausschluß des Letzteren von dem Schuldverhältnisse. Wie sollte es zB. bei einem solchen „selbständigen" Anspruch eines Dritten in den Fällen gehalten werden, in denen der Dienstherr aus dem Dienstvertrage zur Einbehaltung des Lohnes oder zu Abzügen berechtigt wäre, zB. bei widerrechtlicher Dienstverweigerung des Angestellten, oder wegen der Anrechnung von Krankengeldern im Falle des BGB. § 616? Sollte in diesem Falle der Beklagte nur zu Abzügen von den dem Mann zukommenden 100 Mark und nicht auch, wenn der abzuziehende Betrag höher wäre, an den der Frau zu zahlenden 110 Mark berechtigt sein? Hatte die Frau einen selbständigen Anspruch, so hatte der Beklagte kein Recht zu einem solchen ihm nur von der Lohnforderung des Bediensteten zustehenden Abzuge gegenüber der Frau, seine Rechte aus dem Dienstvertrage waren also durch den Vertrag mit der letzteren eingeschränkt, was er sicherlich nicht beabsichtigt hat. Wirtschaftlich würde aber eine derartige Vereinbarung mit der Frau geradeso unverständlich sein. Wie sollte der Beklagte dazu gekommen sein, der Frau, an der er gar kein Interesse hatte, die er überhaupt nicht kannte, ohne jede Gegenleistung monatlich 110 Mark zu versprechen, da eine Schenkung nach der ganzen Sachlage und nach seinem eigenen Vorbringen ausgeschlossen war. Wollte man in dem Zahlungsversprechen an die Frau etwas ernstlich Gemeintes finden, so könnte es höchstens das sein, daß man die Frau zur Empfängerin eines Teiles des ihrem Manne zustehenden Lohnes statt des letzteren hätte machen wollen, daß diese also vereinbarungsgemäß zum Empfange des Lohnteiles hätte berechtigt und der Beklagte durch die Zahlung an sie von der Lohnforderung des Mannes befreit sein sollte. Durch eine solche Vereinbarung würde aber der Anspruch des X. auf Zahlung auch dieses Gehaltteiles nicht entzogen und dessen Pfändung nicht gehindert worden sein.

War hiernach die Vereinbarung des Beklagten mit der Frau X., weil nicht ernstlich gemeint, nichtig, so wurde dadurch doch nicht die Nichtigkeit des Vertrages herbeigeführt, weil durch das Scheingeschäft nur eine andere, ernstlich gemeinte und deshalb nach § 117 [2] BGB. gültige Vereinbarung verdeckt wurde und werden sollte, nämlich der Abschluß eines Dienstvertrags, nach welchem dem X. die vollen 210 Mark monatlich als Dienstlohn zustehen sollten. Nach der eigenen Erklärung hat der Beklagte auf die Bitte des X., ihn nicht brotlos zu machen, versprochen, ihn gegen den bisherigen Lohn im Dienste zu behalten, vorausgesetzt, daß sich „ein Ausweg böte", der dies ohne die Gefahr der Gehaltspfändung durch Gläubiger ermöglichte, weshalb er sich „an einen Juristen wenden" wollte. Man ging deshalb zum Rechtsanwalt Z., und dieser beschaffte nun das Formular für die Erreichung beider vom Beklagten und X. gewollten Zwecke, der weiteren Anstellung des X. mit einem Monatsgehalte von 210 Mark einerseits und der Verhinderung des Zugriffes der Gläubiger anderseits, in Gestalt des nicht die dem Verfasser bekannt gemachten Vereinbarungen wiedergebenden, sondern fast wörtlich dem RG. 69 S. 59 entlehnten Vertrages, laut welchem „X. in seiner bisherigen Stellung als Angestellter verbleibt", den Gehaltsanspruch gegen letzteren aber, soweit er 100 Mark monatlich übersteigt, aufgibt, während Beklagter verspricht, für die Dauer des zwischen ihm und X. bestehenden Dienstverhältnisses an die Frau X. 110 Mark monatlich zu zahlen. In Wirklichkeit hat der Beklagte sich der Frau X., die nach ihrer Aussage von den ganzen Verhandlungen gar nichts wußte, und nie daran gedacht hatte, sich vom Beklagten etwas versprechen zu lassen, auch den ihr von ihrem Manne vorgelegten fertigen Vertrag nur auf dessen Bitte zur Verhütung der Entlassung unterschrieben hat, gar nicht verpflichten wollen, sondern ihrem Mann, der ja für das Geld arbeiten sollte und auch seinerseits den ganzen Lohn für sich beanspruchen wollte. Die auffällige Geflissentlichkeit, mit der im nachfolgenden Absatze betont wird, daß nur die Frau „selbständiges" Forderungsrecht haben, dem Mann dagegen der Betrag nicht zustehen solle, entsprach nicht dem wirklichen Willen der Vertragsteile, sondern nur ihrer Absicht, ihren wahren Willen gegenüber den X.schen Gläubigern zu verdecken. Nach § 117² BGB. kommen daher die für die verdeckte Vereinbarung geltenden Vorschriften zur Anwendung, dh. X. erwarb einen Gehaltsanspruch auf 210 Mark monatlich; deshalb konnte der Kläger diese Forderung gemäß § 850⁴ vom Kläger pfänden. v. M.

β) OLG. Hamm, III. ZS. Urteil v. 7. April 1913.

Der Ingenieur X., bei der Beklagten gegen ein monatliches Gehalt von 275 Mark angestellt, hat vom Kläger 1911 zu Neubauten Darlehen erhalten und ihm zu ihrer Tilgung den monatlich 125 Mark übersteigenden Betrag seines Gehaltes abgetreten. Infolgedessen zahlte die Beklagte 150 Mark an den Kläger. Am 30. April 1912 hoben jedoch die Beklagte und X. das bisherige Dienstverhältnis auf und schlossen am 1. Mai unter Beitritt der Frau X. einen neuen Vertrag, durch den X. 125 Mark und seiner Frau eine Summe von 150 Mark zugesichert wurde; dabei war der Beklagten bekannt, daß die Gläubiger des X. und vor allem der Kläger erhebliche Forderungen gegen ihn geltend machten. Die Beklagte verweigert seitdem jede weitere Zahlung, weshalb der Kläger für vier Monate je 150 Mark beansprucht. Die Klage ist begründet.

Durch den neuen Vertrag wurde zunächst das frühere Vertragsverhältnis nach seiner wirtschaftlichen Seite nicht im geringsten geändert. Sodann blieben auch beide Vertragschließende aus dem Vertrage in der bisherigen Weise verpflichtet. Eine Änderung trat nur insoweit ein, als von den bisherigen Gehaltsbezügen des X. der Frau ein Anspruch auf monatlich 150 Mark zugesichert wurde, ohne daß eine Beschränkung der bisherigen Dienste des X. vorgesehen oder auch eine Verpflichtung seiner Frau zu Dienstleistungen vereinbart war. Im Vertrage vom 30. April 1912 war vielmehr ausdrücklich erwähnt, daß die Aufhebung deswegen erfolge, weil X. sein Einkommen über 1500 Mark jährlich durch Abtretung und Pfändung entzogen sei. Dies wird auch in dem Benachrichtigungsschreiben der Beklagten an den Kläger als Grund der Aufhebung des Dienstverhältnisses bezeichnet. Mag auch mit RG. 69 S. 59 angenommen werden, daß der pfändbare Gehaltsteil eines Schuldners durch dessen Zuwendung an die Frau dem Zugriff der Gläubiger des Mannes wirksam entzogen werden kann, so ist diese Entscheidung doch hier nicht anwendbar, denn hier handelt es sich nicht um die Pfändung eines Gehaltsanspruchs, sondern um die Abtretung, die von X. freiwillig erklärt war. Es finden somit in erster Linie die §§ 398 ff. BGB. Anwendung. Die Abtretung ist ein Vertrag, durch den jemand ein Recht, besonders eine Forderung auf einen andern überträgt. Mit Abschluß des Vertrages ist die Abtretung zustande gekommen. Der bisherige Gläubiger scheidet vollständig aus dem Schuldverhältnis aus. Handlungen, die er in bezug auf dieses nach der Abtretung in eigenem Namen vornimmt, sind ohne Einfluß auf die Rechtslage des neuen Gläubigers, vgl. RG. 52 S. 185 [aber auch 72 S. 214]. Abgetreten ist aber hier der Anspruch aus dem Anstellungsvertrage ganz allgemein. Danach konnte X. diesen Anspruch nicht seiner Frau zuwenden, und der Kläger braucht gemäß § 407[1] BGB. eine Leistung, die die Beklagte nach der Abtretung zugunsten der Frau X. bewirkte, sowie jedes Rechtsgeschäft, das nach der Abtretung zwischen der Beklagten und X. über die Forderung vorgenommen wurde, nicht gegen sich gelten zu lassen, wenn die Beklagte die Abtretung bei der Leistung oder der Vornahme des Rechtsgeschäfts kannte, was unstreitig der Fall war; die Beklagte schuldet daher die eingeklagten Beträge dem Kläger.

Zu demselben Ergebnis führt folgende Erwägung: X. hatte sich durch Ausstellung der Abtretungsurkunde verpflichtet, seine Arbeitskraft so zu verwenden, daß sich der Kläger aus der Abtretung allmählich befriedigen konnte. Die Zuwendung an die Frau X. benachteiligte dem Kläger, dem dadurch die Geltendmachung seiner Forderung aus der Abtretung vereitelt wurde und insofern handelte die Beklagte — im Einverständnis mit X. — arglistig. Dem steht der vom RG. anerkannte Grundsatz nicht entgegen, wonach der Schuldner nicht verpflichtet ist, seine Arbeitskraft im Interesse seiner Gläubiger zu verwenden, denn hier hatte sich der Schuldner dazu verpflichtet, und es kann nicht entscheidend sein, ob er die abgetretenen Beträge für seine Familie unbedingt nötig hat. Verstoßen hiernach die Verträge vom 30. April und 1. Mai gegen die guten Sitten, so bedarf es keiner Prüfung, ob die Beklagte aus der unerlaubten Handlung haftet und dem Kläger schadensersatzpflichtig ist (§ 826 BGB). Fr.

γ) **Forderung auf Baugelddarlehen.**

Kammergericht, XVI. ZS. Urteil vom 13. Mai 1912.

Beklagter hat dem X. am 1. März 1911 ein Baugeld von 25000 Mark, in Raten nach Fortschreiten des Baues zahlbar, rückzahlbar am 1. November 1911 versprochen. Den Anspruch der 6. Rate von 2000 Mark, die bei Vorlegung des Gebrauchsabnahmescheins fällig wurde, hat X. an A., von dem ihm angeblich die Steine geliefert sind, und A. weiter an den Kläger abgetreten, der seinerseits diese Steine dem A. geliefert haben soll. Auf der Urkunde über die Abtretung an den Kläger hat der Beklagte am 5. Oktober 1911 erklärt, daß er die Abtretung anerkenne und die 2000 Mark nach Vorlegung des Gebrauchsabnahmescheins zahlen werde. Nach Fertigstellung des Baues fordert der Kläger die 2000 Mark. Der Beklagte wendet unter Berufung auf das Ges. über die Sicherung der Bauforderungen ein, daß eine Abtretung einer Forderung auf Gewährung eines Baugelddarlehens nur zulässig sei, wenn der neue Gläubiger durch Lieferungen oder Arbeiten in den Bau eine Forderung erworben habe. Allerdings würde, selbst wenn der Kläger Steine dem A. geliefert und dieser wiederum diese Steine dem X. zu dem Bau geliefert hätte, diese nur mittelbare Beteiligung des Klägers an dem Bau nicht ausreichen, ihn im Sinne des § 1 des Ges. als an der Herstellung des Baus auf Grund eines Werk-, Dienst- oder Lieferungsvertrages beteiligt erscheinen zu lassen, da der Kläger die Steine nicht in den Bau, sondern dem A. geliefert hat (vgl. Hagelsberger, Sicherung der Bauforderungen, Anm. 57), die Abtretung eines Baugeldanspruchs an den Kläger als einen Baufremden, würde also der Verpflichtung aus § 1 zuwiderlaufen. Indes ist diese Abtretung deshalb nicht nichtig, denn § 1 ist nicht als ein Verbotsgesetz im Sinne des § 134 BGB. anzusehen. Nichtigkeit wäre nur dann anzunehmen, wenn beide Vertragsparteien hier entweder die Absicht verfolgt hätten, das Gesetz zu umgehen und gleichzeitig den gesetzwidrigen Erfolg auf einem nur formell abweichenden Umweg zu erreichen, oder wenn beide im bewußten Zusammenwirken den § 1 vorsätzlich verletzt hätten. Hieran fehlt es aber (Hagelsberger Anm. 122). Ein allgemeines Verbot der Abtretung des Baugeldanspruches im Baugeldvertrag, wodurch eine trotzdem erfolgte Abtretung der Nichtigkeit verfallen würde, ist hier im Baugeldvertrage nicht enthalten. Wäre aber selbst die Abtretung rechtsunwirksam, so würde sie der Beklagte wegen seines dem neuen Gläubiger gegenüber erklärten Anerkenntnisses doch gegen sich gelten lassen müssen. Es sei hier verwiesen auf die Ausführungen bei Hagelsberger zu § 1 Anm. 38[e], wonach im Falle einer an sich nichtigen Abtretung der Geldgeber, der die Abtretung anerkannt hat, diese Abtretung gegen sich gelten lassen muß; nur hat das Anerkenntnis keine dingliche Wirkung, so daß der Geldgeber eine weitere Abtretung durch den neuen Gläubiger an einen Dritten nicht gelten zu lassen braucht. Die Abtretung hat aber doch wenigstens die Wirkung einer Anweisung, welche vom Geldgeber gemäß § 783 BGB. honoriert und gemäß § 784 rechtswirksam angenommen werden kann. Hiernach ist, da die sonstigen Voraussetzungen der Fälligkeit der Rate, wie sie der Beklagte in seiner Anerkennungserklärung bestimmt hat, eingetreten sind, der Beklagte zur Zahlung zu verurteilen. Dr. R.

x) **Hinterlegung des Drittschuldners aus § 852 ZPO. und § 372 BGB.**

OLG. München, III. ZS. Beschluß v. 17. Oktober 1912.

Der Drittschuldner D. war, da die Geldforderung des S. gegen ihn für mehrere Gläubiger des letzteren gepfändet worden ist, nach § 853 ZPO. berechtigt, den Schuldbetrag zu hinterlegen. Wenn er in seiner Hinterlegungserklärung weiterhin verschiedene Abtretungen der gepfändeten Forderung erwähnt und erklärt hat, „es sei für ihn ungewiß, wer bei diesen Pfändungen bzw. Zessionen als Gläubiger in Betracht kommt", so stellt sich seine Hinterlegung als nach § 372 BGB. und nach § 853 ZPO. erfolgt dar. Zur Ausscheidung der nicht zum Zuge kommenden Pfändungspfandgläubiger und zur Vereinfachung der Klagen ist bei dieser nach § 372 BGB. und § 853 ZPO. zu beurteilenden Hinterlegung des Drittschuldners das Verteilungsverfahren nach § 872 ZPO., das das Amtsgericht eingeleitet hat, für zulässig zu erachten. Das vom Schuldner in seiner Beschwerde gegen das amtsgerichtliche Verfahren angezogene RG. 49 S. 359 läßt ausdrücklich offen, ob das Vollstreckungsgericht eine Anzeige des Drittschuldners solcher Art zurückweisen muß oder nicht. Nach der Anschauung des Senats ist diese Frage im Gegensatz zum LG. zu verneinen, weil im vorbezeichneten Umfange der Schuldbetrag als nach § 853 ZPO. hinterlegt zu erachten ist. Überdies ist die Beschwerde des S. auch, insofern sie sich gegen den Teilungsplan als solchen richtet, unzulässig, weil dem Schuldner hiergegen allerdings nicht der Widerspruch nach § 876, aber auch nicht die sofortige Beschwerde nach § 793, sondern lediglich Einwendungen nach § 766 ff. ZPO. zustehen (Neumiller § 766 und 876). Nicht zulässig ist allerdings die im Teilungsplane des Amtsgerichts enthaltene Androhung bei Nichtbeschreiten des Weges nach §§ 771, 769 ZPO. seitens der Zessionare das Nichtbestehen der Forderungsabtretungen zu unterstellen und ohne Rücksicht auf die Zessionare den Teilungsplan auszuführen. Aus diesen Erwägungen war auf die weitere Beschwerde des Pfändungsgläubigers F. (§§ 568, 577, 793) der angefochtene Beschluß des Landgerichts aufzuheben, die sofortige Beschwerde des Schuldners gegen den Beschluß des Amtsgerichts G. zurückzuweisen und der Beschwerdeführer S. zur Tragung der Kosten des Beschwerdeverfahrens zu verurteilen. Pn.

y) **Mietpfändung während der Zwangsverwaltung.**[1]

OLG. Hamburg, V. ZS. Urteil v. 7. März 1913.

Der Kläger hat am 1. September Mieten des seit Juli unter Zwangsverwaltung stehenden Hauses gepfändet. Ohne Bedeutung sind deshalb seine Ausführungen, daß, wenn ihm die hier fraglichen Mieten abgetreten wären, diese Abtretung rechtsbeständig gewesen wäre. Denn es handelte sich nicht um eine Abtretung, sondern um eine Pfändung, die nach § 865[2] (vgl. RG. 59 S. 88) verboten war. Ob es vom Standpunkte des Gesetzgebers zweckmäßig gewesen ist oder nicht, die eine und die andere Art der Verfügung über die Mietforderungen verschieden zu behandeln, darf dahingestellt bleiben. An der Beurteilung der Sache kann es auch nichts ändern, ob die gepfändeten Miet-

---

[1] Über die Anfechtbarkeit von Mietzinsabtretungen führt das Urteil des RG. vom 14. Januar 1913 VII 445/12 aus: „Aus § 1124 S. 1 BGB. ist nicht mehr zu folgern, als daß der Eigentümer über die Forderungen trotz des bestehenden Pfandrechts gerade so verfügen darf, wie andere Schuldner über ihr pfandfreies Vermögen; keineswegs hat ihm im Vergleich mit anderen Schuldnern eine Vergünstigung eingeräumt werden sollen. So wenig also andere Schuldner über ihr Vermögen zur Benachteiligung ihrer Gläubiger verfügen dürfen, ebensowenig darf das der Hypothekenschuldner bezüglich jener Mietzinsen. Liegen hiernach bei ihrer Abtretung die Voraussetzungen der Anfechtung vor, so hat der Hypothekar gegen den Erwerber der Forderung einen Anspruch auf Rückgewähr. Das einmal erloschene Pfandrecht kann freilich nicht wieder hergestellt werden; das schließt aber nicht aus, daß der Hypothekar aus den ihm in anfechtbarer Weise entzogenen ehemaligen Pfandgegenständen seine Befriedigung sucht." M.

forderungen im Laufe dieser Zwangsverwaltung entstehen und fällig werden oder ob es sich um solche handelt, welche erst nach Beendigung der Zwangsvollstreckung fällig geworden sind. Nach § 1123 BGB. erstreckt sich die Hypothek auf die Mieten ohne jede zeitliche Begrenzung, also auch auf alle in Zukunft entstehenden derartigen Forderungen. Erlischt die Hypothek später, so verliert sie in diesem Zeitpunkt jede Wirkung sowohl hinsichtlich des Grundstücks selbst, als aller mit ihm als eins behandelten Werte. Dieses Erlöschen wirkt aber nicht zurück; dadurch wird nicht bewirkt, daß die Hypothek bereits in einem früheren Zeitpunkte bestimmte Werte nicht umfaßt hat. Wenn also auch am 30. Dezember infolge des Zuschlags die Hypotheken erloschen und deshalb von diesem Tage an die vom Kläger gepfändeten Mietforderungen nicht mehr umfaßten, so wurde dadurch doch nicht mehr bewirkt, daß sie das auch am 1. September, als der Kläger pfändete, nicht getan haben. Am 1. September erstreckten sich die Hypotheken auch auf die Mietforderungen für die Zeit vom 1. April bis 1. Juli. Da aber an jenem Tage durch Einleitung der schon im Juli 1911 erwirkten Zwangsverwaltung nach §§ 148, 21² ZVG. die Beschlagnahme dieser damals von den Hypotheken umfaßten Mietforderungen erfolgt war, konnten sie nach § 865² ZPO. nicht mehr gepfändet werden. Die trotzdem vorgenommene Pfändung war nichtig und blieb nichtig. Sind später auch die Mieten von der Umfassung der Hypothek frei geworden, so konnte daraus nicht nachträglich ein Pfändungspfandrecht aus der von vornherein nichtigen Pfändung entstehen. M. M.

z) **Keine Zwangshypothek zur Sicherung derselben Forderung, für die eine Vertragshypothek besteht.**[1]

Kammergericht, I. ZS. Beschluß v. 9. Dezember 1912.

Für die Ansicht des LG., daß zur Sicherung derselben Forderungen eine Zwangs- neben einer bereits bestehenden Vertragshypothek gesetzlich unzulässig ist, haben sich Güthe, GrBO.[2] 1 S. 206[32]; Enneccerus 512[6]; Fischer-Schäfer, ZwVG. 2 S. 119; Oberneck[4] 2 S. 316, 448 und Recht 1902, S. 308; Achilles-Strecker, GrBO. S. 99; Gaupp-Stein u. Petersen zu ZPO. § 867 und — für den Fall, daß die Vertragshypothek eine Verkehrshypothek ist — Predari, GrBO. S. 627 ausgesprochen. Den entgegengesetzten Standpunkt vertreten: das KG. (Jahrb. 27 S. 198), das Bay. OLG. (Rsp. 5 S. 332), sowie RGKomm. N. 3; Staudinger N. I 5 zu § 1132 BGB.; Turnau-Förster, GrBO. 2 S. 654; Müller, Württ. Z. 1907 S. 39; Biermann, Recht 1905 S. 265; Schürmer, Recht 1902 S. 384. Bei nochmaliger Prüfung vermag der Senat aber seine bisherige Ansicht nicht aufrecht zu erhalten. Zwingende innere Gründe sprechen für die Unzulässigkeit eines aus einer Vertrags- und einer Zwangshypothek bestehenden Gesamtrechts, gleichviel ob

[1] Die Streitfrage, ob der § 866³ Satz 2, der eine Zwangshypothek nur für eine 300 Mark übersteigende Forderung gestattet, auch auf Arresthypotheken Anwendung findet, ist mit RG. 60 S. 279 zu bejahen (Bay. ObLG., I. ZS. Beschluß v. 28. Dezember 1912, Samml. 13 S. 753).

die Vertragshypothek eine Verkehrs- oder eine Sicherheitshypothek ist. Da sie eine Verkehrshypothek ist, so würde, da die Zwangshypothek stets Sicherungshypothek ist (§ 866[1]), die Gesamthypothek aus der Verbindung einer Verkehrs- und einer Sicherungshypothek bestehen, eine solche Verbindung ist aber unzulässig (RG. 70 S. 245; Jahrb. 22 S. 164), da sie der Einheitlichkeit der Gesamthypothek widersprechen würde. Denn während die Verkehrshypothek in ihrem Rechtsbestande nicht unbedingt von dem Fortbestehen der persönlichen Forderung abhängt und schon die Eintragung die Rechtsvermutung für das Bestehen der persönlichen Forderung begründet (§§ 1138, 1156 BGB.), bestimmt sich bei der Sicherungshypothek das Recht des Gläubigers stets nur nach der Forderung, so daß der Gläubiger sich zum Beweise der Forderung nicht auf die Eintragung berufen kann (§§ 1184, 1185[2]). Daher wäre es möglich, daß die Verkehrshypothek in der Hand eines gutgläubigen Dritten bestehen bleibt, während die Sicherungshypothek mit dem Untergange der Forderung auf den Eigentümer übergeht. Sodann würde ein Widerspruch gegen die Einheitlichkeit des Gesamtrechts dann sich zeigen, wenn die Verkehrshypothek Briefhypothek wäre. Denn sowohl hinsichtlich des Erwerbes wie auch hinsichtlich der Übertragung bestehen zwischen einem Buchrecht — ein solches ist stets die Zwangshypothek (§ 1185[1]) — und einem Briefrecht wesentliche Unterschiede. Der Erwerb einer Buchhypothek vollendet sich bereits durch Einigung und Eintragung (§ 873[1]), während bei der Briefhypothek noch die Übergabe des Briefes hinzutreten muß (§ 1117). Auch die Abtretung erfordert bei ersterer Einigung und Eintragung (§ 1154[3] mit § 873[1]), während bei letzterer die Eintragung nicht erforderlich und selbst beim Hinzutreten der Einigung nicht genügend ist, sondern die Erteilung der Abtretungserklärung in schriftlicher Form und die Übergabe des Briefes notwendig ist (§ 1154[1] BGB). Mit Rücksicht hierauf hat RG. 77 S. 175 für unzulässig erklärt, eine Gesamthypothek auf dem einen Grundstück als Buch- und auf dem andern Grundstück als Briefhypothek einzutragen. Alle diese Erwägungen treffen auch dann zu, wenn die Sicherungshypothek keine Vertrags-, sondern eine Zwangshypothek ist. Denn sie gründen sich lediglich auf die Rechtsnatur der Sicherungshypothek im Gegensatze zu der der Verkehrshypothek, haben also mit den Grundlagen der Hypothek nichts zu tun. Daraus folgt, daß die Zusammenfassung einer Vertrags- mit einer Zwangshypothek zu einem Gesamtrechte dann ausgeschlossen ist, wenn die Vertragshypothek eine Verkehrshypothek ist. Soll eine Sicherungshypothek verbunden werden, so ist allerdings das hypothekarische Recht an allen belasteten Grundstücken eine Sicherungshypothek. Aber auch in diesem Falle liegt trotz des äußeren Anscheins kein einheitlich gestaltetes Gesamtrecht vor. Denn die Zwangs- und die Vertragssicherungshypothek sind so verschiedene Rechtsgebilde, daß auch ihre Zusammenfassung zu einer Gesamthypothek unmöglich ist. Für die Vertragssicherungshypothek gelten nämlich, soweit der Erwerb durch den Eigentümer in Frage kommt, die §§ 1163, 1168 BGB., für die Zwangssicherungshypothek aber außerdem auch noch der § 868 ZPO. (RG. 78 S. 398). Die Voraussetzungen dieses § 868 können aber gegeben sein, ohne daß einer der in den §§ 1163, 1168 BGB. geregelten Fälle vorliegt. Es kann zB. die Vollstreckbarkeit des der Zwangshypothek zugrunde liegenden Schuldtitels infolge der nachträglich dem Schuldner nachgelassenen Leistung einer Sicherheit aufgehoben werden. Es besteht daher die Möglichkeit, daß die Zwangshypothek auf den Eigentümer übergeht, während die Vertragshypothek dem Gläubiger verbleibt. Auf diese Weise würde eine Vervielfältigung des Gesamtrechts eintreten können. Eine solche widerspricht aber dem Wesen des Gesamtrechts (RG. 63 S. 74; Jahrb. 33 S. 298; 39 S. 249). Diesen Bedenken begegnet der RGKomm. § 1132³ mit der Ausführung, es entstehe eine selbständige Einzelhypothek „mit der Maßgabe, daß durch einmalige Befriedigung mit tilgender Wirkung die Forderung des Gläubigers hinsichtlich beider Hypotheken erlischt". Der Grund dieser Selbständigkeit der Zwangshypothek soll darin bestehen, daß die Forderung durch den Schuldtitel eine „besondere Kraft" erlangt. Allein RG. 78 S. 408 hat mit Recht die gegenteilige Annahme für zutreffend erklärt. Es heißt dort: „Das Wesen der Forderung wird dadurch nicht verändert, daß sie durch Eintragung einer Zwangshypothek ... gesichert wird, und ihre rechtliche Beziehung zu der für sie eingetragenen Sicherungshypothek ist, wenn die Eintragung im Zwangswege bewirkt worden ist, keine andere, als wenn die Eintragung auf vertraglicher Grundlage erfolgt ist". Im übrigen würde, wenn es sich in der Tat um ein neues selbständiges Gebilde des Hypothekenrechts handeln sollte, eine angesichts der geschlossenen Anzahl der Sachenrechte unzulässige Neubildung zwischen Einzel- und Gesamthypothek vorliegen (Güthe aO.). J . . . g.

10. Zwangsvollstreckung.

a) Pfändung der Bürgschaftsforderung allein. Widerspruch des späteren Erwerbers der Hauptforderung.

OLG. Colmar, IV. ZS. Urteil v. 14. November 1912.

Der Beklagte hat lediglich die Forderung pfänden und sich überweisen lassen, die dem Kläger gegen X. aus dessen Verbürgung für den vermögenslosen P. zustand. Dagegen hat er nicht auch die dem Kläger gegen seinen Hauptschuldner P. zustehende Forderung gepfändet. Die Bürgschaft ist jedoch infolge ihrer akzessorischen Natur in ihrem Bestande abhängig von der Hauptforderung, zu deren Sicherung sie dient, und deshalb nicht fähig, selbständig und ohne die Hauptforderung abgetreten zu werden. Nach §§ 400 BGB., 851² ZPO. ist sie somit auch nicht selbständig pfändbar. Hieran ändert sich auch dadurch nichts, daß die Bürgschaft selbstschuldnerisch und unter Verzicht auf die Vorausklage übernommen ist (RG. 65 S. 139). Auch können hier weder die Fassung der Bürgschaftsurkunde noch sonstige Umstände die Annahme eines prinzipalen Schuldverhältnisses, etwa in der Form der vom Beklagten geltend gemachten kumulativen Schuldübernahme, rechtfertigen. Für die Übernahme einer derartigen Verpflichtung, die als eine eigenartige und ausnahmsweise nicht zu vermuten ist (RG. 70 S. 405), würde es an sich an einem unmittelbaren sachlichen Interesse des X. fehlen, zumal er an dem Hauskaufe des P., auf den sich seine Bürgschaft bezieht, in keiner Weise selbst beteiligt ist (JW. 1909 S. 459; RGKomm. 6d vor § 765). Den regelmäßigen Weg zur Beseitigung einer nach §§ 850, 851 ZPO. unzulässigen Pfändung bietet der § 766 auch in dem Falle, daß wie hier der Einwand nicht aus prozessualen Vorschriften, sondern aus der materiellen Rechsstellung des Schuldners hergeleitet wird (JW. 1907 S. 541). Ausschließlich auf ihn angewiesen ist jedoch nur der Vollstreckungsschuldner (RG. 40 S. 365). Dritte können dagegen die Unpfändbarkeit auch durch Klage nach § 771 geltend machen, falls deren besonderen Voraussetzungen vorliegen (JW. 1893 S. 350). Diese Klage ist nicht auf diejenigen beschränkt, die ein dingliches Recht an dem Pfandstück verfolgen, sondern sie steht auch demjenigen zu, der eine gepfändete Forderung für sich beansprucht (RG. 31 S. 382). Das LG. erachtet jedoch die Kläger deshalb nicht zum Widerspruch für berechtigt, weil sie ihr Recht an der Forderung erst nach der Pfändung erworben haben. Allein wenn auch in solchem Falle regelmäßig dem Inhaber einer gepfändeten Forderung Klage versagt sein wird (Gaupp-Stein II 1[1]; Freudenthal N. 3 zu § 771), so ist doch eine Ausnahme dann anzuerkennen, daß der nachträgliche Erwerb sich mit rückwirkender Kraft vollzogen hat (PucheltZ. 31 S. 507). Gleiches gilt in denjenigen Fällen, in denen wie hier geltend gemacht wird, daß die Pfändung ohne jede materielle Rechtswirkung sei. Bei den in §§ 811, 850, 851 vorgesehenen Fällen sind Vollstreckungsakte vorausgesetzt, die an sich materiell-rechtlich wirksam sind und denen nur aus Gründen des öffentlichen Rechts (Schonung der wirtschaftlichen Existenz des Schuldners) oder weil die besondere positiv-rechtliche Gestaltung des Anspruchs (höchstpersönliche Rechte) einer Pfändung widerstrebt, prozeß-rechtlich die Pfändbarkeit versagt ist. Diese Vollstreckungsakte sind nicht absolut nichtig, sondern nur unwirksam in dem Sinne, daß ihre Ungültigkeit gerichtlich geltend gemacht werden kann (KommBer. zur Nov. 201), und die rechtsbeständig bleiben, wenn ihre Ungültigkeit nicht geltend gemacht wird. Vorliegend handelt es sich aber um eine Vollstreckungshandlung, die in sich ungültig ist und jeder materiell-rechtlichen Wirkung entbehrt. Eine derartige Ungültigkeit zu rügen, ist auch derjenige berechtigt, der den Gegenstand erst nach der Pfändung erworben hat. Auch liegen bei ihm die sonstigen Voraussetzungen des § 771 vor. Als Zessionar der gepfändeten Forderung ist er „Dritter" (RG. 43 S. 403), und sein Recht an der Forderung ist auch ein „die Veräußerung hinderndes", weil es in dem vollen durch die Pfändung nicht beschränkten Eigentume der Forderung besteht, das einer Verwertung der Forderung durch den Beklagten entgegensteht. Frdthl.

b) **Vorrangsstreit nach abgelehntem Verteilungsverfahren.**

Kammergericht, XIV. ZS. Urteil v. 31. März 1913.

Der Kläger hat auf Grund vollstreckbaren Schuldtitels wegen 2500 Mark die Mietsansprüche seines Schuldners gegen eine Reihe von Mietern gepfändet und sich zur Einziehung überweisen lassen. Da auch die Beklagte diese Mieten gepfändet hat, haben die Drittschuldner die Mieten hinterlegt und dabei die Beklagte als Pfandgläubigerin aufgeführt. Der Kläger verlangt die Einwilligung in die Auszahlung. Die Beklagte bestreitet seine Aktivlegitimation, weil bereits vor der klägerischen Pfändung die Mietsforderungen an einen Dritten abgetreten und von dritter Seite gepfändet worden seien. Sie wurde jedoch verurteilt. Gründe:

Wie der Senat bereits bei der Prüfung der Zuständigkeitsfrage ausgeführt hat, liegt hier weder ein Streit aus § 805 noch eine Klage aus § 771 vor; vielmehr steht eine Rangstreitigkeit zwischen zwei Pfändungsgläubigern zur Entscheidung. Bei diesem Sachverhalt wäre das Verteilungsverfahren der §§ 872 ff. der gegebene Weg zur Wahrung der Interessen des Klägers gewesen. Nach der Ablehnung des zuständigen Verteilungsgerichts ist jedoch der Kläger auf die Durchführung seiner Rechte durch Klage vor dem ordentlichen Gericht angewiesen. Die Klage dient zur Beseitigung des eine Auszahlung an den Kläger hindernden Verhaltens der Beklagten. Der Kläger stützt sich auf die durch die Überweisung zu seinen Gunsten geschaffene formale Rechtsstellung. Weigert demgegenüber die Beklagte die Auszahlung, so kann sie dies nur, wenn ihr ein besseres formelles oder materielles eigenes Recht an den hinterlegten Beträgen zusteht. Die Stellung der Parteien zu dem Streitgegenstande und die Parteistellung im Prozesse ist rechtlich nicht anders zu beurteilen, als wenn die Beklagte innerhalb des Verteilungsverfahrens dem Verteilungsplan widersprochen hätte. Die ihr in diesem Verfahren zugewiesene Klägerrolle [§ 878] fällt ihr der Sache nach auch hier zu. Wie dort der Widerspruch, vereitelt hier die Versagung der Einwilligung die Auszahlung an die Kläger. Die Verweigerung enthält danach die Berühmung eines besseren Rechts. Ziel der Klage ist es, die durch die Rechtsberühmung der Beklagten zweifelhaft gewordene Rechtslage zu klären; sie ist mithin eine negative Feststellungsklage, deren prozessuale Voraussetzungen gegeben sind. Da die Beklagte hierbei materiell als Klägerin erscheint, so muß sie ihr besseres Recht, das mit der Klage bestritten wird, behaupten und beweisen (vgl. RG. 72 S. 145; JW. 1910 S. 108[7]). Sie hat aber ein solches Recht nicht begründen können. ...[1] Fr.

c) **Vollstreckung nach § 887: α) Erwärmung von Räumen.**

Kammergericht, XVIII. ZS. Beschluß v. 15. Februar 1913.

Durch einstw. Verfügung hat das Amtsgericht dem Schuldner aufgegeben: „für eine Erwärmung der dem Antragsteller vermieteten Räume bis auf 15° R zu sorgen.“ Nunmehr hat der Gläubiger glaubhaft gemacht, daß

[1] Die Klage aus § 878 ist ohne weiteres durch das Ausbleiben eines am Widerspruche beteiligten Gläubigers veranlaßt; es ist nicht erforderlich, daß der widersprechende Gläubiger den ausgebliebenen unter Mitteilung des Widerspruchs zur Erklärung aufgefordert hat (OLG. Frankfurt, Beschluß v. 6. Februar 1911, Rundsch. 45 S. 142).

seine Wohnräume seit 14 Tagen nur auf 12° R erwärmt worden und daß zur Erzielung einer Wärme von 15° R gewisse in dem Gutachten näher bezeichnete Änderungen der Heizungsanlage innerhalb der Wohnung mit einem Kostenaufwande von 1100 Mark notwendig seien, und gebeten, ihn zur Vornahme dieser Änderungen zu ermächtigen und den Schuldner zur Vorauszahlung von 1100 Mark Kosten zu verurteilen. Das Amtsgericht hat dem Antrag entsprochen, das LG. ihn abgewiesen. Die weitere Beschwerde ist begründet.

Die in der einstw. Verfügung dem Schuldner gemachte Auflage lautet so allgemein, daß sie alle Leistungen, die dem Schuldner zur Bewirkung einer ordentlichen Erwärmung der Wohnräume obliegen, umfaßt. Dazu gehört nicht nur die Anschaffung der erforderlichen Feuerungsstoffe, die Anstellung einer das Heizen besorgenden Person und die Zentrale der Tätigkeit des Heizens, sondern vor allem: die Einrichtung einer Heizungsanlage, welche geeignet ist, die zur Erwärmung der Räume nötige Temperatur zu erzeugen und den Wohnungen mitzuteilen, und die Unterhaltung der Heizungsanlage in einem zur Erreichung des Zweckes tauglichen Zustande. Hier ist durch das Gutachten erwiesen, daß zur Erwärmung gewisse, innerhalb der Wohnräume vorzunehmende Änderungen nötig sind. Die einstw. Verfügung enthält also stillschweigend auch die Auferlegung der Verpflichtung, diese zur Erwärmung erforderlichen Änderungen an den Heizungsanlagen vorzunehmen. Daß die Änderungen auch ein Dritter vornehmen kann, unterliegt keinem Zweifel; der § 887 ist mithin anwendbar. Der Beschluß (Rsp. 15 S. 17), auf den das LG. sich beruft, spricht nicht aus, daß die Erwärmung von Wohnräumen nur gemäß § 888 erzwungen werden könne. In dem dort entschiedenen Falle handelte es sich nicht um eine Mangelhaftigkeit der Heizungsanlage, sondern um eine Unzulänglichkeit des zur Feuerung verbrauchten Materials und der entfalteten Heizungstätigkeit; deshalb wurde angenommen, daß in dieser Hinsicht ein Zwang gegen den Hauseigentümer und Vermieter, der sich im alleinigen Besitz der gesamten Heizungsanlage befinde, nur gemäß § 888 ausgeübt werden dürfe. Ob diese Annahme unbedingt zu billigen ist, kann dahingestellt bleiben; sicherlich bezieht sie sich nicht auf einen Tatbestand wie den hier vorliegenden, wo die Heizungsanlage innerhalb der Wohnräume des einzelnen Mieters geändert werden muß. Daß der Gläubiger selbst durch langes Offenhalten der Fenster die geringere Erwärmung verschuldet habe, ist nicht erwiesen. Dr. L.

β) **bei Immissionsprozessen (§ 906 BGB.).**

OLG. Darmstadt, I. ZS. Beschluß v. 11. November 1910.

Das LG. hat die beklagte Stadt verurteilt, in dem Betriebe ihres Elektrizitätswerkes solche Einrichtungen zu treffen, welche die nachteiligen Einwirkungen des Geräusches der dem Anwesen des Klägers zunächst liegenden Pumpvorrichtung auf dieses Anwesen insoweit ausschließen, als jene Einwirkungen die Benutzung dieses Grundstücks nicht nur unwesentlich beeinträchtigen, oder nicht nur durch eine nach den örtlichen Verhältnissen bei Grundstücken dieser Lage gewöhnliche Benutzung des städtischen Grundstücks herbeigeführt werden. Der Kläger hat aus § 887 die Ermächtigung nachgesucht, auf Kosten der Beklagten durch einen Dritten die Handlungen vornehmen zu lassen, die im überreichten Privatgutachten bezeichnet sind; eventuell die Beklagte nach § 888 durch Geldstrafe zur Erfüllung der ihr nach dem Urteil obliegenden, im genannten Gutachten näher umschriebenen Verpflichtungen anzuhalten. Das LG. hat zurückgewiesen, da die verlangte Maßregel nicht genügend bezeichnet sei. Die sofortige Beschwerde ist unbegründet:

Es kann sich nur um Maßregeln nach § 887 handeln, denn es stehen nur vertretbare Handlungen in Frage, solche, die von Dritten vorgenommen werden können, nicht aber unvertretbare i. S. des § 888, die nur der Schuldner vornehmen kann. Gerade gewerbliche Arbeiten, namentlich Bauarbeiten jeder Art und mechanische Herstellungen sieht die Rechtsprechung mit Recht als vertretbare Handlungen an. Der Vollstreckungsantrag ist danach insoweit ohne weiteres hinfällig, als er die Beklagte durch Geldstrafen zu Maßnahmen anhalten will.

Bei Immissionsprozessen ist zwar die Verurteilung regelmäßig nicht auf einzelne bestimmte Maßnahmen zu beschränken, sondern in allgemeiner Formulierung auf Unterlassung übermäßiger Einwirkungen oder Herstellung geeigneter Einrichtungen zur Verhinderung solcher Einwirkungen zu richten. In der Vollstreckungsinstanz müssen aber die geforderten Maßregeln im einzelnen bestimmt bezeichnet werden, und zwar schon in dem Antrag, weil nur dann geprüft werden kann, ob es sich um eine vertretbare Handlung im Sinne des § 887 oder um eine unvertretbare Handlung nach § 888 handelt, oder ob beide Vorschriften versagen, und der Antragsteller daher auf die Geltendmachung seines Interesses gemäß § 893 zu verweisen ist (Seuff. 59 Nr. 21; RG. 60 S. 120; RGKomm. BGB. § 906[13]). Diesem Erfordernis entspricht hier der Antrag nicht, er läßt eine bestimmte Angabe der verlangten Verhütungsmaßnahmen vielmehr vermissen. Natürlich wird nicht verlangt, daß der Kläger diese Maßnahmen selbst genauer bezeichnet. Es ist vielmehr ebenso zulässig als selbstverständlich, daß sich die betreibende Partei zu dieser Darlegung eines Sachverständigen bedient. Aber gerade die hier vom Sachverständigen aufgestellten Forderungen sind in ihrer Formulierung so unbestimmt, daß sie eine nach Art und Zahl unabsehbare Reihe von Möglichkeiten umfassen. Würde man den Kläger ermächtigen, nach diesen Vorschlägen zu Lasten der Beklagten zu verfahren und diese zwingen, sich ihnen zu unterwerfen, so würde man sie dem subjektiven Ermessen des Sachverständigen einfach ausliefern. Eine solche Unbilligkeit ist dem Gesetz aber fremd. Gerade um sie zu vermeiden, ist an der Forderung bestimmter Umschreibung der verlangten Maßnahmen um so nachdrücklicher festzuhalten. Man muß namentlich technisch und rechnerisch nachprüfen können, ob sie wirklich geboten sind, um den vom Urteil bezeichneten Erfolg herbeizuführen, und vergleichen können, ob nicht die von der Gegenpartei bereits veranlaßten Herstellungen dasselbe leisten. Sch. T.

γ) **Erteilung eines Buchauszugs.**

OLG. Colmar, I. ZS. Beschluß v. 27. November 1912.

Die Beklagte, welche ihre Alleinvertretung für Bayern dem Kläger übertragen und ihm auch für die von ihr unmittelbar in jenem Bezirke geschlossenen Geschäfte eine Provision zu zahlen hat, ist vom Amtsgericht rechtskräftig zur Erteilung eines Buchauszugs über diese Geschäfte verurteilt und gemäß § 888 zur Vornahme der Handlung durch Geldstrafe angehalten worden. Hierauf hat sie zwar ein Verzeichnis der Geschäfte eingehändigt, aber dabei keine Preise angegeben. Sie wurde daher zu der angedrohten Geldstrafe verurteilt und ihr eine weitere Strafe für den Fall angedroht, daß sie sich weigere, den Auszug zu erteilen. Auf sofortige Beschwerde wurde der Antrag abgewiesen. Die weitere Beschwerde ist nicht begründet. Denn einen Buchauszug kann auch ein Dritter aufstellen. Die Handlung stellt sich als eine einfache mechanische Arbeit dar, die von jedermann, ohne daß die Mitwirkung des Schuldners dabei erforderlich wäre, ausgeführt werden kann. Der § 888 ist mithin hier nicht anwendbar. Vielmehr ist gemäß § 887 zu verfahren, indem der Gläubiger ermächtigt wird, die Handlung auf Kosten des Schuldners vornehmen zu lassen. ... Mit Unrecht macht der Kläger für die Erwirkung eines Buchauszugs Gesichtspunkte geltend, die für die Erzwingung einer Rechnungslegung maßgebend sind. Diese hat allerdings nach der herrschenden Rechtsprechung gemäß § 888 zu erfolgen. Indessen ist die Rechnungslegung insofern von der Erteilung eines Buchauszugs verschieden als jene, abgesehen davon, daß in der Regel überhaupt nur der Verpflichtete sie aufstellen kann, nicht allein eine zahlenmäßige Aufstellung gibt, sondern auch die Erklärung der Richtigkeit und Vollständigkeit in sich schließt, die der Verpflichtete unter Umständen auch durch den Offenbarungseid zu bekräftigen hat. Die Rechnungslegung ebenso wie auch die Auskunftserteilung können somit wirksam nur vom Verpflichteten vorgenommen werden und sind nach § 888 zu vollstrecken. Dies trifft aber nicht zu bei dem einfachen Buchauszug, zumal hier der Kläger durch die ihm schon überreichte Aufstellung die Geschäfte bereits kennt und nur die Aufnahme der Preise zur Berechnung der Provision verlangt.

Die Anwendbarkeit des § 887 wird auch dadurch nicht ausgeschlossen, daß der Kläger als Provisionsagent nach allgemeiner Ansicht keinen Anspruch auf Vorlegung und Einsichtnahme der Handelsbücher hat (Warn. 2 S. 199; Rsp. 10 S. 238; Recht 1911 Nr. 621). Wenn er auch danach die Vorlage der Bücher an sich selbst nicht verlangen darf, so steht doch dieser Umstand der Anfertigung des Buchauszugs durch einen Dritten nicht entgegen. Frdthl.

Wortregister.

Verfaßt vom Staatsanwaltschaftsrat Dr. Rindfleisch in Celle.

(Die Zahlen bedeuten die Seiten.)

Nachträge.

Bd. 12 S. 117. Vgl. dagegen RG. 80 S. 255.
„ 25. S. 21. Revision zurückgewiesen: Warn. 6 S. 337.
„ 25. S. 365r. Abgeändert. RG. 80 S. 436.
„ 26. S. 87γ. Abgeändert am 14. November 1912.
„ 26. S. 364γ. Abgeändert am 17. Oktober 1912 (HansGZ. Beibl. Nr. 80).

Berichtigungen.

Sechsundzwanzigster Band.

S. 2 Z. 16 v. o. statt „bauern ausgeschlossen" lies: „dauernd ausgeschlossen".
S. 2 Z. 28 v. o. statt „Vertrage" lies: „Vertrages".
S. 18 Z. 35 v. o. statt „besonders gelten sollte" lies: „besonderes gelten sollte".
S. 26 Z. 21 v. o. statt „Tätigkeit des Baues" lies: „Tätigkeit des Bauens".
S. 59 Überschrift statt „§ 931" lies: „§ 935".
S. 71 Z. 34 v. o. statt „würden nicht von Belang sein" lies: „so würde das nicht von Belang sein".
S. 73 Überschrift statt „§ 1094" lies: „§ 1004".
S. 103 Z. 3 v. o. statt „auch diese Leistung" lies: „auf diese . . . Leistung".
S. 116 Überschrift statt „§ 1929" lies: „§ 1829".
S. 127 } „ statt „§ 1120" lies: „§ 1123".
S. 128 }
S. 139 Z. 33 v. o. statt „Celle R.G." lies: „Celle Rsp.".
S. 143 Z. 37 v. o. statt „über die Mieter" lies: „über die Mieten".
S. 201 Z. 3 statt v. o. „Art. 31" lies: „Art. 32".
S. 213 Z. 6 v. o. statt „Rsp. S. 395" lies: „Rsp. 5. S. 395".
S. 227 letzte Z. statt „dieser aber" lies: „der aber".
S. 230 Z. 2 v. o. statt „eingetragen wäre" lies: „eingetreten wäre".
S. 304 Z. 16 statt „da Zinsen bezahlt sind" lies: „da Zinsen nicht bezahlt sind".
S. 305 Z. 33 statt „rechnet man zu dem . . ." lies: „rechnet nun zu dem . . .".
S. 321 Überschrift statt „§ 2079" lies: „§ 2069".
S. 354 Z. 41 v. o. statt „nicht teil hat" lies: „sie nicht teil haben".
S. 380 Z. 17 statt „Ist zur Festsetzung" lies: „Ist zur Fortsetzung".
S. 394 Z. 37 v. o. statt „§ 312 No 2" lies: „§ 313 Nr. 2".
S. 407 Z. 33 v. o. statt „§ 852 ZPO." lies: „§ 853 ZPO.".

Kolibri 360 GmbH
Ferdinand-Jühlke-Straße 7
99095 Erfurt, Deutschland
produktsicherheit@kolibri360.de